2021年度国家社科基金后期资助项目（21FZXA003）

从素王到真王

刘逢禄《春秋》学研究

曾亦 著

上海古籍出版社

国家社科基金后期资助项目
出版说明

后期资助项目是国家社科基金设立的一类重要项目,旨在鼓励广大社科研究者潜心治学,支持基础研究多出优秀成果。它是经过严格评审,从接近完成的科研成果中遴选立项的。为扩大后期资助项目的影响,更好地推动学术发展,促进成果转化,全国哲学社会科学工作办公室按照"统一设计、统一标识、统一版式、形成系列"的总体要求,组织出版国家社科基金后期资助项目成果。

全国哲学社会科学工作办公室

目 录

引 言 1

第一章 生平著述考 10
第一节 生平 10
第二节 著述 21
第三节 学术源流 30

第二章 申何：《穀梁》废疾以及今文学意识的萌芽 42
第一节 《穀梁废疾申何》：回归何郑之争 42
第二节 《公羊解诂笺》之"拾遗补阙"与对《穀梁传》的重新肯定 50
    一 舍《公羊》从《穀梁》 51
    二 规何五十余事 61
第三节 舍三传而从宋儒之说 65

第三章 墨守：对何休义例的纂辑 70
第一节 《春秋论》之驳钱大昕 72
第二节 对孔广森《公羊通义》的批评 76
第三节 《释例》之"述何" 81
    一 释"三科"例 83
    二 释九旨例 144
第四节 《释例》之新倾向 159

第四章 《左氏》膏肓与今文意识的觉醒 162
第一节 今文意识的自觉 162

第二节　《考证》对刘歆伪窜解经文字的考订 …… 167
第三节　《后证》对《左氏》传授系统的驳斥 …… 174
　一　汉唐宋学者对《左氏》的批评 …… 174
　二　申受的继述 …… 176
　三　申受的突破 …… 178
　四　其他今文学者的观点 …… 183
第四节　古文学者的立场：以章太炎、刘师培为中心 …… 215
　一　章太炎的《左传》学及其门户意识 …… 215
　二　刘师培 …… 241

第五章　《论语述何》与群经释义的公羊化 …… 250
第一节　《论语述何》 …… 250
第二节　从宋翔凤到康有为的《论语》新解 …… 262
　一　宋翔凤《论语说义》 …… 263
　二　戴望《论语注》 …… 268
　三　王闿运《论语训》 …… 279
　四　康有为《论语注》 …… 283
第三节　魏源《诗经》《尚书》学的今文学立场 …… 295
　一　《诗古微》 …… 296
　二　《书古微》 …… 306

第六章　从何休到董仲舒：晚清《春秋》学的转向与流衍 …… 312
第一节　董、何之学术源流与思想异同 …… 312
第二节　刘逢禄对何休的继承与批评 …… 320
第三节　龚自珍之"宾宾"说与三世说的新诠释 …… 326
第四节　魏源之宗董与今古壁垒的形成 …… 332
第五节　康有为的《公羊》三世新说与《春秋》学的突破 …… 340
第六节　崔适与清代今文学的完成 …… 378

第七章　晚清今文经学的余波 …… 386
第一节　三世说与晚清以来的现代中国思潮 …… 386

第二节　民国初年的疑古思潮：以钱玄同为例 …………………… 391
　第三节　新方法的运用 …………………………………………… 401
　第四节　《春秋》的性质与今文学问题的再思考 ………………… 405

参考书目 ………………………………………………………………… 426
后　记 …………………………………………………………………… 436

引　言

春秋时,宋襄数行仁义,而终致身辱师丧,蒙耻于夷狄。后人习于功利,乃至目为"蠢猪式的仁义道德"。即便在标榜明道正谊的儒门,亦颇有讥之者。① 其间,虽若《穀梁》说之守正,犹谓宋襄"守匹夫之狷介",盖唯许其信,而未合于"至道",遑论后世徒以成败论事者哉!② 其后两千年间,独公羊家能褒之,曰:

> 君子大其不鼓不成列,临大事而不忘大礼,有君而无臣,以为虽文王之战,亦不过此也。(《公羊传》僖二十二年)

董仲舒治《公羊》,为"儒者宗",亦善宋襄"不厄人",以为"不由其道而胜,不如由其道而败",盖许宋襄有道也。③ 董子之说,乃本于《公羊传》,而与《穀梁》所讥"信而不道"之说大不同。

其中,唯"有君而无臣"一语,颇难索解。汉末何邵公《解诂》有论曰:

> 言朔,亦所以起有君而无臣,惜其有王德而无王佐也。若襄公所行,帝王之兵也。有帝王之君,宜有帝王之臣;有帝王之臣,宜有帝王之民。未能醇粹而守其礼,所以败也。(《公羊传》僖二十二年注)

---

① 若宋儒严于王霸义利之辨,亦不甚慊于宋襄公。北宋时,有人问伊川:"宋襄公不鼓不成列,如何?"伊川答曰:"此愚也。既与他战,又却不鼓不成列,必待佗成列,图个甚?"(《河南程氏遗书》卷18,《二程集》,中华书局,2004,第217页)伊川治《春秋》,却以宋襄公为愚,盖不取《公羊》说也。
② 刘申受虽颇取《穀梁》说,然于此则直斥"《穀梁》以功利言道,盖战国之学也",诚有以也。(刘逢禄:《春秋公羊释例后录·穀梁广废疾》,上海古籍出版社,2013,第466页)
③ 苏舆:《春秋繁露义证·俞序篇》,中华书局,2015,第159页。

邵公以为，宋襄数败于楚，其缘由正在于"有君而无臣"。① 盖唯君有礼，而臣、民皆不与焉，此其所以"未能醇粹而守其礼"也。自邵公以后，学者虽颇用此语，然其意似与邵公之说不同，殆系儒臣自悲不得遇圣君耳。②

其间，唯孙明复论公孙弘之罪，能稍得邵公之遗意焉。其《罪平津》一文有论曰：

> 成天下之至治者，有君也，有臣也。有君而无臣，不足以成至治；有臣而无君，不足以成至治。圣如尧舜，以咎陶、大禹、后夔、伯夷左右之；贤如禹汤，以伯益、后稷、伊尹、仲虺翼辅之，然后能致其盛德大业，辉照于千古而不可攀，况其下者乎！故曰：成天下之至治者，有君也，有臣也。三代既往，西汉为盛，吾观孝武聪明而宏远，听断在己，有禹汤之资，然其盛德大业终弗克以济之者，有君无臣也。昔秦代肆虐，群圣之道烬矣，高祖以干戈取天下，故讲求之未暇也；孝惠暗懦，不足以议；孝文、孝景止以恭俭为天下先。惟孝武天启其衷，巍然独出，思以复三代之至治也。于是尊用儒术，励精古道，出府库以购其书，空岩穴以聘其贤，由是天下为之丕变而向方焉。噫！群圣之道迨秦而烬，微孝武，则将泯泯而弗章矣。孝武之功也盛哉！是时平津起徒步，不数年，位居丞

---

① 其先，《盐铁论·论诽篇》载文学语曰："虽有尧之明君，而无舜、禹之佐，则纯德不流，故《春秋》刺有君而无臣。"（王利器：《盐铁论校注》，中华书局，2015，第331—332页）据此，虽有圣人在上，然无贤佐，则圣德亦未必流于下也。是说正与《公羊》义同，疑为汉人旧说，遂为邵公所本欤？

不过，董子对宋襄公的称许，似与邵公不同。董子曰："《春秋》贵之，将以变习俗而成王化也。"（苏舆：《春秋繁露义证·俞序篇》，第159页）对此，苏舆曰："王者不可见，苟足见王心者，已贵之矣。"又曰："矫枉不过其正，弗能直。"（同上，第162页）据此，董子许宋襄者，盖"节取"其义而已，其旨则在矫枉，似尚未以为正耶？董子又谓《春秋》许宋襄，乃"救文以质"。（苏舆：《春秋繁露义证·王道篇》，第123页）盖以宋襄行仁义，犹齐桓、楚庄之比，不过《春秋》救弊之法，非至道也。其后，司马迁《宋微子世家赞》亦用董子义，云："襄公既败于泓，而君子或以为多，伤中国缺礼义，褒之也。"（司马迁：《史记》卷38，中华书局，第1960页）故苏舆据以论宋襄公之败，以为"非其时而用之"，犹梅福谓以"乡饮酒"之礼理军市、宋徐禧之败于西夏，终不免于亡国之虞。诚若是说，后世有若宋襄行仁义者，则必自取其败耶？

② 程伊川《上仁宗皇帝书》中有云："天下未治，诚由有君而无臣也，岂世无人？求之失其道尔！苟欲取士必得，岂无术哉！"（《河南程氏文集》卷5，《二程集》，第514页）此殆誉君上之辞，而惜其未能取"帝王之臣"以自辅耳。又，王阳明《祭元山席尚书文》曰："呜呼！世固有君而无臣，亦有有臣而无君者矣。以公之贤，而又遭逢主上之神圣，知公之深而信公之笃，不啻金石之固，胶漆之投，非所谓明良相逢，千载一时者欤！"（《王阳明全集》卷25，上海古籍出版社，2011，第1060页）阳明殆以世宗信用席书，可谓有君又有臣矣。诸说俱本于《公羊》"有君而无臣"一语，然其意颇与邵公所论不同，皆儒士以"帝王之臣"自任，而期君臣相遇以行其道耳。

相,非不用也,向使平津能内竭乃诚,外采群议以启沃,使孝武日闻其所未闻,日至其所未至,则三代之至治,可不日而复矣。嗟乎!平津无制礼作乐、长世御民之才,但以持禄固位、自图安乐为事,本传称"每朝会议,开陈其端,使人主自择,不肯面折廷诤",又称"尝与公卿约议,至上前,皆背其约以顺上旨",此非持位固禄、自图安乐者乎!孝武职此之由,其心荡矣,自是方士邪怪之说得进。以元朔五年十一月代薛泽为丞相,元狩二年三月薨,且孝武崇神仙之淫祀,惑少君之妖言,祠灶入海以求神仙不死之事,此皆平津之所睹也,蔑闻吐一言以救之,卒使孝武之心荡而不复,为千古笑,诚可惜也。伊尹有言曰:"予不克俾厥后为尧舜,予心愧耻,若挞于市。"嗟乎!平津无伊尹之心,诚可罪也。①

孙明复以武帝"思以复三代之至治","有禹汤之资",可谓"帝王之君",然公孙弘以业《春秋》而取卿相,却非"帝王之臣",遂致武帝不能致其盛德大业也。盖明复治《春秋》,于此能用邵公之说,以为君臣俱圣始能"成天下之至治"也。

案,公孙弘以治《春秋杂说》,遂至拜相封侯,虽未必为贤佐,然汉武亦未足为圣君之比。今观汉武不能用董子,且罪之几至于死,岂能独咎平津"无伊尹之心"耶!后世政权尽专擅于君主,而儒臣常浮没于其间,常以畏死自晦焉,则"有君而无臣"之局面,实属传统政治之常态也。②

至孔巽轩专治《公羊》,乃推邵公意以论宋襄,曰:

> 《司马法》曰:"逐奔不过百步,从绥不过三舍,明其礼也;不穷不能,而哀怜伤病,明其仁也;成列而鼓,明其信也;争义不争利,明其义也。"此所谓文王之战也。襄公之于楚,始为乘车之会,期以礼服之,不可得服,然后以兵治之。迹其征齐以义,会霍以信,不厄险以仁,虽功烈不及伯者之为,其所向慕则王者之用心也,是以引而进之。楚之病中国久矣,召陵之役,有王事焉;泓之役,有王心焉。能言距楚者,《春秋》之所高也,苟将伸齐而抑宋,则是先功利而后仁义,岂文王之所以为治?《繁露》曰:"《春秋》之义,贵信而贱诈。诈人而胜之,虽有功,君子弗为

---

① 《孙明复小集》,《文渊阁四库全书》本。
② 又,石徂徕论唐文宗甘露之变,乃重用郑注、李训所致,可谓"有君而无臣"也。(石介:《牛僧孺论》,《徂徕集》卷11,《文渊阁四库全书》本)时文宗欲诛宦官,犹鲁昭之逐季氏也,然其谋虽善,而所托非人,焉能当圣君之名耶?故周墀面谀文宗为尧舜,而文宗自视犹周赧、汉献之不若,可谓有自知之明耶!

也。故善宋襄公不厄人,不由其道而胜,不如由其道而败,《春秋》贵之,将以变习俗而成王化也。"呜呼！以此教后世,而左氏、穀梁氏亲传《春秋》,犹徒以成败论事,则甚矣,习俗不易变,而王化之难成矣。①

文王之战,诚如《司马法》所言,然后世独宋襄能用之。观巽轩有取于董子者,以为《春秋》所贵乎宋襄者,盖欲以"变习俗而成王化"也,然考其意,似以文王之战犹不足以争胜负耶？则《左》、《穀》之见,可谓胶固于人心久矣。

其后,陈卓人有论曰：

> 宋襄以守礼为楚所伤,七月而死,以曹杀大夫之不死曹君者例之,则凡在师者,论罪皆当诛,故曰"有君而无臣"。齐桓、晋文之霸,皆先教其民而后用之,襄公以不教之民,与强楚争胜,殃民以殃身,其愚可责,其志可嘉。而《春秋》表而出之,以为有王者起,行一不义,杀一不辜,而得天下,不为也。其行师也,则必为襄公之所为焉尔。②

案,庄二十五年,戎侵曹,而曹伯死之,其后曹尽杀其大夫。对此,邵公《解诂》云："曹诸大夫与君皆敌戎战,曹伯为戎所杀,诸大夫不伏节死义,独退求生,后嗣子立而诛之。《春秋》以为得其罪,故众略之不名。"据此,曹诸大夫"不伏节死义,独退求生",可谓"有君而无臣"。卓人更以为,徒有"帝王之臣"尚不足以争胜,遂责宋襄不能教民,以为宋襄之败,犹未得"帝王之民"故也。卓人此论极精,可谓深得邵公之精意焉。

然后世徒以"王师"相高,而暗于其义。盖汤、武吊民伐罪,诛除祸乱,诚属王师焉,然汤、武若无"帝王之臣"以佐之,无"帝王之民"以用之,焉能成其盛德大业耶？后儒莫不以"帝王之臣"自居,而常惜世无"帝王之君"以遇之。刘向称董子有"王佐之材",然观其际遇,不独不能尽其用,且几以构陷至死,则董子唯能佐"帝王之君"耳,至若遭横暴之世,则不得不为微言逊行以避世,此儒者所以深讥汉武,而孔子遂因有微言也。

盖中国自"三代"以降,皆行君主制,故其嗣位也,或父死子继,或兄终弟及,莫不尚"亲亲"之道焉。然秦汉以降之君主制,实颇不同于三代。对此,儒家区分两类君主制：周公以上,圣人常在位,故能"行道"于当世,此种君主制最是理想；然自孔子以后,君王有位而无德,而圣人则有德而无位,故唯

---

① 孔广森：《春秋公羊经传通义》卷4,上海古籍出版社,2014,第448—449页。
② 陈立：《公羊义疏》卷34,中华书局,2017,第1271—1272页。

以"传道"自任,而期以"得君行道"而已,则又其次焉。其间又有一类君王,其德虽非昏暴,然自信太过,好凌辱士人,真儒门之大不幸,可谓最下焉者矣。程伊川为其兄明道先生所作《墓表》中有云:

> 周公没,圣人之道不行;孟轲死,圣人之学不传。①

周公以前,圣人莫不在位,上有尧、舜、禹、汤、文、武之君,此邵公所谓"帝王之君";下则有皋陶、伊尹、傅说、周公诸贤臣,诚"帝王之臣"也。如此上下俱圣,遂能成就帝王大业。然自三代以后,君王暗昧于上,圣人俯伏在下,虽欲自售而常不得。其间虽有圣德如孔、孟者,既无尺土之封以"行道",唯著书立说,行"素王"之事,期"传道"于将来而已。② 至于以尽忠报国为学者之盛德,则不过谨守臣节而讳儒门之本志耳。

且后世君权常恣睢于上,儒者唯恪守孔子之垂法,而未有敢以圣人自任者。观历代儒者之语默出处,虽莫不慨然有苍生之志,然其下者,不过奉公守职而已,至其上焉者,则期以"君臣相得",盖欲假君权以行道耳。宋时君权敛迹,士气张扬,儒者遂有"致君尧舜"之高蹈议论,其意则在使君臣俱圣,正邵公所谓"有帝王之君,宜有帝王之臣"之论也。惜乎君王终不就道,而儒者之政治理想常亦付诸空言耳。三千年间,唯宋襄或属异数,何者?《公羊》托宋襄为"帝王之君",而深惜其臣非"帝王之臣",此宋襄所以行仁义而终致败也。盖孔子既不得自王,唯期时君为圣人耳,此《公羊》所以深许宋襄,其微意或可由此见矣。驯至明、清以降,时君既无圣德,犹以圣人自拟,其弊至于借君权而肆虐于上,而儒臣唯重足侧目以避祸容身焉!③

可见,在传统君主制下,儒家欲实现其政治理想,关键在于君德之成就。故自贾谊以后,儒家莫不重视傅职经筵,以为成就君德的根本。其实,不独儒家有"致君尧舜"之期望,西人亦有"哲学王"的理想,其意图并无根本差

---

① 《河南程氏文集》卷11,《二程集》,第640页。
② 案,章太炎谓"素王"本有三义:其一,"伊尹陈九主素王之法,守府者为素王",则"素王"乃有其位而无其权者也;其二,"庄子道玄圣素王,无其位而德可比于王者",则"素王"乃有其德而无其位者也;其三,"太史公为《素王眇论》,多道货殖,其《货殖列传》已著素封,无其位,有其富厚崇高,小者比封君,大者拟天子",则"素王"乃有其财而无其位者也。(参见庞俊、郭诚永:《国故论衡疏证》,中华书局,2008,第296页)
③ 《礼记·中庸》云:"子曰:'素隐行怪,后世有述焉,吾弗为之矣。'"郑玄所释不同于宋人,曰:"言方乡辟害隐身,而行诡谲以作后世名也。"孔颖达疏云:"无道之世,身乡幽隐之处,应须静默。若行怪异之事,求立功名,使后世有所述焉。"则汉唐人尚知孔子有辟害容身之意,若显言改制,则不免"素隐行怪"之讥,焉能辟祸耶?

异,不过欲驯化君王而已。① 然对于神权国家而言,乃先知或祭司执政,犹圣王之行道,故无驯化君王的问题;至若君权国家,除始封之君以及少数能"象贤"之子孙外,②其余嗣君多长于深宫,养于妇人之手,固非圣贤可知,且常为昏暴庸懦之主。因此,对于历代圣臣而言,若欲驯化君王,似唯有两种办法:

其一,嗣君之教育。无论贾谊提到的师、保、傅之职,抑或宋人普遍对经筵的重视,③目的皆欲使君王嗣位前即已养成君德,从而实现儒家圣人在位的理想。

其二,君权之约束。历代经师通过对经典的注疏,垄断了对天道的解释,且将灾异视为天意的体现,即上天对君王失德的降责和警示,从而树立了天的绝对权威,并以此轨范世俗君王的言行,而置于天道解释者的监护之下。就此而言,经师成为君权的监护者和圣人遗宪的守护者。《诗》所谓"战战兢兢,如临深渊,如履薄冰",殆欲君王能敬畏上天也。

显然,前者的目标更为高远,究其实质,不仅欲回归三代时的理想君主制,而且,更试图借此以实现儒家的古老政治理想,即尧舜时代君臣俱圣的状态。不过,对于政教合一的神权国家而言,实现此种状态并非难事。盖因神权国家的形成,不同于君主制下的"化家为国",实由教团转化而来,可谓"化教为国"。教主作为先知,不仅能聆听神意,同时作为教团的领袖,掌握了世俗政治权力,可以说,此种"化教为国"的模式避免了君主制下政教分离的痼疾。对于此种国家形态而言,学者和教士高居权力之巅,犹"帝王之臣"

---

① 对此,顾亭林尝有说曰:"为人臣者必先具人君之德,而后可以尧舜其君。"(黄汝成:《日知录集释》册上,上海古籍出版社,2006,第15页)则君臣俱圣,当有圣人能兴于下,而后能驯化其君也。然吾国儒教,自孔子殁后,不独其后裔素无教主之尊,唯奉其祀而已,至于尊奉孔子遗教之儒士,亦不过借君权以行道,不免常屈身于有司之职,而绝无可能抗礼万乘焉。

② "象贤"一词,最早见于《尚书·微子之命》。其时周成王封微子于宋,而勉微子作为"殷王元子",能够"统承先王","践修汤德"。换言之,微子之贤,在于能效法其祖成汤之德而已,此为"象贤"。其后,《仪礼》《礼记》皆有"象贤"之说,而郑玄注谓"贤者子孙,恒能法其先父德行",其意以为诸侯子孙之贤,首要在于效法始封君之德行也。(参见曾亦:《论儒家的"象贤"说:一种对政治权力过渡的不同阐释》,载《复旦学报(社会科学版)》,2018年第4期)

③ 宋儒重视经筵,其目标固然是"致君尧舜",然犹自居"先觉"以觉"后觉",内中实有以"帝王之臣"自任的意思。正如顾炎武所言,唯"帝王之臣"始能成就君之圣德也。显然,此种学说包含了君主制下政教分离的预设。不仅如此,宋儒更有"觉斯民"之志,则欲彻底实现君、臣、民俱圣的政治理想。汉儒则不同,而以经典与天道的诠释者自居,或以圣人遗训的守护者自任,即通过对经典的诠释和律法的贯彻,实现对君权的某种监护。就此而言,宋儒相较于汉唐儒家,更具有某种异端的性质。

也；而普通信众，则绝对信顺其教法和教义，可视为"帝王之民"。可以说，此种上下俱圣的状态，在神权国家中实属自然。

但对于君主制而言，上下俱圣几乎是不可能实现的目标。即便儒家奉为理想的三代君主制，最后常不免流于君权恣肆的弊端，遑论秦汉以后的君主制。而且，明清以后，世俗君王又莫不圣人自为，如此彻底堵塞了君德养成的路径。因此，近人对君主专制的批评，虽未为探本之论，然就其流弊而言，却实属常态。如此，儒家便只能通过后一种办法来驯服君王，即君王掌握政权，而儒士则掌握教权，并将其理想或价值固化为一整套制度安排。换言之，政教分离虽属君主制的基本前提，但儒家正是通过政教之分离，而实现借教权以约束君权的目标。诚能若此，上自君王，下至臣、民，莫不"遵王之道"、"遵王之路"，从而实现了君主制的有效运作。就此而言，自天子以至于庶人，虽未必俱有圣德，却不得不"壹是皆以修身为本"，即受圣人之道的约束。

三代时的君主制不同于后世，盖其君王皆为"天子"，诚犹殷纣所言，"我生不有命在天"，则君王常为"天命"所视，唯天乃能责罚之也。正因如此，三代之时，圣人何其多耶？上有禹、汤、文、武之君，下则有皋陶、伊尹、傅说、周公之臣，又有伯夷、叔齐、虞仲、夷逸、朱张、柳下惠、少连之民。可见，对于理想君主制而言，君、臣、民俱是圣人，亦非绝无可能之事。降至后世则不然，或有君而无臣，宋襄孤行仁义是也；或有臣而无君，惠、连之降志辱身是也；至于孔、孟，虽有创教之实，又得贤弟子为佐，然终不免栖栖遑遑，奔走于列国间者，盖未得国而无其民也。是以孔子不得已而作《春秋》，行"素王"之事，假鲁以寓王法，行褒贬黜陟之权，盖虚拟一国以张治法而已。

案，《论语》记公山不狃召孔子事，而司马迁《孔子世家》载孔子语云：

> 盖周文、武起丰、镐而王，今费虽小，傥庶几乎！①

史公殆真知圣人之本志者，不过欲效文、武据丰、镐而王也。然司马贞《索隐》谓《孔子家语》及孔子诸书俱无此语，而桓谭遂以为诬孔子，盖惧学者因此得祸，乃深讳此言而削此语耶？且史公系孔子传于"世家"，司马贞以为孔子为"教化之主"，而"为帝王之仪表"，故为"世家"。然"教化之主"者，正康长素所谓"教主"也。

---

① 司马迁：《史记》卷47，中华书局，2013，第2308页。

长素谓孔子为教主，不独以孔子之教足以通乎万世，且以孔子及其弟子三千，实具有教团的性质。① 昔穆罕默德传教于麦加，后建国于麦地那，得迁士、辅士之助，当地民众亦尊信其教，此诚王业之基。观孔子其志亦然，若真得文王百里、汤七十里以行其道，则贤圣上下同力，焉知不能效彼以遂其志哉！惜乎屡沮于时君，而道终不得行焉。其后公羊家创为孔子"汉制"或"赤制"之说，盖因儒士既不得独立建国，遂寄望于时君以信用其教而已。汉武虽能遵用儒术，毕竟出于雄主一时之志耳。然就当时儒士而论，亦不过逢君所好，可谓"有臣而无君"而已。②

　　在君主制下，君权至高无上，教权则抑而不显，故孔子以后，再无圣人降世以垂法，而学者创制之权亦常受胁迫于君权。正因如此，历代《春秋》学者于孔子称王之志，皆讳莫如深，非有愧于君臣之义，实以避祸容身故也。③ 汉人去古未远，犹谓孔子自称"素王"，然已属"微言"，颇乖孔子之本怀矣。若宋人则拘于一孔之见，乃专意自修，而以成圣为凡民之人生鹄的，不过儒门之异端也。至其视圣人为修己正人之仪表，则去《春秋》改制立法之大旨，可谓失之远矣。近来大陆儒学复兴，然学者犹多惑于宋人旧说，少

---

① 后世多视孔门为学派，而非教团。然长素以儒门服儒服，行儒礼，颇与世俗异，"当时凡人入儒教者，必易其服，乃号为儒，可望而识，略如今僧道衣服殊异矣"。（康有为：《孔子改制考》卷7，《康有为全集》册三，中国人民大学出版社，2007，第93页）至于周秦时人多视其书为"儒书"，其说为"儒说"，其弟子为"儒生"，种种殊异之处，足见孔子亲创儒教而自为教主也。

② 自明代以降，儒家学者已意识到儒教与伊斯兰教的相通。宪宗成化间，时有进士陆容以为，"回回教门异于中国者，不供佛，不祭神，不拜尸，所敬者，唯一'天'字。天之外，最敬孔圣人"。（陆容：《菽园杂记》卷2，《丛书集成初编》本）稍后，郎瑛亦认为，伊斯兰教"惟敬天事祖之外，一无所崇"。（郎瑛：《七修类稿》卷18，上海书店出版社，2001，第182页）可见，当时伊斯兰教所以敬孔子者，盖以儒教与伊斯兰教皆重伦理纲常，而大异于基督教也。

　　至明末清初，王岱舆、刘智、马注等"回儒"采取"以儒诠回"或"外回内儒"的策略，将伊斯兰教教义纳入中国传统思想，从而实现了某种意义上的伊斯兰教中国化。在"回儒"们看来，"二教同源"，这不仅体现在重视社会政治和伦理观念的共同倾向，"吾教大者在钦崇天道，而忠信孝友略与儒者同"（王岱舆：《正教真诠》），而且，将伊斯兰教念、礼、斋、课、朝等"五功"与儒家仁、义、礼、智、信等"五典"相联系，视为内、外五功。此外，尚有学者试图将双方圣人纳入共同的道统，如清代即有学者认为，子天、丑地、寅人、午初尧舜、午后孔孟、未穆罕默德、申今（清），戌则"人物消尽"，从而将天地开辟以来的人类历史纳入十二个时辰的不同时间段。（参见唐传猷：《清真释疑补辑》）正因如此，马安礼认为，两教可以"互相发明，并行不悖"。

③ 秦汉以后，虽有圣德在下者，亦不敢显然以圣人自居，盖畏君势故也。不独吾国如此，若伊斯兰教自第四任哈里发阿里卒后，历代伊玛目皆为时君所畏忌，多遭迫害致死，故什叶派乃造为"隐遁"之说，以为圣人虽隐于山林，然先知所降示之律法俱在，故可由学者代理圣人，行监护时君之权。

有达斯旨者。① 近代国家多主张政教分离,故教权仅限于个人信仰领域,可见其微弱,而于世俗生活则完全失去了任何指导性意义。考诸传统中国,政教分离虽为基本特点,然儒家之教权极隆,而律法、教育诸项,亦颇属诸教权。故今当儒学复兴之际,学者敢不稍致其意焉。

殆自20世纪60年代末以来,随着民族解放运动的完成,世界范围内出现了反世俗化潮流。受到此种潮流的激荡,不仅可以看到伊斯兰主义的复兴运动以及西方世界中的保守主义转向,而且,源于西方的左翼思潮亦随之低落。时至今日,此种潮流依然呈方兴未艾之势,而中国自90年代开始,亦出现了以儒家为代表的保守主义复兴。因此,学者须意识到此种大势。惜乎部分学者对此尚未有充分觉悟,依然执守世俗化的道路,以为根本问题皆在物质文化需求未能满足也。

---

① 儒学内部自有政治儒学与心性儒学之分,诚属自然之理。其实,就伊斯兰教而言,自其创立不久,即已有此两种路向:其一,以艾什尔里教义学派和逊尼派四大教法学派为代表,重视信仰的外在形式,并发展出经注学、圣训学、教义学和教法学等分支学科,具有明显的官方信仰色彩。其二,以苏非派为代表,提倡潜心功修,重视个人人格的完美,希图通过修炼达到与真主在精神上合一的境界,并获得灵魂上的解脱、快慰和满足,此派学说更多表现为民间化的信仰形式。(参见吴云贵:《穆斯林民族的觉醒——近代伊斯兰运动》,中国社会科学出版社,1994,第29页)

而对于儒学两千多年的发展脉络而言,亦有此两种路向。通常政治儒学具有更强烈的官方色彩,亦更易受政治环境的影响,故无论唐末五代,还是清末民初,首先受到冲击的便是政治儒学。至于宋明儒学,由于偏重个人之心性修养,相对而言,有着更强烈的民间色彩,故不易受到政治环境的影响。不仅如此,心性儒学较易沉入民间,而表现为各种民间宗教。正因如此,自民国以来,虽然政治儒学随着君主制的覆灭而瓦解,但"接着宋人讲"的现代新儒学却反而得到了复兴,并延续到了今天。

第一章　生平著述考

第一节　生　平

刘逢禄,字申受,一字申甫,号思误居士。① 生于乾隆四十一年(1776),卒于道光九年(1829)。其始祖刘真,明初由凤泗驻防常州,遂世居武进,是为西营刘氏。② 祖父纶,官至文渊阁大学士、军机大臣,卒赠太子太傅,谥文定,入祀贤良祠。③ 父召扬,尝扼于和珅,遂无意仕宦,屡主湖南、陕西、山

---

① 参见刘承宽:《先府君行述》,《刘礼部集》卷11附,《续修四库全书》影印道光十年思误斋刊本。
② 刘申受《先府君行述》云:"先世始祖曰真,明洪武初,自凤泗从兵徇江南,遂驻防常州,是为西营刘氏。"(《刘礼部集》卷10)又,刘宪章《始祖恪公公传》云:"余之先世出汉彭城,历南北朝、五代播迁,其居在淮泗与凤阳者最盛。元季寇燹,恪公公讳真,为人慷慨大略,率子弟习骑射,练乡勇,团士兵,出入相友,守望相助,远近赖安。至正间,会太祖高皇帝起兵濠泗,慨然有除暴安天下之志,公率侄洪为从龙义举,随汤和下江南。丁酉三月,克常州,统兵驻防西营十年,遂世居武进。此由凤泗入常,为毗陵之始祖。"(刘翊宸重修:《西营刘氏家谱》卷8,光绪二年丙子刊本)
③ 刘申受《先府君行述》云:"演生机,府学生,娶于金,生讳纶。举乾隆丙辰博学鸿词科第一,仕至文渊阁大学士,入祀贤良祠,谥文定。"又,《刘文定公传》云:"刘纶字如叔,乾隆元年,举博学鸿词科第一,授编修,历官文渊阁大学士……三十七年,薨于位,诏赠太子太傅,谕赐祭葬,予谥文定,入祀贤良祠。纶人品学问冠绝当代,具干济才,而清慎自矢。自任侍郎时,入直枢廷,值平定新疆四部,赞画机务,动中事宜,先后二十余年,始终敬慎,嘉谟入告,退直慎默不言,即诸子亦不令知之。迭掌文衡,得士最盛。生平谨厚,不立崖岸,而人莫敢干以私。尝言'居官贵操守,当以节俭为操守之本,寡嗜欲为节俭之本',人以为名言。著有《内外集》二十四卷行世。"(《西营刘氏家谱》卷8)又,《家谱·世表》云:"纶,行二,字如叔,号绳庵,邑廪生。乾隆丙辰,召试博学鸿词第一,授翰林院编修。丁巳,殿试,掌卷官,充实录馆纂修。戊午,顺天乡试同考官。己未,会试同考官,再任翰林院侍讲、日讲起居注官兼文颖馆纂修。辛酉,陕西乡试正主考。三任太常寺少卿,四任通政使司右通政,五任通政使司左通政,六任太仆寺正卿,乙丑殿试读卷官,七任大理寺正卿,八任内阁学士兼礼部侍郎,戊辰会试知贡举武会试正总裁,九任管理兵部右侍郎,续文献通考馆副总裁,入直南书房,十任礼部右侍郎仍兼兵部右侍郎,十一任工部右侍郎、军机处行走、国史方略两馆副总裁,十二任经筵讲官、户部右侍郎兼管顺天府尹事,十三任户部左侍郎,十四任都察院左都御史,庚辰恩科顺天乡试正主考,十五任兵部尚书,恩赐紫禁城骑马,十六任户部尚书兼兵部尚书,十七任户部尚书、协办大学士加太子太保,恩赐红绒结顶貂冠,十八(转下页)

东讲席,课徒授业。① 外祖庄存与、②舅述祖,③并以经术名世,申受尽传其学。

(接上页)任兼署刑部尚书,十九任吏部尚书仍协办大学士、己丑科会议大总裁、庚寅恩科顺天乡试正主考,二十任兼署户部尚书,二十一任实授文渊阁大学士兼工部尚书仍兼管工部事务、壬辰科会试大总裁,又充方略三通国史四库全书馆正总裁,诰授光禄大夫,加赠太子太傅,入祀贤良祠。"(《西营刘氏家谱》卷2)

① 刘申受《先府君行述》云:"府君讳召扬,字卣于。……幼有志行,王父文定公命从伯父学,伯父有所撰述,过目辄不忘。及冠,任理家事,宵则篝火治文史,恒至达旦。文定公遘疾,侍汤药,夜不解衣者数月,前后遭王父母丧,经营窀穸,纤悉备至。府君幼时,世父、伯父为文词有声,文定公与人语,尝谓:'守我家者,季子也。'伯父亦云:'此吾家吴季子也。'……主湖南、陕西讲席;庚申岁,复主山东省城讲席。……所著诗文集三十卷,藏于家。其学不拘一格,自经史以及律吕、星算外,至释典、道藏、灵素之说,无所不窥;又精于曲艺,从人学管弦、丹青诸事,每数日夜而尽其技;又善弈,工唐人楷法。……配吾母庄孺人,礼部侍郎讳存与公女,子三人,逢辛、逢壬早卒,逢禄嘉庆辛酉拔贡生,娶潘氏,例授州同名尚基女,孙三人,承宽、承宠、承向,女子子三人。"又,《家谱》云:"召扬,乾隆四十九年南巡召试第一,授内阁中书,学行高洁,乡里推服。著有《平安舫诗稿》19卷。"(《西营刘氏家谱》卷8)《家谱·世表》云:"召扬,行三,字卣于,号卣亭,监生。乾隆甲辰圣驾南巡,召试第一,特赐举人,授内阁中书,例授文林郎,以子逢禄诰赠大中宪大夫、礼部仪制司主事加三级。娶庄氏,例封孺人,诰赠恭人,乾隆乙丑榜眼礼部侍郎庄存与女,享年六十五岁。生子三:逢辛、逢壬、逢禄。女三:一适东河候补县孙赵学彭,一适杭州汪绳勋,一适庄成薿。"(《西营刘氏家谱》卷2)

  据申受《记董文恭公遗事》,其父召扬"在官生中屡试被黜。丙申岁,纯皇帝东巡泰山,循例献赋,彭芝庭尚书取置一等,于文襄公改列二等。甲辰,纯皇帝南巡,举召试进册,纯皇帝顾从臣曰:'此册书词大佳。'询及家世,慨然曰:'良臣子也。试时,汝等审阅之。'是时阅江南卷者四人,为梁文定公、朱文正公,公时为侍郎,在朱公右,其决取舍则故相和珅也。珅得卷,非所属意者,先视其笔误斡补处抉去之,其无笔误,则妄摘瑕疵,以指甲深画之。比得余卷,将下手,董公急取之,曰:'此非上嘉其书法者乎?诗赋犹人,而谨权衡论,他卷不及也。必置第三,俟上升降之。'上果置第一,谕曰:'此论冠场。'从臣皆贺,相谓曰:'军机事繁,闻此人日试万言,不差一字,真良材也。'时府君自知不能诡随,又恐以抗得祸,乃不补官,且不试礼部而归"。(《刘礼部集》卷10)又据申受《先府君行述》,"甲辰岁,应南巡召试,高宗纯皇帝亲置第一,谢恩日,知为文定公少子,喜谓侍臣:'是为能世其家者。'思欲大用矣。而府君自以山野之性,不耐奔走当途,乃不赴补,且不应礼部试"。申受《先姒事略》亦云:"府君自甲辰召试,钦赐内阁中书,未尝赴补,前后多事远游。"(《刘礼部集》卷10)可见,召扬几扼于和珅之手,终以"山野之性,不耐奔走当途",遂未补官矣。盖其时和珅"骎骎向用",枯宠贪恣,吏治日坏,危亟可忧,不独召扬见扼于和珅,而方耕治《春秋》,亦因寓其愤慨之志焉。嘉庆二十三年,大学士董文恭病薨,申受感念其父与己所受两代知遇之恩,乃撰《记董文恭公遗事》一文,其中引述恽敬、洪饴孙言和珅事,极论和珅之权势滔天。(参见《刘礼部集》卷10)

② 庄存与(1719—1788),字方耕,号养恬,武进人。乾隆十年(1745)一甲二名进士,授编修。后以其经学造诣,擢升侍读。二十年,官至内阁学士兼礼部侍郎。历任湖南、顺天、山东学政。二十三年,为上书房行走。尝以经术教授乾隆第十一子成亲王永瑆。(转下页注1)

③ 庄述祖(1750—1816),字葆琛,所居室曰珍艺宦,学者称珍艺先生。葆琛十岁而孤,时世父庄方耕于五经皆有论说,葆琛乃取法焉。乾隆四十年庚子成进士,历官山东昌乐县、潍县知县、曹州府桃源同知。嘉庆二年,以母老乞养归,自是著书十六年。葆琛于《五经》皆有撰述,而于《尚书》、《毛诗》、《夏小正》考证尤勤。所撰有《尚书古今文授读》4卷、《尚书记章句》1卷、《尚书古今文考证》1卷、《尚书杂义》1卷、校《尚书大传》3卷、校(转下页注2)

乾隆四十一年（1776）六月十二日，母庄氏感异梦而生申受。① 申受貌不逾中人，而容止温肃，吐嘱谦谨。② 幼好学，十三岁，"十三经及周秦古籍皆毕"。尝读《汉书·董仲舒传》而慕之，乃求得《春秋繁露》，益知为七十子

（接上页注②）著有《彖传论》1卷、《彖象论》1卷、《系辞传论》附《序卦传论》2卷、《八卦观象解》2卷、《卦气解》1卷、《尚书既见》3卷、《尚书说》1卷、《毛诗说》4卷、《周官记》5卷、《周官说》5卷、《春秋正辞》11卷、《春秋举例》1卷、《春秋要指》1卷、《乐说》2卷、《四书说》1卷，统名曰《味经斋遗书》。又有《味经斋文稿》若干卷。后人称其"生平践履笃实，于《六经》皆能阐发奥旨，不专事笺注，而独得先圣微言大义"。（徐世昌：《清儒学案》卷73《方耕学案》，中华书局，2008，第2793页）然诸书除《春秋正辞》能得时人认可，并收入《皇清经解》外，其余诸书颇受后人讥议。如胡玉缙谓"除《春秋正辞》外，大率任臆而谈，别为一派"（胡玉缙：《续四库提要三种》，上海书店出版社，2002，第409页），其《尚书既见》更是"凭私臆说，蔓衍支离"（同上，第409页），又谓其《毛诗说》"皆穿凿不可信"（同上，第413页）。李慈铭更是丑诋其《尚书既见》，以为"既无一字辩证其真伪，亦未尝阐发其义理"，"附会纠缠，浮辞妨要，乾隆间诸儒经说，斯最下矣"。（李慈铭：《越缦堂读书记》，上海书店出版社，2000，第19、20页）然亦颇有右其学者，如龚定庵许其称《伪古文尚书》"功罪且互见"之说（参见龚自珍：《资政大夫礼部侍郎庄公神道碑铭》，《龚自珍全集》，上海古籍出版社，1975，第142页），魏默深则称其为"真汉学"，而异于"辨古籍真伪"的"世之汉学"。（魏源：《武进庄少宗伯遗序》，《魏源集》，中华书局，1983，第238页）董士锡更誉其学曰："不知者以为乾隆间经学之别流，而知者以为乾隆间经学之巨汇。"（徐世昌：《清儒学案》卷73《方耕学案》，第2825页）

盖自明末以来，庄氏家族已有注重经世致用的家学传统，故方耕治《春秋》，当有出于此者。其族弟庄勇成《少宗伯养恬兄传》谓方耕"晚喜唐荆川，研经求实用"，可谓流风所及。然方耕生前未尝以经学名家，董士锡《易序》云："其时庄先生存与以侍郎官于朝，未尝以经学自鸣，成书又不刊板行世，世是以无闻焉。"阮元《庄方耕宗伯说经序》则谓其"所学与当时讲论或枘凿不相入，故秘不示人"。（转引自曾亦、郭晓东：《春秋公羊学史》册中，第862页）方耕自晦其学，除上述学术方面的因素外，或许有政治方面的原因，魏源尝谓方耕晚年与和珅同朝，"郁郁不合"，"故于《诗》、《易》君子小人进退消长之际，往往发愤慷慨，流连太息，读其书可以悲其志云"。（参见魏源：《武进庄少宗伯遗序》，《魏源集》，第238页）甚至与乾隆帝本人的性格亦有关系，龚定庵尝有言曰："方是时，国家累叶富厚，主人神武，大臣皆自审愚贱，才智不及主上万一。"（《龚自珍全集》上册，中华书局，1959，第141页）盖君上自负如此，则臣下焉能不守拙自晦耶！

（接上页注③）《逸周书》10卷、《书序说义考注》2卷、《毛诗授读》30卷、《毛诗口义》3卷、《毛诗考证》4卷、《诗记长编》1卷、《乐记广义》1卷、《左传补注》1卷、《穀梁考异》2卷、《五经小学述》1卷、《五经疑义》1卷、《特牲馈食礼节记》1卷、《论语集解别记》2卷、《明堂阴阳夏小正经传考释》11卷、《明堂阴阳记长编》10卷、《古文甲乙编》4卷、《甲乙篇偏旁条例》25卷、《说文古籀疏证》25卷、《说文谐声考》1卷、《说文转注》20卷、《钟鼎彝器释文》1卷、《石鼓然疑》1卷、《声字类苑》1卷、《弟子职集解》1卷，校正《列女传凡首》1卷，校正《白虎通别录》3卷、《史记决疑》5卷、《天官书补考》1卷，校定《孔子家》1卷、《历代载籍足证录》1卷、《汉铙歌句解》1卷、《诗集》3卷、《文集》4卷。（参见张广庆：《武进刘逢禄年谱》，台湾学生书局，1997，第32页）

① 申受《东鲁讲舍三十初度杂述八首》之六有云："三圣祠中验故吾，私情未报愧雏乌。"其自注云："余两兄早殇，先祖母祷于都中三圣祠，生时并有梦应。"（《刘礼部集》卷11）故刘承宽《先府君行述》谓召扬"娶礼部侍郎庄公存与之女，初殇二子，祷于都城三圣庵，感异梦而生府君"。

② 李兆洛：《礼部刘君传》，《养一斋文集》卷14，光绪四年重刊本。

微言大义，遂发愤研读《公羊传何氏解诂》，不数月，乃尽通其条例。

申受举业颇不顺，屡困场屋。嘉庆七年（1802），申受以拔贡生入都应朝考，时王父刘纶、二伯父刘跃云故旧遍京师，申受闭户读书，不事干谒，初试一等三名，然复试被黜。① 八年，父卒，申受奔丧于济南。十年，申受服阕，应聘主兖州讲席。十二年，申受年三十二，举顺天乡试举人。② 十三、十六年，会试两不第。直至十九年（1814），时年三十九，申受始成进士，选翰林院庶吉士。③ 二十二年，散馆改礼部祠祭司兼仪制司事。道光四年（1824），补仪制司主事。

据其子承宽《先府君行述》，申受在礼部为官十二年，常"据古礼以定今制，推经义以决疑难"，非徒簿书期会如胥吏所识而已。嘉庆二十二年，申受尝有疏论兼祧之服，其中载其事云：

> 安徽巡抚咨称：某州民某兄弟异居，伯有子一人，仲无子而殁，伯为子娶妇，有孙三人，仲之妻亦为伯子取其姪为妇，妇仍无子，欲以伯之孙幼者一人为嗣，请于州府，欲令此子为仲妻服祖母承重服三年，又为其妇服母服三年，而降其父母与兄之服，乃以财与之，否则别择疏族为后。州府以仲之妇某系中表联姻，本难谓为妾媵，欲许如继母服而降其本生母，其应嗣之兄弟皆不可，咨请部示。部中议曰："伯之孙某，义可得其资财，而不肯为持服，若如所请，是欺老寡而教天下以薄礼云。慈母如母，今律亦然，请以此示之。"④

申受乃上疏驳曰：

> 礼云"慈母如母"者，父命妾子之无母者曰"女以为母"，命妾之无子者曰"女以为子"，于是鞠育教诲，恩义兼深，故慈母如母，妾贵君命、子贵父命也。今是子嫡母亲生无恙，未尝受仲妇之抚养，不得以妾子之无母者比。且古者士大夫之妾媵皆姪娣也，孰谓内姻不得谓妾乎？仲之妻止当为伯子纳妾，不得为伯子取妻，为取妻是二適也。且礼所谓承

---

① 参见刘承宽《先府君行述》、刘逢禄《记董文恭公遗事》。
② 刘承宽《先府君行述》云："明年丁卯，举顺天乡试，编修孔先生昭虔，故世治《公羊春秋》者也，得府君卷，大惊，座主戴文端公、桂文敏公、蒋少司农，皆国士遇之。"
③ 刘承宽：《先府君行述》云："甲戌年，三十有九，始成进士。房师程先生祖洛手录其经策以出，总裁则章文简公、周大司空、王大宗伯、宝少司空也。殿试二甲，朝考入选，改庶吉士。"
④ 刘逢禄：《礼无二適议》，《刘礼部集》卷3。

重加降者,所以重本尊统,故有適子则无適孙,父以传子,祖以传孙,文家宗法则然,非仅资财之谓也。古者兄弟异居,同财有余则归之宗,仲既无嗣,仲之妻当以其财归于伯,伯使子主其生事葬祭,礼也。仲子妻且不得私其财,仲为伯子所别取之妇又安得私其财?使是子也,利其财而外其所生;是妇也,私其财而不夫其夫,尚不为教天下以薄乎?且世俗有兄弟四五人而共一子者,若皆为取妇,而孙又止一人,是三年之丧终其身无已也。①

申受盖以兼祧为非礼也。案乾隆四十年(1775),"特旨允以独子兼祧,于是始定兼祧例"。② 朝廷既许兼姚,自有一人双娶適室之理,遂产生为两房父母及其亲属的服叙问题。

申受盖持旧礼立场,反对二適的做法,故于仲妻及其妇死,主张"仲之妻死,是子以从祖祖母之服服之;仲之妇有女,则以庶母之服服之,如无女,则父妾也,于礼无母名也,礼云'士妾有子而为之缌,无子则已',不得以叔母例"。③ 据申受自言,此案殆从其议也。然乾隆时始有特旨许兼祧,至道光九年(1829),始增两祧服制,"独子之子分祧两房各为其父母,嫡孙承重者各为其祖父母,大宗子兼祧小宗、小宗子兼祧小宗各为所生父母,小宗子兼祧大宗为兼祧父母,小宗子出继小宗尚未为所后父母持服丁忧,而所生父母无嗣仍以一人兼祧者为所生父母,均服斩衰三年",又规定"独子之子分祧两房各为分祧父母,小宗子兼祧大宗为所生父母,大宗子兼祧小宗、小宗子兼祧小宗各为兼祧父母,均服齐衰不杖期,并令辍考、解任。其余本生亲属俱从正服降一等,其子孙则只论宗支服制"。④ 所谓"只论宗支服制"者,盖一旦子女决定归属后,即只论归属房服叙也。⑤ 可见,申受此议在清代实属少数意见,当时唯有梁章钜赞同而已。

道光元年(1821),仁宗圜丘升配事毕,申受撰《庚辰大礼记注长编》十二卷,言其始末,以为后世考礼仪者所迹焉。刘承宽《先府君行述》云:"若嘉庆二十五年,睿皇帝升遐,府君居署数旬,昼夜讨论,口咨手录,因成《庚辰大礼记注长编》十二卷,自始事以至奉安山陵,典章备具,体例谨严,其后承

---

① 刘逢禄:《礼无二適议》。
② 赵尔巽:《清史稿·礼志一二》,中华书局,1977。
③ 刘逢禄:《礼无二適议》。
④ 吴荣光:《吾学录》卷15,同治九年江苏书局重刊本。
⑤ 丁凌华:《中国丧服制度史》,上海人民出版社,2000,第191页。

修官书遂全用其稿。"①时申受有书上尚书王文简公,②请复古禘祀之礼,事不果行而失稿,仅别存《禘议》。③

四年,申受推舅氏庄述祖(字葆琛)未竟之志,撰《尚书今古文集解》30卷,④《书序述闻》1卷。⑤《尚书集解》序自谓其所拟《议礼决狱》、《答难》诸书,至今未能卒业,《诗声衍》创稿粗就,缮写未遑。同年,李兆洛在暨阳校刊申受所著《公羊释例》。初刻于邗上,未成,兆洛取以归为补刊之,并移书京都,索其别种。⑥

七月,越南贡使陈请为其国王母乞人参,而谕中有"外夷贡道"之语,其使臣欲请改为"外藩",申受为牒复之曰:

> 案《周官·大司马·职方氏》,王畿之外分九服,夷服去王国七千里,藩服去王国九千里,是藩远而夷近也。又许氏《说文》谓羌狄蛮貊字皆从物旁,惟夷从大从弓者,东方大人之国,夷俗仁,仁者寿,有东方不死之国,故孔子欲居之。且乾隆间奉上谕申饬四库馆,不得改书籍中"夷"字作"彝"、"裔"字。舜东夷之人,文王西夷之人,我朝六合一家,尽去汉唐以来拘忌嫌疑之陋,使者无得以此为疑。⑦

越南使者遂无辞而退焉。

又,武进张氏女适婿汪某,其姑强使与人通,不从,殴致死。对此,申受有议曰:

---

① 次年秋,龚自珍撰《刘礼部庚辰大礼记注长编序》。张广庆以为,"是《序》与先生《恭跋》一文全同,唯文末署名、序跋时间有异"。(张广庆:《武进刘逢禄年谱》,第103页)
② 案,王文简公即王引之(1766—1834),字伯申,号曼卿,高邮人。嘉庆四年(1799)进士,由翰林院编修累至礼部尚书,改工部尚书,卒于位,赐谥文简。
③ 参见刘承宽《先府君行述》、戴望《故礼部仪制司主事刘先生行状》。
④ 关于《尚书今古文集解》一书,刘承宽《行述》言申受述作之旨归云:"郑氏于三礼而外,于《易》、《诗》非专门,其《尚书》注已亡,或掇拾残阙,欲申墨守,或旁搜众说,支离杂博,皆浅涉藩篱,未足窥先王之渊奥,乃别为《尚书今古文集解》三十卷,别黑白而定一尊,由训故以推大义,冀他日与各经传注并立学官焉。"案,庄述祖《答蒋松如问夏时说义书》云:"近欲撰《尚书今古文集解》,仅载马、郑、王三家注及《史》、《汉》所引异同,亦不能遽定其是非。读大著《禹贡详说》,实事求是,缕析条分……述祖不过单句破碎,致远恐泥者,何足语于大道哉?"(《珍艺宧文钞》卷6)张广庆认为,"先生(申受)是书,不惟与庄氏所欲撰者书名相同,其征古义部分,亦仅载马、郑、王注,足征其取庄氏未竟之遗稿,以推其说,撰为是编"。(张广庆:《武进刘逢禄年谱》卷2,第109页)
⑤ 案,《书序述闻》乃申受述其所闻于舅氏述祖《书序说义》者也。其题曰"庄先生曰",明授受也;间附己意,则以"谨案"别之。
⑥ 参见张广庆:《武进刘逢禄年谱》卷2,第109页。
⑦ 刘承宽:《先府君行述》,《刘礼部集》卷10。

案《书·康诰》，父不慈，子不祗，"不于我政人得罪，天惟与我民彝大泯乱，曰：其速由文王作罚，刑兹无赦"，言不孝不慈，其律均浮于元恶大憝也。《春秋》之例，专杀大夫称国，其有罪无罪以葬别之，言有罪亦不得专杀，其罪贬绝也。杀世子母弟目君，其罪诛也，视专杀命卿加一等。《白虎通德论》曰："父杀其子当诛何？以为天地之性人为贵，人皆天所生也，托父母气以生耳。王者以养长而教之，故父不得而专也。"《礼·丧服》妇为舅姑服期，《传》曰："从服也。"盖谓妇于舅姑，以人合者也，其情轻于父子。今律，父杀子之罪轻于平人，言至亲也，非以义灭恩，亦不至此，故不为之坊，律意非纵不慈也。古律，父杀子之罪重于平人，言未孝未敬而不可教不可怨，则放出而不表，礼不废天伦也。若子可忍，孰不可忍乎！至于杀，则恩已绝。恩绝者，以义制。今以义论，而汪为彝伦之戮，不可逭也；以恩论，而汪为毒虐无告，不可逭也。纵淫以败俗，自有应得之罪，况专杀乎？灭亲以贼恩，自有应得之罪，况以淫故而戕贞妇乎？鲁哀姜以淫故，杀二嗣子，为齐桓所诛，《春秋》韪之。朝廷用经生以持法，似不宜徒执姑妇之分，使民弃礼而征于律也。①

据唐以后律法，父杀子，其罪轻于凡人相杀，故朝廷遂据以断姑杀妇之事。然申受引《公羊》义，以为国君尚不得专杀大夫，若杀世子母弟则目君，遂断父杀子之罪重于凡人，以为真"古律"也。申受又作《张贞女谏》，称张氏女有令德孔仪，取义成仁，并彰胥吏舞文乱法之痼。

凡此，皆见《春秋》足为"万世之刑书"也，而儒学能通经而致诸实用者，正在于此。《行述》因称申受"据经决事，有先汉董相风"。李兆洛《礼部刘君传》亦谓申受"其在官，凡同列有疑不能决者，为引经义别白之，已而公卿亦多就问所疑，无不据经决事，有董相风"。②李慈铭亦许申受为"通儒"，曰："他如《礼无二适议》、《姑舅从母之女子子不得为婚姻议》、《適孙为祖父母持服议》、《张贞女狱议》、《马贞女论》，皆援据定律，深得礼意，具见明体达用之学，固可谓通儒矣。"③戴望《故礼部仪制司主事刘先生行状》则云："先生进退中礼，言动皆有则，望其容止，夷然退然，尝欲推举古制，见诸行事，咸怪笑为迂，不以措意。"《清史列传》称申受"在礼部十二年，恒以经义决疑事，为众所钦服"。盖汉人以《春秋》当刑书，素有以经义决事之风，无

---

① 刘逢禄：《张贞女狱议》，《刘礼部集》卷3。
② 李兆洛：《养一斋文集》卷14。
③ 李慈铭：《越缦堂读书记》，上海书店出版社，2000，第1105页。

论董仲舒《决狱》与何休《汉议》,抑或两汉朝廷频引经义决事之习尚,足见申受诚"真汉学"之嫡脉也。①

道光九年六月,夫人潘氏卒。至八月十六日未时,申受卒于京师,年五十有四。长子刘承宽②撰《先府君行述》,以志申受之学行、仕宦与著述。九月,《皇清经解》辑刻成书,收录申受《公羊何氏释例》十卷、《公羊何氏解诂》一卷、《发墨守评》一卷、《穀梁废疾申何》二卷、《左氏春秋考证》二卷、《箴膏肓评》一卷、《论语述何》二卷,凡七种。

十年五月,承宽属魏源、龚自珍、凌堃、陈潮校定申受遗集,魏默深论定申受遗书,题曰《刘礼部集》,凡十二卷。③ 申受诸子又以默深"能喻其先人之志,复使叙其大要",其叙推崇申受超越乾嘉考据前贤,"由董生《春秋》以窥六艺家法,由六艺以求圣人统纪,旁搜远绍,温故知新,任重道远,死而后已"。④

1923 年,武进西营刘氏十九世孙刘祺编纂《武进西营刘氏清芬录》第一集,其中收录申受所撰大部分著作,而《春秋公羊经何氏释例》十卷、《释例后录》六卷、《论语述何》二卷等《春秋》学著作俱在其中。

申受治《春秋》,颇受时人推崇。阮元刊刻《皇清经解》,颇收录申受之书。同邑李光洛(1769—1841,字申耆),与申受齐名,号"常州二申",尝撰《礼部刘君传》,谓申受"虽未肯抗行仲舒,以视嬴公,固有余矣"。又,刘承宽《行述》谓申受治学异于世儒,盖能"求公是而袪门户"也,然晚清今古之争实因申受诸论而起。其后,清人于申受之学,或褒或贬,然皆泰半出于门户之见。

其赞同者多系今文学一脉,自不待言。至其反对者,则多出于古文学

---

① 案,孔子欲得国自王,其所以拨乱者,必用刑书。若子游用弦歌化武城,焉足施于乱世者哉!晚年孔子归鲁,自叹己衰而终不得行道,乃自拟素王而作《春秋》,盖欲垂此刑书于后世,期有王者假以为拨乱之法耳。宋儒不明斯旨,徒谓儒家高尚道德以治世,诚失之迂阔矣。清末康长素欲行新法,先是朱一新颇不谓然,以为"治国之道,必以正人心、厚风俗为先,法制之明备,抑其次也",盖本宋儒俗说也。(《朱侍御复康长孺第四书》,《康有为全集》册一,中国人民大学出版社,2007,第326页)至清末党争,刘师培《清儒得失论》则诋之曰:"议礼断狱,比傅经谊,上炫达僚,旁招众誉,然此特巧宦之捷途,其枉道依合,信乎贾、董之罪人矣。"刘氏素主《左氏》,而暗于孔子作《春秋》之本旨,其不达《春秋》为刑书之说,诚有以也。
② 据《先府君行述》,申受有子八人,即承宽、承宠、承向(瀛)、承宴、承宣、承实、承安、承宇,女二人,则承宽乃申受长子也。
③ 刘瀛:《皇清诰授奉政大夫同知衔山西安邑县军功保举即补直隶州知州伯兄子容先生行略》,《西营刘氏家谱》卷12。
④ 魏源:《刘礼部集》叙,《刘礼部集》卷首。

阵营。

先是朱一新与康有为论学，颇不慊于申受之书。其谓《左氏春秋考证》"多专辄之词，深文周内"；①又论《论语述何》，以为"申受于邵公所不敢言者，毅然言之，厄辞日出，流弊甚大。《公羊》与《论语》初不相涉，而作《论语述何》以沟通之"；②至称申受"析言破律，乱名改作，圣人复起，恐皆不免于两观之诛"。③ 稍后，叶德辉痛于戊戌之祸，论申受"以门户太过，斥班伪《左》，祸成于墨守，害切于坑灰"，盖比于始皇之焚书坑儒也。

其后，章太炎囿于党性与私忿，乃极攻申受之说，所撰《春秋》诸书，俱以诋康驳刘为事。初时太炎尚称申受"始专主董生、李育，为《公羊释例》，属辞比事，类列彰较，亦不欲苟为恢诡。然其辞义温厚，能使览者说绎"，④犹重其学也。又谓"刘逢禄以《公羊传》佞谀满洲。大同之说兴，而汉房无畔界"，⑤已是诛心刻深之辞矣。至其称"《公羊春秋》之学，近世甄明之者，自刘逢禄。逢禄祖纶，仕满洲为执政，家世受眷，忘其宗国，横取《公羊》言进吴、楚者，以傅会引弓之帝"，⑥此说殆取阶级分析方法，而纯以立场论是非也。

其时又有刘师培者，盖《左传》学者刘孟瞻之曾孙。⑦ 刘氏虽左祖革党，然以四世家学之故，为论犹能实事求是，不类太炎专凭私忿与党见而臆决也。虽然，其称常州学者"择术则至高，而成书则至易，外托致用之名，中蹈揣摩之习，经术支离，以兹为甚"，⑧犹属门外所窥之见耳。

此间又有一派读书家，对申受诸书亦颇多讥议。先是周中孚（1768—1831）所撰《郑堂读书记》，其中有论申受六书之提要，谓《春秋公羊经何氏释例》"其分纲立目，颇似庄氏之《正辞》；其类叙经注，则仍似赵子常之《属辞》耳。且又不能如庄氏之援引经文，每节作小论，则除去所释之数十篇外，

---

① 朱一新：《答康长孺书》，载张荣华：《康有为往来书信集》，中国人民大学出版社，2012，第99页。
② 朱一新：《答康长孺书》，载张荣华：《康有为往来书信集》，第100页。
③ 朱一新：《复长孺第四书》，载张荣华：《康有为往来书信集》，第107页。
④ 章太炎：《检论·清儒》，《章太炎全集》册三，上海人民出版社，2018，第485页。
⑤ 章太炎：《检论·学隐》，《章太炎全集》册三，第491页。
⑥ 章太炎：《太炎文录初编·与刘揆一书》，《章太炎全集》册四，第192页。
⑦ 刘孟瞻虽治《左氏》，然舅氏凌晓楼与门人陈卓人则精于《公羊》，故犹能平心论申受之学。孟瞻为卓人《句溪杂著》撰序，其中谓申受"谨守何氏之说，详义例而略典礼"，可谓公允之论。
⑧ 刘师培：《左盦外集·近代汉学变迁论》，《刘申叔遗书》册下，凤凰出版社，1997，第1541页。

不过数月可毕事,不识其自序何以前无古人如此,可笑其不自量矣";①谓《公羊解诂笺》附《发墨守评》"摘传文及《解诂》以申论其大义,并折衷诸家,以归于是。或详或略,皆极精密。于何氏绳墨,少所出入,犹著《释例》之用意也。……称今所存《发墨守》,可指说者惟一条,然多牵引《左氏》,其于董氏、胡毋生之书,研之未深,概可想见";②谓《榖梁废疾申何》"盖仍以《公羊》家言作禽墨之守御耳";③谓《左氏春秋考证》"毅然取二千年之传本,而效万充宗、方灵皋之辨《周礼》,不过为护持《公羊》家言计耳,岂汉以下儒者俱无聪颖特达如申受其人者乎? 余所不敢信也";④谓《箴膏肓评》"与《考证》之书同一用意,借以申其《公羊》家言";⑤谓《论语述何》"究不免穿凿附会,惟离却《公羊》之旨,自为立说,稍可节取耳。此与宋于庭《大学说》俱非经之本旨,学者第作《易》外之别传视之可也"。⑥ 周氏之不通《公羊》,概可想见。

咸丰十年(1860),李慈铭(1830—1894)初读申受《刘礼部集》,评价颇高,谓申受"他学本外家,而《公羊春秋》则所心得,最服膺何氏之学。其集中说礼论学,皆推本《公羊》及何氏,精核博辨,自为专家,而过尊邵公,上自《左氏》、《榖梁》,下迄许、郑诸儒,皆致攻驳,是其所蔽。……遇事据经断律,有古人风"。⑦ 次年,又读申受《禘议》,乃质疑其说"颇多牴牾",以为"刘氏虽精于礼学,然偏信《公羊》,左袒何邵公而好攻郑氏,故不能无失也"。又引魏默深之说曰:"其异于郑氏者,在不信《周官》、《月令》而取征六艺。惟是禘祫之礼,终不可知。今既不取圜丘昊天之说,又云非冬禘春郊季秋大飨之谓,则未知同于五年夏禘行之而时有先后乎? 抑别有说乎?"可见,默深"亦有不满其说者矣"。⑧ 稍后,李氏谓申受"承其外王父少宗伯庄方耕氏存与之学,专究心于《公羊》,著书至十余种,皆深造有得,精深博大,不专事章句,可谓经纬典谟,不与守文同说者。又从其从舅庄葆琛氏受《书经》、《夏小正》及六书小学,从同邑张皋文氏受《易》学,皆著述袞然成一家言。……其学由《春秋》以通《三礼》,欲发七十子微言大义,为天人之学,故深慕董相,兼备体用,尊西京而薄东汉,好与康成为难。其言《公羊》,则以同时孔巽轩氏不用汉儒'三科九旨'之旧说,为尚不知《春秋》,而深斥钱辛楣

---

① 周中孚:《郑堂读书记》卷11,上海书店出版社,2009,第197页。
② 周中孚:《郑堂读书记》卷11,第197页。
③ 周中孚:《郑堂读书记》卷11,第198页。
④ 周中孚:《郑堂读书记》卷11,第198页。
⑤ 周中孚:《郑堂读书记》卷11,第198页。
⑥ 周中孚:《郑堂读书记》卷13,第235页。
⑦ 李慈铭:《越缦堂读书记》,上海书店出版社,2000,第1103—1104页。
⑧ 李慈铭:《越缦堂读书记》,第1104—1105页。

氏、郝兰皋氏言《春秋》无褒贬之非。言《尚书》,则力诋孙渊如氏、王礼堂氏尊主马、郑说之谬。于《诗》则谓《毛诗》不如三家。皆未免偏谲。然其得失皆有家法,非同宋儒之逞臆妄断。他如《礼无二適议》、《姑舅从母之女子子不得为婚姻议》、《適孙为祖父母持服议》、《张贞女狱议》、《马贞女论》,皆援据定律,深得礼意,具见明体达用之学,固可谓通儒矣"。① 可见,李氏犹以两分视申受之学也。至同治十一年(1872),李氏称申受"才力足雄一时,而学术不足法",②又谓其《论语述何》"误据《北堂书钞》,以'女为君子儒'章何晏注为何休注,遂妄断邵公有《论语注》,其谬既不待言;而以此注'君子儒以明道,小人儒则矜其名'二语,谓汉儒中惟董江都及邵公能道之,马、郑诸儒皆所不知,真是梦语风谵,大惑不解。申受知读旧钞本《北堂书钞》,而不知读注疏,自来郢书燕说,无如是之可笑者。流毒溃疽,遂有如今日之戴附生,窃其粪秽,以成梦书,急当以大黄峻药,痛下其疾,令出狂汗者也"。③ 李氏殆自信太过,乃鄙薄申受之学至此耶?

光绪七年(1881),陈澧《东塾读书记》刊行,其中详论申受有四:其一,驳申受《左氏春秋》冒曰《春秋左氏传》之说。其二,引孔巽轩"新周"之说以驳何邵公、刘申受。其三,申受解"惠公仲子",从《穀梁》而不从《公羊》,陈氏以为得之。其四,申受谓《左氏》多有后人附益,陈氏以为《公羊》亦然。

然此数人者,虽博极群书,亦颇具学识,然究非《春秋》颛家,其说亦不必引以为信据。

迄于辛亥鼎革,经学既衰,今古之争亦渐息矣,此后学者乃稍能持公允态度,而平议申受之学。民国二十年(1931),钱玄同作《左氏春秋考证书后》,称申受乃"考辨伪经"的先驱,声称"极佩服刘申受这部《左氏春秋考证》",不过又认为申受"立说不彻底",谓其"还不能看清楚《左传》的原本到底是一部什么书。……始知刘申受之书虽精,但对于刘歆作伪之大本营(即所谓孔壁古文)尚未探得,故立说不彻底之处尚颇不少"。④ 稍后,钱氏又撰《重论经今古文学问题——重印〈新学伪经考〉序》一文,称"'《左氏》不传《春秋》'之说,刘逢禄发挥得最为精核。……《左氏春秋考证》辨伪的价值,实与阎若璩的《尚书古文疏证》相垺。阎书出而伪《古文尚书》之案大白,刘书出而伪《春秋左氏传》之案亦大白",不过认为"刘氏尚未达一间",至康长

---

① 李慈铭:《越缦堂读书记》,第 1105 页。
② 李慈铭:《越缦堂读书记》,第 1102 页。
③ 李慈铭:《越缦堂读书记》,第 1102—1103 页。
④ 钱玄同:《左氏春秋考证书后》,收入《古史辨》册五,台北蓝灯文化事业公司,1987,第 4 页。

素,才揭示出"《左传》原书实为《国语》之一部分"。①

民国二十一年(1932),张西堂为顾颉刚标点《左氏春秋考证》一书作序,谓《左氏春秋考证》上承啖助、赵匡、陆淳、刘敞、叶梦得、程端学、郝敬等前贤,又"发前人所未发的,约有四点:第一,他发现了《左氏传》之旧名为'《左氏春秋》'。……然而《左氏春秋传》这个名称,经他如此的破坏,它的威信已全失了。……第二,他证明了《左氏传》体例与《国语》相似。……第三,他攻破了伪造的《左氏传》传授系统。……第四,他开出一条考订伪经的新途径",不过又认为,"刘氏考证《左氏春秋》,尚有许多不彻底的地方,后来经过康有为《伪经考》、崔适《史记探源》、《春秋复始》的补正,刘歆伪《左》的一案才慢慢地定谳"。②

民国二十五年,钱穆《国学概论》出版,其中谓"汉学贵实事求是,《公羊》家舍名物训诂而求微言大义,已失汉学精神。……刘氏之书,一不之审,徒知株守何氏一家之说",又谓申受"笃信师传,守家法,为吴学嫡传。其以条例求经,则带皖学色彩。其不愿为章句训诂而务大体,则章、方诸人攻击汉学之影响也"。③次年,其《中国近三百年学术史》出版,谓"申受论学主家法,此苏州惠氏之风也;主条例,则徽州戴氏之说;又主微言大义,拨乱反正,则承其外家之传绪"。④钱氏所论,殆不明今文学,又囿于申受早年"墨守"之志,至于汉儒重条例之治经风尚,尤不明就里。

民国二十九年(1940),孙海波撰《庄方耕学记》,谓常州之学"至刘氏始专主家法,创条例,重新何氏一家之言,夫而后今文之学,壁垒始森严"。⑤

1952年,牟润孙撰《春秋左传辨疑》,颇驳申受之说,以为所论乃"任情妄说"。

凡此诸说,多从经学史立场平议申受之书,虽未尽精核,然已较少意气之苛论矣。

第二节 著 述

刘申受的著述颇为丰富,然而,关于其《春秋》学方面的成果,自其子刘

---

① 钱玄同:《重论经今古文问题——重印〈新学伪经考〉序》,载康有为:《新学伪经考》,中华书局,1988。
② 转引自张广庆:《武进刘逢禄年谱》,第200、201页。
③ 钱穆:《国学概论》,商务印书馆,1997,第305、306页。
④ 钱穆:《中国近三百年学术史》,商务印书馆,1997,第595页。
⑤ 转引自张广庆:《武进刘逢禄年谱》,第204页。

承宽所撰《先府君行述》以后,素来颇有异说。①

嘉庆元年(1796),申受撰成《穀梁废疾申何》二卷。其叙云:

> 余采择美善,作《春秋通义》及《解诂笺释》。因申何氏《废疾》之说,难郑君之所起。②

案,是叙作于嘉庆十五年,所言《解诂笺释》即十四年已成之《公羊春秋何氏解诂笺》,而《春秋通义》虽终始未见,而此时犹有志焉。

嘉庆十年,申受服阕,应聘主兖州讲席。六月,作《东鲁讲舍三十初度杂述八首》,其一诗曰:"赋凌沧海堪糊瓿,书拟温城失贯珠。"其下自注云:"余少喜读《蕃露》,既冠,纂辑《胡毋子都春秋条例》、《春秋礼》、《申何难郑》诸书,一辍于应试,再辍于遭故,尚未毕业。"③又,《闰六月三十重度时〈春秋释例〉成题四章示诸生》中一诗曰:"一月重寻翰墨缘,温城绝业得珠联。"其下自注云:"南宋《馆阁书目》谓'蕃露,冕之所垂,有联贯之象。《春秋》比事属辞,立名或取诸此'。时纂辑《春秋条例》方竟。"④据此,申受既冠以后,遂纂辑《胡毋子都春秋条例》,其间因科考、父忧诸事,至嘉庆十年六月,乃于东鲁讲舍撰成《春秋公羊经何氏释例》,凡十卷三十篇。对此,张广庆以为,"先生盖以为何氏义例既远绍胡毋氏,则纂辑《春秋公羊解诂》义例,胡毋生之《条例》可得而见焉。惟书成之后,则题曰《何氏释例》",⑤则以既冠拟作的

---

① 关于此问题的研究,以今人吴仰湘《刘逢禄〈春秋〉学著述考》一文的考订最为全面而精审。吴氏此文胪列刘承宽、李兆洛、戴望、平步青、孙海波、张广庆、申屠炉明、蔡长林八家之说,并将太清楼本、学海堂本、养一斋本和思误斋本相互比较,剔除其重复者,认为申受所撰《春秋》学著述已刊行者有 12 种,即《春秋公羊经何氏释例》十卷、《公羊申墨守》一卷、《公羊广墨守》一卷、《左氏申膏肓》一卷、《左氏广膏肓》一卷、《穀梁申废疾》一卷、《穀梁广废疾》一卷、《论语述何》二卷、《春秋论》二篇、《春秋公羊议礼》十四篇、《夏时等列说》一篇、《春秋赏罚格辞并答问》一篇;若将已被魏源合于《公羊广墨守》的《读公羊通义条记》、已刊而未论及的《春秋考异》一并计入,则共有 14 种。至于申受拟作而未见刊刻的《春秋》学著述,则有《胡毋子都春秋条例》、《春秋通义》、《解诂笺释》、《答难》、《申何难郑》、《春秋礼》、《礼议决狱》、《春秋比事》、《中庸崇礼论》、《汉纪述例》、《纬略》等 11 种。笔者折衷吴氏此说,以为《解诂笺释》即《解诂笺》(《后录》改题为《公羊申墨守》),《申何难郑》即《左氏申膏肓》、《左氏广膏肓》、《穀梁申废疾》、《穀梁广废疾》四种,《春秋礼》、《礼议决狱》、《春秋比事》实为一书,《胡毋子都春秋条例》即《春秋公羊经何氏释例》,《答难》即《公羊广墨守》所收十七条,则申受拟作而未成或未刊之书,仅《春秋通义》、《礼议决狱》、《中庸崇礼论》、《汉纪述例》、《纬略》5 种而已。
② 刘逢禄:《春秋公羊经何氏释例 春秋公羊释例后录》,上海古籍出版社,2013,第 426 页。
③ 刘逢禄:《刘礼部集》卷 11。
④ 刘逢禄:《刘礼部集》卷 11。
⑤ 张广庆:《武进刘逢禄年谱》,第 53 页。

《春秋条例》即此撰成的《何氏释例》也。

申受又有诗曰:"弱冠精研志不磨,每从家法辨沿讹。引铖难起邱明疾,入室先操武库戈。要使日星辉覆盎,还将峡石挽颓波。经神绝业如相待,一瓣心香奉董何。"①申受时以董、何"若合符节",故其撰《何氏释例》,虽继"经神绝业",实无异于"一瓣心香奉董何"。正因如此,《穀梁废疾申何》叙谓"微温城董君、齐胡毋生及任城何邵公三君子,同道相继",盖胡、董、何三书体例虽异,毕竟"同道相继"也。②

《春秋公羊经何氏释例》叙亦撰于同年,其中有云:

> 为《释例》三十篇,又析其凝滞,强其守卫,为《笺》一卷、《答难》二卷,又博征诸史刑礼之不中者,为《礼议决狱》二卷,又推原左氏、穀梁氏之失,为《申何难郑》五卷,用冀持世之志,觕有折衷。

申受于此始谓其拟作诸书,有《春秋公羊经何氏释例》、《公羊解诂笺》、《答难》、《礼议决狱》、《申何难郑》,凡五种。其中,唯《释例》已成书,《笺》即后来的《公羊春秋何氏解诂笺》,成于嘉庆十四年,而其余三种盖其拟作而终未见刊刻。道光四年,申受《尚书今古文集解》序云"予自束发治《春秋》,所拟《议礼决狱》、《答难》诸书,至今未能卒业"。今将两序相比较,则似《申何难郑》已成,然其书实未见刊行耳。③

关于《申何难郑》一书,《释例》叙谓"推原左氏、穀梁氏之失,为《申何难郑》五卷",而《行述》谓"推原左氏、穀梁氏之得失,为《申何难郑》四卷",二语几乎无异,盖《行述》本乎《释例》叙,唯卷数不同耳。孙海波以

---

① 刘逢禄:《刘礼部集》卷11。
② 吴仰湘认为,申受后期强调董、何,而对胡毋生的评价不高,并举《释例》叙与《解诂笺》叙为证。不过,此说似嫌牵强。案,申受《释例》叙言其欲"寻胡、董之绪",《解诂笺》叙谓郑玄"于董生、胡毋生之书,研之未深,概可想见",而《穀梁废疾申何》叙撰于嘉庆十五年,申受所撰三叙前后不过五年时间,大致代表了这一时间对董、胡、何的基本态度,并无高下轩轾之别,如何能说"这里已经不提胡毋生,仅论董、何"?(参见吴仰湘:《刘逢禄〈春秋〉学著述考》,刊于《湖南大学学报(社会科学版)》2012年第四期,第31—32页)至于《释例》叙谓"胡毋生虽著《条例》,而弟子遂者绝少,故其名不及董生,而其书之显亦不及《繁露》",此说似未贬胡毋生之意,犹邵公"依胡毋生《条例》"而作《解诂》,今申受此言,盖欲自继胡毋生之绝学也。吴氏此论,殆欲驳张广庆视《春秋条例》与《何氏释例》为一书之说耳。
③ 吴仰湘注意到申受在不同时间提到其著述计划的差别,以为《申何难郑》即《后录》所收《膏肓》、《废疾》四书。对此,吴氏解释道,四书完成后,较申受撰《释例》时墨守何休的立场,已有了重大突破,"难以纳入'申何难郑'的旧框架之下",故"主动弃置不用《申何难郑》之名",从而"彻底改变了嘉庆十年的计划"。此说颇具识见,今从之。(参见吴仰湘:《刘逢禄〈春秋〉学著述考》,第32—33页)

《左氏春秋考证》二卷、《后证》一卷、《箴膏肓评》一卷，凡四卷，以为即《行述》所言《申何难郑》四卷。① 1923年，刘祺编纂《武进西营刘氏清芬录》第一辑，其于著录《春秋公羊释例后录》时云："其《公羊申墨守》、《广墨守》各一卷，原名《公羊春秋何氏解诂笺》，即礼部总序《笺》一卷、《答难》二卷是也。其《申膏肓》、《广膏肓》、《申废疾》、《广废疾》各一卷，即总序《申何难郑》四卷是也。"刘祺此说最为得实，符合申受自言"推原左氏、穀梁氏之失"之意。且若据《后录》卷数，则四书各为一卷，正合《行述》所言"《申何难郑》四卷"；若据《清经解》所收录《箴膏肓评》、《左氏春秋考证》、《后证》各一卷，及《穀梁废疾申何》二卷，则合于申受自言"《申何难郑》五卷"之数。

至于终始未见的《答难》一书，《公羊广墨守》中载有魏默深附识，曰："以上十七条，皆先生《答难》原稿，以下缺，今取先生读《公羊通义》条记补之。"诚若是说，则《答难》即《公羊广墨守》所录十七条，而《清经解》所收《发墨守评》仅有"郑国处于留"一条，亦存于《广墨守》。默深又取申受读孔巽轩《公羊通义》条记补之，即今所见《广墨守》。又，嘉庆十七年所成《左氏春秋考证》卷2有云："贾逵阿世，以谶论学，本不足辨，今于《公羊答难》及《春秋比事》详之。"②据此，申受撰《答难》之旨，实欲答贾逵昔年举三十七条以难《公羊》事也。不过，诚若默深所言，今所见《答难》中未有驳贾逵者。《释例》叙云："又析其凝滞，强其守卫，为《笺》一卷、《答难》二卷。"张广庆据此，以为："《何氏解诂笺》乃析其凝滞之作，《答难》一卷乃强其守卫。"③此说亦未是。又案，李兆洛撰《礼部刘君传》，其中有"以微言大义刺讥褒讳挹损之文辞，洞然推极属辞比事之道，又成《笺说》、《答难》、《决狱》等"，则似《答难》与《春秋决狱》同一性质，皆引经义以决事也。

至于《考证》所言《春秋比事》，当即《东鲁》诗自注提到的《春秋礼》、

---

① 孙海波：《书刘礼部遗书后》，刊于《中和月刊》卷3第八期，民国31年，第6—10页。然《左氏春秋考证》、《后证》共为二卷，吴仰湘驳之是也。
② 案，道光初所刻学海堂本有"今于《公羊答难》及《春秋比事》详之"一语，至道光八年李兆洛所刻《后录》所收《左氏春秋后证》则无此语，盖此时《答难》已并入《广墨守》，其中虽涉及祭仲、叔术、纪季事，似与贾逵之难无关，而《春秋比事》迄未成，故删削此语。
③ 张广庆：《武进刘逢禄年谱》卷2，第62页。张广庆引《释例》叙误作《答难》一卷、《议礼决狱》一卷，今据《皇清经解》本、李兆洛养一斋刊本，两书实皆二卷。又，平步青《武进刘礼部著述》中云："礼部《春秋》之学，初为《箴膏肓评》一卷、《发墨守评》一卷，后改名《春秋答难》，凡二卷。"（平步青：《霞外攟屑》卷6，《续修四库全书》影印1917年香雪崦丛书本）平氏盖以《答难》即已刊的《箴膏肓评》与《发墨守评》，且以为申受答郑玄之难何，此说与《考证》所言不合，亦与默深所附识有异。

《释例》叙与刘承宽《行述》提到的《礼议决狱》、①《尚书集解》序提到的《议礼决狱》。关于此书的性质,乃申受上承董仲舒《春秋决狱》与何休《汉议》之志,而欲引经义以决事也。申受议礼无二适、适孙为祖父母承重及张贞女等事,正其例也。承宽《行述》撰于申受已殁后,既谓有《议礼决狱》四卷,当存其稿,其不见刊刻,未知何故?其后龚定庵撰《春秋决事比》六卷,则承申受之志耶?惜乎定庵之书亦不存,今唯余《答问》一篇耳。又考今《刘礼部集》所收《春秋公羊议礼》十四篇,唯存《春秋》之礼,而不涉狱事,抑或申受有所避忌,而删之邪?

道光九年,申受卒后,其子刘承宽撰《先府君行述》云:

> 至《春秋》则独抱遗经,自发神悟。主山东讲舍时为《释例》三十篇;又析其凝滞,强其守卫,为《笺》一卷、《答难》二卷;又推原左氏、穀梁氏之得失,为《申何难郑》四卷;又断诸史刑礼之不中者,为《礼议决狱》四卷;又推其意为《论语述何》、《中庸崇礼论》、《夏时经传笺》、《汉纪述例》各一卷;其杂涉蔓衍者,尚有《纬略》一卷、《春秋赏罚格》二卷。凡为《春秋》之书,十有一种,官保阮公、申耆李公各为梓行于广东、扬州。②

此说多本于申受本人的《释例》叙,不过卷数不尽相同,其余诸书又与道光十年默深所编《刘礼部集》所收书目有异,而承宽又言之凿凿,谓《春秋》书十一种皆收入阮元学海堂本、李兆洛养一斋本,似皆已刊行。其中,《答难》、《礼议决狱》、《汉纪述例》、《纬略》俱未见刊本。故有学者认为,承宽"在亲丧之际仓促作《行述》,未及仔细清理刘氏遗稿"。③

同年,李兆洛撰《礼部刘君传》云:

> 君乃研精《公羊》,探源董生,发挥何氏,成《释例》三十篇;以微言大义刺讥褒讳抑损之文辞,洞然推极属辞比事之道,又成《笺说》、《答难》、《决狱》等,凡十一书。④

---

① 关于《议礼决狱》,《释例》叙作一卷,而《行述》则作四卷。案,此书性质乃经师据经义以论狱事,犹孔子假鲁史以寓王法,所取史事当先寡而后多,实属自然,故申受初拟作一卷,其后历二十余年,终备四卷之数也。
② 刘逢禄:《刘礼部集》卷11,附录。
③ 吴仰湘:《刘逢禄〈春秋〉学著述考》,第28页。
④ 李兆洛:《养一斋文集》卷16,《续修四库全书》影印道光二十三年本。

案，李氏先后两次刊刻申受之书，嘉庆十七年（1812），刊刻《皇朝经解》，主要收录了申受《春秋公羊经何氏释例》十卷；道光八年（1828），又刊行《春秋公羊经何氏释例》十卷与《后录》六卷。其中，《后录》包括《公羊申墨守》（由《解诂笺》改题）、《公羊广墨守》（由《发墨守评》改题，默深又取申受读孔巽轩《春秋公羊通义》条记补之）、《左氏申膏肓》（由《箴膏肓评》改题）、《左氏广膏肓》（由《左氏春秋考证》改题）、《穀梁申废疾》（由《穀梁废疾申何》卷一改题）、《穀梁广废疾》（由《穀梁废疾申何》卷二改题）。

又案，李氏《礼部刘君传》亦谓申受《春秋》学著述有十一种，然其所刊刻仅七种，加上以微言大义褒贬时事的《笺说》、《答难》、《决狱》，犹不过十种；若将《左氏广膏肓》分为《考证》与《后证》两种，则有十一种。然《笺说》一书所指未明，且未见诸书叙及。不难发现，李氏所说十一种，显与刘承宽所言不同。

其后，戴望撰《故礼部仪制司主事刘先生行状》，除了承宽《行述》所列十一种外，又举《春秋论》、《左氏春秋考证》、《申左氏膏肓》三种，则申受《春秋》著述当有十四种。其后，《清史稿》、《清史列传》、《清代七百名人传》皆据戴望《行状》为申受立传，其中即用此说。

民国十二年（1933），刘祺辑《西营刘氏清芬录·文稿内篇》，其中著录有"《春秋公羊经何氏释例》十卷、《释例后录》六卷"，并云：

> 是书为李氏兆洛校刊原本。《释例》三十篇，曰张三世、曰通三统、曰异内外、曰时日月、曰名、曰褒、曰讥、曰贬、曰诛绝、曰律意轻重、曰王鲁、曰建始、曰不书、曰讳、曰朝聘会盟、曰大国卒葬表、曰小国进黜表、曰秦楚吴进黜表、曰大夫卒、曰侵伐战围入灭取邑、曰地、曰郊禘、曰阙疑、曰主书、曰灾异，皆类次传注于前，而总释其义于后，盖仿杜预《左氏释例》也，厘为十卷。其《公羊申墨守》、《广墨守》各一卷，原名《公羊解诂笺》，即礼部总序《笺》一卷、《答难》二卷是也。《广墨守》十七条以下原稿缺佚，魏氏源取礼部《公羊通义条记》补之。其《申膏肓》、《广膏肓》、《申废疾》、《广废疾》各一卷，即总序《申何难郑》四卷是也。《广膏肓》原名《春秋左氏考证》。李氏共厘为六卷，总名曰《释例后编》。总序又有《议礼决狱》，未经刊入。

可见，刘祺所辑即李兆洛所刊养一斋本也。

兹按申受撰写诸书时间，综述其生前已刊《春秋》类著述如下：

一、《穀梁废疾申何》

嘉庆元年(1796),申受年二十一,撰成《穀梁废疾申何》。此书乃申受第一部《春秋》类著述。是书《清经解》作两卷,而养一斋所刊《后录》分别作《穀梁申废疾》与《广废疾》,各一卷。上卷凡四十条,仅四条乃辑得郑康成《起废疾》语,附于卷末;其余三十六条,或录经文,或录《穀梁》传文,其下皆附邵公《穀梁废疾》与康成所释,更下则有申受之辞,以明"申何"之意。下卷凡一百五十一条,皆节引《穀梁》传文,皆《废疾》所不具,自为摘出而申之,间及范甯注,后则为申受之申辞,而以"申何"为旨。周中孚谓是书"仍以《公羊》家言作禽墨之守御耳",①而杨钟羲则曰:"申受护持任城,作禽息之守御,排斥《左》、《穀》,大放厥词,自谓非敢党同,不可信矣。"②

嘉庆十五年,申受为是书作叙,其中谓"余采择美善,作《春秋通义》及《解诂笺释》。因申何氏《废疾》之说,难郑君之所起,覃思五日,缀成二卷"。③ 申受此叙表明了其对《公羊》与《穀梁》的总体看法,即以《穀梁废疾申何》之旨在"申何氏《废疾》之说,难郑君之所起",而《春秋通义》及《解诂笺释》则采择《穀梁》之"美善",目的则在"为公羊氏拾遗补阙"。④ 不过,叙中所说的"采择美善",只是代表了嘉庆十四年撰成的《解诂笺》立场,而申受在嘉庆初撰《穀梁废疾申何》时,尚且纯然取"墨守"《公羊》的态度而已。

二、《春秋公羊经何氏解诂释例》

嘉庆十年,申受撰成《春秋公羊经何氏解诂释例》。据其自言,既冠以后,始拟作《胡毋子都春秋条例》、《春秋礼》、《申何难郑》诸书,然因诸事延宕,历十年乃撰成《何氏释例》。是书之体例,远则绍述胡毋生《春秋条例》,近则效仿外祖庄方耕《春秋正辞》,而为属辞比事之学。⑤ 其叙自谓是书"专明墨守之学",则以"申何"为旨。然周中孚颇轻此书,以为"不过数月可毕事"、"可笑其不自量"。⑥

---

① 周中孚:《郑堂读书记》卷11,第198页。
② 中国科学院图书馆整理:《续修四库全书总目提要·经部》,中华书局,1993,第732页。
③ 魏默深所编《刘礼部集》亦载此叙,作《申穀梁废疾序》,文字完全相同。
④ 吴仰湘认为,申受此时正在撰写《春秋通义》与《解诂笺释》二书,而《穀梁废疾申何》二卷不过是"先期问世的副产品"。《解诂笺释》即嘉庆十四年完成的《公羊春秋何氏解诂笺》,而早在嘉庆元年,《解诂笺》的前半部分已有成稿,前后历时之长,足见申受对此书用功之深。(参见吴仰湘:《刘逢禄〈春秋〉学著述考》,第31页)不过,详吴氏之说,似乎认为《穀梁废疾申何》叙撰于嘉庆初,遂有此种结论。
⑤ 李兆洛《礼部刘君传》云:"礼侍公兼通五经,各有论述,著《春秋正辞》,涵濡圣真,执权至道,取资三传,通会群儒。君乃研精《公羊》,探源董生,发挥何氏,成《释例》三十篇。"(李兆洛:《养一斋文集》卷14)据此,李氏似以申受《释例》本于庄氏《正辞》也。
⑥ 周中孚:《郑堂读书记》卷11,第197页。

三、《公羊春秋何氏解诂笺》

嘉庆十四年，申受撰成《公羊春秋何氏解诂笺》。是书题曰"笺"者，用康成笺《毛诗》之意，即其旨以宗何为主，然《解诂》义有隐略者，则表明之；义若有失，或有不同，则下己意。其所笺释者，皆摘录传文、《解诂》，凡九十二条，以申《解诂》之意。周中孚评此书曰："折衷众家，以归于是，或详或略，皆极精密，于何氏绳墨少所出入，犹著《释例》之用意也。"①

不过，《解诂笺》之旨，已不同于申受撰《穀梁废疾申何》时"申何"的立场，亦不同于《何氏释例》之"墨守"，盖欲采择《穀梁》之"美善"，其意则在"为公羊氏拾遗补阙"也。

四、《左氏春秋考证》、《后证》与《箴膏肓评》

嘉庆十七年十一月，申受撰成《左氏春秋考证》一卷、《后证》一卷、《箴膏肓评》一卷。此三书俱收入《清经解》，而共一叙，即养一斋本《左氏申膏肓》叙。《刘礼部集》亦收《申左氏膏肓序》，文字相同。然养一斋本《左氏广膏肓》又收入《左氏春秋考证》原叙。两叙撰写时间相同，文字虽异，然其大旨皆同。②《申膏肓》叙谓《左氏》经刘歆附会，"增设条例，推衍事迹"，其意在成立《左氏》为《春秋》之传，故申受自谓"欲以《春秋》还之《春秋》，《左氏》还之《左氏》，而删其书法凡例及论断之谬于大义、孤章绝句之依附经文者，冀以存《左氏》之本真"；至于《广膏肓》原叙则谓《左氏》本不传《春秋》，而刘歆始改称《春秋左氏传》，又谓刘歆增设"君子曰"、"书曰"之辞，适足为左丘明之罪人。可见，两叙之说，可相互补充。

广州太清楼本刊于嘉庆末年，收入《左氏春秋考证》二卷；学海堂本刊于道光初年，收入《左氏春秋考证》二卷、《箴膏肓评》一卷。养一斋本于道光八年二刻，收入《箴膏肓评》的改定本《左氏申膏肓》、《左氏春秋考证》的改定本《左氏广膏肓》以及《左氏春秋后证》。

三书之旨虽以"申何"为主，然谓"何君于《左氏》未能深著其原"，盖以刘歆于丘明书外伪窜书法凡例等，而邵公未有所见。申受此说可谓发千古

---

① 周中孚：《郑堂读书记》卷11，第197页。
② 案，《清经解》收录《箴膏肓评》、《左氏春秋考证》及《后证》，共一叙文，而《刘礼部集》卷3则有《申左氏膏肓序》，与《清经解》本同。养一斋本则收录《左氏申膏肓》、《左氏广膏肓》，盖《清经解》之改定本，而于《申膏肓》前冠以《清经解》本之共叙，而于《广膏肓》前另冠有原叙，时间俱在嘉庆十七年十一月。两叙内容不同，疑《考证》与《后证》本有叙，至《清经解》刊行，乃别作一叙以冠于三书前，故至养一斋本刊行，而以《申》、《广》别系有叙文也。

吴仰湘认为，三书所共之叙，实为《箴膏肓评》序，又谓《箴膏肓评》主旨在于"申何休、难郑玄，即申明何休《左氏膏肓》之说，对郑箴作反讼"，而《左氏春秋考证》则"全力论证刘歆对《左氏》的附益窜乱，弥补'何君于《左氏》未能深著其原'的缺憾"，可见两书主旨不同。（吴仰湘：《刘逢禄〈春秋〉学著述考》，第30页）

所未发,则三书已不止于"难郑",而欲直探古文经之巢穴也。其中,《考证》凡一百十九条,盖摘录传文以证其非《左氏》旧文,乃刘歆所比附;《后证》凡二十四条,摘引《史记》、《两汉书》、《说文》、孔疏、刘向《别录》诸书,证《左氏》不传《春秋》,总属刘歆所改窜。《箴膏肓评》一卷,凡三十条,以传文为纲,邵公《膏肓》、康成《箴膏肓》附之,而各为之评,或评其伪,或评其诬,或评其非典礼,要在申何难郑而已。周中孚讥三书"效万充宗、方灵皋之辨《周礼》,不过为护持《公羊》家言计耳"。①

五、《论语述何》

嘉庆十七年冬至日,申受撰《论语述何》二卷。案,《刘礼部集》与《清经解》本俱收录《论语述何》,然形式与内容皆不尽相同。盖《刘礼部集》引《论语》章句,皆以"何谓也"设问,然后申其义;而《经解》本但引章句,后发明微言,略去"何谓也"一类问句语。就内容而言,《经解》本上章九十一条,下章四十七条,凡一百三十八条;《刘礼部集》本上篇四十条,下篇二十七条,共六十七条。盖《刘礼部集》本中有合《经解》本数条为一条者,然《经解》本拾遗补阙者亦多。张广庆以为,"《刘礼部集》所存之《述何》上下篇,盖为先生初稿,《经》本所收则先生增衍润饰而成书耶?"②周中孚谓此书"究不免穿凿附会,惟离却《公羊》之旨,自为立说,稍可节取耳"。③

六、《发墨守评》

此书所撰时间不详。④ 案,康成《发墨守》全书久佚,唯《周官·大司徒》疏、《礼记·明堂位》、《礼器》、《乐记》疏所引,及《初学记》引《春秋释痾》,止存五条。《发墨守评》一卷,仅刊有太清楼本、学海堂本,而申受所评止"郑国处于留"一条。

至李兆洛所刊刻养一斋本,则作《公羊广墨守》一卷,收入《答难》十七条,而《发墨守评》"郑国处于留"一条亦在其中,又取申受读孔巽轩《公羊通义》条记补之。周中孚则谓此条"多牵引《左氏》,其于董氏、胡毋生之书,研之未深,概可想见"。⑤

综上所述,申受的《春秋》类著述,先后有太清楼本、学海堂本、养一斋本、思误斋本。太清楼本初刊于嘉庆末,光绪丁酉(1897)重刊,所收录著述

---

① 周中孚:《郑堂读书记》卷11,第198页。
② 张广庆:《武进刘逢禄年谱》,第74页。
③ 周中孚:《郑堂读书记》,第235页。
④ 张广庆将《发墨守评》系于嘉庆十四年己巳,又谓《解诂笺》叙实括《解诂笺》、《发墨守评》二书之旨趣。(参见张广庆:《武进刘逢禄年谱》,第61—62页)
⑤ 周中孚:《郑堂读书记》,第197页。

有《春秋公羊经何氏释例》十卷、《春秋公羊经何氏解诂笺》一卷、《发墨守评》一卷、《左氏春秋考证》二卷,仅有四种。学海堂本以太清楼本为母本,刊于道光初,咸丰间补刊,除上四种外,又增刻《穀梁废疾申何》二卷、《箴膏肓评》一卷、《论语述何》二卷,共计有七种。养一斋本由李兆洛于嘉庆十七年(1812)初刻,道光八年(1828)再刻,收录有《春秋公羊经何氏释例》十卷与《春秋公羊释例后录》六卷,《后录》乃学海堂本《解诂笺》、《发墨守评》、《箴膏肓评》、《左氏春秋考证》、《穀梁废疾申何》的改定本,分别改题为《公羊申墨守》、《公羊广墨守》、《左氏申膏肓》、《左氏广膏肓》、《穀梁申废疾》、《穀梁广废疾》,共计七种。思误斋本即魏默深论定的《刘礼部集》,收录了养一斋本未尝刊刻的部分《春秋》类著述,计有《论语述何》、《春秋论》、《春秋公羊议礼》、《夏时等列说》、《春秋赏罚格题辞并答问》五种。

第三节 学术源流

李慈铭读庄述祖《珍艺宧文钞》云:

> 常州即以庄氏一家论,方耕侍郎启之,葆琛先生继之,而侍郎有孙曰绶甲,先生有子曰又朔,皆有撰述,而绶甲尤有名。李氏兆洛序《珍艺宧遗书》,称庄氏又有若士、申受两君,皆著《公羊》学,不知其名,盖皆宗伯之孙。①

案,其中所言若士,即丁履恒,其妻庄芬秀乃庄方耕长子逢源次女。丁氏撰有《春秋公羊例》、《左氏通义》、《毛诗名物志》等。

申受之学,多本于外家庄氏,如外王父方耕,乃其源也;舅氏庄葆琛,其师也;庄绶甲、宋于庭者,则其友也。其流而渐远,则有常州一脉,如龚定庵、魏默深,其亲炙者也;凌曙,其私淑者也。驯致清末党争,既有康长素、梁任公等张大其帜,亦有章太炎、刘师培肆其诋辞者。其下迄于民国,又有钱玄同、顾颉刚等扬其余波,而辨古史之伪。凡此,莫不见申受学术之源远而流长也。

庄方耕"于《六经》皆能阐发奥旨,不专事笺注,而独得先圣微言大义"。② 其学于《春秋》为最深,阮元《庄方耕宗伯经说序》谓其"主公羊、董

---

① 张桂丽:《越缦堂读书记全编》,上海古籍出版社,2021,第325—326页。
② 徐世昌:《清儒学案》卷73《方耕学案》,第2793页。

子,虽略采左氏、穀梁氏及宋、元诸儒之说,而非如何邵公所讥'倍经任意,反传违戾'"。① 此种治经特色,颇影响到后来申受的《春秋》学研究。

然申受实未尝亲炙于方耕,其初业《春秋》以及幼时的神悟,皆似未见方耕之影响。据申受《先妣事略》云:

> 太孺人姓庄氏,世为里中望族,幼尝逮事外曾王父浙江海宁兵备道南村公暨外曾王母钱太夫人。南村公邃于理学,尝授以《毛诗》、《小戴记》、《论》、《孟》及小学、《近思录》、《女诫》诸书。外王父礼部侍郎方耕公为当代经学大儒,又获闻六艺诸史绪论,故自幼至老,酷耽书籍,马、班、范、陈之史,温公之《通鉴》,尤周览不倦。年二十五,归我先考卣于府君。②

案,申受父、祖之学颇杂,"不拘一格",而未尝以经史名家。故申受所承庭训,实本于其母庄氏也。庄氏为"当代经学大儒"之女,又尝撰有《操缦室稿》三十八卷,然"秘不示人,亦未尝与人谈及文字,曰'非女子所尚也'"。③ 则其母氏有所学于方耕者,诚属自然。

申受又曰:

> 不孝逢禄年十一二岁,每当晚课毕,或塾师岁时解馆,即亲授以《楚词》、《文选》及唐宋人诗文,曰:"家学不可废也。"④

刘承宽《先府君行述》亦云:

> (府君)弱不好弄,每夜分,在家塾,非召不入内,既入,而庄太恭人尚口授《楚词》、古诗,虽就枕不辍。年十一,尝从母归省,时宗伯公予告归里,叩以所业,应对如响,叹曰:"此外孙必能传吾学。"

则申受幼时,其母尝亲授以《楚词》、《文选》及唐宋人诗文。十一岁时,申受从母归省,方耕叩以所业,而叹其"必能传吾学",然似仅限于赞其诗文而已。

---

① 徐世昌:《清儒学案》卷73《方耕学案》,第2794页。
② 刘逢禄:《刘礼部集》卷10。
③ 刘逢禄:《先妣事略》,《刘礼部集》卷10。
④ 刘逢禄:《先妣事略》,《刘礼部集》卷10。

然申受又自言：

> 余幼时，先妣诲之学，必举所闻于宗伯公经史大义，以纠俗师之谬。乾隆丙午，公予告归里，余年十一，叩其所读贾、董文章，喜谓先妣曰："而子可教，从何师得之？"应曰："儿弱不好弄，塾师岁时归舍，女自课之耳。"①

则其母不仅以诗文训子，又能以所闻经史大义以诲申受。据此，申受之业《春秋》，似亦不无母氏之影响。

道光八年，庄绶甲刊刻方耕《易说》，董士锡读其书，撰序云：

> 其时庄先生存与以侍郎官于朝，未尝以经学自鸣……嘉庆间，其弥甥刘逢禄作《公羊释例》，精密无偶，以为其源自先生。②

此时董氏甚至将申受最重要的《春秋》著述，即《公羊释例》，亦溯源于外祖方耕。③

然申受之业《春秋》，即便由其母所诲，亦未尝亲受于方耕，《清儒学案》定申受为"方耕私淑"是也。据申受《记外王父庄宗伯公甲子次场墨卷后》，方耕既叹其"必能传吾学"，又喜问其母"从何师得之？"母答以"自课之"。可见，申受此前实未尝得方耕亲授。其后，申受十二岁悟《左氏》之非，十三岁通《公羊》条例，而方耕已卒矣。可见，自方耕赞叹其业，至其卒，不过两岁，其间亦未见授受证据，则申受之习《春秋》，不过幼承母训耳，至其后来所悟，毋乃出于宿识耶！

刘承宽《行述》谓申受"于《诗》、《书》大义及六书小学多出于外家庄氏，《易》、《礼》多出于皋文张氏，至《春秋》，则独抱遗经，自发神悟"，则明以申受《春秋》所得乃出于神悟也。其后，李慈铭《越缦堂读书记》亦采其说，谓申受"他学本外家，而《公羊春秋》则所心得，最服膺何氏之学"，④又云"礼部承其外王父少宗伯庄方耕氏存与之学，专究心于《公羊》，著书至十余种，皆深造有得，精深博大，不专事章句，可谓经纬典谟，不与守文同说者。又从其从舅庄葆琛氏受《书经》、《夏小正》及六书小学，从同邑张皋文氏受《易》

---

① 刘逢禄：《记外王父庄宗伯公甲子次场墨卷后》，《刘礼部集》卷10。
② 庄存与：《味经斋遗书》，《象传论》序，光绪八年重刊阳湖庄氏藏板。
③ 李兆洛《珍艺宧遗书序》云："庄氏学者，少宗伯养恬先生启之，犹子大令葆琛先生赓之者也。……若士、申受所著《公羊》，多本宗伯。"此说亦与董氏同。
④ 李慈铭：《越缦堂读书记》，第1103—1104页。

学,皆著述衷然成一家言"。① 申受之学固有承其外家者,然其《公羊》所悟,实出于"心得"。

乾隆五十二年(1787),申受年十二,读《左氏春秋》,始疑其书法之非。据《左氏春秋考证》云:

> 余年十二,读《左氏春秋》,疑其书法是非多失大义。继读《公羊》及董子书,乃恍然于《春秋》非记事之书,不必待《左氏》而明。左氏为战国时人,故其书终三家分晋,而续经乃刘歆妄作也。②

诚若是言,申受可谓独发神悟,而其一生学问之大旨,竟自得于十二岁,何其早慧若此耶!

十三岁时,据刘承宽《先府君行述》,"是年,十三经及周、秦古籍皆毕。尝读《汉书·董江都传》而慕之,乃求得《春秋繁露》,益知为七十子微言大义,遂发愤研《公羊传》、何氏《解诂》,不数月,尽通其条例"。③ 是年,外王父庄方耕卒。

十五岁时,申受始治《春秋》条例之学。④ 舅氏庄葆琛为言夏时之等,出所著《夏时说义》初本,读之。十九岁时,葆琛尝与语群经家法,大称善。

嘉庆二年(1797),申受年二十二,始从学于庄葆琛。⑤ 时葆琛自济南乞养奉母回籍,先生始从问《尚书》今古文家法、流别及二十八篇叙义、夏时等例、六书古籀之学,大称善,葆琛乃谓"刘甥可师"。⑥ 三年,申受以葆琛所著

---

① 李慈铭:《越缦堂读书记》,第1105页。
② 刘逢禄:《左氏春秋考证》卷1,《清经解》学海堂本。然而,此段文字不载于养一斋本《广膏肓》。
③ 刘逢禄:《刘礼部集》卷10。
④ 案,此说与刘承宽《行述》不同。然申受《尚书今古文集解》序自谓"予自束发治《春秋》",故张广庆谓申受十五岁后乃治《公羊》条例之学。又,申受有诗"书拟温城失贯珠"(《刘礼部集》卷11),自注云:"余少喜读《蕃露》,既冠,纂辑胡毋子都《春秋条例》。"据此,申受通《公羊》条例,有十三、十五岁两说,然其真正纂辑《春秋条例》,尚在二十既冠以后。
⑤ 关于申受从学之年,据承宽《先府君行述》云:"年十有八,补府学生;逾年,从舅庄先生述祖自济南乞养归,与语群经家法。"则在乾隆五十九年甲寅(1794),申受年十九,始受学于葆琛也。然张广庆据庄述祖撰《先妣彭恭人行述》,以为申受在二十二岁十月始从学于葆琛。(参见张广庆:《武进刘逢禄年谱》,第38—39页)
⑥ 据刘申受自言,"嘉庆初,先生归自济南,余始从问《尚书》今古文家法及二十八篇叙义,析疑赏奇,每发神解"。(《尚书今古文集解》自序)又,"少得西安程氏所摹汉石经……后从舅氏庄先生治经,始知两汉古文今文流别"。(《跋杜礼部所藏汉石经后》,《刘礼部集》卷9)又刘承宽《先府君行述》:"从舅庄先生述祖自济南乞养归,与语群经家法,大称善。时庄先生有意治《公羊》,遂辍业。府君复受夏时等例及六书古籀之学,尽得其传,学益进。庄先生尝曰:'吾诸甥中,若刘甥可师,若宋甥可友也。'"(《刘礼部集》卷11)

《夏小正经传考释》、《注补夏小正等例》、《夏小正等例文句音义》等书，"多至数十万言，虑学者不能尽读"，乃"撮其大要，为笺一卷，用申引而不发之旨"，并附《夏时等例表》。①

据此，申受于庄氏有师承者，唯其舅庄葆琛也，故《清儒学案》谓其"长闻从舅珍艺（述祖）先生绪论，学益进，尽得其外家之传"。② 又据承宽《行述》，申受先已颇读董、何之书，时葆琛亦欲治《公羊》，而申受乃从受夏时等例及六书古籀，尽得其学，似未言及受学《春秋》也。然葆琛实以《公羊》治夏时，故申受又自言"从舅氏庄先生治经，始知两汉古文今文流别"，③则申受治《公羊》，似亦不无葆琛之影响。

此后，申受与庄氏一门颇相过往，如内兄庄绶甲、④方耕曾孙庄缤澍、⑤葆琛子庄循博⑥等，皆有裨于申受之益友者。

宋翔凤⑦与申受俱述祖之甥，亦尝受学于葆琛。⑧ 据申受自言：

乃恍然于《春秋》非事之书，不必待《左氏》而明。左氏为战国时人，故其书终三家分晋，而续经乃刘歆妄作也。尝以语宋翔凤。宋云："子信公羊，而以左氏、穀梁氏为失经意，岂二氏之书开口便错？"余为言

---

① 刘逢禄：《夏时等列说叙》，《刘礼部集》卷2。
② 徐世昌：《清儒学案》卷75《方耕学案》，第2871页。
③ 刘逢禄：《跋杜礼部所藏汉石经后》，《刘礼部集》卷9。
④ 庄绶甲（1774—1828），字卿珊，常州武进人，方耕孙。少受业于从父述祖，日从讲益，尽通方耕《公羊春秋》、《毛诗》、《周官》之学，而于《尚书》尤精。既负敏达之资，思兼综素业，通汇条流，又承师论交，博访孤诣，与同郡张皋文、丁若士、刘申受、宋于庭、董晋卿诸子，无不朝夕研咏，上下其议论。以附监生考取州吏目。研精校寻存与所著书，于未刻者，次第付梓；已刻者，补续未备，每一书竟，即探求旨趣，附记简末，条理秩然可观。惜乎仅竟三书，遽属疾不起。著有《周官郑氏注笺》十卷、《尚书考异》三卷、《释书名》一卷。（参见张广庆《武进刘逢禄年谱》卷2，第34页）
⑤ 庄缤澍（1785—1860），字玉繁，号适斋。缤澍获接乾嘉诸老辈余绪，上承家学。咸丰十年，太平军寇常州，缤澍时年七十有六，端坐堂中，骂贼被砍死。撰有《易乾凿度考证》、《五经算术疏证》、《古术纪原》各一卷、《汉太初术考证》三卷。申受尝授缤澍以《公羊》、《礼》，所撰《春秋公羊议礼》，即付庄、潘二弟子抄录成卷。
⑥ 庄循博（1801—1824），字诜枝，一字绪经，号辛甫。
⑦ 宋翔凤（1776—1860），字于庭，长洲人。嘉庆庚申举人，官湖南新宁县知县，以老乞归。咸丰己未，重寅鹿鸣，加知府衔，十年卒，年八十五。宋氏通训诂名物，志在西汉家法，微言大义得庄氏真传。著有《论语说义》10卷、《论语郑注》2卷、《孟子赵注补正》6卷、《孟子刘熙注》1卷、《小尔雅训纂》6卷、《周易考异》2卷、《卦气解》1卷、《尚书略说》1卷、《尚书谱》1卷、《大学古义说》2卷、《四书释地辨证》2卷、《尔雅释服》1卷、《五经要义》1卷、《五经通义》1卷、《过庭录》16卷及《论语发微》、《经问》、《朴学斋札记》，统名曰《浮溪精舍丛书》。
⑧ 案，宋于庭之母为庄葆琛女弟。嘉庆四年（1799）其母归宁，乃命于庭留常州，葆琛教以读书稽古之道，家法绪论得闻其略，尝曰："吾诸甥中，刘逢禄可以为师，宋于庭可以为友。"（宋翔凤：《庄珍艺先生行状》，《朴学斋文录》卷3）

《穀梁》隐元年传之失,而检《鲁世家》,果与今《左氏》不合。宋乃大服,曰:"子不惟善治《公羊》,可以为《左氏》功臣,自何邵公、许叔重且未发其疑也。"①

可见于庭服膺申受之深,亦可见于庭初未尝有今古门户意识也。

七年,申受始识张惠言②于都门,与谈《三礼》、《周易》之学。同年六月,张氏以疾卒,所撰《虞氏易》二卷,自《震》以下十四卦未成,其甥董士锡以申受言《易》主虞氏义,于张氏若合符节,嘱为补完之。十月,申受撰成《虞氏易言补》。申受自言"未尝奉教先生",盖与皋文同道而已。

八年,父卒,申受扶棺归里。时宋于庭过武进,作《常州怀庄四刘六两外兄》诗,忆与申受、绶甲两外兄弟平常里巷旦夕过从、论道析疑情景。

九年,包世臣作《述学一首示十九弟寄怀》诗,言及与常州诸子交友论学之情,中有"刘生为我条经例"一语。

十九年,魏默深从申受学《公羊》。其子魏耆《邵阳魏府君事略》云:"嘉庆癸酉二十岁,举明经。明年,侍春煦公起复入都,遂留从胡墨庄先生问汉儒家法。……是时,问宋儒之学于姚敬塘先生学塽,学《公羊》于刘申受先生逢禄,古文辞则与董小槎太史桂敷、龚定庵礼部自珍诸公切磋焉。"③

二十一年,申受有诗感怀其外家庄氏学术及从游之庄绶甲、宋于庭,云:

> 吾乡大儒宗,好古竟忘耄。味经善识大,珍艺益精眇。经心閟云雾,豁若日星皎。辞官为养志,解橐富缃缥。廿年正夏时,绝学三代表。晚岁穷古籀,匪许到秋杪。至乐无与谈,见我廪囷倒。淫思欲骨立,谏果知味妙。从游绶与凤,敏鲁各深造。著作满一家,竹帛永持保。④

案,味经者,乃庄方耕之斋名;珍艺,舅葆琛之斋名;绶,庄绶甲卿珊也;凤,宋翔凤于庭也。

---

① 刘逢禄:《左氏春秋考证》卷1,《清经解》学海堂本。
② 张惠言(1761—1802),字皋文,一字皋闻,号敬柯,武进人。嘉庆四年己未进士,改庶吉士,充实录馆纂修;六年,散馆授编修;七年,以疾卒。惠言修学立行,敦礼自守,人皆敬之。少为辞赋,尝拟司马相如、扬雄之文;及壮,为文效韩愈、欧阳修;尤深《易》、《礼》,《易》主虞翻,《礼》主郑玄。著有《周易虞氏》九卷、《虞氏消息》二卷、《虞氏易礼》二卷、《虞氏易事》二卷、《虞氏易候》一卷、《虞氏易言》二卷、《周易郑氏义》三卷、《周易荀氏家义》一卷、《周易郑荀义》三卷、《易义别录》十四卷、《易图条辨》一卷、《易纬略义》三卷、《仪礼图》六卷、《读仪礼记》二卷、《茗柯文集》。(参见张广庆:《武进刘逢禄年谱》,第46页)
③ 魏耆:《邵阳魏府君事略》,《魏源集》,第848页。
④ 刘逢禄:《岁莫怀人杂诗十六章》,《刘礼部集》卷11。

二十四年（1819），龚定庵应恩科会试，不第，留京师，始从申受学《公羊春秋》，遂大明西京微言大义之学。龚氏自有诗云："昨日相逢刘礼部，高言大句快无加。从君烧尽虫鱼学，甘作东京卖饼家。"①其自注云："就刘申受问《公羊》家言。"

道光六年（1826），申受"分校礼闱，邻房有浙江、湖南二卷，经策奥博，曰：'此必仁和龚自珍、邵阳魏君源也。'亟劝力荐，不售，于是有伤湖南、浙江二遗卷之诗"。②龚、魏齐名，殆自此始也。

八年，龚定庵成《太誓答问》一卷，申受有序，然今《刘礼部集》、《龚定庵全集类编》未见此序。③

九年，魏默深以孔巽轩与刘申受虽《公羊》专家，"亦止为何氏拾遗补阙，而董生之书未之详焉"，遂撰《董子春秋繁露》七卷，以"发挥《公羊》之微言大谊，而补胡毋生《条例》、何邵公《解诂》所未备"，而欲"为《公羊春秋》别开闾域"也。④默深又撰有《诗古微》初稿二卷，以"表章鲁、韩坠绪，以匡传笺"，申受为之撰有序文，以为"既与予说重规叠矩，其所排难解剥，钩沉起废，则又皆足干城大道，张皇幽眇，申先师败绩失据之谤，箴后汉好异矫诬之疾，使遗文湮而复出，绝学幽而复明，其志大，其思深，其用力勤矣"。⑤

是年八月，申受卒于京师。李兆洛撰《礼部刘君传》，其中有云：

> 君生乾隆四十一年九月十二日，生十八年补弟子员，二十五中拔萃科，三十二举顺天乡试，三十九始成进士，入翰林，散馆改用礼部，旋补仪制司主事。在官者历十有二年不迁，簿书期会，敬肃恪其如一日。君貌不逾中人，而美若冠玉，容止温肃，吐属谦谨，其于学务深造自得。礼侍公兼通五经，各有论述，著《春秋正辞》，涵濡圣真，执权至道，取资三

---

① 龚自珍：《杂诗己卯自春徂夏在京师作得十有四首》，《龚定庵全集类编》卷17，中国书店，1991，第396页。
② 刘承宽：《先府君行述》。又据《羽琌山民逸事》，"道光丙戌，武进刘逢禄礼部申受分校春闱，一浙江卷，一湖南卷，荐而不售，赋《两生行》以哀之。龚、魏两先生齐名所由来也"。又据徐珂《龚定庵魏默深会试下第》，"道光丙戌会试，刘逢禄礼部为同考官，得龚定庵卷，狂喜，亟荐之。魏默深卷在某侍御房，犹豫不遽荐。刘读其文，异之，乃促令亟荐。然龚、魏竟下第，刘痛惜之"。（《清稗类钞·考试类》）李兆洛谓申受"后辈一业之善，即引与朝夕，又宜其所成之过人也"。（李兆洛：《礼部刘君传》，《养一斋文集》卷14）申受惜才如此，遑论定庵、默深二君同道者哉！
③ 参见张广庆：《武进刘逢禄年谱》，第119页。
④ 魏源：《董子春秋发微序》，《魏源集》，第134、135页。案，《董子春秋发微》七卷，其书未见，仅存序文，序次未注明成书年代。张广庆据申受《诗古微》序"既为《董子春秋述例》"，而系是书于此。
⑤ 刘逢禄：《诗古微序》，《刘礼部集》卷9。

传,通会群儒。君乃研精《公羊》,探源董生,发挥何氏,成《释例》三十篇,以微言大义刺讥褒讳挹损之文辞,洞然推极属辞比事之道;又成《笺说》《答难》《决狱》等凡十一书,自汉以来,未尝有也。……其在官,凡同列有疑不能决者,为引经义别白之,已而公卿亦多就问所疑,无不据经决事,有董相风。在官有《庚辰大礼记注长编》十二卷、《春闱杂录》一卷、《东陵勘地图说》一卷、《石渠礼论》一卷,悉事言翔实,疏证确审。大抵君之著书,不泥守章句,不分别门户,宏而通,密而不缛,其大宗也。……君勤于取资当世,有名人莫不降心下问;后辈一业之善,即引与朝夕,又宜其所成之过人也。……君虽未肯抗行仲舒,以视嬴公,固有余矣。①

又有江阴凌曙(字晓楼),尝学于申受与沈钦韩。道光十年,钦韩《与刘孟瞻书》,谓晓楼为申受《公羊》学所误。书中有曰:"孟瞻足下:尊舅②为刘逢禄辈所误,溺于《公羊》,独足下余波不染,诚为卓荦。"③

十七年,李兆洛撰《珍艺宧遗书序》,其中有云:"兆洛自交若士、申受两君,获知庄氏之学。庄氏学者,少宗伯养恬先生启之,犹子大令葆琛先生赓之者也。……若士、申受所著《公羊》,多本宗伯。"盖以申受《公羊》学,多本于方耕也。

十九年,定庵有诗追忆申受,云:"端门受命有云礽,一脉微言我敬承。宿草敢祧刘礼部,东南绝学在毗陵。"④其自注云:"年二十有八,始从武进刘

---

① 李兆洛:《养一斋文集》卷14。
② 案,刘文淇母凌氏为凌曙姒,故沈氏云"尊舅"者,指文淇之舅氏晓楼也。
③ 沈钦韩:《与刘孟瞻书》,《幼学堂文稿》卷7。包世臣《国子监生凌君墓表》云:"(凌曙)从今宁国训导吴沈钦韩问疑义,益贯串精审。嗣闻今仪制司武进刘逢禄论何氏《春秋》而好之,及入都,为云贵总督仪征阮芸台校辑《经郛》,尽见魏、晋以来诸家《春秋》说,深念《春秋》之义存于《公羊》,而《公羊》之学传自董子。"则晓楼先问学于沈钦韩,再受教于申受也。
其后,刘文淇为《凌氏丛书》作序,其中有云:"舅氏晓楼先生专治《公羊》,谨守家法。尝以董子之书合乎圣人之旨,深悲其生见嫉于主父,没被诋于刘兰。又其甚者,谓《繁露》之名,取象古冕;《玉杯》之例,殆等《连珠》,厚诬古人,贻误来学,乃注《春秋繁露》十有七卷。……又以《公羊》旧疏不著撰人,言例虽详,考礼则略,遂乃覃精研思,遐稽博览,著《公羊礼疏》十一卷、《礼说》一卷。冯君《章句》,旁通《礼经》;糜信《汉议》,独理何氏。方诸前贤,如合符契。若其'暴桑'、'周狗'、'伏鸡博狸',大义无关,识小斯在;'偻、疾'、'党所'、'踊上'、'凿行',咸属方言,俱非雅训,亦必疏其由来,为之左证,作《公羊问答》二卷。苟慈明之问徐钦,王忿期之答庾翼,昔有其书,今存其目。旧疏自为问答,兹篇盖仿其例,凡以导扬古义,遵守旧闻。"孟瞻盖以凌氏治《公羊》,能"考其声音训诂与夫典章制度",所以深许之也。(参见刘文淇:《青溪旧屋文集》卷5《凌氏丛书序》,《仪征刘氏集》,广陵书社,2018,第47—48页)
④ 龚自珍:《己亥杂诗》第五十九首,《龚自珍全集》第十辑,上海古籍出版社,1975,第513页。

申受受《公羊春秋》，近岁成《春秋决事比》六卷，刘先生卒十年矣。"可见定庵对申受服膺之深，且欲以继申受之志也。

道州何绍基尝诣常州龙城书院拜谒李兆洛，有诗云："父执经师李与刘，二申儒术重常州。《公羊》大义粗闻后，又见先生括众流。"①又有诗云："综括群儒业，訇訇辈学斋。欲陶天下士，都与古贤侪。深雪斗山坐，春风桃李街。二申吾仰止，捧手后先偕。"②是诗表达了何氏对李申耆（兆洛）与刘申受（逢禄）"二申"的景仰之情。

二十三年，刘文淇为门人陈立（字卓人）撰《句溪杂著序》，其中云："徐彦疏《公羊》，空言无当。贾、孔《礼疏》，亦少发明。近人如曲阜孔氏、武进刘氏谨守何氏之说，详义例而略典礼。"③

咸丰十年（1860），戴望（字子高）《论语注》二十卷付梓，其叙自谓"深善刘礼部《述何》及宋先生《发微》，以为欲求素王之业、太平之治，非宣究其说不可，顾其书皆约举，大都不列章句，辄复因其义据，推广未备，依篇立注为二十卷，皆隐括《春秋》及五经义例，庶几先汉齐学所遗、邵公所传"。④谭献评曰："阅戴子高《论语注》，取之刘申受、宋于庭者大半，间有鄙说，然皆不言所本，殆欲后世作疏邪？首题戴氏注，可异也。"⑤

光绪十七年（1891），康长素《新学伪经考》刊刻。长素自谓其读《史记》、《汉书》诸书而疑，"又得魏氏源《诗古微》、刘氏逢禄《左氏春秋考证》，反复证勘，乃大悟刘歆之作伪"。⑥然而，长素又谓申受"尚为歆窜乱之《十二诸侯年表》所惑，不知其即《国语》所改"，可谓"不得其根原也"。⑦

长素时有书答朱一新，其中有云："至嘉、道间，孔巽轩乃始为《公羊通义》，然未为知《公羊》也。……直至道、咸，刘申受、陈卓人乃能以《繁露》、《白虎通》解《公羊》，始为知学。"⑧朱一新答长素书，谓"刘申受作《考证》，据以分别真伪，仆犹病其多专辄之词，深文周内，窃所不取"，⑨又谓"《公羊》与《论语》，初不相涉，而作《论语述何》以疏通之，戴子高复推衍之，其说精深，剧可寻绎。然谓《论语》当如是解也，然乎？否乎？"⑩又谓"刘申受、宋于

---

① 何绍基：《龙城书院谒李申耆丈》，《东洲草堂诗钞》卷7。
② 何绍基：《题申耆丈辈学斋授经图》，《东洲草堂诗钞》卷7。
③ 刘文淇：《青溪旧屋文集》卷6，《仪征刘氏集》，第76页。
④ 郭晓东：《〈戴氏注论语〉小疏》，华东师范大学出版社，2019，第291—292页。
⑤ 谭献：《复堂日记补录》，台北学海出版社，1974，第21页。
⑥ 康有为：《新学伪经考》，《康有为全集》册一，中国人民大学出版社，2007，第416—417页。
⑦ 康有为：《新学伪经考》，同上，第400页。
⑧ 康有为：《致朱蓉生书》，同上，第316页。
⑨ 康有为：《致朱蓉生书》，同上，第318页。
⑩ 康有为：《致朱蓉生书》，同上，第319页。

庭之徒,援《四书》以释四子书,恣其胸臆,穿凿无理。……申受、于庭析言破律,乱名改作,圣人复起,恐皆不免于两观之诛"。①

二十二年,章太炎成《春秋左传读》,以驳申受"《左氏》不传《春秋》"之说。又致书谭献,谓"申受襜祫,庄氏幽精上通,墨守既坚,遂为雄伯",其所作《左传读》,"欲使庄、孔解戈,刘、宋弢镞"。②

二十四年,叶德辉撰《輶轩今语评》,其中有云:"刘逢禄《左传考证》云:'《春秋》非记事之书,不待《左氏》而后明。'此言最谬。……三传皆尊圣人,《公》、《穀》发明作义,《左氏》取证本事,义当并尊,特私家水火,贻害二千余年,此真经学之罪人矣。学者当引为前车之鉴,何乃效尤耶?且刘申受之书所指《左传》之伪,并无实证,不过以《公羊》、《左氏》比勘得失而已,不过以空文攻驳《汉志》而已。儿童辨日,岂足以服《左氏》之心耶?"③其《答友人书》云:"刘申受之于《公羊》,初亦自成宗派,只以门户太过,斥班伪《左》,祸成于墨守,害切于坑灰,覆瓿不足以蔽辜,操戈奚足以泄愤,此药中之乌附,食品之醯醢,非止如古人所讥卖饼家也。"④

二十八年,章太炎撰《左氏春秋考证砭》、《后证砭》、《驳箴膏肓评》,曰:"因刘氏三书,《驳箴膏肓评》以申郑说,《砭左氏春秋考证》以明《传》意,《砭后证》以明称'传'之有据、授受之不妄。"⑤

梁启超发表《中国学术思想变迁之大势》,其中曰:"西汉今文之学,首倡之者为武进庄方耕著《春秋正辞》。……方耕弟子刘申受始颛主董仲舒、李育,为《公羊释例》,实为治今文学者不祧之祖。"⑥

三十一年,刘师培发表《读左札记》,驳申受《左氏春秋考证》谓刘歆附益《左氏》之说。

三十二年,刘师培于《国粹学报》发表《论孔子无改制之事》文,其中云:"自常州庄氏治《公羊》,始倡大义微言之说……故刘、宋之徒均传庄氏之说,舍古文而治今文,舍训诂而求义例,并推《公羊》之义以证《论语》及《中庸》,而魏源、龚自珍袭其绪余,咸以《公羊》学自矜,强群经以就《公羊》,择术至淆,凌杂无序,凡群经略与《公羊》相类者,无不旁通而曲畅之;即绝不相类者,亦必锻炼而傅合之。夫六经各有义例,见于《礼记·经解篇》,汉儒说

---

① 康有为:《致朱蓉生书》,同上,第327页。
② 汤志钧:《章太炎年谱长编(增订本)》引,中华书局,2013,卷2,第18页。
③ 苏舆编:《翼教丛编》卷6,台联国风出版社,1970,第6—7页。
④ 苏舆编:《翼教丛编》卷6,第31页。
⑤ 章太炎:《驳短膏肓评》叙,《章太炎全集》册二,第856页。
⑥ 梁启超:《中国学术思想变迁之大势》,台湾中华书局,1977,第96页。

经最崇家法,有引此经以证彼经者,未有通群经而为一者也。……若如近儒之说,则是六经之中仅取《春秋》,而《春秋》三传又仅取《公羊》,凡六经之大义均视为《公羊》之节目,若公孙禄谓刘歆颠倒五经,今即近儒之学观之,真可谓颠倒五经者也。"①

三十三年,皮锡瑞撰成《经学通论》五卷,谓申受"大有功于《公羊》"、②"近人有驳刘氏者,皆强说不足据"。③

刘师培于《民报》发表《清儒得失论》,其中谓申受、卓人"议礼断狱,比傅经谊,上炫达僚,旁招众誉,然此特巧宦之捷途,其枉道依合,信乎贾、董之罪人矣"。④ 又于《国粹学报》发表《近代汉学变迁论》,谓常州学者"大抵以空言相演,继以博辩,其说颇返于怀疑,然运之于虚而不能证之以实,或言之成理而不能持之有故。于学术合于今文者,莫不穿凿其词,曲说附会;于学术异于今文者,莫不巧加诋毁,以诬前儒,甚至颠倒群经,以伸己见。其择术则至高,而成书则至易,外托致用之名,中蹈揣摩之习,经术支离,以兹为甚,是为汉学变迁第四期"。⑤

宣统元年(1909),刘师培撰有《左氏不传春秋辩》一节,谓"近人刘申受之俦,均以《左传》书法、凡例及'君子曰'以下增于刘歆,今观《国策》言罪虞,则书法、凡例均《左传》旧文;又《韩非子·外储说》述高渠弥弑君事,语同《左传》,复言'君子曰:昭公知所恶',则'君子曰'以下,非歆所益,此均刘氏等所未考也"。⑥

民国四年(1915),章太炎《检论》定稿,其中谓申受"始专主董生、李育,为《公羊释例》,属辞比事,类列彰较,亦不欲苟为恢诡。然其辞义温厚,能使览者说绎",⑦又谓申受"以《公羊传》佞谀满洲,大同之说兴,而汉虏无畔界。延及康有为,以孔子为巫师。诸此咎戾,皆汉学尸之"。⑧

九年,梁启超(号任公)《清代学术概论》出版,其中谓申受《释例》"用科学的归纳研究法,有条贯,有断制,在清人著述中,实最有价值之创作",又谓《左氏春秋考证》"出而《左传》真伪成问题"。⑨

---

① 《刘申叔遗书·左盦外集》,第1652—1653页。
② 皮锡瑞:《经学通论·春秋》,中华书局,1954,第52页。
③ 皮锡瑞:《经学通论·春秋》,中华书局,1954,第41页。
④ 《刘申叔遗书·左盦外集》,第1781页。
⑤ 《刘申叔遗书·左盦外集》,第1784页。
⑥ 《刘申叔遗书·左盦集》,第1447页。
⑦ 章太炎:《检论·清儒》,《章太炎全集》册三,上海人民出版社,2018,第485页。
⑧ 章太炎:《检论·学隐》,《章太炎全集》册三,第491页。
⑨ 梁启超:《清代学术概论》二十二,载朱维铮校注:《梁启超论清学史二种》,复旦大学出版社,1985,第61页。

十二年，武进西营刘氏十九世孙刘祺编纂《武进西营刘氏清芬录》第一集初刊，收录了申受所撰著述。吕思勉为《武进西营刘氏清芬录》撰序，谓"近世巨儒乃推其说以见之于行事，乃有晚近数十年之变"。①

十八年，钱穆撰《刘向歆父子年谱》，是书以驳康长素为主，谓"廖平以来，康、崔纷纷，尽属无据"，②"康说前后横决，无一而可。彼固徒肆臆测，全无实证"。③ 二十六年，钱穆撰《中国近三百年学术史》，又将长素之学溯源于常州刘、宋之说，更谓"常州公羊学与苏州惠氏学，实以家法一脉相承，则彰然可见也"。④

---

① 转引自张广庆：《武进刘逢禄年谱》，第194页。
② 钱穆：《刘向歆父子年谱》，载《两汉经学今古文平议》，新亚研究所，1958，第61页。
③ 钱穆：《刘向歆父子年谱》，第110页。
④ 钱穆：《中国近三百年学术史》，商务印书馆，1997，第586页。

第二章　申何：《穀梁》废疾以及今文学意识的萌芽

据刘申受自言，十二岁时读《左氏春秋》，已"疑其书法是非多失大义"，十三岁尽通《公羊》条例，十五岁治《公羊》条例之学，又自谓既冠乃"纂辑《胡毋子都春秋条例》、《春秋礼》、《申何难郑》诸书"，可见申受之早慧及向学之殷也。盖申受既冠以后所撰诸书，无论申何难郑、纂辑《解诂》条例，以及发明刘歆之伪窜，种种贯彻申受一生的观点，似皆肇端于其束发之前。

第一节　《穀梁废疾申何》：回归何郑之争

嘉庆元年(1796)，时申受年二十一，撰成《穀梁废疾申何》二卷。关于此书撰写的目的，据嘉庆十五年(1810)所作叙云：

> 穀梁氏之世系微矣。汉孝武时，瑕丘江公受之鲁申公，上使与董仲舒议，卒用董绌江。孝宣以卫太子好《穀梁》，愍其学且废，乃立学官博士。东汉之世，传者绝少。窃尝以为，《春秋》微言大义，《鲁论》诸子皆得闻之，而子游、子思、孟子著其纲，其不可显言者，属子夏口授之，公羊氏五传始著竹帛者也。然向微温城董君、齐胡毋生及任城何邵公三君子，同道相继，则《礼运》、《中庸》、《孟子》所述圣人之志、王者之迹，或几乎息矣。穀梁子不传建五始、通三统、张三世、异内外诸大旨，盖其始即夫子所云"中人以下不可语上"者，而其日月之例、灾变之说、进退予夺之法，多有出入，固无足怪。玩经文，存典礼，足为公羊氏拾遗补阙，十不得二三焉。其辞同而不推其类焉者，又何足算也。兼之经本错迕，俗师附益，起应失指，条列乖舛，信如何氏所名"废疾"，有不可强起者。余采择美善，作《春秋通义》及《解诂笺释》。因申何氏《废疾》之说，难郑君之所起，覃思五日，缀成二卷。藩篱未决，区盖不言，非敢党同，微

明法守。世有达士,霍然起之,亦有乐焉。①

东汉桓帝、灵帝时,何邵公"与其师博士羊弼,追述李育意以难二传,作《公羊墨守》、《左氏膏肓》、《穀梁废疾》"。晋人王嘉在《拾遗记》中谓三书为"三阙",盖以其"言理幽微,非知机藏往,不可通焉"。② 稍后,郑康成针对"三阙",乃撰《发墨守》、《箴膏肓》、《起废疾》三书。据《后汉书·儒林传》,邵公见康成书而叹曰:"康成入吾室,操吾矛,以伐我乎!"惜乎何、郑此数书俱佚,无由详考争论的细节。宋陈振孙仅见《左氏膏肓》,且已有阙遗。至清人乃为辑佚,或可稍窥一二焉。

后人多据邵公之叹语,以为何、郑之争论,似乎康成稍占上风,而邵公本人亦未再致辩诘,转而精治《公羊》,完成其《春秋公羊解诂》一书。直至申受撰《穀梁废疾申何》,才重新对何、郑之间的争论进行了反省,认为康成"兼治三传,故于经不精",且"多牵引《左氏》,其于董生、胡毋生之书,研之未深",又谓何休"入室操戈"之语,盖不欲为专已党同,乃"宏奖之风"而已。③

可见,申受此书所作,旨在"申何氏《废疾》之说,难郑君之所起"。至于《穀梁》有"美善"可取者,则待以他书,即《春秋通义》与《解诂笺》,可见,叙中所言的"采择美善"之说,只是代表了后来《解诂笺》的立场,而早在嘉庆初撰《废疾申何》时,只是纯然取"申何"的态度而斥《穀梁》为"废疾"耳。

大概言之,自嘉庆元年以来,直至十四年撰《解诂笺》,申受这一时间治《春秋》的总体思路有三:

其一,认为董、胡、何三人"同道相继",故通过撰《何氏释例》,表明其墨守何休《解诂》的态度,欲以发明"圣人之志,王者之迹"。

其二,重新回到汉末何、郑之间关于《穀梁》的争论,通过撰写《穀梁废疾申何》,表明其"申何难郑"的立场。

其三,开始强调《春秋》今文学诸说之间的互补性,故一方面认为《穀梁》传大义而不传微言,另一方面肯定《穀梁》说可为《公羊》"拾遗补阙"。贯彻此种意图的著述即《春秋通义》和《解诂笺》。④ 显然,此种态度导致了

---

① 刘逢禄:《春秋公羊释例后录·穀梁申废疾》,上海古籍出版社,2013,第425—426页。
② 王先谦:《后汉书集解》引,中华书局,1984。
③ 刘逢禄:《春秋公羊释例后录·公羊申墨守》,第292页。
④ 吴仰湘认为,申受《穀梁废疾申何》是其撰写《春秋通义》和《解诂笺》二书"先期问世的副产品",此说未是。盖《申何》成书虽早,然与后来所撰的《释例》实一脉相承,其宗旨皆在"申何",而差别仅仅在于立论角度不同,即《申何》在于著《穀梁》之"废疾",而《释例》在于强《公羊》之"守卫"而已;至于《春秋通义》与《解诂笺》,则意在强调《公》、《穀》的"同条共贯",而建立今文壁垒。

(转下页)

今文壁垒的形成,并为其后来攻驳《左氏》准备了前提条件。

可见,《公羊解诂笺》与《穀梁废疾申何》对待《穀梁》态度实有根本差异,即《申何》是站在邵公立场而明《穀梁》之"废疾",而《解诂笺》则有借《穀梁》以"匡何"的意图。譬如,关于隐元年"惠公仲子"一条,申受前后两书的解释就非常不同。

> 《公羊》:仲子者何?桓之母也。
> 《穀梁》:仲子者何?惠公之母、孝公之妾也。

盖《公羊》以仲子为桓公之母,而《穀梁》以为惠公之母,亦即惠公父孝公之妾也。至于《左氏》学者杜预的看法,则从《公羊》之说。然而,康成却采纳了《穀梁》的说法,曰:

> 若仲子是桓公之母,桓未为君,则是惠公之妾,天王何以赗之?则惠公之母,亦为仲子也。①

按照周礼,天子只能赗诸侯夫人,如果妾子为国君,则母以子贵,天子亦可赗之。可以说,无论《公羊》还是《穀梁》,都承认此种做法合乎周礼。但是,《公羊》为了成全隐公让国的美德,提出了"隐为桓立,故以桓母之丧告于诸侯"之说,以为桓公虽然尚未为君,隐公却将桓公之母以夫人的名义告丧于天子、诸侯,所以才会有天子赗仲子之事。

如果说《公羊》高扬让国之德,故处处成全隐公的心志;那么对于《穀梁》来说,让国并非人君最高的美德,因此,当《穀梁》一方面肯定隐公有"轻千乘之国"的"德"时,另一方面则批评隐公的做法不符合"道",甚至是"成父之恶"。基于这种立场,《穀梁》没有必要将仲子解释成"桓之母",而是纯粹站在周礼的立场,并明确提出"礼,赗人之母则可,赗人之妾则不可"。可见,《穀梁》在此执守周礼,并将之视为道的基本内涵。

至于申受,此时尚以"申何"为主,曰:

(接上页)　至于《春秋通义》,其后未见成书,据叙所言,其性质与《解诂笺》同,而其体例则异,疑似折衷《公》《穀》而综论《春秋》之义。然吴仰湘认为,《通义》乃申受撰写《春秋释例》"三易稿"中的一稿而已,此说亦未当。盖《释例》之书以纂辑条例为主,犹胡毋生《条例》也,而《通义》则以发明义理为主,近于《春秋繁露》,乃说经之书。就两书之书名而言,即知其体例迥异,不可混为一谈。

① 刘逢禄:《春秋公羊释例后录·穀梁申废疾》,第 427 页。

隐为桓立,故以桓母之丧赴于王,《春秋》因之以成公意焉。①

可见,申受不过简单重复了《公羊》及何休的说法而已。

到了《解诂笺》、《左氏春秋考证》那里,申受竟以《穀梁》说为得之,曰:"经书'惠公仲子',与'僖公成风'同文,则《穀梁》谓'仲子,惠公之母'者是也。"②又曰:"庶子为君,为其母筑宫,使公子主其祭。于子祭,于孙止,礼也。隐不成仲子为夫人,故为之考宫。若成之,得不以祔于王母乎?经所讥者,正其不得立庙世祭,且著其僭诸公之乐,以明孝、惠之庙且僭天子之乐,大恶不可言也。何君以为善而书之,以成其贤,疏于礼矣。"③可见,申受早年以墨守《公羊》为主,至《解诂笺》以后始有"折衷三传"的倾向。

又,隐元年,十二月,公子益师卒。

《公羊》:何以不日?远也。所见异辞,所闻异辞,所传闻异辞。
《穀梁》:大夫日卒,正也。不日卒,恶也。

对此,何、郑之说不同:

何休:《公羊》以为日与不日,为远近异。若《穀梁》云"恶而不日",则公子牙及季孙意如何以书日?
郑玄:公子牙,庄公弟,不书弟,则恶明也,故不假去日。季孙意如,则定公所不恶,故亦书日。④

至于申受,则申何意以答康成之疑。其《申废疾》云:

《春秋》之义,远则杀其恩,恶则略其恩。何氏之例,详而不乱,如无骇之不日,有疾始灭之文;叔孙得臣之不日,有与闻乎故之文。《春秋》

---

① 刘逢禄:《春秋公羊释例后录·穀梁申废疾》,第427页。
② 刘逢禄:《左氏广膏肓》,《春秋公羊经何氏释例 春秋公羊释例后录》,第380页。案,《清经解》所载《解诂笺》不尽相同,云:"《穀梁》得之。不称夫人者,以天王临之而见正焉。如以为桓母,于义得称夫人,则隐为桓立,不得尊桓母乎?尊桓母,公意不益成乎?讥兼之非礼,而曰惠公仲子,假而曰'使宰咺来归惠公之赗、仲子之赗',讥兼之意不益见乎?君之与妾,非公与夫人也。夫人伉公,且以言及,成诔文。况以妾伉君,曾是为圣人之恒辞乎?言及者,别尊卑文。仲子微,反以不言及见别于夫人,曲矣。"
③ 刘逢禄:《公羊申墨守》,《春秋公羊经何氏释例 春秋公羊释例后录》,第299—300页。
④ 刘逢禄:《春秋公羊释例后录·穀梁申废疾》,第428页。

不以疑辞眩人,而爱有差等,故张三世之义,《公羊》独得之。公子牙之为庄公弟,固也,然经无起文也。意如为定所不恶,似矣;仲遂之贬,得臣之不日,岂宣所恶?与益师而为隐所恶,又何说乎?《春秋》以时君之美恶为美恶,何以理嫌疑、明是非乎?①

案,邵公所举二事,即《春秋》庄三十二年"秋七月,癸巳,公子牙卒"与定五年"六月,丙申,季孙意如卒"两条。盖公子牙有淫哀姜、谋弑子般之恶,而季孙意如有逐昭公之恶,然其卒皆书日,何也?对此,何休《解诂》于公子牙卒则曰:"书日者,录季子遏恶也。行诛亲亲,虽酖之犹有恩也。"案,《春秋》于所传闻世,大夫无论有罪无罪,皆当不日略之,今季子虽酖杀公子牙,犹有亲亲之意,故著其恩而书日。显然,邵公这种解释与《公羊》于大夫卒而书日的立场是一致的,即著其恩之薄厚故也。至于季孙意如之卒日,邵公《解诂》无辞,而《废疾》则驳《穀梁》"恶而不日"之非。

至于康成所释,以为公子牙不书弟,以恶明故不必去日;意如于昭公有逐君之恶,而于定则有迎立之功,故定公不恶意如,亦得书日。

对此,申受一则申《公羊》三世异辞之"微言",一则举无骇与叔孙得臣之恶而不日,仲遂之贬而书日又与叔孙得臣不同,欲以难郑也。申受又讥郑说释意如为定公不恶而日,不过"以时君之美恶为美恶"耳。其实,不独此条,凡《公羊》所发明"三科九旨"之旨者,《穀梁》皆别为之说,宜乎申受谓《穀梁》传"大义"而不传"微言"也。

诸如此类,申受皆先列《春秋》经文,次以《穀梁》传文,更列邵公《废疾》文与康成《释废疾》文,末则申受以"申曰"作结,盖申何氏之意也。

至于《清经解》所载《穀梁废疾申何》卷2,《后录》则作《穀梁广废疾》,其文先列《春秋》经文与《穀梁》传文,间及范甯注文,然不列邵公与康成之说,盖申受自取《穀梁》传、注之说以难之。兹亦举数例如下:

隐元年,春,王正月。《穀梁传》云:"让桓正乎?曰:不正。隐不正而成之,何也?将以恶桓也。其恶桓奈何?隐将让而桓弑之,则桓恶矣。桓弑而隐让,则隐善矣。"范甯注云:"不明让者之善,则取者之恶不显。"对此,申受难曰:

《春秋》不书公即位,非为论隐桓争让而作。隐本不正,让桓为正,以礼没之,不在长幼也。桓之弑逆大恶,不借成隐而见,如以为将让而

---

① 刘逢禄:《春秋公羊释例后录·穀梁申废疾》,第428页。

弑之方为大恶,则传意以隐不让为正,而桓弑之,其恶反得从末减乎?①

据范甯注,隐本为世子,然探其父之志而将让国于桓,则隐之让国虽善而非正也。范甯盖以为《春秋》不书"公即位",欲明隐之善而著桓弑之恶。而申受所难,则以弑逆大罪,不待成隐之志而自显也。

又,文二年,夏,六月,公孙敖会宋公、陈侯、蔡侯、郑伯、晋士縠盟于垂敛。《穀梁传》云:"内大夫可以会外诸侯。"对此,申受难曰:

> 传无托王之例,其失多乱,又不别会盟,尤非。此云"内大夫可以会外诸侯",意若云"尊内也",不张王义,则王道乱矣,且非也。公与外大夫会,书无贬辞,此当是经师家言。君不会大夫,内大夫可以盟外诸侯,以经多讳公与大夫盟也。然于义《春秋》恶盟,王臣体国,义亦不得与诸侯盟,于首戴微示之,故《公羊》师说不言"内大夫可以盟诸侯"也。②

申受以为,《公羊》有"托王于鲁"之义,而《穀梁》无之,今乃于此谓"内大夫可以会外诸侯",既有"尊内"之意,然既不张"王义",则徒乱王道耳。据礼,君不当会大夫,故《春秋》于鲁则讳之;然《春秋》王鲁,故内大夫会外诸侯,亦无恶文。且《春秋》恶盟,故内大夫虽得与外诸侯盟,而《公羊》无说。

又,昭二十年,夏,曹公孙会自梦出奔宋。《穀梁传》:"自梦者,专乎梦也。言其以贵取之,而不以叛也。"范甯注:"明曹君无道,致令其奔。"对此,申受难曰:

> 自非纪季,君虽无道,以道去君,异姓臣之义也。专乎地而出奔,皆叛也。《公羊》以教让,《穀梁》以长乱,有师无师之别也。③

申受以为,臣子出奔有二,异姓臣得以道去君,有出奔之义,而同姓臣则无。然无论同姓、异姓之臣,凡专地而出奔,皆叛也。故无论《穀梁传》"以贵取之"之说,抑或范注"曹君无道"之说,皆不得不目为叛。《春秋》所书,唯纪季以酅出奔齐,意在存先祖,故不得以叛视之,而其余皆叛也。

---

① 刘逢禄:《春秋公羊释例后录·穀梁广废疾》,第449—450页。
② 刘逢禄:《春秋公羊释例后录·穀梁广废疾》,第468页。
③ 刘逢禄:《春秋公羊释例后录·穀梁广废疾》,第480页。

凡此，可见《广废疾》之所难，非"难郑"，实难《穀梁》传、注，而《申废疾》则兼难郑也。

其后，廖平撰《起起穀梁废疾》，既驳邵公，又驳康成，曰：

> 何君自尊所习，乃以寻仇之戈操于同室；郑君小涉《左》学，不习《穀梁》，乡邻私哄，何须被缨？乃谬托主人，日寻报复，驳许以外，更复攻何，生事之讥，其能免与？且属讼讦之言，并为求胜而作，影射毛吹，有如诟詈，亦且内实不足，乃求胜语言，使或平心，都为剩语。何既制言偭薄，立义矫诬，不事言诠，乃呈嫉妒；郑则自负博通，攻坚奋讽，反旗倒戈，以相从事，客兵侨主，不复统制。甚或毁弃章服，改从敌人，欲群经皆有所作，使本义因以愈湮。①

廖氏盖以邵公不必"自尊所习"而攻《穀梁》，而康成亦不必"谬托主人"以攻邵公也，且谓双方"属讼讦之言，并为求胜而作"，故所论各有弊，而"恒失本旨"。然廖氏似未见申受书，其书无一言及申受，亦无所采于申受书者。

如廖氏论"公子益师卒"一条，即申康成之说。其于"公子牙卒"发传例云：

> 《春秋》大夫小恶不日，大恶不卒，翚与弑不卒，仲遂卒，《传》曰："此不卒者也。"得臣卒不日，首公子遂也。庄不卒大夫，此卒公子牙，不卒者也。不言刺，非杀也。未弑而杀，其恶未成。《春秋》成美不成恶，故不主牙也，日之如正卒。季子不暴其罪，以药饮之，如以疾卒，日，以成季子之志也。②

盖廖氏以为，翚之不卒，以其有弑君之恶；得臣虽卒而不日，则以仲遂首其恶；仲遂、公子牙之卒且日者，犹不卒者，于公子牙则成季子之志，于仲遂则著宣公之疏也。

廖氏又释《穀梁》传例"大夫日卒，正也；不日卒，恶也"云："大夫不日，恶，据得臣也。意如恶，日，恶已前见也。子般卒，日，有所见。《传》曰'有所见则日'，子牙亦以有见日也。又庄不卒大夫，日卒牙，不卒者也。卒则不

---

① 廖平：《起起穀梁废疾》序，《廖平全集》册九，第2079页。
② 廖平：《起起穀梁废疾》，《廖平全集》册九，第2089页。

卒，不以去日见贬绝。"①据此，则公子牙之卒日犹子般之卒日，皆"有所见则日"。凡此，可见廖氏不用《公羊》"三世异辞"之说以释大夫卒也。②

廖平又撰《释范》，则驳范甯也。其弁言有云：

> 古人注经，例不破传。郑君改字，为世所讥，唯范氏《集解》，昌言攻传。……纪君无识，乃欲左范右何，其猖狂浅陋，信心蔑古，为后人新学所祖，所云"《春秋》三传置高阁"者，盖作俑于《集解》矣。③

廖氏以为，范氏所为《集解》，不同于杜预全据《左传》以解《春秋》，不过于旧传之外，汇集诸家之长而别为《穀梁》之解也，然以三传各有优劣，故不免启宋儒"舍传求经"之流讹。

更后，皮锡瑞对此有论云：

> 何休《墨守》仅存一二，《废疾》得失互见，《膏肓》以左氏所载之文，为《左氏》之罪，未知国史据事直书之例，且驳论多琐细，惟兵谏丧娶数条，于大义有关。郑《发墨守》亦仅存一二，《起废疾》亦得失互见，《箴膏肓》多强说，以文公丧娶为权制，岂有丧娶可以从权者乎？④

可见，皮氏虽宗《公羊》，然于何、郑之争，则不作左右袒，而以双方俱有得失也。

皮氏且撰《释废疾疏证》，其自序云：

> 何君精研六经，既叹郑为操矛，讵不能反矛以攻郑？然而不为者，古人之著书也，将以明道，非以争胜也。汉惟《公羊》立学，其后《左氏》、《穀梁》浸盛。何君恐两家之徒缘隙奋笔，其为书排二传以尊《公羊》也，凡以明道也。郑君兼取三传，以何君排《左》、《穀》太甚，恐二传因此遂废，其为书驳何君以扶二传也，亦以明道也。若夫旗鼓相当，攻击不已，岂古人之意哉！惟其意不在争胜，故郑难何，而何不复答郑。⑤

---

① 廖平：《起起穀梁废疾》，《廖平全集》册九，第 2083 页。
② 案，廖平尝撰《三世论》一篇，谓"三世之精意，不外'远近'二字"，则《穀梁》犹有此例也。至于何邵公所言，廖氏以为"多不得其意，支离游衍，使人迷炫，此其失也"。（廖平：《何氏公羊解诂三十论》，《廖平全集》册九，第 2150、2151 页）
③ 廖平：《释范》弁言，《廖平全集》册九，第 2115 页。
④ 皮锡瑞：《经学通论·春秋》，第 51—52 页。
⑤ 皮锡瑞：《发墨守箴膏肓释废疾疏证》自序，《皮锡瑞全集》册四，第 345 页。

皮氏所说,盖释邵公"入室操戈"之叹。皮氏虽学《公羊》,然兼崇康成,故于何、郑之争,不作左右袒,然又谓其书"参稽互证,以辅郑义"。

皮氏之书,不同于廖氏,盖承申受之学而来,又兼论柳兴恩之说,然谓二书"未免诟争,引证亦略,罕所阐发"。① 故自谓其书宗旨曰:"三传之义有可通者,为之沟通;其不能沟通者,各依本传解释。冀以正《春秋》三家之界,通郑、何二君之邮,平末学之诟争,广先儒之异义云尔。"② 可见,皮氏实有平分三传、各自师法之意。

第二节 《公羊解诂笺》之"拾遗补阙"与对《穀梁传》的重新肯定

申受于嘉庆元年撰《穀梁废疾申何》,其旨在"申何氏《废疾》之说,难郑君之所起";至十年撰《何氏释例》,犹"专明墨守之学";十四年撰《公羊春秋何氏解诂笺》,则不独于《穀梁》"采其美善",且欲以"申其条理,广其异义,以裨何氏之未备"。③ 可见,申受《解诂笺》的立场,已与《释例》有很大不同,虽不欲与邵公相违,然有"弥缝匡救"之意焉。故其《解诂笺》叙云:

> 康成《六艺论》曰:"注《诗》宗毛为主。毛义若隐略,则更表明;如有不同,即下己意,使可识别。"余发明何氏,窃取斯旨,以俟世之能墨守者董理焉。④

可见,申受《解诂笺》虽以"发明何氏"为主,然又取郑玄笺《诗》之意,以"匡弼"邵公为事。故周中孚谓《解诂笺》"折衷众家,以归于是,或详或略,皆极精密,于何氏绳墨少所出入,犹著《释例》之用意也",⑤杨钟羲则谓是书"凡九十三条,皆摘传文及《解诂》以申论其大义,并及他说之可兼者,折衷众家,以归于是,取郑氏笺《诗》之旨以名之"。⑥

---

① 皮锡瑞:《发墨守箴膏肓释废疾疏证》自序,《皮锡瑞全集》册四,第345页。
② 皮锡瑞:《发墨守箴膏肓释废疾疏证》自序,《皮锡瑞全集》册四,第346页。
③ 刘逢禄:《公羊申墨守》原叙,《春秋公羊释例后录》,第292页。
④ 刘逢禄:《春秋公羊释例后录·公羊申墨守》,第292—293页。
⑤ 周中孚:《郑堂读书记》卷11,上海书店出版社,2009,第197页。
⑥ 《续修四库全书总目提要·经部》,中华书局,1993,第719页。

案，康成遍注六经，常以一家为主，而兼取他说，杂糅今古。此种做法，颇受晚清今文家所批评。李兆洛为张金吾作《两汉五经博士考叙》云：

> 今之所谓汉学者，独奉一康成氏焉耳，而不知康成氏者，汉学之大贼也。……惜哉！汉学亡，而所存者独一不守家法之康成也。①

其后，皮锡瑞论康成之学，亦谓"郑采今古文，不复分别，使两汉家法亡不可考，则亦不能无失"，"郑君为汉儒败坏家法之学"，"郑学出而汉学衰"。②

然而，申受却于《解诂笺》明言"裨何氏之未备"，且声称效法康成注经之法，"庶几于《春秋》绳墨，少所出入云尔"。其先，申受本以"竞守汉师家法"为归趣，而《公羊》家法自当以邵公为宗，然就《解诂笺》而言，其中不独据《公羊》以论邵公之失者，乃至有不信《公羊》传文者。显然，申受在《解诂笺》中的立场，较诸撰《释例》时之于邵公《解诂》的"墨守"，已颇不同。可以说，一方面，自庄方耕、孔巽轩开始，今文学的家法意识不断增强，而在申受那里，更是得到了明确的主张；然另一方面，申受又保留了唐、宋以来"兼采三传"的精神，遂影响到晚清《穀梁》学的复兴，以及今文学者以《公羊》大义遍释群经的风气。

对此，其子承宽《行述》论《解诂笺》时说道：

> 说者谓府君墨守何学，然《笺》中规何五十余事，至于母以子贵及夫人子氏、惠公仲子之属，则并舍《公羊》而从《穀梁》，甚至宋灾故一条，并舍三传而从宋儒刘原父、胡安国之说。③

《行述》此说自是属实，然美之以"求公是而祛门户"，则未必为后来今文家所认同。

一 舍《公羊》从《穀梁》

据刘承宽《行述》，《解诂笺》采《穀梁》义以驳《公羊》者有三事，即母以子贵及夫人子氏、惠公仲子。兹稍辨析如下。

---

① 不过，杨钟羲谓李兆洛称申受"洞明经术，究极义理，宏而通，不泥守章句"，《解诂笺》为近之也。（《续修四库全书总目提要·经部》，第719页）
② 皮锡瑞：《经学历史》，中华书局，2004，第101—105页。
③ 刘逢禄：《刘礼部集》卷11。

1. 关于"母以子贵"

> 《春秋》：隐元年，春，王正月。
> 《公羊》：母贵，则子何以贵？子以母贵，母以子贵。

何休《解诂》申传义云："礼，妾子立，则母得为夫人。夫人成风是也。"申受《解诂笺》先引《公》、《穀》、《左》关于此问题的异义：

> 今《春秋公羊》说：妾子立为君，母得称夫人。故上堂称妾，屈于嫡；下堂称夫人，尊行国家。则士庶为人君，母亦不得称夫人。父母者，子之天也，子不得爵命父母，至于妾子为君爵其母者，以妾本接事尊者，有所因也。
> 《穀梁》说：鲁僖公立妾母成风为夫人，入宗庙，是子而爵母也。以妾为妻，非礼也。
> 古《春秋左氏》说：成风妾，得立为夫人，母以子贵，礼也。①

又引许慎与郑康成的异说：

> 许慎：谨案《尚书》，舜为天子，瞽瞍为士，明起于士庶者，子不得爵父母也。至于鲁僖公，本妾子，尊母成风为小君，经无讥文，《公羊》、《左氏》义是也。
> 郑玄驳曰：《礼·丧服》："父为长子三年，以将传重故也。"众子则为之期，明无二適也。女君卒，贵妾继室摄其事耳，不得复立夫人。鲁僖公妾母为夫人者，乃缘庄夫人哀姜有杀子般、闵公之罪，应贬故也。近汉吕后杀戚夫人及庶子赵王，不仁，废不得配食，文帝更尊其母薄后，非其比耶？妾子立者得尊其母，礼未之有也。②

案，《公》、《左》俱主张母以子贵，故妾子为君，得尊其母为夫人；《穀梁》则以为妾子为君，其母为夫人，乃子而爵母，非礼也。许慎站在《公羊》与《左氏》的立场，且引舜与瞽瞍事以证《公羊》"起于士庶者，子不得爵父母"，又引鲁僖公尊成风为小君事，谓《春秋》无讥文，则《公》、《左》之说是也。康成则站

---

① 刘逢禄：《春秋公羊释例后录·公羊申墨守》，第 295 页。
② 刘逢禄：《春秋公羊释例后录·公羊申墨守》，第 295 页。

在《穀梁》的立场,且据《丧服》别適子与众子之义,以为贵妾唯得继室摄事,而不得复立为夫人;又引汉吕后、薄后故事,以为鲁僖公以妾母为夫人,非以庶子为君之故,实以夫人哀姜有罪而废之。

申受则完全站在《穀梁》与康成的立场,曰:

> 不书即位,君臣、父子、夫妇、兄弟之道立矣。经曰:"禘于太庙,用致夫人。"穀梁子曰:"用者,不宜用者也。致者,不宜致者也。言夫人而不以氏姓,非夫人也,立妾之辞也,非正也。夫人之,我可以不夫人之乎?夫人卒葬之,我可以不卒葬之乎?一则以宗庙临之而后贬焉,一则以外之弗夫人而见正焉。"经曰:"僖公成风。"穀梁子曰:"秦人弗夫人也,即外之弗夫人而见正焉。"经曰:"惠公仲子。"穀梁子曰:"母以子氏。仲子者何?惠公之母、孝公之妾也。"经曰:"考仲子之宫。"穀梁子曰:"礼,庶子为君,为其母筑宫,使公子主其祭也。于子祭,于孙止。仲子者,惠公之母,隐孙而修之,非隐也。"经曰:"秋七月,壬申,弋氏卒。辛巳,葬定弋。"即哀之未正君而见正焉。《春秋》之辨名如此。礼,宗子虽七十,无无主妇,谓大夫得再取也。天子、诸侯不再取,有宗庙之事,以贵者摄之,故礼有摄女君。然而曰"君之母",非夫人,则群臣无服,邦人称之曰"君之母",称诸异邦曰"寡君之母"。大夫以下,妾有贵贱,服有升降而已,以明辨也,所谓不得与民变革者也。汉世妃匹不正,建储、立后皆以爱争,堕其礼坊,因僭称号,且配庙食。公羊经师欲其说之行,则于传文"子以母贵"之下,增之曰"母以子贵"。夫子既可以贵其母,何必云"子以母贵"乎?且是子尊得加于父母也。舜不王瞽,禹不王鲧,正也。商追元王,周追大王,皆以义起,非古也,不胜其敝也。《春秋》正其辞,曰"齐侯送姜氏",曰"纪季姜归于京师",传曰"葬从死者,祭从生者",古志也。《公羊》经师曲学阿世,而犹存正谊,以示其说之不得已,故其羼入之传灼然,其为说亦必以適母在即称夫人,纡谲其词;又以士庶为人君,母亦不得称夫人,子不得爵命父母,自破其例,意微而显也。庄公夫人受诛,不庙食可也,成风庙食不可也,于事成风之立,又不缘庙食也。黜吕立薄,昉于东汉,非孝文也。太史公书称孝文太后崩,母以子氏,知董生《春秋》之义,师法不废,而今董生书犹以文质异法解之,其为俗师窜改无疑矣。①

---

① 刘逢禄:《春秋公羊释例后录·公羊申墨守》,第296—297页。

申受具引《穀梁》数处文字，并参以礼文，以见《穀梁》说乃得礼之正。不仅如此，申受甚至严斥两汉公羊经师，以为"曲学阿世"、"俗师窜改"，遂增"母以子贵"语。申受又为董子解免，则其批评亦包括邵公在内。① 可见，申受据《穀梁》立场，不仅以为《公羊》有误，且驳何休之说也。

然申受亦斥康成之误，盖孝文时尚未黜吕立薄也。对此，皮锡瑞乃引诸书以证其说，曰：

> 考《汉书·郊祀志》，元始五年，王莽奏复南北郊："以孟春正月上辛若丁，天子亲合祀天坠，以高帝、高后配。以日冬至，使有司奉祠南郊，高帝配；日夏至，使有司奉祭北郊，高后配。"《后汉书·光武纪》：建武中元元年，使司空告祠高庙曰："吕太后贼害三赵，专王吕氏，赖社稷之灵，禄、产伏诛，天命几坠，危朝更安。吕太后不宜配食高庙，同祧至尊。薄太后母德慈仁，孝文皇帝贤明临国，子孙赖福，延祚至今。其上薄太后尊号曰高皇后，配食地祇；迁吕太后庙主于园，四时上祭。"亦见《续汉书·祭祀志》。然则王莽以前，配食高帝者犹吕后耳，光武始废之，非自文帝也。卫宏《汉旧仪》曰："宗庙大袷，设左右坐，高祖南面，高后右坐。"此为吕太后也。应劭《汉官仪》曰："北郊坛，地祇位南面，西上；高皇后配，西面，皆在坛上。"此为薄太后也。②

其先，宋人吕大圭已有此论，曰：

> 《公羊》论隐公之贵贱，而曰："子以母贵，母以子贵。"夫谓子以母贵可也，谓母以子贵可乎？推此言也，所以长后世妾母陵僭之祸者，皆此言基之也。③

不过，皮锡瑞《春秋通论》似不以吕氏说为然，以为"以后世之乱，归咎汉人，不知汉人但解经义，何能豫防后世之乱？"

其后，陈卓人驳申受说，曰：

> 今按，刘说非是。《丧服经》曰："公妾、大夫之妾为其子。"传曰：

---

① 其后，廖平奉《穀梁》为《春秋》正宗，而《公羊》屡有异说，多经俗师窜改，不合《春秋》古志云云，殆与申受此处议论颇有渊源。
② 皮锡瑞：《驳五经异义疏证》卷8，《皮锡瑞全集》册四，第233—234页。
③ 转引自皮锡瑞：《经学通论·春秋》，中华书局，1954，第81页。

"何以期也？妾不得体君，为其子得遂也。"注："此言二妾不得从于女君尊降其子也。女君与君一体，唯为长子三年，其余以尊降之，与妾子同也。"然则女君与君一体，故服制一与君同。妾不得体君，得为其子遂，正母以子贵之谊。所以《齐衰三月章》：父卒则为母，庶子为后，当得伸其私恩。……传于下"天王使宰咺来归惠公、仲子之赗"，曰："何以不称夫人？桓未君也。"于定十五年"姒氏卒"下曰："何以不称夫人？哀未君也。"于"葬定姒"曰："定姒何以书葬？未逾年之君也。有子则庙，庙则书葬。"又下二年"夫人子氏薨"，传："夫人子氏者何？隐公之母也。何以不书葬？成公意也。"宣八年"夫人熊氏薨"，传："宣公之母也。"注："熊氏，楚女。宣公，即僖公妾子。"皆无讥文，盖不独成风然也。又《礼记·杂记》云："妾祔于妾祖姑；无妾祖姑，则亦祔其昭穆之妾。"疏引庾蔚之云："妾祖姑无庙，为坛祭之。"崔灵恩云："于庙中为坛祭之。"又《丧服小记》云："慈母与妾母，不世祭也。"即《穀梁》家所云"礼，庶子为君，为其母筑宫，使公子主其祭。于子祭，于孙止"是也。是则妾子为君，虽不得尊其母如适，然必仍妾旧称，使为子者不得伸其私恩，亦非所以推孝锡类，则《异义》所载《公羊》说"上堂称妾，屈于适；下堂称夫人，尊行国家"，亦未尝不仁至义尽也。故《繁露·三代改制》云："主天法质而王，妾以子贵。主地法文而王，妾不以子称贵。"《春秋》改文从质，所以"母以子贵"必《公羊》经师所传。刘氏反谓其俗师窜改，而牵涉《穀梁》之说，是自乱其家法矣。①

卓人举数条以证申受之非：其一，据《丧服》，女君与君一体，得以尊降长子以外众子，若妾既不得体君，故得为其子遂而服期，即"母以子贵"之义。其二，又引《公羊传》数处文字，以为皆无讥妾母为夫人之文，可见隐元年传文"母以子贵"语非俗师羼入。其三，更引《礼记·杂记》、《丧服小记》中文字及董仲舒《繁露》中文质之说，以为汉人尚质，故得尊妾母为夫人，则"母以子贵"一语，"必《公羊》经师所传"。

朱大韶亦驳申受之说，其《春秋传礼征》中有云：

> 谨按，从《公羊》、《左氏》说，许君义折衷至当。所谓適庶者，本父而言。庶子为君，適母在，但得别之为所生母而已，安得云"以妾为妻"？庶子不得尊其母为夫人，是武王不得追王大王、王季、文王，其义非也。

---

① 陈立：《公羊义疏》，中华书局，2017，第58—59页。

《丧服》缌麻三月章"庶子为父后者为其母",郑注:"君卒,庶子为母大功。大夫卒,庶子为母三年。士虽在,庶子为母皆如众人。"此因適子卒,父命庶子为后者也。公子为其母,本练冠麻衣,此因为后而服缌麻,盖天子、诸侯、大夫承社稷宗庙之重,故公子、大夫之子以厌降。齐衰期章"父在为母"条传曰:"何以期?屈也。至尊在,不敢服其私尊也。"《记》曰:"公子为其母,练冠、麻、麻衣縓缘。"传曰:"何以不在五服之中也?君之所不服,子亦不敢服也。"盖夫为妻期,故子亦从而期。诸侯绝旁期,于妾无服,故公子于五服之外权为此制,所以不夺其恩也。凡此皆因父之尊而屈其私尊,厌于父,不闻厌于母。故父卒,无论適母、所生母,皆得申。晋范宣《答问》曰:"適母虽贵,然厌降之制,母所不及,妇人无专制之事,岂得引父为比,屈降支子?"按,范说是也。母不厌子,故疏衰三年章"父卒则为母"条下,即列"继母如母"、"慈母如母"二条。夫慈母亦妾母也,因父命为母,子尚为之疏衰三年,岂有生我之恩反不三年乎?昭十一年"葬我小君齐归",《左传》曰"有三年之丧,而无一日之戚",讥其不哀,不讥其三年。是为所生母与適母同,知经云"父卒则为母","母"字兼生母与適母言矣。庶子为君,得为所生母三年,是成其母为夫人。故敬嬴、齐归、定姒皆书夫人。书小君不称者,惟哀母定姒。据《礼》,逾年始称君。定姒卒在定年之末,哀未成君,不得遽尊为夫人,故书卒、书葬而略其称。知母在子年,无论適庶俱称夫人。①

此处朱氏纯据《丧服》以论"母以子贵"。详朱氏所言,父在则子屈其私尊,自天子、诸侯以下,皆不得申其恩;若父卒,则无论適母、生母,皆无所厌而服三年。故庶子为君,既得为適母、生母同服三年,则"知母在子年,无论適庶俱称夫人"也。

皮鹿门则举龚定庵而论曰:

> 隐公之母书"夫人子氏薨",僖公之母书"夫人风氏薨",书"葬我小君成风",皆媵也,而《春秋》夫人之。据董子曰:"主地法夏而王,母不以子贵;主天法商而王,母以子贵;主天法质而王,母以子贵;主地法文而王,母不以子贵。"周,文家也。穀梁氏不受《春秋》改制大义,故习于周而为之说。《春秋》,质家也。公羊氏受《春秋》改制大义,故习于《春秋》而为之说。汉亦质家也,尊薄太后,庙食,礼也。故龚自珍援以比

---

① 凌曙等:《春秋公羊礼疏》(外五种),上海古籍出版社,2015,第310—312页。

《春秋》。郑氏不通《春秋》,不得据周法,难汉质家法。①

盖定庵用董仲舒之说,以汉人用《春秋》质家法,故主"母以子贵";至于穀梁氏之说,不过据周法而已。定庵此说,虽驳《穀梁》、康成之非,实亦不慊于申受之说。其后,皮鹿门更论云:

> 《穀梁》之说虽正,而《公羊春秋》之义,变文从质,母以子贵,不必同于《穀梁》。《异义》引《公羊》说,与《繁露》合,是先师旧说不误。刘氏必欲强改《公羊》以合《穀梁》,谓《繁露》为俗师窜改,殊嫌专辄。郑君从《穀梁》说,又不欲背《公羊》,引汉事证《春秋》,亦属调停之见。晋孝武追崇庶祖母宣太后,议者以为宜配食中宗。臧焘议曰:"《阳秋》之义,母以子贵。故仲子、成风称夫人,经言'考仲子之宫'。若配食惠庙,则宫无缘别筑。前汉孝文、孝昭太后,并系子为号,祭于寝园,不配于高祖、孝武之庙。后汉和帝之母曰恭怀皇后,安帝祖母曰敬隐皇后,顺帝之母曰恭愍皇后,虽不系子为号,亦祭于陵寝,不配章、安二帝。此则二汉虽有太后、皇后之异,至于义不配食,义同《阳秋》。惟光武追废吕后,故以薄后配高祖庙。又卫后即废,光武追尊李夫人为皇后,配孝武庙。此非母以子贵之例,直以高祖二庙无配故耳。谓宜远准《阳秋》考宫之义,近慕二汉不配之典。"议者从之。案:臧氏之说,直捷了当。汉立薄后,实以无配之故,非必用《春秋》之义也。②

可见,皮氏之说,亦申卓人、定庵之论而非申受也。

2. 关于"夫人子氏"

> 《春秋》:隐二年,十有二月,乙卯,夫人子氏薨。
> 《公羊》:夫人子氏者何?隐公之母也。何以不书葬?成公意也。何成乎公之意?子将不终为君,故母亦不终为夫人也。

何休《解诂》申传义云:"时隐公卑屈其母,不以夫人礼葬之,以妾礼葬之,以卑下桓母,无终为君之心,得事之宜,故善而不书葬,所以起其意而成其贤。"然申受《解诂笺》引《穀梁》说而驳《公羊》云:

---

① 皮锡瑞:《驳五经异义疏证》,《皮锡瑞全集》册四,中华书局,2015,第236—237页。
② 皮锡瑞:《驳五经异义疏证》,《皮锡瑞全集》册四,中华书局,2015,第237页。

> 榖梁子曰:"夫人薨不地。夫人者,隐之妻也。卒而不书葬,夫人之义,从君者也。"斯为得之。葬,生者之事也。《春秋》不书葬有三例:君弑贼不讨,不书葬,罪臣子,尽诛之也;篡不明,杀无罪,皆不书葬,罪君也。如隐之母不书葬,则罪在隐矣,安得云成公意乎?且桓母不称夫人,隐母反得称夫人乎?①

关于"夫人子氏"的身份,三传之说不同。《公羊》以为隐公之母,《左氏》则以为桓公之母,而《榖梁》以为隐公之妻。对此,杨士勋《榖梁疏》以为,"《榖梁》知是隐公之妻者,以隐推让,据其为君而亦称公,故其妻亦称夫人也。夫既不葬,故其妻亦不葬,以经文上下符合,故为隐妻。而《左氏》桓未为君,其母称夫人,是乱嫡庶也。《公羊》以为隐母,则隐见为君,何以不书葬?若以让不书葬,何为书夫人子氏薨?故榖梁子以为隐妻也"。杨氏以为,隐既为君,其妻自当称夫人,故书"夫人子氏"也;妻从夫葬,而隐公尚存,故其妻书薨而不地,据此,"夫人子氏"当为隐之妻也。

申受纯据《榖梁》而驳《公羊》及《解诂》之说。申受以《春秋》不书葬有三例,罪臣子者一,罪君者二,至于夫人,无论为妻为母,俱不在此例。若《公羊》说,以子氏为隐公母,其不书葬,非所以贤隐公,欲罪隐公也,安得谓"成公意"耶?又案,隐七年"天王使宰咺来归惠公、仲子之赗",则桓母仲子尚不得称夫人,而隐母贱,尤不得称夫人也。

其后,陈卓人驳申受说,曰:

> 刘说非是。君不书葬,一以责臣子,一以责君,不得施之夫人,所谓《春秋》无达例也。隐不成其为君,所以不成其母为夫人,特以自遂其让耳,亦不至坐之以罪。桓尚未为君,隐世不得逆称为夫人,同一妾母不得称夫人耳。何以桓母不称夫人,隐母即不得称夫人与?且以《榖梁》驳《公羊》,未免自乱其家法矣。②

卓人谓申受用《榖梁》说,乃"自乱其家法",则是也。

3. 关于"惠公仲子"

> 《春秋》:隐元年,秋,七月,天王使宰咺来归惠公、仲子之赗。

---

① 刘逢禄:《春秋公羊释例后录·公羊申墨守》,第 299 页。
② 陈立:《公羊义疏》,第 168 页。

《公羊》：仲子者何？桓之母也。何以不称夫人？桓未君也。桓未君，则诸侯曷为来赗之？隐为桓立，故以桓母之丧告于诸侯。然则何言尔？成公意也。其言惠公、仲子何？兼之。兼之，非礼也。何以不言及仲子？仲子微也。

何氏《解诂》云：

成风称谥，今仲子无谥，知生时不称夫人。尊贵桓母，以赴告天子、诸侯，彰桓当立，得事之宜。故善而书仲子，所以起其意，成其贤。礼不赗妾，既善而赗之，当各使一使，所以异尊卑也。言之赗者，起两赗也。据及者，别公、夫人尊卑文也，仲子即卑称也，比夫人微，故不得并及公也。

案，《穀梁传》云："母以子氏，仲子者何？惠公之母，孝公之妾也。礼，赗人之母则可，赗人之妾则不可。君子以其可辞受之。其志，不及事也。"申受则据《穀梁》以驳《公羊》，并驳《解诂》，曰：

《穀梁》得之。不称夫人者，以天王临之而见正焉。如以为桓母于义得称夫人，则隐为桓立，不得尊桓母乎？尊桓母，公意不益成乎？讥兼之非礼，而曰"惠公仲子"，假而曰"使宰咺来归惠公之赗、仲子之赗"，讥兼之意不益见乎？君之与妾，非公与夫人也。夫人抗公，且以不言"及"，成诛文，况以妾抗君，曾是为圣人之常辞乎？言"及"者，别尊卑文，仲子微，反以不言"及"，见别于夫人，曲矣。讥不及事，似也。兼之，非礼。礼，吊含襚赗临，同日毕事，止一人兼行，若每事须一人，则信如赵匡所云，罄王朝之臣不足充丧礼之使也。且使举上客而不称介，通例也。使归惠公，介归仲子，以别尊卑，不亦可乎？礼不赗妾，既善而赗之，当各使一使以异尊卑，非孟子所谓"不知务"乎？何解"公之丧"云："加之者，丧者死之通称，非配公之称，故加之以绝。"今云加之者，起两赗，赗独非通辞乎？仲子之卒不书，正也，且在《春秋》前也。古之礼，诸侯于慈母无服，于庶祖母亦无服，与尊者为礼，丧者不祭故也。隐以仲子之丧赴于诸侯，天王下赗妾祖母，交讥之，何云"主书者，不及事"，于义俭矣。①

---

① 刘逢禄：《春秋公羊释例后录·公羊申墨守》，第297—298页。

关于仲子身份,论者多注意三传之说不同,即《公羊》、《左氏》以仲子为桓母,《穀梁》则以为惠公之母、孝公之妾。

此条经文所涉问题有三:

其一,仲子何以不称夫人。《公羊》谓仲子不称夫人,以桓公尚未为君也,然隐为桓立,故以桓母之丧告于诸侯,彰桓之当立,而书仲子以起隐意、成隐贤也。《解诂笺》则据《穀梁》"妾母不得为夫人"例,谓不称仲子夫人者,盖以天王临之而见正焉。

其二,兼赗惠公、仲子何以不言"及"?《公羊》谓仲子不言及,盖仲子微也。何休申传意云:"据及者,别公、夫人尊卑文也,仲子即卑称也,比夫人微,故不得并及公也。"盖以公、夫人可言"及",所以别尊卑;若仲子,则妾也,尤微,故称"及"者,反似以妾上并及公,则有僭越之嫌。对此,孔巽轩《通义》云:"及者,分别尊卑之辞。夫人与公一体,嫌竟可敌公,故加'及'绝之。仲子不称夫人,不嫌得敌公,故不假绝也。"孔氏申何意尤明。《穀梁》无说,而《解诂笺》则径驳《公羊》及《解诂》,以为是说"曲矣"。

其三,兼赗非礼。《公羊》以兼之为非礼,《解诂》申其意云:"礼不赗妾,既善而赗之,当各使一使,所以异尊卑也。言之赗者,起两赗也。"《穀梁》于兼之似未有贬文,《解诂笺》则引赵匡之说,以为每事各使一人,则"罄王朝之臣不足充丧礼之使"。又,邵公以兼赗不足以别惠公、仲子之尊卑,而申受则以为,如此"使归惠公,介归仲子",则足以别尊卑也。

其先,申受《穀梁废疾申何》则申何氏意,曰:"隐为桓立,故以桓母之丧告赴于王,《春秋》因之以成公意焉。"其后,其《左氏春秋考证》乃取《穀梁》说,曰:"经云'惠公、仲子',云'考仲子之宫',皆惠公之母。《穀梁》说是也。"又引《史记·鲁世家》及《年表》,俱以仲子非桓母,乃惠母也。陈卓人因讥申受,曰:"既说《公羊》,而又牵涉《穀梁》,殊不可解。"①陈澧则颇是申受此说,且以巽轩于此不取《穀梁》,"不及刘申受者也"。②

可见,《穀梁废疾申何》一书,尚不过以《穀梁》能为《公羊》"拾遗补阙"而已,且于此数条,皆未有辨正。至《解诂笺》,乃引《穀梁》乃至赵匡之说以纠《公羊》,并及《解诂》之失,显然,申受此时更重视《穀梁》之价值。此种态度,对晚清今文学的发展有着相当重要之影响。如廖平尊《穀梁》有过于《公羊》,康长素则谓《公》、《穀》同受孔子之口说,地位无二,且于董子之攻

---

① 陈立:《公羊义疏》,第93页。
② 陈澧:《东塾读书记》卷10,第323页。

江公、邵公之作《穀梁废疾》，深致憾词焉。

二 规何五十余事

申受对邵公之批评，除上所引外，尚有五十余事，大多是依据《公羊传》而批评邵公。

《解诂笺》的篇幅不大，而批评邵公者竟有五十余条，其中固有"匡弼"之正面意图，然而，多少背离了申受早年"申何难郑"的宗旨，且对于晚清公羊学的发展，影响至为深远。大概而言，此种影响有两方面：其一，以陈卓人为代表，强调胡、董、何的一致，以为宗趣邵公，即是回到西汉家法。其二，如龚、魏、康之徒，强调董、何差异，主张由邵公进一步回到董子。至于今文学的批评者，同样主张董、何之间的不同，如朱一新谓三世、改制诸说皆出于《公羊》末学。

兹举以下数事，以论申受之"规何"。

1. 关于"纪子伯"

> 《春秋》：隐二年，纪子伯、莒子盟于密。
> 《公羊》：纪子伯者何？无闻焉尔。
> 《解诂》：言无闻者，《春秋》有改周受命之制，孔子畏时远害，又知秦将燔《诗》《书》，其说口授相传，至汉公羊氏及弟子胡毋生等，乃始记于竹帛，故有所失也。

显然，就《公羊传》来说，仅仅表明其记事之"阙疑"，如桓五年以二日卒陈侯鲍、昭十二年书"伯于阳"之类，盖欲以著《春秋》为信史也。然而，邵公似犹未尽，乃追溯传《公羊》诸师所以"无闻"的原因，而将之与公羊家主张的改制微言结合起来，以为孔子欲为避祸容身之计，致使《春秋》口耳相传，至汉时始著于竹帛，遂有所失。邵公又有"知秦将燔《诗》、《书》"之语，盖羼入汉人谶记之说，已属过度阐释。故申受《解诂笺》驳邵公之说云：

> 著纪之本爵，则桓二年之纪侯为加爵明矣，《春秋》无虚加之辞也。存伯者，阙疑也。①

关于"纪子伯"，三传解释各不同。《左氏》作"纪子帛"，而其上文有"九月，

---

① 刘逢禄：《春秋公羊释例后录·公羊申墨守》，第298页。

纪裂繻来逆女"一条，《左氏》遂以"纪子帛"即"纪裂繻"，盖纪大夫也，可见，此条乃言纪大夫与莒君盟也。若《穀梁》则作疑辞，然皆以纪子与莒子为两君之盟，至于"伯"字之义，以为纪子推莒子为伯而与之盟，或纪子自以为伯而居先也。至于《公羊》，不过阙焉以传信，仅设问而已，而徐疏似未能申《解诂》此义，谓"欲言纪君，经不称侯；欲言大夫，复叙人君之上，故执不知问"，盖兼采《左氏》、《穀梁》二说，以明《公羊》设问之意。

申受则明以"纪子伯"为纪君，盖取《穀梁》之说。申受又以纪君本爵为子，则纪侯为加爵，然此说不知何所据。考诸经文，纪君皆以侯称，凡七次，非仅见于桓二年，则加爵之说颇可怪。申受又谓"存伯者，阙疑也"，此语殆申传义。抑或"伯"亦爵称，则传文之疑，盖不知纪君之爵为子，抑或为伯耶？

其先，顾栋高《春秋大事表·阙文表叙》云：

> 《春秋》文多阙误，三传类多附会，而《公》、《穀》尤甚。迹其流弊，种毒滋深。其大者如纪子伯、莒子盟于密，本阙文也，而习《公》、《穀》者，遂谓纪本子爵，后因天子将娶于纪，进爵为侯，加封百里，以广孝敬。汉世因之，凡立后先封其父为侯，进大司马大将军，封爵之滥自此始，而汉祚以移，由不知阙文故也。①

顾氏以为，《公》、《穀》以纪君本爵为子，后因天子将娶于纪，遂进爵为侯，遂讥此说之弊有致于汉时外戚专擅之祸。申受本从《穀梁》"子以母贵"之说，而谓《公羊》"母以子贵"之文乃后人羼入，遂启外戚此祸，然于此犹不能免顾氏之豫讥也。

2. 关于"曹郭公"

> 《春秋》：庄二十有四年，赤归于曹郭公。
> 《公羊》：赤者何？曹无赤者，盖郭公也。郭公者何？失地之君也。
> 《解诂》：失地者，出奔也。名言归，倒郭公置赤下者，欲起曹伯为戎所杀，故使若曹伯死，谥之为郭公，而赤微者，自归曹也。不言赤奔者，从微者例，不得录出奔。

案，《左氏》经文作"赤归于曹。郭公"，杜预以赤为曹僖公，而以郭公句有阙误。《公》、《穀》并以"赤归于曹郭公"为句，言郭公名赤，失国而归于曹，则

---

① 顾栋高：《春秋大事表》册三，中华书局，1993，第 2443 页。

赤非曹君可知。今详何氏意,盖以郭公为曹君,而赤别为微者;赤既是微者,故无出奔文。

显然,邵公说不同于《公羊传》,亦与《穀》、《左》无涉焉。对此,申受《解诂笺》云:

> 何氏似失传意。传以赤即郭公,所谓诸侯失地名也。言郭公者,犹州公、虞公之例。夺其正爵倒在下者,口授为"赤归于曹",著辟例也。削其本爵,而复著臣下之称,于下起其盗天子之国也。归者,出入无恶之辞,著其本为曹君,而愎谏亡国之罪不相掩也。不言出奔,从微国出入不两书例也。①

申受于此据《公羊》说以驳邵公。且谓"郭公"倒置在下,非《左氏》所谓阙误,乃圣人口授,别有微意焉,盖著其盗天子之国也。

3. 关于"楚人伐郑"

《春秋》:僖元年,楚人伐郑。
《公羊》无传。
《解诂》:楚称人者,为僖公讳与夷狄交婚,故进使若中国,又明嫁娶当慕贤者。

此条《公羊》无传文,《解诂》之说似无所据。《解诂笺》云:

> 与楚交婚为大恶者,言自比于夷狄也。进楚,所以避外公也。又曰:据传文及《穀梁》言之,无取楚之事,则此为渐进文。②

此条与庄二十八年秋"荆伐郑"一条可为对文,《公》、《穀》俱谓其中体现了《春秋》进退夷狄之法。然据《左氏》杜注,此条实无深义,不过"荆始改号曰楚"故也。

《公羊传》立七等爵,曰州、国、氏、人、名、字、子也,故就楚而言,有称荆者,如庄十年"荆败蔡师于莘,以蔡侯献舞归",此始称荆也;有称楚者,如文十年"楚杀其大夫宜申"是也;有称荆人者,如庄二十三年"荆人来聘"是也;

---

① 刘逢禄:《春秋公羊释例后录·公羊申墨守》,第305页。
② 刘逢禄:《春秋公羊释例后录·公羊申墨守》,第308页。

有称楚人者，如僖元年"楚人伐郑"是也。据《公羊》书法，当以荆、楚、楚人为进退次序，至于称"荆人"者，何注谓"称人当系国，而系荆者，许夷狄者不一而足"，则"荆人"比于"楚人"之名，稍贬也。故此处渐进之文，非进之以国，而进之以人，故邵公谓"楚称人"为进夷狄，所以讳与夷狄交婚也。

然申受谓传文无娶楚之事，非也。案僖八年有"禘于太庙，用致夫人"一事，传云："夫人何以不称姜氏？贬。曷为贬？讥以妾为妻也。其言以妾为妻奈何？盖胁于齐媵女之先至者也。"即谓僖公娶楚女一事也。考《穀梁》杨疏云："《穀梁》无交婚之事，其言不可通于此也。"则申受不信邵公，反取《穀梁》为说耶？

4. 关于"天王出居"

《春秋》：二十有四年，冬，天王出居于郑。

《公羊》：王者无外，此其言出何？不能乎母也。鲁子曰："是王也，不能乎母者。"其诸此之谓与？

《解诂》：下无废上之义，得绝之者，明母得废之，臣下得从母命。

案，周襄王与王子带皆惠王后所生，然惠后爱少子带，常欲立以为太子。至此襄王因王子带之难，乃出居于郑。《左氏》于襄王无贬辞，而《穀梁》似罪襄王失天下，而与诸侯无异。《左氏》谓惠后已卒，而《公羊》谓惠后犹在，遂谓襄王之出，乃因母子失和故也。至邵公《解诂》，更罪襄王之不孝，"不能事母，罪莫大于不孝，故绝之言出"，且发"母得废之，臣下得从母命"之说。

邵公此说，虽本于《春秋》尚质之义，然见诸行事，则足启后世权奸废君立君之口实。故申受《解诂笺》驳其说云：

穀梁子曰："天子无出，出，失天下也。居者，居其所也。虽失天下，莫敢有也。"江熙曰："平王东迁，其诗不能复《雅》，而列为《国风》。襄王奔郑，不得全天王之行，则与诸侯不异，故书出也。"郑《发墨守》曰："襄王实不能孝道，称母后之心，令其宠专于子带，失教而乱作，出居于郑，自绝于周。"故孔子因其自绝而书之。《公羊》以为母得废之，则《左氏》云已死矣。案，据《左氏》事说经，此郑君之陋，不足以难何氏，但《公羊》引鲁子之说，本存疑辞，意犹以为《春秋》得绝之，非云母得废子，臣下得以母命废天子也。妇人有三从之义，王子有行遁之权，贵戚且不得易位，而谓臣下得专废置乎？称母命废主者，赵盾之故智，而霍光、王莽祖之以乱汉者也。《春秋》为拨乱而作，岂反开乱贼之门乎？书出者，犹公孙于齐之义，非谓意如得逐君也。穀梁子谓"失天下"，郑君谓"因其自绝，书之"，得矣。书"居于郑"者，明天下当忧勤反正之，与"王室乱，天王居于狄泉"同义，故晋文定王，从常事不书例也。①

案，孟子尝论贵戚之卿曰："君有大功则谏，反复之而不听，则易位。"(《孟子·万章下》)孟子乃《公羊》先师，则邵公所说，诚有所本。然申受明谓"贵戚且不得易位"，殆惩于后世权奸之邪谋耶？申受又谓"称母命废主"，远则可溯于赵盾，近则见于霍光、②王莽。申受于此从《穀梁》、康成之说，且谓《春秋》书"居于郑"，又责诸侯当忧勤反正也。

其后，陈卓人据孟子说而驳申受，曰：

> 孟子言贵戚之卿得易位，果已犯绝，臣下何不可奉君母命废之？若谓开后世乱贼之门，则丕、懿服尧、舜，卓、温服伊尹，能归咎于先圣乎？③

更后，皮锡瑞则两是刘、陈之说，曰：

> 陈氏申《公羊》何氏说，守一家之学，存其说可以教孝；刘氏兼取《穀梁》与郑说，张三从之义，存其说可为后世臣子立防，似当以刘氏之说为尤正矣。④

刘申受于隐元年"母以子贵"说，亦用《穀梁》以驳《公羊》，于此亦然，殆俱惩于后世外戚、权奸之祸，而申君臣之正义也。

第三节　舍三传而从宋儒之说

刘承宽《先府君行述》谓《解诂笺》"甚至宋灾故一条，并舍三传而从宋儒刘原父、胡安国之说"，今兹论如下：

---

① 刘逢禄：《春秋公羊释例后录·公羊申墨守》，第311页。
② 案《汉书·霍光传》，霍光称太后诏废昌邑王，其中引周襄王事，云："五辟之属，莫大不孝。周襄王不能事母，《春秋》曰'天王出居于郑'，由不孝出之，绝之于天下也。"即用《公羊》义也。
③ 陈立：《公羊义疏》册三，第1280页。
④ 皮锡瑞：《发墨守疏证》，《皮锡瑞全集》册四，第357页。

《春秋》：襄三十年，晋人、齐人、宋人、卫人、郑人、曹人、莒人、邾人、滕人、薛人、杞人、小邾人，会于澶渊，宋灾故。

《公羊》：此大事也，曷为使微者？卿也。卿则其称人何？贬。曷为贬？卿不得忧诸侯也。

《解诂》：时虽名诸侯使之，恩实从卿发，故贬起其事。明大夫之义，得忧内，不得忧外，所以抑臣道也。宋忧内，并贬者，非救危亡，禁作福也。

《解诂》盖申传义，以为不独诸侯大夫不当忧外，亦不当忧内，盖抑臣道也。然《解诂笺》云：

诸侯使大夫归宋财，善事也。书"晋赵武以下会于澶渊，归粟于宋"，可矣。且叔弓如宋，葬共姬，鲁大夫未有不在会者，则经当书"叔弓会晋赵武以下于澶渊，归粟于宋"，曷为讳内而尽贬天下之大夫？时蔡世子般以子弑父、臣弑君，而诸侯不知讨贼，民彝乱而天理灭矣，区区归粟之义，曷足善乎？传宜云遍刺天下之大夫也。曷为遍刺天下之大夫？不讨贼也。不书鲁大夫，内大恶讳也。①

申受于文末有小字自注云："此义本胡氏，实胜传、《解诂》。"然《行述》谓此说亦从刘敞（字原父）。案刘敞《春秋传》释此条云：

会未有言其所为者，此其言所为何？讥。何讥尔？晋人与诸侯十二国之大夫，会于澶渊，凡为宋灾故谋之也，曰更宋之所丧。虽死者不可复生，其财复矣，非务也。何言乎非务？会者讲礼正刑，一德纪天下也，蔡侯弑其君而不谋，宋灾而谋之，微矣。陈恒弑其君，孔子沐浴而朝，告于哀公。曰："陈恒弑其君，请讨之。"公曰："告夫三子者。"孔子曰："以吾从大夫之后，不敢不告也。公曰告夫三子者。"之三子告，不可。孔子曰："以吾从大夫之后，不敢不告也。"②

案，先是蔡世子般弑其君，又继以宋灾，然诸国大夫会于澶渊，不谋诛蔡般，而唯归粟是务，故《春秋》书会而言所务，盖讥诸侯大夫失所务也。殆自《春秋》

---

① 刘逢禄：《春秋公羊释例后录·公羊申墨守》，第 323 页。
② 刘敞：《春秋传》卷 11，《文渊阁四库全书》本。

视之,蔡世子般弑其君,关乎名义大伦,实属大恶;至于宋灾而诸侯归粟,则非《春秋》所急。据此,刘敞以为,此条非刺大夫之忧外,实讥诸侯不能讨贼也。

其后,安国《春秋传》申此说云:

> 《春秋》大法,君弑而贼不讨,则不书葬,况世子之于君父乎?蔡景公何以独书葬?遍刺天下之诸侯也。葬送之礼,在《春秋》时视人情之疏密而为之者也。有尝同盟,卒而不赴者,有虽同姓,赴而不会者,则以哀死而致襚为轻,吊生而归赗为重必矣。今蔡世子般弑其君,藏在诸侯之策,而往会其葬,是恩义情礼之笃于世子般,不以为贼而讨之也。人之所以异于禽兽,中国之所以贵于夷狄,以其有父子之亲、君臣之义耳。世子弑君,是夷狄禽兽之不若也,而不知讨,岂不废人伦、灭天理乎!故《春秋》大法,君弑,贼不讨则不书葬,而蔡景公特书葬者,圣人深痛其所为,遍刺天下之诸侯也。鲁隐、宋殇之贼不讨则不书葬,蔡景公贼亦不讨而特书葬,犹闵、僖二公不承国于先君则不书即位,桓、宣篡弑以立而反书之也。何以知圣人罪诸侯之意如此乎?以下文书"会于澶渊,宋灾故"而贬其大夫,则知之矣。二百四十二年之间,列会亦众,而未有言其所为者,此独言其所为何?遍刺天下之大夫也。大夫以智帅人者也,智者无不知当务之为急,不能三年之丧而缌、小功之察,放饭流歠而问无齿决,是之谓不知务。蔡世子般弑其君,天下之大变,人理所不容也,则会其葬而不讨。宋国有灾,小事也,则合十二国之大夫,更宋之所丧,而归其财,可谓知务乎?田恒弑简公,孔子沐浴而朝,告于哀公,请讨之。公曰:"告夫三子者。"子曰:"以吾从大夫之后,不敢不告也。"之三子告,不可。子曰:"以吾从大夫之后,不敢不告也。"叔孙豹、晋赵武而下,皆诸侯上卿,执国之政者也。三纲,国政之本,至于沦绝,无父与君,是禽兽也。禽兽逼人,虽得天下,弗能一朝处矣。昔者伯禹过门而不入,放龙蛇也。周公坐而俟旦,驱猛兽也。今世子弑君,三纲沦绝,禽兽逼人,则与之同群而不恤。有国者不戒于火,自亡其财,苟其来告,吊之可也,则合十二国之大夫驻于澶渊,而谋更其所丧,尚为知类也乎?夫蔡之乱,其犹人身有腹心之疾,而宋之灾,譬诸桐梓与鸡犬也。谋宋灾而不恤蔡之乱,奚啻于养桐梓求鸡犬,不顾其身有腹心危疾而不知疗者哉!以为未之察也,可谓不智;苟察此而不谋,则亦不仁矣。是故诸国之大夫,贬而称人,鲁卿讳而不书。又特言会之所为,以垂戒后世,其欲人之自别于禽兽之害也,可谓深切著明矣。①

---

① 胡安国:《春秋胡氏传》,浙江古籍出版社,2010,第384—385页。

安国之论,可谓尤深切详备矣。刘敞以书法于此言"宋灾故",而知《春秋》之所讥,正在于诸侯徒务救灾小事,而不恤蔡乱,失"废人伦,灭天理"之所急。安国更以为,《春秋》于君弑,"贼不讨,不书葬",今此书"葬蔡景公",盖讥诸侯不能讨贼也。

据《春秋》经记载,襄三十年先后发生如下数事:

> 夏,四月,蔡世子般弑其君固。
> 五月,甲午,宋灾,宋伯姬卒。
> 七月,叔弓如宋,葬宋共姬。
> 冬,十月,葬蔡景公。
> 晋人、齐人、宋人、卫人、郑人、曹人、莒人、邾人、滕人、薛人、杞人、小邾人,会于澶渊,宋灾故。

案,《春秋》经记载澶渊之会的书法,颇有可怪者,《公》《穀》与杜预皆有致意焉,如《公羊》谓"会未有言其所为者",《穀梁》谓"会不言其所为",杜预亦称"会未有言其事者",换言之,《春秋》记载诸侯、大夫相会,皆不书缘由,唯独此条显言"宋灾故"。对于此种反常的书法,三传俱有解释。《公羊传》云:

> 会未有言其所为者,此言所为何?录伯姬也。诸侯相聚,而更宋之所丧,曰死者不可复生,尔财复矣。

《公羊》贤宋伯姬守礼而死于灾,故书诸侯为宋灾而会,使若为伯姬故也。故澶渊之会,一则褒伯姬,一则贬大夫专国政也。

《穀梁传》则云:

> 会不言其所为,其曰"宋灾故",何也?不言灾故,则无以见其善也。其曰"人",何也?救灾以众。何救焉?更宋之所丧财也。澶渊之会,中国不侵伐夷狄,夷狄不入中国,无侵伐八年,善之也,晋赵武、楚屈建之力也。

《穀梁》则以书人、书灾全无贬义,而反褒与会之大夫,善其能忧灾恤患也。杨士勋疏且引徐邈云:"晋赵武、楚屈建感伯姬之节,故为之息兵。"此说出于《公羊》,然以息兵之效归于葬伯姬,则似未必然。

而《左氏传》云：

> 为宋灾故，诸侯之大夫会，以谋归宋财。冬，十月，叔孙豹会晋赵武、齐公孙虿、宋向戌、卫北宫佗、郑罕虎及小邾之大夫会于澶渊。既而无归于宋，故不书其人。君子曰："信其不可不慎乎！澶渊之会，卿不书，不信也夫。诸侯之上卿，会而不信，宠名皆弃，不信之不可也如是。"

《左氏》未将葬伯姬与澶渊之会联系起来，而于宋及诸侯皆取贬义，一则书灾以"恶宋人不克己自责，而出会求财"，一则称人以贬诸侯大夫失信不归宋财。

可见，澶渊之会与宋灾虽有直接的关联，但就《春秋》记载此事的独特书法而言，却未必恰当。因此，自刘敞始，将澶渊之会联系到同时发生的另一件事，即"蔡世子般弑其君固"，以求对"宋灾故"此一书法进行合理的解释。盖自原父、安国视之，宋灾只是小事，非当务之急，至于蔡世子弑君，才是有关天理民彝之大事。《春秋》以诛讨乱臣贼子为大义，然诸侯相会于澶渊，徒谋宋灾而不恤蔡乱，不智不仁之甚，甚失《春秋》之所急务。就此而言，原父、安国与申受之论，似乎更符合《春秋》的一贯立场。

宋人虽"杂采三传，以意去取"，不为颛门之学，其中实颇有可取者。至于申受于此尽用宋人之说，则不独驳注，亦且违传矣。虽然，今详考《解诂笺》，唯此一条用宋人说，其余似未见。

综言之，申受此时虽未有明确的今古门户意识，但其采择《穀梁》之"美善"的做法，以为可为《公羊》"拾遗补阙"，其后廖平治《穀梁》，更提出"东汉以前十四博士皆为今学，同祖《王制》，道一风同"，[1]则实上承申受之意，体现了清末整个今文学阵营的集体自觉意识。

---

[1] 廖平：《经话甲编》卷1，载李耀仙编：《廖平选集》册上，第399页。

第三章 墨守：对何休义例的纂辑

据张广庆《年谱》，乾隆五十五年（1790），申受时年十五，已治《公羊》条例之学。至嘉庆十年（1805），申受年三十，时主兖州讲席，于东鲁讲舍撰成《春秋公羊经何氏释例》，凡十卷三十篇。

《释例》一书，本欲纂辑胡毋生《春秋条例》而作。嘉庆十年，申受于东鲁讲舍作杂述诗八首，其间有自注云：

> 余少喜读《蕃露》，既冠，纂辑胡毋子都《春秋条例》、《春秋礼》、《申何难郑》诸书，一辍于应试，再辍于遭故，尚未毕业。①

至《释例》成，申受又有诗云：

> 一月重寻翰墨缘，温城绝业得珠联。（自注：《南宋馆阁书目》谓"蕃露，冕之所垂，有联贯之象。《春秋》比事属辞，立名或取诸此"。时纂辑《春秋条例》方竟。）窥园未免惭前哲，驻景方知绝几编。（自注：撰此书凡三易稿。）天遗幽人在空谷，帝为词客展华年。拟将中寿安吾分，半世须教万古传。②

据此，申受初拟纂辑胡毋生《春秋条例》，至其书成，虽以《何氏释例》为名，而其诗犹有称"《春秋条例》"者。盖邵公《解诂》，本取胡毋生《条例》以通《公羊》，然胡毋生书今已不见，而申受作《何氏释例》，虽以挖掘《解诂》所依之"绳墨"为事，其实不过欲复胡毋生《条例》之旧而已。简言之，邵公撰《解诂》而致《公羊》注以就《条例》之"绳墨"，然《条例》遂亦隐而不显；今申受释《解诂》之例，不过欲使《条例》重得彰显而已。殆自申受视之，其《释例》

---

① 刘逢禄：《刘礼部集》卷11。
② 刘逢禄：《闰六月三十重度时〈春秋释例〉成题四章示诸生》，《刘礼部集》卷11。

乃纂辑邵公《解诂》之条例,实即已佚之胡毋生《春秋条例》也。

对此,张广庆《年谱》云:

> 胡毋子都尝自作《条例》,何休略依之以通《公羊传》义,多得其正。先生盖以为何氏义既远绍胡毋氏,则纂辑《春秋公羊解诂》义例,胡毋生之《条例》可得而见焉。惟书成之后,则题曰《何氏释例》,不复以胡毋生《条例》为名。①

张氏此说是也。案,《释例》叙既谓何休"寻董、胡之绪",又谓"董生、何氏之书若合符节",可见,此时申受犹以"温城董君、齐胡毋生及任城何邵公三君子同道相继",②则其志虽在纂辑胡毋生《条例》,却以"何氏释例"名其书,又谓"温城绝业得珠联",则《释例》亦宗胡、董也。然观晚清公羊学之发展,董、何之学实有异同,是以申受之《释例》,可谓"孤绪微茫接董生"也。③

《释例》叙又云:

> 大清之有天下百年,开献书之路,招文学之士,以表章六经为首。于是人耻乡壁虚造,竞守汉师家法,若元和惠栋氏之于《易》、歙金榜氏之于《礼》,其善学者也。禄束发受经,善董生、何氏之书若合符节,则尝以为学者莫不求知圣人,圣人之道备乎五经,而《春秋》者五经之筦钥也。先汉师儒略皆亡阙,唯《诗》毛氏、《礼》郑氏、《易》虞氏有义例可说,而拨乱反正,莫近于《春秋》。董、何之言,受命如响,然则求观圣人之志,七十子之所传,舍是奚适焉。故寻其条贯,正其统纪,为《释例》三十篇。④

可见,申受之志在"守汉师家法",就此而言,似与乾嘉汉学无异。然申受又以为,汉人治经,尤尚条例,非独《春秋》也。然自魏、晋以还,师法、家法"略皆亡阙",后世存者唯《诗》毛氏、《礼》郑氏、《易》虞氏及《春秋》三传,犹见其例耳,则申受欲复西京之学,乃条例之学,此其与乾嘉学者重声音、训诂不同。⑤

---

① 张广庆:《武进刘逢禄年谱》,第53页。
② 刘逢禄:《春秋公羊释例后录·穀梁申废疾》,第426页。
③ 梁启超:《清代学术概论》二十二,载朱维铮校注:《梁启超论清学史二种》,第61页。
④ 刘逢禄:《春秋公羊经何氏释例 春秋公羊释例后录》,上海古籍出版社,2013,第4页。
⑤ 不过,钱穆以为,"申受论学主家法,此苏州惠氏之风也;主条例,则徽州戴氏之说"。(《中国近三年学术史》册下,第585页)据此,申受以条例治经,亦似出于乾嘉汉学。

申受所撰《释例》,当时已颇受学者推崇。李兆洛称此书"自汉以来,未尝有也",江藩《国朝汉学师承记》则谓其"淹通经传"。梁启超极推重此书,谓"其书亦用科学的归纳研究法,有条贯,有断制,在清人著述中,实最有价值之创作"。① 至于极诋今文学的章太炎,亦能稍施赞辞,谓申受"始专主董生、李育,为《公羊释例》,属辞比事,类列彰较,亦不欲苟为恢诡。然其辞义温厚,能使览者说绎"。②

关于是书之体例,一般先列举经传及《解诂》之内容,分别归入相关条例,至于申受自己的见解,则以"释曰"的形式附于每篇之末。全书凡三十篇,分别为申受总结何休《解诂》之三十例。《刘礼部集》又将此三十例大致归为九大例:

（一）三科例：张三世、通三统、异内外。
（二）九旨例：时月日、爵氏名字、褒讥贬绝。
（三）特笔例：主书、律意轻重、建始。
（四）削例：不书、讳、阙疑。
（五）礼制例：郊禘、朝聘会盟、娶归终始。
（六）内事例：公终始、致公、内大夫卒。
（七）兵事例：侵伐战围入灭取邑。
（八）地例。
（九）灾异例。

此外,尚有"十七诸侯终始表序"与"秦楚吴进黜表序",未在此九大例中。并且,《刘礼部集》与《释例》所举条例稍有不同,如《释例》单列"王鲁例",而《刘礼部集》则将之并入"通三统例"。

第一节 《春秋论》之驳钱大昕

《春秋论》有上、下两篇,曾收入魏源《文集》,然魏源编《刘礼部集》,亦载此两篇文字。案,上篇与申受相问答的嘉定钱詹事,即钱大昕也,盖以文中有小字注"《潜研堂问答》"可知。是篇本旨殆与《穀梁废疾申何》同,盖无

---

① 梁启超《清代学术概论》二十二,载朱维铮校注：《梁启超论清学史二种》,第61页。
② 章太炎《检论·清儒》,《章太炎全集》册三,第485页。

论申受驳钱大昕,抑或论孔巽轩,皆以"申何"为主,代表了申受对唐宋以来《春秋》学的总体批评。

钱大昕撰有《春秋论》两篇,申受所录钱氏说三条,其一即出于此。钱氏《春秋论》云:

> 《春秋》,褒善贬恶之书也。其褒贬奈何?直书其事,使人之善恶无所隐而已矣。曰崩,曰薨,曰卒,曰死,以其位为之等。《春秋》之例,书崩书薨书卒而不书死,死者,庶人之称,庶人不得见于史,故未有书死者。此古今史家之通例,非褒贬之所在,圣人不能以意改之也。鲁之桓公、宣公皆与闻乎弒者也,其生也书公,其死也书薨,无异词。文姜淫而与闻乎弒者也,其生也书夫人,其死也亦书薨、书小君,无异辞。书薨者,内诸侯与小君之例也,非褒之也,《春秋》不夺之也,然犹可曰此为君讳尔。公子遂之弒其君之子,季孙意如之逐君,皆大恶也,其死也亦书卒,无异辞。书卒者,内大夫之例也,非褒之也,《春秋》不夺之也,然犹可曰此为宗国讳尔。吴、楚,僭王之君也;郑伯寤生,射王中肩者也;宋公鲍,与闻乎弒者也,其生也书爵,其死也书卒,皆无异辞。书卒者,外诸侯之例也,非褒之也,《春秋》亦不夺之也。弒逆之罪大矣,以庶人之例斥之曰死可乎?曰:不可。是诸人者,论其罪当肆诸市朝,仅仅夷诸庶人,不足以蔽其辜;论其位,则彼固诸侯也,大夫也,夫人者,未尝一日降为庶人,而我以庶人书之,非其实矣。纪其实于《春秋》,俾其恶不没于后世,是之谓褒贬之正也。①

申受所引钱氏说第一条,盖节录于此。盖申受主张以条例治《春秋》,而钱氏则申朱子"善恶自见"之说。朱子盖以孔子为史官,故直书其事,而善恶自无所隐而已,此亦褒贬也。至于公羊家所谓褒贬则不同,盖以孔子为素王,既不得及身执权柄以进黜当世大人,故寓王法于史事,或褒或贬,实与真王无异。

公羊家素以条例治《春秋》,然条例者,犹律例也。盖王者治世,自是揆诸王法而行权,若无可据依者,则当比类以决事,此刑律所以有例也。至于孔子《春秋》亦然,其于百二十国之行事而加诸王心焉,或褒或贬,乃圣人之行权,盖假以张新王之法。然《春秋》文辞简约,孔子之行权者,未可一一笔之于《春秋》,故后世治《春秋》者,欲推求圣人所以决事者,当比类以求其例。故《春秋》之条例,本孔子行权以决狱事,至于后世治《春秋》者,犹可因

---

① 钱大昕:《春秋论》,《潜研堂文集》卷2,上海古籍出版社,2009,第18—19页。

以推究其王心焉。

钱氏所举崩、薨、卒、死之辞，正出于《礼记·曲礼》"天子死曰崩，诸侯曰薨，大夫曰卒，士曰不禄，庶人曰死"一条，钱氏以为"史家之通例"，即所谓"史法"，而圣人《春秋》实非于此有所褒贬也。钱氏乃举《春秋》所载鲁君及夫人书薨、内大夫书卒、外诸侯亦书卒之类，以为皆"史法"，圣人非有意于褒贬，不过"纪其实于《春秋》，俾其恶不没于后世，是之谓褒贬之正也"。

申受则驳其说曰：

> 钱氏以《春秋》无书法也，则隐之不葬，桓之不王，宣之篡先书子、卒不日，胡为者？公夫人姜氏如齐（自注：去"及"），夫人孙于齐（自注：去"姜氏"），夫人氏之丧至自齐（去"姜"），胡为者？仲遂在所闻世，有罪不日；意如在所见世，有罪无罪例日，皆以其当诛而书卒，见宣、定之失刑奖贼也。①

申受此段驳钱氏说《春秋》无书法，则是矣；至于钱氏谓《春秋》书薨、崩、卒、死，未为褒贬，申受似未有善驳。

显然，钱氏对待《春秋》书法的态度，实与朱子同，然其谓《春秋》书崩、薨、卒、葬无例，申受则以为，"不过欲以破《纲目》于夷狄、贼臣书死之例"，②则钱氏较朱子更接近纯史家立场。申受又认为，《史记》、《汉书》已于夷狄之君书死，《纲目》乃沿袭之，且广之于贼臣，盖本《春秋》"君弑贼不讨，以为无臣子，皆当诛绝"之义，而变其词耳。可见，朱子论《春秋》虽不主褒贬，至其自撰《纲目》，则犹存《春秋》之遗意焉。

申受《春秋论》所驳钱氏另一条，见于《潜研堂答问》：

> 楚商臣、蔡般之弑，子不子，父亦不父也。许止不尝药，非大恶而特书弑，以明孝子之义，非由君有失德。故楚、蔡之君不书葬，而许独书葬，所以责楚、蔡二君之不能正家也。……宋襄公用鄫子，楚灵王用蔡世子，皆特书之，恶其不仁也，且以征二君之强死非不幸也。③

申受所引文字，与此相近。对此，申受驳其说曰：

---

① 刘逢禄：《春秋论》，《刘礼部集》卷3。
② 刘逢禄：《春秋论》，《刘礼部集》卷3。
③ 钱大昕：《潜研堂答问》四，《潜研堂文集》卷7，第84—85页。

《春秋》之义，君弑贼不讨，不书葬，未闻有责君不正家者。许止本未尝弑君，故书葬以赦之。吴、楚之君，从无书葬之例。至蔡景公实书葬，三传经文所同，而谓其不书葬，不知所见何经也？僖十九年夏，宋人、曹人、邾娄人盟于曹南，鄫子会盟于邾娄。己酉，邾娄人执鄫子用之。经文暸然，故《公》、《穀》均指邾、鄫以季姬事相仇为说。如果宋襄用鄫，而经归狱邾娄，则《春秋》其诬罔之书与！《左氏》经文亦同《公》、《穀》，而钱氏谓经特书之以著宋襄之罪，又不知所见何经也。①

申受盖据《公羊》义以驳钱氏，而钱氏未通《公羊》，亦显然可见。然钱氏之意，无论楚、蔡之不书葬，抑或宋襄、楚灵之强死，皆著君之无道也，而《公羊》于此则不张此义。故钱氏乃推崇《左氏》"凡弑君，称君，君无道也；称臣，臣之罪也"之说，以为此语不足为《左氏》诟病，反以诫后世之君，以为"君诚有道，何至于弑？遇弑者，皆无道之君也。……圣人修《春秋》，述王道以戒后世，俾其君为有道之君，正心修身，齐家治国，各得其所，又何乱臣贼子之有！"②钱氏自谓此义可溯于孟子，而申受无驳，亦可怪也。

又，申受于《春秋论》小字自注云："辨详《左氏广膏肓》。"案，僖十九年《左氏》云："宋公使邾文公用鄫子于次睢之社。"则钱氏说不取《公》、《穀》，而本于《左氏》也。对此，申受《左氏广膏肓》难曰：

果为宋襄所使，经宜以宋襄首恶，不应专罪邾人，此事自以《公羊》注为得实。作伪者以十四年季姬遇鄫子既无预于邾，故此又移罪于宋耳。巽轩孔氏曰："邾娄人自以女怨执鄫子，而托罪其后会，以说于宋。《左氏》一不知季姬事实，乃归恶于宋襄，果尔，则《春秋》舍宋而责邾娄，理不可通。又托子鱼谏语，赵匡讥之曰：'凡《左氏》谬释经文，又必广加文辞，欲以证实其事。'信哉斯言！"③

申受此引赵匡、孔巽轩之说，谓《左氏》所说事实不足信据。

申受所驳钱氏第三条，亦见于《潜研堂答问》，曰：

《左氏》之胜《公羊》，宜乎夫人知之，而范升抗议于前，何休申辨于

---

① 刘逢禄：《春秋论》，《刘礼部集》卷3。
② 钱大昕：《潜研堂答问》四，《潜研堂文集》卷7，第85页。
③ 刘逢禄：《春秋公羊释例后录·左氏广膏肓》，第395—396页。

后，汉儒专已党同如此。①

对此，申受驳曰：

> 吾谓此非《公羊》之不及《左氏》，乃《春秋》之不及《左氏》也。《左氏》详于事，而《春秋》重义不重事；《左氏》不言例，而《春秋》有例无达例。惟其不重事，故存什一于千百，所不书多于所书；惟其无达例，故有贵贱不嫌同号、美恶不嫌同词，以为待贬绝不待贬绝之分，以寓一见不累见之义。如第以事求《春秋》，则尚不足为《左氏》之目录，何谓游、夏之莫赞也？如第执一例以绳《春秋》，则且不如画一之良史，何必非断烂之朝报也？②

申受以为，钱氏谓《公羊》不如《左氏》，不过以《左氏》详于纪事而已，诚若是说，则孔子《春秋》之价值亦不如《左氏》矣。然《春秋》重义不重事，有例无达例，皆非《左氏》所及。

可见，钱氏虽上承朱子"直书其事"之说，然朱子《纲目》书夷狄、贼臣之死，以及奉季汉、唐中宗为正统之论，毕竟未尽废条例。至于钱氏所论，则推至极端，而终背朱子之说矣。

第二节 对孔广森《公羊通义》的批评

上篇申受就钱氏《春秋论》而论《公》、《左》不同，至于下篇，则揭示邵公所隐括的《公羊》条例，即所谓"三科九旨"，遂据以论唐、宋以下治《春秋》者，迄于孔巽轩，③俱有不明"三科九旨"之病，至于《公》、《穀》条例之异同，

---

① 刘逢禄：《春秋论》，《刘礼部集》卷3。
② 刘逢禄：《春秋论》，《刘礼部集》卷3。
③ 孔广森(1752—1786)，字众仲，号巽轩，山东曲阜人。衍圣公传铎之孙。乾隆三十六年(1771)进士，先后授翰林院庶吉士、检讨、文林郎等职。广森"性恬淡，耽著述，裹足不与要人通谒"，居官不久，以母病而辞归故里，潜心著述。巽轩少尝师事戴震，究心于经史故训文字音韵之学，凌廷堪称"尽传其学"，江藩则谓"少受经于东原氏，为三礼及《春秋公羊》之学"，故江藩《汉学师承记》、支伟成《清代朴学大师列传》均列其为"皖派经学家"。巽轩亦自署其所居曰"仪郑堂"，诚如支伟成所言"心慕康成，藉志宗仰"也。然巽轩又尝受学于庄方耕，至乾隆四十八年(1783)，乃撰有《春秋公羊经传通义》十一卷。该书乃巽轩"属意之作"，其弟广廉亦谓"是编写定，最为惬心"，而巽轩临终前谓广廉曰："余平生所述，讵逮古人？《公羊》一编，差堪自信。"则巽轩之所擅，正在《公羊》也。

亦大端在此。

盖自啖、赵以下，虽以"折衷三传"乃至"舍传求经"为旨，然犹以《春秋》有条例可寻，其中，宋崔子方、元赵汸等，可谓其著者也。若论彼等所失，则在"无其张三世、通三统之义贯之"耳。彼等非《公羊》颛家，犹有可说，至于孔巽轩以治《公羊》名家，却不用汉人旧说，而别立所谓"三科九旨"，对此，申受有论曰：

> 清兴百有余年，而曲阜孔先生广森始以《公羊春秋》为家法，于以扩清诸儒据赴告、据《左氏》、据《周官》之积蔀，箴砭众说无日月、无名字、无褒贬之陈羹，讵不谓素王之哲孙，麟经之绝学？乃其"三科九旨"，不用汉儒之旧传，而别立时月日为天道科、讥贬绝为王法科、尊亲贤为人情科，如是则《公羊》与《穀梁》奚异？奚大义之与有？推其意，不过以据鲁、新周、故宋之文疑于倍上，治平、升平、太平之例等于凿空。……又其意以为三科之义，不见于传文，止出何氏《解诂》，疑非《公羊》本义。①

可见，孔氏亦有"三科"之说，而与邵公所言全然不同。盖唐、宋以下治《春秋》，虽不乏主条例者，然未有以邵公《解诂》为宗者。

因此，申受强调邵公"三科九旨"对于把握《春秋》书法的重要性，曰：

> 无三科九旨，则无《公羊》，无《公羊》则无《春秋》，尚奚微言之与有？②

可见，申受视"三科九旨"为《春秋》之微言所在，至于《公羊》与《穀梁》书法之不同，正在于此。

虽然，孔氏犹用邵公旧说，如《春秋》当新王、王鲁之类，皆与邵公同。申受又因论《公》、《穀》之不同，曰：

> 《春秋》因鲁史以明王法，改周制而俟后圣，犹六书之假借，说《诗》之断章取义，故虽以齐襄、楚灵之无道，祭仲、石曼姑、叔术之嫌疑，皆假之以明讨贼、复仇、行权、让国之义，实不予而文予。《春秋》立百王之法，岂为一事一人而设哉？故曰：于所见微其词，于所闻痛其祸，于所

---

① 刘逢禄：《春秋论》，《刘礼部集》卷3。
② 刘逢禄：《春秋论》，《刘礼部集》卷3。

传闻杀其恩,此一义也,穀梁氏所不及知也。于所传闻之世见拨乱致治,于所闻世见治升平,于所见世见太平,此又一义也,即治《公羊》者亦或未之信也。①

案,所谓"三世说"有二义,其"讳尊隆恩"之义,固《穀梁》所不及知;至于"治自近者始"之义,则治《公羊》者犹未之信也。申受于此独据"三世说"以别《公》、《穀》,可见其于"三科九旨"中尤重"三世说"也。其后,梁启超《清代学术概论》谓孔巽轩"不明家法,治今文学者不宗之",正谓此也。

又案,《清经解》收录申受《发墨守评》,至李兆洛所刊《公羊广墨守》,除《发墨守评》所收"郑国处于留"一条外,又取申受读孔巽轩《公羊通义》条记补之,凡十七条,魏默深以为申受《答难》原稿。此篇虽有论巽轩《通义》者,然多论邵公《解诂》之失。

邵公本有诸侯"不纯臣"之说,其《公羊》隐元年注"惠公仲子"一条云:"称使者,王尊敬诸侯之意也。王者据土与诸侯分职,俱南面而治,有不纯臣之义,故异姓谓之伯舅、叔舅,同姓谓之伯父、叔父。"然其注"元年春王正月"一条,又谓唯王者能改元立号,则似自相矛盾。故孔巽轩《通义》驳其说云:

> 天子、诸侯通称君。古者诸侯分土而守,分民而治,有不纯臣之义,故各得纪元于其境内。而何邵公猥谓唯王者然后改元立号,经书"元年"为托王于鲁,则自蹈所云"反传违戾"之失矣。②

申受《广墨守》云:

> 唯天子使乎诸侯则直行聘,而诸侯使乎大夫必先聘其君,而后及其大夫,如公子友如陈,而后葬原仲,此礼之大经也。若徒以葬原仲为私行,则疑于外交矣。③

案,邵公注"惠公仲子"一条,所发"王鲁"义者,盖因天王"缓赗"乃外小恶,于所传闻世未合书见,而书之者,由接内故也。至于书"天子使宰咺"者,乃"尊敬诸侯"之意,若然,诸侯使乎大夫则不得书"使"。然考申受意,则以书

---

① 刘逢禄:《春秋论》,《刘礼部集》卷3。
② 孔广森:《春秋公羊经传通义》卷1,第243页。
③ 刘逢禄:《春秋公羊释例后录·公羊广墨守》,第332—333页。

"使"亦王鲁辞,可谓失邵公意矣。其谓"天王之使,犹诸侯之使也",又假公子友葬原仲之一事,以为诸侯有行使夫他国大夫之礼,不过以避嫌故而书"如陈"。可见,申受实反对邵公、巽轩诸侯"不纯臣"之说也。

然据许慎《五经异义》,汉代《公羊》学者多主张"诸侯不纯臣"之说,唯《左氏》家主张"诸侯者,天子藩卫,纯臣"。如许慎即从《公羊》说,曰:"礼,臣疾,君亲问之。天子有下聘之义。"① 康成亦然,谓"宾者,敌主人之称,而礼,诸侯见天子,称之曰宾,不纯臣诸侯之明文矣"。② 又,《诗·臣工》郑笺云:"诸侯来朝天子,有不纯臣之义,于其将归,故于庙中正君臣之礼。"可见,叔重、邵公、康成俱主张"诸侯不纯臣"之说。至于更早的《白虎通》,其《王者不臣》一篇中有云:"王者不纯臣诸侯何?尊重之。以其列土传子孙,世世称君,南面而治。"③ 可见,无论是官方的主张,还是学者的普遍意见,多赞同"诸侯不纯臣"。对此,皮鹿门谓天子待诸侯,朝觐时天子以臣礼待诸侯,而庙享时则以宾礼待之,且论曰:

> 先王之待诸侯,宽严并用,情文交至,以其分土而治,故宜优假以礼貌也。自秦罢侯置守,尊君卑臣,而古礼不可复见矣。④

正因如此,清人习于尊君卑臣之论,而反对"诸侯不纯臣"之说,遂谓先秦诸侯无改元之事。其先,万斯大《学春秋随笔》云:"君曰元首,臣曰股肱。天子为天下共主,五等诸侯,出作屏藩,入为卿士,依然臣也。一统天下,咸奉正朔,同轨同文,安有诸侯改元之理?即曰国自有史,亦必大书天子之年,而分系其事。何休曰'必天子然后改元',此说是也。"⑤ 其间,唯孔广林、广森兄弟独持异论。孔广林尝曰:

> 古者王于诸侯不纯臣,故有频聘之礼,相接则曰宾,来朝则车送车逆,与后代异法。⑥

---

① 陈寿祺:《五经异义疏证》,第 137 页。然据《五经异义》,《公羊》谓"天子无下聘义",与《周礼》不同。此说可怪,盖《异义》谓《公羊》主张"诸侯不纯臣",而《左氏》则以"诸侯者,天子藩卫,纯臣",二说正相反。则不独《公羊》说自相违戾,而同属古文经的《左氏》与《周礼》说亦不同。至于邵公本人,其注"元年春王正月"条与"惠公仲子"条亦有扞格,宜乎巽轩有讥也,且更与《异义》所引《公羊》说不同,实难索解。
② 陈寿祺:《五经异义疏证》,第 185 页。
③ 陈立:《白虎通疏证》,中华书局,1994,第 320 页。
④ 皮锡瑞:《驳五经异义疏证》卷 6,《皮锡瑞全集》册四,第 193 页。
⑤ 转引自陈立:《公羊义疏》册一,第 14 页。
⑥ 转引自陈寿祺:《五经异义疏证》,第 137 页。

至于陈卓人驳巽轩之说，曰："公羊家以《春秋》托王于鲁，明假鲁为王者，故谓唯王者然后改元立号也，有何反传违戾之有！"①此说似疏，殆未深考诸侯改元、下聘之关系耳。

《广墨守》于魏默深所言"条记"之后又载十余条，大多皆举邵公《解诂》与巽轩《通义》之异，申受于篇末自注云："以上皆《通义》所论礼制之未安者。"盖据《解诂》以论巽轩之失也。兹举数条而论如下：

其一，书爵进退例。隐二年，纪子伯、莒子盟于密。《左氏》经作"纪子帛、莒子盟于密"。《公羊传》谓经书"纪子伯"者，乃"无闻焉尔"，盖不知其为诸侯，抑或大夫也。杜预注则谓"纪子帛"乃纪大夫裂𦈢之字，盖莒、鲁有怨，纪侯既婚于鲁，使大夫纪裂𦈢盟莒以和解之，《春秋》乃比之内大夫而序于莒子上，称字以嘉之也。而巽轩《通义》从《左氏》说，云：

> 《左氏》经作"子帛"者是，古文省"伯"、"帛"皆止为"白"，隶写遂异耳。子帛，履𦈢之字。《春秋》贤隐公，诸侯来亲隐者莫先于仪父，故字之；大夫来亲隐者莫先于履𦈢，故亦字之。不从来逆女字者，彼逆其君夫人，则有君前臣名之道也。莒子序下者，抑莒也，为前入向、后取牟娄，《春秋》入国取邑皆托始于莒，盖于此抑之，总见其罪。②

则《通义》申《左氏》说，且又为之辩也。申受驳其说曰：

> 履𦈢逆女，讥不亲迎，无善其亲隐义，且称字则例同于仪父，封为三十里之附庸矣。岂纪子受讥文，而其大夫乃以非礼亲隐反得特封乎？古"伯"字作"帛"，《左氏》误作履𦈢之字，其实因阙文以著纪之本爵，为桓二年纪进爵为侯张本，其义至不可易也。抑莒子亦宜先言莒子，后言莒人，乃明入国取邑，所谓不待贬绝而罪恶见者也。③

申受盖申《公羊》义，以为经书"纪履𦈢来逆女"，盖讥"始不亲迎"也。则纪子受讥于前，其大夫焉有来亲隐而得特封之理？至于巽轩以莒子序下乃抑莒者，亦失贬绝之书法，当先言莒子而后言莒人。

其二，贬绝例。隐二年，无骇帅师入极。《公羊传》云："无骇者何？展

---

① 陈立：《公羊义疏》册一，第13—14页。
② 孔广森：《春秋公羊经传通义》卷1，第258页。
③ 刘逢禄：《春秋公羊释例后录·公羊广墨守》，第346页。

无骇也。何以不氏？贬。"然《通义》据《左氏》云：

> 无骇生未有氏，得发此难者，《春秋》据哀录隐，非史官书现时事之比，本可以追氏之，若公子骈之孙方为驷氏，而《国语》谓之"驷骈"；公子遂之孙方为仲氏，而经言"仲遂卒于垂"。故知此不追氏者，即是有贬义也。①

然申受《广墨守》驳其说云：

> 案《左氏》无骇赐氏之传，盖刘歆欲迷疾始灭之文而窜入之，不知氏称公子不称展，《解诂》甚明，如公子彄不氏臧可证也。仲遂不称公子，尤为贬文，不宜以氏仲为异于不氏展也。《通义》又谓若实入者，当书"展无骇帅师"，余谓实入当书"公子无骇帅师"矣。②

案，《公羊》以公子、公孙为氏，而《左氏》似唯以无骇之书"展"，公子遂之书"仲"者，乃有氏也。故《春秋》书"无骇帅师入极"而不氏者，申受以为不称"公子无骇"也。至于公子遂、公子翚之不氏，亦不氏公子，非三世以后之追氏也。

此外，申受又举卒葬例、战伐灭人例、时月日例、三时田制等，皆胪列《通义》之说，而以邵公《解诂》所训为长。

第三节 《释例》之"述何"

"三科九旨"之说，素为治《公羊》的要领。然其说不见于传文，而《春秋纬·演孔图》始有"《春秋》设三科九旨"的明文，其后，何邵公《文谥例》始明言之。不过，《文谥例》今已不存，惟见于徐彦疏所引文。徐疏云：

> 何氏之意，以为三科、九旨正是一物。若总言之，谓之三科，科者，段也；若析而言之，谓之九旨，旨者，意也。言三个科段之内，有此九种之意。故何氏作《文谥例》云"三科九旨者，新周故宋，以《春秋》当新

---

① 孔广森：《春秋公羊经传通义》卷1，第254—255页。
② 刘逢禄：《春秋公羊释例后录·公羊广墨守》，第348—349页。

王",此一科三旨也;又云"所见异辞,所闻异辞,所传闻异辞",二科六旨也;又"内其国而外诸夏,内诸夏而外夷狄",是三科九旨也。

可见,邵公所谓"三科、九旨正是一物",即"三个科段之内,有此九种之意",盖以"九旨"涵摄于"三科"之中。然据徐疏引《文谥例》云:

> 此《春秋》五始、三科、九旨、七等、六辅、二类之义,以矫枉拨乱,为受命品道之端,正德之纪也。

既然五始、三科、九旨、七等、六辅、二类诸例相并而言,则三科与九旨显然不同,并无涵摄关系。故宋均①《春秋说》所释三科、九旨,迥然不同。据徐疏所引文云:

> 三科者,一曰张三世,二曰存三统,三曰异外内,是三科也。九旨者,一曰时,二曰月,三曰日,四曰王,五曰天王,六曰天子,七曰讥,八曰贬,九曰绝。时与日月,详略之旨也;王与天王天子,是录远近亲疏之旨也;讥与贬绝,则轻重之旨也。

可见,宋氏以张三世、存三统、异外内为"三科",与邵公同;而以时月日、王天王天子、讥贬绝为"九旨",显与邵公有异,盖区别三科与九旨也。

宋氏所说"三科九旨",较邵公之说为广,后世治《春秋》者,颇有取于宋氏之说,甚至有重"九旨"而轻"三科"者。至清孔巽轩,乃别创"三科九旨"之论,盖杂用宋氏说也。其《通义》叙云:

> 《春秋》之为书也,上本天道,中用王法,而下理人情。不奉天道,王

---

① 宋均,济南人,其生平不详。《隋志》谓宋均为魏博士,《晋书·儒林传》谓晋徐苗、徐贾兄弟受业于博士宋均,又《隋志》、两《唐志》谓郑玄、宋均共注纬书,可见,宋均殆东汉末人,尝为郑玄弟子,入魏为博士,卒于西晋初年也。

又据《后汉书·宋均传》,光武、明帝时有宋均,南阳人,通《诗》《礼》,未言其为纬书作注之事。又据《党锢传》李贤注,宋均当作"宗均"。汉末又有宋忠,或作宋衷,南阳人,后汉荆州五等从事,尝与刘表共定五经章句,亦为纬书作注。近人洪业以宋均与宋忠为一人。

有学者以为,郑玄亦注纬书,然所存极少,而宋均为郑玄弟子,极可能将郑注纳入己注。又有宋忠,其所注纬书,存世亦眇,而宋均与宋忠俱南阳学者,又晚于宋忠,极可能将宋忠注纳入己注。(参见徐栋梁:《〈春秋纬〉与汉代春秋学》,长春:吉林大学出版社,2013,第7页)

法不正；不合人情，王法不行。天道者，一曰时，二曰月，三曰日。王法者，一曰讥，二曰贬，三曰绝。人情者，一曰尊，二曰亲，三曰贤。此三科九旨既布，而一裁以内外之异例，远近之异辞，错综酌剂，相须成体是也。①

巽轩亦主"三科九旨正是一物"，然其内容则用宋氏"九旨"义，而无取于邵公"三科"之说，宜乎致申受所讥也。

清柯劭忞则认为，宋氏之说实属古义，至何邵公乃别为条例，唯取"三科"古说，而摈"九旨"之说不用，盖以为出于《穀梁》也。②

申受初以墨守何休为旨，观其所释"三科九旨"，一以《解诂》为准，故其《释例》似犹不别三科与九旨。然至《刘礼部集》，则完全站在宋氏立场，而分三科与九旨为二，即明谓"九旨"为时月日、爵氏名字、褒讥贬绝也。

一 释"三科"例

1. 张三世

三世之说，《公羊传》有明文。隐元年，公子益师卒。传云："何以不日？远也。所见异辞，所闻异辞，所传闻异辞。"又，桓二年，三月，公会齐侯、陈侯、郑伯于稷，以成宋乱。传云："内大恶讳，此其目言之何？远也。所见异辞，所闻异辞，所传闻异辞。"哀十四年，春，西狩获麟。传亦云："《春秋》何以始乎隐？祖之所逮闻也。所见异辞，所闻异辞，所传闻异辞。"则三世之说，《公羊传》前后凡三发之，可见其重要性。

至董子，始以鲁十二公配三世。《春秋繁露·楚庄王篇》云：

> 《春秋》分十二世以为三等：有见，有闻，有传闻。有见三世，有闻四世，有传闻五世。故哀、定、昭，君子之所见也，襄、成、文、宣，君子之所闻也，僖、闵、庄、桓、隐，君子之所传闻也。所见六十一年，所闻八十五年，所传闻九十六年。③

---

① 孔广森：《春秋公羊经传通义》，第 722 页。
② 参见柯劭忞：《春秋穀梁传注》序，台北力行书局，1970，第 1—2 页。
③ 苏舆：《春秋繁露义证》，中华书局，1992，第 9—10 页。案，三世之断限，董子言之甚确，本不容有疑义。纬说亦与此同，《演孔图》云："昭、定、哀，为所见之世；文、宣、成、襄，为所闻之世；隐、桓、庄、闵、僖，为所传闻之世。"然至颜安乐，则胶泥见、闻之异，谓"从襄二十一年之后，孔子生讫，即为所见之世"，故徐彦疏以颜氏"分张一公而使两属"为"任意"。然颜氏说亦有所本。襄二十三年，邾娄鼻我来奔。传云："邾娄无大夫，此何以书？以近书也。"又，昭二十七年，邾娄快来奔。传云："邾娄无大夫，此何以书？以近书也。"二文（转下页）

董子既以三世有所见、所闻与所传闻之不同，又以《春秋》记三世之事，而文辞亦因有异焉。《楚庄王篇》又云：

> 于所见微其辞，于所闻痛其祸，于传闻杀其恩，与情俱也。是故逐季氏而言又雩，微其辞也；子赤杀，弗忍书日，痛其祸也；子般杀，而书乙未，杀其恩也。屈伸之志，详略之文，皆应之。吾以其近近而远远，亲亲而疏疏也，亦知其贵贵而贱贱，重重而轻轻也。有知其厚厚而薄薄、善善而恶恶也，有知其阳阳而阴阴、白白而黑黑也。百物皆有合偶，偶之合之，仇之匹之，善矣。《诗》云："威仪抑抑，德音秩秩。无怨无恶，率由仇匹。"此之谓也。然则《春秋》，义之大者也。得一端而博达之，观其是非，可以得其正法。视其温辞，可以知其塞怨。是故于外道而不显，于内讳而不隐。于尊亦然，于贤亦然。此其别内外、差贤不肖而等尊卑也。义不讪上，智不危身，故远者以义讳，近者以智畏，畏与义兼，则世逾近而言逾谨矣。此定、哀之所以微其辞。以故用则天下平，不用

（接上页）不异，当俱在所见世，不应分属两世。孔巽轩《通义》本乎此说，乃云："所以三世异辞者，见恩有深浅，义有隆杀。所见之世，据襄为限，成、宣、文、僖，四庙之所逮也。所闻之世，宜据僖为限，闵、庄、桓、隐，亦四庙之所逮也。亲疏之节盖取诸此。"（孔广森：《春秋公羊经传通义》卷1，第253页）其《自叙》遂因攻邵公云："《解诂》体大思精，词义奥衍，亦时有承讹率臆，未能醇会传意。三世之限，误以所闻始文，所见始昭，遂强殊鼻我于快，而季姬、季友、公孙慈之日卒皆不得其解。"（同上，第730页）徐彦疏驳颜说甚详，云："何氏所以不从之者，以为凡言见者，目睹其事，心识其理，乃可以为见，孔子始生，未能识别，宁得谓之所见乎？故《春秋说》云'文、宣、成、襄所闻之世不分疏'，二十一年已后明为一世矣。邾娄快、邾娄鼻我虽同有以近书之传，一自是治近升平书，一自是治近大平书，虽不相干涉，而漫指此文乎？"（何休、徐彦：《春秋公羊传注疏》序，北京大学出版社，2000，第5页）盖颜、孔之说，皆缘邾娄大夫来奔之文而来，段熙仲以为，二传中"以近书"之语，非世之远近，乃地之远近，亦驳颜、孔之说也。（参见段熙仲：《春秋公羊学讲疏》，第486—487页）

段氏尚撰有《公羊春秋"三世"说探源》一文，似谓颜说未必失董子义。盖董子不过谓"《春秋》分十二世为三等"，实未明言"三世"。段氏又谓邵公三世义实有取于五行家之说。案《隋书·天文志》"晕景"条载："京房别对曰：太平日行上道，升平日行次道，霸代日行下道。"则京房太平、升平之说，乃何休所旁采也。且考《汉书·五行志》，举董仲舒、刘向、刘歆三家说，然时杂以京房异说，则何休之用京房说，亦未为可怪。（参见《中华文史论丛》第四辑，第67—76页）

又，董子《春秋繁露·奉本篇》云："杀隐、桓以为远祖，宗定、哀以为考妣。"（苏舆：《春秋繁露义证》，第280页）《穀梁传》则云："立乎定、哀以指隐、桓，隐、桓之世远矣。"近人廖平遂据此二说，谓定、哀为所见世，隐、桓为所传闻世，庄、闵、僖、文、宣、成、襄、昭为所闻世。此又一新说也。其弟子蒙文通更别创一说，谓隐公至庄十四年鄄之会为所传闻世，庄十四年至哀十三年黄池之会为所闻世，哀十三年至十四年，仅二年为所见世。

此外，《孝经·援神契》亦有一说，谓隐元年至僖十八年为所传闻世，僖十九年至襄十二年为所闻世，襄十三年至哀十四年为所见世。其后，郑玄从此说。徐彦疏驳之云："《援神契》者，自是《孝经纬》横说义之言，更作一理，非是正解《春秋》之物，故何氏自依《春秋说》为正解明矣。"（何休、徐彦：《春秋公羊传注疏》序，第5页）

则安其身,《春秋》之道也。①

董子以为,据孔子《春秋》而言,事有三世之异,人情之表达亦有等差,而记事之辞亦有不同焉。又《繁露·奉本篇》云:

> 今《春秋》缘鲁以言王义,杀隐、桓以为远祖,宗定、哀以为考妣。②

详董子意,盖以恩有远祖、考妣之厚薄,其文辞遂有三世之异。

《春秋》善善而恶恶,然世有远近,情有亲疏,恩有厚薄,故形诸文辞,则有轻重讳显之差等,此其自然也。故远者杀其恩,其志得申,质言其恶,大义凛然,此文辞所以异一也;而近者畏其祸,盖君子有三畏,为尊者讳,为贤者讳,此亦属常理,故书法有所屈,此文辞所以异二也。故孔巽轩谓《春秋》正名分、诛乱贼之大用,必托始乎所传闻之世而后可施焉。③

其后,何邵公以三世说当"一科三旨",而言之尤为详备。其释隐元年"三世异辞"传文云:

> 所见者,谓昭、定、哀,己与父时事也;所闻者,谓文、宣、成、襄,王父时事也;所传闻者,谓隐、桓、庄、闵、僖,高祖、曾祖时事也。异辞者,见恩有厚薄,义有浅深,时恩衰义缺,将以理人伦,序人类,因制治乱之法。故于所见之世,恩己与父之臣尤深,大夫卒,有罪无罪,皆日录之,"丙申,季孙隐如卒"是也。于所闻之世,王父之臣恩少杀,大夫卒,无罪者日录,有罪者不日,略之,"叔孙得臣卒"是也。于所传闻之世,高祖、曾祖之臣恩浅,有罪无罪皆不日,略之也,公子益师、无骇卒是也。于所传闻之世,见治起于衰乱之中,用心尚麤觕,故内其国而外诸夏,先详内而后治外,录大略小,内小恶书,外小恶不书,大国有大夫,小国略称人,内离会书,外离会不书是也。于所闻之世,见治升平,内诸夏而外夷狄,书外离会,小国有大夫,宣十一年"秋,晋侯会狄于攒函"、襄二十三年"邾娄鼻我来奔"是也。至所见之世,著治太平,夷狄进至于爵,天下远近小

---

① 苏舆:《春秋繁露义证》,第10—13页。
② 苏舆:《春秋繁露义证》,第279—280页。
③ 案,孔巽轩《通义》云:"世疏者其恩杀,若桓之无王,庄之不复仇、纳鼎、归宝,文姜淫泆,皆得质言之以立其义。移于所见之世,则义有所尊,恩有所讳,定公受国于季氏,不敢名其篡;昭公取同姓,不忍斥其恶。是以《春秋》正名分、诛乱贼之大用,必托始乎所传闻之世而后可施也。近者微辞,远者目言,以义始之,以仁终之,别其世而不乱,斯异其辞而不糅。"(孔广森:《春秋公羊经传通义》,第720页)孔氏发明此理甚畅。

大若一,用心尤深而详,故崇仁义,讥二名,晋魏曼多、仲孙何忌是也。所以三世者,礼,为父母三年,为祖父母期,为曾祖父母齐衰三月,立爱自亲始,故《春秋》据哀录隐,上治祖祢。所以二百四十二年,取法十二公,天数备足,著治法式,又因周道始坏绝于惠、隐之际。

据此,三世异辞者,其缘由有二:其一,讳尊隆恩;其二,《春秋》当新王,故治世有远近详略之不同。

三世远近不同,则恩有厚薄,故褒讥、微显之文皆由此而生。桓二年,公会齐侯、陈侯、郑伯于稷,以成宋乱。《解诂》云:"所以复发传者,益师以臣见恩,此以君见恩,嫌义异也。所见之世,臣子恩其君父尤厚,故多微辞是也。所闻之世,恩王父少杀,故立炀宫不日、武宫日是也。所传闻之世,恩高祖、曾祖又少杀,故子赤卒不日、子般卒日是也。"陈卓人则曰:"近者亲,远者疏,亲者恩深,疏者恩杀。厚薄之故,轻重之义,善恶之著,褒讥之加,微显之文,皆生此矣。"①皆明讳尊隆恩之义。

邵公又引《公羊传》"内中国而外诸夏,内诸夏而外夷狄"之文,以解释三世说,而别治法详略之异。故于所传闻之衰乱世,以中国为内,而详于治中国;所闻之升平世,以诸夏为内,则治诸夏亦详矣;至所见之太平世,天下大同为一,远近大小若一,王者治世,其法尤加深详焉。邵公此说,颇见于《解诂》之文:

> 隐二年,春,公会戎于潜。《解诂》云:"所传闻之世,外离会不书,书内离会者,《春秋》王鲁,明当先自详正,躬自厚而薄责于人,故略外也。"
>
> 桓五年,齐侯、郑伯如纪。《解诂》云:"《春秋》始录内小恶,书内离会;略外小恶,不书外离会。至所闻之世,著治升平,内诸夏而详录之,乃书外离会。嫌外离会常书,故变文见意,以别嫌明疑。"
>
> 僖二十六年,秋,楚人灭隗,以隗子归。《解诂》云:"不名者,所传闻世,见治始起,责小国略,但绝不诛之。"
>
> 文九年,冬,楚子使椒来聘。《解诂》云:"入文公,所闻世,见升平法,内诸夏以外夷狄也。"
>
> 宣十一年,晋侯会狄于攒函。《解诂》云:"离不言会,言会者,见所闻世,治近升平,内诸夏而详录之,殊夷狄也。"

---

① 陈立:《公羊义疏》卷11,第396页。

襄二十三年，邾娄鼻我来奔。《解诂》云："所传闻世，见治始起，外诸夏，录大略小，大国有大夫，小国略称人；所闻之世，内诸夏，治小如大，廪廪近升平，故小国有大夫，治之渐也。见于邾娄者，自近始也。独举一国者，时乱，实未有大夫，治乱不失其实，故取足张法而已。"

昭三年，北燕伯款出奔齐。《解诂》云："名者，所见世著治太平，责小国详，录出奔当诛。"

昭六年，春，王正月，杞伯益姑卒。《解诂》云："不日者，行微弱，故略之。入所见世，责小国详，始录内行也。诸侯内行，小失不可胜书，故于终略责之见其义。"

定六年，季孙斯、仲孙忌率师围运。《解诂》云："定、哀之间，文致太平，欲见王者治定，无所复为讥，唯有二名，故讥之。此《春秋》之制也。"

哀三年，冬十月癸卯，秦伯卒。《解诂》云："哀公，著治太平之终，小国卒葬，极于哀公者，皆卒日葬月。"

凡此，邵公俱以治法有详略，而文辞因有不同。

又，哀十四年，西狩获麟。《解诂》云：

> 据得麟乃作，托记高祖以来事可及问、闻知者，犹曰我但记先人所闻，辟制作之害。

邵公又以为，所见世之辞所以异者，更出于避祸容身故也。故定元年传云："定、哀多微辞，主人习其读而问其传，则未知己之有罪焉尔。"《解诂》释云："上以讳尊隆恩，下以避害容身。"

其先，董子谓"义不讪上，智不危身"，殆邵公此说所本。至其不同者，则邵公又以世之治乱不同而区分衰乱、①升平、太平三世，分别与所传闻、所闻、所见三世相配，遂有三世异辞之说。董子虽未明言之，然《春秋》之义，在于拨乱世而反诸正，则由乱而渐进于治，诚三世说应有之义焉。② 太史公殆

---

① 康长素作"据乱世"，苏舆讥之，以为当作"乱世"。盖《解诂》序云："本据乱而作。"《疏》云："谓据乱世之史而为《春秋》。"则似"据乱"二字本不相联。然邵公本有"衰乱"一词，音义俱佳，故从之。

② 《论语》中亦有"三世"之说。孔子曰："天下有道，则礼乐征伐自天子出；天下无道，则礼乐征伐自诸侯出。自诸侯出，盖十世希不失矣；自大夫出，五世希不失矣；陪臣执国命，三世希不失矣。天下有道，则政不在大夫；天下有道，则庶人不议。"又曰："禄之去公室五世矣，政逮于大夫四世矣，故夫三桓之子孙微矣。"（《论语·季氏篇》）段熙仲以为，《公（转下页）

学于董子,其《史记》亦有"三世异辞"之说,其曰:"孔氏著《春秋》,隐、桓之间则章,至定、哀之际则微。为其切当世之文,而罔褒忌讳之辞也。"①又曰:"七十子之徒,口受其传指,为有所刺讥褒讳挹损之文辞不可以书见也。"②其后,班固《汉书》亦著此义,曰:"(《春秋》)有所褒讳贬损,不可书见,口授弟子。"又曰:"《春秋》所贬损大人当世君臣,有威权势力,其事实皆形于传。是以隐其书而不宣,所以免时难也。"③史、班皆以《春秋》之微辞,盖出于孔子之畏祸故也。

可见,邵公之三世说,实兼有三义:④

其一,《春秋》以褒贬而张治法,贬天子,退诸侯,讨大夫,多犯时忌,乃以避祸容身之故,而为异辞。

其二,世有远近,恩有厚薄,情有亲疏,故文辞有屈伸、隐显之异,或以讳尊,或以隆恩。

其三,王者之治,由近及远,由内及外,先正己而后正人,故治法有详略、粗细之异。

又,定六年,季孙斯、仲孙忌帅师围运。《解诂》云:

《春秋》定、哀之间,文致太平,欲见王者治定,无所复为讥,唯有二名,故讥之。此《春秋》之制也。

徐疏云:"云'《春秋》定、哀之间,文致太平'者,实不太平,但作太平文而已,故曰'文致太平'也。"盖定、哀时属于所见之世,其时陪臣执国命,礼乐崩坏至乎其极,诚不太平之极矣。然观《春秋》之文,此时已无远近内外之别,大恶不书,小恶亦不书,唯有二名可讥,此乃"文致太平",而非真实之历史情形。故刘申受论其义,以为"鲁愈微,而《春秋》之化益广","世愈乱,而《春

(接上页)羊》所言"太平世",即《论语》所言"陪臣执国命,三世希不失";"衰乱世",则礼乐征伐自诸侯出;至于"升平世",则礼乐征伐自大夫出也。故《论语》中所言十世、五世、三世,即公羊家所谓衰乱世、升平世与太平世。(参见段熙仲:《春秋公羊学讲疏》,第494页)段氏又谓,邵公三世说或本诸京房太平、升平与霸代之说。

① 司马迁:《史记·匈奴列传》,中华书局,2013,第3503—3504页。
② 司马迁:《史记·十二诸侯年表序》,第642页。
③ 班固:《汉书·艺文志》,中华书局,1962,第1715页。
④ 顾亭林亦谓"三世异辞"之义有三:"阙文一也,讳恶二也,言孙三也。"(黄汝成:《日知录集释》册上,第258页)后二义实涵于邵公之说,至于阙文之义,亭林曰:"国史所载策书之文,或有不备,孔子得据其所见以补之。至于所闻则远矣,所传闻则又远矣。虽得之于闻,必将参互以求其信,信则书之,疑则阙之,此其所以为异辞也。"(同上)

秋》之文益治"。①

且就鲁之二百四十二年而言,始于所传闻世,终于所见世,可谓"鲁愈微"、"世愈乱"矣,此为历史之真实;然就《春秋》之文辞而言,始于衰乱世,而终于太平世,则见王者治世之效也。皮氏因谓"三世"说乃孔子之所托,曰:

> 隐公非受命王,而《春秋》于隐公托始,即借之以为受命王;哀公非太平世,而《春秋》于哀公告终,即借之以为太平世。故论《春秋》时世之渐衰,《春秋》初年,王迹犹存,及其中叶,已不逮《春秋》之初,至于定、哀,骎骎乎流入战国矣。而论《春秋》三世之大义,《春秋》始于拨乱,即借隐、桓、庄、闵、僖为拨乱世;中于升平,即借文、宣、成、襄为升平世;终于太平,即借昭、定、哀为太平世。世愈乱而《春秋》之文愈治,其义与时事正相反。盖《春秋》本据乱而作,孔子欲明驯致太平之义,故借十二公之行事,为进化之程度,以示后人治拨乱之世应如何,治升平之世应如何,太平之世应如何。……昧者乃引当时之事,讥其不合,不知孔子生于昭、定、哀世,岂不知其为治为乱?《公羊》家明云世愈乱,而《春秋》之文愈治,亦非不知其为治为乱也。②

此说颇见史法与经法之不同。盖据史法而言,由鲁隐至哀,诚世愈乱也;然就经法而论,则由衰乱而至太平,文愈治也。经、史之别,正在于此。

此说固属可怪,然亦可征诸董子书。《繁露·奉本篇》云:"当此之时,鲁无鄙疆,诸侯之伐哀者,皆言我。"③对此,朱一新曰:"鲁无鄙疆,即王道浃,人事备,广鲁于天下之意,非谓鲁之鄙疆果远也。"④苏舆曰:"所传闻之世,来接内者书其小恶,其不来者不治。明化自近始,有界域,至于近则内外渐进而从同矣。故云'无鄙疆',此所谓王义也。"⑤苏舆、朱一新虽颇攻《公羊》说,然于此犹能发明《公羊》义,皆以鲁之定、哀时当太平之世,为王化所及,而无内外之分。

至申受《释例》,乃释"张三世"例云:

> 《传》曰:"亲亲之杀,尊贤之等,礼所生也。"《春秋》缘礼义以致太

---

① 刘逢禄:《春秋公羊经何氏释例》卷1,第8、9页。
② 皮锡瑞:《经学通论·春秋》,第22—23页。
③ 苏舆:《春秋繁露义证》卷9,第281页。
④ 苏舆:《春秋繁露义证》卷9,第281—282页。
⑤ 苏舆:《春秋繁露义证》卷9,第282页。

平,用《坤乾》之义以述殷道,用《夏时》之等以观夏道。等之不著,义将安放? 故分十二世以为三等,有见三世,有闻四世,有传闻五世。于所见微其词,于所闻痛其祸,于所传闻杀其恩。由是辨内外之治,明王化之渐,施详略之文。鲁愈微,而《春秋》之化益广,内诸夏、不言鄙疆是也。世愈乱,而《春秋》之文益治,讥二名、西狩获麟是也。昔者夫子正《雅》、《南》,以先公之教系之召公,著王道之始基,而《驺虞》为之应;以文王之风系之周公,著王道之太平,而《麟趾》为之应。《小雅》,文、武为牧伯之事也,诸侯歌之,其衰也,至于四夷交,中国微;《大雅》,文、武为天子之事也,天子歌之,其衰也,至于西土亡,王迹熄。鸣鸟不闻,河图不出,天乃以麟告,"文王既没,文不在兹乎",愀然以身任万世之权,灼然以二百四十二年著万世之治,且曰"其或继周者,虽百世可知也"。……"无平不陂,无往不复",圣人以此见天地之心也。①

至于《刘礼部集》所载,与《释例》大致无二,且文辞更为显豁。如其释"张三世"云:

> 于所见微其辞,于所闻痛其祸,于所传闻杀其恩,此一义也;于所传闻世见拨乱始治,于所闻世见治廪廪进升平,于所见世见治太平,此又一义也。由是辩内外之治,明王化之渐,施详略之文。②

此谓"张三世"明有二义,盖本于隐元年邵公《解诂》文。

其先,无论就董子而言,抑或在邵公处,最重要者乃"通三统"例。清末朱一新、苏舆等即持此说,如朱一新《无邪堂答问》谓《公羊》大义在通三统",苏舆《春秋繁露义证》则称"实则《公羊》家言,惟张三世最无意义"。③ 然至申受《释例》,乃置"张三世"于三科之首,其后,龚、魏、康之徒,莫不承此绪余,以张大此例为说矣。

且三世之异辞,或因恩之厚薄,或以治之详略,董、何俱明言此二义。然观申受释此例,则因《诗》而论"王道之始基"以至"王道之太平",因《书》而推原三代终始之运,因《易》而见天地之"无平不陂,无往不复",皆以发挥后一义为主。其后,苏舆遂斥龚定庵之说"张三世",而于"何注恩王父之说,

---

① 刘逢禄:《春秋公羊经何氏释例》卷1,第8—9页。
② 刘逢禄:《刘礼部集》卷4。
③ 朱一新:《无邪堂答问》,载苏舆:《春秋繁露义证》附录二,第513页。

亦复不词",①盖谓其专申第二义也。然此种倾向,实始于申受,而定庵未可专任其咎焉。

2. 通三统

所谓"通三统",即"新周,故宋,以《春秋》当新王"也。此说不见于《公羊传》文,唯宣十六年《传》有"新周"之语;至于"故宋"一语,则见于桓二年《穀梁传》文。据此,新周、故宋之义,与公羊家所言"通三统",似不相涉。

至何休《解诂》,则颇张大"通三统"之义,其中殆有如下数条:

> 庄二十七年,杞伯来朝。《解诂》:"杞,夏后,不称公者,《春秋》黜杞,新周而故宋,以《春秋》当新王。"
>
> 僖二十三年,杞子卒。《解诂》:"始见称伯,卒独称子者,微弱为徐莒胁,不能死位。《春秋》伯、子、男一也。辞无所贬,贬称子者,《春秋》黜杞不明,故以其一等贬之,明本非伯,乃公也。"
>
> 宣十六年,成周宣榭灾。《传》:"新周也。"《解诂》:"新周,故分别有灾,不与宋同也。孔子以《春秋》当新王,上黜杞,下新周而故宋。因天灾中兴之乐器,示周不复兴,故系宣榭于成周,使若国文,黜而新之,从为王者后记灾也。"

不过,"通三统"之说,据今所存史料,殆最早见于董仲舒《繁露·三代改制质文篇》:

> 《春秋》应天作新王之事,时正黑统,王鲁,尚黑,绌夏,新周,故宋。②
>
> 《春秋》上绌夏,下存周,以《春秋》当新王。《春秋》当新王者奈何?曰:王者之法必正号,绌王谓之帝,封其后以小国,使奉祀之;下存二王之后以大国,使服其服,行其礼乐,称客而朝;故同时称帝者五,称王者三,所以昭五端,通三统也。是故周人之王,尚推神农为九皇,而改号轩辕,谓之黄帝,因存帝颛顼、帝喾、帝尧之帝号,绌虞,而号舜曰帝舜,录五帝以小国;下存禹之后于杞,存汤之后于宋,以方百里,爵号公,皆使服其服,行其礼乐,称先王客而朝。《春秋》作新王之事,变周之制,当正黑统,而殷、周为王者之后,绌夏改号禹谓之帝,录其后以小国,故曰:

---

① 朱一新:《无邪堂答问》,载苏舆:《春秋繁露义证》附录二,第513页。
② 苏舆:《春秋繁露义证》卷7,第187页。

绌夏,存周,以《春秋》当新王。①

其后,汉人颇申其说。《白虎通·三正篇》云:

> 王者所以存二王之后,何也?所以尊先王,通天下之三统也,明天下非一家之有,敬谨谦让之至也。②

又云:

> 王者受命必改朔何?明易姓,示不相袭也。明受之于天,不受之于人,所以变易民心,革其耳目,以助化也。③

其时朝廷议事颇用"通三统"之说。据《汉书·梅福传》,武帝时,始封周后姬嘉为周子南君,至元帝时,尊周子南君为周承休侯,位次诸侯王。又使诸大夫博士求殷后,而匡衡议以孔子世为殷后,曰:

> 王者存二王后,所以尊其先王,而通三统也。其犯诛绝之罪者绝,而更封他亲为始封君,上承其王者之始祖。《春秋》之义,诸侯不能守其社稷者绝。今宋国已不守其统,而失国矣,则宜更立殷后为始封君,而上承汤统,非当继宋之绝侯也,宜明得殷后而已。今之故宋,推求其嫡,入远不可得;虽得其嫡,嫡之先已绝,不当得立。《礼记》孔子曰:"丘,殷人也。"先师所共传,宜以孔子世为汤后。④

然元帝以其语"不经",遂罢其议。

至成帝时,梅福复议宜封孔子后以奉汤祀,曰:

> 武王克殷,未下车,存五帝之后,封殷于宋,绍夏于杞,明著三统,示不独有也。是以姬姓半天下,迁庙之主,流出于户,所谓存人以自立者也。今成汤不祀,殷人亡后,陛下继嗣久微,殆为此也。《春秋经》曰:"宋杀其大夫。"《穀梁传》曰:"其不称名姓,以其在祖位,尊之也。"此言

---

① 苏舆:《春秋繁露义证》卷7,第198—200页。
② 陈立:《白虎通疏证》卷8,中华书局,1994,第366页。
③ 陈立:《白虎通疏证》卷8,第360页。
④ 班固:《汉书·梅福传》,第2926页。

孔子故殷后也，虽不正统，封其子孙以为殷后，礼亦宜之。何者？诸侯夺宗，圣庶夺適。《传》曰"贤者子孙宜有土"，而况圣人，又殷之后哉！……今仲尼之庙不出阙里，孔氏子孙不免编户，以圣人而歆匹夫之祀，非皇天之意也。今陛下诚能据仲尼之素功，以封其子孙，则国家必获其福，又陛下之名与天亡极。何者？追圣人素功，封其子孙，未有法也，后圣必以为则。不灭之名，可不勉哉！①

故至成帝绥和元年二月，诏曰："盖闻王者必存二王之后，所以通三统也。昔成汤受命，列为三代，而祭祀废绝。考求其后，莫正孔吉。其封吉为殷绍嘉侯。"三月，又进殷绍嘉侯、周承休侯皆为公，地各百里。② 至东汉，封绍嘉公孔安为宋公，周承休公姬武为卫公。③

清皮鹿门论其义曰：

存三统尤为世所骇怪，不知此是古时通礼，并非《春秋》创举。以董子书推之，古王者兴，当封前二代子孙以大国，为二王后，并当代之王为三王；又推其前五代为五帝，封其后以小国；又推其前为九皇，封其后为附庸；又其前则为民。殷周以上皆然。然则有继周而王者，当封殷周为二王后，改号夏禹为帝。《春秋》托王于鲁，为继周者立法，当封夏之后以小国，故曰绌夏；封周之后为二王后，故曰绌周。此本推迁之次应然。《春秋》存三统，实原于古制。逮汉以后，不更循此推迁之次。人但习见周一代之制，遂以五帝、三王为一定之号，于是《尚书大传》舜乃称王，解者不得其说，《周礼》先、后郑注引九皇六十四民，疏家不能证明，盖古义之湮晦久矣。晋王接、宋苏轼、陈振孙，皆疑黜周王鲁，《公羊》无明文，以何休为《公羊》罪人。不知存三统明见董子书，并不始于何休。《公羊传》虽无明文，董子与胡毋生同时，其著书在《公羊》初著竹帛之时，必是先师口传大义。据其书，可知古时五帝、三王，并无一定，犹亲庙之祧迁。后世古制不行，人遂不得其说。④

---

① 班固：《汉书·梅福传》，第2925页。
② 班固：《汉书·成帝纪》，第328页。
③ 范晔：《后汉书·光武帝纪》，中华书局，1965，第61页。对此，王葆玹论曰："穀梁学派如果有思想建树的话，那就是改造孔子'素王'的理论，放弃极度流行的'王鲁'说，提出孔子为殷王后裔的新说，并在成帝时促使朝廷正式封孔子'世为殷绍嘉公'。"（王葆玹：《西汉经学源流》，第178页）然孔子以殷后而得封"二王后"，其中似有视孔子为"真王"之意味矣。
④ 皮锡瑞：《经学通论·春秋》，第7—8页。

可见，"通三统"不独为公羊家所发，实属王朝之旧典。盖每当异姓鼎革之际，新王之于前朝，或绌或存，或新或故，俱封大国而为"二王后"，欲以明新王受命于天，且上法先圣也。

不独汉人尊用"通三统"义，后世朝廷亦颇能行此义者。清末苏舆曰：

> 汉自为一代，上封殷、周，不及夏后，正用此绌夏、故宋、亲周之说。……我朝康熙三十八年，圣祖致奠明陵，谕曰："古者夏殷之后，周封之于杞宋，即今本朝四十八旗蒙古，亦皆元之子孙，朕仍沛恩施，依然抚育，明之后世，应酌授一官，俾司陵寝。"全祖望《三后圣德诗·置恪篇》云："三统之礼，发自遗经，以存三微，其义最精。"舆谓绌夏、亲周、故宋，犹今云绌宋、亲明、故元。古者易代则改正，故有存三统、三微之说，后世师《春秋》遗意，不忍先代之遽从绌灭，忠厚之至也。①

盖苏舆痛于新党乱政之祸，乃发奋著书，以斥公羊家之附会穿凿，然犹知据董氏说而为论。观其论"通三统"说，可谓平实近理，颇不类后人肤引《左氏》以讥弹《公羊》也。

然"通三统"之说，于《公羊》诸项义理中，最为复杂。其义本出于"三正"之说。② 正者，始也。岁之始为正，月之始为朔。隐三年《解诂》云：

> 二月、三月皆有王者。二月，殷之正月也；三月，夏之正月也。王者存二王之后，使统其正朔，服其服色，行其礼乐，所以尊先圣，通三统，师法之义，恭让之礼，于是可得而观之。

徐彦疏云："统者，始也，谓各使以其当代之正朔为始也。"三正者，乃三王之岁首，则三统即三正也。盖夏以周之十一月为正，殷以周之十二月为正，而岁之始于正月，以明王者政教之始亦本于天也。故王者受命，必改正朔，以明受之于天，不受之于人。可见，邵公实据《春秋》于正月、二月、三月书"王"，而发"通三统"之说也。

然"三正"之说，《公羊传》亦未见明文，其始则出于董仲舒，其《繁露·三代改制质文篇》详言黑、白、赤统与三正之关系：

---

① 苏舆：《春秋繁露义证·三代改制质文篇》，第190—191页。
② 顾亭林认为，三正者，非尽出于后世公羊家所托，实以当时诸侯所用历法有此三种之异，如杞用夏正，宋用殷正是也。又据《竹书纪年》，晋虽为姬姓之国，然亦用夏正。至于《左传》，其经、传之文，或从夏正，或从周正。(参见黄汝成：《日知录集释》册上，第184—185页)

> 改正之义，奉元而起。古之王者受命而王，改制称号正月，服色定，然后郊告天地及群神，远追祖祢，然后布天下，诸侯庙受，以告社稷宗庙山川。……其谓统三正者，曰：正者，正也。统致其气，万物皆应。而正统正，其余皆正。凡岁之要，在正月也。法正之道，正本而末应，正内而外应，动作举错，靡不变化随从，可谓法正也。故君子曰："武王其似正月矣。"①

董子遂因备论"绌夏，亲周，故宋，以《春秋》当新王"之说矣。此说既出于董氏，则后来博士必习其说，而邵公亦师博士，故其三统、三正之说，诚博士之旧说，实非邵公之创论。

观邵公《解诂》，其言三正之说颇多。其释隐元年《公羊传》"王正月"一语云：

> 以上系于王，知王者受命，布政施教所制月也。王者受命，必徙居处，改正朔，易服色，殊徽号，变牺牲，异器械，明受之于天，不受之于人。夏以斗建寅之月为正，平旦为朔，法物见，色尚黑；殷以斗建丑之月为正，鸡鸣为朔，法物牙，色尚白；周以斗建子之月为正，夜半为朔，法物萌，色尚赤。②

天地万物，莫不有始。然其始也，则有萌、牙、见之不同，是以王者布政施教，各取以为法：夏人取物见为法，殷人取物牙为法，而周人取物萌为法，因以施诸正朔、服色、徽号、牺牲、器械等，而各有所尚。凡此，皆见三正、三统说之旨，不过上法天道而已。

邵公于《解诂》中颇言三代正月之不同。如隐九年，三月，癸酉，大雨震电。《解诂》云："周之三月，夏之正月。"庄七年，夏，四月，辛卯，夜中星陨如雨。《解诂》云："周之四月，夏之二月。昏，参伐、狼注之宿当见。"至徐彦疏，更详言三正。如桓四年，春，正月，公狩于郎。疏云："周之正月，夏之十一月，阳气始施，鸟兽怀任，草木萌芽，非所以养微。"八年，冬，十月，雨雪。

---

① 苏舆：《春秋繁露义证》卷7，第195—197页。
② 案，《白虎通·三正篇》云："正朔有三何？本天有三统，谓三微之月也。明王者当奉顺而成之，故受命各统一正也，敬始重本也。……三微者，何谓也？阳气始施，黄泉，万物动微而未著也。十一月之时，阳气始养根株，黄泉之下，万物皆赤。赤者，盛阳之气也，故周为天正，色尚赤也。十二月之时，万物始芽而白。白者阴气，故殷为地正，色尚白也。十三月之时，万物始达，孚甲而出，皆黑，人得加功，故夏为人正，色尚黑。"（陈立：《白虎通疏证》卷8，第362—363页）此说与邵公之说同，殆正《解诂》所本欤？

疏云："周之十月,夏之八月。"十四年,春,正月,无冰。疏云："周之正月,夏之十一月,法当坚冰。无冰者,温也。"皆以《春秋》用时王之制,即周正也。

然自宋胡安国《春秋传》始,乃推本孔子"行夏之时"语,有"夏时冠周月"之说,谓"以夏时冠周月,垂法后世;以周正纪事,示无其位,不敢自专"。① 若胡氏说,则周虽改正月,而四时犹袭用夏历也。②

董子之后,汉人论三正、三统之义颇多,至于《左氏》学者亦习用其说。孔颖达《左传正义》云:

> 言王正月者,王者革前代,驭天下,必改正朔,易服色,以变人视听。夏以建寅之月为正,殷以建丑之月为正,周以建子之月为正,三代异制,正朔不同,故《礼记·檀弓》云:"夏后氏尚黑,殷人尚白,周人尚赤。"③

又,据《后汉书·章帝纪》,章帝元和二年,诏曰:"《春秋》于春每月书'王'者,重三正,慎三微也。"据《郎𫖮传》,顺帝阳嘉二年,朝廷公车征郎𫖮,𫖮奏对云:"孔子作《春秋》,书'正月'者,敬岁之始也。"盖俱用《公羊》义也。凡此,皆《解诂》之所本,绝非邵公一己之师心独裁。

公羊家又以《春秋》当一王之法,至《春秋》见尊于汉,后儒又有"为汉制法"之说。案,是说本出于纬书。徐彦疏引《春秋说》云:"伏羲作八卦,丘合而演其文,渎而出其神,作《春秋》以改乱制。"又云:"丘揽史记,援引古图,推集天变,为汉帝制法,陈叙图录。"又云:"丘水精治法,为赤制功。"又云:"黑龙生为赤,必告视象,使知命。"又云:"经十有四年春,西狩获麟,赤受命,苍失权,周灭火起,薪采得麟。"凡此,皆"汉制"说之所本。

何邵公祖述纬说,乃有孔子逆睹之论。哀十四年《解诂》云:

> 夫子素案图录,知庶姓刘季当代周,见薪采者获麟,知为其出。何者?麟者,木精;薪采者,庶人燃火之意。此赤帝将代周,居其位,故麟为薪采者所执。西狩获之者,从东方王于西也。东卯西金,象也;言获者,兵戈文也。言汉姓卯金刀,以兵得天下。不地者,天下异也。又先是螽虫冬踊,彗金精扫旦置新之象。夫子知其将有六国争强、从横相灭

---

① 胡安国:《春秋胡氏传》卷1,第2页。
② 案,《白虎通·四时篇》中有云:"四时不随正朔变何?以为四时据物为名,春当生,冬当终,皆以正为时也。"(陈立:《白虎通疏证》卷9,第430页)段氏以为,此即改正月不改时之说。不过,观此后胡安国发"夏时冠周月"之论,似未引以为据。
③ 杜预、孔颖达:《春秋左传正义》卷2,第43页。

之象,秦项驱除、积骨流血之虞,然后刘氏乃帝,深闵民之离害甚久,故豫泣也。

此段叙说颇涉神怪,谓孔子能逆睹刘季之代周,遂作《春秋》以为汉制。

其后,康长素据此认为,"孔子以文自任,直继文王,绝不辞让,反复言之,号为斯文,并不以为谥法。事出《论语》,此为孔门微言,至可信据"。①故皮鹿门《春秋通论》云:"孔子手定六经,以教后世。非徒欲使后世学者,诵习其义,以治一身;并欲后世王者,实行其义,以治天下。"又云:"惟汉人知《春秋》为汉定道,为能实行斯义。"则孔子为后世制法,方之于汉,斯为汉制;方之于晋,方之于宋,又如何不可称晋称、宋制耶?汉制之说,正见汉时能尊麟经、行麟经也。

经学素有今古之争,盖古学尊周公,以后世两千余年制度乃出于周公,而孔子不过祖述周制之先师而已。对此,廖平尝曰:

> 西汉以前言经学者,皆主孔子,不系于周公。汉明帝于学校并祀周、孔;郑君以先圣为周公,先师为孔子;议者以周公为先圣作经,孔子为先师传经。此乃古学盛行之后,援周公以与孔子为敌,其意以周为古,孔为今,古早于今。②

然今学尊孔子,故《春秋》谓孔子不尽从周,为改制之素王,盖主张汉以降诸制度尽出于孔子;至于周公,固有创制垂法之功,然孔子损文用质,实改周之旧制而立新制耳。古学以孔子述周公而不作,则《春秋》不过"史"而已;今学则鉴于周制不尽通于秦汉以后之中国社会,而孔子为圣之时者,实以其改制乃与时俱进,非恪守旧制也。就此而言,今学见识卓然,诚非古学所及。因此,今古之争的实质在于,古学着眼于殷周际之变革与周公的创制之功,今学则注目于周秦间之变革与孔子的改制之功。周公与孔子,就其踵述前朝而言,斯为"述";就其垂法后世而言,则为"作"也。今人专据《论语》"述而不作"之说而论孔子,诚失之远矣。

清章学诚谓"六经皆史",是说当两分视之。盖自后世视之,六经不过上古政府之"官书",则可目为旧史;然就当世而言,六经之为官书,则自天子以下至于庶人,皆凛遵不违,则诚可视为经也。今学尊《春秋》为经,本抱有高

---

① 康有为:《孔子改制考》卷12,《康有为全集》册三,第153页。
② 廖平:《经话》甲篇卷1,载李耀仙编:《廖平选集》册下,第406页。

远理想,即欲以《春秋》所载之新制施诸万世。孔子欲行教于一国,然栖栖遑遑,世主莫能用,盖欲为"教主"而不得;至其晚年作《春秋》,徒为私家之议论而已,此孔子所以终为"素王"矣。然自汉儒视之,孔子以木铎自期,欲以《春秋》而兴致太平,乃托为"赤制",实欲假汉帝之权以行孔子之道耳。

可见,公羊家言改制,当兼二义:

其一,就其表而言,乃"三正"之循环。董子《三代改制质文篇》曰:"王者必受命而后王。王者必改正朔,易服色,制礼乐,一统于天下,所以明易姓,非继人,通以己受之于天也。"①邵公《解诂》亦云:"王者受命,必徙居处,改正朔,易服色,殊徽号,变牺牲,异器械,明受之于天,不受之于人。"②其义不过明新朝受命于天,且新人耳目也,至于"师法之义,恭让之礼",又其次焉。

其二,就其里而言,斯乃"三教"之循环,即三代之制度有文质再复而相损益耳。对此,董仲舒《举贤良对策》云:

> 册曰:"三王之教所祖不同,而皆有失,或谓久而不易者道也,意岂异哉?"臣闻夫乐而不乱、复而不厌者谓之道。道者万世之弊,弊者道之失也。先王之道必有偏而不起之处,故政有眊而不行,举其偏者以补其弊而已矣。三王之道所祖不同,非其相反,将以救溢扶衰,所遭之变然也。故孔子曰:"亡为而治者,其舜乎!"改正朔,易服色,以顺天命而已;其余尽循尧道,何更为哉!故王者有改制之名,亡变道之实。然夏上忠、殷上敬、周上文者,所继之救,当用此也。孔子曰:"殷因于夏礼,所损益可知也;周因于殷礼,所损益可知也;其或继周者,虽百世可知也。"此言百王之用,以此三者矣。夏因于虞,而独不言所损益者,其道如一而所上同也。道之大原出于天,天不变,道亦不变,是以禹继舜,舜继

---

① 苏舆:《春秋繁露义证》卷7,第185页。
② 其先,《白虎通·三正篇》云:"王者受命必改朔何?明易姓,示不相袭也。明受之于天,不受之于人,所以变易民心,革其耳目,以助化也。"(陈立:《白虎通疏证》卷8,第360页)盖改制乃新朝受命所当为,然长素欲变易旧制,乃倡维新之论,犹汉人再受命之说。长素又论日本维新曰:"日本明治皇之变西法也,并其无关政事之衣冠、正朔而亦变之,所以示民有所重也,所以示泰西有所亲也,以开塞之术行之也。"(康有为:《康子内外篇·阖辟篇》,1886年,《康有为全集》册一,第98页)则"民国伟人"之变古俗,亦欲民众有所重、有所亲也。其后民国新造,当改制之机,遂有纪耶元、着西服之变,犹古人改正朔、易服色之事,未必非《公羊》古义也。然长素至此颇讥之,曰:"我国承数千年专制之旧,有改正朔、易服色、殊徽号、异器械之义,故有非天子不议礼、不制度之说。每当改玉改步之际,特改易一切制度,以新民之耳目。盖俾震慑耸惧,俯受新王之命令,意盖有为也,非不惮烦而好为多事也。"(康有为:《议院政府无干预民俗说》,1913年2月,《康有为全集》册十,第23页)

尧,三圣相受而守一道,亡救弊之政也,故不言其所损益也。由是观之,继治世者其道同,继乱世者其道变。今汉继大乱之后,若宜少损周之文致,用夏之忠者。①

此处董氏明显区分了两种改制:其一,改正朔,易服色,其意则在"顺天命"。若尧、舜相禅让,其道未有弊,故所改制仅限于此,盖"天不变,道亦不变"。其二,"先王之道必有偏而不起之处",故后起之王必有救弊之政。若夏、殷、周三王之革命,则乱世之相继也,故有文质损益之改。《春秋》继周之乱,本为拨乱之书,故所张改制之义,实在文质损益方面。董子此论足为后世变法、革命之说张本。

至清末苏舆,有感于康长素轻言改制而致清社倾覆之祸,乃撰《春秋繁露义证》,专明改制之旨仅止于"三正"之改而已,而不取乱世救弊之义。苏氏盖痛于清儒解经之误,其《义证》可谓有为而作也,至于将其病源上溯至邵公,以董子之说而正《公羊》之本来面目,则非确论也。

今考董子之书,本有"夏上忠,殷上敬,周上文"之说,汉儒谓为"三教",以为治国理民之道。案,《礼记》孔疏引《春秋元命苞》云:

> 三王有失,故立三教以相变。夏人之立教以忠,其失野,救野莫若敬;殷人之立教以敬,其失鬼,救鬼莫若文;周人之立教以文,其失荡,救荡莫若忠。②

而《白虎通·三教篇》云:

> 王者设三教何?承衰救弊,欲民反正道也。三王之有失,故立三教,以相指受。夏人之王教以忠,其失野,救野之失莫如敬。殷人之王教以敬,其失鬼,救鬼之失莫如文。周人之王教以文,其失薄,救薄之失莫如忠。继周尚黑,制与夏同。三者如顺连环,周而复始,穷则反本。③

可见,《白虎通》之"三教"说实出于纬书也。

《三教篇》又云:

---

① 班固:《汉书·董仲舒传》,第 2518—2519 页。
② 郑玄、孔颖达:《礼记正义》卷 54,北京大学出版社,2000,第 1734 页。
③ 陈立:《白虎通疏证》卷 8,第 369 页。

> 教所以三何？法天、地、人，内忠外敬，文饰之，故三而备也。即法天、地、人，各何施？忠法人，敬法地，文法天。人道主忠，人以至道教人，忠之至也；人以忠教，故忠为人教也。地道谦卑，天之所生，地敬养之，以敬为地教也。①

又云：

> 夏后氏用明器，殷人用祭器，周人兼用之何？谓曰：夏后氏教以忠，故先明器，以夺孝子之心也。殷教以敬，故先祭器，敬之至也。周人教以文，故兼用之，周人意至文也。②

而《崩薨篇》云：

> 夏后氏殡于阼阶，殷人殡于两楹之间，周人殡于西阶之上何？夏后氏教以忠，忠者厚也。曰生吾亲也，死亦吾亲也，主人宜在阼阶。殷人教以敬，曰死者将去，又不敢客也。故置之两楹之间，宾主共夹而敬之。周人教以文，曰死者将去，不可又得，故宾客之也。③

较诸董子说，《白虎通》所言又加详矣。盖三教之说，以三王政教有忠、敬、文之不同，然行之既久，则不免有失，故夏忠失之野，殷敬失之鬼，周文失之薄，如是以敬救野，以文救鬼，以忠救薄。可见，先王之道实有不同，此三教所以相循环也。

"三教"之说，或可远溯于孔子《论语》。其《雍也篇》云："质胜文则野，文胜质则史。文质彬彬，然后君子。"《为政篇》云："殷因于夏礼，所损益可知也；周因于殷礼，所损益可知也。"又云："周监于二代，郁郁乎文哉！吾从周。"可见，三代制度之不同，或可以文、质之异而论焉。

其后，汉人乃明以文、质别三代之不同。《史记·梁孝王世家》载袁盎之语云："殷道亲亲者，立弟。周道尊尊者，立子。殷道质，质者法天，亲其所亲，故立弟。周道文，文者法地，尊者敬也，敬其本始，故立长子。周道，太子死，立適孙。殷道，太子死，立其弟。"④显然，袁盎盖用《公羊》说也。

---

① 陈立：《白虎通疏证》卷8，第371页。
② 陈立：《白虎通疏证》卷8，第372页。
③ 陈立：《白虎通疏证》卷11，第551页。
④ 司马迁：《史记》卷58，第2528页。

至董仲舒《春秋繁露》,乃备言其理。《三代改制质文篇》云:

> 王者以制,一商一夏,一质一文。商质者主天,夏文者主地,《春秋》者主人,故三等也。主天法商而王,其道佚阳,亲亲而多仁朴,故立嗣予子,笃母弟,妾以子贵。……主地法夏而王,其道进阴,尊尊而多义节,故立嗣与孙,笃世子,妾不以子称贵号。……主天法质而王,其道佚阳,亲亲而多质爱,故立嗣予子,笃母弟,妾以子贵。……主地法文而王,其道进阴,尊尊而多礼文,故立嗣予孙,笃世子,妾不以子称贵号。……天将授舜,主天法商而王。……天将授禹,主地法夏而王。……天将授汤,主天法质而王。……天将授文王,主地法文而王。①

此言夏、殷、周三代以文质相损益也。又,《玉杯篇》云:

> 志为质,物为文,文著于质,质不居文,文安施质?质文两备,然后其礼成。文质偏行,不得有我尔之名。俱不能备,而偏行之,宁有质而无文,虽弗予能礼,尚少善之,介葛卢来是也。有文无质,非直不予,乃少恶之,谓州公寔来是也。然则《春秋》之序道也,先质而后文,右志而左物,故曰:"礼云礼云,玉帛云乎哉!"推而前之,亦宜曰:朝云朝云,辞令云乎哉!"乐云乐云,钟鼓云乎哉!"引而后之,亦宜曰:丧云丧云,衣服云乎哉!是故孔子立新王之道,明其贵志以反和,见其好诚以灭伪。其有继周之弊,故若此也。②

此据《春秋》而申论孔子"文质彬彬"之说。盖《春秋》当新王之法,虽从周文,不过尊时王之礼而已,而究其实,实欲损周文而用殷质耳。故礼云乐云、朝云丧云之叹,盖欲人之贵质也。

仁者质也,礼者文也,观《论语》论仁与礼之关系,皆不外此义。《八佾篇》云:"人而不仁,如礼何?人而不仁,如乐何?"孔子大林放问礼之本,曰:"礼,与其奢也,宁俭;丧,与其易也,宁戚。"又,孔子与子夏以"礼后"论《诗》。凡此,皆孔子贵仁尚质之意,而与《春秋》通也。

又,《竹林篇》云:

---

① 苏舆:《春秋繁露义证》卷7,第204—212页。
② 苏舆:《春秋繁露义证》卷1,第27—28页。

> 礼者，庶于仁、文，质而成体者也。今使人相食，大失其仁，安著其礼？方救其质，奚恤其文？故曰："当仁不让。"此之谓也。①

案，楚司马子反以卿忧诸侯，内专政而外擅名，其僭礼之莫甚焉，而《春秋》褒之，盖以其"当仁不让"，而得礼之本故也。此亦《春秋》损文用质之旨。

至邵公作《解诂》，实集两汉以来言文质改制之大成。其释隐元年《公羊传》"立嫡以长不以贤，立子以贵不以长"一语云：

> 质家亲亲先立娣，文家尊尊先立姪。嫡子有孙而死，质家亲亲先立弟，文家尊尊先立孙。其双生也，质家据见立先生，文家据本意立后生。

文家为周家，质家为殷家，故《春秋》继统以嫡，至于先立姪、立孙，及其双生而立后生，皆从周文。

又，桓十一年，郑忽出奔卫。传云："《春秋》，伯子男一也。"《解诂》云：

> 《春秋》改周之文，从殷之质，合伯子男为一。……王者起，所以必改质文者，为承衰乱救人之失也。天道本下，亲亲而质省；地道敬上，尊尊而文烦。故王者始起，先本天道以治天下，质而亲亲。及其衰敝，其失也亲亲而不尊。故后王起，法地道以治天下，文而尊尊。及其衰敝，其失也尊尊而不亲，故复反之于质也。质家爵三等者，法天之有三光也。文家爵五等者，法地之有五行也。合三从子者，制由中也。②

此明文质之迭用，皆所以救前敝也。

又，隐七年，齐侯使其弟年来聘。传云："母弟称弟，母兄称兄。"③《解

---

① 苏舆：《春秋繁露义证》卷2，第55页。
② 章太炎以为，"仲舒之徒，未尝参考《左氏》，乃云文家五等、质家三等，以就其改制之说，岂独诬《春秋》，亦诬公羊子矣"，盖太炎以质家三等，实为时王之制，非出圣人拨乱之意也。（参见章太炎：《与李源澄书》，载晁岳佩《春秋学研究》册下，第547页）
③ 《公羊传》"母弟"之说，宋儒程颐以为"大害义"，曰："《公羊》说《春秋》，书弟谓母弟，此大害义。禽兽则知母而不知父，人必知本，岂论同母与不同母乎？"（《河南程氏外书》卷9，《二程集》，第402页）又曰："先儒母弟之说，盖缘礼文有立嫡子同母弟之说。其曰同母弟，盖谓嫡尔，非以同母为加亲也。若以同母为加亲，是不知人理，近于禽道也。天下不明斯义也久矣。僖公爱年，其子尚礼秩如嫡，卒致篡弑之祸。书年，见其以同之爱而宠任之过也。"（《河南程氏经说》卷4《春秋传》，《二程集》，第1096页）程子此说，盖不明《春秋》"尚质"之旨焉。其后，胡安国《春秋传》乃用程子说，云："年者，齐僖公母弟也。程氏谓：'先儒说母弟者，盖缘礼有立嫡子同母弟之文。其曰同母，盖为嫡耳，非以为加亲也。（转下页）

诂》云：

> 分别同母者，《春秋》变周之文，从殷之质。质家亲亲，明当亲厚，异于群公子也。

而隐十一年，春，滕侯、薛侯来朝。《解诂》云：

> 滕序上者，《春秋》变周之文，从殷之质，质家亲亲，先封同姓。

此二段皆明《春秋》从殷质也。

故《春秋》改制，盖有见于三代制度之不同，或从殷质，或尚周文，或损周文从殷质，或变殷质用周文，其实皆不过承衰救敝而已。

然"通三统"诸义中，尤为后儒所诋议者，则在王鲁黜周之说。盖周虽不振，犹天子也，而鲁本侯国，今《春秋》乃拟之于王，而退周为大国，诚僭莫甚焉。据《论语》载子路问政，孔子以正君臣名分为先，且董子视《春秋》为"礼义之大宗"，故后世疑儒门未有若《公羊》诸师所言者，亦属情理之中。

案，"王鲁"之说，《公羊传》无明文，至邵公《解诂》则颇言之，故后儒因以咎邵公，且视为《公羊》之罪人。然"王鲁"之说，实出于董子《春秋繁露》，其《三代改制质文篇》云："故《春秋》应天作新王之事，时正黑统。王鲁，尚黑，绌夏，新周，故宋。"①《奉本篇》亦云："今《春秋》缘鲁以言王义，杀隐、桓以为远祖，宗定、哀以为考妣。"②可见，"王鲁"说本前汉公羊家旧义，非至邵公始为发明也，故长素乃为之辩，谓"公羊传《春秋》托王于鲁，何注频发此义，人或疑之，不知董子亦大发之"。③

《公羊》既见尊于两汉，故自董子之后，汉人颇有言"王鲁"者。王充《论衡·超奇篇》云："长生说文辞之伯，文人之所共宗，独记录之，《春秋》记元于鲁之义也。"④《指瑞篇》云："夫麟为圣王来，孔子自以不王，而时王鲁君无

（接上页）此义不明久矣。'僖公私其同母，宠爱异于他弟，施及其子，犹与嫡等，而襄公绌之，遂成篡弑之祸。故圣人于年来聘，特变文书'弟'，以示贬焉。"顾亭林亦取程子说，且曰："夫一父之子，而以同母不同母为亲疏，此时人至陋之见。春秋以下，骨肉衰薄，祸乱萌生，鲜不由此。"（黄汝成：《日知录集释》册上，第260页）今人黄汝成亦申程子说，曰："母弟称弟，重嫡妻而严父统也。此义不明，而以妾为妻，废嫡立庶之祸起矣。母弟加亲，非为母也，乃为父也。"（同上，第261页）

① 苏舆：《春秋繁露义证》卷7，第187页。
② 苏舆：《春秋繁露义证》卷9，第279—280页。
③ 康有为：《春秋董氏学》卷5，《康有为全集》册二，第367页。
④ 黄晖：《论衡校释》卷13，中华书局，2017，第718页。

感麟之德。"①又，《越绝书·德序外传》云："夫子作《春秋》，记元于鲁，大义立，微言属。"②《吴内传》云："孔子作《春秋》，方据鲁以王，故诸侯死皆称卒不称薨，避鲁之讳也。"③许慎《五经异义》则云："今《春秋公羊》说，诸侯曰薨，赴于邻国，亦当称薨。经书诸侯言卒者，《春秋》之文王鲁，故称卒以下鲁也。"④诸如此说，足证汉人尚未以"王鲁"说可怪，犹习为此论也。

公羊家又别有改元之说，以证"王鲁"之义。孔颖达《左传正义》引刘炫难邵公语云：

> 唯王者然后改元立号，《春秋》托新王受命于鲁，故因以录即位。若然，新王受命，正朔必改，是鲁得称元，亦应改其正朔，仍用周正，何也？既托王于鲁，则是不事文王，仍奉王正，何也？⑤

盖邵公明言惟王者得改元，而《春秋》王鲁，虽得改元，然不得改正朔，仍奉周正。据皮鹿门所云，则鲁之改元实假托，非实事耳。而孔氏《正义》既非刘炫，又非公羊说，谓"诸侯于其封内各得改元"，"诸侯改元，自是常法，而云托王改元，是妄说也"。蒙文通据此，遂谓诸侯改元而事社稷，犹天子改元而事天地也。⑥

汉以后，颇有学者指斥"王鲁"说之诬妄。晋杜预云："(《春秋》)所书之王，即平王也；所用之历，即周正也；所称之公，即鲁隐也。安在其黜周而王鲁乎？"⑦唐陆淳云："何氏所云，变周之文，从先代之质。虽得其言，用非其所。不用之于性情，而用之于名位，失指浅末，不得其门者也。……唯王为大，邈矣崇高，反云黜周王鲁，以为《春秋》宗指。两汉颙门传之于今，悖礼诬圣，反经毁传，训人以逆，罪莫大焉。"⑧宋叶梦得云："《公羊》之学，其妖妄迂怪，莫大于黜周王鲁，以隐公托新王受命之论。……《春秋》本以周室微弱，诸侯僭乱，正天下之名分，以立一王之法。若周未灭而黜之，鲁诸侯而推以为王，则启天下乱臣贼子，乃自《春秋》始。孰谓其诬经敢至是乎！将正《公

---

① 黄晖：《论衡校释》卷17，第869页。
② 袁康：《越绝书》卷14，《文渊阁四库全书》本。
③ 袁康：《越绝书》卷3。
④ 陈寿祺：《五经异义疏证》，上海古籍出版社，2012，第202页。
⑤ 杜预、孔颖达：《春秋左传正义》卷2，第55页。
⑥ 蒙文通：《古史甄微·自序》，巴蜀书社，1999，第4页。
⑦ 杜预、孔颖达：《春秋左传正义》序，第33页。
⑧ 陆淳：《春秋集传纂例》卷1，"春秋宗指议"，《文渊阁四库全书》本。

羊》之失,莫大于是,学者不可以不察。"①可见,后世治《春秋》者多不懔于《公羊》之"王鲁"说也。

至清刘逢禄以述何为旨,其《释例》尚分"通三统"与"王鲁"为两例,至《刘礼部集》,则将两篇释文合而为一。《释例》释"通三统"云:

> 昔颜子问为邦,子曰"行夏之时,乘殷之辂,服周之冕",终之曰"乐则《韶》舞"。盖以王者必通三统,而治道乃无偏而不举之处。自后儒言之,则曰"法后王";自圣人言之,则曰"三王之道若循环,终则复始,穷则反本",非仅明天命所授者博,不独一姓也。夫正朔必三而改,故《春秋》损文而用忠;文质必再而复,故《春秋》变文而从质。受命以奉天地,故首建五始。至于治定功成,凤皇来仪,百兽率舞,而《韶》乐作焉,则始元终麟之道,举而措之万世无难矣。②

孔子作《春秋》,实非墨守周礼之旧,乃兼取二帝、三王之法,而成一代新制。汉人喜言孔子之改制,其精神正在于此。然据董、何之说,汉人言"通三统"者,其内涵极丰富,而申受释此例,独取"素王改制"之说而已。

即便就"改制"而言,汉人亦兼二义:其一,由"三正"之说,明王者改制乃"顺天志而明自显",所以"明天命"、"见天功",此董子所谓"法先王"也。若申受言"三正",唯取"三王之道若循环"之义;而其言"三王之道若循环",则意在发明"终则复始,穷则反本"之旨,以至于用《易》"穷则变,变则通,通则久"以明其义,此说遂为龚、魏以后崇尚改制微言者张本。其二,由夏、商、周三教之不同,而发"损文用忠"、"变文从质"之义,而遂以"法后王"为说,至于董子"无易道之实"语,则阙而弗讲,此固清季公羊家所乐言。③ 可见,孔子改制,实兼此二义焉。然申受颇以发明文质损益之义为事,其后清季康、梁乃轻躁言变,虽或因位卑操切而有以致之,然申受之说亦不得辞其咎焉。

今考汉儒所言"王鲁",实有两种意思:

其一,据鲁史而作《春秋》,亦即由鲁之"行事"而明王法,此诚书法假借所必需,且亦以鲁本为孔子宗国,故《春秋》主鲁以叙事,诚属自然之理。

其二,孔子哀周道之不永,常有"吾其为东周"之志,至其所欲复周道之

---

① 叶梦得:《春秋公羊传谳》,《文渊阁四库全书》本。
② 刘逢禄:《春秋公羊经何氏释例》卷1,第14页。
③ 长素曰:"孟子称孔子为'先王',荀子称孔子为'后王',其实一也。"(康有为:《孔子改制考》卷8,《康有为全集》册三,第107页)盖以孔子为制法之主,则既为先王,又为后王也。

旧,亦尧、舜、禹、汤等列圣相传之道,所谓"天不变,道亦不变"也。然周道之复振,又非周所能当,亦不唯以周当之。故孔子伤幽厉,不独伤周道之衰,亦伤周之不再兴焉。西狩获麟,此天所垂象也,故孔子一则以喜,一则以伤,既伤周之不复王,亦喜《春秋》有以继之。孔子自谓"文王既没,文不在兹乎",乃自思以振起周道自任。然孔子有德而无位,谦不敢当之,遂假鲁以明王者治世之法;且韩宣子适鲁,知"周公之德与周之所以王",则鲁能一变以至于道,盖鲁以周公之国,其基久肇于斯矣。

观申受为"王鲁"说辩,即明此二义焉。《释例》云:

> 王鲁者,则所谓以《春秋》当新王也。夫子受命制作,以为托诸空言,不如行事博深切明,故引史记而加乎王心焉。孟子曰:"《春秋》,天子之事也。"夫制新王之法以俟后圣,何以必乎鲁?曰:因鲁史之文,避制作之僭。祖之所逮闻,惟鲁为近,故据以为京师,张治本也。①

案,观孔子一生行迹,实有据鲁而"兴周道于东方"之意,盖欲效汤以七十、文以百里而王天下也。然申受深讳此意,而唯取"素王改制"之义,盖谓孔子假《春秋》而垂王法于后世耳,即所谓"以《春秋》当新王"也。既以《春秋》当新王,则不得不托鲁为王,盖以为"行事"之主体,又可"避制作之僭"。可见,申受所言"王鲁",其义不过"主鲁",纯出于书法之方便耳。②

然《释例》又云:

> 圣人在位,如日之丽乎天,万国幽隐,莫不毕照,庶物蠢蠢,咸得系命,尧舜禹汤文武是也。圣人不得位,如火之丽乎地,非假薪蒸之属,不能舒其光,究其用,"天不生仲尼,万古长如夜",《春秋》是也。故日归明于西而以火继之,尧舜禹汤文武之没而以《春秋》治之,虽百世可知也。且《春秋》之托王至广,称号名义仍系于周,挫强扶弱常系于二伯,

---

① 刘逢禄:《春秋公羊经何氏释例》卷6,第152页。
② 其后,包慎言辩"王鲁"义,尤为畅洽,其说曰:"《春秋》,鲁史也。因鲁以明王法,是之谓王鲁云尔。王法非周之法,唐、虞、夏、殷相传之法也。……《春秋》以鲁史拨周乱,因曰王鲁,曷尝假王号于鲁哉?"(转引自陈立:《公羊义疏》册一,第16页)陈立《公羊义疏》亦据申受、慎言之说,云:"以《春秋》当新王不能见之空言,故托之于鲁,所以见之行事也,所谓托新王受命于鲁也。托王于鲁,非以鲁为王。夫子以匹夫行褒贬之权,不可无所借,故托鲁为王,以进退当世士大夫,正以载之空言不如行事之深切著明也。……俗儒不察,猥以王鲁之说集矢于《公羊》,此不知《春秋》者也。"(陈立:《公羊义疏》册一,第15页)包、陈之说,实本申受所言"王鲁"义也。

且鲁无可觊也。郊禘之事，《春秋》可以垂法，而鲁之僭，则大恶也。就十二公论之，桓、宣之弑君宜诛，昭之出奔宜绝，定之盗国宜绝，隐之获归宜绝，庄之通雠、外淫、灭同姓宜绝，闵之见弑宜绝，僖之僭王礼、纵季姬祸鄫子，文之逆祀、丧娶、不奉朔，成、襄之盗天牲，哀之获诸侯、虚中国以事强吴，虽非诛绝，而免于《春秋》之贬黜者，鲜矣。吾故曰：《春秋》者，火也。鲁与天王、诸侯皆薪蒸之属，可以宣火之明，而无与于火之德也。①

申受此段所言，尽是曲笔，盖欲讳孔子欲为"真王"之志焉。申受以圣人在位，如"日之丽乎天"，而万国莫不被其道矣；然若圣人不在位，则犹"火之丽乎地"，其道既不能行于当世，遂自居"素王"，假《春秋》所记史事为薪蒸，欲垂法于后世，而宣其明于长夜也。申受贬鲁之十二公，犹当时之天王、诸侯，俱有诛绝之罪，其意自非真"王鲁"，不过孔子以为薪蒸之属，而假以究王法之用而已。是以申受所释"王鲁"义，一则寄周道于《春秋》，一则期明王于将来也。至于后世帝王不能用《春秋》之道，则亦王法所当诛绝；其中若有尧舜降世而真能知孔子之志者，则犹孔子以行道自任，若日之普照天下万国矣。

显然，对于后世儒家而言，此等议论诚属讳莫如深之说。孔子虽不必真有"王鲁"之志，然观其奔走列国，足见其志在得国自王也。晚年孔子归鲁，已不复梦见周公，乃退而思其次，而据鲁史以明素王之法，期后有尧舜之君有以继其业者。然自秦汉以后，君主制已成不可摇动之格局，于是汉儒更退而求其次，唯借君王之势以行《春秋》之法耳，其志业殆与逊尼派学者无有异焉。盖就儒者之本愿，则诚若什叶派所主，当以精研圣典的学者或教法学家辅佐圣人以治国，而非止于参政、议政而已。②

---

① 刘逢禄：《春秋公羊经何氏释例》卷6，第152—153页。
② 所谓教法学家治国，即以精通教法的经师或学者掌握政权。教法学家此种地位，最初在《古兰经》中得到明确肯定："信道的人们啊！你们当服从真主，当服从使者和你们中的主事人。"（4：59）所谓"主事人"，通常指权威的教法学家或学者。正因如此，随着先知穆罕默德的去世，则由教法学家通过公议和类比等方式，成为律法创制的新源泉。公元939年，随着什叶派第十二世伊玛目的隐遁，什叶派更是主张由教法学家代表伊玛目行使治国之权，可以说，此种主张构成了教法学家治国理论的真正源头。

对于什叶派来说，教法学家乃伊玛目的代理人，"早在16世纪，伊斯兰宗教学家是隐遁伊玛目的代理人的观念已得到广泛接受。到了卡扎尔王朝时期，教法学家要用其法律知识来影响政府"。（吴成：《霍梅尼"教法学家治国"理论研究》，线装书局，2011，第124页）穆罕默德作为真主的使者治国，固然为伊斯兰教徒所共许，不过，其后裔除第四任哈里发阿里外，历代伊玛目皆未有治国的机会，且常受当权的哈里发所迫害，故伊玛（转下页）

至于中国，无论孔子的后裔，还是宗奉孔子遗教的经师，其政治地位远不如什叶派教法学家。盖孔子虽志在得国自王，然道既不行于世，故不得不作《春秋》而垂法于后世。尤其自宋以后，孔子更只是被视为道德意义上的"圣人"，从而被剥夺了作为立法者的"素王"地位。汉武以后，历代王朝虽莫不尊儒，然握有教权的经师绝无可能凌驾于世俗政权之上，至多不过作为"素相"、"素臣"，而致力于阐释孔子经典及创制儒家教法的"素业"而已。其间，虽颇有经师出仕参政，亦不过守有司之职而已，或上辅圣君于朝堂，或下行圣教于地方。两宋之时，政治环境相对宽松，学者以成就"圣人"自任，然此时"圣人"不再具有立法者的意义，仅仅作为万民之道德表率，其目的仅限于"致君尧舜"而辅佐俗王之治而已。可见，无论汉魏时的察举制，还是唐宋以后的科举制，儒士皆通过对经典的研习而进入仕途，即只是作为君权的延伸来实现其治国的理想。显然，儒士对政治的参与度虽高，但毕竟不同于教法学家通过掌握政权来治国，而是以对君权的认同乃至屈从为前提。换言之，儒士只能借助君权以行道，就此而言，儒士这种政治姿态体现了某种"塔基亚"原则的积极运用。可见，后世儒士与逊尼派学者的地位大致相当。若什叶派则不同，因长期受君权的压制和迫害，故强调教权与君权之间的对立和矛盾。可以说，无论儒家推崇的尧舜和三代，还是伊斯兰教徒向往的早期共和国，俱属于上下共同奉持教法的理想国，此时不仅有"帝王之臣"，亦

(接上页) 目治国仅限于什叶派的理论主张，并未得到真正实现。不仅如此，第十二世伊玛目穆罕默德·马赫迪又不知所终，于是什叶派乃造为"隐遁"之说。按照十二伊玛目派的主张，伊玛目隐遁期间，教法学家可作为伊玛目的代理人治国，如什叶派学者沙赫·穆罕默德·哈桑声称，"贯彻伊斯兰法和落实宗教禁令是隐遁时代的义务。由于伊玛目把诸多事务委托给了教法学家，教法学家的社会地位与伊玛目是一样的，在这方面，他与伊玛目之间是没有区别的"。（转引自吴成：《霍梅尼"教法学家治国"理论研究》，第 124 页）伊朗伊斯兰革命胜利以后，1979 和 1989 年的伊朗宪法第 5 条即明确规定，在伊玛目马赫迪隐遁期间，由教法学家代行其职。

目前什叶派主要有十二伊玛目派、七伊玛目派（伊斯玛仪派）、五伊玛目派（栽德派）、阿拉维派、德鲁兹派及阿莱维派等六个支派，其中，十二伊玛目派是什叶派中人数最多、影响最大、分布最广的支派。中国学术界所说的什叶派，通常指十二伊玛目派，而西方学者又称之为伊玛目派。什叶派对阿里及其后裔伊玛目的信仰，是其区别于逊尼派最主要的特征。

20 世纪初，此种理论在伊朗宪政时曾得到短暂的体现，不过，直至伊斯兰革命以后，随着神权国家的建立，教法学家治国的理想才真正得到实现。其实，就霍梅尼本人而言，最初并没有形成教法学家治国的主张。譬如，他在 40 年代还只是要求教法学家参政，其作用仅限于监督君权而已，以确保世俗政府遵从伊斯兰律法，可见，此时霍梅尼尚采取一种与君权合作的姿态。直到 60 年代巴列维推行"白色革命"以后，霍梅尼逐渐改变对君主制的态度，充分发挥什叶派教义中"非伊玛目的统治不合法"的信条，转而号召推翻君主制，建立真正意义上的教法学家治国的神权国家。除了霍梅尼，在其他现代伊斯兰思想家那里，如巴基斯坦的阿布·阿拉·毛杜迪（1903—1979），也有类似的教法学家治国的主张。

有"帝王之君"与"帝王之民"也。

盖人类自上古以来，主要形成了三种政治制度，即神权国家、君权国家与民权国家。所谓"神权"，即强调"一切主权归于神"。譬如，1979年伊朗新宪法规定，"伊斯兰共和国只承认真主的统治"，从而昭示了其国家的"神权"性质。正因如此，无论各级政府还是宗教学者所行使的权力，本质上都属于神的统治。至于君权国家，则声称主权属于君主。然而，君主毕竟只分有部分的神性，换言之，君主因被视为神的子嗣而行使其统治权，故其权力乃出于神授，而各级官吏的治理权则属于君主身体的自然延伸。所谓民权国家，则宣称"主权在民"，盖政府以人民的名义行使统治权，其统治的神圣性基于某种程序的正当性。① 具体而言，三种国家具有如下不同的特点：

其一，神权国家。多见于上古时代，主张能直接与神沟通的巫师、祭司或先知等，凭借神意或者依据神的法度来统治民众。历史上最纯粹的神权国家，主要见于犹太人的士师时代、阿拉伯人的早期哈里发国家以及现代伊朗的法基赫体制。在此种国家中，神不仅构成一切权力合法性的来源，而且要求人类在其生活的各个方面都必须遵循神的旨意和法度。②

其二，君权国家。通常晚于神权国家，其时君王以神之后裔的名义统治民众，而民众根本上亦属于神的子嗣，从而与君王有着共同的血缘关系。可以说，君王作为神裔的代表，而统领神在人间的其余子嗣。最典型的君权国家，则见于中国的夏殷周三代、日本的天皇制国家和犹太人自扫罗、大卫以后的国家，以及倭玛亚王朝以后的诸伊斯兰国家、西欧形成的众多日耳曼国家。对于君权国家而言，君主统治的合法性亦出于神授，然与神权国家的不同在于，前者乃通神者直接以神意进行统治，此种统治犹如神之亲临，故具有无上的权威；后者虽有神所遗留的法度可以依凭，但君主本人不过是神裔

---

① 对此，埃及的库特卜主张，应该建立真主完全的主权和统治权，"意味着在地球上摧毁人的王国，建立真主的王国……将权力从人类篡权者手中夺回，交还给独一无二的真主，取消人定的法律，建立唯一的、至高无上的神圣法律"。（转引自肖宪：《传统的回归：当代伊斯兰复兴运动》，中国社会科学出版社，1994，第55—56页）可见，库特卜实际上将民权国家与神权国家彻底对立起来，并将建立神权国家视为人类走出蒙昧时代的关键步骤。
② 毫无疑问，伊斯兰国家乃最典型的神权国家，这与其宗教的政治性有莫大关系。有学者认为，"自伊斯兰教创立之始，宗教与政治之间就没有什么明显的界限，宗教社团就是国家，宗教领袖就是国家的统治者，宗教的传播发展就是国家疆域的扩大延伸，宗教的经典也就是治理国家的法律"。（肖宪：《传统的回归：当代伊斯兰复兴运动》，第40—41页）正因如此，自20世纪60年代末以来，随着伊斯兰复兴运动的展开，在许多穆斯林看来，"伊斯兰复兴"就是"政治与宗教的重新结合，意味着让宗教回到政治中去，或者也可以反过来说，让政治回到宗教中去"。（同上，第41页）可以说，神不仅是个人信仰的对象，而且，神应该统治公共生活的一切领域，这就是宗教的政治性。

的代表，犹如中国人视历代君主为"天子"，君主同时作为始祖所自出的"大宗"而统领出于共同始祖的族人。正因如此，君主的权威是有限的，而受制于国人和长老，并可能被罢黜而选择别的神裔作为君主，或者实现某种共和，即形成由诸长老共同掌握国政的体制。

其三，民权国家。此种国家纯属西欧近代以来的产物，盖统治者以人民的名义，或作为人民代表的身份掌握权力，此为其政治合法性的来源。盖人民众多，必须通过其代表及代表间的协商合作，而实现民意的表达及其贯彻。至于人民代表身份的获得，主要通过某种选举程序。无论是法国、美国为代表的资本主义国家，抑或苏联、中国为代表的社会主义国家，皆属于典型的民权国家。因此，人民通过选举不断产生自己的代表，或轮换，或罢免，从而实现权力在不同代表之间的过渡。

在以上三种国家形态中，其政治领袖具有完全不同的品质，或者说，有着根本不同的神性。神权国家中的巫师、祭司及先知，既然能通达神意，则其对神意的接受和传达，必须具有"不谬"的能力，正因如此，通神者的权力常常是终身的，不能被替换，除非被证实已失去了那种能力。君主则不同，其肉身作为神的子嗣并非唯一，本身亦不具有特殊的能力，因此常常能被另一位神裔所取代。至于民意的代表，尤其是随着社会的多元化，则纯粹是多数性的，并且，其作为民意的传声筒，更不需要特殊的能力，故任何民众都可成为民意的代表，可以说，在民权国家中，代表制同时意味着某种任期制。

然而，历史上大多数国家并非以上三种纯粹形态，而是不同程度兼具三种形态的某些特点。譬如，秦汉以后的传统中国虽以实行君主制为主，但因受儒教思想的影响，故既有神权国家的基本特点，又兼具民权国家的某些内容。盖中国自汉以后，君王素以"天子"的名义进行统治，此为其政治合法性的根本。所谓"天子"，意味着君王乃天之子嗣，因而具有神圣的血统。然而，"天子"却不具有通神的能力，其统治的有效性有赖于遵奉经过儒家经师诠释的"天道"。正因如此，经师们通过对经典的传承和注疏，而实现了对君权的有效制约。就此而言，中国古代的经师，与同样传承真主律法的教法学家，具有同样的性质，即凭借其对经典的诠释而凌驾于世俗政权之上。就此而言，传统中国可以说是"儒教之国"，具有神权国家的基本特点。质言之，对于儒教国家而言，作为"天子"的君王，除了嗣位时所必需的神圣血统外，整个国家的政治建构和运作，完全依赖于精研儒家经典的儒臣和经师。可见，"天"在中国政治中的具体作用，不仅包括了顶层架构中的君主，而且还有诠释天道的经师，以及将相关制度落实到实践层面的庞大儒臣阶层。可见，儒教中国从来就不是典型意义的君权国家，尤其不同于西欧政教分离以后形成的绝对君主制国家。

不仅如此，秦汉以后的君主制中国，同样容纳了民权国家的某些因素。譬如，张载《西铭》有云："乾称父，坤称母。"又云："大君者，吾父母宗子。"可见，对于儒家而言，一方面，主张君王与人民皆以天地为父母；另一方面，则承认唯有君王才是天地之宗子。因此，君王对于人民的统治，犹如宗子对族人的管理。就此而言，君主作为"天子"而统治人民，而人民对君主的政治服从，相当于子孙对列祖列宗的伦理顺从。可以说，君主制的合理性正在于此，即君主与人民共同作为上天的子嗣，从而实现了君权与民权的某种共和。对此，董子谓"屈民而伸君，屈君而伸天"，盖以为无论君与民，其或屈或伸，本质上属于源出共同祖先之后裔间的相互关系。

儒教国家此种特点的形成，可上溯自孔子及儒家的理论建构和政治实践，绝非出于秦汉以降历代帝王对儒家的利用。盖孔子生于三代君权国家崩溃之际，其时周王虽有"天子"之名，然其与诸侯的亲亲关系日渐为时人轻忽，故周王不复被视为"最大之大宗"，亦不再具有统治作为"别子"之诸侯的政治权威，于是君权的合法性亦随之动摇，浸而至于诸侯、大夫之君，亦渐失"大宗"地位。据僖二十四年《左传》记载，春秋之初，周、郑交恶，富辰谏于襄王，曰：

> 臣闻之，大上以德抚民，其次亲亲以相及也。昔周公吊二叔之不咸，故封建亲戚以蕃屏周。管、蔡、郕、霍、鲁、卫、毛、聃、郜、雍、曹、滕、毕、原、酆、郇，文之昭也。邘、晋、应、韩，武之穆也。凡、蒋、邢、茅、胙、祭，周公之胤也。召穆公思周德之不类，故纠合宗族于成周而作诗，曰："常棣之华，鄂不韡韡。凡今之人，莫如兄弟。"其四章曰："兄弟阋于墙，外御其侮。"如是，则兄弟虽有小忿，不废懿亲。今天子不忍小忿以弃郑亲，其若之何？……周之有懿德也，犹曰"莫如兄弟"，故封建之。其怀柔天下也，犹惧有外侮。扞御侮者莫如亲亲，故以亲屏周。

可见，君臣之间，本以"亲亲以相及"，此周初所以"封建亲戚以蕃屏周"也。至周之衰，诸侯不独不能"以亲屏周"，而天子亦"不忍小忿以弃郑亲"，则君王虽自系于天，而其统治诸侯及臣民的合法性却丧失了。可以说，君、臣、民三者关系的阻隔，意味着上古君权国家的崩溃。至于秦汉以后形成的新型君权国家，不过是一家一姓之君对异姓臣民的统治，其合法性有待于当时儒家的重新建构。

随着西周君权国家之合法性的消失，对孔子而言，最理想者乃效法汤、武之得国而王，恢复上古神权国家；若退而求其次，则表现为孟子以后儒家的理论建构,即建立新型的君权国家。盖君、臣、民三者,既已非天之子嗣,不复"亲亲以相及",则君王自不能以"吾父母宗子"的身份统率臣民,故对儒家而言,唯有通过君、臣、民所共奉的"天道"来完成政治合法性的重构。至于儒士在新型国家中的位置,其上焉者,则通过"致君尧舜"来实现,是以君王虽庸懦,亦欲期之以刘秀也;其中焉者,则为"得君行道",盖以贤臣自任而辅明君也;其下焉者,则为循吏,为教师,奉持圣人遗教而化民于一方而已。观孟子之出处,似尚未敢取其上焉者,不过以"名世"之"帝王之臣"自任,故其奔走齐、梁等大国间,不过欲诱导时君以行仁政而已。①

随着刘汉王朝取代嬴秦,中国形成了一种新型的君权国家,此后儒家大致遵循孟子开辟的方向,而完成了新型国家的政治合法性建构。其主要内容包括如下几个方面:

其一,君王依然被奉为"天子"而掌握政权,同时应当遵奉天道,即《尚书》所谓"遵王之道"、"遵王之路",如是君王方有可能成为"帝王之君"。

其二,儒家经师不仅成为天道的诠释者,同时通过入仕成为政权的参与者,如是而为"帝王之臣"。

其三,通过对《春秋》等"六经"的诠释,经师将天道落实为律法或礼法,民众则基于对律法或礼法的遵守,而成为"帝王之民"。

可见,中国自汉以后虽皆实行君主制,然君主制的典范实在"三代",因此,历代儒者皆以"复三代"为其政治理想,其目的则在规诱时君而合乎"先王之道"而已。不过,后世要回归三代君主制,却有根本的困难,盖君、臣、民三者之间不再有血缘关系,如此,君王统治臣、民的合法性就无从建立。对此,董仲舒在其《举贤良对策》中对君权的合法性进行了重新建构,从而奠定了此后两千多年新君主制的基本框架。

汉初以来,不断有儒者主张法古,即上法"五帝三王之道",尤其至景、武

---

① 按,孟子谓"五百年必有王者兴",则文王至孔子恰五百余岁,盖许孔子当为王矣。孔子既不得为"真王",乃退而修《春秋》,行"素王"之事。孟子又自谓其生当周以来七百余岁,去孔子虽近,然已生不逢时,既不得亲见王化,则虽有"名世"之才,而无王者可佐矣。可见,自孟子而言,推孔子为王者,而己居辅臣而已。

王充《论衡·定贤篇》云:"孔子不王,素王之业,在于《春秋》。然则桓君山〔不相〕,素丞相之迹,存于《新论》者也。"(黄晖:《论衡校释》卷27,第1303页)仲任此说极好,盖谓孔子既不得为"真王",乃退而为"素王",犹桓谭既不得为丞相,乃为"素相"也。又,《论衡·超奇篇》云:"孔子作《春秋》,以示王意。然则孔子之《春秋》,素王之业也;诸子之传书,素相之事也。观《春秋》以见王意,读诸子以睹相指。"(黄晖:《论衡校释》卷13,第712页)孔子作《春秋》,乃"素王"之业,而诸子之传《春秋》,则"素相"之事也。盖圣人进而为"真王",退而为"素王",而儒者进而为丞相,退而为"素相",无论著述与事功,皆所以治世也。

之世,不仅学术上崇奉"六经"之学,已蔚然成势,而且政治上也要求黜"申、商、韩非、苏秦、张仪之言",议立明堂以朝诸侯。此种思想大气候的转向,自然要求新兴儒家发挥更多的作用。故武帝初即位,即屡次诏问天下贤良文学,而董仲舒的对策,正是此种背景下的产物。① 武帝对董仲舒的策问,前后有三次,其中,初次策问的关键在于天命与情性方面,尤其是"三代受命,其符安在?灾异之变,何缘而起"的问题。

不难看到,武帝策问的重点,正是针对儒家上法"先王之道"的一贯主张。在武帝看来,三代以后,随着君权国家的崩溃,当时所行的"王道"是否依然有借鉴意义?一方面,圣王没后,至桀纣而"王道大坏";另一方面,后王虽颇有"则先王之法"者,然皆不能回归三代,"犹不能反,日以仆灭"。那么,如今刘汉代秦而立,回归三代是否可能?抑或时机未到?毕竟殷鉴未远,嬴秦此种君权国家不过二世而亡,那么,对于刘汉王朝来说,取法三代实属自然。然而,汉高起于民间,即便有"赤龙感女媪"、"赤帝斩白蛇"之类的神话,犹不足以说明新王朝的政治合法性,至于诛除暴秦以取天下,更有弑君克上之嫌。诸如此类问题,构成了武帝策问背后的深层动机。据《汉书·儒林传》所载:

> 辕固,齐人也。以治《诗》孝景时为博士,与黄生争论于上前。黄生曰:"汤武非受命,乃杀也。"固曰:"不然。夫桀纣荒乱,天下之心皆归汤武,汤武因天下之心而诛桀纣,桀纣之民弗为使而归汤武,汤武不得已而立,非受命为何?"黄生曰:"'冠虽敝必加于首,履虽新必贯于足。'何者?上下之分也。今桀纣虽失道,然君上也;汤武虽圣,臣下也。夫主有失行,臣不正言匡过以尊天子,反因过而诛之,代立南面,非杀而何?"固曰:"必若云,是高皇帝代秦即天子之位,非邪?"于是上曰:"食肉毋食马肝,未为不知味也;言学者毋言汤武受命,不为愚。"遂罢。②

可见,无论汤武诛桀纣,还是刘项除暴秦,在当时人们看来,并不足以成为新王"受命"的合法性依据。正因如此,武帝才有"三代受命,其符安在"的急切追问。辕固生的说法,显然代表了儒家的一贯主张,即肯定汤武革命的合理性,并将汉王朝统治的合法性建立在天下归心的基础上。至于董仲舒的尝试,固然最后将天道与王道联系起来,并将王道落实到仁政之上,但在理

---

① 关于董仲舒对策的时间,有建元元年、五年、元光元年与元朔五年诸说。
② 班固:《汉书》卷88,第3612页。

论建构方面则更注重历史的连续性,而将奉天与法古结合起来。

对此,自贾谊以来,儒家学者建构新王朝政治合法性的理论尝试主要有二:其一,上疏汉帝实施改正朔、易服色之类的"改制",以此表明新王受命于天。此种努力始于贾谊,"谊以为汉兴二十余年,天下和洽,宜当改正朔,易服色制度,定官名,兴礼乐",①迄至武帝太初元年,最终得以完成,即"汉改历,以正月为岁首,而色上黄,官名更印章以五字"。② 其二,法先王,黜秦政,用儒术治理天下。此种努力亦主要始于贾谊,刘向称"贾谊言三代与秦治乱之意,其论甚美,通达国体",③至董子对策,则"推明孔氏,抑黜百家",从而基本上得到实现。

武帝策问应在太初以前,故有"受命"之问,观其时董子之对策,亦稍涉受命之事,然犹以为"积善累德之效",而所论之重心实在后者,即上古君权国家及所用以治世的"先王之道",对后世君王是否具有取法的意义,或者说,后世国家是否有必要"务法上古"? 显然,"受命"之符涉及新王的政治合法性问题,固属汉帝所首要关切者,但对儒家来说,重构上古时的"王道",并试图让君王接受"法古"以获得政治合法性,这才是儒家首要关注的问题。对此,董子在对策中强调了这样几点:

其一,拓宽"天命"的内涵。盖上古君王以天降祥瑞为"受命之符",而董子则强调灾异的意义,即上天通过降示灾异以谴告和警惧人君,从而表明人君犹为"天子",即"天心之仁爱人君而欲止其乱"也。换言之,人间君王的合法性并未因灾异而丧失,反而可视为某种"受命之符"。可见,董子借用当时的"天人感应"学说,重构了新型君权国家的政治合法性。显然,这表明了新时代儒家对于新君主的合作姿态,而非一味以天道约束乃至对抗君权。

其二,人君当"强勉行道"。人君既是"天子",自当上法天道,以消弭灾异,即"上承天之所为,而下以正其所为"。董子以为,通常所谓"受命之符",乃"非人力所能致而自至者",故多属偶然,甚而是一次性事件,因此,其中并不必然包括对人君行道修德的要求。至于灾异则不同,"国家将有失道之败,而天乃先出灾害以谴告之,不知自省,又出怪异以警惧之,尚不知变,而伤败乃至",可见,灾异是经常性的,人君稍有不谨,即有可能出现灾异。对此,董子重构了"天命"的内涵,目的则是要求人君"强勉行道,则德日起而大有功",因此,人君在位成了不断修德的过程,即《大学》所谓"苟日

---

① 班固:《汉书》卷48,第2222页。
② 司马迁:《史记》卷12,第605页。
③ 班固:《汉书》卷48,第2265页。

新,日日新,又日新"也。

此外,在董子看来,即便历史上记载的"受命之符",如白鱼入舟之类,亦属人君"积善累德之效"。可见,人君无论有德无德,皆有天人相感应,最终目的还是希望人君能"强勉行道"。

其三,天道与德教的关联。那么,如何行道呢? 董子以为,"天道之大者在阴阳",而"阳为德,阴为刑,刑主杀而德主生",因此,"王者承天意以从事,故任德教而不任刑"。换言之,人君法天,其实不过是遵循儒家的德教主张。可以说,无论孔子主张的"为政以德",还是孟子提出的"仁政",都开辟了一条儒家重视德教的治国理路。其后,贾谊反思秦亡之教训,而归因于"仁义不施,攻守之势异也"。至董子,更是将德教与天道联系起来,"道者,所由适于治之路也,仁义礼乐皆其具也"。凡此,皆表明了儒家一贯的重民立场。

董子进而认为,周道之衰,"非道亡也,幽厉不由也",此说实际将君与道分离开来,而其目的则在约束君权。① 可见,王道与君权的分离,不仅是周衰以后之现实,也是汉儒重构君权国家的历史前提。②

---

① 南宋时,朱熹与陈亮讨论王霸义利问题时,朱熹即持与董子同样的立场,其《答陈同甫书》云:"若论道之常存,却又初非人所能预。只是此个自是亘古亘今常在不灭之物,虽千五百年被人作坏,终殄灭他不得耳。汉、唐所谓贤君,何尝有一分气力扶补得他耶?"(《晦庵先生朱文公文集》卷36,《朱子全书》,上海古籍出版社,2002,第1583页。)陈亮则认为:"夫心之用有不尽而无常泯,法之文有不备而无常废,人之所以与天地并立而为三者,非天地常独运而人为有息也。人不立则天地不能以独运,舍天地则无以为道矣。夫'不为尧存,不为桀亡'者,非谓其舍人而为道也。若谓道之存亡非人所能与,则舍人可以为道,而释氏之言不诬矣。"(陈亮:《与朱元晦秘书》,《龙川文集》,《文渊阁四库全书》本)盖朱熹以为道常存,则世俗君王之所作所为,合于道为是,不合则为非,而发明斯道的道学家对于君权便具有一种末日审判的意味;若依陈亮所说,则世俗君王参与到道的构成之中,有功者为行道,无功者为非道,则实属屈道而伸君也。后来,陈傅良评价朱、陈之间的差异,认为陈亮"以三代圣贤枉作工夫",至于"其弊上无兢畏之君"。(陈傅良:《答陈同父三》,《止斋集》卷36,《文渊阁四库全书》本)可见,董子和朱子代表了正统的儒家立场,即将道与君分离,目的则在使儒士得以凭借对道的阐释来制约君权,防止出现"上无兢畏之君"的局面。

② 君权的正当性,首先在于"神授",此属于神的间接统治,乃一切君权国家的共同特点。至于神权国家,无论先知凭借神意的统治,还是学者依据神之法度的统治,本质上皆属于神对人类的直接管理。可见,君主就其肉身来说虽神裔,却只有属于人的理性,与其臣民并无本质区别,并不拥有关于神意及其法度的直接知识。换言之,在君权国家,神与君之间,尚需神意的传达者或神之法度的诠释者,因此,对于儒家来说,人君自当上法天道,而天道的诠释则掌握在少数经学家那里。

对于秦汉以后的君权国家来说,其统治的正当性来源于两个方面:其一,人君须证明其权力源于神授,故开国之君往往伴随有"感生"神话,而其历代嗣君则作为大宗宗子以君临臣民。其二,人君有天下,须有"受命之符",从而表明另一个神裔同样可以代表神来统治神的子嗣,即人类。因此,"受命"说意味着,君王可以替换,从而使王朝更迭成为君主制的常态。而对于神权国家而言,禀受神意的先知是不谬的,因而不可更换,此种精神体现在什叶派教义以及伊朗的领袖终身制中。至于在民权国家中,民意虽然被神圣化,但构成民意之无数个体的意见却通常是错谬的,这与作为单数个体的神意不同,亦不同于传达神意的不谬者。

其四，更化的主张。汉承秦兴，然政治上多因循秦政之旧，至文帝时，贾谊倡导"大有为"，其意与后来董子的"更化"主张相同，即以汉王朝乃"继乱世"，当"扫除其迹而悉去之"。迄至武帝时，此一任务尚未能完成，故儒家提出了"更化"的主张，希望彻底摒弃秦政，解弦而更张，从而实现"善治"。通常而言，新王朝经过数十年的统治，会形成一套有效的政治经验，当然亦会暴露出种种流弊，此时若轻率变革旧政，难免伴随有相当的政治风险。但是，通观整个西汉，主张"更化"的呼声始终盈满于朝野上下。可以说，此种要求正是儒家"法古"主张的另一面。

其五，人君与教化。对于神权国家而言，教主通过教义的传播而影响信众，并将信众组织为教团，最后依托教团而建立国家。可见，教权自当属于教主。而在君权国家，教权通常属于君主。董子基于《公羊传》对"元年，春，王正月"一条的解释，认为人君乃政治之根本，故当"正心"以立教化之端。此即《论语》所谓"君子务本"之说，而本立则道生，故"正心以正朝廷，正朝廷以正百官，正百官以正万民，正万民以正四方。四方正，远近莫敢不一于正，而亡有邪气奸其间者"，则天下万民之教化实系于人君之心正也。可以说，对于神权国家来说，教权掌握在教主手中，而对于君权国家来说，教权则常常为君王所掌握。不过，对于传统中国来说，君王教化民众，则常常通过儒士的出仕，以及民间教育的普及，来实施儒家价值对民众的教化。①

综观董子前后三次对策，不难看到，其主旨在于将天命转化为天道，并将天道与儒家的德教主张联系起来，即认为天道即是先王之道。因此，董子将其主张归结为"《春秋》之道，奉天而法古"。② 其中，"奉天"乃上奉天道，而"法古"则是效法先王之道，换言之，儒家要求时君上法天道，实际上不过主张回到三代时曾经施行的王道而已。③ 盖武帝所问，只是针对儒家主张"法古"的必然性，而在董子的回答中，则巧妙地将之与武帝关心的"天命"问题联系起来。因此，人君若能"奉天"，则天必降祥瑞，以为"受命之符"。如此，人君受命于天的合法性，就通过"法古"而被重新建构起来，至于其具体的政治措施，则在于摒弃秦政，"任德不任刑"。

---

① 在伊斯兰教那里，随着倭玛亚君主制国家的建立，哈里发依然被视为穆罕默德的继承人，不仅作为"真主在大地的影子"，而且亦是"信士的长官"，体现了君权与教权的高度结合，可见，其教权之隆，显然非中国皇帝所能比拟，更非基督教国家的君王所能望其项背。
② 苏舆：《春秋繁露义证》卷1，第14页。
③ 《诗·大雅·文王》云："上天之载，无声无臭。仪刑文王，万邦作孚。"盖天道窈冥难知，故儒家欲君王上奉天道，其实不过"仪刑文王"而已。此说正是董子回答汉武帝策问的根本路向。

并且,董子重视灾异,其目的固然是为了强勉人君行道,但更为重要者,则体现了道统与政统的分离,即人君掌握政权,而学者通过对天道的诠释,实现了对人君的约束及儒家的政治参与。① 即便如此,在董子的诠释中,儒家已然淡化了在孔子、孟子那里较强烈的与君权相对抗的姿态,而是将儒家的教权相当程度上融入君权,即儒士通过以个体身份出仕参政,固然完成了对民众的教化,同时也实现了君王对民众的统治,从而完成了新君主国的重新建构。至于教权对君权的监护和约束,则主要体现在经典诠释和法律制订的过程中。

汉以后儒家对君权的这种态度,普遍见于逊尼派国家。在逊尼派国家中,学者和信士通常采取与世俗君王合作的态度,而世俗君王亦尊奉伊斯兰教为国教,且以先知的继承人和"信士的长官"自居,从而实现了君权与教权的结合。② 尤其在近代沙特国家的形成过程中,瓦哈比派可谓居功至伟,然未屈从于世俗君权,双方采取大致平等的合作关系。而对于什叶派而言,因屡受世俗君权的限制和迫害,从一开始就有否定君主制的倾向,甚至主张教法学家凌驾于君权之上,并监督君权的实施,甚至直接掌握政权。③ 按照什叶派的教义,自第四代哈里发阿里之后,政权与教权彻底分离了。因为继起的倭玛亚王朝乃君权国家,其哈里发掌握了政权,却背离了伊斯兰教教法,且通过歪曲伊斯兰教教义来为君权服务,而阿里的后裔作为不

---

① 董子在其对策中说道:"《春秋》之所讥,灾害之所加也;《春秋》之所恶,怪异之所施也。"(班固:《汉书》卷56,第2515页)可见,人君的行为是否合乎天道,完全据孔子所作的《春秋》为转移,亦可见对天道的诠释权事实上为儒家所掌握。
② 《论语·子路》云:"如有王者,必世而后仁。"康长素注云:"盖太平世行大同之政,乃为大仁,小康之世犹未也。天下归往谓之王,盖教主也。"(《康有为全集》册六,第482页)就此而言,穆罕默德行教于一国,既为教主,又为真王。至于儒家追求的圣、王合一,唯见于周公以前,后世则圣、王分离,即便如孔子之大圣,亦不过"素王"耳,则去先知远矣。
③ 康长素对君主制的批评,或可由此得到理解。盖长素以共和制为最高政治理想,然其理想形态未必尽在西欧。自清末以来,长素一方面倡导孔教,另一方面却攻击君主制,殆以孔教与君主制本无关涉,正犹在什叶派眼中,伊斯兰教国家本实行共和制,而君主制的倭玛亚王朝则背叛了伊斯兰教教义。就中国而言,自秦汉以来,儒家始终与君权保持合作关系,犹逊尼派大多认同君主国,至今犹然。且据《公羊》之"三世说",君主制乃据乱世或升平世之政治制度,而孔教则通于三世,故即便君主制消亡,儒家依然可以创立儒教之国。民国初,随着君主制的覆亡,儒教地位亦为所累,盖因两千年政教间密切合作的事实。对此,长素亦有认识,其《不忍》杂志附页载有其所撰《礼运注》广告,曰:"君臣之义被攻,而孔教几倒。"(康有为:《论语注》,《康有为全集》册六,第492页)是以长素对君主制的批评,其于孔教之倾覆,固当尸其咎焉,然长素犹以为,幸赖孔子尚有大同之义,故孔教犹能光大于民主共和时代。因此,就长素后期的学术努力而言,一方面使孔教与君主制脱钩,其中自有保全孔教之消极意图;另一方面,则通过推动孔教成为国教,试图以此掌握共和国政权,从而实现儒教立国的古老理想。

谬的伊玛目,①却完全处于无位的状态,甚至被迫"隐遁"。② 即便如此,先知留下的教法依然流行于世,并通过教法学家的创制,而得到部分的施行。

　　至于孔子作《春秋》,犹如摩西或穆罕默德制订律法,正因如此,孔子不同于宋儒和基督教意义上的"圣人",而是作为垂法万世的"立法者"。③ 按照什叶派的说法,圣人"为人的各种事务制定了法律,并指导人们如何使用,他为人们从胚胎生成到进入坟墓的一切事务提供了指导"。④ 换言之,圣人或教主一旦建国,就不能仅仅作为道德的表率,而必须同时成为"立法者",

---

① 根据什叶派教义,不仅伊玛目是不谬的,而且教法学家也是不谬的。对此,霍梅尼说道:"真正的伊斯兰教法学家在所有方面是无谬的。"(霍梅尼:《教法学家治国》,第168页)"不谬"之说,乃什叶派的重要理论,最早源于赛巴派的主张。该派不仅主张哈里发由遗嘱指定,而穆罕默德曾立下遗嘱,指定其养子兼女婿阿里为继承人,而且,阿里分有部分神性,故而"不谬"。不仅如此,当阿里去世后,此种神性可以遗传,故阿里的后裔即伊玛目亦具有遗传来的神性,从而具备了继任哈里发的资格。可见,此种主张构成了什叶派的思想基础。且就现实需要来说,什叶派主张伊玛目的"不谬",其缘由在于"坚信穆圣辞世后人类将永远需要一个纯洁无瑕、毫无过错的伊玛目来引领和指导"。(法尔哈德·达夫塔利:《伊斯兰伊斯玛仪教派简史》,宗教文化出版社,2016,第43页)
② 伊玛目最初只是穆斯林祈祷时的领拜人,但在什叶派那里,伊玛目却成为沟通真主与信徒之间不可或缺的中介,地位极其崇高。正因如此,一旦伊玛目不知所终,什叶派认为伊玛目只是暂时"隐遁",将来会作为救世主而再度降临。在伊玛目隐遁期间,教法学家被视为伊玛目的代理人,依据先知留下的教法统治世界。但在中国,随着孔子辞世,无论享有朝廷封爵的圣裔,还是精通"六经"的学者,都不可能被视为圣人,其地位自然远不如具有神性的伊玛目。而且,对于君主制而言,圣人降世对君权是莫大的威胁,而儒家似乎并不需要孔子之外的圣人,只是满足于孔子留下的经典之传承和阐释,就足以面对现实世界的种种问题。但在什叶派那里,隐遁伊玛目的复临,成为穆斯林的基本信仰,而对于中国的儒士来说,似乎从来没有这种理论和情感上的需要,亦未形成闪族宗教那里普遍的末日审判信仰。
　　霍梅尼又认为,先知在世以及此后的正统哈里发时代,固有建立伊斯兰政府之必要;即便伊玛目隐遁以后,依然可由教法学家掌握世俗权力,建立伊斯兰政府。按照此种说法,周公以前,圣人固作为真王而行道;至孔子以圣德降世,犹汲汲于奔走诸侯以谋建国,晚年以道之不行于世,始自拟"素王"而作《春秋》。洎乎战国以降,圣人不复降世,除少数经学家(如眭孟)外,历代经师皆无建国主张,唯托庇于时君,借《春秋》等经典中所包含的经义以决事而已。
　　不过,即便在逊尼派国家那里,教法学家的地位亦极崇高。譬如,奥斯曼帝国最早使伊斯兰教教法成为行之有效的官方法律,并建立以长老为首的伊斯兰委员会,担当维护信仰、监督教法实施的职能和作用;并在其下设立学者会议等机构,除了在教育领域发挥作用外,还为各中央机构的重要官员或地方官员配备法官或穆夫提,为政府官员解释伊斯兰教教法,对有关问题发表意见。(参见金宜久:《伊斯兰教史》,江苏人民出版社,2006,第248—253页)
③ 宋儒尊《论语》,盖欲借此体会圣人气象,以为入道之门。考诸伊斯兰教,其中亦有一派主张寻求体认真主,至于试图与真主合一的神秘主义学说,即苏菲主义。宋儒殆亦类此,且《论语》地位近于圣训,然其中固有真伪难辨者,并有今古之异,又颇掺杂弟子语,故绝不如"五经"为可信据者也。
④ 霍梅尼:《教法学家治国》,第7页。

即通过制订一套完整的、包罗万象的律法体系来治理国家。因此,《春秋》作为"刑书"的性质,必然基于孔子建国的意图,以及其政治实践的诸多经验。可见,孔子虽时有"待贾"之语,然其志却在效法汤以七十里、文王以百里而建国耳。① 故《公羊》"王鲁"之说,不过以圣人"治自近者始",推而使天下莫不被圣人之教。故孔子自谓已得天所未丧之"斯文",文者,制度也,是以足见孔子之志非止于修身、齐家,盖欲假以治国平天下也。至孟子,犹自谓"夫天未欲平治天下也,如欲平治天下,当今之世,舍我其谁也?"(《孟子·公孙丑下》)可见,孔子虽有"政者,正也"之语,然不过有为而言,其实先秦儒者未尽毕其功于道德自修,而欲躬执律法,假之以平治天下而已。

对于儒教国家此种性质,康长素早有明言。《论语·宪问》云:"桓公九合诸侯,不以兵车,管仲之力也。如其仁!如其仁!"对此,长素注云:

> 宋贤不善读之,乃鄙薄事功,攻击管仲。至宋朝不保,夷于金、元,左衽者数百年,生民涂炭,则大失孔子之教旨矣。专重内而失外,而令人诮儒术之迂也。岂知孔子之道,内外本末并举,而无所偏遗哉!②

今观伊斯兰教与犹太教所以崇尚律法,盖以其尝有国而为施设也,故其教不独重内圣,亦不轻外王事业,如是乃为"全体大用"之教。至于孔子之道亦然,而欲以《春秋》平治天下,故"内外本末并举",较诸宋儒专注于道德心性,实若霄壤云泥之判焉。③

即就宋儒所推崇的《论语》而言,大略可考见孔子一生行事,殆以建立儒教之国为其毕生志业。观孔子许仲弓"可使南面",弟子尚得如此,何况乃师乎?至于颜渊问为邦,而孔子答以"行夏之时,乘殷之辂,服周之冕,乐则韶舞",此则孔子许颜渊以天子之事也。④ 然孔子欲建立的儒教之国,实非君

---

① 案《韩诗外传》,时楚春申君欲封荀卿,"客有说春申君者曰:'汤以七十里,文王以百里,皆兼天下,一海内。今夫孙子者,天下之贤人也,君借之百里之势,臣窃以为不便于君。'"于是荀卿去楚而之赵,赵以为上卿。可见,儒者欲得国行道之志,先秦时人颇知之,宜乎其终始见沮于时君耳。
② 康有为:《论语注》,《康有为全集》册六,第492页。
③ 故长素遂攻宋儒失孔子之道,盖宋儒独契于"四书"中所言道德心性,遂失儒家全体大用之旨矣。
④ 南面者,汉唐学者多谓孔子称许仲弓可为诸侯。如包咸曰:"可使南面者,言任诸侯,可使治国政也。"孔颖达《正义》则引郑注云:"言任诸侯之治。"至宋儒始有异说,如朱子欲弱化儒家建国之义,乃曰:"南面者,人君听治之位。言仲弓宽洪简重,有人君之度也。"清戴望则用汉唐旧义,曰:"南面者,明堂位也。仲弓有舜、禹之德,而时无天子荐之者,故明期可使南面也。"盖公羊家深察孔子建国之本意,故许仲弓可为诸侯也。至孔子将薨,(转下页)

权国家,乃上古神权国家也,即以上天垂示于列圣的"六经"来治国平天下。① 故孔子虽推崇"三代",唯许以"小康"而已。盖"三代"毕竟不过是君权国家的理想,而非大同之极致。长素深明孔子之学,故贬后儒所发明者,"皆三代之道,亦不离乎小康故也"。② 是以无论据乱世之君主专制,抑或升平世之君主立宪,总非儒教之国。

孔子虽有圣人之德,然初则不见售于母邦,至其周游列国,亦终未遂其得国之志,故唯寓其治法于《春秋》而已。若先知穆罕默德则不然,乃及其身而建国;数传以后,倭玛亚王朝虽颇失其真,然其经、训犹能完整保存下来,且其中包含的律法通过教法学家的诠释和实践,一直延续到今日。近代又有伊本·瓦哈比者,其作为教主,始终能见契于沙特家族,此实为中外罕见之遇合。后世儒者或有能明孔子之志者,然迫于君势之逼,故不得不期于君臣之相得,盖欲借此以行孔子之法耳。数千年间,此种际遇于儒者诚属"千载一时",故唯劝诱君王入道,以期建立儒教制度而已。

自汉武帝以降,五经博士制度的建立,对中国传统政治之影响至为深远,盖自天子以至于庶人,自始莫不躬为儒行,"则公卿大夫士吏彬彬多文学之士矣"。传统中国成为儒教国家,泰半有赖于此。此种政教合一的新局面,历两千余年而未改,此孔子《春秋》所以能"为万世立法"也。③ 故儒家学者不能仅停留于明道层面,而当汲汲于行道,"达则兼济天下",一旦能得其

(接上页)自谓梦坐奠于两楹之间,郑玄《檀弓》注曰:"两楹之间,南面向明,人君听治正坐之处。今无明王,谁能尊我以为人君乎?"则康成犹知孔子有得国自王之意焉。其时又有调和两说者,如王引之以为,"南面"有谓天子及诸侯者,有谓卿大夫者,而雍之可使南面,不过其德"可为卿大夫以临民"耳。(王引之:《经义述闻》第三十一,上海古籍出版社,2016,第1876页)此说盖畏君权之恣肆,而自晦其说也。若刘敞虽宋人,然治《春秋》,犹知此义,以为颜子有邦,是王天下之任;可使南面者,是君一国之任。凡此,可见儒者之志,首要在于建立儒教之国也。

① 穆罕默德所传的"天经"唯有《古兰经》,不过,亦承认过去先知所传的经典皆同一真主所降示,譬如穆萨(摩西)传布的《讨拉特》、达乌德(大卫王)传布的《宰布勒》,尔撒(耶稣)传布的《引支勒》。其中,《讨拉特》乃《旧约》中"摩西五经"之原本,《宰布勒》乃《旧约》中"诗篇"的原本,《引支勒》则为《新约》中"福音书"的原本。然而,这些经典在流传过程中屡遭后人篡改,存本已渐失原貌,正因如此,真主降示于穆罕默德的《古兰经》就具有最高的真实性,而穆罕默德作为"封印的先知",亦以此故也。关于此种道理,犹如"六经"在孔子以前就存在,其性质皆属于上天向古圣先贤垂示的经典,唯因其后流传而失真,故至孔子时,遂加以删述订正,形成历代儒家所传承的"新六经"。即便如此,中经秦火之厄,汉儒乃撩拾其烬余,遂有今古异同,其中犹有未可尽信者。至于《论语》,包括记有孔子言行的部分《礼记》,其性质与记载先知言行的《圣训》相同,皆属于对"天经"最权威的解释。
② 康有为:《礼运注》,《康有为全集》册五,第553页。
③ 就孔子本人而言,实欲效法汤、文而行教于一国。此前殷之五百年、周之八百年,皆行汤、文之道,此不过为"一王之法",犹汉儒谓《春秋》为"赤制"也。然历朝皆遵用孔子之道,则《春秋》遂为"万世之法"矣。

势,即应寻求建立儒教之国,从而实现"大道之行"的高远理想。

盖所谓儒教之国,根本在于由教主造就一批"帝王之臣",进而借此"帝王之臣"之力,行教于一方,化无数民众入道,造就"帝王之民"而已。考诸穆氏所为,殆传教于一国,并造就无数信士,而远近乃望风归服。此后即便穆氏已卒,其法犹能行于世,且其后继者哈里发及教法学家世世护持其法,迄今犹未改也。因此,学者的意义在于,上则奉持先圣遗法,下则教化民众。至其治国路径,则有数条不同:其上焉者,则谋求执政;①而其中焉者,则寻求与世俗政权合作,而通过入仕以参政;若其下焉者,则立足于学校,臧否时政,唯议政而已。然数策之根本,皆在于造就一批精通儒家经典的学者。

毫无疑问,经学家在伊斯兰教社会中的影响和地位要高得多。而在古代中国,儒家学者对民众的社会影响,主要是通过出仕的方式来实现,此外,便只能诉诸个人榜样的感召力,即所谓"君子之德风,小人之德草,草上之风必偃"。② 对于伊斯兰教社会则不同,个人的学识和修养固然重要,但少数

---

① 什叶派的治国精神在于学者治国,即以少数研精律法的教法学家掌握政权。对此,贾法尔·萨迪格说道:"学者是先知的继承人。"(转引自霍梅尼:《教法学家治国》,第109页)霍梅尼则认为,"教法学家是最高贵使者的委托人,所有委托给伊玛目的工作,同样也可以委托给教法学家"。(同上,第87页)对于中国古代来说,经师亦可行使圣人所有职能,至少在汉代儒家的政治实践中,儒士不独可以教化一方,且得以效法孔子"听讼",即以《春秋》决狱也。对此,霍梅尼说道:"教法学家是最高贵使者的受托人,除此之外,在伊玛目隐遁时期,他还是穆斯林世界的领导人和社会领袖。只有他才能担当法官的重任,别的人没有资格占据法官的席位。"(同上,第89页)在霍梅尼看来,其主张的"教法学家治国",不过是回归先知在麦地那建立的"乌玛"公社,这是历史上首创的"伊斯兰政府"。盖伊斯兰政府乃秉承真主降示的律法以统治人民,可谓真正的"法治"政府,从而决定了学者最主要的职责就是"依法治国"。故霍梅尼认为,"伊斯兰政府是法治的政府,主权属于真主,而法律是真主的法令。伊斯兰教法对于所有人和伊斯兰政府享有绝对权威"。(霍梅尼:《伊斯兰与革命》,转引自蒋真:《后霍梅尼时代伊朗政治发展研究》,人民出版社,2014,第51页)此种精神在伊朗新宪法中得到明确规定:"教法学家依据《古兰经》和真主的传统发挥永恒的领导作用。"据此,今日法官亦须由精研儒家经典的经师担任。然而,目前儒家学者多看轻司法功能,而在传统宗教那里,"听讼"实属圣人首要担当的重任,并构成了学者治国的基本职能。

不过,在伊朗革命之初,霍梅尼只是主张教法学家行使监护政府之权而已,随着政治形势的变化,教法学家逐渐深入具体的政治运作中,从而获得了更大的权力。

至于西欧,则素有"哲人王"之说,貌似与儒教中的圣王、伊斯兰教中的伊玛目及教法学家治国大同小异。其实不然。盖伊斯兰教中的先知或使者,乃至其继承人,无论是逊尼派认可的历代哈里发,还是什叶派信仰的伊玛目,虽未必在世,但学者完全可以依据穆氏留下的真主法度影响现实世界,甚至统治现实世界。就此而言,伊斯兰教有着较西方更强的法治传统。至于儒教中的法治精神,则稍强于西方传统,而较伊斯兰教传统为弱。霍梅尼曾说道:"先知最重要的义务就是执行真主的法律。"(霍梅尼:《教法学家治国》,第83页)可见,即便在孔子那里,儒家对法律的重视,亦颇不如伊斯兰教。

② 作为教主的圣人,自身的道德修养固然极为重要,但其作用主要限于对教众和门徒等追随者的吸引力。一旦教团化为国家,则除了信众之外,尚有大量异教徒、外邦人以及奴隶。通常而言,相对宽容的宗教并不强迫民众皆入教,则必借助国家的力量,另外制(转下页)

经学权威能够发布具有普遍约束力的宗教法令（法特瓦），显然具有更大的影响力，远非儒士所能比拟。相较而言，西欧随着王权的兴起，基督教的影响力似乎更弱，通常只能局限于纯粹信仰和道德的领域。那么，三教为何会呈现出如此巨大的差异呢？关键在于，先知穆罕默德建立了伊斯兰教国家，并颁布了非常完备的律法，至其继承人哈里发，不仅握有同样的政治权柄，而且又作为"信士的长官"，而律法的制订、诠释和执行，则通常付诸教法学家。然对于孔圣来说，生前既未建国，其事业不过借《春秋》行使素王褒贬之权而已。至其弟子，虽颇出仕鲁、卫等国，并成为后世儒士之榜样，然不过寄食于君，唯仰赖君势以谋行道而已，故其政治地位和社会影响，则去伊斯兰教学者远矣！至于基督教，始自创教之耶稣，生时已不见容于其宗族及当世大人，终则不免见戕于十字架，焉有建国之机缘耶？其后数百年间，其门徒多匿伏于民间传教而已，似无有过多政治抱负可言，其影响自然远逊于伊斯兰教，且较诸儒教之"天行健"，殆亦不若矣。正因如此，西方社会最早摆脱了宗教的影响力，迅速实现世俗化，实与基督教此种姿态有关。延及近世，西方知识分子犹本于基督教此种政教两分态度，不过对当政者徒然抗议而已。此种议而不与的政治姿态，自不若儒士之"参政"，犹能借君权以行道耳，至于揆诸伊斯兰教中的乌里玛阶层，更能通过发布宗教法令而立法参政，诚不若远甚焉。①

（接上页）订世俗法以管理这部分人群，因此，教主及教团对于异教徒来说，则完全没有"觉斯民"的意义。后人徒惑于《论语》中"政者，正也。子帅以正，孰敢不正"、"为政以德，譬如北辰，居其所而众星拱之"之类的记载，遂强调统治者的道德修养对民众的普遍示范作用，实属于对经典的过度诠释。就此而言，宋儒关于儒教治国有一根本误解，即主张通过儒士阶层的"自觉"，然后实现整体民众的"觉斯民"，却忽视了民众在品性上的差异，以及对异种文化和宗教的宽容和尊重。可以说，伊斯兰教实属历史上最宽容的宗教，除了少数特殊时期，通常不强迫民众入教，亦正因如此，律法的重要性就凸显出来了，即所谓"刑不上大夫"，唯施于庶人而已。相反，基督教则为最不宽容的宗教，种异端裁判所的存在，却凸显了法治精神的缺失。至于近代西方逐渐形成的法治精神，则是在宗教法之外的世俗法中发展起来的，较诸伊斯兰教与儒教中内在的法治精神，有着根本区别。

① "乌里玛"一词，译自阿拉伯语 Ulama，原义为学者，既包括接受了完整宗教教育的卡迪（法官）、穆夫提（教法说明官），也包括宗教知识水平相对较低的乡村毛拉。至于什叶派乌里玛，则不同于逊尼派乌里玛，被视为伊玛目在世间的代表，地位更高，影响更大，其政治参与度亦更为广泛。尤其到19世纪以后，乌里玛获得了伊玛目几乎所有的权力，即充任星期五聚礼的领拜人、作出教法裁决、执行教法惩处、接受天课和胡姆斯等宗教税。可以说，乌里玛的这种宗教和政治上的地位，成为霍梅尼"教法学家治国"理论的重要来源。

什叶派乌里玛包括最低级的希卡特伊斯兰和有教法创制权的穆智台希德。穆智台希德又分为三个等级，即胡加特伊斯兰、阿亚图拉和大阿亚图拉。穆智台希德，尤其是大阿亚图拉，成为普通穆斯林乃至一般乌里玛的效仿对象，被视为他们与真主的中介，这种崇高的宗教地位几非逊尼派乌里玛所能企及。而且，什叶派乌里玛借助天课、胡姆斯等宗教收入，获得了独立于国家的经济地位，从而具备了享有宗教自由的物质基础，并通过创办独立于国家体制的经学院，而发挥着极大的政治影响力。

孔子虽始终欲谋建国，然其弟子似已失此意，不过唯求出仕而已。其后至孟子，虽亦奔走于大国间，犹不过欲诱齐宣、梁惠入道而行仁政耳。故观孟子之言曰："当今之时，万乘之国行仁政，民之悦之，犹解倒悬也，故事半古之人，功必倍之，惟此时为然。"（《公孙丑上》）又曰："人皆有不忍人之心，先王有不忍人之心，斯有不忍人之政矣。以不忍人之心，行不忍人之政，治天下可运之掌上。"（《公孙丑上》）又曰："诸侯有行文王之政者，七年之内，必为政于天下矣。"（《离娄上》）凡此所言，皆不过劝勉时君以行仁政而已。孟子又曰："汤之于伊尹，学焉而后臣之，故不劳而王。桓公之于管仲，学焉而后臣之，故不劳而霸。……汤之于伊尹，桓公之于管仲，则不敢召。管仲且犹不可召，而况不为管仲者乎？"（《公孙丑下》）则孟子不过欲为伊尹而已。可见，孟子本人已无创教得国之心矣，故后世儒士唯慕孟子能抗礼万乘耳，而非真能学孔子者。虽然，世人犹谓孟子迂阔，盖不知孟子已退而求其次，又焉有创教得国之志哉！此亦见孟子之务实，非可尽目为迂阔也。

孔子既不得行其志于中国，故不免有化外建国之意，此其所以"欲居九夷"、"乘桴浮于海"也。《论语·子罕》曰：

子欲居九夷。或曰："陋，如之何？"子曰："君子居之，何陋之有？"

戴子高注云："九夷，嵎夷之地，今朝鲜国也。孔子既不得用于鲁，自以殷人思箕子之风，故欲居其国也。陋者，无礼义也。礼义由贤者出，有箕子居而化之，夷变于夏矣，何为陋乎？君子，箕子。"①康长素则曰："孔子日思以道易天下，既不得于中国，则欲辟殖民之新地，传教诸夷。"②可见，孔子既不得志，尝欲效箕子，而建国于化外也。

又，《公冶长》载孔子语云："道不行，乘桴浮于海。"戴子高注云：

此盖孔子失鲁司寇，将去国，心悼伤之辞也。鲁与齐接壤，尽青州海，其东为九夷朝鲜之地，箕子之国，故设言浮海，欲以去之九夷，因其有箕子遗教可以行道也。

孔子既不得自售，而不能行道于母邦，遂欲去鲁而独立建国也。③

---

① 郭晓东：《戴氏注论语小疏》，华东师范大学出版社，2014，第155页。
② 康有为：《论语注》卷9，《康有为全集》册六，第448页。
③ 案，先知穆罕默德初传教于麦加时，颇受母邦迫害，乃劝其信徒越红海至埃塞俄比亚避难，建立新的家园，此犹孔子"乘桴浮于海"也。其后，至622年乃携其信众徙居麦地那，遂得建国矣。

故康长素径以孔子为教主,曰:

> 《春秋》以孔子为新王,所谓善教以德行仁,为后世之教主者也。教主为民所爱,天下心服,入其教者,迁善而不知,过化存神,东西南北,无思不服,同流天地,非孔子孰当之?此孟子特发明孔子为教主之义也。①

公羊家有"《春秋》当新王"之说,而长素推衍其义,以为孔子当为教主。盖教主者,圣人能信其徒众而聚成一共同体,此实为立国之基,他日若能得地利天时,则教团自可化而为国家矣。

盖君权国家乃化家而为国,而神权国家则不同,实由教团而来,故国家的政治领袖即教主之继承人,亦圣人也。其后神权国家蜕变为君权国家,则继位之君已非圣人,即便能"象贤",其合法性亦仅在于其为出于始祖的嗣子耳,而真正的圣人却无位在下,此后政教之分离实属不得已。不仅如此,君王对无位圣人反多施迫害,故圣人不再出,即便有圣人降世,多为避祸容身所计,亦不得不微言其说,或缄口重足,或隐遁于世外。故就三种国家形态而言,政教之间的关系各自不同:在儒教国家中,儒士以道制约君权,而教权与君权常能保持某种合作,乃至有高度的政治参与;至于基督教国家,教权唯行于教团和教众,世俗社会中则有知识分子,不独与教权无涉,且亦不过在君权外高言谠论而已;又有伊斯兰教国家,哈里发及各地苏丹、埃米尔虽掌握世俗权力,且一定程度上被视为教众的领袖,但司法和教育之权犹属诸乌里玛,尤其是教法学家能通过发布宗教法令来分割或干预君权。②

相较伊斯兰思想,儒家显然要温和得多,盖自孟子以降,儒家历来皆主

---

① 康有为:《孟子微》,《康有为全集》册五,第452页。
② 伊玛目信仰,乃什叶派区别于逊尼派的核心内容。此种理论在第六世伊玛目贾法尔·萨迪克那里得到完善,确立了伊玛目教义的基本点:伊玛目由安拉命定而非由人选择;前任伊玛目知道谁将是下一世伊玛目,从而指定其为继任者;伊玛目掌握来自先知的特殊知识,具有免罪性或不谬性。(参见金宜久:《伊斯兰教史》,江苏人民出版社,2006,第150页)可以说,除信仰安拉独一和使者穆罕默德外,伊玛目信仰构成了什叶派的第三个信条。在十二伊玛目派看来,不仅第一世伊玛目阿里是先知的继承人,而且,此后十一世伊玛目皆为阿里与先知之女法蒂玛的直系后裔,他们作为真主在世间的证据和大地上的迹象,同样具有不谬的特性。显然,在逊尼派那里,伊玛目并没有这种尊崇的地位,更未强调众伊玛目之间因血缘而形成的某种道统。但是,关于包括教法学家在内的乌里玛在国家中重要性的认识,两派大致相近,即认为"乌里玛(伊斯兰学者或伊斯兰教师)是先知事业的继承人。他们是教法的捍卫者和阐释者,其知识是由人(即门弟子)口耳相传的圣训知识,由称作伊斯纳德的传承予以保证的"。(金宜久:《伊斯兰教的苏非神秘主义》,中国社会科学出版社,1995,第107—108页)

张与君权合作乃至屈从于君权。① 其后至宋代,士气颇高涨,而君权亦相对克制,遂有"与士大夫共治天下"之说,多少意味着君权与教权的某种平等姿态。即便如此,儒家依然期待着"得君行道"或"致君尧舜",丝毫未有直接掌握权力的抱负。正因如此,教法学家在伊斯兰教国家中所起的作用,自非儒士所及,更非西方的教士及知识分子所能梦见也。对此,霍梅尼说道:"只有公正的教法学家才可能正确地实行伊斯兰法,稳固地建立行政机构,把伊斯兰刑法落到实处,保卫伊斯兰祖国的边界和领土完整。简言之,去履行与政府有关的所有法律在靠伊斯兰教法学家:征收诸如五一税、宰卡提、人头税和土地税这些税并依照公共利益把它们花费掉要靠教法学家;去实行伊斯兰的法律和补偿制度(必须在领导人的监督下实施,血亲复仇的杀手没有权实施它)要靠教法学家;保卫边界要靠教法学家;维护社会秩序也要靠教法学家。……公正的教法学家也同样必须是领导者和统治者,去实行真主的法律,建立伊斯兰政府。"② 可见,伊斯兰教学者的政治作用,几乎无所不包,直接影响到国家和民众生活的各个方面。

正因神权国家乃由教团而来,故什叶派甚至认为,"保卫伊斯兰是我们的义务。这是我们所有义务中最重要的义务,它甚至比祈祷和斋戒更为必要。正是为了履行这一义务,有时必须流血牺牲"。③ 若儒者对于国家的态度则不同,盖其于君权国家不过寄寓以行道而已,故有兼济、独善之别,至于君王三谏不从,则可去也,未可以流血牺牲之忠期之。是以孟子区别同姓、

---

① 在什叶派那里,更是将教法学家及其教权凌驾于君权之上。按照第六世伊玛目贾法尔·萨迪格的说法,"国王君临臣民,学者统治国王"。(麦西利吉编:《光的海洋》卷1,"伊拉姆卷",第1节,"圣训"92)其后,阿赫麦德·纳尔基亦有类似说法:"统治者领导人民,教法学家领导统治者。"(转引自吴成:《霍梅尼"教法学家治国"理论研究》,第125页)至20世纪,类似思想得到进一步肯定,譬如,以侯赛因·纳伊尼为代表的立宪主义者,主张在圣裔伊玛目隐遁时期,应成立立宪委员会来指导国家事务。(参见吴成:《霍梅尼"教法学家治国"理论研究》,第126页)1907年10月,伊朗新国王米尔扎颁布《宪法补充条款》,明确规定教法学家监督议会制订法律这一条款,从而赋予了宗教学者在法制建设中的重要作用。就此而言,1970年代末的伊斯兰革命,不过是20世纪初伊朗立宪运动的继续和发展。对此,霍梅尼高度肯定了教法学家在现代政治中的作用,"教法学家的权力高于领导人的权力"(霍梅尼:《教法学家治国》,第56页),"一个真正的领导人应该是教法学家自身,领导权应该提供给他们"(转引自吴成:《霍梅尼"教法学家治国"理论研究》,第115页),"教法学家必须是人民的领导者。实际上,由于教法学家没有在穆斯林世界里掌权,没有建立起来一个伊斯兰政府,伊斯兰正在衰落和丧失作用"。(霍梅尼:《教法学家治国》,第84页)
② 霍梅尼:《教法学家治国》,第81—82页。
③ 转引自吴成:《霍梅尼"教法学家治国"理论研究》,第120页。正因伊斯兰教国家的此种性质,霍梅尼认为,统治者利用武力反对穆斯林也是一种反叛。(同上,第130页)基于同样的理由,纵观中国古代历史,朝廷常有灭佛废淫祀之举,然绝无可能反儒也,否则,必将受到人民的唾弃。由此可见,儒教之于古代中国,实具有国教的性质,非佛、道可比。

异姓之卿,则儒者终始不过异姓之卿,焉能久处岩墙之下耶!龚定庵所谓"宾宾"之说,盖以儒者常自处以宾位,虽期君王之礼遇,然又常与君主相抗礼,岂可以纯臣厚责之者哉!

在中国,孔子不得行其道,实属一件具有历史意义的大事,从而根本上改变了以后中国政治的走向。定十四年,城莒父及霄。邵公注云:

> 去"冬"者,是岁盖孔子由大司寇摄相事,政化大行,粥羔豚者不饰,男女异路,道无拾遗,齐惧北面事鲁,馈女乐以间之。定公听季桓子受之,三日不朝。当坐淫,故贬之。归女乐不书者,本以淫受之,故深讳其本,又三日不朝,孔子行。鲁人皆知孔子所以去,附嫌近害,虽可书犹不书。

盖自此以后,孔子已不复寄望于时君,而始有建国之志矣。世人视孟子主张仁政为迂阔,然此前孔子用儒教治国,其效盖已如此,惜乎孔子未能真有国也。①

邵公又注云:"无'冬'者,坐受女乐,令圣人去。冬,阴,臣之象也。"对此,徐彦疏云:

> 孔子自书《春秋》而贬去"冬",失谦逊之心,违辟害之义,盖"不修《春秋》"已无"冬"字,孔子因之,遂存不改,以为王者之法,宜用圣臣,故曰"如有用我者,期月则可,三年乃有成"是也。

所谓"圣臣"者,帝王之臣也。盖《春秋》编年,四时具然后为年,虽无事,犹不去时,何况此时尚有事乎?可知孔子以"圣臣"自任,而鲁不能用,故道终不行。孔子时居鲁而摄相事,故谦居臣位,盖自谓"帝王之臣",已足以行道矣。然孔子终去位,则知徒有"帝王之臣",而无"帝王之君",道亦终不得行。后世儒士颇以"圣臣"自任,然观两千余年中国政治,君王皆非"圣君",故儒教之法虽颇行于三代以后,然距尧舜之理想国,而终有间焉。

3. 异外内

所谓"异外内",即"内中国而外诸夏,内诸夏而外夷狄"也。是例于《公

---

① 后儒对孔子治国之效,皆无有疑焉,又更推而上之,至谓周公治国亦然。武帝时,公孙弘尝上疏云:"臣闻周公旦治天下,期年而变,三年而化,五年而定。"可见圣人治国之神效,未可概目以为迂阔也。(班固:《汉书》卷58,第2617—2618页)

羊传》有明文。成十五年,冬,十有一月,叔孙侨如会晋士燮、齐高无咎、宋华元、卫孙林父、郑公子鳅、邾娄人,会吴于钟离。《传》云:

> 曷为殊会吴? 外吴也。曷为外也?《春秋》内其国而外诸夏,内诸夏而外夷狄。王者欲一乎天下,曷为以外内之辞言之? 言自近者始也。

何休注云:

> 明当先正京师,乃正诸夏,诸夏正,乃正夷狄,以渐治之。

其先,董子亦颇言"异外内"之旨。《春秋繁露·王道篇》云:"故内其国而外诸夏,内诸夏而外夷狄,言自近者始也。"①《竹林篇》云:"故《春秋》之于偏战也,犹其于诸夏也,引之鲁则谓之外,引之夷狄则谓之内。"②至于《论语》,亦颇涉此义,如孔子之许管仲,"微管仲,吾其被发左衽矣"(《宪问篇》),则视夷狄为仇雠也;其辨夷夏,则谓"夷狄之有君,不如诸夏之亡也"(《八佾篇》),皆据礼义而论夷夏之优劣。

"异外内"之说,后世学者多无疑义。盖历代朝廷颇遵用此义,无论汉、宋之拒外,抑或胡人之主华夏,皆以为施政重心所在;至于儒者,则素好侈张其言,以厉民族之节操,如胡安国作《春秋传》,专据此义而发复仇之论。清末党人倡言革命,亦据此义而张"驱除鞑虏,恢复中华"之帜焉。

具体而言,"异外内"之说包括如下几层意思:

其一,内鲁。盖《春秋》据鲁史记而作,故书法常与鲁为主,此所以内鲁也。且鲁为孔子之父母宗国,故凡叙及鲁与诸侯之事,自以鲁为主,此亦内鲁之义。然《春秋》当新王,而鲁有"一变至于道"之实,是以《春秋》又假鲁为京师以张治法,则王鲁者,亦内鲁也。

隐元年,三月,公及邾娄仪父盟于眛。传云:"及,犹汲汲也。暨,犹暨暨也。及,我欲之;暨,不得已也。仪父者何? 邾娄之君也。何以名? 字也。曷为称字? 褒之也。曷为褒之? 为其与公盟也。"《解诂》云:

> 我者,谓鲁也,内鲁故言我。……《春秋》王鲁,托隐公以为始受命王,因仪父先与隐公盟,可假以见褒赏之法,故云尔。

---

① 苏舆:《春秋繁露义证》卷4,第116页。
② 苏舆:《春秋繁露义证》卷2,第50页。

可见,邵公明据王鲁义而释"内鲁"也。

然《春秋》本以周之王城为京师。僖二十八年,晋人执卫侯,归之于京师。三十年,公子遂如京师,遂如晋。文元年,叔孙得臣如京师。八年,公孙敖如京师,不至而复。九年,二月,叔孙得臣如京师。宣九年,夏,仲孙蔑如京师。成十三年,三月,公如京师。夏,五月,公自京师。十五年,晋侯执曹伯归于京师。十六年,曹伯归自京师。二十四年,叔孙豹如京师。昭二十二年,六月,叔鞅如京师,葬景王。定元年,三月,晋人执宋仲几于京师。凡此,《春秋》经皆以周王之居所为京师也。

至于《公羊传》,亦颇以周城为京师。桓九年,春,纪季姜归于京师。《传》释"京师"云:

> 京师者何? 天子之居也。京者何? 大也。师者何? 众也。天子之居,必以众大之辞言之。

天子所居,得称京师,故《传》言京师,盖颇据周之都邑而言。

然《公羊传》亦有假鲁为京师者。如哀四年"晋人执戎曼子赤归于楚",《传》曰:"赤者何? 戎曼子之名也。其言归于楚何? 子北宫子曰:'辟伯晋而京师楚也。'"楚既得为京师,则《春秋》亦不妨假鲁为京师矣。《公羊传》既微有此意,邵公乃屡发此说。成十五年,《解诂》谓"明当先正京师,乃正诸夏",此以鲁当京师也。僖三年,冬,公子友如齐莅盟。《传》曰:"莅盟者何? 往盟乎彼也。其言来盟者何? 来盟于我也。"《解诂》云:"此亦因鲁都以见王义,使若来之京师盟,白事于王。不加莅者,来就鲁,鲁已尊矣。"因此,《春秋》于鲁与诸侯相交接,如诸侯之朝鲁、大夫之聘鲁、诸侯之师与鲁战于近地、失地之君及大夫奔鲁,皆书"来"。来者,内鲁之辞。而独于召陵之盟,书曰"来盟于师",则与齐桓公为主,亦内辞也。此内鲁之另一义也。

且鲁既为孔子之母邦,故《春秋》常讳内大恶,书内小恶;至于外之大恶,则直书不讳。则为鲁讳,亦内鲁之义也。隐十年,六月,辛未,取郜。辛巳,取防。《传》云:"取邑不日,此何以日? 一月而再取也。何言乎一月而再取? 甚之也。内大恶讳,此其言甚之何?《春秋》录内而略外,于外大恶书,小恶不书,于内大恶讳,小恶书。"

至于《春秋》为齐桓、晋文讳,亦常从内辞。僖十七年,夏,灭项。段氏熙仲谓此"不出主名,与鲁之书入杞同辞,内之之辞也,讳之也"。[①] 所以内辞

---

① 段熙仲:《春秋公羊学讲疏》,第516页。

者,以其能行王道也。若鲁本周公之邦,一变则至于道,而邾娄、滕、薛、宿之朝鲁,盖慕鲁为王化之首,故褒而进之。此犹《礼运篇》谓夫子叹鲁,实期鲁以汤之七十里、文王之百里也。可见,内鲁与王鲁,其义颇有相通者。

其二,内诸夏与外诸夏。《春秋》于所传闻世,内中国而外诸夏,体现在书法上,则详内而略外,故外小恶不书,外离会不书,外逆女不书,外大夫不卒,外取邑不书,外相如不书,外平不书,外夫人不卒葬,外灾不书。凡诸夏事所以不书者,盖略之也。

又,中国与诸夏之间,或因恩之厚薄而参差,或因忌讳不同而别异,故于所传闻世,内中国而外诸夏,内则书小恶,不书大恶;外则书大恶,不书小恶。其书与不书,一则讳尊,一则隆恩也。董子云:"是故于外道而不显,于内讳而不隐,于尊亦然,此其别内外、差贤不肖而等尊卑也。"①正谓此也。

诸夏于鲁为外,然《春秋》有"近近而远远,亲亲而疏疏"之义,故于鲁亲则内之。至所闻世,则诸夏尽为内矣,盖《春秋》欲以共扞御夷狄故也。段氏熙仲曰:"至于桓、文既没,攘夷狄而救中国者无其人,则不得不引诸夏而近之,合中国以御夷狄,此所闻世之所以内诸夏而外夷狄,亦势之不得不然者矣。"②然于传闻之世,《春秋》或以内辞许齐桓、晋文者,或出于尊贤故也;至其以内辞进邾娄、滕、薛、宿之君,则以其能先接我也。其后至所闻世,南荆勃兴,亟危中国,《春秋》之内诸夏,不过欲合诸夏为一,而与夷狄相抗。近世康、孙辈欲以中、日合邦,其志则在抗衡欧美,实与《春秋》内诸夏之旨同。

《春秋》既内诸夏,乃颇为之讳矣。襄二年,冬,仲孙蔑会晋荀䓨、齐崔杼、宋华元、卫孙林父、曹人、邾人、滕人、薛人、小邾人于戚,遂城虎牢。《传》云:"取之则曷为不言取之?为中国讳也。曷为为中国讳?讳伐丧也。曷为不系乎郑?为中国讳也。"七年,十有二月,公会晋侯、宋公、陈侯、卫侯、曹伯、莒子、邾子于鄬。郑伯髡原如会,未见诸侯。丙戌,卒于操。《传》云:"曷为不言其大夫弑之?为中国讳也。曷为为中国讳?郑伯将会诸侯于鄬,其大夫谏曰:'中国不足归也,则不若与楚。'郑伯曰:'不可。'其大夫曰:'以中国为义,则伐我丧;以中国为强,则不若楚。'于是弑之。"八年夏,葬郑僖公。《传》云:"贼未讨何以书葬?为中国讳也。"此处凡言"中国"者,俱指诸夏。《春秋》既内诸夏,乃合诸夏为一,皆目为中国,盖以为非如此不足攘夷也。

《春秋》内诸夏,不独出于扞御夷狄之目的,亦见王者治诸夏当尤加深详

---

① 苏舆:《春秋繁露义证》卷1,第13页。
② 段熙仲:《春秋公羊学讲疏》,第526页。

焉。《解诂》云:"书外离会,小国有大夫,宣十一年'秋,晋侯会狄于攒函',襄二十三年'邾娄鼻我来奔'是也。"案,小国本无大夫,然至所闻世,乃与大国无二,盖见王法之所施,已无小国、大国之别矣。

其三,内中国与外夷狄。《春秋》二百四十二年中,夷狄屡祸中国,致使中国不绝若线,《春秋》之严夷夏之辨,正在于此。僖四年,楚屈完来盟于师,盟于召陵。《公羊传》云:

> 夷狄也,而亟病中国,南夷与北狄交。中国不绝若线,桓公救中国,而攘夷狄,卒怗荆,以此为王者之事也。

《解诂》云:"言天王者,时吴楚上僭称王,王者不能正,而上自系于天也。"周王称天王,而吴楚之君贬称子,皆所以尊王攘夷。故《春秋》许齐桓、晋文之霸,不纯罪其专封、专讨之事,实以其能尊王攘夷,行王者之事也。

案,召陵之盟本在所传闻世,于例当为内其国而外诸夏,然《经》曰"来盟于师",盖内辞也,故《传》曰"其言来何?与桓为主也",齐桓本为外,然以其能合中国而攘夷,故从内鲁例。盖《春秋》所常书,当以鲁为内,至其与夷狄相抗,则引诸夏而内之曰中国。是以《常棣》之诗曰:"脊令在原,兄弟急难。"又曰:"兄弟阋于墙,外御其侮。"董子亦曰:"故《春秋》之于偏战也,犹其于诸夏也,引之鲁则谓之外,引之夷狄则谓之内。"①皆以诸夏当一致攘外,故作内辞。

又,襄七年,十有二月,公会晋侯、宋公、陈侯、卫侯、曹伯、莒子、邾娄子于鄬。郑伯髡原如会,未见诸侯。丙戌,卒于操。《公羊传》云:

> 操者何?郑之邑也。诸侯卒其封内不地,此何以地?隐之也。何隐尔?弑也。孰弑之?其大夫弑之。曷为不言其大夫弑之?为中国讳也。曷为为中国讳?郑伯将会诸侯于鄬,其大夫谏曰:"中国不足归也,则不若与楚。"郑伯曰:"不可。"其大夫曰:"以中国为义,则伐我丧;以中国为强,则不若楚。"于是弑之。

此处明以诸夏为中国。盖"中国"本为与夷狄相敌之辞,其意则在团结诸夏也,然今中国不若楚强,不能与夷狄相敌,故郑叛中国而归楚,而诸夏亦不成其为中国矣。

---

① 苏舆:《春秋繁露义证》卷2,第50页。

然《春秋》外夷狄之辞,实颇见于所传闻之世。隐七年,冬,天王使凡伯来聘。戎伐凡伯于楚丘以归。《公羊传》云:

> 凡伯者何?天子之大夫也。此聘也,其言伐之何?执之也。执之则其言伐之何?大之也。曷为大之?不与夷狄之执中国也。其地何?大之也。

《解诂》云:"中国者,礼义之国也。执者,治文也。君子不使无礼义制治有礼义,故绝不言执,正之言伐也。执天子大夫而以中国正之者,执中国尚不可,况执天子之大夫乎?所以降夷狄、尊天子为顺辞。"邵公之意,盖以执为治文,则唯有礼义得治无礼义之罪也,故夷狄者,尚未进于礼义,焉能治冠带之中国哉!董子《王道篇》则云:"不得执天子之大夫,执天子之大夫,与伐国同罪,执凡伯言伐。"①《精华篇》云:"《春秋》慎辞,谨于名伦等物者也。是故小夷言伐而不得言战,大夷言战而不得言获,中国言获而不得言执,各有辞也。有小夷避大夷而不得言战,大夷避中国而不得言获,中国避天子而不得言执,名伦弗予,嫌于相臣之辞也。是故大小不逾等,贵贱如其伦,义之正也。"②凡此,皆言夷狄不得执天子大夫,故正之曰伐。

《春秋》又谓夷狄不得执中国诸侯。僖二十一年,秋,宋公、楚子、陈侯、蔡侯、郑伯、许男、曹伯会于盂,执宋公以伐宋。《传》云:"孰执之?楚子执之。曷为不言楚子执之?不与夷狄之执中国也。"二十七年,冬,楚人、陈侯、蔡侯、郑伯、许男围宋。《传》云:"此楚子也,其称人何?贬。曷为贬?为执宋公贬,故终僖之篇贬也。"

《春秋》外夷狄,且贬为无礼义之国,"夷狄之有君,不如诸夏之亡也",故不与夷狄执中国也。至于中国与夷狄会,则殊会之,盖耻与同列也。成十五年,冬,十有一月,叔孙侨如会晋士燮、齐高无咎、宋华元、卫孙林父、郑公子鳅、邾人,会吴于钟离。《传》云:

> 曷为殊会吴?外吴也。曷为外也?《春秋》内其国而外诸夏,内诸夏而外夷狄。

又,宣十一年秋,晋侯会狄于攒函。《解诂》云:"离不言会。言会者,见所闻

---

① 苏舆:《春秋繁露义证》卷4,第117页。
② 苏舆:《春秋繁露义证》卷3,第85页。

世,治近升平,内诸夏而详录之,殊夷狄也。"孔巽轩曰:"会文在狄上者,殊狄也,所谓内诸夏也。"盖殊会夷狄,所以贱之,不与夷狄与中国抗礼也。

诸侯相会,不独殊会夷狄,尤不许夷狄主会。哀十三年,公会晋侯及吴子于黄池。《传》云:

> 吴何以称子?吴主会也。吴主会则曷为先言晋侯?不与夷狄之主中国也。其言及吴子何?会两伯之辞也。不与夷狄之主中国,则曷为以会两伯之辞言之?重吴也。曷为重吴?吴在是,则天下诸侯莫敢不至也。

若齐桓、晋文之会诸侯,则得为主。今吴国挟诈力而强会中国,诸侯赴会已足蒙羞,遑论许其主会哉!

且《春秋》以内鲁为常辞,若其许桓、文为主,实以其能救中国、攘夷狄也。僖四年,楚屈完来盟于师,盟于召陵。《传》曰:"桓公救中国而攘夷狄,卒怗荆,以此为王者之事也。其言来何?与桓为主也。"而《论语》称管仲之功云:"微管仲,吾其被发左衽矣!"(《宪问篇》)此《春秋》许桓、文之主会,以其能攘夷也,然今夷狄主会,欲何为哉?故桓、文有不能救中国者,则为讳之、耻之。僖元年,齐师、宋师、曹师次于聂北,救邢。《传》云:"不及事也。不及事者何?邢已亡矣。孰亡之?盖狄灭之。曷为不言狄灭之?为桓公讳也。曷为为桓公讳?上无天子,下无方伯,天下诸侯有相灭亡者,桓公不能救,则桓公耻之。"二年,城楚丘。《传》云:"不言狄灭之,为桓公讳也。"十四年,城缘陵。《传》云:"不言徐莒胁之,为桓公讳也。"桓、文之救中国,虽常有专封、专讨之嫌,然《春秋》虽文不与,而实与之,正以其能合诸夏为中国以拒夷狄也。

至于禽兽异类,《春秋》亦因以区别中国与夷狄之不同。昭二十五年,有鸜鹆来巢。《传》曰:"何以书?记异也。何异尔?非中国之禽也。"哀十四年,春,西狩获麟。《传》曰:"何以书?记异也。何异尔?非中国之兽也。"今人段氏熙仲乃慨言之曰:

> 呜呼!禽兽之微犹以其非中国之产也而外之,而书以记异,《春秋》二百四十二年之中所可书之事亦多矣,所书之事亦仅矣。一禽一兽非中国之产也,君子必谨而书之,则其明夷夏之大防亦严矣。元、清之世,彼事夷狄以祸中国者,曾禽兽之不如。世有君子,所当殊而外之必矣。①

---

① 段熙仲:《春秋公羊学讲疏》,第 527—528 页。

盖晚清自道、咸以降,夷狄之祸有不可胜言者,衣冠、政治、文化之类,莫不皆为腥膻焉,而媚虏之习渐成,逐腐臭若馨香然,竟致贬吾国人种不若白人,自居野蛮,颠谬若是,诚可叹也已!

其四,详内略外。王者治世,当自近者始,详内而略外。隐元年,公子益师卒。《解诂》云:

> 于所传闻之世,见治起于衰乱之中,用心尚粗觕,故内其国而外诸夏,先详内而后治外,录大略小,内小恶书,外小恶不书,大国有大夫,小国略称人,内离会书,外离会不书是也。于所闻之世,见治升平,内诸夏而外夷狄,书外离会,小国有大夫,宣十一年"秋,晋侯会狄于攒函",襄二十三年"邾娄劓我来奔"是也。至所见之世,著治大平,夷狄进至于爵,天下远近小大若一,用心尤深而详,故崇仁义,讥二名,晋魏曼多、仲孙何忌是也。

三世之治法各不同,盖于所传闻世,王者内中国而外诸夏,其治唯施于中国,故书内小恶以见王者拨乱之功,而不书外小恶者,以王者不暇治诸夏也;至所闻之世,王者始注目诸夏,故书外离会,小国亦有大夫,然犹不暇治夷狄也;至所见之世,万国咸同,而无远近内外之隔,此时王者治世功成,唯有二名可讥,犹白璧微瑕也。

然详内略外之义,实本诸《公羊传》文。成十五年,冬十有一月,叔孙侨如会晋士燮、齐高无咎、宋华元、卫孙林父、郑公子鳅、邾娄人,会吴于钟离。《传》云:

> 曷为殊会吴?外吴也。曷为外也?《春秋》内其国而外诸夏,内诸夏而外夷狄。王者欲一乎天下,曷为以外内之辞言之?言自近者始也。

《解诂》云:"明当先正京师,乃正诸夏。诸夏正,乃正夷狄,以渐治之。叶公问政于孔子,孔子曰'近者说,远者来';季康子问政于孔子,孔子曰'政者,正也。子帅以正,孰敢不正'是也。"所谓"自近者始",殆言王者当先详于内治也。

案,吾国古代政治之特点,诚如《论语》所言,当先正己而后正人,此诚治世之要道。至于平天下,亦不过如此,盖未有内不安而能攘外者。其先,董子颇已论及此义。《春秋繁露》云:

> 义之法在正我,不在正人。我不自正,虽能正人,弗予为义。……昔者楚灵王讨陈、蔡之贼,齐桓公执袁涛涂之罪,非不能正人也,然而《春秋》弗予,不得为义者,我不正也。阖庐能正楚、蔡之难矣,而《春秋》夺之义辞,以其身不正也。潞子之于诸侯,无所能正,《春秋》予之有义,其身正也。……以仁治人,义治我,躬自厚而薄责于外,此之谓也。①
>
> 圣王之道,莫美于恕,故予先言《春秋》,详己而略人,因其国而容天下。②

董子辨仁、义之分,亦明正己而后正人之义。若论其渊源所自,盖本诸孔子论政及孟子论善端,皆言治法当先谨于始也。

至何氏《解诂》,发挥此义尤为详明。隐二年,春,公会戎于潜。《解诂》云:"所传闻之世,外离会不书,书内离会者,《春秋》王鲁,明当先自详正,躬自厚而薄责于人,故略外也。王者不治夷狄,录戎者,来者勿拒,去者勿追。"九月,纪履缑来逆女。《解诂》云:"内逆女常书,外逆女但疾始不常书者,明当先自正,躬自厚而薄责于人,故略外也。"四年,春,王二月,楚人伐杞,取牟娄。《解诂》云:"内取邑常书,外但疾始不常书者,义与上逆女同。"桓三年,秋,七月,壬辰,朔,日有食之,既。《解诂》云:"是后楚灭邓、谷,上僭称王,故尤甚也。楚灭邓、谷不书者,后治夷狄。"僖二年,虞师、晋师灭夏阳,《解诂》曰:"晋至此乃见者,著晋、楚俱大国,后治同姓也。以灭人见义者,比楚先治大恶,亲疏之别。"二十八年,公朝于王所。《解诂》云:"不书诸侯朝者,外小恶不书,独录内也。"襄九年,春,宋火。《解诂》云:"《春秋》以内为天下法,动作当先自克责,故小有火,如大有灾。"哀十三年,晋魏多率师侵卫。《传》云:"曷为谓之魏多?讥二名。二名,非礼也。"《解诂》云:"复就晋见者,明先自正而后正人。正人当先正大以帅小。"诸如此说,皆言王者治世,当先内而后外,躬自厚而薄责于人也。

其五,夷夏进黜。《春秋》严夷夏之大防,又立七等之爵,进夷狄以渐,以明王者之无外也。庄十年,秋,九月,荆败蔡师于莘,以蔡侯献舞归。《公羊传》云:

> 荆者何?州名也。州不若国,国不若氏,氏不若人,人不若名,名不若字,字不若子。

---

① 苏舆:《春秋繁露义证》卷8,第250—255页。
② 苏舆:《春秋繁露义证》卷6,第161页。

《解诂》云:"《春秋》假行事以见王法。圣人为文辞逊顺,善善恶恶,不可正言其罪。因周本有夺爵称国、氏、人、名、字之科,故加州文,备七等以进退之。"盖《春秋》以一字褒贬为法,然出于避祸容身之计,又不可正言当世大人之罪,乃设七等之科,以寓圣人进黜之微意焉。《春秋》之为刑书,正由此可见矣。

又,《春秋繁露·爵国篇》云:"《春秋》曰荆,《传》曰'氏不若人,人不若名,名不若字',凡四等,命曰附庸。"①又云:"附庸字者方三十里,名者方二十里,人氏者方十五里。"②董子本据以论天子、诸侯爵等之差,以为周之旧制,然《公羊传》或进或黜,能慕礼义者则进之,反夷狄者则黜之,盖假以为驾御夷狄之法也。

虽然,中国当周季之衰,亦不免为"新夷狄"矣,故《春秋》常有不予中国而与夷狄为礼者。昭二十三年,秋,七月,戊辰,吴败顿、胡、沈、蔡、陈、许之师于鸡父。胡子髡、沈子逞灭,获陈夏啮。《公羊传》云:"此偏战也,曷为以诈战之辞言之?不与夷狄之主中国也。然则曷为不使中国主之?中国亦新夷狄也。"宣十二年,夏,六月,乙卯,晋荀林父帅师及楚子战于邲,晋师败绩。《传》云:"大夫不敌君,此其称名氏以敌楚子何?不与晋而与楚子为礼也。"故董子《春秋繁露·竹林篇》云:

> 《春秋》之常辞也,不予夷狄而予中国为礼,至邲之战,偏然反之,何也?曰:《春秋》无通辞,从变而移。今晋变而为夷狄,楚变而为君子,故移其辞以从其事。③

可见,夷夏之辨,不只是种族之不同,亦在其文明程度有高低也。则《春秋》之常辞而与中国为礼,至邲之战而反之,皆视礼义而进退夷夏。如是以夏变夷,正所谓先进文明能同化野蛮也。盖吾国自周以来,夷狄渐为礼义所化,驯至于诸夏,数千余年间,中华民族之不断扩大,端有赖于此种同化之力。

是以皮鹿门曰:

> 《春秋》立义之精,皆以今之所谓文明野蛮,为褒贬予夺之义。后人

---

① 苏舆:《春秋繁露义证》卷8,第234页。
② 苏舆:《春秋繁露义证》卷8,第235页。
③ 苏舆:《春秋繁露义证》卷2,第46页。

不明此旨，徒严种族之辨，于是同异竞争之祸烈矣。盖托于《春秋》义，而实与《春秋》义不甚合也。①

皮氏此论，盖斥清末章太炎排满论之狭隘。今种族主义为祸之烈，殆有不可胜言者，较诸《春秋》夷夏论之涵容广大，直若霄壤之判矣。

综上，董、何之言内外，殆有二义：其一，别内外，所以尊王攘夷也。其二，合内外，言治自近者始也。然观申受所释何氏例，却仅仅强调合内外之义。其《释例》云：

> 昔文王系《易》，著君德于乾，二辞与五同，言以下而升上，以内而及外也。夫子赞之曰："庸言之信，庸行之谨，闲邪存其诚，善世而不伐，德博而化。"有旨哉！慎言行，辨邪正，著诚去伪，皆所以自治也。由是以善世，则合内外之道也。至于德博而化，而君道成，《春秋》所谓"大一统"也。夫治乱之道，非可一言而尽。《易》变动不居，由一阴一阳而穷天地之变，同归于乾元用九以见天则。《春秋》推见至隐，举内包外，以治纤芥之慝，亦归于元始正本以理万事。故平天下在诚意，未闻枉己而能正人者也。《春秋》之化，极于凡有血气之伦，神灵应而嘉祥见，深探其本，皆穷理尽性之所致。为治平者，反身以存诚，强恕以求仁而已矣。②

申受以王者"穷理尽性"为自治，至于德博而化，以内而及外，遂由斯而"大一统"矣。此说与何休《解诂》同。案，邵公释成十五年《公羊传》"自近者始"，云："明当先正京师，乃正诸夏。诸夏正，乃正夷狄，以渐治之。叶公问政于孔子，孔子曰'近者说，远者来'；季康子问政于孔子，孔子曰'政者，正也。子帅以正，孰敢不正'是也。"邵公据《论语》以释《公羊》义也。至于《大学》言"八条目"，亦以修身为治平之本，其义亦同。

至于《刘礼部集》，则此前另有一段文字如下：

> 《春秋》治万世之天下，不为一人一事立义，而其例必曰"内诸夏而外夷狄，内其国而外诸夏"，夫岂私其近己者哉？《春秋》以内为天下法，故小恶必书，言王者当勤自克责为天下先，至于大恶，则讳不忍言，盖非恕内

---

① 皮锡瑞：《经学通论·春秋》，第9—10页。
② 刘逢禄：《春秋公羊经何氏释例》卷1，第18页。

之词,而治内之词也。《书》之详,固责之备;讳之深,尤责之重也。①

据隐元年《解诂》,"三世异辞"有详内略外之书法,即内小恶书而大恶不书是也。然邵公所言讳大恶者,殆为"恕内之词",而申受似非其说,以为俱"治内之词",盖欲中国能强勉以诚意正心之道焉。

若此,内外之别不再有严分华夷的内涵,只是王者治世之先后次序而已。先治中国,后治诸夏,至于无远近大小之别,斯为天下大同矣。其后,章太炎遂攻申受"以《公羊传》佞谀满洲",②谓其"世仕满洲,有拥戴虏酋之志,而张大《公羊》以陈符命,尚非《公羊》之旧说也",③又谓康长素"大同之说兴,而汉虏无畔界",④此类批评虽不免苛论,然清廷既倡言满汉大同,而申受释"异内外"例,或不能不受此影响焉。⑤

又,申受《秦楚吴进黜表序》云:

> 余览《春秋》进黜吴、楚之末,未尝不叹圣人驭外之意至深且密也。……然则代周而改周法者,断自秦始,何其辞之博深切明也!秦始小国僻远,诸夏摈之,比于戎狄。然其地为周之旧,有文武贞信之教,无敖僻骄侈之志,亦无淫洸昏惰之风,故于《诗》为夏声。其在《春秋》,无僭王滑夏之行,亦无君臣篡弑之祸,故《春秋》以小国治之,内之也。吴通上国最后,而其强也最骤,故亡也忽焉。秦强于内治,败敝之后,不勤远略,故兴也勃焉。楚之长驾远驭强于秦,其内治亦强于吴,故秦灭六国,而终覆秦者楚也。圣人以中外狎主,承天之运,而反之于礼义,所以财成辅相天地之道,而不过乎物,故于楚庄、秦穆之贤而予之,卒以为中国无桓、文则久归之矣,何待定、哀之末而后京师楚哉?于吴光之败陈、许,几以中国听之,慨然深思其故,曰:"中国亦新夷狄也。"黄池之会,《春秋说》曰:"齐、晋前驱,鲁、卫骖乘,滕、薛夹毂而趋。"……故观于《诗》、《书》,知代周者秦,而周法之坏,虽圣人不可复也。观于《春秋》,

---

① 刘逢禄:《刘礼部集》卷4。
② 章太炎:《检论·学隐》,《章太炎全集》册三,上海人民出版社,2014,第491页。
③ 章太炎:《中华民国解》,《章太炎全集》册一,第259页。
④ 章太炎:《检论·学隐》,《章太炎全集》册三,第491页。
⑤ 案,隐四年《公羊传》言"不与夷狄执中国",庄十年《传》言"不与夷狄获中国",僖四年《传》言"夷狄也,而亟病中国。南夷与北狄交,中国不绝若线。桓公救中国,而攘夷狄,卒怗荆",成十五年《传》言"曷为殊会吴?外吴也",昭二十三年、哀十三年《传》俱谓"不与夷狄主中国",此数条之义皆不见于《释例》,而申受所引僖四年、成十五年、昭二十三年《传》者,不过偏取"自近者始"之义,足见申受释"内外例"的倾向性,亦无怪乎章氏之讥焉。

知天之以吴、楚狎主中国,而进黜之义,虽百世不可易也。张三国以治百世,圣人忧患之心,亦有乐乎此也。①

申受此处似无丝毫贬黜夷狄之意,且许夷狄能取周地,改周法,强于内治,遂终有天下也。申受甚至张秦、楚、吴"三国以治百世",则夷狄能进于中国,而中国反退为夷狄矣。可见,申受此说,究其实,不过以清比于秦、楚、吴,而美其能以礼义入主区夏也,则太炎之讥,洵非虚语。

此外,董、何之言"大一统",盖据此以明"建五始"之义。至于申受,既以《春秋》内外义释《易·乾》六爻之升降,又引《文言传》语,谓"德博而化,而君道成,《春秋》所谓大一统也",而《论语述何》亦谓"《春秋》大一统,必自近者始",凡此,俱以夷夏之文化大同为"大一统"。此亦申受与董、何之根本不同。

其后,日人利用吾国的夷夏内外之说,建构了其"大东亚主义"理论,掩盖其侵略野心。② 早在19世纪末,日人近卫笃麿(1863—1904)在与康长素的谈话中已明有此意:

> 今日之东亚问题绝非东亚诸国间之问题,实为世界之问题。欧洲列强皆为自身之利害在东亚相角逐。东亚为东亚人之东亚,只有东亚人才有权利解决东亚问题。美洲之门罗主义,乃不外此意也。在东亚,推行亚细亚门罗主义之任务者,实贵我两国人之责任。在今日之局势下,推行此事者绝非易事。虽然如此,但我等最终之目的,非完成此一任务不可。③

可见,在20世纪早期,不仅当时的日本人,而且包括部分中国人,尚有此绝大抱负,即欲举东亚之力以对抗西方异种。

1898年6月,近卫笃麿组织了同文会,其用意即在强调中日两国同文同

---

① 刘逢禄:《春秋公羊经何氏释例》卷7,第189页。
② 日本早期的大东亚主义或大亚细亚主义具有这样几个特征:其一,意识到中日间特殊的历史关系;其二,强烈同情中国的改革事业;其三,强烈反对西方统治亚洲。(参见柯文:《在传统与现代性之间——王韬与晚清改革》,江苏人民出版社,2003,第67页)平石直昭在《近代日本的亚洲主义》一文中指出了亚洲主义的三个内涵:"一是同文同种为基础的联邦国家构想,二是东洋门罗主义的依据,三是将日本视为以文化同一性为基础的亚洲的解放者。"(转引自葛兆光:《想像的和实际的:谁认同"亚洲"——关于晚清至民初日本中国的"亚洲主义"言说》,《台大历史学报》第30期)不过,自1870年以后,中日在琉球群岛及在朝鲜问题上矛盾激化,日本在东亚扩张称强的野心最终导致了两国之间的战争。
③ 康有为:《与近卫笃麿的谈话》,《康有为全集》册五,第41页。不过,民国时,中国愈加不振,地位之卑弱尤甚于清末,则东亚门罗主义不免视中国受日本之保护矣,而长素遂反对此种门罗主义。(参见康有为:《共和平议》卷1,《康有为全集》册十一,第6—7页)

种,相互联结。① 近卫笃麿甚至在当时日本影响最大的《太阳》杂志上发表了《同人种同盟,附支那问题研究的必要》一文,宣扬种族战争:

> 我认为,东亚将不可避免地成为未来人种竞争的舞台。外交策略虽然可能"一时变态",但仅是"一时变态"。我们注定有一场白种人与黄种人之间的竞争,在这场竞争中,支那人和日本人都将被白人视为盟敌。有关未来的一切计划,都必须把此一难点铭记心中。②

1899年2月14日,伊藤博文在会议中发表演说,宣称:"我相信,尽我国国力的最大限度,向(朝鲜和支那)提供帮助,不但对保全我国自身利益,而且对整个远东大势,都是正确的、必要的。"③

正是在此意义上,长素甚至直接称中国与日本为诸夏:

> 日本与支那,对宅于大地渤海中,同种族,同文字,同风俗,同政教,所谓诸夏之国,兄弟之邦,鲁卫之亲,韩魏之势,而虞虢之依唇齿也。④

长素甚至有"合邦"之说:

> 若夫东海对居,风教相同,种族为一,则敝邑之与贵国,名虽两国,实为孪生之子。唇齿之切,兄弟一家,存则俱存,将来且为合邦。亡则俱亡,将来同夷于黑人。⑤

---

① 其实早在甲午战争时,日本曾发布《开诚忠告十八省之豪杰》,对关内汉人宣称"夫贵国民族之与我日本民族同种、同文、同伦理,有偕荣之谊,不有与仇之情也"。(宗方小太郎:《开诚忠告十八省之豪杰》,参见宗泽亚:《清日战争》,香港商务印书馆,2011,第275页)
② 马里乌斯·詹森:《近卫笃麿》,第113—114页。
③ 转引自任达:《新政革命与日本》,江苏人民出版社,2006,第37页。
④ 康有为:《唇齿忧》,1899年10月底,《康有为全集》册五,第141页。孙中山亦屡强调中国与日本同文同种,至于日本昔日之侵略中国,犹能原谅之,"日本不然,与我国利害相关,绝无侵略东亚之野心。从历史上观察之,彼为岛国,我为陆国,绝对不相侵害。纵近年来不免有侵略之举动,亦出于万不得已,非其本心,是我们最要原谅日本的"。(孙中山:《在东京中国留学生欢迎会的演说》,1913年2月23日,《孙中山全集》卷三,第26—27页)此说颇见孙氏此时之天真也。盖从地缘政治视之,日本的扩张绝对只有侵略中国一条路,且随着旧中国的衰落,日本欲取代之,成为"新中国",其意极为明了,绝不因中国已建立共和而缓其图谋也。
⑤ 康有为:《致大隈伯书》,1900年1月底,《康有为全集》册五,第164页。更晚些时候,孙中山犹视日本为兄弟之国,且以维持东亚和平乃两国之义务。(孙中山:《在日本东亚同文会欢迎会的演说》,1913年2月15日,《孙中山全集》卷三,第13—14页)就此点而言,康氏与孙氏有着相同的看法。

长素视中国与日本为兄弟之国,其意则在对付异种之西方夷狄也。可见,长素此时又在种族的意义恢复了《公羊》"异外内"说的另一层内涵。①

孙中山亦有中、日唇齿相依的观念。其在《在东京中国留学生欢迎会的演说》上说道:

> 亚洲大局维持之责任,在我辈黄人。日本与中国唇齿之邦,同种同文,对于亚东大局维持之计划,必能辅助进行。……日本从前对于中国,行侵略政策,亦见中国国势大不可为,假使受制欧洲,则日本以三岛海国,决难巩固,故不得已而出此。……(日本)与我国利害相关,绝无侵略东亚之野心。……我们中日两国,最宜联合一致进行。……消灭冲突,解释误会,共同谋亚东大陆之幸福,同为东亚之主人翁。②

此时孙氏犹为日本之侵略开脱也。孙氏甚至还有支持日本建立东亚霸权的主张。民国初年,孙中山曾与日本首相桂太郎密谈,据戴季陶《日本论》载桂太郎谈话要点,其中有云:

> 我得以利用英俄的冲突和英国联盟,居然侥幸把俄国打败了。俄国这一个敌人,不是东方最大的敌人,而是最急的敌人。打败了俄国,急是救了,以后的东方便会变成英国的独霸。英国的海军力,绝非日本之所能敌,而英国的经济力,绝非日本之所能望其肩背。……此后日本唯一之生路,东方民族唯一之生路,唯有极力遮断英俄的联结,而且尽力联德,以日德同盟继日英同盟之后,以对英作战继对俄作战之后,必须打倒英国的霸权,而后东方乃得安枕,而后日本乃有生命。此生命问题,非独日本,从鞑靼海峡到太平洋,全部东方民族的运命,皆以此计划的成败而决。……此两战者(指中日、日俄之战),日本不过以人民死生拼国家存亡,岂足以言侵略。若中国不强,而甘受欧洲的侵

---

① 此种意识不独康氏有之。戊戌间,日本伊藤博文来华,即颇有留其于京以备顾问之议,时军机章京外放松江府知府的濮子潼上疏曰:"说者谓日人我之仇雠,不当使之借箸。不知日人与我唇齿相依,我制于西,则彼亦自不能保。故甲午一役,闻彼实有悔心。"(《戊戌变法档案史料》,第12页)稍早,刑部司员洪汝冲上书主张中、日、英合邦,以对抗俄势之南逼。维新党人杨深秀、宋伯鲁亦上书,主张中、英、美、日合邦之说。

又据孔祥吉考订,南海"合邦"之议,实受英国传教士李提摩太影响,其目的不仅是为了中国之图存,而且,更主要是当变法陷入危难的后期,欲借此耸动朝局耳。然李提摩太本人,实颇具政治野心,欲利用康有为遂其控制中国之心而已。(参见孔祥吉:《康有为变法奏议研究》,辽宁教育出版社,1988,第411—425页)

② 《孙中山全集》卷三,第26—27页。

略,且将陷日本于危亡,是可恨耳。……中国有一孙先生,今后可以无忧。今后惟望我两人互相信托以达此目的,造成中日土德奥的同盟,以解印度问题。印度问题一解决,则全世界有色人种皆得苏生。日本得成此功绩,绝不愁此后无移民贸易地,绝不作侵略中国的拙策。对大陆得绝对的保障而以全力发展于美澳,才是日本民族生存发展的正路。大陆的发展,是中国的责任。中日两国联好,可保东半球的和平,中日土德奥联好,可保世界的和平,此惟在吾两人今后的努力如何耳。……现今世界中,足以抗英帝国而倒之者,只有我与先生与德皇三人而已。①

可见,日本的扩张意识与本民族存亡的忧惧意识是分不开的,而与西方帝国主义的殖民扩张不尽相同。而且,日本对抗西方列强的意识,自幕末时期就已出现,其以后历次对外战争,亦是出乎此目的。出乎此种目的,日人不仅打算联合中国、土耳其,甚至包括德、奥这些后发资本主义国家。是以其在二战期间打着"解放"之帜出兵东南亚,非纯出于虚语,乃其民族近百年之忧患意识所致。惜乎后来之日本背弃桂太郎的设想。

其后,孙中山《致犬养毅书》(1923年11月16日)云:

贵国对支行动,向亦以列强之马首是瞻,致失中国及亚洲各民族之望,甚为失策也。今次先生入阁,想必能将追随列强之政策打消,而另树一帜,以慰亚洲各民族喁喁之望。若能如此,则日本不忧无拓殖之地,以纳其增加之人口;吾知南洋群岛及南亚各邦,必当欢迎日本为其救主也。……倘日本以扶亚洲为志,而舍去步武欧洲帝国主义之后尘,则亚洲民族无不景仰推崇也。②

此时孙氏呼吁日本支持中国之革命,认为中、日利害相同,中国一旦革命成功,将与日本一道对抗欧美列强。③ 孙氏盖欲引日本为诸夏而共抗西夷,然日本之志,首先则在诸夏内争"中国"地位,且以自身土地、人民狭小之故,欲

---

① 戴季陶:《日本论》,光明日报出版社,2011,第95—98页。
② 《孙中山全集》卷八,第401—402页。孙氏又称许中国免于欧美列强瓜分,有赖于日本之崛起,"列强中初有欲并吞之者,而阻于其强,遂有议而瓜分之者,不期适有日本崛起于亚东之海隅,而瓜分之谋又不遂。当此之时,支那之四万万人与亚洲各民族,无不视日本为亚洲之救主矣"。(同上,第402页)
③ 参见孙中山:《致犬养毅书》,《孙中山全集》卷八,第404页。

先吞并东亚诸国以强大其"中国"地位。① 孙氏似颇为之惜,以为其目光短浅,乃失东亚人民之心。

孙氏晚年甚至主张中国、日本联合起来,组成一个联邦,甚至可以包括安南、缅甸、印度、波斯、阿富汗在联邦之内,以对抗欧洲。② 1924 年 11 月 28 日,孙中山在日本神户对神户商业会议所等团体发表了题为《大亚洲主义》的演讲,不仅主张亚洲联合的必要,而且又呼吁:

> 若是日本真有诚意来和中国亲善,便先要帮助中国废除不平等的条约,争回主人的地位,让中国人是自由身份,中国才可以同日本来亲善。③

其时,日本的亚洲主义愈益倾向于首先谋求日本在亚洲的主导地位,孙中山对此亦颇警省矣。④

章太炎亦有类似看法。1897 年,太炎尝撰《论学会有大益于黄种》、《论亚洲宜自为唇齿》二文,其中有云:

> 为今之计,既修内政,莫若外昵日本,以御俄罗斯。两国斥候……无相负弃,庶黄人有援,而亚洲可以无蹶。⑤

---

① 对此,鲁思·本尼迪克特亦有见于日本此种认识,"日本为其战争的正义性进行辩护的那些前提与美国的恰恰相反。……日本必须为建立等级秩序而战斗。当然,这一秩序的领导只能是日本,因为只有日本是唯一的真心建立起自上而下的等级制的国家,也最了解'各得其所'的必要性。……因此,它应该帮助落后的兄弟之邦——中国。'大东亚'诸国是同一人种,日本应当首先将美国,其次是英国、俄国,从世界的这一区域内驱逐出去,使之'各得其所'。……即使是在战败后,日本也还不认为应该从道德上排斥'大东亚'这一理想。"(本尼迪克特:《菊与刀——日本文化的类型》,商务印书馆,1990,第 15—16 页)
② 孙中山:《三民主义·民权主义》,1924 年 4 月 13 日,《孙中山全集》卷九,第 304 页。
③ 孙中山:《在神户各团体欢迎宴会的演说》,《孙中山全集》卷十一,第 413—414 页。
④ 汪精卫投敌后,多次提及孙中山在神户的这次演说。汪氏曾回忆道,孙中山在赴日本当日曾经向他提及,"这一次到日本,如果得到日本的谅解,中日俄联合起来,我们东方便有办法"。因此,汪氏自以为不过是贯彻了孙中山一贯的中日合作精神而已,"民国六年,他所重视的是中日合作,以中日合作为基础而期望中日两国都得到美国的友谊结合;民国十三年,他所重视的也是中日合作,以中日合作为基础,然后联俄才有用处,然后中日俄三国才能联合起来,谋东亚问题之解决"。汪氏还说道,"中国今日不但要和日本分担东亚的责任,并且要有力量来分担这个责任。……在日本,为本身着想,为分担东亚的责任着想,也要以先进国的地位,帮助中国做到国家之自由平等"。(汪精卫:《三民主义之理论与实际》,伪南京国民政府宣传部编印:《汪主席和平建国言论集》,1940,第 121—122 页)
⑤ 章太炎:《论亚洲宜自为唇齿》,《章太炎政论选集》,第 6—7 页。

> 然以赤县之地,近在肘腋,可以相倚依者,阖亚洲维日本。①

显然,太炎主张黄种人应该团结起来,尤其中日两国应该携手合作,对抗白人帝国主义。其后,1898年,章太炎在《上李鸿章书》中以为,"今夫日本,非有深怨于我也。……夫同种之国……非得日本,谁与同命。以一时之怨视之,乃不如白种,是犹兄弟争室而授途之人以狐父之戈也"。②

1907年,太炎与印度、越南、缅甸、菲律宾、朝鲜等国的志士共同成立"亚洲和亲会",其约章云:

> 仆等鉴是,则建"亚洲和亲会",以反对帝国主义而自保其邦族。……集庶姓之宗盟,修阔绝之旧好,用振我婆罗门、乔答摩、孔、老诸教,务为慈悲恻怛,以排摈西方旃陀罗之伪道德,令阿黎耶之称,不夺于皙种,无分别之学,不屈于有形。③

随着日本渐渐转向帝国主义,太炎又寄希望于中印之联盟,乃至整个亚洲之团结,其目的均在对付白人帝国主义。

至于日本,相关的理论更是丰富。"亚洲主义"发源于十九世纪的日本思想界,其旨在倡导"亚洲是亚洲人的亚洲",号召亚洲人结成黄种人的联盟,共同反对欧美的殖民入侵。此种思想其实是东方的"门罗主义"。而中国与日本则是亚洲最大的两个国家,日本固然主张中日提携,然而,却寻求日本在亚洲的主导地位。此种"亚洲主义"与康、孙等人的主张有着很大区别。

1933年,石原莞尔提出"东亚联盟论",认为一战以后形成了苏联、欧洲、美洲和东亚四个集团,最后世界的竞争将在美洲集团与东亚集团间展开,二者的决战将"决定天皇成为世界的天皇,还是美国总统来统治世界,决定人类的最后命运。这是决定东洋王道与西洋霸道,究竟谁来统治世界的战争"。④ 要取得此决战的胜利,东亚诸国尤其是"同文同种"的中国与日本要互相提携,实现日、满、中三国之联盟:"一、国防。防范白种人的侵略,保卫东亚天地,为此也必须建立'满洲国'。二、政治。日满中分别根据本国的特征,政治独立,不干涉内政。三、经济。以共存共荣为目的,谋求一体

---

① 章太炎:《记西婆耆王纪念会事》,《章氏丛书》,第842页。
② 汤志钧:《章太炎年谱长编》,中华书局,1979,第61页。
③ 《亚洲和亲会规章》,见《章太炎选集》,第429页。
④ 《石原莞尔选集》3,转引自史桂芳:《日伪时期北平的东亚联盟协会》,《北京党史》2000年第6期。

化。四、文化。日中两国民族互相尊重对方的文化,创建以道义为中心的东洋新文化,并吸收西洋文明,实现人类最高的文明。"①其后,近卫文麿的"大东亚共荣圈"不过是"东亚联盟论"的政策化而已。

日本战败以后,毛泽东屡屡强调中日两国人民团结起来对抗美帝国主义。② 以公羊学而言,日本侵凌中国如此,而中国犹能以诸夏而恕之,遑论素来为中国藩属的南洋诸国,更当以诸夏相待矣。

综观申受对"三科例"的解释,虽以"申何"为大旨,且谓董、何"若合符节",然其说仅仅强调了邵公《解诂》的某些方面。不过,申受对《公羊》义例的阐释,自道、咸以降,遂与晚清的经世致用风潮相激荡,从而深深影响了晚清政治思想与现实运动的基本走向。

二 释九旨例

1. 时月日

《春秋》诸例中,尤以时月日例最为琐细,亦最受人诟病,后儒以为穿凿附会者,莫此为甚。王充尝批评《公羊》、《穀梁》以日月为例之谬,其《论衡·正说》云:

> 若孟子之言,《春秋》者,鲁史记之名,《乘》、《梼杌》同。孔子因旧故之名,以号《春秋》之经,未必有奇说异意深美之据也。……《春秋左氏传》:"桓公十有七年,冬,十月,朔,日有食之。不书日,官失之也。"谓官失之,言盖其实也。史官记事,若今时县官之书矣。其年月尚大,难失;日者微小,易忘也。盖纪以善恶为实,不以日月为意。若夫《公羊》、《穀梁》之传,日月不具,辄为意,使夫平常之事,有怪异之说;径直之文,有曲折之义,非孔子之心。③

仲任的态度与《左氏》同,反对以日月为意,以为《春秋》不过"纪以善恶为实",至于凡不书日者,乃"官失之"而已。至于《公》、《穀》所言日月例,不免"使夫平常之事,有怪异之说;径直之文,有曲折之义",非"孔子之心"也。

---

① 史丽华:《策划"九一八"事变的元凶石原莞尔》,天津编译中心编:《日本军国主义侵华人物》,中国文史出版社,1994,第355页。
② 参见毛泽东:《美帝国主义是中日两国人民的共同敌人》、《日本人民斗争的影响是很深远的》等文,《毛泽东文集》卷八,人民出版社,1993。
③ 黄晖:《论衡校释》卷28,第1323—1325页。

可见，早在汉人那里，已意识到三传对此例的不同态度。盖《公羊》、《穀梁》皆主时月日例，而《穀梁》言之尤密；至于《左氏》，除卿卒、日食外，皆不以日月为意。然考《公羊传》之文，已颇见时月日例，洵非尽出于汉人之臆说也。观《公羊传》所载时月日例，凡二十三条。其中，书首时一条，正月即位例两条，日或不日例两条（日食、葬事），书日例七条（至之日、大其事、录内事、公子卒、示其难、偏战），不书日例十条（即位、伐、诈战、取邑、齐桓之盟、未逾年君弑、晦），今稍胪列如下：

关于时例。隐六年，秋七月。《传》云："此无事，何以书？《春秋》虽无事，首时过则书。首时过则何以书？《春秋》编年，四时具，然后为年。"段熙仲以此为《春秋》书时之大例，若过时而不书，则为变例也。①

关于月例。隐元年，春，王正月。《传》云："曷为先言王而后言正月？王正月也。何言乎王正月？大一统也。"段氏谓此为《春秋》书月之正例，至于王二月、王三月亦然，则不书王而但言月者，是其变例也。又，隐十一年，冬，十有一月，壬辰，公薨。《传》云："隐何以无正月？隐将让乎桓，故不有其正月也。"定元年，春，王。《传》云："定何以无正月？正月者，正即位也。定无正月者，即位后也。"则不书正月者，亦变例也。又，哀五年，闰月，葬齐景公。《传》云："闰不书，此何以书？丧以闰数也。"则《春秋》不书闰，乃正例也。

关于日例，亦颇见于《公羊传》。僖十六年，春，王正月，戊申朔，陨石于宋五。是月，六鹢退飞过宋都。《传》云："是月者何？仅逮是月也。何以不日？晦日也。晦则何以不言晦？《春秋》不书晦也。朔有事则书，晦虽有事不书。"则《春秋》书朔不书晦，此正例也，盖《春秋》正始故也。

以上乃《春秋》经所见书时、月、日之例。而就其内容而言，《公羊传》又可分为以下数类：

朝聘。僖二十八年，壬申，公朝于王所。《传》曰："其日何？录乎内也。"则朝例不书日，唯内朝乃书日，盖详内略外之意也。

卒葬。隐三年，癸未，葬宋缪公。《传》曰："葬者曷为或日或不日？不及时而日，渴葬也；不及时而不日，慢葬也。过时而日，隐之也；过时而不日，谓之不能葬也。当时而不日，正也；当时而日，危不得葬也。"②又，隐元年，

---

① 戴君仁虽以时月日例多为附会穿凿，然犹承认此条"是真正的《春秋》体例的说明，当然正确而无问题"。（戴君仁：《春秋辨例》，第39页）
② 此段借书日之例，明让国反招篡弑之意。宋刘敞颇不满其例，曰："所谓过时而日者，直指齐桓公而言尔。当是时，公子争国，隐之可也。若夫卫穆公、宋文公，无齐桓之贤，无争国之患，过时而日，有何可隐之乎？若如传所言者，卫穆公、宋文公无他患难，而过时乃葬，宜不日以见其慢，无为乃隐之也。又所谓过时而不日者，谓平安无故，而懈缓不能（转下页）

公子益师卒。《传》曰:"何以不日? 远也。所见异辞,所闻异辞,所传闻异辞。"

会盟。庄十三年,冬,公会齐侯,盟于柯。《传》云:"何以不日? 易也。其易奈何? 桓之盟不日,其会不致,信之也。其不日何以始乎此?……桓公之信著乎天下,自柯之盟始焉。"又,二十三年,春,公至自齐。《传》云:"桓之盟不日,其会不致,信之也。此之桓国,何以致? 危之也。"十有二月,甲寅,公会齐侯,盟于扈。《传》云:"桓之盟不日,此何以日? 危之也。"又,僖九年,九月,戊辰,诸侯盟于葵丘。《传》云:"桓之盟不日,此何以日? 危之也。"盟日为正例,盖危之也。至桓盟不书日者,则变例也,盖以桓之信著于天下,故不日为正例;然至葵丘之盟书日者,以其后叛者九国,故著此盟之不信,是为变例。

战伐。庄二十八年,春,王三月,甲寅,齐人伐卫,卫人及齐人战,卫人败绩。《传》云:"伐不日,此何以日? 至之日也。战不言伐,此其言伐何? 至之日也。"又,僖二十二年,冬,十有一月,己巳,朔,宋公及楚人战于泓,宋师败绩。传云:"偏战者日尔,此其言朔何?《春秋》词繁而不杀者,正也。"三十三年,夏,四月,辛巳,晋人及姜戎败秦于殽。《传》云:"诈战不日,此何以日? 尽也。"又,隐十年,六月,壬戌,公败宋师于菅。辛未,取郜。辛巳,取防。《传》云:"取邑不日,此何以日? 一月而再取也。"又,文七年,三月,甲戌,取须朐。《传》云:"取邑不日,此何以日? 内辞也。"伐不日、诈战不日、取邑不日,皆正例也;反之,则属变例。

以上乃《公羊传》所载时月日例如此,至汉末何邵公,又颇增设其法,"凡《传》所未及者,皆一一钩稽全经补之,且为之说"。① 其例甚烦,今不为赘述。

至于《穀梁传》,其例更是琐细。譬如,隐元年,三月,公及邾仪父盟于昧。《穀梁传》云:"不日,其盟渝也。"九月,及宋人盟于宿。《传》云:"卑者之盟不日。"公子益师卒。《传》云:"大夫日卒,正也;不日卒,恶也。"三年,八月,庚辰,宋公和卒。《传》云:"诸侯日卒,正也。"四年,九月,卫人杀州吁于濮。《传》云:"其月,谨之也。"五年,夏,四月,葬卫桓公。《传》云:"月葬,

---

(接上页)葬者也。若国有忧乱,嗣子放弑,虽复过时,岂臣子本情,而当责以不能葬乎? 诸如此义,不可胜纪。……其敝在于以日月为例也。"(刘敞:《春秋权衡》卷8,《文渊阁四库全书》本)

① 段熙仲:《春秋公羊学讲疏》,第253页。戴君仁则曰:"大体说起来,《公羊》本传中日月之例,尚不甚密,而且比较平实。至于何休,附会殊甚,可以说是变本加厉。"(戴君仁:《春秋辨例》,第42页)

故也。"九月,螟。《传》云:"虫灾也。甚则月,不甚则时。"十一年,春,滕侯、薛侯来朝。《传》云:"诸侯来朝,时,正也。"桓二年,秋,七月,纪侯来朝。《传》云:"朝时,此其月,何也? 桓内弑其君,外成人之乱。……故谨而月之也。"诸如此类,《公羊》所未言,而《穀梁》乃发之,可见其言时月日例,较《公羊》又加详矣。清许桂林撰有《春秋穀梁传时月日书法释例》,颇资参考。皮鹿门颇推崇是书,称其有功于《穀梁》,犹刘申受有功于《公羊》也。

其后《左氏》浸盛,故世之治《春秋》者,多不以时月日为例。至宋崔子方,乃知时月日例之为重。其序云:

> 尝论圣人之书,编年以为体,举时以为名,著日月以为例。《春秋》固有例也,而日月之例,盖其本也。①

崔氏推崇时月日例,且以为《春秋》诸例之本。此后又有元赵汸《属辞》,亦主此例,可谓铁中铮铮耳。

清代《公羊》学复兴,莫不主时月日例。申受《释例》云:

> 昔子思之赞《春秋》也,曰"上律天时",又曰"如四时之错行,日月之代明",是以知圣人之文,天文也。瞽者不知日月,童子不知经纬,以之言天,犹扣槃扪烛也。故深于天文者,不惟知其位次度数而已,又能推其薄蚀围亡之故,本于人事而整齐之。故天不言,以三光四时为言,视言相万也;圣人不辨,以时月日为辨,视辨相万也。详略之,以理嫌疑;偏反之,以制新义。故君子不必亲相与言,以礼乐相示,而感之者意变色动;《春秋》不待褒讥贬绝,以日月相示,而学之者湛思省悟。故曰:经世,先王之志。圣人议而勿辨,其言弥微,其旨弥显,使人属辞比事,而辨惑崇德,斯善学矣。不善学者,或欲屠其赘而悉置之,或不得其说而胶执之,以其身陷于非圣之法而不之救,是犹童昏而强言围亡薄蚀,与以诏相,反若诳之,其不转于沟壑,则幸耳! 可不谓大哀乎!②

盖时月日者,天文也,然又关乎人事,故《春秋》示以时月日,或详略之,或偏反之,以明圣人褒讥贬绝之意。然治《春秋》者,多不明此理,故如杜预、朱熹者,"欲屠其赘而悉置之";或如崔子方、赵汸者,则"不得其说而胶执之"。

---

① 崔子方:《春秋本例》序,《文渊阁四库全书》本。
② 刘逢禄:《春秋公羊经何氏释例》卷2,第62—63页。

申受乃整齐邵公《解诂》所言时月日例,列五十余目,如朝、聘、会、盟、侵、伐、战、围、入,皆例时;盟又别大信时、小信月、不信时;战又别偏战日、诈战月;大国君卒日葬月,小国则卒葬时,极于哀公亦卒日葬月;内大夫卒,所传闻世不日,所见世则日,若所闻世则别有罪无罪。凡此,可见《释例》之精且详矣。

其实,时月日例虽烦,亦有规律可寻,大略不过正、变二端而已。盖记大事者,详而书日;小事则略而书时也。此乃国史记事之常法,至于个人之记事,亦莫不如此。正例之外,又有变例。正例日者,则变例时也;正例时者,则变例日也;而月则消息时、日之间,又其变也。可见,时月日之例,实出于自然之理,非唯末师解经之妄设也。

关于此种道理,廖平尝有论曰:

> 《春秋》记事,大事记之详,如君夫人葬薨、大夫卒、天王崩、外诸侯卒、大异宗、朝、灾、郊、祭、盟、战,所关者大,重录之则详,故记其日。小事则从略,如来往,如致、朝、聘、会、遇、外盟、外败,一切小事,皆例时。大事日,小事时,一定之例也,亦记事之体应如是也。至于轻事而重之,则变时而月日焉;重事而轻之,则变日而月时焉。事以大小为经,例以日时为正,一望而知者也。而月在时日之中为消息焉,凡月皆变例。大事例日,如盟例日,而桓盟皆不日而月,变也;柯之盟时者,变之至也。此日为正,月为变,时为尤变之例也。小事例时,如外诸侯葬例时,月为变,日为变之甚。此时为正,月为变,日为尤变之例也。因其事之大小,考其例之详略。如朝,时也,变之则月,至变则日。用币时也,谨之则日。因其事之小,知其日月之为变。外诸侯卒,例日,变之则月,至变则时。因其事之大,知其月时之为变。凡变则有二等,以差功过、浅深,故月皆变,例从时而日,从日而时,皆变之尤甚也。有条不紊,纲目明白。何氏误以月为正例,则正例有三等,无以进退,而于二主之间,又添一主,则正变不明,端委朦混,治丝而棼,故使人嗤为牵引射覆,此其巨谬也!①

廖氏以为,事有大小,大事日,而小事时,此乃"一定之例",至于史家纪事亦犹是也;至于月者,皆变例也。可见,廖氏将时月日例分为正、变二等:若以书时为正例,则书月、日者皆变例,而书日为"变之尤甚"者;若以书日为正

---

① 廖平:《何氏公羊春秋三十论》,载李耀仙编:《廖平选集》册下,第142—143页。

例,则书月、时皆变例,而书时亦"变之尤甚"者。就此而言,廖氏以邵公之失在于以月为正例,如是时、月、日者俱可为正例也。

皮鹿门之说亦近同,曰:

> 《春秋》记事,大事记之详,如君夫人葬薨、大夫卒、天王崩、外诸侯卒,大异宗庙灾祭事盟战,所关者大,重录之则详,故记其日;小事则从略,如来往如致朝聘会遇外盟外战,一切小事,皆例时。大事日,小事时,一定之例也,亦记事之体,应如是也。至于轻事而重之,则变时而日月焉;重事而轻之,则变日而月时焉。……故月皆变例,从时而日,从日而时,皆变之尤甚者。①

可见,廖、皮二氏所言时月日例,颇为明洽而近理。若王安石以"断烂朝报"视《春秋》,实以不明时月日例所致也。

2. 爵氏名字

昔子路问政,孔子答以"正名"。盖正名者,辨正君臣之分也,而莫著于《春秋》。故《庄子·天下篇》谓"《春秋》以道名分",《史记·太史公自序》引董子语,以为《春秋》"贬天子,退诸侯,讨大夫,以达王事而已",盖圣人假名例以达褒贬进退之法。《公羊传》辨名之例,尤深且详,而有爵氏名字之科,今稍胪举如下:

王。其称有三,曰王,曰天王,曰天子。成八年,秋,七月,天子使召伯来锡公命。《传》曰:"其称天子何?元年春王正月,正也。其余皆通矣。"则似称王者正也,而天王、天子者,则为通称。然徐彦疏据何休注云:

> 王是旧名,天王者,《春秋》时称耳。但《春秋》见当时之王皆系于天,是以逐本不追正,见其是非,何者?若单称王者,是其旧号;若系于天者,明非古礼矣。作《春秋》既不追正,遂以天王作其常称,是以《春秋》之内不言天者,皆悉解之,见其失所。……此三者皆是上之通称,但以天王者,得当时之言;王与天子者,皆有所刺。

可见,王、天王与天子,三者俱是通称,而王者是旧名;然就《春秋》而言,则以天王为常称,而王与天子,皆有所刺,盖有为而言也。故成元年,"王使荣叔来锡桓公命",何注云:"不言天王者,桓行实恶,而乃追锡之,尤悖天道,故云

---

① 皮锡瑞:《经学通论·春秋》,第54—55页。

尔。"此显以天王为正辞,而言王为变例。至于隐元年《传》云:"王者孰谓?谓文王也。"盖以王指周之始受命王,若王二月、王三月,据通三统义视之,皆为夏、殷之始命王,各为一代王法所出也。

至于天子之妃,当称王后。至其辞成,虽在父母之国,犹得称王后也。桓八年,祭公来,遂逆王后于纪。《传》云:"女在其国称女,此其称王后何?王者无外,其辞成矣。"刘夏逆王后于齐,亦此义也。然桓九年,春,纪季姜归于京师。《传》云:"其辞成矣,则其称纪季姜何?自我言纪。父母之于子,虽为天王后,犹曰吾季姜。"此据《春秋》尚亲亲之义,明子尊不得加于父母也。

诸侯。诸侯之称亦有三,曰公,曰子,曰子某。庄三十二年,冬,十月,乙未,子般卒。《传》云:"君存称世子,君薨称子某,既葬称子,逾年称公。"此其例也。① 此外,诸侯又有称字者。隐元年,公及邾娄仪父盟于眛。《传》云:"仪父者何?邾娄之君也。何以名?字也。曷为称字?褒之也。曷为褒之?为其与公盟也。"盖邾娄仪父在《春秋》前失爵,而今称字者,乃渐进以褒之也。

又,诸侯不生名,此正例也。案,生名者有三:绝则名,失地名,夺正名。桓六年,蔡人杀陈佗。《传》云:"陈佗者何?陈君也。陈君则曷为谓之陈佗?绝也。曷为绝之?贱也。"庄六年,夏,六月,卫侯朔入于卫。《传》云:"卫侯朔何以名?绝。曷为绝之?犯命也。"十年,秋,九月,荆败蔡师于莘,以蔡侯献舞归。《传》云:"蔡侯献舞何以名?绝。曷为绝之?获也。"皆绝而书名也。桓七年,夏,榖伯绥来朝,邓侯吾离来朝。《传》云:"皆何以名?失地之君也。"此失地名也。十五年,五月,郑伯突出奔蔡。《传》云:"突何以名?夺正也。"此夺正名也。十一年,郑忽出奔卫。《传》云:"忽何以名?《春秋》伯子男一也,辞无所贬。"案,忽出奔当绝称名,然忽无罪也,今称名,则非为罪贬,乃以君薨有称名之义,且明忽虽出奔,犹不失为先君之子,是以郑忽之称名,亦变例也。

又有诸侯称人者,亦贬辞也。庄三十年,齐人伐山戎。《传》云:"此齐侯也。其称人何?贬。曷为贬?子司马子曰:盖以操之为已蹙矣。"僖二十

---

① 然亦有变例者,顾炎武《日知录》云:"未葬而名,亦有不名者。僖公九年'宋子'、定公四年'陈子'是也,所以从同也。已葬而不名,亦有名之者。昭公二十二年'王子猛'是也,所以示别也。"(黄汝成:《日知录集释》册上,第226页)又云:"'里克杀其君之子奚齐'者,未葬居丧之子也。'里克弒其君卓'者,逾年已即位之君也。此临文之不得不然。"(同上,第227页)又云:"春秋之时,有先君已葬,不待逾年而先即位者矣。宣公十年'齐侯使国佐来聘',成公四年'郑伯伐许',称爵者,从其国之告,亦以著其无父之罪。"(同上)

一年,楚人使宜申来献捷。《传》云:"此楚子也,其称人何?贬。曷为贬?为执宋公贬。"宣十五年,宋人及楚人平。《传》云:"此皆大夫也,其称人何?贬。曷为贬?平者在下也。"

至于诸侯卒称名,则正例也。其变例有二:微国不名,如隐七年"滕侯卒"是也;夷狄匿嫡不名,如昭五年"秦伯卒"是也。若诸侯葬称公者,盖缘臣子辞,以臣子莫不欲尊其君也。然非卒、葬时,皆以称其本爵为正例,如宋公、齐侯、晋侯、郑伯之类是也。

若君夫人,则称夫人某氏;从臣子辞,则称我小君。隐二年,十有二月,乙卯,夫人子氏薨。《传》云:"夫人子氏者何?隐公之母也。"《春秋》虽成隐之让,然母以子贵,犹以为君夫人。此入国之正也,至于其亲迎,则逆女称女,始至曰妇。隐二年,九月,纪履缑来逆女。《传》云:"女曷为或称女,或称妇,或称夫人?女在其国称女,入国称夫人。"宣元年,三月,遂以夫人妇姜至自齐。《传》云:"其称妇何?有姑之辞也。"女至夫家称妇,有姑之辞也。文四年,春,公至自晋。《传》云:"其谓之逆妇姜于齐何?略之也。"今女至,当称妇姜,然逆与至共文,犹以娶于大夫而略之也。入国称夫人,然亦有变例者。僖元年,十有二月,丁巳,夫人氏之丧至自齐。《传》云:"夫人何以不称姜氏?贬,与弑公也。"八年,秋,七月,禘于太庙,用致夫人。《传》云:"夫人何以不称姜氏?贬。曷为贬?讥以妾为妻也。"则虽入国,然以见宗庙故,犹当称姜氏也。宣十五年,秋,七月,壬申,姒氏卒。《传》云:"哀公之母也。何以不称夫人?哀未君也。"哀十二年,夏,五月,甲辰,孟子卒。《传》云:"其称孟子何?讳娶同姓。"桓三年,九月,齐侯逆姜氏于讙。《传》云:"此入国矣,何以不称夫人?自我言,齐父母之于子,虽为邻国夫人,犹曰吾姜氏。"皆变例也。

至于夷狄,虽大曰子,此为正例。《春秋》又有七等进退诸侯之法,以著《春秋》为刑书也。庄十年,秋,九月,荆败蔡师于莘,以蔡侯献舞归。《传》云:"荆者何?州名也。州不若国,国不若氏,氏不若人,人不若名,名不若字,字不若子。"盖《春秋》制爵四等,曰王一等、公一等、侯一等、伯子男一等。其下又有六等,如邾娄、牟、葛及夷狄称人;介葛卢能朝中国,慕贤君,乃名也;若邾娄仪父,为其始与鲁隐盟,乃进称字也;又有英氏、潞氏者,亦夷狄也;至于秦、楚、吴、越,常以国称,贬也;又有曰荆、曰徐者,则州也。孔子若不自拟素王,焉能黜陟诸侯耶?

上为天子、诸侯之名例,至于卿、大夫之属,其名例尤为复杂。

天子之三公,氏采称公。隐五年,初献六羽。《传》云:"天子三公称公,王者之后称公,其余大国称侯,小国称伯子男。三公,天子之相也。自陕而东者,周公主之;自陕而西者,召公主之。一相处乎内。"桓八年,祭公来,遂逆王后于纪。《传》云："祭公者何？天子之三公也。"僖九年，公会宰周公。《传》云："天子之为政者也。"加宰者，明其职掌也。

天子上大夫，氏采称字。隐元年，祭伯来。《传》云："天子之大夫也。"然邵公以为上大夫。若下大夫，则氏官名且字。桓四年，天王使宰渠伯纠来聘。《传》云："下大夫也。"若诸侯入为天子大夫，亦氏采，如刘夏、刘卷是也。又有氏采而不名不字者，如尹氏，盖以讥世卿故，非名例之常也。

天子上士以名氏通。定十四年，天王使石尚来归脤。《传》云："天子之士也。"下士则氏官称名。隐元年，天王使宰咺。《传》云："宰，官也。咺，名也。以官氏，宰士也。"何注云："天子上士以名氏通，中士以官录，下士略称人。"故僖八年，公会王人以下盟于洮，盖下士也。

至于天子之世子，则称王世子；其余诸子称王子某，诸孙称王孙某，如王子朝、王子瑕、王孙满也，而叔服不称王子者，盖讥也。若母兄称兄，母弟称弟，襄三十三年，天王杀其弟年夫是也。其贵为大夫者，则上系先王，如王季子；若庶者，则不称伯仲，如王札子是也。

《春秋》异外内，其于鲁之大夫，所命于天子者，则称字，如单伯；若未命，则无氏，如侠卒是也。至于士，则以微而称人矣。若诸侯之外大夫，则常称名，称字则襃也。庄三年，纪季以酅入于齐。《传》云："纪季者何？纪侯之弟也。何以不名？贤也。"至于称子，则襃之甚也。闵二年，季子来归。《传》云："其称季子何？贤也。"①又，大国有大夫，小国无大夫，至于楚、秦、吴，则以夷狄而无大夫，若有大夫，则变例也，必发传以明之。

至于诸侯之士，则不别上、中、下士，俱微者，例称人。隐元年，及宋人盟于宿。《传》云："内之微者也。"鲁、宋二国俱以微者会也。

诸侯嫡子称世子，如许世子止、曹世子射姑；其庶者则系于先君，称公子、公孙。诸弟，亦母弟称弟，母兄称兄。若不称弟，则贬也。隐元年，夏，五月，郑伯克段于鄢。《传》云："段者何？郑伯之弟也。何以不称弟？当国也。"昭元年，叔孙豹会晋赵武、陈公子招等于澶。《传》云："此陈侯之弟招也。何以不称弟？贬。曷为贬？为杀世子偃师贬。"

又有书谥者，则《春秋》所襃也。襄三十年秋七月，叔弓如宋，葬宋共姬。《传》云："外夫人不书葬，此何以书？隐之也。何隐尔？宋灾，伯姬卒焉。其称谥何？贤也。"

---

① 顾亭林《日知录》以为，大夫名例，无有称子者。盖以子为周五等之爵，大夫虽贵，亦不敢称子也。若季友、季札得称子者，乃《春秋》所襃，非实有此爵赏也。然世有升降，大夫得僭诸侯，于是鲁之三桓、晋之六卿，渐有称子者。更后，匹夫而为学者所宗，亦得称子，如老子、孔子是也。（参见黄汝成：《日知录集释》册上，第231—234页）

若去氏者,则贬也。隐二年,无骇帅师入极。《传》云:"无骇者何?展无骇也。何以不氏?贬。"四年秋,翬帅师会宋公、陈侯、蔡人、卫人伐郑。《传》云:"翬者何?公子翬也。何以不称公子?贬。"①八年,冬,十有二月,无骇卒。《传》云:"此展无骇也,何以不氏?疾始灭也,故终其身不氏。"宣八年,仲遂卒于垂。《传》云:"仲遂者何?公子遂也。何以不称公子?贬。"至于书氏者,如尹氏、崔氏者,以讥世卿故,乃为贬辞也。

不独《公羊》有名例,《穀梁》、《左氏》亦然。至刘申受,乃概论邵公《解诂》之名例,曰:

> 《春秋》上刺王公,下讥卿大夫,而逮士庶人,则爵等之数,尤所汲汲矣。……故德侔天地者,称皇帝;天佑而子之,号称天子。故圣王生则称天子,崩迁则存为三王,绌灭则为五帝,下至附庸绌为九皇,下极其为民。……王官之等,三公一位,上大夫卿一位,下大夫一位,上士一位,中士一位,下士一位,凡六等。其受采,公视大国,上大夫视次国,下大夫视小国,上、中、下士视附庸。字者,方三十里;名者,方二十里;人氏者,方十五里。其命数,三公八命,卿六命,大夫四命,皆阴爵,屈于诸侯也。士则三命、再命、一命,不嫌也。……侯国之制,公一位,侯一位,伯子男同一位,凡三等。其受地,公侯皆方百里,伯子男方七十里,如五十里。其臣,命卿一位,大夫一位,士一位。其命数,则公九命,侯七命,伯子男五命。公侯之卿三命,大夫再命,士一命。伯子男之卿再命,大夫一命,士不命。入所见世,小国有大夫是也。……司徒、司马、司空,天子之命卿也,亚以置其伍,经所谓未命之大夫也。旅,以陈其殷,经所谓微者是也。是谓邦国之制。……《春秋》之制,略同文王官人,而讥尹氏以绝祸,贬王子虎以任贤,则克知灼见之要也。书王季子、王札子,辨亲疏长幼之节,皆不名,敬长也,亲亲也。祭伯、凡伯不名,贵贵也。伯纠、女叔不名,贵老也。孔父、叔肸不名,贵德也。不纯臣,诸侯治统所寄也。二王之后以客礼,师法所存也。夫是以天子向明,诸侯自为正,礼乐行于上,刑罚措于上,则正名之道得也。②

申受于此总结了天子、诸侯、卿大夫名例之不同:其一,董子谓天子乃圣王

---

① 然顾炎武据杜预之说,曰:"翬之称公子也,桓赐之也。其终隐之篇不称公子者,未赐也。"(黄汝成:《日知录集释》册上,第230页)
② 刘逢禄:《春秋公羊经何氏释例》卷3,第68—70页。

之生称,崩迁则为三王,绌灭则为五帝,至附庸则为九皇,乃至于六十四民。其二,王官之制。其等有三公、上大夫卿、下大夫、上士、中士、下士之别,凡六等。其所受采地,公视大国,上大夫视次国,下大夫视小国,上、中、下士视附庸,而有称字、名、人氏之不同。其三,侯国之制。其有公、侯、伯子男之差,凡三等。其四,《春秋》之制。盖《春秋》之讥尹氏以绝祸,贬王子虎以任贤,书王季子、王札子以敬长、亲亲,祭伯、凡伯不名以贵贵,伯纠、女叔不名以贵老,孔父、佛肸不名以贵德,诸如此类,略同文王之官人也。

而《刘礼部集》则于后加承宽案语云:

> 此篇原本曰《名例》,以氏名字书法皆在《褒讥贬绝例》中,故此释止于爵也。晚年改订体例,故与《释》不甚相应。欲详此例者,当更于《褒讥贬绝例》中求之。①

可见,《刘礼部集》所载九旨例,乃申受晚年所改订也。而《释例》所载"名例",仅言爵例耳,当与"褒讥贬绝例"合而观之,方得"正名之道"焉。

3. 褒讥贬绝

《春秋》乃"一王之法",盖孔子自拟王者,于二百四十二年天子、诸侯、卿大夫之行事,而加王心焉。善恶有轻重,故王法所加,遂有褒讥贬绝之不同。今据《公羊传》文,具体析论如下:

褒例。隐元年,三月,公及邾娄仪父盟于昧。《传》云:"仪父者何?邾娄之君也。何以名?字也。曷为称字?褒之也。曷为褒之?为其与公盟也。与公盟者众矣,曷为独褒乎此?因其可褒而褒之。此其为可褒奈何?渐进也。"《春秋》王鲁,邾娄虽在《春秋》前失爵,犹褒以称字也。八年,滕侯卒。《传》云:"何以不名?微国也。微国则其称侯何?不嫌也。《春秋》贵贱不嫌同号,美恶不嫌同辞。"盖《春秋》王鲁,滕本子爵,因朝鲁有功,故褒称侯以见其义。

若夷狄,则设七等而进之。定四年,冬,十有一月,庚午,蔡侯以吴子及楚人战于伯莒,楚师败绩。《传》云:"吴何以称子?夷狄也而忧中国。"《春秋》以卿大夫不得忧诸侯,而夷狄则不得忧中国,以为思不得出其位。吴、楚本世仇,然《春秋》正其辞,以蔡侯序其上,明吴与楚战,乃忧蔡故也。

至于齐桓、晋文,有攘夷大功,《春秋》乃常为之讳。庄十三年,冬,公会齐侯盟于柯。《传》云:"桓之盟不日,其会不致,信之也。桓公之信著乎天

---

① 刘逢禄:《刘礼部集》卷4。

下,自柯之盟始焉。"不日,盖褒桓公之信也。僖元年,齐师、宋师、曹师次于聂北,救邢。《传》云:"救言次,不及事也。盖狄灭之,不言狄灭,为桓公讳也。上无天子,下无方伯,天下诸侯有相灭亡者,桓公不能救,则桓公耻之。"盖褒桓公救邢为伯者之事,因讳其不能救也。四年,楚屈完来盟于师,盟于召陵。《传》云:"不称使,尊屈完以当桓公也。再言盟,喜服楚也。桓公救中国而攘夷狄,卒帖荆,以此为王者之事也。其言来,与桓为主,序绩也。"《春秋》喜服楚,故尊屈完以当桓公,至于褒桓功为王者之事。十七年,灭项。《传》云:"孰灭之?齐灭之。曷为不言齐灭之?为桓公讳也。《春秋》为贤者讳,此灭人之国,何贤尔?君子之恶恶也疾始,善善也乐终。桓公尝有继绝存亡之功,故君子为之讳也。"灭国本大恶,今不言齐灭,盖《春秋》贤桓公而为其讳也。

然晋文享国也短,其美不若桓功之毕见于天下,故于惠公、怀公之篡,亦讳之,盖踊为文公讳也。僖十年,晋杀其大夫里克。《传》云:"然则曷为不言惠公之入?晋之不言出入者,踊为文公讳也。"案,齐小白入于齐,则著其篡;重耳不书入者,以其功少,嫌未足以除其篡恶,故为讳也。

又有宋襄,常有忧中国之心,《春秋》亦颇褒之。二十二年,十有一月,己巳,朔,宋公及楚战于泓,宋师败绩。《传》云:"偏战者日尔,此其言朔,春秋辞繁而不杀者,正也。君子大其不鼓不成列,临大事而不忘大礼,有君而无臣。以为虽文王之战,亦不过此也。"泓战不讳者,盖以宋襄守礼,虽败犹荣。其先,宋襄见执,亦不为之讳,盖能守信而无耻焉。

至于贤大夫,自当褒之。《春秋》褒孔父之义形于色,褒荀息之不食其言、鲁季友之遏牙存国及吴季札、曹公子喜时、邾娄叔术之让国,至于祭仲之行权、纪季之存宗庙,莫不褒之也。

然《春秋》之作,乃圣人所以拨乱也,其贬天子,退诸侯,讨大夫,所贬者甚广,故至宋孙明复,乃有《春秋》"有贬无褒"之论。观《春秋》之所贬,其文辞则有讥、贬、绝之不同。

讥例。庄二十三年,夏,公如齐观社。《传》云:"何以书?讥。何讥尔?诸侯越境观社,非礼也。"初献六羽。《传》云:"讥,始僭诸公也。"桓二年,取郜大鼎于宋。戊申,纳于太庙。《传》云:"讥,遂乱受赂,纳于太庙,非礼也。"庄四年,公及齐人狩于郜。《传》云:"于仇者将一讥而已,莫重乎其与仇狩也。"

贬例。凡贬者,皆黜退其爵也,较讥为重。盖所讥者,不过小恶而已,至于贬,则必于重者。尊祖故敬宗,则君者犹宗子也,乃先祖之正体,其尊无二,故内无贬于公之道,唯讥之而已。自夫人以下,乃得贬之。若齐人执陈袁涛涂、宋人执滕子婴齐、晋人执卫侯之类，皆国君而称人者，似属贬辞，实《春秋》不与伯讨辞，非正贬也。庄元年，夫人孙于齐。《传》云："不称姜氏，贬，与弑公也。"僖元年，夫人氏之丧至自齐。《传》云："不称姜氏，贬，与弑公也。不于其弑焉贬，贬必于重者，莫重乎其以丧至也。"此贬夫人也。宣元年，遂以夫人妇姜至自齐。《传》："不称姜氏，贬，讥丧娶也。丧娶者，公也，曷为贬夫人？内无贬于公之道，夫人与公一体也。"盖公之罪重，然无贬之道，而以夫人与公一体，乃贬夫人也。若大夫以下，则莫不有贬。然贬之辞有不同，有贬去其氏者，如无骇始灭终其身贬、翚弑隐终隐之篇贬；有贬称人者，如晋先眛奔秦、郤缺纳接菑是也。

绝例。至于绝之所施，则罪尤重矣。所绝者有五，曰篡弑，曰无道，曰犯天子命，曰灭同姓，曰国君生获不死于位。①

篡弑绝。隐四年，戊申，卫州吁弑其君完。《传》云："以国氏，当国也。"九月，卫人杀州吁于濮。《传》云："称人，讨贼之辞也。"州吁弑君当绝，故著讨贼之辞也。宣二年，晋赵盾弑其君夷獋。六年，晋赵盾、卫孙免侵陈。《传》云："赵盾弑君复见何？亲弑君者，赵穿也。加之赵盾，不讨贼也。"案弑君当绝，故弑君贼不复见，明其该死久矣。今赵盾复见，盖天鉴其心而谅之也。

无道绝。桓六年，蔡人杀陈佗。《传》云："陈君也，谓之陈佗，绝也。曷为绝之？淫乎蔡，蔡人杀之。"国君秽恶外播，足为两国之耻，故蔡人杀之，而陈人不得仇之。昭十一年，楚子虔诱蔡侯般，杀之于申。《传》云："虔何以名？绝之，为其诱讨也。怀恶而讨不义，君子不与也。"此言灵王怀恶当绝也。

犯命绝。桓十六年，十有一月，卫侯朔出奔齐。《传》云："卫侯朔何以名？绝。曷为绝之？得罪于天子也。"庄六年，卫侯朔入于卫。《传》云："名，绝之，犯命也。"

灭同姓绝。僖二十五年，春，王正月，丙午，卫侯毁灭邢。《传》曰："卫侯毁何以名？绝。曷为绝之？灭同姓也。"

---

① 包慎言《诛绝例目》论诛绝之等曰："《春秋》据二百四十二年已成之事以笔削，其所贬美，皆见末正本，将以垂戒于方来者也。讥、贬、诛、绝四者，《春秋》之科条也。讥贬轻而诛绝重，而讥贬之中实寓诛绝。任城何邵公注《公羊》，于二者分别尤审。诛有三等，曰谴让，曰刑戮，曰磔弃。绝有四等，曰黜爵，曰夺土，曰覆嗣，曰灭宗庙社稷。礼曰：大罪有五：逆天地者，罪及五世，不畏天而怨怼，与弑父弑君者是也。诬文武者，罪及四世，变古易常者是也。逆人伦者，罪及三世，不能事母、弑世子母弟、乱嫡庶者是也。诬鬼神者，罪及二世，乱昭穆、为淫祀者是也。杀人者，罪止其身。《春秋》所书，罪止其身者鲜，而罪及二世、三世、四世者多，而皆统之于诛绝。"（参见陈立：《公羊义疏》卷13，第480—481页）

国君生获绝。哀七年,秋,公伐邾娄;八月,己酉,入邾娄,以邾娄子益来。《传》曰:"邾娄子益何以名?绝。曷为绝之?获也。"

故褒讥贬绝例,盖圣人假《春秋》为刑书,而行进退天子、诸侯、大夫之权也。其后邵公《解诂》申此例尤加详焉,申受《释例》则述何氏例。其论褒例云:

> 是以论王政,则曰"谨权量,审法度,修废官",又曰"兴灭国,继绝世,举逸民",六者行而王政立矣。《春秋》讥税亩、田赋,谨权量也;改制质文,审法度也;详官制,修废官也;嘉死位,兴灭国也;明氏族,继绝世也;褒贤良,举逸民也。故王者之治,将欲养民兴学,莫先建侯。进邾、宿,封滕、薛,明元功也;崇纪子,广孝也;详桓、文,重牧伯也;宋襄功未逮而有志焉,贵志也;楚庄、秦穆虽贤,仅使之长帅族类,相与亲诸华,渐王化,中国之政罔或干焉,辨内外也。将欲兴灭继绝,又莫先辨贤。义动天地,忠贯日月,诚沮金石,贪生恶死之世,未之或尚也,为表三人焉,曰孔父、仇牧、荀息;苞桑社稷,柱石国家,权轻重之义,别尊亲之伦,容悦事君之朝莫之或究也,为表三人焉,曰祭仲、纪季、季友;修明仁义,敝屣千乘,忘身以纾难,显功以救过,顽懦鄙薄之俗赖以不亡也,为表五人焉,曰蔡季、吴札、卫叔武、曹喜时、邾叔术;贪夫高张,廉贞不名,举世混浊,清士乃见,不滑于物,不撄其宁,其志可则,其行可尊,古之逸民,今未见其匹也,为表一人焉,曰公弟叔肸。……今小民有罪,则能以法治之;有善,则不能赏,而爵禄所及,未必非有文无行之士。是以贤不肖混淆,而无所惩劝,是宜修《春秋》举贤之制,而唐、宋以来,试士之法以次渐废,则朝廷多伏节死义之臣,而间巷多砥行立名之士,斯结人心、厚风俗、存纪纲之要道也。①

盖《春秋》实有褒贤之法,此乃"结人心、厚风俗、存纪纲之要道也",非若孙复辈谓《春秋》有贬无褒也。且《春秋》乃王者治世之书,褒贤者以劝善,贬不肖者以惩恶,皆所以拨乱反正也,焉得有贬无褒耶?

《刘礼部集》于文末尚附有一段小字注,云:

> 其因一事见贤者,如齐襄、伍员之复仇,公子结、士匄、邵缺之制命,子反、华元之专平,祭仲之知权,国佐之不辱命,曹羁之去君,行父之代

---

① 刘逢禄:《春秋公羊经何氏释例》卷3,第86—87页。

执,婴齐之待命,归父之复命,曼姑之守义,鲁庄之追戎,公子手之忧内,随文张义,非特褒,今不悉论。①

《春秋》又有讥例。盖讥之所加,小恶也。然纤芥之失,履霜而坚冰至,故不可不审。《释例》云:

> 文、武之大经大法,皆厉变更之,而大灭之者,幽也。其细节数目,幽复悉去之,而阶之祸者,宣也。是谓三代之亡。《诗》亡,然后《春秋》作,以继三代而治万世者也。夫先立乎其大者,而小者可以尽复;先正乎内之治,而诸夏可以尽同。董子云:"悖乱之征,细恶不绝之所致。"故《春秋》纪纤芥之失,反之王道。《传》曰:"内小恶书,外小恶不书,言自近者始也。"……《传》曰:"不可胜讥者,一讥而已。"此通例也。注曰:"所传闻之世,外小恶不书,书者,来接内也。《春秋》以鲁为天下化首,被王化者在可备责之域,故从内小恶举也。"然则详于王而略于侯国,正王以率侯也;详大国而略小国,正大以率小也;详诸夏而不及夷狄,正内以率外也。②

是以《春秋》记内小恶,非为怨词,欲防乱萌焉,盖圣人以鲁为天下化首,正己而后正诸夏、夷狄也。

《释例》有贬与诛绝二例,然文末释文则合而为一,为贬绝例。申受释曰:

> 贬绝者,所以诘奸慝,除乱贼也。自王纲不振……周之衰也,始则礼乐征伐自诸侯出,而专封专讨,天子不能问也。继则自大夫出,而擅作威福,君若赘旒。下至陪臣效尤,而皂隶舆台启假威坐床之瞿。外至四夷,乘便而文身左衽,张僭号争长之心。……扶阳抑阴之心,辅相天地之道,历万世而不可变也。然犹以为托之空言,不如见诸行事之深切著明,于是受命制作,取百二十国之宝书,断二百四十二年之行事,上诛平王而下及于庶人,内诛鲁公而外及于吴、楚,虽冒万世之罪而不敢避,曰备矣。夫医者之治疾也,不攻其病之已然,而攻其受病之处。《小雅》尽废,乱贼所以横行也。《春秋》欲攘蛮荆,先正诸夏;欲正诸夏,先正京

---

① 刘逢禄:《刘礼部集》卷4。
② 刘逢禄:《春秋公羊经何氏释例》卷3,第75—76页。

师;欲正士庶,先正大夫;欲正大夫,先正诸侯;欲正诸侯,先正天子。京师、天子之不可正,则托王于鲁以正之;诸侯、大夫之不可正,则托义于其贤者以悉正之。……然则有诛无绝者,惟元功之臣及圣人子孙,而国不除者鲜矣;有绝无诛者,惟子于母为所生,虽轻于父,而重于君,而诛得避者鲜矣。夫诛者,小则谴罚之,甚者加之五刑,又其甚者,焚弃之,辜磔之,先王之典也。绝者,轻则放流之,绝其身;重者,诸侯则变置之,绝其子孙,卿大夫则绝其小宗。①

案,贬与绝不同。贬者,如无骇入极、翚弑隐,故去氏而贬;文姜逊齐、哀姜之丧至自齐,俱不称姜氏而贬;齐人伐山戎、楚人杀陈夏徵舒,不称爵而贬;晋人执卫侯、宁喜,不许伯讨而贬也。凡此,或贬不为伯,或贬不为君,或贬不为夫人,或贬不为大夫,俱以爵等为进退之法。

至于诛与绝,亦不尽同。诛者,轻不过谴责之,若宋人执祭仲,胁郑立篡,首恶当诛是也;重则刑其身,至于焚弃辜磔之,若宋万乃强御之贼,祸不可测,当急诛之是也。至于绝者,轻不过绝其身,若蔡侯献舞获而书名,绝其为君也;重则绝其世,若仲遂弑其君,当绝小宗,而归父不当有后;其甚者则绝其国,若卫侯朔之犯王命、陈佗淫于蔡、纪侯之进谄、榖伯之失地,其子孙皆不得有国也。

至于有诛无绝者,若邾娄仪父最先与隐公盟,乃元功之臣;杞为夏后,圣人之子孙也,俱不当失爵。若有绝无诛者,文姜与弑桓公,然《春秋》虽不与庄公念母,而庄公亦不得仇母,可绝而不得杀也。

第四节 《释例》之新倾向

案,申受《释例》以"述何"为大旨,而欲发明邵公《解诂》中所蕴涵的胡毋生《春秋条例》,可见,申受试图通过总结《解诂》条例,而还胡毋生《条例》之旧观也。

申受在其《释例》中,一方面认为董、胡、何三人"同道相继",另一方面,开始意识到董、何对于少数经义的解释,存在着差异,并认为董说"俱胜何氏注义"。尤其是对于"三科九旨"的理解,申受所释颇与董、何不同。

汉人于"三科九旨"中最重"通三统"之说,这与汉王朝关心的政治合法

---

① 刘逢禄:《春秋公羊经何氏释例》卷4,第125—128页。

性建构问题有密切关系。正如汤武革命而有"惭德",汉王朝亦然,虽通过诛除暴秦而有天下,但其政治合法性同样不充分。无论汉景帝时辕固生与黄生的争论,还是武帝时董仲舒的对策,都表明汉帝对此问题的关切和不自信。对于当时儒家来说,自文帝时贾谊主张改制开始,经董子对策,确立了上法先王之道为"奉天"的基本路向,而《繁露》更是声称王者改制乃"顺天志而明自显",而无"易道之实",至汉末何邵公,则推本此意,明言改制之意在于"明受之于天,不受之于人"(《公羊传》隐元年注),凡此,都贯彻了同样的意图,即新王朝可以通过改正朔、易服色、变牺牲、异器械等一系列改制举措,来表明其合法性与上古君权国家无异,同样受命于天。

对于清王朝而言,固然同样面临政治合法性的重新建构问题,不过,传统公羊家所阐发的改制之义,似乎不足以担此重任。盖满人以关外小夷入主区夏,实有"以夷变夏"之嫌,这才是阻碍其合法性建构的主要因素。因此,无论是清初的儒家学者,还是清中叶以后的今文学者,都着力发挥了《公羊传》中的"异外内"学说,而强调满汉在文化上的"大同"。在董、何那里,"异外内"义有二:其一,别内外,其目的则在"攘夷"。其二,一内外,即夷狄可以进于诸夏。然而,到了申受那里,却仅仅发挥了"一内外"之义,于是内外之间的区别不再有严分夷夏的内涵,而只是王者治世先后的顺序问题。

申受《秦楚吴进黜表序》又云:

> 秦始小国僻远,诸夏摈之,比于戎狄。然其地为周之旧,有文、武贞信之教,无敖僻骄侈之志,亦无淫泆昏惰之风,故于《诗》为夏声。其在《春秋》,无僭王猾夏之行,亦无君臣篡弑之祸,故《春秋》以小国治之,内之也。吴通上国最后,而其强也最骤,故亡也忽焉。秦强于内治,败殽之后,不勤远略,故兴也勃焉。楚之长驾远驭强于秦,其内治亦强于吴,故秦灭六国,而终覆秦者楚也。圣人以中外狎主承天之运,而反之于礼义,所以财成辅相天地之道,而不过乎物,故于楚庄、秦穆之贤而予之,卒以为中国无桓、文则久归之矣,何待定、哀之末而后京师楚哉?于吴光之败陈、许,几以中国听之,慨然深思其故,曰:"中国亦新夷狄也。"①

显然,逢禄并无贬黜秦、楚、吴为夷狄之意,反而许秦能"取周地"、"改周法",并张秦、楚、吴"三国以治百世",则夷狄反为中国,而中国反成夷狄矣。

---

① 刘逢禄:《春秋公羊经何氏释例》卷7,第189页。

诚若是说,申受殆称美清廷能以礼义主华夏耶?

且申受于"三科九旨"中最重"张三世"之说,此亦与邵公大不同者。案,汉人以承暴秦之故,尤重"通三统"义;宋人则重"异外内"之说,以当辽、金、元勃兴之运;至刘申受,始将"张三世"义置于首要地位,其后龚定庵、魏默深之徒,莫不承此绪余而张大之,其意则在"自改革"以应对当时之内忧外患也。

且就张三世而言,原有二义:其一,以世有远近,而恩有厚薄,义有浅深,故其辞与情俱,而有异辞也;其二,辞有详略,因见圣人假《春秋》以治世,自有内外先后之不同,而明衰乱、升平、太平三世渐进之旨。然观申受所释何氏例,则以阐发后一义为主。其时清始治中国,即以"满汉大同"为根本,尤其至乾隆以后,尽取回、藏,则"远近大小若一"之太平,遂粗具规模矣,则申受所释,抑或有谀颂之意耶?

可见,申受《释例》虽标"墨守"之旨,却仅仅强调了邵公《解诂》的某些方面,甚至有意偏离了邵公之说。可以说,申受对《公羊》义例的独特阐释,更与随后经世致用之风相激荡,深深影响了晚清思想及现实政治的走向。

第四章 《左氏》膏肓与今文意识的觉醒

第一节 今文意识的自觉

乾隆五十二年(1787),申受时年十二,"读《左氏春秋》,疑其书法是非多失大义。继读《公羊》及董子书,乃恍然于《春秋》非记事之书,不必待《左氏》而明。左氏为战国时人,故其书终三家分晋,而续经乃刘歆妄作也",①此时申受尚未成童,已悟刘歆窜乱《左氏》之非,乃有如此神悟,足见其早慧。观其一生学术之大旨,尽皆发端于此,至于此后清代一百余年学术之走向,已肇乎此矣。

案,申受初治《春秋》,不过"申何难郑"而已,无论其早年的《穀梁废疾申何》,还是后来的《公羊经何氏释例》,皆以"申何"为主旨;至于更后的《公羊解诂笺》,则试图回到汉末邵公与康成的争论,其意则在借《穀梁》以"匡何"而已。然至嘉庆十七年(1812),申受撰成《左氏春秋考证》一卷、《后证》一卷、《箴膏肓评》一卷,诸书较以前的"申何"、"匡何"立场,实有重大突破,盖此时申受直斥《左氏》出于刘歆之伪,彻底超出了包括邵公在内的整个两汉博士关于今古之争的立场。

如果说在《释例》和《解诂笺》那里,申受的今学意识尚未明确凸显出来,那么到了《左氏春秋考证》,其中展现了强烈的今学意识,竟然掀起了晚清学术思想的滔天巨浪。② 关于今古之争的问题,申受以前,先是西汉博士

---

① 刘逢禄:《左氏春秋考证》卷1,《清经解》学海堂本。
② 对此,今人路新生指出:"在中国学术思想史上熄迹已久的今古文经之争,是自刘逢禄以后,自刘逢禄《考证》出,才风波又起、死灰复燃的。延至近代,今古文之争由学术领域而蔓延至政治领域,它的'政治含金量'愈来愈高,终至于由康有为借此学术问题在政治上掀起了轩然大波,今古文经之争的问题遂成为人们关注的一个'社会热点'。而康有为明谓其撰两《考》系受刘逢禄等人启发;下至于五四以后的'古史辨'诸健将,亦仍然每援引《左氏春秋考证》立论,是故刘逢禄《左氏春秋考证》的面世所造成的影响,已远远超过了他的前辈学者。"(路新生:《中国近三百年疑古思潮史纲》,第158页)

谓"《左氏》不传《春秋》";至晋王接,则称"《左氏》辞义赡富,自是一家书,不主为经发";其后,唐陈商、赵匡又以经、史区别《春秋》与《左氏》,甚至认为左氏并非丘明;至宋、明时,疑《左氏》者亦多,大都以为详于事而不明义,明郝敬甚至称《左氏》"其实踳驳舛谬不可胜数",非"亲承圣训"的左丘明所作。① 诸如此说,不过认为《左氏》以纪事为主,而与《春秋》无关,或者以为非孔子所称道的丘明所作而已。直至申受谓刘歆窜乱《左氏》,增设书法凡例及"君子曰"之辞,乃断言今传《左氏》并非刘歆以前之旧本。申受此论,可谓千古所未发,洵非虚语。

此三书俱斥《左氏》之"膏肓",而成书于同年,然其主旨稍有不同。其中,《箴膏肓评》上承《穀梁废疾申何》,以"申何难郑"为旨。盖邵公作《左氏膏肓》十卷,康成则作《箴膏肓》,而所存不过百分之一二;又有服虔作《膏肓释痾》十卷,尽亡。不难想见,当时何、郑关于《左氏》的争论,并未深入刘歆作伪的问题,至于后世攻驳《左氏》之论,大都在经、史分别上作文章,因此,申受此书一方面肯定邵公申李育意以破《左氏》,另一方面,则谓"何君于《左氏》未能深著其原,于刘歆等之附会,本在议而勿辨之科"。② 故《箴膏肓评》不过"援群书所引何、郑之论三十余篇评之,更推其未及者证之",③可见,此书虽稍涉刘歆之伪窜,然其主旨大致近于《穀梁废疾申何》,要在难郑而申何而已。

至于申受所撰《左氏春秋考证》与《后证》二书,则"专辟刘歆之伪,以补任城《膏肓》所未备"。④《申膏肓》叙云:

> 观其文辞赡逸,史笔精严,才如迁、固,有所不逮,则以所据多《春秋》史乘及名卿大夫之文,固非后人所能附会。故审其离合,辨其真伪。其真者事,虽不合于经,益可以见经之义例……其伪者文,虽比于经,断不足以乱经之义例。⑤

可见,申受盖上承晋、唐诸儒经史之说,即以《左氏》之得在"史",此申受所欲存《左氏》之"本真"也。此叙又云:

> 左氏以良史之材,博闻多识,本未尝求附于《春秋》之义,后人增设

---

① 郝敬:《春秋非左》自序,引自朱彝尊《经义考》卷205,中华书局,1998,第3733页。
② 刘逢禄:《左氏申膏肓》叙,《春秋公羊释例后录》卷3,第359页。
③ 刘逢禄:《左氏申膏肓》叙,《春秋公羊释例后录》卷3,第360页。
④ 刘逢禄:《左氏广膏肓》原叙,《春秋公羊释例后录》卷4,第379页。
⑤ 刘逢禄:《左氏申膏肓》叙,《春秋公羊释例后录》卷3,第360页。

条例，推衍事迹，强以为传《春秋》，冀以夺《公羊》博士之师法，名为尊之，实则诬之，左氏不任咎也。

此论《左氏》所失在"经"也。申受以《左氏》本为记事之史，刘歆乃"增设条例，推衍事迹"，而与《春秋》经相比附，此其所以失也。

案，《左氏》经、传之合，殆始于杜预《左传集解》。盖刘歆虽引传文以解经，而经、传犹自别行。其后，贾逵乃并释经、传，然考服虔注《左氏》，唯释传而不释经，至杜预，不独兼释经、传，且已合经、传为一体矣。对此，宋刘安世尝有论曰：

《公》、《榖》皆解正《春秋》，《春秋》所无者，《公》、《榖》未尝言之。若《左传》，则《春秋》所有者或不解，《春秋》所无者或自为传，故先儒以谓《左氏》或先经以起事，或后经以终义，或依经以辨理，或错经以合异。然其说亦有时牵合，要之读《左氏》者，当经自为经，传自为传，不可合而为一也，然后通矣。①

据此，皮锡瑞谓安世此论，"为刘逢禄先路之导"也。②

其实，不独安世，唐、宋学者多以《春秋》为经，《左氏》为史。基于此种立场，申受进而申此论曰：

事固有离之则双美、合之则两伤者，余欲以《春秋》还之《春秋》，《左氏》还之《左氏》，而删其书法凡例，及论断之谬于大义、孤章绝句之依附经文者，冀以存《左氏》之本真。③

申受以为，《左氏》之"本真"在于纪事，而其余种种解经文字，悉当删去，诚如是，则申受将不独为《公羊》之功臣，亦为《左氏》之功臣也。④

---

① 引自皮锡瑞：《经学通论·春秋》，第42页。
② 皮锡瑞：《经学通论·春秋》，第42页。
③ 刘逢禄：《左氏申膏肓》叙，《春秋公羊释例后录》卷3，第360页。
④ 其后，章太炎攻今文家，尽效申受之智术。盖申受"以《春秋》还之《春秋》，《左氏》还之《左氏》"，而尽削刘歆所增设的解经文字，对此，太炎曰："仆谓治《公羊》者，乃正宜以《公羊》为《公羊》，于仲舒、何休皮傅之说，尽扫弃弗复道，则其失犹少。"又曰："李君源澄足下，得第二书，卓然不惑于改制、三统之说，使《公羊》解其瘨视，忽爽暗昧，得耀光明，知公羊子死且瞑目矣。"（章太炎：《与李源澄书》，载晁岳佩编《春秋学研究》册下，第547页）则太炎自诩其攻董、何，还为《公羊》之功臣也。太炎此举，后学莫不效其所为。盖今人治经，不独束注、疏而不观，乃欲尽扫汉以后诸儒见解，以为"真孔子"唯在先秦诸子时也。

案,《申膏肓》之叙原刊于《清经解》,实为《箴膏肓评》、《考证》与《后证》之共叙,不过,申受此时尚不欲显明其说,故唯以"存《左氏》之本真"为言。至道光八年,养一斋本刊行,距其卒仅一年,申受此时殆已无忌讳,乃用原叙为《广膏肓》叙,其中明言《左氏》解经之文字皆刘歆所伪。受此影响,自此以后,今古之争渐成水火之势矣。其叙中有云:

> 其书不尽丘明之本真……歆惟既造古经,故遂敢于续经书至三家分晋,尤妄作之显证。其传中则附会《史记》鲁君子左丘明之语,多设为"君子曰"、"书曰"云云,类多鄙倍之谭,圣门五尺所勿道,致唐、宋以来攻《左氏》者,皆以为口实。则歆欲为《公羊》之蟊贼,先为丘明之罪人矣。又臆造为不赴告故不书、不行礼故不书即位之属,使宋以后谓《春秋》第据赴告之文,别无褒贬,则不特丘明之罪人,尤为圣经之蟊贼矣。予深懑焉,尝表其本真,发其蠹慝,以为《左氏》功臣。①

申受以为,唯削去刘歆伪造"君子曰"、"书曰"之辞,及书、不书之例,方能存《左氏》之"本真"。诚若是说,刘歆欲为《左氏》争立学官,而引传文以解经,适足为"丘明之罪人"、"圣经之蟊贼"矣。

申受此说,对于晚清今古门户之形成,影响极是深远。戴望推崇申受此书,以为"《左氏春秋考证》二卷,知者谓与阎、惠之辨《古文尚书》等",②梁启超亦取此说,曰:"自阎若璩攻伪《古文尚书》得胜,渐开学者疑经之风。于是刘逢禄大疑《春秋左氏传》,魏源大疑《诗毛氏传》。若《周官》,则宋以来固多疑之矣。康有为乃综集诸家说,严画今古文分野,则凡东汉晚出之古文经传,皆刘歆所伪造;正统派所最尊崇之许、郑,皆在所排击。"③民国时,钱玄同虽师从太炎,然其疑古之说则出于申受,曰:"这部《左氏春秋考证》辨伪的价值,实与阎若璩《尚书古文疏证》相埒。阎书出而伪《古文尚书》之案大白,刘书出而伪《春秋左氏传》之案亦大白。"④可见,其后宗申受之今文学者,不独将申受之贡献比于阎若璩,且穷究推衍其说,不遗余力,至谓刘歆遍伪群经,然其弊终不免动摇吾国圣经之权威,遂致一切古史、古书俱不足信矣。

---

① 刘逢禄:《左氏广膏肓》原叙,《春秋公羊释例后录》卷4,第379页。
② 戴望:《故礼部仪制司主事刘先生行状》,《续碑传集》卷72,台北大化书局,1984,第15页。
③ 梁启超:《清代学术概论》二,载朱维铮校注:《梁启超论清学史二种》,第5页。
④ 钱玄同:《重论经今古文问题——重印〈新学伪经考〉序》,见康有为:《新学伪经考》,中华书局,1988。

此后攻讦申受之学者,则颇出多端。如朱一新曰:"刘逢禄作《考证》,据以分别真伪,仆犹病其多专辄之词,深文周内,窃所不取。"①叶德辉则曰:"刘逢禄之书所指《左氏》之伪,并无实证,不过以《公羊》、《左氏》比勘得失而已,不过以空文攻驳《汉志》而已,儿童辨日,岂足以服《左氏》之心耶?"②此说虽不慊于申受之辨伪,犹不过就事论事而已。叶氏又进而直斥申受张大今文门户之弊,其祸有甚于始皇焚书者,曰:

> 刘申受之于《公羊》,初亦自成宗派,只以门户太过,斥班伪《左》,祸成于墨守,害切于坑灰,覆瓿不足以蔽辜,操戈奚足以泄愤,此药中之乌附、食品之醯醢,非止如古人所讥卖饼家也。③

其言激切如此,抑或逆料日后疑古风潮之祸患欤?

更后,又有刘师培、章太炎等,以党争之故而深憾申受,不独力辩《考证》、《后证》之失,且悍然诬及孔子之圣。至此孔子与"六经"之神圣地位,乃轰然于尘土矣。

然自民国三十年代以后,经学既衰,今古门户之争亦渐消散,学者对申受辨伪之态度亦渐趋客观。1931年,钱玄同撰《左氏春秋考证书后》,其中云:

> 伪经的推翻,刘氏此书为第一部。自此书出,而后考辨伪古文经的著作相继而起,至康长素作《新学伪经考》,而伪经之案乃定。……这样一步一步的辨伪运动,实以刘氏此书为起点。……我是极佩服刘逢禄这部《左氏春秋考证》。……康、崔二君之说固精,但实是集一百年今文学考辨之大成而更加以精密的修正者,此考辨伪经最先之一人即是刘逢禄。……伪古文经这个大骗局把人家蒙了一千八百年,从刘逢禄开始侦查,经了一百余年之久,到崔觯甫师,才把它完全破案。

又云:

> 我认为一百年来的"今文学运动"是咱们近代学术史上一件极光荣的事,它的成绩有两方面:一是思想的解放,一是伪经和史料的推翻。④

---

① 康有为:《致朱蓉生书》,同上,第318页。
② 叶德辉:《牷轩今语评》,载苏舆编:《翼教丛编》卷4,上海书店出版社,2002,第75页。
③ 叶德辉:《叶吏部答友人书》,载苏舆编:《翼教丛编》卷6,第176页。
④ 钱玄同:《左氏春秋考证书后》,收入《古史辨》第五册,台北:蓝灯文化事业公司,1987,第3页。

可以说,钱氏已超越了门户之见,完全站在思想史或超经学的角度,重新肯定了申受此书的价值,亦即"伪经和史料的推翻"。

1932年,张西堂为顾颉刚标点的《左氏春秋考证》作序,其中有云:

> 刘氏发前人所未发的,约有四点:第一,他发现了《左氏传》之旧名为"《左氏春秋》"。然而《左氏春秋传》这个名称,经他如此的破坏,它的威信已全失了。我们知道《左氏传》的名称之不可靠,它这部书当然也有问题了。所以,刘氏虽没有像康、崔二氏作进一步的证明,这发现也是很有价值的。第二,他证明了《左氏传》体例与《国语》相似。……他历举《左氏》比年阙事,年月无考,证明它与《国语》相似,提出《左氏》不必附夫子之经的确证了。……这确是他的第二个大贡献。……第三,他攻破了伪造的《左氏传》传授系统。《史记》中无所谓《左氏春秋传》,在《汉书·儒林传》却有了《左氏传》传授的源流……这当然是刘歆之徒所妄造的,刘氏将他们一一地驳斥了!……第四,他辟出了一条考订伪经的新途径。……他确是考订刘歆伪古学的急先锋。……刘氏考证《左氏春秋》,尚有许多不彻底的地方,后来经过康有为《伪经考》,崔适《史记探源》、《春秋复始》的补正,刘歆伪《左氏》的一案才慢慢地定案。①

可见,此时学者已不限于从经学角度来看待申受《左氏春秋考证》的合理性,而是将之纳入中国近现代疑古思潮中,就其客观影响来讨论此书的价值。

综上,可见申受关于《左氏春秋》的考证,已不满足于汉以来学者区别经、史的立场,而是直探古文经的巢穴,即将《左氏》中的解经文字归于刘歆的伪窜,体现了申受强烈的今文门户意识,从而将今古之争推向了新的高潮。

第二节 《考证》对刘歆伪窜解经文字的考订

申受《左氏春秋考证》虽上承汉唐以来学者对《左氏》的批评,然将矛头直指刘歆之伪窜,可谓石破天惊,二千余年间,皆未有人见及于此。其《考证》原叙云:

---

① 转引自张广庆:《武进刘逢禄年谱》,第200—201页。

"左氏春秋"之名，犹《晏子春秋》、《吕氏春秋》也。太史公《十二诸侯年表》所据旧名如此，故西汉太常博士皆以《左氏》为不传《春秋》。其改称"春秋左氏传"，盖始于刘歆《七略》，而东汉人以讹传讹。《尚书》伪孔序托于安国，而有称"春秋左氏传"之言，此作伪明征也。且其书不尽丘明之本真，故《汉书·刘歆传》云："初，《左氏传》多古字古言，学者传训故而已。及歆治《左氏》，引传文以解经，转相发明，由是章句义理备焉。"而公孙禄议曰："嘉新公颠倒五经，毁师法，令学士疑惑。"又，歆以秘府《古文书经》为十二篇，曰："《春秋》古经，不知公、穀、邹、夹皆十一篇，乃夫子亲授旧本。"歆惟既造古经，故遂敢于续经书至三家分晋，尤妄作之显证。其传中则附会《史记》鲁君子左丘明之语，多设为"君子曰"、"书曰"云云，类多鄙倍之谭，圣门五尺所勿道，致唐、宋以来攻《左氏》者，皆以为口实，则歆欲为《公羊》之蟊贼，先为丘明之罪人矣。又臆造为不赴告故不书、不行礼故不书即位之属，使宋以后谓《春秋》第据赴告之文，别无褒贬，则不特丘明之罪人，尤为圣经之蟊贼矣。予深懑焉，尝表其本真，发其蠹蠧，以为《左氏》功臣，故推本《国语》、《公》、《穀》、《史记》、《汉书》，述为《广膏肓》一卷，专辟刘歆之伪，以补任城《膏肓》所未备。①

先是邵公撰《左氏膏肓》，犹未论及刘歆之伪，故申受自谓其书"以补任城《膏肓》所未备"也。此叙概括了刘歆作伪的几个要点：

　　其一，《左氏》本名《左氏春秋》，至刘歆《七略》，始改称《春秋左氏传》，其意则在成立《左氏》为《春秋》之"传"也。

　　其二，伪造《春秋》古经，并续经至三家分晋。

　　其三，于《左氏》中增设"君子曰"、"书曰"之辞，多鄙倍之谭，适为"丘明之罪人"矣。

　　其四，臆造"不赴告故不书、不行礼故不书即位"等史法，致后世学者误以《春秋》乃记事之书，而无褒贬，则又为"圣经之蟊贼"矣。

　　今考《左氏春秋考证》一篇，皆先引《左氏》文字，其下则以"难曰"而证刘歆之伪。今据申受所难，稍析论如下：

　　第一，据《史记》以驳今所见《左氏春秋》。譬如，隐元年《左氏》云：

　　　　惠公元妃孟子。孟子卒，继室以声子，生隐公。宋武公生仲子，仲

---

① 刘逢禄：《春秋公羊释例后录·左氏广膏肓》，第378—379页。

子生而有文在其手,曰"为鲁夫人",故仲子归于我,生桓公。

而《史记·鲁世家》云:

> 惠公適夫人无子,贱妾声子生子息。息长,为取于宋,宋女至而好,惠公夺而自妻之,生子允,登宋女为夫人,以允为太子。①

申受以为,《史记》所载乃《左氏》旧文,而今本《左氏》不过比附《公羊》之文而增饰之。自汉以来,颇有今文学者不慊于《史记》者,今申受反引《史记》为己助,盖一则不否认《左氏》之本真,一则因刘歆之伪窜而失也。

第二,《左氏》中颇有无经之传。譬如,隐元年《左氏》记载了一条:"夏,四月,费伯帅师城郎。不书,非公命也。"对此,申受认为,"此类经外所无之事,皆增饰游辞以惑人,又特为发传,故作体例,意谓惟《左氏》真亲见不修《春秋》,非《公羊》所及耳"。②

第三,刘歆增益《左氏》凡例。按《左氏》之例,有称"凡"者,杜预以为"皆经国之常制,周公之垂法,史书之旧章",盖当时诸国史书记事本有条例,然皆出于周公之垂法;又有称"书"、"不书"、"先书"、"故书"、"不言"、"不称"、"书曰"之类,杜预以为"皆所以起新旧,发大义,谓之变例"。譬如,隐元年《左氏》曰:

> 书曰"郑伯克段于鄢",段不弟,故不言弟;如二君,故曰"克";称"郑伯",讥失教也,谓之郑志;不言出奔,难之也。

对此,申受认为,"凡'书曰'之文,皆歆所增益,欲以解《左氏》不传《春秋》之驳耳"。③ 不过,此说亦未必为时人所认可,如陈澧认为,"刘申受《左氏春秋考证》凡'书曰'之文,以为刘歆所增益,未确也"。④

---

① 司马迁:《史记》卷33,第1840页。
② 刘逢禄:《春秋公羊释例后录·左氏广膏肓》,第380页。
③ 刘逢禄:《春秋公羊释例后录·左氏广膏肓》,第381页。
④ 陈澧:《东塾读书记》卷10,第295页。案,《左氏》有后儒附益者,学者多引文十三年《左氏》"其处者为刘氏"一语为证。如孔疏曰:"汉室初兴,《左氏》不显于世,先儒无以自申,插注此辞,将以媚于世。"陈澧亦认此说,以此为《左氏》受病之由。然刘师培颇为之辨,以为非出于后儒附益,曰:"陆氏《左氏纂例》谓《左传》一书后儒妄有附益,而近儒刘氏申受作《左氏春秋考证》,谓《左传》'书曰'之文皆刘歆所增益;即桐城姚氏姬传《九经说》亦以《左传》全书乃吴起之伦各以私意附会。其所据之证,大抵据文《传》'其处者为刘氏'一言,以为范书、孔疏皆有疑词。予按,此句实非贾逵附益也。考《春秋左氏传》载(转下页)

又，隐元年《左传》云："元年，春，王周正月。不书即位，摄也。"《考证》云：

> 此类皆袭《公羊》而昧其义例，增"周"字亦不辞。

盖增一"周"字，而《公羊》"正五始"义乃为所迷矣。

又，《左传》云："三月，公及邾仪父盟于蔑，邾子克也。未王命，故不书爵。"《考证》云：

> 未王命云者，欲乱以《春秋》当新王之义也。

案，邾娄仪父书字，盖褒其朝鲁也。然《左氏》"未王命"之辞，欲乱《公羊》"以《春秋》当新王"义也。

可见，刘歆增设《左氏》书法，不独乱史书之真，且于孔子《春秋》之大义，或破，或非，或迷，或乱，甚至颇有害于世道人心者。故申受《考证》极论刘歆作伪之害，以为"自伪书法出，而纵秦桧之奸，挈武穆之柄，祸有不可胜言者矣"，又谓"歆视余分闰位为正统，宜其为国师嘉新公矣"，盖以为观乎刘歆之为人，可见其学术之非矣。其后，晚清今文家颇执此说以讥刘歆者也。

第四，驳《左氏》"君子曰"之辞。隐元年《左氏》曰："君子曰：'颍考叔，纯孝也。'"申受以为，"凡引'君子'云云，皆出歆所附益，以附会《史记》鲁君子左丘明之语"。①

又，隐三年《左传》云："君子曰：'宋宣公可谓知人矣。'"《考证》云：

> 且子遭弑，安能飨国？以此为义，岂大居正之君子所言？此故与《公羊》为难，以殷礼有兄终弟及之道，实非义命也，欲破危不得葬之例

(接上页)士匄、蔡墨之言，已言刘氏系出陶唐，为刘累之裔，不必借此语以为左证；且《汉书》高祖赞引刘向云：'战国时，刘氏自秦获于魏，后都于丰，是以高帝颂云：汉帝本系，出自唐帝。降及于周，在秦作刘。'又云：'高祖即位，置祠祀官，则有秦、晋、梁、荆之巫。'班氏引刘向语，既言'在秦作刘'，而祠祀官有秦、晋巫，又是汉初之制，则此语非贾君所ăng，彰彰明矣。又《汉书》序传载班彪《王命论》云：'是故刘氏承尧之祚，氏族之世，著于《春秋》。'彪为固父，贾君与固同时，彪之年辈在贾君先，其说亦与传符。班氏高祖赞亦曰：'鲁文公世奔秦，复归于晋，其处者为刘氏。'正用此传之语。故知文《传》此文必非贾君增益。知文《传》之非增益，即知他《传》之文亦非后儒增益也。刘、姚之说不足为信也。"（刘师培：《读左札记》，《刘申叔遗书》册上，第292—293页）

① 刘逢禄：《春秋公羊释例后录·左氏广膏肓》，第381页。

耳。《宋世家》亦引此文,而论赞仍引《公羊》义正之。朱子亦以《公羊》为君子大义,而斥此论之妄,卓哉!

申受以为,此"君子曰",盖欲破《公羊》"大居正"义与"危不得葬"例也。
然颇有学者反对申受此说。陈澧曰:

> 《公羊传》有"子沈子曰"、"子尸子曰",《穀梁传》有"沈子曰"、"尸子曰"、"穀梁子曰"之类,皆后师之语,安见《左传》必无后人附益乎?《左传》不可通之说,指为后人附益,乃厚爱《左氏》,非攻击《左氏》也。①

盖《左氏》之"君子曰",实不必至刘歆始有伪窜,不过师弟授受传经之常事耳。《公》、《穀》亦然,实不必独咎《左氏》也。

今人杨向奎认为,"君子曰"之辞,常见于先秦古书,未必后人所附益。②林庆彰则衍其说,认为古书中提到《左氏》之"君子曰"、"书曰"及凡例者,不胜枚举。③譬如,桓十七年《左传》云:

> 初,郑伯将以高渠弥为卿,昭公恶之,固谏不听。昭公立,惧其杀己也,辛卯,弑昭公而立公子亹。君子谓"昭公知所恶矣"。公子达曰:"高伯其为戮乎?复恶已甚矣!"

然《韩非子·难四》亦载此事:"郑伯将以高渠弥为卿,昭公恶之,固谏不听,及昭公即位,惧其杀己也,辛卯,弑昭公而立子亹也。君子曰:'昭公知所恶矣。'公子圉曰:'高伯其为戮乎?报恶已甚矣!'"据此,林氏认为,两段文字相近,表明《韩非子》之"君子曰"乃抄自《左传》,非刘歆所伪明矣。

又,昭三年《左传》云:

> 初,景公欲更晏子之宅,曰:"子之宅近市,湫隘嚣尘,不可以居,请更诸爽垲者。"辞曰:"君之先臣容焉,臣不足以嗣之,于臣侈矣。且小人

---

① 陈澧:《东塾读书记》卷10,朝华出版社,2017,第294页。
② 参见杨向奎:《论左传'君子曰'》,刊于《文澜学报》1936年2卷1期,载晁岳佩编:《春秋学研究》下册,第603—610页。
③ 参见林庆彰:《刘逢禄〈春秋左氏考证〉的辨伪方法》,载《清代经学研究论集》,第422—426页。

近市,朝夕得所求,小人之利也,敢烦里旅?"公笑曰:"子近市,识贵贱乎?"对曰:"既利之,敢不识乎?"公曰:"何贵?何贱?"于是景公繁于刑,有鬻踊者,故对曰:"踊贵,履贱。"既以告于君,故与叔向语而称之。景公为是省于刑。君子曰:"仁人之言,其利博哉!晏子一言,而齐侯省刑。《诗》曰:'君子如祉,乱庶遄已。'其是之谓乎!"

然《晏子春秋·内篇杂下》亦载此事:"景公欲更晏子之宅。……是时也,公繁于刑,有鬻踊者,故对曰:'踊贵而屦贱。'公愀然改容。公为是省于刑。君子曰:'仁人之言,其利博哉!晏子一言,而齐侯省刑。《诗》曰:"君子如祉,乱庶遄已。"其是之谓乎!'"案,《晏子春秋》成书于秦汉之际,则其中"君子曰"亦抄自《左传》。

又,襄二十一年《左传》云:

> 立敬归之娣齐归之子公子裯。穆叔不欲,曰:"太子死,有母弟则立之,无则立长。年钧择贤,义钧则卜,古之道也。非適嗣,何必娣之子?且是人也,居丧而不哀,在戚而有嘉容,是谓不度。不度之人,鲜不为患。若果立之,必为季氏忧。"武子不听,卒立之。比及葬,三易衰,衰衽如故衰。于是昭公十九年矣,犹有童心,君子是以知其不能终也。

然《史记·鲁周公世家》亦载其事:"鲁人立齐归之子裯为君,是为昭公。昭公年十九,犹有童心。穆叔不欲立,曰:'太子死,有母弟可立,不即立长。年钧择贤,义钧则卜之。今裯非適嗣,且又居丧意不在戚而有喜色,若果立,必为季氏忧。'季武子弗听,卒立之。比及葬,三易衰。君子曰:'是不终也。'"两段文字大致相同,可见,《史记》不仅采纳了《左传》的记事,也袭用了"君子曰"的论断。

此外,林庆彰又认为,《左传》的"君子曰"中,引了不少《诗》、《书》逸文,俱不见于今本《诗》、《书》中,此类逸文,恐非刘歆、贾逵所能伪作。①

大概在今日学者看来,今文学者所主张刘歆所伪窜的内容,其实早在刘歆以前已经存在,且颇见征引,故多不赞同今文家的"刘歆附益"说。其实,今文家此说背后实有一共同逻辑,即《左氏》系"二次成书",甚至是"多次成书",因此,刘歆以前本有不传《春秋》之《左氏春秋》,此后刘歆乃增益"君子

---

① 不过,对今文家而言,林氏此说似嫌牵强。盖刘歆既欲建立《毛诗》、《古文尚书》为博士,其于《左氏》中附益《诗》、《书》之语,实属自然,只是申受无暇论及而已。

曰"、"书曰"之辞,遂使今本《左氏》成为解经之书。因此,即便刘歆以前古书中发现有类似《左氏》的记载,亦不足以证明《左氏》无后人附益,反而说明《左氏》之辞乃从此类古书中抄袭而来。① 换言之,此附益者自不必限于刘歆一人。②

今人赵伯雄不同意此说,且质疑曰:

> 《左传》原本被改编后,这部原本到哪里去了?一部书流传于世,当不会只有一个本子。孔门后学将《左传》原本改造为《春秋》的传,当世之人当不会因此就再也见不到那"原本"了,为什么作为《春秋》传的《左传》曾多次被战国诸子征引,而那部"原本"却一点踪迹也没有了呢?③

赵氏大概以常理度之耳。其实,此种情形在古代并不希见,譬如,孔子删《诗》、《书》,而古人征引之《诗》、《书》,大致不出今本的范围,原本亦未见有存者。

赵氏对《左传》材料作了颇为细致的辨析,最后得出结论,曰:

> 今本《左传》不是由某一个人(不管他是刘歆还是先秦时人)将早

---

① 现代学者中,顾颉刚即持此种看法。顾氏认为,刘歆之前有"《左传》原本","当时《左传》原亦杂体之史,犹《国语》、《战国策》、《说苑》、《新序》、《世说新语》、《唐语林》、《宋稗类钞》、清之野史等类,其故事为一条条者"。(顾颉刚:《春秋三传及国语之综合研究》,巴蜀书社,1988,第36页)其后,胡念贻、赵光贤等俱持此说。
② 其实,《公》、《穀》亦非"一次成书",如《公羊》之"沈子曰"、"子沈子曰",《穀梁》之"沈子曰"、"尸子曰",即足以证明历代先师在传授过程中,不断有所附益。问题在于,《左氏》之附益较晚,且出于与《公羊》争胜之目的,遂为后人所诟以伪窜也。换言之,《公》、《穀》在第一次成书时,即以解经为目的,而《左氏》本不解经,只是到第二次或多次成书以后,才被赋予解经的面貌。
　　对此,近人郑师许《左传真相之先决问题》一文认为:"以吾所见,有原本左丘明《左氏春秋传》,篇帙最巨;有吴起附益《左氏传》,次之;有六国时人附益《左氏传》,有秦人语《左氏传》,有汉人插入语《左氏传》,有隋前附益《左氏传》,其所附益分量最少,吾人有望而知。然其书谱因之不易读矣。然以此求之《公羊》、《穀梁》,亦犹是焉耳;求之《论语》、《孝经》,亦犹是焉耳;求之《老子》、《墨子》、《荀子》、《韩非子》、《吕氏春秋》,亦犹是焉耳,是先秦之书无不然也。然此犹可读之书经秦火,整理维艰,故出于此。即在秦后,司马迁《史记》,刘向《说苑》、《新序》之类,亦何独不然?若概以一伪字抹煞,不几于无书可读耶?"(刊《学术世界》1935年1卷1期,载晁岳佩编:《春秋学研究》下册,第513页)盖郑氏以《左传》本不伪,其后虽屡有附益,则《左传》当系多次成书,这在古代实属平常,"为先秦古籍之通例",不可以此否定《左传》也。
③ 赵伯雄:《春秋学史》,山东教育出版社,2004,第22页。

先已有的一部现成著作(《左传》原本)改编而成的,而是由左氏(我们姑且这样来称呼《左传》的编著者)本着解经的目的,杂取各国的各类史料,同时加进了一些自己解经的话编撰而成的。也就是说,《左传》是一次完成的。这里所谓"一次完成",主要是指《左传》作为一部完整的解经著作,其排纂史料与撰写解经语是同时进行的,并非如时贤所说,先有一部"记事的《左传》",后来才出现"解经的《左传》"。当然,这种一次完成说并不排除今本《左传》有后人附益的成分(如"其处者为刘氏"之类即甚可疑),只是此种附益属于《左传》成书以后的个别现象,不能将后人某些文字的增窜与《左传》的编撰混为一谈。①

赵氏的"一次完成"说,正是针对今文家的"二次完成"说,旨在否定刘歆等诸儒的附益。

赵氏又认为,《左氏》代表了"以史实解经"的派别。这种观点不过重复了唐、宋以来主流《春秋》学的观点:《左传》即便为史,亦不妨其为《春秋》之传。赵氏又主张三传同源,俱出于孔子,然至孔子卒后,弟子们对《春秋》的阐释始有歧义,其后代代相传,而与师说的距离愈远,遂形成后来三传分别的局面。②

第三节 《后证》对《左氏》传授系统的驳斥

一 汉唐宋学者对《左氏》的批评

自刘歆欲建立《左氏》为博士之后,开始出现了对《左氏》的批评。据刘歆《移让博士书》,里面提到"谓左氏为不传《春秋》"之说,代表了哀帝时博士们对《左氏》的基本态度。到了王莽柄政以后,刘歆虽借其势而立《左氏》于学官,但左将军公孙禄却认为刘歆"颠倒五经,毁师法",这种批评亦即《刘歆传》所说的"歆治《左氏》,引传文以解经,转相发明,由是章句义理备焉"。③

到了东汉光武帝时,韩歆、许淑、陈元等再次为《左氏》争立博士,而《梁

---

① 赵伯雄:《春秋学史》,第25页。
② 参见赵伯雄:《春秋学史》,第69—78页。
③ 班固:《汉书》卷36,第1967页。

丘易》博士范升提出了新的反对理由：其一，《左氏》不祖孔子，出于丘明。其二，师徒相传，又无其人。此外，时有论者谓《史记》多引《左氏》事，欲证《左氏》之可信据也，于是范升乃上疏谓太史公违戾五经，谬孔子言。不过，在陈元的上疏中，一方面回答了范升的驳难，谓博士"固执虚言传受之辞，以非亲见实事之道"，即认为左丘明亲见孔子，"丘明至贤，亲受孔子"，而《公羊》之师徒授受不过"虚言"。另一方面，又提到范升指摘《左氏》的另两项理由：其一，"以年数小差，掇为巨谬"，这大概指《左氏》续经之事。其二，"遗脱纤微，指为大尤"，此则因为《左氏》之经、传不完全配合，既有无经之传，也有无传之经也。

至晋王接，谓"《左氏》赡富，自是一家书，不主为经发"，此说固然重复了汉博士认为《左氏》不解经的一贯论调，不过，"自是一家书"的说法，却对后世影响巨大，即肯定了《左氏》一书的独立价值。

到了中唐时的赵匡，更将矛头直指《左氏》的作者，即认为"左氏"与《论语》中"左丘明"并非一人。其后，宋王安石、陈振孙、郑樵等俱祖此说。此说一出，无疑进一步动摇了《左氏》解经的基础。盖作为解经的"传"，其性质不同于后世的经典诠释文字，实出于作经者本人，即"夫子自道"也。换言之，孔子一方面作《春秋》，另一方面又将《春秋》中的"微言大义"口授给自己的弟子，于是弟子将师徒之间关于《春秋》的问答记录下来，就形成后人所见的《公羊传》。显然，《左氏》若非"左丘明"所撰，则与孔子无关，自然没有资格称为"传"。因此，当陈元等人强调《左氏》作者就是《论语》中"好恶与圣人同"的左丘明，那么，其对于孔子《春秋》的理解就超过了孔子的亲传弟子，于是左丘明所作的《左氏》自然有了"传"的性质，其地位就超过了子夏所传的《公羊》和《穀梁》。然而，赵匡直接否认了《左氏》作者乃《论语》中的左丘明，诚若是说，无论《左氏》本身的价值如何，而其传《春秋》的基石却被彻底抽掉了。

正因如此，赵匡、陆淳开始撇开《春秋》来肯定《左氏》的价值。此后，整个宋元时期的《春秋》学者，基本上都持此种立场，即肯定《左氏》作为"史"而"详于纪事"，从而对于理解《春秋》有着不可或缺的价值，而与精于义理的《公羊》、《穀梁》可以起到互补的作用。可以说，《左氏》是否传《春秋》这个问题，对于宋元学者来说，似乎并不那么重要，或者至少被搁置起来了。当时治《春秋》者，热衷于"折衷三传"或"舍传求经"，以求新解，则无论《公》、《穀》之"深于理"，还是《左氏》之"熟于事"，是否成为解经之"传"，已不再成为宋元学者关注的核心问题。

其间，朱子以《公》、《穀》为经学，而以《左氏》为史学，代表了这一时期处理三传关系的基本立场。① 尤其到了元黄泽、赵汸那里，不仅上承朱子所见，而且强调三传在书法上的分别，从而奠立了清代今文学者在此问题上的基本立场。

二 申受的继述

关于《左氏春秋》的作者，司马迁《史记·十二诸侯年表》最早称左丘明所作，此后，杜预《春秋经传集解》序认为左丘明既是太史，又是孔子弟子。可以说，唐赵匡以前，无论今学、古学，俱以为左丘明所作；其所疑者，不过丘明与孔子之关系耳。至赵匡，始怀疑《左氏》作者与《论语》中孔子所称道的左丘明并非同一人，且对《史记》的可信度提出置疑。其后，郑樵、王安石、叶梦得、王应麟、郝敬等，多不同意司马迁之说，以《左氏》为六国时人所作，而非孔子同时或稍早的左丘明。②

那么，申受如何对待这个问题呢？案，《十二诸侯年表》序谓孔子"西观周室，论史记旧闻，兴于鲁而次《春秋》"，又谓"鲁君子左丘明，惧弟子人人异端，各安其意，失其真，故因孔子史记，具论其语，成《左氏春秋》"。③ 其后，《汉书·艺文志》推衍其说，谓左丘明与孔子共观鲁史，《刘歆传》则谓"左丘明好恶与圣人同，亲见夫子"，④而《孔子家语·观周篇》更是增衍其说，谓"孔子将修《春秋》，与左丘明乘如周，观书于周史，归而修《春秋》之经，丘明为之传，共为表里"，⑤诸如此类，皆《左氏》学者所乐道，而欲证成《左氏》之解经地位。

对此，申受《后证》云：

> 孔子自采周、鲁二史成《春秋》，无所谓与丘明共观史记之说也。云"七十子之徒口受其传指"，明微言大义非亲炙不得与闻。……"鲁君子"明非弟子，故不列于仲尼七十二弟子传中也。云"因孔子史记"，明在孔子身后，但见鲁史，未尝口授微言命之作传也。⑥

---

① 参见黎靖德：《朱子语类》卷83。
② 王安石尝证左氏非丘明者十一事，然已佚。郑樵则证左氏为六国时人，非丘明者八验。明郝敬《春秋非左》谓《左传》中断例叙事，种种迂谬，反有借义《公》、《穀》，岂亲见仲尼者乎？此皆证左氏非丘明也。林黄中更谓《左传》中的"君子曰"，乃刘歆之辞。（参见《朱子语类》卷82）
③ 司马迁：《史记》卷14，第641、642页。
④ 班固：《汉书》卷36，第1967页。
⑤ 杜预、孔颖达：《春秋左传正义》卷1，第15页。
⑥ 刘逢禄：《春秋公羊释例后录·左氏春秋后证》，第409—411页。

可以说,申受既接受了《史记》的说法,又反对《汉书》的推衍之辞,因此,申受主张:其一,《论语》中的左丘明无与孔子共观史记之事。其二,撰《左氏春秋》的"鲁君子左丘明"虽在孔子之后,然非孔子弟子,唯子夏亲炙孔子者得闻《春秋》微言大义。

又,《汉书·刘歆传》谓"歆以为左丘明好恶与圣人同,亲见夫子,而公羊、穀梁在七十子后,传闻之与亲见之,其详略不同"。对此,申受《后证》云:

> 《论语》之左丘明"好恶与圣人同",纵使云即为《春秋》之人,亦必未经歆所窜改以前之本也。若今本,则书末鲁悼、赵襄俱已称谥,非《论语》之左丘明,且其好恶大异圣人矣。要之,左氏仅见列国之史,子夏、公羊则闻夫子之义者也。①

案,《左氏》续经至鲁哀公二十七年,末有"悼之四年,晋荀瑶帅师围郑"之文,可见,撰《左氏》之丘明必在悼公后,然此时距孔子卒已五十年矣。至于《论语》中提及"好恶与圣人同"之左丘明,其年辈当稍早于孔子,必不及见悼公之卒,何能记其悼公之谥号耶?如此,《左氏》既为另一丘明所作,其地位与价值,显然不能与出于亲传弟子子夏的《公》、《穀》相比。

申受对此问题的处理,颇具策略性:一方面,申受完全肯定司马迁之说,即以《太史公自序》所提及撰《国语》之左丘明,与《十二诸侯年表》中提到的"惧人人异端"而作《左氏春秋》之左丘明,实为同一人;另一方面,又据《左氏》所载鲁悼公事,断言此鲁君子左丘明生于悼公后。若此,就出现了两个左丘明:其一为《论语》中孔子引以自况、稍早于孔子的左丘明,另一为晚于孔子、大致生于鲁悼之后且失明的左丘明。可见,申受这种做法,既肯定了《史记》记事的权威性,又依然否定了《左氏》作者与孔子的关系。那么,申受这种处理,其用意何在呢?

殆自东汉以降,攘辟《左氏》之学者,如范升、赵匡等,其锋刃所至,常不免累及史公。然史公自谓其颇学于董子,则公羊家毕竟得其助力为多。故申受攻刘歆作伪,不过直斥受其影响的《汉书》等史籍而已,至于先于刘歆之《史记》,更遑论先秦古书,其真实性似不必否定,非若后之康长素、崔觯甫等,必欲攻讦刘歆遍伪群经而后可。故皮锡瑞谓"太史公书成于汉武帝时经

---

① 刘逢禄:《春秋公羊释例后录·左氏春秋后证》,第415页。

学初昌明、极纯正时代,间及经学,皆可信据",①并历引《史记》所载经说以驳古文家言,则皮氏所论,尚得申受辨伪之正耶?

可见,申受在《左氏》作者问题上,大概继述了汉唐人的旧说,即认为《论语》中"好恶与圣人同"的左丘明与撰《左氏春秋》的"鲁君子左丘明"并非同一人,并且,即便是同一人,也未必是孔子弟子,其所撰《左氏春秋》并非经刘歆伪窜的《春秋左氏传》,其地位和价值自然不能与亲传微言大义的《公》、《穀》相提并论。

三 申受的突破

申受强调"鲁君子左丘明"撰《左氏春秋》,其更深层的意图在于,揭示刘歆的作伪,并强调可通过《史记》还原一个未被刘歆所玷污的真《左氏春秋》。

案,《左氏》与《史记》关于春秋史事的记载,往往不同,历来学者多有见及于此。问题在于,这种区别从何而来?对此,申受认为,一方面,《史记》本于《左氏春秋》旧本,然与今本《左传》不合者,乃因今本"多出歆等附益"。另一方面,《史记》所据史事,又颇有出于《左氏春秋》之外者,如《世本》等,亦属《史记》的史料来源。

譬如,文十四年《左传》云:"子叔姬妃齐昭公,生舍。叔姬无宠,舍无威。昭公卒,舍即位。公子商人弑舍。襄仲使告于王,请以王宠求昭姬于齐。冬,单伯如齐,齐人执之。又执子叔姬。"而《史记·齐世家》云:"舍之母无宠于昭公,国人莫畏。"②申受对此认为,《齐世家》所载乃《左氏》旧本,至于经刘歆改窜的《左传》曰"子叔姬妃齐昭公",于文为不辞,于事为失实,徒欲以汨《公羊》经义耳。

因此,申受认为《左氏》之本名为《左氏春秋》。案,司马迁《十二诸侯年表序》云:

> 鲁君子左丘明惧弟子人人异端,各安其意,失其真,故因孔子史记具论其语,成《左氏春秋》。铎椒为楚威王傅,为王不能尽观《春秋》,采取成败,卒四十章,为《铎氏微》。赵孝成王时,其相虞卿上采《春秋》,下观近势,亦著八篇,为《虞氏春秋》。吕不韦者,秦庄襄王相,亦上观尚古,删拾《春秋》,集六国时事,以为八览、六论、十二纪,为《吕氏春秋》。

---

① 皮锡瑞:《经学历史》,第58页。
② 司马迁:《史记》卷32,第1801页。

及如荀卿、孟子、公孙固、韩非之徒，各往往捃摭《春秋》之文以著书，不可胜纪。①

可见，司马迁仅仅提到左丘明撰《左氏春秋》，且将其与《铎氏春秋》、《虞氏春秋》、《吕氏春秋》等书并举，自然谈不上传圣人微言大义，不能视为解经之传。

对于申受而言，此段话可谓攻驳《左氏》最有力的证据。对此，其《后证》云：

> 曰"成《左氏春秋》"，与铎氏、虞氏、吕氏之《春秋》并列，明其为纪事之书，非说经之书，故不名《左氏传》也。此太史公所见原本如此，故西汉皆谓"《左氏》不传《春秋》"。其改称《左氏传》者，自刘歆《七略》始。②

诸书多谓传《春秋》者，在孔子七十弟子之列，《左氏》学者亦多认可此说。因此，《左氏》学者只能通过拔高《左氏》作者地位的做法，而压服《公》、《榖》。不过，对于申受而言，既以史籍称丘明为"鲁君子"，则不预孔子弟子之列，亦不闻圣人口授之微旨，故其所作《左氏》，只能称为《左氏春秋》"，而不得名为"《春秋左氏传》"也。

其实，除《史记·十二诸侯年表序》称"《左氏春秋》"外，《汉书》俱称"《左氏传》"，如《汉书·儒林传》云："汉兴，北平侯张苍及梁太傅贾谊、太中大夫刘公子，皆修《春秋左氏传》。"③又云："谊为《左氏传训故》"。④《刘歆传》云："初，《左氏传》多古字古言。"⑤《五行志》云："向子歆治《左氏传》。"⑥《艺文志》云："《左氏传》三十卷。"⑦是也。对此，申受以为，"其改称《左氏传》者，自刘歆《七略》始"，"歆初年尚未改旧名"，则《汉书》之称

---

① 司马迁：《史记》卷14，第641—642页。此段屡言《春秋》，当指诸国史记也。然戴维以为，铎椒、虞卿所采《春秋》，乃《左氏春秋》也。又，孔颖达《左传正义》引刘向《别录》云："左丘明授曾申，申授吴起，起授其子期，期授楚人铎椒，铎椒作《抄撮》八卷，授虞卿，虞卿作《抄撮》九卷，授荀卿，荀卿授张苍。"此段文字颇可疑，然戴维又进一步推论，谓铎椒、虞卿相授受者，非《抄撮》，实为《左氏春秋》。（参见戴维：《春秋学史》，第28—30页）
② 刘逢禄：《春秋公羊释例后录·左氏春秋后证》，第410页。
③ 班固：《汉书》卷88，第3620页。
④ 班固：《汉书》卷88，第3620页。
⑤ 班固：《汉书》卷36，1967页。
⑥ 班固：《汉书》卷33，第1317页。
⑦ 班固：《汉书》卷30，第1713页。

"《左氏传》"者,盖误信刘歆之伪故也。

申受此说,其端绪盖已见于其舅庄葆琛。葆琛亦上承汉人旧说,谓"《左氏》本不传《春秋》",其言曰:

> 《左氏春秋》经刘歆私改者如"壹戎殷",改"壹"为"殪";经杜预误写者如"不飧"读为"不夕食",此皆不明古义。刘之逞臆虚造,杜之袭陋传讹,其失一也。①

可见,葆琛先已论及刘歆之私改、虚造,则申受攻驳《左氏》,殆非尽出于己之神悟早慧耶?

较诸《汉书》等成书晚于刘歆的史籍,《史记》关于《左氏》的说法最为早出,自然更值得信据。如果肯定《史记》的记载为真,则此后史籍中不同于《史记》的种种说法,就可归于刘歆的伪窜,或受刘歆的影响而成,那么,当《左氏》学者引此类史籍为佐助时,就不甚有说服力了。这大概是申受全力维护《史记》的根本原因。

不过,后世学者颇有驳申受此说者。陈澧曰:

> 澧案《汉书·翟方进传》云:"方进虽受《穀梁》,然好《左氏传》。"此西汉人明谓之《左氏传》矣。或出自班孟坚之笔,冒曰《左氏传》欤?然翟方进受《穀梁》而好《左氏》,《穀梁》是传,则《左氏》非传而何哉?《左传》记事者多,解经者少,汉博士以为解经乃可谓之传,故云《左氏》不传《春秋》。然伏生《尚书大传》不尽解经也。《左传》依经而述其事,何不可谓之传?且左氏作《国语》,自周穆王以来,分国而述其事,其作此书,则依《春秋》编年,以鲁为主,以隐公为始,明是《春秋》之传,如《晏子春秋》、《吕氏春秋》,则虽以讹传讹,能谓之《春秋晏氏传》、《春秋吕氏传》乎?②

刘师培则曰:

> 近儒多以《左氏春秋》为伪书,而刘氏申受则以《左氏春秋》与《晏子春秋》、《铎氏春秋》相同,别为一书,与《春秋》经文无涉。然《史记·

---

① 庄述祖:《说文古籀疏证》序,《丛书集成初编》本,商务印书馆,1936。
② 陈澧:《东塾读书记》卷10,第293—294页。

吴泰伯世家》云："予读古之《春秋》。"即指《左氏传》言,是史公明以《左传》为古之《春秋》矣。盖《公羊传》为《春秋》今文,故《左氏传》为《春秋》古文。又《汉书·翟方进传》言方进授《春秋左氏传》,若以《晏子春秋》、《铎氏春秋》例之,岂《晏子春秋》亦可称《春秋晏子传》,而《铎氏春秋》亦可称《春秋铎氏传》乎？以此知《左传》一书与《春秋》经文相辅,特西汉之初,其学未昌,不及《公羊传》之盛耳,刘氏所言未足为信也。①

盖自陈、刘二人视之,《尚书大传》亦不尽解经,犹有"传"名,而《左氏》依《春秋》编年述事,明与《晏子春秋》、《铎氏春秋》不同,何不可谓之"传"耶？

光绪三十三年(1907),皮锡瑞撰成《春秋通论》,颇为申受辩护。其曰：

> 刘逢禄《左氏春秋考证》曰："左氏后于圣人,未能尽见列国宝书,又未闻口授微言大义……而附益改窜之迹益明矣。"锡瑞案：刘氏以为刘歆改窜传文,虽未见其必然,而《左氏传》不解经,则杜、孔极袒《左氏》者,亦不能为之辨。……刘氏说犹未谛。刘氏《考证》又举……锡瑞案：自幼读《左氏传》书,不书之类,独详于隐公前数年,而其后甚略,疑其不应如此草草。及观刘氏考证《左氏》释经之文,阙于隐、桓、庄、闵为尤甚,多取晋、楚之事敷衍,似皆出晋《乘》、楚《梼杌》。尤可疑者,杜、孔皆谓经传各自言事,是虽经刘歆、贾逵诸人极力比附,终不能弥缝其迹。王接谓传"不主为经发",确有所见。以刘氏《考证》为左验,学者可以恍然无疑。(小字注：近人有驳刘氏者,皆强说不足据。)②

观皮氏所论,似不尽祖申受之说,如刘歆改窜传文之类,以为"未见其必然"。至于《左氏》不解经,则自西汉博士以下,说者代有其人,今观陈、刘之驳议,确有"强说不足据"之嫌。

章太炎则别有一说。盖自唐、宋以来,皆视《左氏》详于叙事,与《公》、《穀》之体不同,清今文家攻《左氏》不传《春秋》,皆据此立论也。太炎极富古文门户意识,认为"传"之体容有多种,如《毛诗传》乃"训故多而说义少",伏生《大传》则叙事八而说义二,而《左传》之体近于伏生《大传》,至于孔子以《彖》、《象》、《文言》、《系辞》、《说卦》、《序卦》等"十翼"为"传",其体亦各不同。因此,《左传》之体虽不同于《公》、《穀》,然不妨俱为《春秋》之

---

① 刘师培：《读左札记》,《刘申叔遗书》册上,第294页。
② 皮锡瑞：《经学通论·春秋》,第39—40页。

"传"也。此说诚发前人所未发，似足为《左传》之干城。太炎又谓"传"本非释"经"之书，以为"传"当读为"专"，指六寸之簿，而"经"皆以绳编竹简而得名，如《春秋》、《尚书》以二尺四寸简书之，而《孝经》以一尺二寸简书之，《论语》则不过八寸之策而已，此乃经、传之别，而汉时《孝经》、《论语》尚不得有"经"名也。① 盖今文家素以《公》、《穀》解经而自矜，而太炎不同，似以《左氏》之价值实不必依附于《春秋》，可见，太炎不仅扬《左氏》而抑《公》、《穀》，而且不惜贬低孔子所作《春秋》之神圣权威。是以晚清经学之瓦解，太炎尤不能辞其咎焉。

现代学者对此问题有进一步讨论，然皆无晚清学者之门户意识，不过取《左氏》之文与先秦古书相比照，以此证明《左氏》中的解经文字非出于刘歆之伪窜。譬如，林庆彰举晋灭虢一事，以为刘歆、贾逵以前之《左氏》本解经也。② 案，僖五年，冬，晋人执虞公。《左传》云：

> 冬，十二月丙子，朔，晋灭虢。虢公丑奔京师。师还，馆于虞，遂袭虞，灭之。执虞公及其大夫井伯，以媵秦穆姬，而修虞祀，且归其职贡于王。故书曰："晋人执虞公。"罪虞，且言易也。

而《战国策·魏策三》云：

> 秦使赵攻魏，魏谓赵王曰："攻魏者，亡赵之始也。昔者晋人欲亡虞而伐虢，伐虢者，亡虞之始也。故荀息以马与璧假道于虞，宫之奇谏而不听，卒假晋道。晋人伐虢，反而取虞。故《春秋》书之，以罪虞公。"

可见，《战国策》的记载颇近于《左氏》，且有"故《春秋》书之，以罪虞公"一语，则出于《左氏》可知，据此，《左氏》本传《春秋》也。③

---

① 参见章太炎：《春秋左传读叙录》（《章太炎全集》册二，第821—822页）及《检论·清儒》（《章太炎全集》册三，第479页）。
② 参见林庆彰：《刘逢禄〈春秋左氏考证〉的辨伪方法》，《清代经学研究论集》，第421—422页。
③ 路新生认为，"《左传》以其对《春秋》所涉史实详赡而生动的描述得到了学者认可，在先秦时已广泛传布形成一'学'，并被先秦诸子目为'《春秋》'，这种情况一直延续到汉代。从汉初一直到新莽间，不仅有如高祖、文帝、武帝、哀帝诏令中的屡引《左传》；也不仅有如叔孙通制礼采《左传》；也不仅有如贾谊、张敞等混用今古、'杂采'《左传》；同样不仅有如董仲舒、眭弘、主父偃、严彭祖、焦延寿、京房、翼奉、龚胜等今文家的引用《左传》，重要的是，汉代的学者层中也存在着一个视《左传》为《春秋》之'传'的传统"。（路新生：《中国近三百年疑古思潮史纲》，第168页）按照这种说法，申受所驳并不符合汉代今古学者的基本认识，即普遍视《左传》为《春秋》之"传"的共同意见。

至于驳《左氏》解经者,其思路亦类此。谢秀文以为,《春秋》与《左氏》之记时,凡有三十七处不同,譬如:

> 《春秋》:"春,王三月,庚戌,天王崩。"《左氏》则作"壬戌"。
> 《春秋》:"冬,宋人取长葛。"《左氏》则作"秋"。
> 《春秋》:"夏,穀伯绥来朝。"《左氏》则作"春"。

诸如此类不同,《左氏》唯两条有说明,其余三十五处皆无交待,可见《左氏》非解经之作。至于造成此种记时差异的原因,盖《春秋》悉用周正,而《左传》因采用诸国史,则不免杂取夏正或商正历法,未能融会统一也。①

四 其他今文学者的观点

1. 宋翔凤

宋翔凤(1779—1860),字于庭,又字虞庭。其父学宗许慎、郑玄,故于庭幼受汉学的训练,及长,又从段玉裁治东汉之学。其母乃庄葆琛之妹,嘉庆四年(1799),于庭随母归宁,得从葆琛受业,则其今学渊源盖本于葆琛也。且葆琛亦重小学,对于庭颇有影响。于庭尝自言:"不通于训诂名物象数,即无以得圣贤立言之所在;不熟于往古制度损益,即无以见斯世待治之所资。"②对此,有学者认为,于庭之学术,"兼具乾嘉汉学与道咸今文学之特征,既重视声音训诂,又重视微言大义",③即具有今古并重的特点。

清代今文经学的复兴,与今、古文之争密切相关。在庄方耕、葆琛那里,虽有今文意识的萌芽,但今、古学之间的壁垒尚未分明。然而,方耕与葆琛毕竟指明了方向,刘申受与宋于庭正是由此重新检讨了今、古学争执之旧案,通过斥古申今,正式奠定了清代经今文学的基础,同时也使得经今、古学之争,成为晚清经学的重大课题。

于庭尝作《拟太常博士答刘歆书》,其中辨今古学曰:

> 昔孝武皇帝表章六经而置博士,俾各守其家法,以相授受,诚以去圣日远,将有曲学虚造变乱是非以疑观听也。如伏生《尚书》二十八篇,帝王之事已备,孔子虽为百篇之序,或虚存其目,或并合其文,条列明

---

① 参见谢秀文:《春秋左传疑异考释》,第77—84页。
② 宋翔凤:《四书纂言》序,光绪古吴岩崿山房刻本。
③ 曾亦、郭晓东:《春秋公羊学史》,第1058页。

白,子夏之言书有七观,莫逾于此。近闻得多十六篇,亦微文碎词而已。《礼经》十七篇,五常之道包括靡遗,不必推士礼以致于天子也。《春秋》先师之说,得孔子窃取之义,左氏所传,其文则史,乌睹《春秋》之法乎!①

古文家以为今文经典残缺不全,而于庭以为,今文经典业已完备,故称"《尚书》二十八篇,帝王之事已备",又称"《礼经》十七篇,五常之道包括靡遗",即便确有疏漏,在于庭看来,亦不过"微文碎词"而已。于庭进而认为,现有古文经典,多为刘歆窜改伪作的结果。对此,其《汉学今文古文考》有云:

至哀、平间,刘歆始言古文,其为《七略》,尊古文。独至王莽柄政,遂用其说。古文诸经俱藏中秘,博士多未见,绝无师传。歆既典校,因任意改易,如《三统术》所引《伊训》、《毕命》、《丰刑》之辞,及《左氏》"日南至"之事,皆改窜以就其术。又改易《鲁世家》之年,与《史记》不合,亦以其无师传也。汉世以伪乱真,无过于歆。又值王莽之篡,邪说傅会,私臆妄行,如《周礼》、《左氏》之书,当要删而读也。②

可见,于庭之辟古文,主要针对《左传》与《周礼》。

《左传》乃古文经学之基本经典,同时亦为今古之争的焦点之一。在清代今文经学成立的过程中,如何看待《左传》,实属至关重要的问题。在于庭以前,刘申受继承了汉代今文博士的说法,对《左传》的经典地位提出了强烈质疑,认为"左氏后于圣人,未能尽见列国宝书,又未闻口授微言大义",故《左传》不传《春秋》,又以为《左传》原名为《左氏春秋》,刘歆等人出于个人目的,"多缘饰《左氏春秋》以售其伪",故以《左氏春秋》冒称《春秋左氏传》,实属"以讹传讹"之结果。申受这些观点,对于庭颇有影响。据申受称,其尝向于庭介绍其关于《左传》之看法,当时于庭质疑曰:"子信《公羊》,而以左氏、穀梁氏为失经意,岂二氏之书开口便错?"申受遂以隐元年为例,指出《穀梁》传文有明显错误,③又称《左氏》与《史记·鲁世家》不合,于是"宋乃大服曰:'子不惟善治《公羊》,可以为左氏功臣,自何邵公、许叔重,且未发其疑也。'"④

---

① 宋翔凤:《朴学斋文录》卷1,清嘉庆二十五年刻《浮溪精舍丛书》本。
② 宋翔凤:《朴学斋文录》卷3。
③ 参见刘逢禄:《穀梁废疾申何》,《清经解》光绪十三年上海书局本。
④ 刘逢禄:《左氏春秋考证》卷上,《清经解》光绪十三年上海书局本。

于庭首先接受了申受关于刘歆"缘饰《左氏春秋》以售其伪"之说,认为"刘歆之徒,欲尊《左氏》,遂改窜其文,与《公羊》立异"。因此,于庭效法申受,亦以《史记》所引《左氏》文字来校《左氏》之伪,曰:

> 《左氏》不传《春秋》,其云"春正月"、"夏四月",以《史记》引《左氏》校之,往往无"春"、"夏"字,知刘歆以传合经,始依经文加之,实违《春秋》之义。①

而且,于庭同样接受了汉唐学者关于"《左氏》不传《春秋》"之说,曰:

> 《左氏》所载,存史之文,非《春秋》之正义也。②
> 《左氏》但存史文,故阙褒刺之义。凡论义例,当用《公羊》。③

可见,于庭跟申受一样,肯定了《左氏》作为"史"的价值,"考当时诸侯卿大夫之事,莫备于《左氏》",至于解经的"义例",则以为当从《公羊》,"左氏所传,其文则史,乌睹《春秋》之法乎"。④ 不过,于庭似未接受申受区别两丘明的说法,依然认为《左氏》作者即是《论语》中的左丘明,"左丘明好恶合乎圣人,取证其言,自可信矣"。⑤

至于申受对刘歆的抨击,于庭完全赞同这种立场,曰:

> 至哀、平间,刘歆始言古文,其为《七略》,尊古文。独至王莽柄政,遂用其说。古文诸经俱藏中秘,博士多未见,绝无师传。歆既典校,因任意改易,如《三统术》所引《伊训》、《毕命》、《丰刑》之辞,及《左氏》"日南至"之事,皆改窜以就其术。又改易《鲁世家》之年,与《史记》不合,亦以其无师传也。汉世以伪乱真,无过于歆。又值王莽之篡,邪说傅会,私臆妄行,如《周礼》、《左氏》之书,当要删而读也。⑥

不难看到,于庭完全接受了申受关于刘歆"缘饰《左氏春秋》以售其伪"的说

---

① 宋翔凤:《论语说义》八,《清经解续编》光绪十五年蛰英馆本。
② 宋翔凤:《过庭录》卷9,中华书局,1986,第150页。
③ 宋翔凤:《过庭录》卷9,第151页。
④ 宋翔凤:《拟太常博士答刘歆书》,《朴学斋文录》卷1。
⑤ 宋翔凤:《论语说义》三。
⑥ 宋翔凤:《汉学今文古文考》,《朴学斋文录》卷3。

法,认为"刘歆之徒,欲尊《左氏》,遂改窜其文,与《公羊》立异"。不仅如此,于庭更将矛头指向《周礼》,认为亦出于刘歆的伪窜。① 不难发现,于庭与申受一样,已具有明确的今文门户意识。

总之,于庭作为道咸间的今文学倡导者,其学显然具有尊今非古的色彩。不过,从其对《左传》、《周礼》的态度上看,于庭亦非全然否定古文。除《左传》、《周礼》外,《诗》今文有齐、鲁、韩三家,古文有毛诗,于庭则称"《诗》无达诂,自可并存"。② 其论《关雎》曰:"是说《关雎》者有二义,乐而不淫,毛学之所传也;哀而不伤,鲁学之所传也。两家皆出七十子之遗学,同出孔子。"③又,《论语》有齐、鲁、古三家,于庭则颇采《古论语》说,如《颜渊》"片言可以折狱"之"折",古文家训为"哲",《鲁论》读"折",训为"制",于庭则以为当"从古也"。④ 对于某些今、古学说法的差异,于庭多主张"在读书者折其衷矣"。⑤ 不过,一般而言,于庭论今古学,凡涉及经文之微言大义者,则"舍今文家末由也";⑥若无关乎微言大义,则今古并存,乃至以古规今。

2. 龚自珍

龚自珍(1792—1841)与魏源(1794—1857),世称"龚魏",俱受学于刘申受。据《年谱》,定庵之外祖段玉裁,乃乾嘉汉学的代表人物。父丽正,段氏入室弟子,"能传其学"。定庵自幼受家学濡染,12岁从外祖习《说文解字》,14岁究心古今官制,16岁读《四库全书提要》,17岁治金石古文,21岁以副榜贡生考充武英殿校录,遂为校雠掌故之学。可见,定庵学术本有乾嘉

---

① 对《周礼》的抨击,成为晚清今文学的重要方向。在于庭那里,则追述邵公视《周礼》为"六国阴谋之书"的说法,曰:"今文家传《春秋》、《论语》,为得圣人之意。今文家者,博士之所传,自七十子之徒递相授受,至汉时而不绝,如《王制》、《孟子》之书,所言制度罔不合一。自古文家得《周官经》于屋壁,西汉之末录之中秘,谓是周公所作,凡他经之不合者,咸断之曰夏殷。其实《春秋》为孔子所定,本尧舜文武之意,述三代之制,斟酌至当,百世不易。孟子得《春秋》之传,故称周公封鲁,太公封齐,为方百里。今鲁方百里者五,有王者作,鲁在所损乎?在所益乎?则大国百里不可逾也。《周礼》之传无所师承,或者战国诸人剟周公之制,去其籍而易其文,以合其毁坏并兼之术,故何君讥为战国阴谋之书。"(《论语说义》二)不过,于庭对《周礼》的批评,距清末今文学家的态度相去甚远,依然承认《周礼》具有"一代之书"的价值,而不同于尽出于刘歆伪窜的《左氏》。对此,郭晓东有论曰:"总之,于庭作为道咸间的今文学倡导者,其学显然具有尊今非古的色彩。不过,从其对《左传》、《周礼》的态度上看,于庭亦非全然否定古文。……一般而言,于庭论今古学,凡涉及经文之微言大义者,则'舍今文家末由也';若无关乎微言大义,则今古并存,乃至以古文说规今文说。"(曾亦、郭晓东:《春秋公羊学史》,第1064—1065页)
② 宋翔凤:《过庭录》卷7,第124页。
③ 宋翔凤:《论语说义》二。
④ 宋翔凤:《论语说义》六。
⑤ 宋翔凤:《过庭录》卷5。
⑥ 宋翔凤:《过庭录》卷9。

考据学的渊源，其晚年《己亥杂诗》自谓"斯文吾述段金沙"，盖自言其学出于外祖段氏也。

定庵学术尚另有一渊源，即常州今文之学。嘉庆二十四年（1819），定庵年二十八，应恩科会试，不第，留居京师，始从申受习《公羊春秋》。不过，定庵此前对《公羊》已颇有所知矣。嘉庆二十、二十一年间，定庵撰《乙丙之际箸议第九》，其中已言及《公羊》三世说。嘉庆二十三年，庄绶甲应聘教授于龚氏家馆，为其言乃祖庄方耕事行之美。正因如此，定庵初识申受，遂从问学焉。道光十九年，定庵有诗追忆申受，云："端门受命有云礽，一脉微言我敬承。宿草敢祧刘礼部，东南绝学在毗陵。"①可见定庵对申受服膺之深也。

定庵问学于申受之时，又与宋于庭相识。三年后，定庵有《投宋于庭》一诗，诗云："万人丛中一握手，使我衣袖三年香。"晚年《己亥杂诗》中亦有记其与于庭之交往者，"玉立长身宋广文，长洲重到忽思君。遥怜屈贾英灵地，朴学奇才张一军"，自注云："奉怀宋于庭丈作。于庭投老得楚南一令。'奇才朴学'，二十年前目君语，今无以易也。"可见定庵对于庭之倾慕。故程秉钊曰："先生之学，在于由东京之训诂，以求西汉之微言。"②观定庵对刘、宋的态度，可知其早年虽濡染于段氏之学，然其大端则在常州今文学也。

因此，定庵学术倾向有两个方面：其一，较申受、于庭，已有更强烈的今文门户意识。其二，保留了对古文学应有的尊重和兼顾。

定庵尝撰有《说中古文》一篇，其中举十二事以证中古文之伪，云：

> 成帝命刘向领校中五经秘书，但中古文之说，余所不信。秦烧天下儒书，汉因秦宫室，不应宫中独藏《尚书》，一也。萧何收秦图籍，乃地图之属，不闻收《易》与《书》，二也。假使中秘有《尚书》，何必遣晁错往伏生所受二十九篇？三也。假使中秘有《尚书》，不应安国献孔壁书，始知增多十六篇，四也。假使中秘有《尚书》，以武、宣之为君，诸大儒之为臣，百余年间，无言之者，不应刘向始知校《召诰》《酒诰》，始知与博士本异文七百，五也。此中秘书既是古文，外廷所献古文，遭巫蛊不立，古文亦不亡，假使有之，则是烧书者，更始之火，赤眉之火，而非秦火矣，六也。中秘既是古文，外廷自博士以汔民间，应奉为定本，斠若画一，不应听其古文家、今文家，纷纷异家法，七也。中秘有书，应是孔门百篇全经，不但《舜典》《九共》之文，终西汉世具在，而且孔安国之所无者，亦

---

① 龚自珍：《己亥杂诗》第五十九首，《龚自珍全集》第十辑，第513页。
② 孙文光、王世芸编：《龚自珍研究资料集》，黄山书社，1984，第97页。

在其中。孔壁之文，又何足贵？今试考其情事，然耶？不耶？八也。秦火后，千古儒者，独刘向、歆父子见全经，而平生不曾于二十九篇外，引用一句，表章一事，九也。亦不传受一人，斯谓空前，斯谓绝后，此古文者，迹过如扫矣，异哉！异至于此，十也。假使中秘书并无百篇，则向作《七略》，当载明是何等篇，其不存者亡于何时，其存者又何所受也，而皆无原委，千古但闻有中古文之名，十一也。中秘既有五经，独《易》、《书》著，其三经何以蔑闻？十二也。当帝之时，以中书校《百两篇》，非是。予谓此中古文，亦张霸《百两》之流亚，成帝不知而误收之，或即刘歆所自序之言如此，托于其父，并无此事。古文《书》如此，古文《易》可知，宜其独与绝无师承之费直《易》相同，而不与施、孟、梁丘同也。《汉书》刘向一传，本非班作，歆也博而诈，固也侗而愿。①

定庵不信中秘所藏古文，遂疑古文《书》、《易》之伪。此外，定庵又有《六经正名》一文，则攻《周官》之伪。其先，申受不过谓刘歆为《左氏》增设书法条例而已，盖自申受视之，古文经学之不成立，只是在于刘歆伪窜《左氏》耳。至定庵，乃进而攻击整个古文经之伪，可见定庵的门户意识更趋强烈矣。

因此，梁启超极推崇定庵之功，以为"今文学派之开拓，实自龚氏"。② 此种开拓在于，"找到了今文学理论得以成立的关键点，确立了今文学的框架"。③ 概言之，定庵在其《左氏决疣》中尚追随申受，攻击刘歆之窜益《左氏》；而在其《说中古文》中，则进一步否定中古文之存在，以为亦出于刘歆之伪。④ 不过，定庵对于公羊学的取舍与运用，却颇不同于刘申受与魏默深，有学者认为，"自珍之于公羊，不仅未龂龂于条例之辨，甚至认为《春秋》是史，三传皆传《春秋》"。⑤ 就此而言，同时的默深似乎更代表了清代公羊学的主流。

至道光十三年（1833），定庵又撰《六经正名》及《答问》五篇，对"六经"

---

① 龚自珍：《龚自珍全集》第一辑，第125—126页。
② 梁启超：《清代学术概论》二十二，载朱维铮校注：《梁启超论清学史二种》，第61页。不过，梁氏于定庵之学术，则颇不谓然，"综自珍之学，病在不深入，所有思想，仅引其绪而止，又为瑰丽之辞所掩，意不豁达"。（同上，第61页）
③ 蔡长林：《论崔适与晚清今文学》，圣环图书公司，2002，第81页。
④ 蔡长林认为，定庵此说"在今文学理论的建立上向前迈进一大步，不可谓非由龚氏此文所启发"。（蔡长林：《论崔适与晚清今文学》，第83页）
⑤ 张寿安：《龚自珍学术思想研究》，台北文史哲出版社，1997，第79页。张氏又曰："刘氏之治《公羊》，循条例以明大义，又罢黜《左氏》，强调经史之异。魏源'上复西汉今文'的主张，更显示了今、古文经的壁垒渐立。然自珍之治《公羊》，不仅摒弃经、史之争，亦刊落条例，而径杂微言大义的实际运用于时政，亦即是'援经议政'。"（同上，第90页）

的范围进行了重新界定。不过,其中立场似乎更多倾向于古文家的观点。盖自两汉以降,随着博士官学的兴盛,以及随之而来的今古相争,儒家经典的范围不断扩展,而旧有的"六经"或"六艺"渐成一笼统的称呼,不再指孔子时代的六种经典,而是指两汉师法、家法笼罩下的经典诠释著作。对此,定庵认为,"孔子之未生,天下有六经久矣",则以"六经"先于孔子,这显然体现了古文家的立场;孔子以后,逐渐形成了对"六经"的种种诠释,于是形成了传、记、群书之别,然皆非经也。然而,后世所谓"六经"之名,却常常将经、传、记、群书与子混合起来,遂有七经、九经、十经、十二经、十三经、十四经之说。因此,定庵主张,将"以传为经"者(如《公羊》、《穀梁》与《左氏》三传)、"以记为经"者(如大、小戴《礼记》)、"以群书为经"者(如《周官》、《论语》、《孝经》)、"以子为经"者(如《孟子》)剔除出去,从而恢复"六经"的本来面目。

定庵认为,只有通过"以经还经,以记还记,以传还传,以群书还群书,以子还子",才能重新建立"六经"的原始面貌,以及与其他书籍的关系:

(一)《尚书》:配以《周书》十八篇、《穆天子传》六篇、《书序》百篇、三代宗彝之铭十九篇、《秦阴》一篇、桑钦《水经》一篇。

(二)《春秋》:配以《左氏春秋》、《春秋公羊传》、《郑语》一篇、《史记》。①

(三)《礼古经》:配以《大戴记》、《小戴记》、《周髀算经》、《九章算经》、《考工记》、《弟子职》、《汉官旧仪》。

(四)《诗》:配以屈原赋二十五篇、汉《房中歌》、《郊祀歌》、《铙歌》。

(五)小学:配以许慎《说文》。

上述关于定庵对"六经"的正名,其中颇有几点值得注意:

其一,不以《穀梁》配《春秋》。定庵云:"夫穀梁氏不受《春秋》制作大义,不得为《春秋》配也。"这种态度大不同于申受。盖此后整个晚清今文学皆强调《公》、《穀》之间的"道一风同",而以攻驳《左氏》为主。

其二,强调为"六经"正名,乃回到孔子以前的"六经",颇有泯灭两汉以降今古之争的意味。

其三,谓孔子不作"六经",甚至认为孔子不作《春秋》,"孔子所谓《春

---

① 龚氏认为,《左氏》可配《春秋》,不过,须剔去刘歆所窜益部分。

秋》，周室所藏百二十国宝书是也"。① 此说无疑颠覆了今文家独尊孔子的立场，反而倾向于古文家的说法，完全背离了后来今文学者以"六经"尽出于孔子的主流倾向。故无怪乎皮鹿门讥定庵"犹惑于刘歆、杜预之说，不知孔子以前不得有经之义也"。② 可见定庵治经，实不纯用今文家言，反而时常杂以古文家之说。

定庵不仅否定孔子作"六经"，甚至提出"六经皆史"之说。其曰：

> 六经者，周史之宗子也。《易》也者，卜筮之史也；《书》也者，记言之史也；《春秋》也者，记动之史也；《风》也者，史所采于民，而编之竹帛，付之司乐者也；《雅》、《颂》也者，史所采于士大夫也；《礼》也者，一代之律令，史职藏之故府，而时以诏王者者也；小学也者，外史达之四方，瞽史谕之宾客之所为也。……故曰：五经者，周史之大宗也。③

自唐、宋以来，学者多视《春秋》为经，而《左氏》为史，至于申受为代表的常州学派，更执此说不移。今定庵不独视《春秋》为史，至于夷六经尽皆为史，如此，则六经非出于孔子矣。定庵为"六经"正名，其意或在于此。故定庵曰：

> 仲尼未生，先有六经；仲尼既生，自明不作。仲尼曷尝率弟子使笔其言以自制一经哉？④

此说否定孔子制"六经"，与后来廖平、康有为对待"六经"的态度大不相同。因此，定庵遂肯定孔子之功在"述"，而不在"作"，即"存史"也。其曰：

> 夫功罪之际，存亡之会也，绝续之交也。天生孔子不后周，不先周也，存亡续绝，俾枢纽也。史有其官而亡其人，有其籍而亡其统，史统替夷，孔统修也。史无孔，虽美何待？孔无史，虽圣曷庸？⑤

可见，孔子之功在"存史"，而非"作经"也。至于《春秋》，其中固有微言大义，然定庵以为，《春秋》不出于孔子，而出于史官。定庵尝有诗曰：

---

① 龚自珍：《六经正名》，《龚自珍全集》第一辑，第36页。
② 皮锡瑞：《经学历史》，第17页。
③ 龚自珍：《古史钩沈论》二，《龚自珍全集》第一辑，第21页。
④ 龚自珍：《六经正名》，《龚自珍全集》第一辑，第38页。
⑤ 龚自珍：《古史钩沈论》二，《龚自珍全集》第一辑，第24页。

> 欲从太史窥《春秋》，勿向有字句处求。抱微言者太史氏，大义显显则予休。①

诸如此说，足见定庵之论偏离了清代今文学主流，宜乎其不为后来今文家所宗也。

定庵又以周末诸子，亦出于史，不过"周史之小宗"也。其曰：

> 孔子殁，七十子不见用，衰世著书之徒，蜂出泉流，汉氏校录，撮为诸子，诸子也者，周史之小宗也。故夫道家者流，言称辛甲、老聃；墨家者流，言称尹佚。辛甲、尹佚官皆史，聃实为柱下史。若道家，若农家，若杂家，若阴阳家，若兵，若术数，若方技，其言皆称神农、黄帝。神农、黄帝之书，又周史所职藏，所谓三皇、五帝之书者是也。……故曰：诸子也者，周史之支孽小宗也。②

定庵盖以六经、诸子俱出于史，不过大宗、小宗之别耳，是以后世之尊儒，不过因儒家长于六经，存亡而继绝，为吾国文明之嫡派大宗故也。诚若此说，中国轴心时代之学术与思想，实尽出于上古文明之阙遗，非若长素所谓"茫昧无稽"也。

可见，定庵认为刘歆伪窜《左氏》，则继承了申受的观点；又主张中古文亦尽为刘歆所伪，固然发展了申受之说。至于定庵对"六经"的正名，以及孔子与"六经"关系的理解，则完全偏离了清代今文学的主流，反而接近古文学者的立场。

3. 魏源

魏源（1794—1857），原名远达，字良图，号默深，③又字墨生、汉士。尝从胡承珙（1776—1832）问汉儒家法，又问宋儒之学于姚学塽（1766—1826），学《公羊》于刘申受，遂名著京师。道光六年，与龚定庵同赴礼部会试，不第，刘申受时为同考官，作《两生行》诗惜之，谓默深"无双国士长沙子，孕育汉魏真经神"，定庵"之江人文甲天下"，自是，默深与定庵遂以"龚魏"齐名，为世所称。默深著述颇丰，其经学著述有《书古微》十二卷、《诗古微》二十卷、《董子春秋发微》七卷、④《两汉经师今古文家法考》四卷、⑤《春

---

① 龚自珍：《己亥杂诗》，《龚自珍全集》第十辑，第537页。
② 龚自珍：《古史钩沈论》二，《龚自珍全集》第一辑，第22页。
③ 《魏府君事略》、《清史稿》、《清史列传》等俱谓源字默深，而族谱则以为号，而字良图，今从族谱。又，李肖聃《湘学略》谓源晚字承贯，亦其托身佛门之法号也。
④ 未见传本，序见《古微堂外集》卷1。是书据《董子春秋述例》增删改定而来。
⑤ 未见刊本，仅序见《古微堂外集》卷1。

秋繁露注》十二卷。① 文集中又有《公羊春秋论》，疑为刘申受所撰。又有《公羊春秋微》、《曾子发微》、《子思子发微》、《高子学谱》、《孝经集传》、《孔子年表》、《孟子年表》、《小学古经》、《大学发微》及《老子》、《墨子》、《说苑》、《六韬》、《孙子》、《吴子》注。此外，尚有《圣武记》、《海国图志》、《元史新编》、《古微堂文集》，并编有《皇朝经世文编》。

《清史稿·文苑传》谓默深兀傲有大略，熟于朝章国故。默深论古今成败利病、学术流别，驰骋往复，四座皆屈。喜谈经济，晚遭夷变，颇悉夷事。又据《湖南通志》，默深体貌奇伟，为文下笔千言，雄恣精奥，似先秦诸子。嘉、道以来，楚南论诗古文，以默深为大宗。《清史列传》论其学云：

>源经术湛深，读书精博。初崇尚宋儒理学，后发明西汉人之谊。于《书》则专申《史记》、伏生《大传》及《汉书》所载欧阳、夏侯、刘向遗说，以难马、郑，撰《书古微》十二卷。于《诗》则谓《毛诗》晚出，顾炎武、阎若璩、胡渭、戴震皆致疑于毛学，而尚知据三家古义以证其源，因表章鲁、韩坠绪，以匡传、笺，撰《诗古微》二十二卷。于《春秋》则谓《汉书·儒林传》言董生与胡毋生同业治《春秋》，而何休注但依胡毋生《条例》，于董生无一言及。②

默深实为晚清今文学转折的关键人物，不仅将《春秋》学研究由东汉何休转向西汉董仲舒，且将今文学由《春秋》进一步拓展到《诗》、《书》之研究，对于晚清今古之争，影响甚巨。故钱基博曰："前此治经而张今文者，则《春秋》而已，至源乃推而大之，以及《诗》、《书》，遍于群经。"③

可见，晚清学术之分裂，实导源于默深也。章太炎素严今古门户，故于默深颇致讥评，曰：

>道光末，邵阳魏源夸诞好言经世，尝以术奸说贵人，不遇。④ 晚官高邮知州，益牢落，乃思治今文为名高。然素不知师法略例，又不识字，作《诗、书古微》。凡《诗》今文有齐、鲁、韩，《书》今文有欧阳、大小夏

---

① 未见刊本。
② 《清史列传》，中华书局，2016，第68页。
③ 钱基博：《近百年湖南学风·魏源》，岳麓书社，1985，第9页。
④ 案，李柏荣《日涛杂著》有云："默深声名既宏伟，又值洪秀全建国南京，提倡文化，设科取士，乃聘江宁梅伯言、泾县包慎伯暨默深为乡三老。默深既殁，坟墓遂湮，人徒知其撰《圣武记》一书，歌颂清代武功，而少在其苦衷隐行，有未经人道者。因侧身洪廷，遂遭平墓之灾。"太炎之诮，盖据此事也。

侯,故不一致,而齐、鲁、大小夏侯,尤相攻击如仇雠。源一切掍合之,所不能通,即归之古文,尤乱越无条理。①

太炎又谓默深"妖以诬民,夸以媚虏,大者为汉奸、剧盗,小者以食客容于私门",②"源故不学,惟善说满洲故事,③晚乃颠倒《诗》、《书》,以钓名誉,凌乱无序,小学尤疏谬,诩诩自高,以微言大义在是,其持论或中时弊,然往往近怪迂",④"魏源、龚自珍继之,皆好功名求仕进,学本粗觕,尤憙附丽,诸所陈述,佞谀万端"。⑤ 盖太炎好为苛议,又深憾默深门户之见,乃厚诬其品格如此。至于其他今文学者,若龚定庵,太炎殆以其外祖故,许其"稍知书";⑥若戴子高,则以严夷夏故,乃誉其"有师法";又有廖季平,或于康长素有私憾,遂褒以"时有新义"。凡此诸人,"犹愈魏源辈绝无伦类者"。⑦

叶德辉《龚定庵年谱外纪序》则曰:

> 仁和龚定庵先生,以旷代轶才负经营世宙之略,不幸浮沉郎署,为儒林文苑中人。此非其生平志愿所归往也。光绪中叶,海内风尚《公羊》之学,后生晚进莫不手先生文一编。其始发端于湖湘,浸淫至于西蜀、东粤,挟其非常可怪之论,推波扬澜,极于新旧党争,而清社遂屋。论者追原祸始,颇咎先生与邵阳魏默深二人。⑧

叶氏以清社之屋归狱于龚、魏,甚至诅默深"老病风魔以死,为攻击古文之报",⑨其憾恨不可谓非深矣。

近人蒙文通,虽出廖氏之门,亦颇攻龚、魏,曰:

---

① 章太炎:《检论·清儒》,《章太炎全集》册三,第485页。
② 章太炎:《检论·学隐》,《章太炎全集》第三,第491页。
③ 案,默深以官内阁中书之便,始究心本朝掌故。齐思和《魏源与晚清学风》尝有论曰:"自乾、嘉以来,以朝廷忌讳之多端,文纲之严酷,学者讳言本朝史事,于是研究历史之风气,由修史而变为考史,学者多娴于往古而昧于当今,此与以前治史风气大不同者也。至道、咸以来,清廷之统制力渐弛,猜忌日少,而士大夫感慨时势,亦渐留心本朝掌故,讨论国是,于是治本朝事之书始多,而其风气实自先生启之也。"(转引自《魏源全集》册二十,第727页)
④ 章太炎:《太炎文录初编·说林下》,《章太炎全集》册四,第120—121页。
⑤ 章太炎:《太炎文录初编·与刘揆一书》,《章太炎全集》册四,第192页。
⑥ 太炎谓"自珍承其外祖之学,又多交经术士,其识源流,通条理,非(魏)源之侪",不过,"大抵剽窃成说,无自得者"。(《太炎文录初编·说林下》,《章太炎全集》册四,第121页)
⑦ 章太炎:《太炎文录初编·与刘揆一书》,《章太炎全集》册四,第187页。
⑧ 转引自李柏荣:《日涛杂著》第三集。
⑨ 参见李肖聃:《湘学略·邵阳学略》,岳麓书社,1985,第161页。

他若魏源、龚自珍之流，亦以今文之学自诩，然《诗、书古微》之作，固不必求之师说，究其家法，汉宋杂陈，又出以新奇臆说，徒以攻郑为事，究不知郑氏之学已今古并取，异郑不必即为今文。……故龚、魏之学别为一派，别为伪今文学，去道已远。①

又曰：

庄氏之徒，刘氏、宋氏喜张皇邵公之义，以遍说群经，自夸今文学，不能究洞经旨，稍稍与常州诸老异。惟能以浮丽不根之词动人耳目，若谓常州之学尽于刘、宋，而今文之义悉在《公羊》，是胥言者之过也。暨乎湘之魏氏（源）、浙之龚氏（自珍），益言无检束，不可收拾，而皆自托于今文。凡诸杂书小记，无不采摭，书无汉宋，惟意所便，于汉师家法破坏无余，则又出刘、宋下。②

蒙氏痛诋龚、魏之破坏汉师家法，遂上诬刘、宋，以为"不能究洞经旨"。蒙氏乃推崇陈寿祺、乔枞父子与陈立之学，乃真今文之学；又谓其师廖六译，以为"本之二陈绪论，诚不屑意于刘、宋、龚、魏之伦，条例精密，实远迈常州先哲，而奇纵超绝，殆又过之"。③ 然廖氏本系今文一脉，文通相煎之急，何其愚耶！

近人齐思和则持论平允，曰：

夫晚清学术界之风气，倡经世以谋富强，讲掌故以明国是，崇今文以谈变法，究舆地以筹边防。凡此数学，魏氏或倡导之，或光大之。汇众流于江河，为群望之所归，岂非一代大儒，新学之蚕丛哉？顾世尚未有论列之者。……魏氏之学术地位不明，乌足以论列近百年来学术之源流乎？④

又曰：

魏源兼揽众长，各造其极，且能施之于实行，不徒托诸空言，不愧为晚清学术运动之启蒙大师矣。⑤

---

① 蒙文通：《井研廖季平师与近代今文学》，《蒙文通文集》册三，第105页。
② 蒙文通：《井研廖季平师与近代今文学》，《蒙文通文集》册三，第105页。
③ 蒙文通：《廖季平先生传》，《蒙文通文集》册三，第138—139页。
④ 齐思和：《魏源与晚清学风》，转引自《魏源全集》册二十，第706—707页。
⑤ 齐思和：《魏源与晚清学风》，载《魏源全集》册二十，第750页。

此时去清季已久,故齐氏论列默深学术,乃能尽脱今古门户之见矣。

4. 廖平

廖平(1852—1932),四川井研人。初名登廷,字旭陔,又字勖斋。光绪五年(1879),中举人,乃改名平,字季平。以其经学尝历四变、五变,以至六变,故又号四益(或作四译)、五译、六译。① 其学虽有六变,而以前三变最为学者所重。梁启超《清代学术概论》谓六译"颇知守今文家法",又谓其说"俨然有开拓千古、推倒一时之概"。② 章太炎虽不屑六译学术,然其《程师》犹谓其"善分别古今文,盖惠、戴、凌、刘所不能上",又谓"廖平之学,与余绝相反,然其分别今古文,确然不易","寻廖氏之学,则能知后郑之殊乎贾、马,而贾、马之别乎刘歆,刘歆之别乎董、伏、二戴,而汉儒说经分合之故可得而言"。至于刘师培以家门世治《左氏》而擅名一世,然颇推崇六译,称其"长于《春秋》,善说礼制,洞彻汉师经例,自魏晋以来未之有也"。③ 凡此,可见六译对当时学术之影响。

案,六译在其经学初变时期,以《左氏》为今学,而谓《左氏》为解经之书。1886年,六译撰《春秋左传古义凡例》,其中有云:

> 或谓《(左)传》不解经者,此门外言也。《国语》则诚不解经矣。《传》则全依据经文而作,毋论义例、礼制解经,即议论、空言亦解经。……所言半,言在此而意在彼,都为经文而发,非空言也。
>
> 刘申绶《左传考证》以传释经为刘氏所加,备列考证。案,其说非也。无论其他,刘说恒不得传意,何能补传?《左传》盖成于战国之时,汉初未显耳,刘氏读之,不能尽解,何能作之?《汉书》及《别录》所言《左传》传受,则又古学家争立之伪说,《左传》无处不解经,岂特曰"书曰"数字? 申绶之言未审矣。④

此时六译直斥申受之非,而以《左氏》"全据经文而作"也。

1890年,六译又刊行《春秋左氏古经说疏证》一书,盖"剌取全传解经之说,别为一书,名曰《古经说读本》"。对此,其座师潘祖荫序云:

---

① 译者,变易也。弟子黄镕为其笺述《五变记》云:"先生本名四益,今因五变,更名五译。"至其晚年自号六译,盖其学已历六变矣。
② 梁启超:《清代学术概论》,中国人民大学出版社,2004,第199页。
③ 蒙文通:《井研廖季平师与近代今文学》,《蒙文通文集》册三,第105页。
④ 廖平:《春秋左传古义凡例》,《廖平全集》册九,第2309页。

廖季平进士精敏赅洽，据《汉书·五行志》于《左氏》经传后引"说曰"有释经明文，在刘氏说前。又《艺文志》有《左氏微》，谓左氏事业具于《传》，义、例出于《说》。今《传》事、说杂陈，乃先秦左氏弟子依经编年。①

盖《汉志》中载有《左氏微》一书，六译受此启发，遂将《左氏》之记事与义例分开，记事者为"传"，而义例者为"说"，则《左氏传》虽不传《春秋》，而《左氏说》则传《春秋》也。是书又有宋育仁序，乃"综其长义"二十端，其中，首义为"《传》为解经而作"，次义为"以《左氏》归还今学"。② 可见，此时六译尚以"平分今古"为旨，故其对《左氏》之态度，犹兼取今、古学者之说。

然至戊戌间，六译已进入其经学二变期，其《古学考》乃举八事以证《左氏》不传《春秋》，曰：

博士以《左氏》不传《春秋》，初以为专以说、微别行之故，继乃知其书实不独传《春秋》。（自注：《传》由《国语》而出，初名《国语》，后师取《国语》文依经编年，加以说、微，乃成《传》本。）《春秋》编年，专传当依经编年，今分国为编，其原文并无年月，一也。依经立传，则当首尾同经，今上起穆王，下至哀公，与经不合，二也。《公》、《穀》所言事实，文字简质，朴实述事，今《传》侈陈经说，制度与纪事之文不同，三也。为《春秋》述事，则当每经有事，今有经无传者多，四也。解经则当严谨，今有经者多阙，乃侈陈杂事琐细，与经多不相干，五也。既为经作传，则始终自当一律，今成、襄以下详，而文、宣以上略，远略近详，六也。不详世系与诸侯大夫终始，与谱谍世家之意不合，七也。《春秋》大事盛传于世，载记纷繁，若于传《春秋》当详人所略，略人所详，乃征实用。今不羞雷同，而略于孤证，八也。有此八证，足见其书不专传《春秋》，盖仿经文"行事加王心"之意为之。③

六译举八事以证汉博士以来相传旧说，尤其谓《左氏》出于《国语》，正与康长素攻刘歆之说同。

其弟子蒙文通论其学曰：

---

① 李耀仙编：《廖平选集》下册，第186页。
② 李耀仙编：《廖平选集》下册，第184页。
③ 廖平：《古学考》，载李耀仙编：《廖平选集》上册，第139页。

然廖师独造之学，尤在《春秋》。初盖专精于《春秋》，而后偶悟于礼制，故廖师之学，以礼言，则为守两汉之壁垒，俾今古不相淆；以《春秋》言，则抉择于三传，明其孰为先师本义，孰为后师所推衍，非复两汉今古所能囿。其守三传家法，以匡汉师之违失，此其置身炎汉，比肩江、董；至于会通三传，依经决义，取舍由心，固已直入周秦，接武游、夏，齐、鲁之坊已不能囿，更何有两汉今古家法之足守哉！早已轻视今古之界而思破坏之，以探周秦之室也。文通昔尝为文议蜀学，谓廖师之于《春秋》，本注以通传，则执传以匡注，由传以明经，则依经以诀传。左庵称廖氏"长于《春秋》，善说礼制"，吾谓廖师之说礼制，诚左庵所谓"魏晋以来未之有"，至其论《春秋》，则秦汉而下无其偶也。盖其说礼固能明两汉之学，晓然于今古之辨，突过前儒；至若究明《春秋》，则已决荡周秦，弃置两汉今古学而不屑道也。然其发明两汉今古学之功人知之，其破弃今古直入周秦，人未有能知之者。①

盖六译以礼制决今古之分，自康成以下，诚未有论及此者，则蒙氏之说，亦未为过誉也。然汉人治经，素持今古之分，至常州今文学再兴，其主流莫不严于今古壁垒，今六译欲"轻视今古之界而思破坏之，以探周秦之室"，足见其学虽源于今文学，然既"弃置两汉今古学而不屑道"，则不免为清代今文学之孽子，更无论有继以为祖者。六译之学，尝以礼制别今古而为时人所重，至其"破弃今古直入周秦"，则常为人所轻忽焉。

蒙氏又曰：

> 盖三百年间之经学，其本在小学，其要在声韵，其详在名物，其道最适于《诗》、《书》，其源则导自顾氏者也。廖氏之学，其要在《礼经》，其精在《春秋》，不循昔贤之旧轨，其于顾氏，固各张其帜以相抗者也。②

蒙氏又推挹六译为今文学大宗，欲超乘于刘、宋之上，而独与乾嘉汉学相亢，则似过誉之辞。然其谓治《礼经》、《春秋》之道，不必效乾嘉诸老之旧轨，则诚然也。

章太炎尝为六译撰《墓志铭》云：

---

① 蒙文通：《井研廖师与汉代今古文学》，《蒙文通文集》册三，第134页。
② 载廖幼平：《廖季平年谱》，第178页。

> 君之学凡六变，其后三变杂梵书及医经刑法诸家，往往出儒术外。其第三变最可观，以为《周礼》《王制》，大小异制，而康氏所受于君者，特其第二变也。①

盖康长素初亦善其《今古学考》，后乃善其二变之说，然太炎则独善其三变之学，可谓别具卓识焉。

六译自谓"毕生学说，专以尊经尊孔为主"，②然其说自四变以后，愈变愈奇，学者几无有能理会者。对此，钱穆有论曰："盖季平必求所以尊孔者而不得其说，乃屡变其书以求一当。其学非考据、非义理、非汉、非宋，近于逞臆，终于说怪，使读者迷惘不得其要领。"③

5. 康有为

康有为(1858—1927)，曾名祖诒，字广厦，号长素。戊戌政变后，易号更生；民国六年(1917)再蒙难，更号更甡。晚号天游化人。其先代为广东名族，世以理学传家。少时即有志于圣贤，乡里戏称"圣人为"。光绪二年(1876)，年十九，④乡试不售，⑤始受学于九江朱次琦。前后六年，"得闻圣贤大道之绪"，⑥"其理学、政学之基础，皆得诸九江"。⑦ 尝游香港与上海，见西人殖民政治之完整，"骤睹宫室之壮丽，道路之整洁，巡捕之严肃"，⑧因思其所以致此者，遂颇读西方译书，"知西人治国有法度，不得以古夷狄视之，遂萌革政之想"，⑨自是大讲西学，尽释故见，其学术因别开一境界矣。长素尝自言，"至乙酉之年(1885)，而学大定，不复有进矣"。⑩ 其后遍游中国，学乃益进，以为"欲任天下之事，开中国之新世界，莫亟于教育"。⑪ 其教

---

① 载廖幼平：《廖季平年谱》，第94页。
② 廖平：《孔经哲学发微·尊孔总论》，载李耀仙编：《廖平选集》册上，第303页。
③ 钱穆：《中国近三百年学术史》册下，第724页。
④ 梁启超《南海康先生传》称长素受学在十八岁，而康有为《自编年谱》、张伯桢《南海康先生传》与陆乃翔、陆敦骙《南海先生传》俱作十九岁。
⑤ 同治十年(1871)，长素年十四，始就童生试，然屡试不售。黄开国以为，长素实以荫监生资格参加乡试，而其监生资格乃得于祖人之荫德也。（参见黄开国：《公羊学发展史》，第653—654页）
⑥ 康有为：《康南海自编年谱》，中华书局，1992，第9页。
⑦ 梁启超：《南海康先生传》，载《康有为全集》册十二，附录一，第423页。又据《南海康先生传》，朱次琦之理学，以程、朱为主，而间采陆、王；然长素独好陆、王，以为直捷明诚，活泼有用。
⑧ 陆乃翔、陆敦骙：《南海先生传》，载《康有为全集》册十二，附录二，第442页。
⑨ 张伯桢：《南海康先生传》，载《康有为全集》册十二，附录三，第473页。
⑩ 康有为：《与沈刑部子培书》，载《康有为全集》册一，第237页。
⑪ 梁启超：《南海康先生传》，载《康有为全集》册十二，附录一，第424页。

授弟子,盖以孔学、佛学、宋明学为体,而以史学、西学为用。

据长素《自编年谱》及其女同璧所撰《年谱续编》,光绪六年(1880),长素初治《公羊》,乃撰《何氏纠谬》,专攻何邵公,既而自悟其非,乃焚其稿。十六年(1890),与廖平会于广州,廖氏以《知圣篇》相示。是年,撰《王制义证》、《王制伪证》、《毛诗伪证》、《周礼伪证》、《说文伪证》、《尔雅伪证》等。十七年,集诸弟子力,刻成《新学伪经考》。十九年,撰《孟子为公羊学考》、《论语为公羊学考》。二十年,撰《春秋董氏学》与《孔子改制考》。二十二年,续成《孔子改制考》,撰《春秋董氏学》、《春秋学》等。二十三年,游桂林,发起圣学会,创办广仁学堂,日与学者论学,编成《春秋考义》、《春秋考文》。二十七年,避居新加坡槟榔屿,撰写《中庸注》、《春秋笔削大义微言考》、《孟子微》。二十八年,居印度大吉岭,撰成《大同书》、《论语注》、《大学注》、《孟子微》、《礼运注》等。长素治《春秋》,不尚条例,故其弟子梁启超谓其"不断断于书法义例之小节,专求其微言大义,即何休所谓非常异义可怪之论者"。①

观长素一生行迹,实借学术而入政治也。然其最受人诟病者,却不在其变法举措,而在作为变法依据的今文学。梁启超谓长素乃今文学之集大成者,洵非虚语。② 长素上承嘉、道以来今文学辨伪的绪余,而发刘歆遍伪群书之说,然此说实遗祸无穷,盖据此种逻辑,"安知孔子之言与事,非孟、荀、汉儒所造耶?""彼古文既为刘歆所造,安知今文非亦刘歆所造以自矜其多能如邓析之为耶? 而《移让博士书》,安知非寓言耶?"结果,必致"兰台历史,无一语可以征信"。③

长素之说,若纯就逻辑而言,不可谓非自洽;然论其情理,多属骇人不可信之辞。朱一新尝论其学术之弊云:

> 窃恐诋诘古人之不已,进而疑经。疑经不已,进而疑圣。至于疑圣,则其效可睹矣。④

刘师培则讥之曰:

> 大抵以空言相演,继以博辩,其说颇返于怀疑。然运之于虚,而不

---

① 梁启超:《清代学术概论》二十三,载朱维铮校注:《梁启超论清学史二种》,第64页。
② 参见梁启超:《清代学术概论》二十三,载朱维铮校注:《梁启超论清学史二种》,第63页。
③ 章太炎:《今古文辨义》,载汤志钧编:《章太炎政论选集》,第114—115页。
④ 朱一新:《答长孺第三书》,载张荣华编:《康有为往来书信集》,第102页。

能证之以实，或言之成理，而不能持之有故。于学术合于今文者，莫不穿凿其词，曲说附会；于学术异于今文者，莫不巧加诋毁，以诬前儒，甚至颠倒群经，以伸己见。①

盖长素学术之得咎，正在于此。其后驯至于民国，疑古之习竟蔚为大潮，其端绪抑或肇始于此耶？对此，钱玄同尝有言曰："把古文经打倒以后，再来审查今文经。"②可见，长素尚不过疑古文经之伪，钱玄同、顾颉刚等则更进一步，而并疑今文经之伪矣。

案，申受以还的《左氏》辨伪固足以启近人之疑古，而长素又欲为变法张帜，更昌言"托古改制"，此又为疑古思潮的另一理论来源。盖孔子既托古以改制，则一切古籍俱不足信，至于经书所载上古史事亦非真实，皆不过孔子所托而已。因此，长素《新学伪经考》一书，犹不过谓汉以前古籍皆刘歆所改窜；然其《孔子改制考》一书，不免致吾国一切上古历史悉成虚妄矣。民国以降的疑古风潮，其理论渊源盖有此二端也。

又案，长素所撰《新学伪经考》，乃上承申受《左氏春秋考证》辨伪之绪。是书初刻于光绪十七年(1891)，二十年遭禁毁。戊戌间，再刻是书，并进呈光绪帝，不久，再遭禁毁。民国以后，始有多种刊本行于世。

关于是书之旨，长素叙曰：

> 始作伪乱圣制者自刘歆，布行伪经篡孔统者成于郑玄。阅二千年岁月日时之绵暧……咸奉伪经为圣法，诵读尊信，奉持施行，违者以非圣无法论，亦无一人敢违者，亦无一人敢疑者。于是夺孔子之经以与周公，而抑孔子为传；于是扫孔子改制之圣法，而目为断烂朝报。……且后世之大祸，曰任奄寺，广女色，人主奢纵，权臣篡盗，是尝累毒生民、覆宗社者矣，古无有是，而皆自刘歆开之。……刘歆之伪不黜，孔子之道不著。③

其先，龚定庵所撰《说中古文》以证古文经之伪，且溯源于刘歆之伪窜。长素则推阐定庵之说，亦否定古文经的真实性，以为所谓孔壁之说，不过刘歆所假托耳，因此，二千年所尊奉的古文经，皆属"伪经"；长素又谓刘歆尝为新莽

---

① 刘师培：《近代汉学变迁记》，载《刘师培辛亥前文选》，三联书店，1998，第179页。
② 钱玄同：《重论今古文学问题——重印〈新学伪经考〉序》，《新学伪经考》附，第390页。
③ 康有为：《新学伪经考》叙，载《康有为全集》册一，第355页。

之臣,故其学可名为"新学";至于后世专制政治之大祸,皆刘歆"伪经"有以致之也。可见,长素之辨伪,非尽出于学术目的,实有其现实政治的考虑。

梁启超总结此书之要点有六,曰:

> 一、西汉经学,并无所谓古文者,凡古文皆刘歆伪作。二、秦焚书,并未厄及六经,汉十四博士所传,皆孔门足本,并无残缺。三、孔子时所用字,即秦汉间篆书,即以文论,亦绝无今古之目。四、刘歆欲弥缝其作伪之迹,故校中秘书时,于一切古书多所羼乱。五、刘歆所以作伪经之故,因欲佐莽篡汉,先谋湮乱孔子之微言大义。①

其时任公颇预是书之作,虽"时时病其师之武断",不过,直至其晚年所作《清代学术概论》,任公犹以为"实则此书大体皆精当,其可议处乃在小节目"。②

盖汉世今古之争,实与嬴秦焚书有关。至孝惠废除挟书律,先秦古书乃次第发见于世,然较诸博士所掌,遂有异同,而今古经之说遂由此起。刘歆欲成立古文经,乃假以为说,而斥汉博士"闇学残文缺,稍离其真"。因此,长素欲根本动摇古学,首要在于否认秦焚六经之事,可谓釜底抽薪之举也。

长素举以证其说者,大致有如下八条:

其一,博士所职监本六经具存。长素据《史记·秦始皇本纪》,曰:"焚书之令,但烧民间之书,若博士所职,则《诗》、《书》、百家自存。夫政、斯焚书之意,但欲愚民而自智,非欲自愚。若并秘府所藏、博士所职,而尽焚之,而仅存医药、卜筮、种树之书,是秦并自愚也,何以为国?"又曰:"欲学《诗》、《书》、六艺者,诣博士受业则可矣。实欲重京师而抑郡国,强干弱支之计耳。"③盖长素以为秦之所焚,不过民间藏书,而秘府所藏、博士所职之书不在其列。④

长素又以为,后世所指为坑儒者,实多方士,非尽为儒者,更与博士无涉。汉初,伏生、叔孙通等,俱秦博士。至于随叔孙通议礼之三十余鲁生,皆"怀蕴六艺,学通《诗》、《书》"⑤者,足见始皇坑儒,既未牵连博士,亦未绝儒术也。

其二,萧何收丞相府图书,则"六经"官本不缺。长素据《史记·萧相国

---

① 梁启超:《清代学术概论》二十三,载朱维铮校注:《梁启超论清学史二种》,第64页。
② 梁启超:《清代学术概论》二十三,载朱维铮校注:《梁启超论清学史二种》,第64页。
③ 康有为:《新学伪经考》第一,《康有为全集》册一,第357页。
④ 章太炎则曰:"如博士之书可以不焚,伏生何必壁藏之耶?"太炎乃据以证秦火不焚博士书之谬也。(诸祖耿等录:《章太炎国学讲演录·经学略说》,第165页)
⑤ 康有为:《新学伪经考》第一,《康有为全集》册一,第358页。

《世家》,以为"坑、焚至汉兴,为日至近,博士具官,儒生甚夥。即不焚烧,罪仅城旦,天下之藏书者尤不少,况萧何收丞相、御史府之图书哉!丞相府图书,即李斯所领之图书也"。① 长素以为,始皇焚书,李斯所领丞相府图书不在此列,故刘邦入关,萧何收其图书,"六经"当有官本,自在其中矣。

其三,御史所掌中秘本不缺。据《史记·张丞相传》,张苍好书,律、历,又于秦为柱下史,明习天下图书、计籍,则"六经"又有中秘本,自张苍而传于汉矣。

其四,孔氏世传"六经"本。长素据《史记·孔子世家》,谓"孔子之书藏于庙,自子思至汉,凡二百余年不绝",而孔子后人,如孔襄为孝惠博士,忠、武、延年、安国、霸、光,皆传《尚书》为博士。故司马迁时,既未有"六经"缺脱之憾,亦未有复得古书之喜幸也。其后刘歆欲立古文,而孔光不助焉,盖以此也。可见,孔氏之本具在不缺。

其五,齐、鲁诸生有"六经"读本。据《史记·儒林传》,长素以为齐、鲁儒生不废其业,至于"抱礼器之孔甲,被围之诸儒,定礼之诸生,具官之博士,皆生长焚书之前,逃出于坑儒之外。……加有口诵,非城旦之刑数年之间所能磨灭。……然则焚书坑儒虽有虐政,无关六经之存亡"。盖秦焚书、挟书既不若是酷烈,观汉秦间齐、鲁诸生之行谊,必多藏"六经"读本者。

其六,贾祛、吴公传"六经"读本。《汉书·贾山传》谓贾山祖父祛,乃魏王时博士弟子,必有"六经"读本传贾山也。河南守吴公与李斯同邑而常学事焉,李斯既有"六经"官本,则必传吴公也。

其七,"六经"藏本颇多,非尽焚也。盖藏书之禁仅四年,而不焚之刑仅止城旦,则天下"六经"藏本必甚多。

其八,"六经"多口授,不受焚书影响。长素曰:"经文简约,古者专经在讽诵,不徒在竹帛,则口传本不缺。"②今观《诗》、《易》与《春秋》,显系完本,则未受焚书、挟书律之影响可知。

刘歆"学残文缺"之说,此为古文家立论之根本。然至清邵晋涵《礼经通论》,乃以"六经"本全。廖六译祖其说,谓邵氏此论"石破天惊……为二千年未有之奇书","超前绝后,为东汉下暗室明灯",又谓"考东汉以来,惟经残秦火一说,为庠序洪水猛兽,遗害无穷。刘歆移书,但请立三事,广异闻,未尝倡言六经为秦火烧残。古文家报复博士,乃臆造博士六经不全之说。妄补篇章,虚拟序目,种种流毒,原是而起"。③ 戊戌间,廖平增订《辟刘

---

① 康有为:《新学伪经考》第一,《康有为全集》册一,第358—359页。
② 康有为:《新学伪经考》第一,《康有为全集》册一,第361页。
③ 廖平:《〈知圣篇〉撮要》,《家学树坊》卷上,载李耀仙编:《廖平选集》下册,第619—620页。

篇》为《古学考》，其中谓此说乃得于长素，曰：

> 旧用古说，以为五经皆为焚书，有佚。康长素非之。今按：康说是也。博士以《尚书》为备，歆愤其语，遂以为五经皆有佚缺，然后古文可贵。……群仍其误，以为经缺，千年不悟。近来诸儒讲西汉之学，牟、邵诸家乃发经全之说，信而有征。①

可见，长素固有取于六译者，而六译亦有间采长素之说也。此时长素倡言变法，声名震天下，而六译不过乡间儒生耳，欲期以相称引，遂推重长素如此。至长素变法事败，奔窜海外，六译乃力证长素剽袭之事，至于有取于长素者，亦上托邵晋涵焉。至于长素，晚年乃将其辨伪溯源于常州一脉，亦绝口不提六译。

其时，朱一新颇讥此说，谓"秦政焚书，千载唾骂，贤师弟独力为昭雪，何幸得此知己耶！"②不过，朱氏亦主秦政未焚博士书，至于长素因谓民间颇藏《诗》、《书》，则以为不免"疑秦法之宽"也。③

不过，赞同此说亦不乏其人。刘师培即谓秦政虽焚六经，不过禁民间之私学耳，然未尝不以六经为官学也。又命民以吏为师，吏即博士，所学者即"六经"之类。④ 更后，蒙文通颇申此说，以为秦政所坑杀者，不过舞文弄法之策士，非真儒也，至于博士之官，终始备员，其学未废，则"博士之传不绝，则博士之经不残可知也"。至于刘向、歆父子所用以校"六经"之"中古文"，实萧何所收之先秦旧籍，则汉时博士之书未始有缺，而博士所传"六经"，即古文也。⑤

其先，刘逢禄欲证《左氏》之伪，唯以《史记》为据依，至于《汉书》以下古书，则以为因刘歆之窜伪而尽失其真矣。若长素之辨伪，虽颇承此绪，然其对于《史记》的态度则不同于申受。长素曰：

> 经歆乱诸经，作《汉书》之后，凡后人所考证，无非歆说。征应四布，条理精密，几于攻无可攻，此歆所以能欺绐二千年，而无人发其覆也。今取西汉人之说证之，乃知其伪乱百出。而司马迁《史记》，统六艺，述

---

① 廖平：《古学考》，载李耀仙编：《廖平选集》上册，第 125—126 页。
② 朱一新：《答长孺第三书》，载张荣华编：《康有为往来书信集》，第 101 页。
③ 朱一新：《答康长孺书》，载张荣华编：《康有为往来书信集》，第 98 页。
④ 刘师培：《经学教科书》，第 26 页。
⑤ 参见蒙文通：《孔氏古文说》，《蒙文通文集》卷三，第 1—2 页。

> 儒林,渊源具举,条理毕备,尤可信据也。……其预闻六艺,至足信矣。虽其书多为刘歆所窜改,而大体明粹,以其说与《汉书》相校,真伪具见。孔子六经之传,赖是得存其真。①

长素称刘歆遍伪群经,至于《史记》,亦"多为刘歆所窜改",然又谓《史记》"尤可信据",二说似自相矛盾。盖长素欲据《史记》以辨诸书之讹谬,然《史记》之真伪又何所据乎?是以朱一新讥其说曰:

> 史公自叙年十岁则诵古文,《儒林传》有《古文尚书》,其他涉古文者尚夥,足下悉以为歆之窜乱。夫同一书也,合己说者则取之,不合者则伪之。……足下不用《史记》则已,用《史记》而忽引之为证,忽斥之为伪,意为进退,初无确据,是则足下之《史记》,非古来相传之《史记》矣。②

盖长素欲引《史记》为据者,以《史记》无有言及古文经者,而"史迁叙六艺之指,兼及其所受六艺之学,著书之由,见书之故,少则讲业齐、鲁之都,长则续纂太史之职,天下遗文古事咸集,不言孔氏有古文之逸经,则伪经之证殆不足辨也",③则古文经必不可信,而出于刘歆之伪也。虽然,《史记》中犹言及"古文"者,尚有八条,长素遂一概斥为刘歆之窜乱。

且申受论刘歆伪窜《左氏》,不过增设书法凡例之辞而已,至于《左氏》之纪事,犹许其"文辞赡逸,史笔精严",非史迁、班固所及。至长素、六译,始谓《左氏》系采《国语》而编成,而丘明亦战国时人。④ 长素曰:

---

① 康有为:《新学伪经考》第二,《康有为全集》册一,第362页。
② 朱一新:《答长孺第三书》,载张荣华编:《康有为往来书信集》,第98—102页。
③ 康有为:《新学伪经考》第二,《康有为全集》册一,第368页。
④ 瑞典高本汉,尝撰《论〈左传〉之真伪及其性质》一文,从文法上证明《左传》与《国语》相近。(参见晁岳佩:《春秋学研究》上册,第225—273页)其说对民国时《左传》、《国语》关系之研究影响甚大。其后,卫聚贤《古史研究》则用方音之证据及《春秋》、《左传》、《国语》分国记事详简之统计,说明《左传》作者为晋人,而非齐、鲁人,其说殆与高本汉相近。(参见杨向奎:《论〈左传〉之性质及其与〈国语〉之关系》,载晁岳佩编:《春秋学研究》下册,第641页)又有林语堂《〈左传〉真伪与上古方音》,试图从古音上证明《国语》与《左传》是同方音。则刘向由《国语》分出《新国语》五十四篇,疑即《左氏》所本。不过,亦有持相反观点之研究,如冯沅君《论〈左传〉与〈国语〉的异点》,从文法上证明《左传》与《国语》"是两部不相干的书"。卫聚贤又有《〈国语〉的研究》,认为《鲁语》、《晋语》等系采取《左传》而成,其说又异。又有张以仁《论〈国语〉与〈左传〉的关系》、《从文法语汇的差异证〈国语〉、〈左传〉二书非一人所作》,谓长素"《左传》分于《国语》"之说有误。

歆以其非博之学，欲夺孔子之经，而自立新说以惑天下。……求之古书，得《国语》与《春秋》同时，可以改易窜附。于是毅然削去平王以前事，依《春秋》以编年，比附经文，分《国语》以释经，而为《左氏传》。作《左氏传微》以为书法，依《公》、《穀》日月例而作日月例。托之古文以黜今学，托之河间、张苍、贾谊、张敞名臣通学以张其名，乱之《史记》以实其书，改为十二篇以新其目，变改"纪子帛"、"君氏卒"诸文以易其说。续为经文，尊"孔子卒"以重其事，遍伪群经以证其说。①

要之，《左氏》即《国语》，本分国之书，上起穆王，本不释经，与《春秋》不相涉，不必因其有刘歆伪《古礼》，而尽斥为伪书，亦不能因其偶合于《仪礼》、《礼记》，而信其传经也。②

案，申受谓刘歆伪窜《左氏》，然考诸先秦古书，其中支持《左氏》的材料颇多，则其论似乎有难成立者。对此，长素概以之为刘歆"遍伪群经"的结果，曰：

刘歆伪撰古经，由于总校书之任，故得托名中书，恣其窜乱。……案，古今总校书之任者，皆有大权，能主张学术，移易是非，窜乱古书。先征之今，国朝《四库全书总目提要》，群书纪昀主之，算法则戴震主之。……戴震必见其书，而乃不为著录，盖欲独擅其术也。纪昀力攻朱子……所以攻宋儒者无不至，后生多为所惑。近世气节坏，学术芜，大抵纪昀之罪也。校书者心术若坏，何所不至！……若刘歆挟名父之传，当新莽之变，前典校书之任，后总国师之权，加汉世书籍，皆在竹帛，事体繁重，学者不从大师，无所受读，不如后世刻本流行。……故歆总其事，得以恣其私意，处处窜入。……孔子六经不亡于秦政之烧书，而乱于新歆之校书，岂不痛哉！③

盖古时书籍流传不广，校书者诚有作伪之便利。然长素是说，总嫌武断臆测，不过为诛心之论耳。

至于康、廖二人谓《左氏》由《国语》分出，则较申受之说更进一层，盖直探刘歆作伪的根源。故长素对申受犹有不满之辞，曰：

---

① 康有为：《新学伪经考》第三上，《康有为全集》册一，第398页。
② 康有为：《新学伪经考》第三上，《康有为全集》册一，第402页。
③ 康有为：《新学伪经考》第三上，《康有为全集》册一，第378—379页。

> 刘申受《左氏春秋考证》，知《左氏》之伪，攻辨甚明，而谓"《左氏春秋》犹《晏子春秋》、《吕氏春秋》也"。直称《春秋》，太史公所据旧名也；冒曰"《春秋左氏传》"，则东汉以后之以讹传讹者矣。盖尚为歆窜乱之《十二诸侯年表》所惑，不知其即《国语》所改。……亦犹申受不得其根原也。然申受《左氏春秋考证》，谓"《楚屈瑕篇》年月无考"，固知《左氏》体例与《国语》相似，不必比附《春秋》年月也，是明指《左传》与《国语》相似矣。……又观各条，刘申受虽未悟《左传》之撖于《国语》，亦知由他书所采附，亦几几知为《国语》矣。①

长素以为，申受欲存《左氏春秋》之"本真"，此说犹为刘歆所惑，盖《史记》已经刘歆窜乱；若论《左氏》之根原，当"即《国语》所改"。诚若此说，则《左氏》必不传《春秋》也。

然《史记·十二诸侯年表》有"鲁君子左丘明，惧弟子人人异端，各安其意，失其真，故因孔子史记具论其语，成《左氏春秋》"之文，是说抑弟子而尊丘明，长素以为显不足据，实亦刘歆之窜乱也。

长素又谓刘歆遍伪古书，其志则在证《周官》之真，"歆之精神，全在《周官》，其伪作《古文书》、《毛诗》、《逸礼》、《尔雅》，咸以辅翼之"；②至于《周官》之作，盖"欲附从莽业"也。③且谓刘歆时欲与今学争胜，其以《周官》托于周公，则"阳以周公居摄佐莽之篡，而阴以周公抑孔子之学"。④因此，刘歆既能遍伪群经，则所有古文经的真实性悉成疑问矣。长素曰：

> 凡《诗》三百五篇……传之有鲁、齐、韩三家，无所谓《毛诗》者。其《书》……但有伏生今文二十八篇……无所谓壁中《古文尚书》者。其《礼》，唯有高堂生所传十七篇，而无《逸礼》三十九篇、《周官》五篇及《明堂阴阳》、《王史氏记》也。其《易》……无所谓古文费氏也。其《春秋》，唯有《公羊》、《穀梁》二家，无所谓《左氏传》也。……今据之以攻古学，若发矇焉。知《毛诗》、《古文尚书》、《逸礼》、《周官》、《费氏易》、《左氏春秋》，皆伪经也。于以洗二千年歆、莽之伪氛，复孔圣传授之微言，皆赖于此。⑤

---

① 康有为：《新学伪经考》第三上，《康有为全集》册一，第400页。
② 康有为：《新学伪经考》第三上，《康有为全集》册一，第395页。
③ 康有为：《新学伪经考》第三上，《康有为全集》册一，第393页。
④ 康有为：《新学伪经考》第三上，《康有为全集》册一，第394页。
⑤ 康有为：《新学伪经考》第二，《康有为全集》册一，第368页。

长素又举《史记》中数十处文字，以为皆刘歆所窜乱。对此，朱一新颇不谓然，曰："汉时续《史记》者甚多，后人不察，往往混为史迁之作，竹汀、瓯北诸家皆辨之。辨之是也，因是而遂割裂其全书，强欲坐刘歆以窜乱之罪。歆如窜乱，自当弥缝完好，求免后人之攻，何以彼此纷歧，前后抵牾，罅漏百出，奚取于斯？足下为此无征不信之言，傅合文致，以成其罪。歆不足惜，如六经何？是奚翅宋人之三字狱、周室之罗织经也，谓非贤知之过乎？"①此后崔适攻《史记》，则又承长素之绪也。

不独《史记》中有刘歆所窜乱，至于《汉书》更是可疑。长素据葛洪《西京杂记》，乃至谓《汉书》亦刘歆所作，曰："班固浮华之士，经术本浅，其修《汉书》，全用歆书，不取者仅二万许言，其陷溺于歆学久矣。"②诚若是说，刘歆种种伪撰，皆可托于《汉书》以证其真。此说实大骇怪，颇难信从。

长素是说颇为时儒所讥评。朱一新尝致书长素，曰：

> 窃以为伪《周官》、《左传》可也，伪《毛诗》不可也；伪《左传》之羼乱者可也，伪其书不可也。……当史公时，儒术始兴，其言阔略，《河间传》不言献书，《鲁共传》不言坏壁，正与《楚元传》不言受《诗》浮邱伯一例。若《史记》言古文者，皆为刘歆所窜，则此二传乃作伪之本，歆当弥缝之不暇，岂肯留此罅隙以待后人之攻？足下谓歆伪《周官》、伪《左传》、伪《毛诗雅》，互相证明，并点窜《史记》以就己说，则歆之于古文，为计固甚密矣，何于此独疏之甚乎？③

其先，宋于庭谓刘歆伪《周官》，刘申受谓刘歆伪《左氏》，且信《史记》，此说尚能为朱一新所接受。至于长素谓刘歆遍伪古文经，且不信《史记》，朱氏以为断无此种可能。④朱氏又曰：

> 汉儒断断争辨者，但谓《左氏》不传经，非谓其书之伪也。《左氏》与《国语》，一记言，一记事，义例不同，其事又多复见。若改《国语》为之，则《左传》中细碎之事将何所附丽？且《国语》见采于史公，

---

① 朱一新：《复长孺第四书》，载张荣华编：《康有为往来书信集》，第107页。
② 康有为：《新学伪经考》第六，《康有为全集》册一，第430页。
③ 朱一新：《答康长孺书》，载张荣华编：《康有为往来书信集》，第98页。
④ 近人杨向奎胪列《礼记》、《韩非子》、《战国策》、《尚书大传》、《说苑》、《新序》等文字，其中与《左氏》书法解经语同，实不可能尽出刘歆之"窜入"。（参见杨向奎：《论〈左传〉之性质及其与〈国语〉之关系》，载晁岳佩编：《春秋学研究》下册，第617—627页）

非人间绝不经见之书,歆如离合其文以求胜,适启诸儒之争,授人口实,愚者不为,而谓歆之谲为之乎?《史记》多采《左传》,不容不见其书;或史公称《左传》为《国语》则有之,谓歆改《国语》为《左传》,殆不然也。……《左氏》不传《春秋》,此汉儒至当之言,刘申受作《考证》,据以分别真伪,仆犹病其多专辄之词,深文周内,窃所不取。①

《周官》、《左传》言不中理者,昔人未尝不疑之而辨之。辨之可也,因是而遂遍及六经,于其理之灼然不疑者,亦以为刘歆所赝造。歆何人斯,顾能为此?足下徒以一疑似之《周官》,而殃及无辜之群籍,是何异武帝之沈命法、文皇之瓜蔓抄也!谓非贤智之过乎!②

案,汉儒攻《左氏》,但谓其不传《春秋》也;申受乃谓《左氏》经刘歆伪窜,遂有真伪,朱氏已"病其多专辄之词,深文周内"。今长素既谓刘歆割裂《国语》而成《左氏》,又谓其遍伪"六经"以饰其说,则已出常理之外矣。

至于《汉书》中关于《左传》传习的记载,亦未必尽出于刘歆之伪。对此,朱一新曰:

《左传》、《毛诗》传授不明,班史虽言之凿凿,实有可疑。然《左氏》之可疑者,仅在张苍、贾谊以上耳。……张禹以言《左氏》为萧望之所荐,其事实不能伪造。尹更始、翟方进、贾护、陈钦之传授,鲁国桓公、赵国贯公、胶东庸生之讲习,耳目相接,不能凿空。歆是时虽贵幸,名位未盛,安能使朝野靡然从风,群诵习其私书耶?③

朱氏以为,《汉书》所记《左氏》传习脉络,自汉张苍、贾谊以后当无可疑,未可尽以为刘歆之伪造也。不过,长素攻伪经,实有为而言之,然朱氏似不明其旨,曰:

人心日伪,士习日嚣,是则可忧耳。不此之忧,而忧今古文之不辨,吾未闻东汉兴古文以来,世遂有乱而无治也。……若二千余载群焉相安之事忽欲纷更,明学术而学术转歧,正人心而人心转惑,无事自扰,诚

---

① 朱一新:《答康长孺书》,载张荣华编:《康有为往来书信集》,第98—99页。
② 朱一新:《复长孺第四书》,载张荣华编:《康有为往来书信集》,第107页。
③ 朱一新:《答康长孺书》,载张荣华编:《康有为往来书信集》,第99页。

何乐而取于斯？充足下之意,欲废《毛诗》,然《毛诗》废矣,《鲁》、《韩》之简篇残佚,可使学者诵习乎？欲废《左传》,然《左传》废矣,《公》、《榖》之事实不详,可使学者悬揣乎？足下之说果行,其利亦不过如斯。若不可行,又何为俛焉日有孳孳费精神于无用之地也！①

可见,朱氏诚为传统之儒士,犹以世道人心为大忧,而于西人之侵逼,似未甚措意焉。故长素答其书曰：

惟区区此心,公尚未达之,似以为有类于乾嘉学者,猎琐文单义,沾沾自喜,日事谀闻而敏其论……《春秋》之指数千,皆为二千年之治法所出,但恨未能尽行之。今不能遍举,惟举阉寺一政。《春秋》于阉弑吴子余时,严不近刑人之戒。……自刘歆伪《周礼》,上因汉制而存阉宦,后此常侍弄权,党人戮辱,高名善士先受其祸,而国步随之而亡。……今则李莲英复弄政矣。后此忠贤复出,清流之祸方长,是刘歆一言丧三朝矣。古今之祸,孰烈于此。今吾国家尚未知息肩之所,即此一端,伪经之祸已不忍言。足下未尝深思今古变制之由,宜以古文无罪而欲保护之也。至于后世,君日尊侈,"惟辟玉食"之言,叶水心早已疑之。然未有如《周礼·天官》之侈供张者,甚非"树后王君公,惟以乱民"之义。"惟王及后,世子不会"之说,胡五峰亦大疑之。……试问今学"民贵君轻"之义,有竭天下以供一人之义否？……讲求既入,自能推孔子之大义,以治后之天下,生民所攸赖,更有在也。若诚如今日之破碎荒鄙,则彼《新约》、《旧约》之来,正恐无以拒之。诸贤虽激励风节,粉身碎骨,上争朝政之非,下拒异教之人,恐亦无济也。②

观此,长素之攻伪经,内中实有不满君主专制之隐衷。是以长素辟古文,而将数千年君主专制之祸归咎于古文,以为唯存今文一脉,而"推孔子之大义,以治后之天下",乃得与西方异教相抗衡也。朱氏不过乡曲一孔之士耳,即便后来之章太炎、刘师培等,虽以革命自矜,亦何足以知长素之真心哉！孟子"知我罪我"之叹,不亦为长素所发耶？

不过,朱氏虽蒙长素开示,然终不能赞同其说,反以"用夷变夏"讥之。朱氏曰：

---

① 朱一新：《答长孺第三书》,载张荣华编：《康有为往来书信集》,第102—103页。
② 康有为：《致朱一新书》,载张荣华编：《康有为往来书信集》,第103—104页。

今托于素王改制之文,以便其推行新法之实,无论改制出于纬书,未可尽信,即圣人果有是言,亦欲质文递嬗,复三代圣王之旧制耳,而岂用夷变夏之谓哉?……足下其无意于斯道也,诚有意于斯道,则凡圣经贤传之幸而仅存者,一字一言当护持珍惜之不暇,而反教猱升木,入室操戈,窃恐大集流传,适为毁弃六经张本耳。足下兀兀穷年,何屑倒持太阿而授人以柄,始则因噎废食,终且舐糠及米,其殆未之思乎?原足下之所以为此者,无他焉,盖闻见杂博为之害耳。其汪洋自恣也取诸庄,其兼爱无等也取诸墨,其权实互用也取诸释,而又炫于外夷一日之富强,谓有合吾中国管、商之术,可以旋至而立效也。故于圣人之言,灿著六经者,悉见为平澹无奇,而必扬之使高,凿之使深。……凡古书之与吾说相戾者,一皆诋为伪造,夫然后可以为吾欲为,虽圣人不得不俛首而听吾驱策。……今以艺之未极其精,而欲变吾制度以徇之,且变吾义理以徇之,何异救经而牵其足,拯溺而入于渊,是亦不可以已乎!……故治国之道,必以正人心、厚风俗为先,法制之明备抑其次也。况法制本自明备,初无俟借资于异俗,讵可以末流之失归咎其初祖,而遂以功利之说导之哉!……一二才智之士,矫枉过正,又以为圣圣相传之诗书礼乐果不足以应变也,而姑从事于其新奇可喜者,以为富强之道在是。彼族之所以富强,其在是乎?其不在是乎?抑亦有其本原之道在乎?抑彼之所谓本原者,道其所道,而非吾中土所能行,且为天下后世所断断不可行者乎?①

观此,长素与朱氏立场之异,亦可见矣。盖长素欲假"素王改制"说以行变法之事,而其变法之实,不过期以西法济吾儒术之穷耳。然朱氏生当"三千年未有之大变局"之时,犹以"正人心,厚风俗"为法以治乱世,而以长素所倡"法制之明备"为次,更遑论西人功利之术哉!虽然,"六经"因长素而毁弃,诚如朱氏所虑,可谓不幸而言中矣。然朱氏既不通西学,又昧于世界大势,不过代表当时乡曲士人之一贯态度耳。

故长素又复书直论朱氏之失,曰:

窃怪足下所发者皆浮浅之论,而未深推乎大道之精,所规皆支离疑似之言,而未中乎鄙人症病之结。……不图足下……谓仆取释氏之权实互用,意谓阳尊孔子、阴祖耶稣耶?是何言欤!……窃以足下不独不

---

① 朱一新:《复长孺第四书》,载张荣华编:《康有为往来书信集》,第107—108页。

知仆,且不知西人,亦未尝精意穷经,于孔子之道之大,未能知之也。……(仆)久居乡曲,日日睹亲族之困,饥寒无以为衣食,心焉哀之。……及北试京兆,道出香港、上海、天津,入京师,见彼宫室、桥梁、道路之整,巡役、狱囚之肃,舟车、器艺之精,而我首善之区一切乃与相反,□然惊。归乃购制造局所译之书读之,乃始知西人之政教风俗,而得其根本节目之由。……故仆之言学,及应改制度,盖日日公言之,非待掩饰闭藏、阳儒阴释者也。吾今且以质足下,以为今之西夷与魏、辽、金、元、匈奴、吐蕃同乎?否乎?足下必知其不同也。今之中国与古之中国同乎?异乎?足下必知其地球中六十余国中之一大国,非古者仅有小蛮夷环绕之一大中国也。今以不同于匈奴、吐蕃、辽、金、蒙古之西夷数十国,其地之大,人之多,兵之众,器之奇,格致之精,农商之密,道路邮传之速,卒械之精练,数十年来,皆已尽变旧法,日益求精,无日不变。而我中国尚谨守千年之旧敝法……使彼不来,吾固可不变。其如数十国环而相迫,日新其法以相制,则旧法自无以御之。……国亡教微,事可立睹。诸君子乃不察天人之变,名实之间,犹持虚说,坐视君民同灭而为奴虏。仆虽愚,不敢以二帝三王之裔,四万万人坐为奴虏,而徇诸君子之虚论也。……此仆所以取彼长技而欲用之也。……学者不知西学,则愚暗而不达时变;稍知西学,则尊奉太过而化为西人。故仆以为必有宋学义理之体,而讲西学政艺之用,然后收其用也。……仆之急急以强国为事者,亦以卫教也。……然足下之言义,尚泥乎宋人之义理,而未深窥孔子之门堂。……恶夷狄之名,不深求中外之势,故以西学为讳。①

其时,长素《孔子改制考》一书未成,然其改制变法之意,已大纲完具,亦为朱氏所了然。然朱氏囿于"宋人之义理,而未深窥孔子之堂",且不知夷情,而以古时魏、辽、金、元、匈奴、吐蕃相比,宜乎见讥于长素也。此书足见长素之先见卓识,然其失败亦在情理之中,盖以长素权位素卑,而发之过早耳。梁启超尝有论曰:

> 有先时之人物,有应时之人物。……其为人物一也,然应时而生者,则其成就大,而其身亦复尊荣安富,名誉扬溢;先时而生者,其所志无一不拂戾,其所事无一不挫折,而其及身亦复穷愁潦倒,奇险殊辱,举

---

① 康有为:《复朱一新书》,载张荣华编:《康有为往来书信集》,第108—113页。

国欲杀,千夫唾骂,是亦豪杰有幸有不幸也。若吾师者,其为中国先时人物乎!①

诚如所论,长素乃"先时而生"之人物,其终始不见谅于国人,遂致变法不成。虽然,梁启超可谓心知乃师之意者,然其于《新学伪经考》一书,亦不尽为苟同。其曰:

> 有为弟子有陈千秋、梁启超者,并夙治考证学。……《伪经考》之著,二人者多所参与,亦时时病其师之武断,然卒莫能夺也。……实则此书大体皆精当,其可议处乃在小节目。乃至谓《史记》、《楚辞》经刘歆窜入者数十条,出土之钟鼎彝器,皆刘歆私铸埋藏,以欺后世。此实为事理之万不可通者,而有为必力持之。……有为以好博好异之故,往往不惜抹杀证据,或曲解证据,以犯科学家之大忌,此其所短也。②

长素之论,虽可溯源于申受等常州诸贤,然因追求逻辑自洽之故,而终不免有武断之嫌,乃至于"抹杀证据,或曲解证据"也。

其后,章太炎自矜其排满革命之立场,谓长素学术实出于戴望,以为其"治《公羊》学,不逮戴望远甚,延其绪说,以成新学伪经之论",③盖"望不求仕,而其学流传于湖南、岭广间,至使浮竞之士,延缘绪言,以成新学伪经之说"。④至于长素诋刘歆为新臣,而太炎则讥之曰:"彼以处士而遣刘歆可也,为胡之国师者,可以讥莽之国师乎?"⑤然满人治世两百余年,虽不无种族之隔阂,而吾儒既志存以夏变夷,导君以行道,太炎又焉能以民族之义尽责天下儒士耶?

不过,时人对《新学伪经考》之不满,多出于政治考虑。光绪二十年(1894)七月初四,给事中余联沅上疏称:

> 查有广东长素县举人康祖诒,以诡辩之才,肆狂瞽之谈,以六经皆新莽时刘歆所伪撰,著有《新学伪经考》一书。……康祖诒自号长素,以为长于素王,其二徒亦遂各以超回、轶赐为号。⑥……康祖诒乃逞其狂

---

① 康同璧:《南海康先生年谱续编》叙。
② 梁启超:《清代学术概论》二十三,载朱维铮校注:《梁启超论清学史二种》,第69页。
③ 章太炎:《诛政党》,转引自姚奠中、董国炎:《章太炎学术年谱》,第184页。
④ 章太炎:《太炎文录初编·说林上》,《章太炎全集》册四,第117页。
⑤ 章太炎:《太炎文录初编·说林上》,《章太炎全集》册四,第117页。
⑥ 又据梁鼎芬《康有为事实》,"其徒则以超回、轶赐、胜由、迈参等名之"。(转引自茅海建:《从甲午到戊戌:康有为〈我史〉鉴注》,第55—56页)

吠,僭号长素,且力翻成案,以痛诋前人,似此荒谬绝伦,诚圣贤之蟊贼,古今之巨蠹也。昔太公戮华士,孔子诛少正卯,皆以其言伪而辨,行僻而坚,故等诸梼杌、浑敦之族。今康祖诒之非圣无法,惑世诬民,较之华士、少正卯有其过之,无不及也。……相应请旨饬下广东督抚臣行令,将其所刊《新学伪经考》立即销毁,并晓谕各书院生徒及各属士子,返歧趋而归正路,毋再为康祖诒所惑。至康祖诒离经畔道,应如何惩办之处,恭候圣裁。①

此书上后,经长素与弟子梁任公等多方活动,至九月二十一日,两广总督李瀚章乃奏"遵旨查复康祖诒《新学伪经考》折",其中有曰:

> 伏查举人康祖诒,溺苦于学,读书颇多。应举而得科名,舌耕以资朝夕,并非聚徒讲学,互相标榜。其以长素自号,盖取颜延年文"弱不好弄,长实素心"之意,非谓长于素王。其徒亦无超回、轶赐等号。所著《新学伪经考》一书,大致谓秦世焚书,但愚黔首;而博士所职《诗》、《书》、百家自存,后世诵习者中,有刘歆所增窜,引《史记》《汉书》,曲为之证。以歆臣新莽,故谓其学为"新学"。其自序有"刘歆之伪不黜,孔子之道不著"等语,本意遵圣,乃至疑经,因并疑及传经诸儒。自以为读书得间,不为古人所欺。揆诸立言之体,未免乖违;原其好学之心,尚非离畔。其书于经义无所发明,学人弗尚,坊肆不鬻,即其自课生徒,亦皆专攻举业,并不以是相授受。虽刊不行,将自澌灭,似不至惑世诬民,伤坏士习。惟本非有用之书,既被参奏,奉旨饬查,自未便听其留存。臣已札行地方官,谕令自行销毁,以免物议。至该举人意在尊崇孔子,似不能责以非圣无法,拟请毋庸置议。②

显然,李瀚章之奏折,实欲袒护长素也。③ 然长素此书对于传统政教之危

---

① 收入苏舆编:《翼教丛编》卷2,第25页。然此书以为安维峻所上,实误也。
② 中国第一历史档案馆编:《光绪朝朱批奏折》,中华书局,1995,第32辑,"戊戌变法",第525—526页。
③ 晚清人皆以长素号"长素",不独效孔子素王改作之意,且欲驾孔子之上矣。此说似属臆测,然观长素平日所为,诚非虚构。长素少时即颇有远志,据其自述,同治七年(1868),长素居父丧,"追思音容,泪下如糜。当时执丧若成人,里党颇异之",又,"频阅邸报,觉知朝事,知曾文正、骆文忠、左文襄之业,而慷慨有远志矣"(康有为:《康南海自编年谱》,第4页)八年,"是时岐嶷,能指挥人事。与州中诸生接,论文谈事,礼容犹然。五月观竞渡,赋诗二十韵,州吏目金公称为神童,赠漆砚盘笔盒数事,州人属目焉","童子狂妄,于时动希古人,某事辄自以为南轩,某文辄自以为东坡,某念辄自以为六祖、丘长春矣。俯(转下页)

害,亦由此可见矣。

至光绪二十四年,戊戌祸作,叶昌炽在其日记中遂称:"康长素所著《新学伪经考》,鄙人一见,即洞烛其奸。蔚若之使粤也,鄙人与嵩隐临别赠言,

---

(接上页)接州中诸生,大有霸视之气"。(《康南海自编年谱》,第4—5页)可见,"其顾视清高,已有独步天下之概矣"。(陆乃翔、陆敦骙:《南海先生传》,《全集》册十二,附录二,第441页)光绪四年,长素"忽思孔子则自以为孔子焉"、"忽自以为孔子则欣喜而笑"两句,则长素有"长于素王"之意,实颇符合长素自小的"圣人为"志向。(参见《康南海自编年谱》,第8页)民国六年,长素犹自谓:"吾少尝欲自为教主矣,欲立乎孔子之外矣,日读孔氏之遗书,而吹毛求疵,力欲攻之。"(康有为:《参政院提议立国之精神议书后》,1914年12月,《康有为全集》册十,第206页)则长素不独欲长素,且有攻孔子之志矣。又据梁启超《南海康先生传》,长素幼时"常严重,不苟言笑。成童之时,便有志于圣贤之学。乡里俗子笑之,戏号之曰'圣人为',盖以其开口辄曰圣人、圣人也"。凡此,可见长素欲比肩圣人,本是素志,其称"长素"之意,诚非他人厚诬也。

光绪二十四年,湖南保守派举人曾廉上疏请杀康、梁,其中有曰:"长素者,谓其长于素王也。臣又观其所著《新学伪经考》、《孔子改制考》诸书,燏乱圣言,参杂邪说,至上孔子以神圣明王传世教主徽号。盖康有为尝主泰西民权平等之说,意将以孔子为摩西,而己为耶稣;大有教皇中国之意,而特假孔子大圣,借宾定主,以风示天下。故平白诬圣,造为此名。其处心积虑,恐非寻常富贵之足以厌其欲也。……梁启超在康有为之门,号曰越赐。闻尚有超回等名,亦思驾孔门而上之。盖康有为以孔子为自作之圣,而六经皆托古。梁启超以康有为为自创之圣,而六经待新编。其事果行,则康氏之学,将束缚天下而一之,是真以孔子为摩西,而康有为为耶稣也。"(曾廉:《应诏上封事》,1898年6月,载翦伯赞:《戊戌变法》册二,第492页)胡思敬《戊戌履霜录》卷1云:"或传其字长素,盖以素王自比,争呼圣人揶揄之,有为益喜自负。……由是康圣人之名震天下。"(《戊戌变法》册一,第372页)又云:"世传康门有超回、轶孟等号,超回即启超也。"(《戊戌变法》册三,第47页)长素号长素,初亦未必有圣人自为之心,然时人莫不以此目之,至长素本人,常不免以此自期焉。自此,天下皆以此说目长素矣。章太炎攻长素曰:"康党诸大贤,以长素为教皇,又目长素为圣人,谓不及十年,当有符命。其人目光炯炯,如岩下电。此病狂语,不值一笑。"(章太炎:《致谭献书》,《戊戌变法》册二,第583页)时梁鼎芬问曰:"人传康祖诒欲为皇帝,有诸?"太炎:"我闻其(指长素)欲为教皇,未闻皇帝也。其帝王思想人皆有之,而以教皇自居,未免想人非非矣。"(参见汤志钧:《章太炎年谱长编(增订本)》,第581页)其后,冯自由亦曰:"康有为原名祖诒,号长素,少有创立新教,取孔子而代之志,其自号长素,即取凌驾素王之义。"(《革命逸史》初集,第47页)盖谓长素欲驾孔子之上矣。又曰:"其门人陈千秋号超回,梁启超号轶赐,麦孟华号驾孟,曹泰号越级,韩文举号乘参,均取此义。"(同上,第47页)钱穆盖祖此说,谓长素自号"长素",乃阴法孔子素王之意。黄彰健尤推衍此说,谓"孔子为素王,康如果革命成功,则康即可为真王。康以长素为其别号,其理由当在此",又谓"当其撰写《孔子改制考》,以长素为其别号时,他已对清朝存有异志了"。(黄彰健:《戊戌变法史研究》,第45、46页)

然长素自谓"自冠年学道,得素位而行之义,因以自名"。(康有为:《与梁启超书》,1910年1月27日,《康有为全集》册九,第118页)其弟子陆乃翔、陆敦骙《南海先生传》乃据师说,曰:"先生尝言,思人无方,行必素位;生平最受用素位之义,故以'长素'自号焉。盖以为身经万劫,无所不历,无然畔援,无然歆羡,只有素位而行,适时之宜,放乎天命而休焉。"(《康有为全集》册十二,第471页)是以黄彰健又欲调停两说,曰:"康取号长素,以情理来说,最初可能含有'长实素心'之意,此与康幼年即有志于为圣人,乡里称康为'圣人'相合。惟当康徒以轶赐、超回、迈参为号时,'长素'两字确已含有长于素王之意了。"(黄彰健:《戊戌变法史研究》,第47页)

告以此才必不可入縠,蔚若早从吾两人言,则或不致酿此祸也。"①

辛亥以后,经学与政治渐相分离,论者对长素学术的评判,亦渐趋客观。张西堂肯定了《新学伪经考》的两项成果,曰:

> 第一,关于《左氏春秋》的名称问题。康有为认为不惟《春秋左氏传》是冒名,就是《左氏春秋》这名称也是假的。
> 第二,关于《左氏春秋》与《国语》的问题。康有为又将这个骗局的本源发现,比刘氏《考证》彻底得多了。②

钱玄同则曰:

> 但是刘氏还不能看清楚《左氏》的原本到底是一部什么书。他虽然觉得"《左氏》体例与《国语》相似,不必比附《春秋》年月",可是他又说"《左氏》……惟取所见载籍,如晋《乘》、楚《梼杌》等,相错编年为之,本不必比附夫子之经,故往往比年阙事"……则他对于此书原本的体例究竟是像《国语》那样的分国呢?还是像《春秋》那样的编年?他自己就不能断定。他既考明此书本非《春秋》的传,自然他不相信原名叫做《春秋左氏传》,他只好根据今本《史记·十二诸侯年表》,说原名叫做《左氏春秋》,且释之曰:"犹《晏子春秋》、《吕氏春秋》也。"其实,《左氏春秋》之名正与《公羊春秋》、《鲁诗》、《毛诗》是同样的意义,故说《春秋左氏传》原名《左氏春秋》,还是上了刘歆的当。③

可见,钱氏对长素立论的肯定,正是立足于申受以来对于《左氏》的辨伪,从而彻底揭示了刘歆作伪的实质和根源。

第四节 古文学者的立场:以章太炎、刘师培为中心

一 章太炎的《左传》学及其门户意识

章太炎治学,其门径固不同于今文学者。光绪十六年(1890),太炎入杭

---

① 叶昌炽:《缘督庐日记》,江苏古籍出版社,2002。
② 张西堂:《左氏春秋考证序》,收入《古史辨》册五,第279—280页。
③ 钱玄同:《左氏春秋考评书后》,收入《古史辨》册五,第1—2页。

州诂经精舍读书，为俞樾弟子。后又问学于谭献、高学治、黄以周、孙诒让等。此后，太炎热衷于政治，而与康党中人颇相过从。光绪二十一年，康长素开强学会，太炎入会，其后任《时务报》撰述，投身变法。变法失败，先后流亡台湾、日本。二十六年，剪辫发，立志革命。此后，太炎遂与康党殊途而别归矣。

太炎一生学术之宗旨，早年"激烈诋孔"，至晚年，"至诋孔则绝口不谈"。① 虽然，主张国粹之旨终始未变，盖太炎有"用国粹激动种姓，增进爱国的热肠"之故也。近人支伟成论其学曰：

> 余杭章太炎先生炳麟，少时治经，谨守朴学，所疏通证明者，在文字器数之间，旁逮子史，并多阐发，而于小学为尤精。……中年以后，究心佛典。……既游日本，兼涉西籍，更能融会新知，贯通旧学，所得日益闳肆。……是先生之学，固度越清儒矣。惟生居浙东，颇究心明清掌故，盛倡种族革命，其影响于近世学术思想者至巨。既叙勋民国，允推当代大师。②

此论太炎学术之大略也。钱穆则总结其学术有四，曰：

> 太炎之学，可分四支柱：一为其西湖诂经精舍俞樾荫甫所授之小学；一为其在上海狱中所诵之佛经；一为其革命排满从事政治活动，而连带牵及之历代治乱、人物贤奸等史学理论；一为其反对康有为之保皇变法，而同时主张古文经学以与康氏之今文经学相对抗。③

其中，太炎早在肄业于诂经精舍时，即从事于《左氏》之学，此为其全部学术之根柢也。其相关著述有《春秋左传读》九卷、《春秋左传读叙录》一卷、《刘子政左氏说》一卷、《春秋左氏疑义答问》五卷、《驳箴膏肓评》一册。

1. 订孔

太炎治《春秋》，颇与其师俞樾异趣，且门户之见极深。终太炎一生，皆

---

① 1922年6月，太炎《致柳翼谋书》云："鄙人少年本治朴学，亦唯专信古文经典，与长素辈为道背驰。其后深恶长素孔教之说，遂至激而诋孔。中年以后，古文经典笃信如故，至诋孔则绝口不谈，亦由平情斠论，深知孔子之道，非长素辈所能附会也。而前声已放，驷不及舌，后虽刊落，反为浅人所取。"（收入傅杰编：《章太炎学术史论集》，云南人民出版社，2008，第109页）抑或自太炎视之，时人"打倒孔家店"，不过拾其余唾耳。
② 支伟成：《章太炎先生论订书》，载《清代朴学大师列传》，上海人民出版社，2014，第1页。
③ 钱穆：《太炎论学述》，《中国学术思想史论丛》册五，台北联经出版公司，1995，第539页。

以诋呵常州今文学为己任也。盖太炎之《春秋》学,纯以宗《左氏》为主,而极贬《公羊》、《穀梁》二传;而于二传中,又稍扬《穀梁》,而深抑《公羊》。太炎必欲办此,大致取两种途辙:其一,视《春秋》为史,至贬孔子入史家而后已;其二,明《左氏》为传《春秋》,而多驳刘逢禄之说。

盖今文家以孔子为教主,为素王,而太炎乃卑孔子为史家,谓"孔子即史家宗主",①"仲尼,良史也",②"孔子删定六经,与太史公、班孟坚辈,初为高下。其书既为记事之书,其学惟为客观之学"。③ 其先,申受欲抑《左氏》,而以丘明为良史,今太炎亦用其术,乃屈孔为良史,且常以孔、左相提并论矣。④

不仅如此,太炎甚至卑孔子为匠师,犹鲁班之属。其曰:

是则孔子者,学校诸生所尊礼,犹匠师之奉鲁班,缝人之奉轩辕,胥吏之奉萧何,各尊其师,思慕反本,本不以神祇灵鬼事之。⑤

诚若是说,则孔子之为圣人,不过出于后儒之推尊耳。太炎曰:

孔子之在周末,与夷、惠等夷耳。孟、荀之徒,曷尝不竭情称颂?然皆以为百世之英、人伦之杰,与尧、舜、文、武伯仲,未尝侪之圜丘、清庙之伦也。及燕、齐怪迂之士,兴于东海,说经者多以巫道相糅,故《洪

---

① 章太炎:《自述学术次第》,《菿汉三言》附录,辽宁教育出版社,2000,第192页。
② 章太炎:《检论·订孔上》,《章太炎全集》册三,第432页。
③ 章太炎:《诸子学略说》,转引自姚奠中、董国炎:《章太炎学术年谱》,山西古籍出版社,2000,第100页。
④ 如太炎《国故论衡·原经》云:"夫发金匮之藏,被之萌庶,令人人不忘前王,自仲尼、左丘明始。且苍颉徒造字耳,百官以治,万民以察,后嗣犹蒙其泽。况于年历晻昧,行事不彰,独有一人抽而示之,以诒后嗣,令迁、固得持续其迹,迄于今兹,则耳孙小子,耿耿不能忘先代,然后民无携志,国有与立,实仲尼、左丘明之赐。"(《中国现代学术经典·章太炎卷》,河北教育出版社,1996,第58页)章太炎又谓《春秋》与《左传》,皆孔子与丘明共作,"经何嫌有丘明,传何嫌有仲尼邪?"以为"犹谈、迁之记,彪、固之书,父子戮力,丸揉不分"。(《检论·春秋故言》,《章太炎全集》册三,第410—411页)若此,孔子又何贤于丘明欤?
太炎贬低孔子,则不免抬高诸子也。《訄书》重印本谓"荀卿学过孔子",又谓"孔子死,名实足以侂者,汉之刘歆",且此书凡提及荀子、刘歆者,多以"先圣"冠其上,可见太炎对荀子、刘歆之推崇。太炎又贬孔子人品之不足道,谓孔子"湛心利禄","孔子讥乡愿而不讥国愿,其湛心利禄又可知也"(《诸子学略说》,汤志钧编《章太炎政论选集》,中华书局,1977,第290页),"孔教最大的污点,是使人不脱富贵利禄的思想"(《东京留学生欢迎会演说词》,汤志钧编《章太炎政论选集》,第273页),太炎议论轻狂,颇类其为人,且于孔子行道之志,非有所知也。
⑤ 章太炎:《驳建立孔教议》,《章太炎全集》册四,第201页。

范》,旧志之一篇耳,犹相与抵掌树颊,广为抽绎。伏生开其源,仲舒衍其流。是时适用少君、文成、五利之徒,而仲舒亦以推验火灾,救旱止雨,与之校胜。以经典为巫师豫记之流,而更曲傅《春秋》,云为汉氏制法,以媚人主,而梦政纪。昏主不达,以为孔子果玄帝之子,真人尸解之伦。……夫仲舒之托于孔子,犹宫崇、张道陵之托于老聃,今之倡孔教者,又规摹仲舒而为之矣。①

太炎以为,孔子虽为人伦之英杰,若非伏生、董子等后儒之假托推崇,当无此神圣地位也。

太炎乃论孔子之功有四,"盖孔子所以为中国斗枅者,在制历史,布文籍,振学术,平阶级而已","孔子于中国,为保民开化之宗,不为教主"。② 可见,太炎盖以世俗之眼光视孔子,其旨则在攻康长素之孔教说也。太炎或以真实之孔子当如此,然其说流弊所及,不免使"孔子遂大失其价值,一时群言,多攻孔子矣"。③

太炎贬孔子为史家,则孔子所作《春秋》亦不过"史"而已,不得为"经"矣。太炎《国故论衡·原经》云:

> 经之名广矣。仲尼作《孝经》,汉《七略》始傅六艺,其始则师友雠对之辞,不在邦典。墨子有《经》上、下,贾谊书有《容经》,韩非为《内储》、《外储》,先次凡目,亦楬署经名。老子书,至汉世邻氏,复次为经传,孙卿引《道经》曰:"人心之危,道心之微。"《道经》亦不在六籍中。此则名实固有施易,世异变而人殊化,非徒方书称经云尔。④

其《自述治学》云:

> 方余壮时,《公羊》之说盛行,余起与之抗,然琐屑之谈,无预大义。出都后,卜居沪上,十余年中,念孔子作《春秋》,语殆非实。孔子删

---

① 章太炎:《驳建立孔教议》,《章太炎全集》册四,第201—202页。
② 章太炎:《驳建立孔教议》,《章太炎全集》册四,第202、203页。
③ 许之衡:《读〈国粹学报〉感言》,《国粹学报》第六号,1905年6月20日。
④ 太炎弟子朱希祖据其对"经"的界定,以为"经学之名,亦须捐除","因为经之本义,是为丝编,本无出奇的意义。但后人称经,是有天经地义、不可移易的意义,是不许人违背的一种名词。……我们治古书,却不当作教主的经典看待。况且《易》《诗》《书》《礼》,本非孔子一家之物,《春秋》以前的书,本非孔子一人所可以垄断的"(朱希祖:《整理中国最古书籍之方法论》,《朱希祖文存》,上海古籍出版社,2006,第95页)

《诗》、《书》,正《礼》、《乐》,未加一字,《春秋》本据鲁史,孔子述而不作,倘亦未加一字。一日,阅彭尺木书,知苏州有袁蕙纕者,言孔子以鲁史为《春秋》,未加笔削,心韪之。至苏州,求其书不得,人亦无知之者。又叶水心《习学记言》亦言《左传》有明文,孔子笔削者无几。天王狩于河阳,史官讳之,非孔子笔也。于是知孔子之《春秋》,亦如班固之《汉书》,非为褒贬作也。褒贬之谈,起于《孟子》。《孟子》谓"孔子成《春秋》,而乱臣贼子惧",非谓为乱臣贼子作《春秋》也。大氐古人作史,以示君上,非为平民,司马温公作《通鉴》以进神宗,其事可证。①

太炎不仅反对神化《春秋》,至于整个"六经",亦以为本无神圣内涵,盖当时其他古书亦颇有称经者,如《墨经》、《道经》、《容经》之类是也。对此,汪荣祖认为,太炎对今文家之批评,尤其是不遗余力攻击康长素的孔教主张,正是基于对"经"的世俗化理解,而反对任何神化"经"的做法。② 就此而言,太炎完全赞同章学诚"六经皆史"之说,自谓"余幼专治《左氏春秋》,谓章实斋'六经皆史'之语为有见"。③

太炎又曰:

民国以来,始知信太史,盖耕当问奴,织当问婢,《春秋》本史书,故尽汉世之说经者,终不如太史公为明白。观《十二诸侯年表序》,则知孔

---

① 转引自汤志钧:《章太炎年谱长编(增订本)》,中华书局,2013,第533页。
② 参见汪荣祖:《章太炎散论》,中华书局,2008,第126—127页。按,唐大中间,工部尚书陈商主张立《春秋左传》,其中谓"以孔子修经,褒贬善恶,类例分明,法家流也"(《说郛》之《大中遗事》、《北梦琐言》),此说极有识,盖以《春秋》之为经,正以其为"刑书",故孔子乃能执之以褒贬当世大人也。
③ 诸祖耿:《记本师章公自述治学之功夫及志向》,《制言》第25期,1936年9月。今世史家莫不尊奉地下史料,而太炎颇轻视之,以为不过今文家"以经籍非记事而古史不足征",乃"欲穿地以求石史"而已。(章太炎:《信史上》,载《章氏丛书》,第671页)太炎以为,若专信地下史料,则必致抹煞六经中之古史。此外,太炎视经为史,尚有民族主义的考虑,"欲存国性,独赖史书"(章太炎:《春秋左氏疑义答问》卷1),"令国性不堕,民自知贵于戎狄"(章太炎:《国故论衡·原经》,第89页)。对此,汪荣祖认为:"在国粹中最重要的是历史,他称之为国魂。一国所异于他国者就在历史。没有特性,国家必无法生存。满人入主中国后破坏明史,原因即在于此。他认为动荡危殆之国可以再兴,而史亡之国必然永不得复。革命既为救中国,自然当强调国魂——历史。章氏珍视国粹而特别看重历史,怎能据此而认为与革命运动不相干呢? 此外,终其一生,章氏一贯以史家的观点看待文化。他在历史的演变中认识到文化的延续性。这种思想观点显然与许多革命党人以及改革派的敌手大相径庭。他们都以为文化乃是世界性的,无国界之分的,因此不同的文化可以自由地相借互喻。章氏却认为中西文化有难越的鸿沟,自由借喻是行不通的。"(汪荣祖:《章炳麟与中华民国》,收入章念驰编:《章太炎生平与学术》,三联书店,1988,第63页)

子观周,本以事实辅翼鲁史,而非以剟定鲁史之书。又知《左氏春秋》,本即孔子史记,虽谓经出鲁史、传出孔子可也。①

据此,太炎甚至以孔子《春秋》为《鲁春秋》之"传",未可为"经"也。

虽然,孔子《春秋》毕竟与通常史书不同。太炎曰:

> 孟轲言:"其文则史。"《十二诸侯年表》亦云:"论史记旧闻,兴于鲁而次《春秋》。"然则《春秋》义经而体史。若云非史,则《诗》亦非乐章,《易》亦非筮辞邪?……《春秋》比于《史记》、《汉书》,犹华山、熊耳,为山则同,特有高下之殊尔。……称之为史,无害麟笔之尊严,正如马、班二史,与《宋史》、《元史》并列,而体例崇卑,山头井底不足比喻。②

太炎认为,《春秋》乃"义经而体史",其义则经,其体则史,故《春秋》就其义而言,犹得称经也。太炎又以为,"以《春秋》为史耶?则沈约、魏收所不为。坚指以为经耶?则吴广之帛书、张角之五斗米道也",③则《春秋》当在经、史之间耳。

因此,公羊家视《春秋》为"经",从而神化《春秋》的种种说法,太炎一概拒斥之。譬如,公羊家素有"孔子为汉制法"之说,太炎则曰:

> 《春秋》二百四十二年之事,不足尽人事蕃变,典章亦非具举之,即欲为汉制法,当自作一通书,若贾生之草具仪法者。今以不尽之事,寄不明之典,言事则害典,言典则害事。令人若射覆探钩,卒不得其翔实。故有《公羊》、《穀梁》、《邹》、《夹》之传,为说各异,是则为汉制惑,非制法也。言《春秋》者,载其行事,宪章文武,下遵时王,惩恶而劝善有之矣,制法何与焉!④

哀十四年,西狩获麟。何注云:"孔子仰推天命,俯察时变,却观未来,豫解无穷,知汉当继大乱之后,故作拨乱之法以授之。"此两汉儒者之旧说,多杂以谶纬家神秘之语。然孔子虽不豫为汉作《春秋》,而《春秋》之见尊于两汉,

---

① 章太炎:《与吴检斋书》,1932 年 7 月 14 日。转引自姚奠中、董国炎:《章太炎学术年谱》,第 429 页。
② 章太炎:《春秋左传读叙录》,《章太炎全集》册二,第 797 页。
③ 章太炎:《汉学论上》,《太炎文录续编》,《章太炎全集》册五,第 20 页。
④ 章太炎:《国故论衡》,上海书店出版社,2012,第 3 页。

亦不当若太炎之偏狭,而一意抹杀之。

太炎又以《公羊》比于义和团之妖妄。其《菿汉微言》云:

> 《明堂大道录》流为张翰风之《风后握奇经》,《公羊》、《齐诗》流为康长素之《孔子改制考》。翰风为义和团之先师,长素虽与相反,而妖妄则同。若探其原,则董仲舒、翼奉亦义和团之远祖矣。①

盖太炎门户之见极深,其于公羊家数千年旧说习论,莫不欲一一摧破之。如东汉范升以《左氏》师徒授受不明,太炎则曰:

> 经师传授之迹,征诸《史记》、《别录》、《七略》、《汉书》,事不悉具,则举其一为征。《左氏》授受,翔实如此,戴宏妄言,无验如彼,校练情伪,断可识矣。②

太炎不独力主《左氏》师徒授受之确,又反诬《公羊》授受之妄言无验,可谓悍勇。

唐、宋以后,又有以经、史分别《公羊》与《左氏》之说者,而太炎非之曰:

> 古者经史本非异业,荀勖之分四部,不学无术,明哲所讥。(章氏按:唐宋以来,《春秋》为经,《左氏》为史之说,强以经史分涂,不悟荀勖以前,未有此别……)孔子《春秋》,丘明作《传》,复有《国语》、《世本》。……汉初遭秦灭学,书籍散亡。重以董生专固,废斥诸子,学官既立,所见惟有六艺,以平易近人之简书,而比之于天声帝谓,固其所也。然经典传记,亦不竟分为二。至于成、哀,长夜向明,固知《春秋》之书犹夫史耳。③

《春秋》之为经,自汉以降,素无疑义。公羊家分别经、史之说,盖欲贬《左氏》为史耳,若刘、贾、颍、杜之徒,则以《左氏》解经,欲成立其为传也。至章太炎,则径以《春秋》为史,若是,则《左氏》为史,固不失为《春秋》之传,且较之《公》、《榖》记事之短,更足为良史矣。

---

① 章太炎:《菿汉三言》,上海书店出版社,2011,第50页。
② 章太炎:《春秋左传读叙录》后序,《章太炎全集》册二,第816页。
③ 章太炎:《春秋左传读叙录》,《章太炎全集》册二,第797页。

自公羊家视之,孔子既为素王,而不得为真王,则《春秋》所以为"刑书"者,盖假"一字褒贬"之书法以行治世之权。然太炎以为,《论语》亦著褒贬之法,实不必独赖《春秋》也。太炎曰:

> 且孔子作《春秋》,本以和布当世事状,寄文于鲁,其实主道齐桓、晋文五伯之事。五伯之事,散在本国乘载,非鲁史所能具。为是博征诸书,贯穿其文,以形于传,谓之属辞比事。虽有赴告不具于经,与其改官、定赋、制军诸大典法,足以法戒后王而不可越书于鲁史者,则无嫌于阙文,然后无害凡例,其褒贬抑损亦著焉。经、传相依,年、事相系,故为百世史官宗主。苟意不主事,而偏矜褒贬者,《论语》可以著之,安赖《春秋》?①

考《春秋》中所载褒贬之辞,非止于凡人所谓誉美或讥刺之言,实据鲁以行王法也。故其褒者,或称字,或进爵,或褒以大国,正王者之赏善;其贬者,或黜其爵,或诛其身,或绝其国,则王者之罚恶也。是以《春秋》之褒贬,非处士横议可比,乃王者行权之辞。可见,太炎实不通《公羊》,或欲迷《公羊》义耶?且太炎抬高《论语》,诚今人流俗论调之滥觞耳,致使今日治孔子者,莫不以为舍《论语》而弗由径矣。

且《春秋》若徒视为"史",则失之太简,而不免有"断烂朝报"之讥。故太炎以《左氏》详于记事,而为《春秋》之传也。诚若是,则《左传》之价值自然高于《春秋》,而孔子竟屈于丘明,乃至于不能与丘明相颉颃矣。

东汉桓谭尝有言曰:

> 齐人公羊高缘经文作传,弥失本事矣。《左氏传》于经,犹衣之表里,相持而成。经而无传,使圣人闭门思之,十年不能知也。②

太炎论《春秋》与《左传》之关系,盖悉本桓氏此说。其曰:

> 是故存其旧文于《经》,而付其实事于丘明以为《传》,错行代明,使官法与事状不相害,所谓《经》、《传》表里者此也。③

---

① 章太炎:《检论·春秋故言》,《章太炎全集》册三,第418页。
② 朱谦之:《新辑本桓谭新论》,中华书局,2009,第39页。
③ 章太炎:《春秋左氏疑义答问》卷1,《章太炎全集》册六,第261页。

其弟子黄侃亦曰:"孔子作《春秋》,因鲁史旧文而有所治定;其治定未尽者,专付丘明,使为之《传》,《传》虽撰自丘明,而作《传》之旨,悉本孔子。"①诚若此说,则《左氏》足为《春秋》之传,明矣。

《春秋》既为史,则《公羊》《穀梁》之价值亦当由此着眼,然其记事颇疏略,故其作为"传"的地位自然远不若《左传》矣。太炎之"湛靖有谋",殆类刘歆也。

至是,不独《春秋》为史,三传亦为史矣。然以史而论,太炎又谓三传形成之次序,《左传》为最早,《穀梁》次之,《公羊》最晚。盖《公羊》之书本为先出,且立于博士,而《穀梁》稍迟,虽尝立博士,然不久长。若《左氏》,实最晚出,其间亦两度得立博士,然旋即废止,且其真伪素为博士所疑。此说本已成定谳,然太炎必欲翻转之,乃搜寻先秦古书与《左氏》同者,以证《左氏》之真;又据三传文字异同,以明《左氏》之先出。

太炎以为,《左传》之见于《新书》者,凡八事;《左传》之见于《史记》者,凡十六事,足见《左传》之真也。② 此说颇为今日学者所主,且论之亦夥。其事固不谬,然若因以证成《左氏》非刘歆所伪,则似未必然;至其欲以证成《左氏》先于二传,则更难成立。

太炎曰:

> 寻桓谭《新论》以为《左氏》传世后百余年,鲁穀梁赤为《春秋》,又有齐人公羊高缘经作传。郑《起废疾》以穀梁为近孔子,公羊六国时人,传有先后。由今推之,穀梁子上接尸佼,下授荀卿,盖与孟子、淳于髡同时。公羊六国时人……疑高盖尝入秦,或在博士诸生之列。……《穀梁》在六国,《公羊》起于秦末,为得其情。③

桓谭以《左氏》先出,而后百余年,《穀梁》《公羊》乃继其后,则太炎之论,亦不过推衍其说也。

太炎又据《公羊》"君亲无将,将而诛焉"之语,颇为秦博士与汉臣所引用,又谓《公羊》"伯于阳"为古文"公子阳生"之隶变,遂定《公羊》成于秦末。然《公羊》多出公羊氏一门家传,至景帝时乃著于竹帛,若世世口说则不得有此隶变,唯著于竹帛而有此文字之讹,则可证《公羊》成书或迟至秦末,

---

① 黄侃:《春秋左氏疑义答问》书后,《章太炎全集》册六,第341页。
② 参见章太炎:《春秋左氏疑义答问》卷5,《章太炎全集》册六,第335—340页。
③ 章太炎:《春秋左传读叙录》后序,《章太炎全集》册二,第864页。

然质诸其口说之形成，则当早于此时矣。

太炎又曰：

> 穀梁后于左氏百有余年，公羊又在其后，其所作传，大事同于《左氏》者什有一、二，其余则异，义例乃尽不同，正以铎椒采摭不尽，故二家传以口说也。①

太炎盖以《公》、《穀》之尚口说，以其不能尽观《左氏》故也。

又曰：

> 《穀梁》只误其事，《公羊》并妄改经。如襄公二十五年经"郑公孙夏帅师伐陈"，《公羊》妄改为"公孙虿"，乃不知公孙虿于十九年先卒，王尝赐之大路也。……《穀梁》亦有改经者，顾反依《左氏》传文。如"矢鱼"作"观鱼"，"卫俘"作"卫宝"，"大卤"作"大原"是。大氐铎椒节钞《左氏》，有传无经，不录凡例书法，穀梁子偶见数事，信之甚笃，遽以改经，是亦贤者之过，然于本事无失也。《公羊》于"观鱼"、"卫宝"、"大原"皆同《穀梁》经，则由未见《古经》真本，亦并未见铎氏书，唯依《穀梁》为主耳。其奋笔擅改者，则《穀梁》所不为矣。②

太炎盖以《公》、《穀》同于《左氏》者，则谓《公》、《穀》成书在后；至于《公》、《穀》不同于《左氏》者，则为《公》、《穀》妄改。凡此，皆出于太炎门户好尚之见。其党同伐异如此，宜乎其为革命党人耶！

又曰：

> 若《春秋》庄三年经："葬桓王。"《左氏》则曰："缓也。"七年始葬，于礼已慢，却尸则非人情。缓、爰声通（《释训》：爰爰，缓也。），旧有两读。读爰则为爰田、爰书、爰宅之义，说为改葬。穀梁子闻其说，故其葬桓王，传先引"传曰：改葬也"，次举"或说为却尸，以求诸侯"。其所举传，宜即《左氏》，而爰、缓两读，未尝著其得失。公羊复闻穀梁之说，又不审此桓王即桓十五年所书"天王崩"者，故发传云："此未有言崩者，何以书葬？盖改葬也。"言盖云者，于改葬、却尸两不能决，姑取改葬之说以传疑。

---

① 章太炎：《春秋左氏疑义答问》卷1，《章太炎全集》册六，第256页。
② 章太炎：《春秋左氏疑义答问》卷5，《章太炎全集》册六，第340—341页。

案,太炎盖以缓、爰声通,则《左氏》以"缓"释经,容有两义:读爰则为改葬义,读缓则为却尸义。《穀梁》作改葬,而《公羊》于改葬、却尸两不能决,皆从《左氏》"缓也"一语而来。可见,《左氏》先出,《穀梁》后起,且视《左氏》为"传"也;至于《公羊》,则为两可之论,实属后起。

太炎以训诂决疑,其论固精。然考诸古师,其以"葬桓王"为改葬或否,不过由桓十五年"天王崩"之情理而推度耳。如范甯即不同意《左氏》、《穀梁》之说,曰:"若实改葬,当言改以明之。郊牛之口伤,改卜牛是也。传当以七年乃葬,故谓之改葬。"而杨士勋引《感精符》"恒星不见,夜中,星陨如雨,而王不惧,使荣叔改葬桓王冢,奢丽大甚",以为"如谶之言,则改葬桓王在恒星不见之后,故范谓此时非改葬也"。又,《左氏》于桓王葬一事,桓十五年无传,庄三年唯有"缓也"二字,而杜预释曰:"以桓十五年三月崩,七年乃葬,故曰缓。"其义实与"缓"之音读无关。至于《穀梁》,则论之颇详,曰:"传曰:改葬也。改葬之礼,缌,举下,缅也。或曰:却尸以求诸侯。天子志崩不志葬,必其时也。何必焉?举天下而葬一人,其义不疑也。志葬,故也,危不得葬也,曰近不失崩,不志崩,失天下也。"其详如此,断非从《左氏》"缓也"一语所衍出。且《穀梁》中引"传曰:改葬也"之说,亦不见于今之《左氏》,则太炎以《穀梁》所言"传曰"乃谓《左传》,可谓臆说。

至于《公羊》,传文言"盖",亦据七年不葬之事而推测当系改葬,犹范甯、杜预之释经也,如杜注谓"以桓十五年三月崩,七年乃葬,故曰缓",无改葬之义,太炎欲使《左氏》攘《穀梁》以自助,反以《穀梁》得之《左氏》,则非"盗憎主人",而直"鸠占鹊巢"耳。且《春秋》经"隐三年,天王崩",《公羊传》云:"何以不书葬?天子记崩不记葬,必其时也。"此义显与《穀梁》同,当出于《公羊》耳。

诸如此类,足见太炎之论,实颇出于门户意气之争,且多臆测之辞,较诸康长素之武断,殆亦不稍逊焉。

又,太炎《驳箴膏肓评》手稿之末附有《左氏春秋考证砭》、《后证砭》、《驳箴膏肓评》三书总叙。其中又举二条,论《公羊》后于《左氏》、《穀梁》,其中云:

> 定公四年"蔡公孙姓帅师灭沈",《公羊》作"蔡公孙归姓",则以昭元年有蔡公孙归生而误;定八年"晋士鞅帅师侵郑",《公羊》作"赵鞅",则以晋亦有赵鞅而误。且此二经,《穀梁》亦同《左氏》,而《公羊》经文独异,岂非不见宝书,但闻有归生、赵鞅二人之名而妄改哉?

若以《左氏》、《穀梁》文同,而断《公羊》为晚出,遂因罪《公羊》之妄改,真不知是何逻辑耶？焉知不是《公羊》先出,其后《左氏》、《穀梁》得别有据依而改之耶？

且《公羊》于定八年有"赵鞅帅师侵郑"之文,而于定四年谓"晋士鞅帅师伐鲜虞",至于襄二十七年、昭二十一年、昭二十七年,皆载士鞅之事,安得谓《公羊》"但闻赵鞅之名而妄改哉"？太炎之论,盖未为深考《公羊》书所致耳！又据《左氏》文,定八年夏,晋师救鲁,士鞅、赵鞅俱在军中,而士鞅为中军将,赵鞅为上军将；秋,晋士鞅帅师侵郑,则赵鞅亦当在军中也。若是,定八年谓"士鞅帅师",则以士鞅为主帅也,而称"赵鞅帅师"者,或以赵鞅司其责者欤！则太炎似亦未尝深考《左氏》之文。

太炎又据《十二诸侯年表序》,谓仲尼之后,弟子人人异端,而左氏作传,"若隐括之正曲木,平地之须水平"。① 诚若此说,丘明高于七十子也,即便若《公》、《穀》二传出于子夏,亦不如丘明所撰《左氏传》。然至晚年,太炎更据桓谭之说,以穀梁氏不得师事子夏,而公羊更后于穀梁,皆与子夏无涉。② 凡此,皆因太炎以党见私憾而论学也。

太炎晚年又以其说颇同于宋叶水心。1930 年,其《答黄季刚书》云：

> （《春秋左氏疑义答问》）虽与旧说多异,然恐实事正是如此。顷有人赠宋叶水心《习学记言序目》一书,其论《春秋》谓一切凡属书法,皆是史官旧文,唯天王狩河阳、侨如逆女、齐豹、三叛四事,为孔子所书,传有明文。……其论与鄙见甚合。宋儒说《春秋》多务刻深,唯永嘉诸子颇为平允,而水心特为卓荦,乃知公道自在人心。唯天王狩河阳一事,据《史记》尚是旧史所书,孔子特因之而已；而赵鞅书叛,据《史记》乃是孔子特笔,则水心考之未尽。盖水心非徒不信传,并太史公亦不尽信,此则未知《春秋》大旨,全由太史公而传,其间时有羼杂《公羊》者,则芟薙未尽尔。③

太炎以《春秋》为史,孔子作《春秋》,唯数条外,其例皆袭旧史而已,实未尝有笔削之事耳。且清今文家颇尊信《史记》,以其多与公羊家之说同,而太炎

---

① 章太炎：《春秋左传读叙录》后序,《章太炎全集》册二,第 864 页。不过,晚年太炎不从此说,盖据《严氏春秋》引《观周篇》,谓《春秋经》与《左传》同时而修也。（参见章太炎：《春秋左氏疑义答问》,《章太炎全集》册六,第 251—252 页）

② 参见章太炎：《春秋左氏疑义答问》卷 1,《章太炎全集》册六,第 256 页。

③ 转引自姚奠中、董国炎：《章太炎学术年谱》,第 414 页。

之信《史记》,则以为除微许"羼杂《公羊》者",《春秋》大旨尽在《史记》之中。

关于太炎门户之见,梁任公尝有论曰:

> 虽然,炳麟谨守家法之结习甚深,故门户之见,时不能免。如治小学排斥钟鼎文、龟甲文,治经学排斥今文派,其言常不免过当。而对于思想解放之勇决,炳麟或不逮今文家也。①

近人钱穆虽谓太炎"不免蹈门户之嫌",然犹谅其意,以为今文家所激故也。其曰:

> 太炎论经学,仅谓六经皆史,说经所以存古,非所以适今。过崇前圣,推为万能,则适为桎梏。亦值并世今文家言方张,激而主古文,时若不免蹈门户之嫌,然后世当谅其意也。今论太炎学之精神,其在史学乎!②

盖太炎之学,就经学而论,实颇出门户之见;若就史学而言,殆由此而转出现代史学,其功不可不谓非细也。

太炎订孔,亦有其现实关怀之考虑,即视孔子为中国衰弱之祸本。其《訄书·订孔篇》引译了日人远藤隆吉的话:

> 孔子之出于支那,实支那之祸本也。夫差第韶、武,制为邦者四代,非守旧也。处于《人表》,至岩高。后生自以瞻望弗及,神葆其言,革一义,若有刑戮,则守旧自此始。故更八十世而无进取者,咎亡于孔氏。祸本成,其胙尽矣。③

其意殆以孔子太过伟大,遂成中国守旧之风,不思进取,此近代中国所以落后于西方也。

太炎《订孔篇》又引日人白河次郎之语云:

> 从横家持君主政体,所谓压制主义也;老庄派持民主政体,所谓自由

---

① 梁启超:《清代学术概论》二十八,载朱维铮校注:《梁启超论清学史二种》,第78—79页。
② 钱穆:《余杭章氏学别记》,收入章念驰编:《章太炎生平与学术》,第25页。
③ 徐复:《訄书详注》,上海古籍出版社,2017,第44页。

主义也。孔氏旁皇二者间,以合意干系为名,以权力干系为实,此儒术所以能为奸雄利器,使百姓日用而不知,则又不如从横家明言压制也。①

盖太炎以为,儒家折衷民主与专制之间,其害有甚于纵横家之君主专制学说。

诸如此论,中国近世启蒙思想皆扬波于后,然追本溯源,实太炎之偏执有以启之也。

关于太炎之订孔,王汎森认为,尚有两种现实考虑:

其一,因康长素欲立孔教,遂激而诋孔。对此,太炎晚年尝谓,"庄子之所以连孔子也要加以抨击,也因战国时学者托于孔子的很多,不如把孔子也驳斥,免得他们借孔子作护符"。② 当时以孔子为护符者,正是康长素及其孔教支持者,此殆太炎订孔之用心所在。1922 年,太炎《答柳翼谋书》自谓"深恶长素孔教之说,遂至激而诋孔"。③ 据此,太炎所论,亦多属有为之言也。

其二,晚清诸子学兴起,太炎承染其风,乃信诸子书所载孔子事迹为"真孔子"。然诸子书中之孔子形象,多涉轻薄之辞,绝非儒家所言孔子之伟大也。然太炎信先秦诸子之说,借以否定正统派之孔子面目。观其所撰《诸子学略说》,其中揶揄孔子所用材料,几乎皆取自诸子书。④

2. 非康

甲午以后,太炎积极参与政治,一度加入康长素发起的上海"强学会",投身于维新运动。1897 年,太炎被聘为《时务报》撰述,曾发表《论亚洲宜自为唇齿》《论学会有大益于黄人亟宜保护》等文,宣扬变法。虽然,太炎与康门中人,时因政见与学术之不同,而相龃龉。⑤ 盖康门上下颇尊长素,甚至目为圣人,而太炎尤不能耐,甚至毁康门为教匪,遂相斗殴。⑥ 太炎因辞

---

① 徐复:《訄书详注》,第 52 页。
② 章太炎:《国学概论》,中华书局,2018,第 50 页。
③ 傅杰编:《章太炎学术史论集》,第 109 页。
④ 参见王汎森:《章太炎思想》,上海人民出版社,2018,第 177—179 页。
⑤ 据冯自由云:"章尝叩梁以其师宗旨,梁以变法维新及创立孔教对。章谓变法维新为当世之急务,惟尊孔设教有煽动教祸之虞,不能轻于附和。"(冯自由:《中华民国开国前革命史》,上海三联书店,2014,第 112 页)太炎《自定年谱》亦云:"春时在上海,梁卓如等倡言孔教,余甚非之。"(章太炎:《太炎先生自定年谱》,香港龙门书店,1965,第 5 页)《致谭献书》云:"麟自与梁、麦诸子相遇,论及学派,辄如冰炭。"
⑥ 据太炎《自定年谱》,"或言康有为字长素,自谓长于素王,其弟子或称超回、轶赐,狂悖滋甚。余拟以枬栩,其徒大愠"。(章太炎:《太炎先生自定年谱》,第 5 页)案,向栩,汉末人,性言诡不伦,状如学道,又似狂生,其弟子则以颜渊、子贡、季路、冉有自名。张角作乱,栩不欲国家兴兵,中常侍张上诬其与角同心,遂被杀。太炎以此模拟,宜乎康门之忿激也。

别《时务报》,门户之见益深,至欲撰《〈新学伪经考〉驳议》,以攻长素。不过,此时太炎在政治上尚未与维新党真正决裂。①

戊戌间,太炎被聘为《昌言报》主笔,撰文支持变法。变法失败,太炎遁亡台湾、日本,犹与康门相过从,"与尊清者游"。② 其时所撰文字,如《祭维新六贤文》、《答学案》等,尚袒护维新党如故。其后,太炎因梁任公而结识孙中山,遂托身革命旗下,乃与康党渐行渐远矣。庚子间,唐才常组织"自立军",欲谋勤王,拥戴光绪帝复位,而太炎力主排满,且断辫以明革命之志。自此,太炎与康门终相决裂矣,且常撰文讥毁康长素及其门人。

1903年,太炎因《苏报》案入狱。出狱后,遂赴日本,参加同盟会,继任《民报》主笔,主持《民报》与梁启超《新民丛报》之论战。此时,太炎不仅学术上攻驳康长素之今文学,且政治上亦抨击其改良保皇之思想。

太炎治《春秋》,一言以蔽之,不过宣扬其排满思想而已。③ 其后参加革

---

① 太炎自谓其初时已颇与康党学术不合,"然古今文经说,余始终不能与彼合也"。(章太炎:《太炎先生自定年谱》,第5页)并且,太炎亦有意区别长素之学术与政治主张。戊戌之后,攻长素者甚众。1899年9月,太炎发表《翼教丛编书后》,即反对苏舆将长素的今文学主张与变法举措牵扯在一起,其中有曰:"是书驳康氏经说,未尝不中窾要,而必牵涉政变以为言,则自成其瘢疠而已。且中国学者之疑经,亦不始康氏也。非直不始康氏,亦不始东壁、申受、默深、于庭也。王充之《问孔》、刘知几之《惑经》、程氏之颠倒《大学》、元晦之不信《孝经》、王柏之删《毛诗》、蔡沈之削《书序》,是皆汉、唐所奉为正经者,而捍然拉杂刊除之。其在后世,亦不餍人心。夫二王、刘、蔡无论矣,程、朱则以理学为阃闑者,方俯首鞠躬之不暇,不罪程、朱,而独罪康氏,其偏枯不已甚乎!"(转引自姚奠中、董国炎:《章太炎学术年谱》,第55页)则以疑古之祸,实未可归狱于康氏一人,盖承宋以下之学风故也。太炎又曰:"康有为倡改制,虽不经,犹无大害。其最谬者,在依据纬书,视《春秋经》如预言,则流弊非至掩史实逞妄说不止。民国以来,其学虽衰,而疑古之说代之,谓尧、舜、禹、汤皆儒家伪托。如此惑失本原,必将维系民族之国史全部推翻。国亡而后,人人忘其本来,永无复兴之望。余首揭《左氏》,以斥《公羊》,今之妄说,弊更甚于《公羊》。此余所以大声疾呼,谓非竭力排斥不可也。"(诸祖耿:《记本师章公自述治学之功夫及志向》)则以清代今文学尚未为大害,至其所启民国以降之疑古风潮,将有亡国灭种之虞矣。

② 戊戌后,六君子死难,太炎颇敬康、梁为人,遂致书长素以慰之,而长素亦复书,曰:"足下乃拳拳持正义,又辱书教之,何其识之绝出寻常,而亲爱之深耶!"而太炎得书后,"忽得工部(案指长素)报书,眉宇盱扬,阳气顿发,盖不啻百金良药也"。时有人问太炎何以与长素相昵之深,太炎答曰:"子不见夫水心、晦庵之事乎?彼其陈说经义,判若冰炭,及人以伪学朋党攻击晦庵,时水心在朝,乃痛言小人诬妄,以斥其谬。何者?论学虽殊,而行谊政术自合也。余与工部,亦若是已矣。"(载《台湾日日新报》,汉文版,1899年1月13日)此时太炎犹以朱熹、叶适事自况其与长素之关系,讵料后来两人之"行谊政术"乃大乖离若是耶!

③ 太炎之排满思想,大概颇受其家庭影响。盖自其曾祖以下,三代皆不仕异族之朝,至其卒,犹用汉人深衣入殓。太炎《自述学术次第》亦自言"生亡清之末,少甚异族,未尝应举"。(章太炎:《菿汉三言》附录,第192页)太炎外祖朱有虔,虽出于仕宦之家,然种族之思,殊为殷切。朱氏尝言于太炎曰:"夷夏之防,同于君臣之意。"又曰:"国之变革不足患,而胡人入主中夏则可耻。"太炎后来亦自谓"余之革命思想即伏根于此。依外祖之言观之,可见种族革命思想原在汉人心中,惟隐而不显耳"。(朱希祖:《本师章太炎先生口授少(转下页)

命,组织光复会,亦出于此种思想之激发。至其攻驳康长素乃至整个常州今文学,亦不过因彼等倡言"满汉大同",而违其排满之帜故也。①

太炎尝论顾栋高之《春秋》学曰:

> (顾氏)似是而非,最足惑人者,在尊君抑臣之说,每于弑君诸狱,谓传注归罪于君者为助乱。盖自托《春秋》惧乱臣贼子之义,不知纲举而目始张,源清而流始洁,非先正君父,终不能遏乱贼之逆谋也。明君在上,正身率下,刑政具举,则乱臣贼子自惧而不敢发矣。苟任君父之失道,而徒于已弑之后,明书乱贼之名,虽笔如日月,何足使乱贼心惧哉!②

案,《春秋》大义,本不过诛讨乱臣贼子而已。虽然,三传中皆有罪君之辞,而顾氏犹有不慊之意,其说实与《春秋》不违。然太炎徒据正己正人之说,而独罪之失道,则失《春秋》之旨远矣。要言之,太炎殆不过欲推此以论证革命之合法性也。③

1903年,太炎撰《驳康有为论革命书》,其中有曰:

(接上页)年事迹笔记》,载傅杰编:《自述与印象:章太炎》,上海三联书店,1997,第31页)太炎又颇读《东华录》与《明季稗史》诸书,其中所载满人残虐汉人诸事,尤能激发其排满思想,对此,太炎曰:"自十六七岁时读蒋氏《东华录》、《明季稗史》,见夫扬州、嘉定、戴名世、曾静之事,仇满之念固已勃然在胸。"(《狱中答新闻报》,《苏报》1903年7月6日)盖凡人之学术,常受幼时情结影响至深,乃至于不过论证童蒙时萌现的某种模糊观念而已。

1901年,太炎谒其师俞樾。俞樾责太炎"不忠不孝",太炎自辩曰:"弟子以治经侍先生。今之经学,渊源在顾宁人,顾公为此,正欲使人推寻国性,识汉、虏之别耳,岂以刘歆、崔浩期后生也?"(汤志钧:《章太炎年谱长编》,第67页)可见,太炎宗顾,内中实有民族主义情结,非尽出于学术也。又撰《谢本师》一文,曰:"先生既治经,又素博览,戎狄豺狼之说,岂其未喻?而以唇舌卫扞之,将以尝仕索虏,食其廪禄耶?昔戴君与全绍衣并污伪命,先生亦授职为伪编修。"(同上,第70—71页)太炎又以民族大义责其师如此。

太炎之排满,后人多以狭隘种族主义视之,则实未必然。太炎初时认同维新,盖以"革命必然招致列强进一步攫取中国利益",至庚子以后,太炎乃倡排满,不过因为"肯定满清政府不能救中国"而已。两种态度虽不同,然根源皆在于反对外国帝国主义也。(参见汪荣祖:《章炳麟与中华民国》,收入章念驰编:《章太炎生平与学术》,第57—59页)

① 太炎于常州学派中,独推许戴氏高,谓其"述《公羊》以赞《论语》,为有师法"。盖戴氏高虽师刘申受、宋于庭,然其立身则异,而尤严夷夏之辨也。郭晓东甚至认为,"不论晚清之改良派还是革命派,都可从戴氏隐藏在其貌似拘泥于师法的经学背后的思想中获得理论上的支持"。(参见《述〈公羊〉以赞〈论语〉:〈戴氏注论语〉研究》一文,载郭晓东:《经学、道学与经典诠释》,台湾大学出版中心,2011)

② 《章太炎全集》册二,第855页。

③ 辛亥以后,国体变易,而太炎犹以《春秋》能施于今世,以为"君臣之与长属,名号少殊,典礼有隆杀焉尔,之纲之纪,亦何差池?作乱犯上之诛,于今仍未替也"。(章太炎:《春秋左氏疑义答问》卷1,《章太炎全集》册六,第247页)此亦见太炎晚年之尊孔也。

> 长素足下,读《与南北美洲诸华商书》,谓中国只可立宪,不能革命,援引今古,洒洒万言。呜呼长素,何乐而为是耶!热中于复辟以后之赐环,而先为是龃龉不了之语,以耸东胡群兽之听,冀万一可以解免。非致书商人,致书于满人也!夫以一时之富贵,冒万亿不韪而不辞,舞词弄札,眩惑天下,使贱儒元恶为之则已矣,尊称圣人,自谓教主,而犹为是妄言!在己则脂韦突梯以佞满人已耳,而天下之受其蛊惑者,乃较诸出于贱儒元恶之口为尤甚!①

又曰:

> 种种缪戾,由其高官厚禄之性,素已养成,由是引犬羊为同种,奉貕尾为鸿宝。向之崇拜《公羊》,诵法《繁露》,以为一字一句皆神圣不可侵犯者,今则并其所谓复九世之仇而亦议之……必为满洲谋其帝王万世、祈天永命之计,何长素之无人心一至于是也!②

盖庚子之后,康长素犹主保皇,且撰《与同学诸子梁启超等论印度亡国由于各省自立书》、《答南北美洲诸华侨论中国只可行立宪不可行革命书》等书,谓"中国只可立宪,不能革命"。案,长素之说实有理据,观太炎此书,不过逞其利口,炫其文辞,而厚诬长素之人品,以为长素倡导保皇之说,不过出于"高官厚禄之性"耳。当时革命党人常以道德相高,颇以此攻毁长素。至数年后,太炎与孙中山竞事倾轧,党同伐异,俱以丑诋对方为事,而道德之面具亦不复存矣。

然太炎之言革命,究与孙中山不同,其内容实不出"排满"二字。1901年,太炎尝撰《正仇满论》以攻梁任公《中国积弱溯源论》,以为革命即驱逐满人也。案,儒家素主夷夏之辨,而以公羊家为甚。然公羊家论夷夏关系,本有二义:其一,夷夏种族不同,"非我族类,其心必异",故须抟聚诸夏以抗拒夷狄;其二,诸夏在文明上优于夷狄,故夷狄可进于诸夏,而诸夏亦可退为夷狄,全以礼义价值为标准。故就人类之理想而言,终将无分地域、种族而大同矣。后世儒家,因政治现实之逼迫,常不过偏取一义。两宋时,辽、金、元相继勃兴,中原危弱,故不得不严夷夏之辨。至满人入主区夏,而以少数民族陵制汉人,遂有泯除满汉畛域之见。道咸以降,时当西夷侵逼,则满汉

---

① 《章太炎全集》册四,第176页。
② 《章太炎全集》册四,第178页。

当携手攘外,孰谓非宜? 故常州诸贤,至于长素,莫不主"满汉大同"之说矣。

庚子之后,满人朝廷已不孚天下之望,则两百年民族仇恨乃激为排满巨浪矣,故晚清革命思想,遂莫不以民族主义相号召。① 时势如此,学说亦不得不随之而变,亦属自然。故太炎极论民族主义之正当性,"民族主义,自太古原人之世,其根性固已潜在,远至今日,乃始发达,此生民之良知本能也",盖以民族主义出于人之本性;又谓满人与历史上之诸越、五胡不同,彼终归化于汉人,自可与汉人视为同族,而满人三百年统治,始终陵制汉人,焉可以一族视之? 并且,"今日固为民族主义之时代,而可溷殽满、汉以同熏莸于一器哉?"②太炎以民族主义合于现代思想,观乎今日民族国家之现状,不可谓非特识耶!

公羊家以文明作为区分夷夏之标准,其目的则在于以中国为王者治世之中心,由内而外,逐渐将夷狄纳入自己的教化范围,如是而达到天下大同。然至晚清之时,国人日渐意识到西方文明之发达,而数千年礼乐之邦的中国反为"新夷狄"矣,故此时康长素主张变法,目的则在于引进西法。然自保守派视之,此乃"以夷变夏";若借长素之公羊说观之,犹为"以夏变夷"。并且,庚子以后,长素颇以为西人种种制度和思想,亦未必出于孔子学说之籓篱,则中国遵用西法,犹不离于孔子之道也。

至于革命党人,则多浸习于西洋文明,其所以主张排满,而不取长素大同之说者,盖以革命为当务之急故也。是以武昌首义不久,太炎即致书留日的满洲学生,其中有曰:

> 贵政府一时倾覆,君等满族亦是中国人民,农商之业,任所欲为,选举之权,一切平等,优游共和政体之中,其乐何似? 我汉人天性和平,主持人道,既无屠杀人种族之心,又无横分阶级之制,域中尚有蒙古、回部、西藏诸人,既皆等视,何独薄遇满人哉?③

革命前,太炎排满最烈,可谓不遗余力,然一俟革命功成,即放弃旧日之排满主张。可见,对太炎而言,排满不过手段而已。不独太炎,当时革命党人多有此意识,故革命后新政府遂主张"五族共和",即出于此种觉悟也。

---

① 如太炎即曰:"不去满洲,则改政变法为虚语"。(《自定年谱》,《章太炎年谱长编(增订本)》,第38页)其《客帝匡谬》则曰:"满洲弗逐,欲士之爱国、民之敌忾,不可得也。浸微浸削,亦终为欧美之陪隶已矣!"皆用此意。
② 参见章太炎:《驳康有为论革命书》,《章太炎全集》册四,第173—174页。
③ 章太炎:《致满洲留学生书》,《章太炎政论选集》册上,第519—520页。

太炎之非毁长素者，尚有一端，即其孔教思想也。1897年，太炎由梁任公聘为《时务报》撰述，已不甚慊于康门之孔教主张矣。1913年，长素归国，即发起孔教运动，太炎乃撰《驳建立孔教议》，以驳其说。其中有曰：

> 近世有倡孔教会者，余窃訾其怪妄。宗教至鄙，有太古愚民行之。……逮及衰周，孔、老命世，老子称以道莅天下，其鬼不神；孔子亦不语神怪，未能事鬼。……中国果未有宗教也。……今人猥见耶苏、路德之法，渐入域中，乃欲建树孔教，以相抗衡，是犹素无创痍，无故灼以成瘢，乃徒师其鄙劣，而未有以相君也。……是则孔子者，学校诸生所尊礼，犹匠师之奉鲁班，缝人之奉轩辕，胥吏之奉萧何，各尊其师，思慕反本，本不以神祇灵鬼事之。……今以世人拜谒孔子，谓孔子为教主，是则轩辕、鲁班、萧何，亦居然各为教主矣。……盖尝论之，孔子之在周末，与夷、惠等夷耳。……昏主不达，以为孔子果玄帝之子，真人尸解之伦。……孔教本非前世所有，则今者固无所废；莫之废，则亦无所建立矣。①

太炎此论颇偏隘。盖是时孔教之势焰滔天，太炎宜不无嫉视长素之情。然太炎欲攻孔教，竟不惜贬夷孔子，以为犹轩辕、鲁班、萧何之属而已。

太炎少长素十岁，然自其粗涉经学始，毕生皆与长素为敌。钱穆尝论两人思想之异同云：

> 康极恢奇，而太炎则守平实。故康欲上攀孔子为教主，称长素；而太炎所慕则在晚明遗老，有意乎亭林之为人，而号太炎。然康主保王，太炎则力呼革命。康唱为变法，太炎又谆谆期循俗焉。②

余英时则曰：

> 撇开学术造诣的深浅不谈，只从思想上的影响来看，清末的康、章并立，很容易使我们联想到清初的顾炎武与黄宗羲、中叶的戴震与章学诚那种"双峰并峙，二水分流"的局面。③

---

① 章太炎：《驳建立孔教议》，《章太炎全集》册四，第200—203页。
② 钱穆：《余杭章氏学别记》，收入章念驰编：《章太炎生平与学术》，第29页。
③ 余英时：《五四运动与中国传统》，收入汪荣祖编：《五四研究论集》，台北联经出版公司，1977，第114页。

余氏谓康、章并立,犹清初之顾、黄与中叶之戴、章,乃"双峰并峙,二水分流",是论尚不失公允。

3. 驳刘

太炎因党见而攻讦康长素,遂在学术上又追论常州今文学之弊,以为不过上承桐城文士之遗习而已。其曰:

> 夫经说尚朴质,而文辞贵优衍;其分涂,自然也。文士既已嫛荡自喜,又耻不习经典。于是有常州今文之学,务为瓌意眇辞,以便文士。①

太炎盖以治古文学者为经儒,而谓桐城、阳湖至常州今文学乃一脉相承,不过文士之学而已。诚若是说,清代今古之争,则似因经儒与文士之习尚不同所致。

其《检论·清儒》又云:

> 江永、戴震起徽州,徽州于江南为高原,其民勤苦善治生,故求学深邃,言直核而无温藉,不便文士。震始入四库馆,诸儒皆震竦之,愿敛衽为弟子。天下视文士渐轻。文士与经儒始交恶。

可见,太炎抱党见之私,乃丑诋常州今文学竟如此耶!

刘师培之说亦略相近。其《清儒得失论》云:

> 庄氏之甥有刘逢禄、宋翔凤,均治今文,自谓理炎汉之坠业,复博士之绪论,然宋氏以下,其说凌杂无绪,学失统纪,遂成支离。惟俪词韵语,则刻意求新,合文章经训为一途,以虚声相煽,故刘工慕势,宋亦奢淫。

可见,刘氏亦贬今文学乃文士所习尚也。诚若此言,至于龚、魏讥切时政,亦犹文士好放言谠论有以致之耳。

1891—1896年,太炎尚为诂经精舍生徒,即撰《春秋左传读》一书,凡九卷,八百余条,共五十余万言,其意则在订正刘申受之失。② 据太炎《自定年

---

① 章太炎:《检论·清儒》,《章太炎全集》册三,第475页。
② 《春秋左传读》,本为太炎肄业于精舍时期的课艺之作,初名《春秋左传札记》。《叙录》序云:"初名《杂记》,以所见辄录,不随经文编次,效臧氏《经义杂记》而为之也。后更曰《读》,取发疑正读为义也。盖籀书为读,纳其大义曰读,纳其微言亦曰读。"然此(转下页)

谱》,是时太炎已分别古今文师说,而"专慕刘子骏,刻印自言私淑"。① 1896 年,康长素过杭州,以《新学伪经考》示俞樾。其后,俞樾笑谓太炎曰:"尔自言私淑刘子骏,是子专与刘氏为敌,正如冰炭矣。"②盖申受为清代公羊学之大宗,晚清今古之争愈炽,而双方种种忿争,泰半可溯源于申受之创获。太炎既为革命派理论家,深知欲攻康长素,必先捣其巢穴,此太炎所以攻申受也。

其《左传读》一书,不独驳刘,且有补杜之意,"麟素以杜预《集解》多弃旧文,尝作《左传读》,征引曾子申以来至于贾、服旧注。任重道远,粗有就绪,犹未成书"。③ 盖乾嘉学者多议杜氏之失,而太炎殆承其绪余而已。

案,申受攻《左氏》之书有三,即《箴膏肓评》、《左氏春秋考证》及《后证》。其中,申受《后证》一书,具列古书论《左氏》之文,如《史记》、《汉书》、《后汉书》、《说文解字》序、《经典释文》等,欲否定《左氏》为《春秋》之传。1902 年,太炎撰《后证砭》一卷,又名《春秋左传读叙录》。④ 是书之旨,则在论《左传》确为《春秋》之传,而非出于刘歆之伪窜,即"称传之有据,授受之不妄"。

此外,太炎尚撰有《左氏春秋考证砭》、《驳箴膏肓评》。其中,《驳箴膏肓评》撰于 1902 年,而《左氏春秋考证砭》未刊,今尚未见其手稿。

三书总叙云:

> 乃因刘氏三书,《驳箴膏肓评》以申郑说,《砭左氏春秋考证》以明《传》意,《砭后证》以明称"传"之有据,授受之不妄。⑤

(接上页)书不为其师俞樾所许,谓"虽新奇,未免穿凿,后必悔之"。太炎此时犹能搁置今、古之争,而追随康长素之变法。是书后来多经修订,犹有未安,故终未正式梓行。1907 年,章太炎《再与人论国学书》中说道:"《左氏》故言,近欲次录。昔时为此,亦几得五、六岁。乃今仍有不惬意者,要当精心汰渐,始可以质君子。"(《章太炎全集》册四,第 356 页)至 1912 年,太炎在《自述学术次第》中犹谓"所次《左氏读》,不欲遽以问世者,以滞义犹未更正也"。(章太炎:《蓟汉三言》附录,第 193 页)

大致太炎撰写《春秋左传札记》时,又撰有《膏兰室札记》,二书虽重《左氏》,然犹不避今文之说。(参见黄翠芬:《章太炎春秋左传学研究》,台北文津出版社,2006,第 49—55 页)

① 章太炎:《太炎先生自定年谱》,第 5 页。
② 章太炎:《太炎先生自定年谱》,第 5 页。据其《自定年谱》,1891 年,"始分别古今文师法"。王汎森以为,此时长素《新学伪经考》恰刊于此年,而太炎始撰《春秋左传读》以订刘,大概受长素此书的刺激。此外,亦有太炎个人气质与思想传承的因素。(参见王汎森:《章太炎的思想》,第 45 页)
③ 《章太炎全集》册二,第 899—900 页。
④ 1903 年,太炎《与刘光汉书》云:"曩时为《左传读》,约得三十万言,先为《叙录》,以驳申受之义,辞繁不暇具述。"则似《叙录》先于《左传读》也。1906 年,其《丙午与刘光汉书》云:"昔著《春秋左传读》,文多不能悉录,《叙录》一篇,专驳申受,业已写定,邮寄呈览。"则似《叙录》至 1906 年始成定稿,其后刊于《国粹学报》,至 1907 年刊毕。
⑤ 《章太炎全集》册二,第 900 页。

又,《春秋左传读叙录》序云:

> 懿《左氏》、《公羊》之衅,起于邵公。其作《膏肓》,犹以发露短长为趣。及刘逢禄,本《左氏》不传《春秋》之说,谓条例皆子骏所窜入,授受皆子骏所构造,著《左氏春秋考证》及《箴膏肓评》,自申其说。彼其摘发同异,盗憎主人。诸所驳难,散在《读》中。昔丹徒柳宾叔驳《穀梁废疾申何》,则逢禄之说瓦解。然《穀梁》见攻者止于文义之间,《左氏》乃在其书与师法之真伪……先因逢禄《考证》订其得失,以为《叙录》,著于左方①。

显然,太炎此三书俱针对申受三书而撰,而以宗《左氏》为旨。

此外,太炎尚有《刘子政左氏说》一卷,发表于1908年。是书辑录《说苑》、《新序》、《列女传》所举《左氏》事义六七十条,以为刘向兼综《穀梁》、《左氏》之证,颇有发明。太炎又有其他文章与书札,如《与刘师培书》、《驳皮锡瑞三书》,其中颇有论及《春秋》的文字。②

太炎攻申受,不独抉其经学之失,且又多于政治立场着眼,曰:"刘逢禄辈世仕满洲,有拥戴房酋之志,而张大《公羊》以陈符命。"③案,申受于《春秋公羊经何氏释例》一书中,进吴楚为中国,太炎乃据《左氏》以驳之,曰:"盖《春秋》有贬诸夏以同夷狄者,未有进夷狄以同诸夏者。杞用夷礼,则示贬爵之文。若如斯义,满洲岂有可进之律。"④盖公羊家本有夷夏进退之旨,申受之说,虽有逢迎满人之嫌,然就经义而论,实不相违。今太炎所据之说,后儒罕有用之者。

4. 晚年宗杜

清人治《左氏》的态度,大多采取补正杜注乃至纠弹杜氏的立场,唯太炎

---

① 《章太炎全集》册二,第758—759页。
② 王汎森认为,太炎攻刘三书及其《刘子政左氏说》,代表了太炎对抗今文家的第一阶段。然而,太炎此时颇借助公羊家说而为《左氏》传经地位辩护,"昔撰《刘子政左氏说》,犹从贾素王立法义,今悉不取"(《春秋左氏疑义答问》卷1),犹效法汉师,"傍采《公羊》",其结果"几乎是举《左氏》投降今文家并阴助《公羊》一臂之力也"。(参见王汎森:《章太炎的思想》,第47、48页)
③ 章太炎:《中华民国解》,《章太炎全集》册四,第254页。汤志钧甚至以申受治经乃"仰承皇帝旨意","他的'经世',阐扬《春秋》微言,都是为了使垂衰的清政府转为'盛古'"。(汤志钧:《清代经今文学的复兴》,载《中国史研究》,1980年第2期,第143页)杨向奎则认为,申受"希望有一个新王来维持这即将崩溃的局面","刘逢禄的议论代表了一种新的声音,虽然他的本意是要挽救这即将倾圮的古厦,但他的呼声预示了一种新的先进的意识,对于封建社会是一种挽歌了"。(杨向奎:《清代的今文经学》,《清史论丛》,1979年第1期)
④ 章太炎:《中华民国解》,《章太炎全集》册四,第255页。

以宗杜为其学术大旨。1930年,太炎撰成《春秋左氏疑义答问》,自称"为三十年精力所聚之书,向之繁言碎辞,一切芟薙,独存此四万言而已"。① 1933年,弟子吴承仕、钱玄同初刻此书于北平,即《章氏丛书续编》本。越十年,薛氏崇礼堂再刻之成都。其弟子黄侃谓此书"上甄曾、吴、孙、贾、太史之微义,下取贾、服、杜预之所长,要使因史修经、论事作传之旨由之昭晰",甚至以康成赞《周礼》相况。② 黄氏推挹乃师之书,竟至如此耶?

盖清人治《左传》,多宗贾、服,太炎初时亦然,然至晚年,乃以宗杜为旨矣。太炎尝曰:

> 余少时治《左氏春秋》,颇主刘、贾、许、颖,以排杜氏,卒之娄施攻伐,杜之守犹完,而为刘、贾、许、颖者自败。晚岁为《春秋疑义答问》,颇右杜氏,于经义始条达矣。③

> 仆治此经近四十年,始虽知《公羊》之妄,乃于《左氏》大义犹宗刘、贾。后在日本东京,燕闲无事,仰屋以思,乃悟刘、贾诸公,欲通其道,犹多附会《公羊》,心甚少之。亟寻杜氏《释例》,文直辞质,以为六代以来,重杜氏而屏刘、贾,盖亦有因。独其矫枉过正之论,不可为法。因欲改定《释例》,而未能也。④

可见,太炎晚年宗杜,实以刘歆、贾逵诸汉师有"附会《公羊》"之失也。今考太炎之书,类似说法颇多:

> 景伯谓《左氏》同《公羊》者,什有七八,故条例多为元凯所驳。余初治《左氏》,偏重汉师,亦颇傍采《公羊》,以为元凯拘滞,不如刘、贾闳通。数年以来,知释例必依杜氏;古字古言,则汉师尚焉;其文外微言,当取二刘以上。元年之义,采诸吴起,专明政纪,非可比傅乾元也。讥世卿之说,取之张敞,所指则季氏、田氏、赵氏,非如《公羊》谰言崔、尹也。⑤

> 贾、服于传义诚审,及贾氏治《春秋经》,例本刘子骏,既为杜氏《释例》所破,质之丘明传例,贾氏之不合者亦多矣。……若《春秋》者,语

---

① 章太炎:《与吴承仕书》,载晁岳佩编:《春秋学研究》册上,第355页。
② 《章太炎全集》册六,第342页。
③ 章太炎:《汉学论》,《章太炎全集》册五,第4页。
④ 章太炎:《与吴承仕书》,载晁岳佩编:《春秋学研究》册上,第357页。
⑤ 章太炎:《自述学术次第》,《蓟汉三言》附录,第193页。

确而事易见,凡例有定,不容支离。杜氏所得盖什七,而贾氏财一二耳。①

《春秋左传读》乃仆少作。其时滞于汉学之见,坚守刘、贾、许、颖旧义,以与杜氏立异,晚乃知其非。近作《春秋左氏疑义答问》,惟及经传可疑之说,其余尽汰焉。②

盖汉人治《左氏》,颇取《公羊》说,而杜预"专修丘明之传"以解《春秋》,而《左氏》之门户至此乃完。终太炎一生,嫉《公羊》如仇雠,则其晚年舍汉师而宗杜,抑或出于此欤?③

案,杜预成立《左氏》为《春秋》之传,关键在于建立《左氏》解经的凡例,此其所以作《春秋释例》也。因此,《左氏》之古字古言,则"汉师尚矣",诚非杜预所及也;至于条例,太炎以为,"必依杜氏"。太炎曰:

> 刘、贾诸公欲通其道,不得不以辞比傅,所作条例,遂多支离。杜氏于古字古言,不逮汉师甚远,独其谓"经之条贯必出于传,传之义例总归诸凡,推变例以正褒贬,简二传而去异端",实非刘、贾、许、颖所逮,终之子干父蛊,禹修鲧功,所以伸其难遂之怀,成其未竟之绪,非以相伐也。其间亦有未能甄明者。……有自用过当者。……要之,杜君《释例》,视刘、贾、许、颖为审谛,其于吴起、荀卿、贾傅之说,苦未能攀取尔。④

自太炎视之,汉人言例,多支离之病,而杜氏《释例》,"视刘、贾、许、颖为审谛",此其所以宗杜也。

又,杜预之前,《左氏》学者多效《公》、《穀》,为《左氏》增设条例,至于时月日例,亦踵饰其后。太炎则论时月日例之非,曰:

> 问:二传多以日月生义。杜氏《春秋释例》:"凡日月者,所以纪远近、明先后,盖记事之常录,各随事而存其日月,不有阙也。国史集而书

---

① 章太炎:《汉学论》,《章太炎全集》册五,第4页。
② 章太炎:《与徐哲东论春秋书》,1932年10月6日。载《制言》第17期,1936年5月16日。转引自姚奠中、董国炎:《章太炎学术年谱》,第429页。
③ 太炎又谓杜预以下,唯叶水心与高拱为可取,曰:"历世说《春秋》者,杜预为可取。余皆愈说愈远,啖助、赵匡、胡安国辈,均不可信。……自啖助至胡安国,惟叶水心说《春秋》不谬。明高拱作《春秋正旨》,拱有经国致用之才,语亦可准。"(诸祖耿:《记本师章公自述治学之功夫及志向》)
④ 章太炎:《春秋左氏疑义答问》卷1,《章太炎全集》册六,第258—259页。

于策,则简其精粗,合其同异,率意以约文。按《春秋》朝聘、征伐、执杀大夫、土功之属,或时或月,皆不书日。要盟、战败、崩、薨、卒、葬之属,亦不皆同,然已颇多书日。自文公以上,书日者二百四十九,宣公以下,亦俱六公,书日者四百三十二,计年数略同,而日数加倍,此则久远遗落,不与近同也。"丘明之传,月无征文,日之为例,惟卿佐之丧与日食而已。而诸儒溺于《公羊》、《穀梁》之说,横为《左氏》造日月褒贬之例,先世通儒而乖妄若此者,由时谓《左氏》不传《春秋》,世无盟主,听断可惑,假取二传以救当时之事,然亦后进君子所当悟思也。杜说固当矣,然谓文公以前"久远遗落",恐无斯事。愿有所抉择。

按:岁、时、月、日四者,书之详略,视其时政事之繁简,唐、虞录世,商、周书年,以渐而然。《春秋》文公以前,政令尚简,故书日尚略。"东门遂杀適立庶",宣公于是失政,而时楚力方盛,贾子《先醒篇》谓庄王克晋,"会诸侯于汉阳,申天子之辟禁",自是与晋狎主齐盟矣。内则政出多门,故教令烦数,外则二伯并立,故会盟、征伐亦频至,非详核期会,无以为述事之序,故宣公以后,国史于日致谨,非前此简毕蠹蚀文有脱落也。彼二传之以日月生义者,何也?此由穀梁子创意为之也。穀梁习闻尸佼之说,见秦史不书日月,谓《春秋》本以时纪,而鲁史于日月甚详,是故以不怪为怪也。①

案,时日月之例,《左氏》不取,唯于卿丧与日食二者,以为犹有例存焉。然刘、贾之徒,"溺于《公羊》、《穀梁》之说,横为《左氏》造日月褒贬之例",太炎所以宗杜,此又一端也。②

太炎虽宗《左氏》,然亦有不慊于《左氏》之处:

问:《五经异义》:"《春秋公羊》说:妾子立为君,母得称夫人。故上堂称妾,屈于適;下堂称夫人,尊于国。"《左氏》说:"成风得立为夫人,母以子贵,礼也。"《穀梁传》曰:"鲁僖公立妾母成风为夫人,是子而爵母;以妾为妻,非礼也。"三者孰正?

---

① 章太炎:《春秋左氏疑义答问》卷3,《章太炎全集》册六,第336—337页。
② 廖六译亦谓杜注独宗丘明,不复旁涉二传,是为《左氏》正宗,立场与太炎相同。故蒙文通以廖、章相比,以为章太炎"虽未必专意说经,其于家法之故,实不逮于左盦,然于《左传》主杜氏,于《费易》取王弼,以《周官》为孔子所未见之书,学虽逊于左盦,识实比于六译"(蒙文通:《井研廖季平师与近代今文学》,《蒙文通文集》册三,第112页),又谓廖平"不取贾、服,以其兼采《公》、《穀》,有败乱家法之嫌"。可见,"章氏于《左氏》主于依杜以绝二传,尤符于先生之意"。(蒙文通:《廖季平先生传》,《蒙文通文集》册三,第139、142页)

按：春秋鲁秉周礼，虽尊妾母，必待適母死亡始行之，故哀姜诛然后尊成风，出姜归然后尊敬嬴，齐姜薨然后尊定姒。襄公本无適妃，故昭公直尊其母齐归。若適、妾并尊，上堂称妾，下堂称夫人，于鲁无有。左氏家所说，亦非传之正文，自以《穀梁》为正。然《春秋》不讥者，是时诸侯之国，闺门无礼。齐桓公有三夫人，郑文公有夫人芈氏、姜氏；其次以妾为妻，如晋献公以骊姬为夫人，宋平公以嬖人弃为夫人，鲁皆无有。哀公欲立公子荆之母，宗人衅夏犹持之。既立，遂为国人所恶，则在《春秋》后矣。至適母不在，以妾母为夫人，人子私情，有不得已，但祔姑而不敢配食于君，以干正適，亦可以无讥矣。故于"君氏卒"首示其礼，以为正则，其后虽有小失，不尽讥也。若夫诸侯不再娶，于经无文，孟子、仲子，则其事也。①

《公羊》、《左氏》俱主张"母以子贵"，独《穀梁》以为非礼。其后，刘申受于此亦主《穀梁》说，而太炎亦不取《左氏》，似以《穀梁》为正。然太炎谓《春秋》无讥"母以子贵"者，而有嘲"上堂称妾，下堂称夫人"之语，则犹不慊于《公羊》说也。

虽然，太炎亦有取于刘、贾而非杜氏者：

问：庄公经"纪季以酅入于齐"。《公羊》谓不名为贤，引鲁子说"请后五庙以存姑姊妹"。贾侍中谓纪季之属，"《左氏》义深于君父，《公羊》多任于权变"，而杜反从《公羊》，谓"齐欲灭纪，故季以邑入齐为附庸。先祀不废，社稷有奉，故书字贵之"。今所无解者，正在书字尔。

按：诸侯之弟，蔡季、许叔、纪季，三者皆称字。"蔡季自陈归于蔡"，传称"蔡人嘉之"。"许叔入于许"，传无嘉文。"纪季以酅入于齐"，与许叔之"入于许"，事正相反，安得更云嘉之？贾谓"纪季不能兄弟同心以存国，乃背兄归雠，书以讥之"，此正论也。存五庙，为附庸，先祀不废，其说本无根据，以后书"纪叔姬归于酅"，故以臆言之。夫以伯姬之葬，尚赖齐侯，谓其得存先祀，此必不然之数也。刘、贾谓"纪季以酅奔齐，不言叛，不能专酅也"，杜《释例》谓"纪侯不能下齐，以与纪季，季非叛也"。据经、传，"纪季以酅入于齐"，在庄三年；"纪侯不能下齐，以与纪季"，于是"大去其国"，在庄四年。杜颠倒其事，以雪季之叛迹，是岂其实乎？纪虽无腆，上有王室婚姻之援，次有鲁君同好之救，季能

---

① 章太炎：《春秋左氏疑义答问》卷3，《章太炎全集》册六，第337页。

与兄戮力,以王之宠灵,鲁之军旅,交相扶助,纪未必遂亡,而苟偷失志,以郱入齐,国既中判,外援亦惰,使天王不能为言,鲁君次滑,次且不进,而纪侯终以不能自存者,皆纪季为之。推利害之端兆,征废兴之所至,其事有甚于孙林父、华亥者,但以其为齐威所迫,屈身蛾伏,非为戎首,故不言叛尔。称"纪季"无贬辞者,背兄为可讥,威迫为可悯,故依其常录,无所黜削。《春秋》之君、大夫,临难苟免者多,纪侯"大去其国",亦违君死社稷之义;"州公如曹",复其比也。纪侯无贬文,于季复何足论!然严论国纲,季之可责者固在也。①

案,庄三年,"纪季以郱入于齐"。《公羊》贤纪季能存宗庙社稷,而杜注反取《公羊》义,谓"齐欲灭纪,故季以邑入齐为附庸,先祀不废,社稷有奉,故书字贵之",此诚可怪者。疑杜氏当魏晋鼎革之际,曹氏让国而食邑陈留,故以纪季入齐事比之。至于刘、贾诸儒,则无此顾虑,乃直斥纪郱为叛。太炎以《公羊》为臆说,本无根据,而杜氏反从之,亦违事实也。

二 刘师培

刘师培(1884—1919),字申叔,别号左盦,江苏仪征人。光绪二十九年(1903),时年二十,赴开封会试不中,遂有反清之志矣。同年,于上海结识章太炎、蔡元培等,遂赞成革命,且更名"光汉",撰《攘书》,昌言排满复汉。②次年,加入光复会,主持《警钟日报》,撰文宣扬革命。

案,自曾祖刘文淇以来,刘氏世代皆治《左氏》。申叔凤承家法,撰述颇丰,其《春秋》类著作有《读左札记》、《春秋左氏传时月日古例考》、《春秋左氏传答问》、《春秋左氏传古例诠微》、《春秋左氏传传例解略》、《春秋左氏传例略》、《春秋古经笺》(仅存宣公、成公、襄公三卷)、《春秋左氏传传注略》等。其治《春秋》,立场大致与章太炎同,即宗《左氏》而主古文。然其根本不同者,则太炎宗杜,而刘氏本其家世治《左氏》旧注之遗意,而一以汉师为宗。

---

① 章太炎:《春秋左氏疑义答问》卷4,《章太炎全集》册六,第342—343页。
② 据蔡元培《刘君申叔事略》,左盦至上海,"晤章君炳麟及其他爱国学社诸同志,遂赞成革命,时民国纪元前九年也"。又,钱玄同《刘申叔遗书总目》云:"刘君初名'师培',前九年癸卯,至上海,与章太炎、蔡孑民诸先生相识,主张攘除清廷,光复汉族,遂更名'光汉'。用'光汉'之时期,约有五年,为前九年癸卯夏至前四年戊申秋也。"又云:"刘君之更名'光汉',实有重大意义,在用此名之时期,刘君识见之新颖,与乎思想之超卓,不独为其个人之历史中最宜表彰之一事,即在民国纪元以前二十余年间,有新思想之国学诸彦中,亦有甚高之地位。"

太炎欲驳长素之孔教主张，不惜夷《春秋》于史，而刘氏则谨守《左氏》汉师立场，而以《春秋》为经。其曰：

> 《春秋》名一书二，前史后经，史出鲁臣所录，经为孔子所修。……故知述而不作，弟属《礼》、《乐》、《诗》、《书》，弗晐《春秋》为通例也。①

然刘氏又谓《春秋》为历史教科书，孔子用以教鲁人，犹羊舍肸以《春秋》教太子也。此说稍嫌暧昧，终不免以《春秋》为史矣。其曰：

> 吾谓"春秋"之名，乃古代史书之总称，亦即编年史之总称也。羊舍肸习于《春秋》，悼公使傅其太子，则东周之时，《春秋》亦列教科之一，大抵以本国之史，教本国之民。孔子鲁人，而设教之地又在鲁境之中，故所编之《春秋》，亦以鲁事为主，则《春秋》者，乃本国历史教科书也。……《春秋》又即本国近世史也。虽然，以史教民，课本所举，仅及大纲，而讲演之时，或旁征事实，以广见闻；或判断是非，以资尚论。②

又谓左丘明为孔子弟子，则三传俱传孔子微言也。其曰：

> 时门人七十，弟子三千，各记所闻，以供参考，而所记之语，复各不同。或详故事，或举微言，故有左氏、穀梁、公羊之学。然溯厥源流，咸为仲尼所口述。惟所记各有所偏，亦所记互有详略耳。厥后子夏传书，本仲尼所述之微言，互相教授，此即《公羊》、《穀梁》之起源也。左丘明亦受业于孔门，《左传》一书所记所陈，亦大抵出于仲尼之语，特左氏于孔子所讲演者，复参考群书，传示来世。……当仲尼讲授之时，不过仅详大旨，必非引诵全文，盖左氏复据百二十国宝书以补之耳。③

此说谓孔子以《春秋》教授弟子，其中有微言，有故事，本皆口述之辞耳。至于弟子各据所闻，自有详略不同，斯有《公羊》、《穀梁》与《左氏》之异耳，然毕竟俱出于圣人也。盖刘氏以《左传》亦为弟子之书，与《公》、《穀》同为口授。申叔此说颇怪异，虽为调停三传之辞，然以丘明列于孔子弟子，且博采

---

① 刘师培：《春秋左氏传古例诠微·崇经篇》，《刘申叔遗书》，第323—324页。
② 刘师培：《读左札记》，《刘申叔遗书》，第295页。
③ 刘师培：《读左札记》，《刘申叔遗书》，第295—296页。

国史而成《左传》，则其尊《左传》过于《公》、《穀》，亦甚了然。

刘氏又驳申受曰：

> 近儒多以《左氏春秋》为伪书，而刘氏申受则以《左氏春秋》与《晏子春秋》、《铎氏春秋》相同，别为一书，与《春秋》经文无涉。然《史记·吴泰伯世家》云："予读古之《春秋》。"即指《左氏传》言，是史公明以《左传》为古之《春秋》矣。盖《公羊传》为《春秋》今文，故《左氏传》为《春秋》古文。① 又，《汉书·翟方进传》言方进授《春秋左氏传》，若以《晏子春秋》、《铎氏春秋》例之，岂《晏子春秋》亦可称《春秋晏子传》，而《铎氏春秋》亦可称《春秋铎氏传》乎？以此知《左传》一书，与《春秋》经文相辅。特西汉之初，其学未昌，不及《公羊传》之盛耳。刘氏所言未足为信也。②

章太炎亦有类似之说，不知其与刘氏孰先为此论欤？

盖自东汉以来，攻《左氏》者，其意皆在否定《左氏》传《春秋》也。刘氏亦为《左氏》辩，曰：

> 案，汉《严氏春秋》引《观周篇》云："孔子将修《春秋》，与左丘明乘如周，观书于周史，归而修《春秋》之经，丘明为之传，共为表里。"《观周篇》者，《孔子家语》篇名，而引于汉人，且引于公羊经师，则《左传》为释经之书，固公羊家所承认矣。刘向《别录》云："左丘明授曾申。"刘向素以《穀梁》义难《左传》，而于《左传》之传授，言之甚详，则《左传》为释经之书，又穀梁家所承认矣。《史记·十二诸侯年表》序云："孔子西观周室，论史记旧闻，次《春秋》，七十子之徒，口授传指，为有所刺讥褒讳抑损之文不可以书见，左丘明惧弟子人人异端，各安其意，失其真，因孔子史记，具论其语，成《左氏春秋》。"则丘明为《春秋》作传，史公已明言之，而张苍、贾谊亦传之，足证汉初诸儒莫不以《左传》为释经之书，不独刘歆谓"左丘明好恶同于圣人"也。乃汉博士倡异说于前，而范升、王接遂创为无根之言，唐人啖助、赵匡、陆淳遂疑作《传》之丘明与《论语》之丘明为二人，宋人本之，竟以《春秋》为"断烂朝报"矣，又何怪近儒之排斥《左传》耶！③

---

① 太炎《春秋左传读叙录》有一段与此相类："《吴太伯世家》赞曰：'余读《春秋》古文，乃知中国之虞与荆蛮、句吴兄弟也。'此本《左传》'太伯、虞仲，太王之昭'为说。"（《章太炎全集》册二，第811页）
② 刘师培：《读左札记》，《刘申叔遗书》，第294页。
③ 刘师培：《读左札记》，《刘申叔遗书》，第295页。

刘氏以为，《左氏》传《春秋》，尚非刘歆之创论，《公》、《榖》先师与汉初诸儒，已先有此说也。

刘氏又撰有《左氏不传春秋辨》一文，其中有云：

> 自汉博士谓《左氏》不传《春秋》，近世治《春秋》者，重燃其焰。今考周季之书所述《春秋》，均指《左氏》。《韩诗外传》载荀子谢春申君书，引子围、崔杼弑君事，称为《春秋》之记。《韩非子·奸劫弑臣篇》述此二事，亦称为《春秋》之记，一也。《国策》二十四记魏说赵王，引晋人伐虢取虞事，又言《春秋》书之，以罪虞公，即本《左氏》罪虞之谊，二也。《国策》十七记虞卿谓春申君曰："《春秋》于安思危。"即本《左传》"居安思危"语，三也。《吕氏春秋·求人篇》曰："观于《春秋》，自鲁隐公以至哀公，十有二世，其所以得之、所以失之，其术一也。"又曰："虞用宫之奇，吴用伍子胥之言，此二国者，虽至于今存可也。"案，子胥谏吴王，其语惟详于《左氏》，四也。是则战国儒生，均以《左传》即《春秋》，斯时《公》、《榖》未兴，《春秋》之名，仅该《左氏》。汉臣不察，转以《左氏》不传《春秋》，不亦惑欤？①

刘氏以为，战国时凡言《春秋》者，皆指《左氏》，则《左氏》传《春秋》，又何疑焉？

刘氏又详考《韩非子》、《淮南子》、《吕览》等书之文，以为其中多有与《左氏》相合者，可见《左氏》于战国时已行于世，以其记事翔实，故诸子百家多尊信之，且杂引其文而成己书也。②

案，司马迁时，《公羊》盛行，《太史公自序》具引董子说，则《史记》所言《春秋》，当为《公羊》无疑。然申叔《史记述左传考》自序则云：

> 《十二诸侯年表序》云："孔子明王道，干七十余君，莫能用，故西观周室，论史记旧文，兴于鲁，而次《春秋》，上记隐，下至哀之获麟。约其辞文，去其烦重，以制义法，王道备，人事浃。七十子之徒，口受其传指，为有所刺讥褒讳挹损之文词，不可以书见也。鲁君子左丘明，惧弟子人人异端，各安其意，失其真，故因孔子史记，具论其语，成《左氏春秋》。"是史公以《左传》为《春秋》嫡传也。所谓"因孔子史记"者，即孔子所论史记旧文。盖孔子据史记旧文而为经，丘明即存史记旧文以为传。《三

---

① 刘师培：《左盦集》卷2，《刘申叔遗书》，第1215页。
② 参见刘师培：《读左札记》，《刘申叔遗书》，第296—299页。

代世表》云:"孔子因史文次《春秋》,正时月日,盖其详哉!"《孔子世家》云:"因史记,作《春秋》,上至隐公,下迄哀公十四年,十二公,据鲁亲周故殷,约其文词而指博。"此均《春秋》因旧史之证,亦《左传》采集旧史之证。盖《左氏》以旧史之详补《春秋》之约也,此史公考订《左传》之词。又《五帝本纪赞》云:"予观《春秋》、《国语》,其发明五帝德帝系姓章矣,顾弟弗深考,其所表见皆不虚。"《十二诸侯年表序》云:"谱十二诸侯,自共和迄孔子,表见《春秋》、《国语》,学者所讥盛衰大指著于篇,为成学治古文者要删焉。"《吴太伯世家赞》云:"余读《春秋》古文,乃知中国之虞与荆蛮、勾吴,兄弟也。"则史公亲见《左传》,夫何疑乎?《汉书·迁传》赞文曰:"司马迁据《左氏》、《国语》,采《世本》、《战国策》,述楚汉春秋,接其后事,讫于天汉。"是班氏明言《史记》据《左传》也。若《史记》之于《公羊》,虽述董生之言,然《儒林传·董仲舒传》云:"广川人,治《春秋》。"又曰:"汉兴,至于五世之间,惟董仲舒名为明于《春秋》,其传公羊氏也。"是史公仅以《公羊》为《春秋》别派,不以《春秋》即《公羊》;其曰"名为明于《春秋》"者,犹言世俗以为明《春秋》,疑盖之词溢于言表。《十二诸侯年表序》云:"上大夫董仲舒推《春秋》义,颇著文焉。"颇为稍略之词,是史公以仲舒述《春秋》,于义未尽,安得谓史公说本仲舒?又安得谓史公以《公羊》为《春秋》哉?①

刘氏亦据《史记》、《汉书》中文字,欲以证其说,然观其所论,多系推测不实之辞,亦未必能服人。又曰:

《太史公自序》言年十岁诵古文,又言为太史令,䌷史记金匮石室之书。古文者,即《古文尚书》、《左氏》、《国语》之属也。金匮石室者,汉代秘书所藏之所也。汉代秘府,有北平所献《春秋左氏传》及景、武之际《古文春秋》经传,获于孔壁,兴于河间,此皆史公所克睹者也。故史公作《史记》,均据《春秋古经》及《左传》。又当此之时,贾嘉为贾谊孙,世传《左氏》学,而史公与之通书。孔安国为孔子之裔,躬藏孔氏古文,而史公从之问故。《左氏》古谊,恒载《史记》,盖均贾、孔二子之绪言也。②

据刘氏所说,司马迁亲见《左氏》,故《史记》颇述《左传》也。

---

① 刘师培:《左盦集》卷2,《刘申叔遗书》,第1219页。
② 刘师培:《左盦集》卷2,《刘申叔遗书》,第1219页。

刘氏又发掘《左传》中辨夷夏之文字,以为与《公》、《穀》之旨同。其曰:

> 《公》、《穀》二传之旨,皆辨别内外,区析华戎。吾思丘明亲炙宣尼,备闻孔门之绪论,故《左传》一书,亦首严华夷之界。僖二十三年传云:"杞成公卒。书曰子,杞,夷也。"二十七年传云:"杞桓公来朝,用夷礼,故曰子。"此《左氏传》之大义,亦孔门之微言也。贾、服诸儒为《左氏》作注,进夏黜夷,足补传文所未及。隐元年,天王使宰咺来归惠公仲子之赗。贾注云:"畿内称王,诸夏称天王,夷狄称天子。"非区别华夷之意乎?僖四年,楚屈完来盟于师。服注云:"言来者,外楚也。"僖二十八年,楚杀其大夫得臣。贾注云:"外传曰:吴先歃,晋亚之。先叙晋,晋有信,又所以外吴。"非屏斥蛮夷之意乎?昭九年,陈灾。贾、服注云:"闵陈不与楚,故存陈而书之,言陈尚为国也。"昭二十三年,吴败顿、胡、沈、蔡之师于鸡父。贾注云:"鸡父之战,夷之故,不书晦。"非禁蛮夷之窥中国乎?《春秋》古谊,赖此仅存。自杜预注兴而攘夷之旨失矣,可不叹哉!①

刘氏盖迎合当时革命派排满之政治需要,乃从《左氏》及贾、服注中发掘攘夷之义。不过,攘夷之义,实非"孔门之微言",不过儒门之通论耳,故《左氏》能发此义,又何足叹异哉!

刘氏又从《左氏》中挖掘西方民权之说,曰:

> 挽近数年,晳种政法学术播入中土,卢氏《民约》之论,孟氏《法意》之编,咸为知言君子所乐道。复援引旧籍,互相发明,以证晳种所言君民之理,皆前儒所已发。由是治经学者,咸好引《公》、《穀》二传之书,以其所言民权,多足附会西籍,而《春秋左氏传》则引者阙如。予案隐公四年经云:"冬十有二月,卫人立晋。"《左氏传》云:"书曰卫人立晋,众也。"以证君由民立,与《公》、《穀》二传相同。又,宣四年经云:"郑公子归生弑其君夷。"《左氏传》云:"凡弑君称君,君无道也;称臣,臣之罪也。"以儆人君之虐民,与《公羊传》之释莒君被弑也,亦若合符节。曷尝若迂儒一孔之论,视人君为无上之尊哉!且《左氏传》所载粹言,亦多合民权之说。襄十四年传载晋师旷之言曰:"天之爱民甚矣,岂其使一人肆于民上,以纵其淫而弃天地之性,必不然矣。"成十五年晋人执曹

---

① 刘师培:《读左札记》,《刘申叔遗书》,第293—294页。

伯,《左氏传》云:"不及其民也。凡君不道于其民,诸侯讨而执之,则曰某人执某侯,不然则否。"何一非警戒人君之词乎? 又,定公八年传云:"卫侯欲叛晋,公朝国人,使王孙贾问焉。"哀元年传云:"陈怀公朝国人而问焉,曰:欲与楚者右,欲与吴者左。"足证春秋之时,各国之中,政由民议,合于《周礼》询危询迁之旨。而遗文佚事,咸赖《左传》而始传,则左氏之功甚巨矣。彼世之诋诽左氏者,何足以窥左氏之精深哉!①

盖自康长素以来,极论西洋民权、平等之说与《公羊》相通,今观刘氏此论,则不过效长素之智术,而欲与今文家争胜耳。

刘氏又极论孔子无改制之事。其曰:

> 中国自古迄今,制度不同,朝名既改,则制度亦更,然改革制度之权,均操于君主,未有以庶民而操改制之柄者。以庶民而操改制之柄,始于汉儒言孔子改制。然孔子改制之说,自汉以来,未有奉为定论者。奉汉儒之言为定论,则始于近人。②

刘氏又引《中庸》"非天子,不议礼,不制度,不考文"之语,以为孔子为庶民,有德无位,不得改制也,否则,不免先蹈乎《王制》"析言破律,乱名改作"之诛矣。然汉人谓孔子得改制者,实以孔子为汉制法,乃至为万世制法,此孔子所以有改制之实也;至于孔子当周末,其道不行,故微言其改制,且假鲁事以避制作之僭,此孔子无改制之名耳。刘氏所辩,实不足以服公羊家也。

孔子欲避素王制作之僭,则不得不王鲁。然刘氏驳其说曰:

> 据鲁者,以鲁为主也,即《史表》所谓"兴于鲁,而次《春秋》"也,言所记之事以鲁为主。"据"字之音义,近于"主",西汉初年,钞胥者误"主"为"王",儒生以讹传讹,遂有王鲁之谬说。③

汉人以《春秋》当一代王法,则又有"新周故宋"之说。刘氏亦驳之曰:

> 若夫亲周之说,盖以周为天子,且为鲁国之宗国,故施亲亲之谊。

---

① 刘师培:《读左札记》,《刘申叔遗书》,第293页。
② 刘师培:《论孔子无改制之事》,《左盦外集》卷5,《刘申叔遗书》,第1394页。
③ 刘师培:《论孔子无改制之事》,《左盦外集》卷5,《刘申叔遗书》,第1397页。

《公羊》宣十六年"成周宣榭灾"传云："外灾不书,此何以书？新周也。"此"新"字明系"亲"之讹。盖外灾均不书,因周与鲁最亲,故书其灾,文义至为易明。至"亲"误为"新",汉儒不解其词,遂有新周之谬说。若夫故宋之说,不过以宋为古国之后耳。史公盖亲见古书,故能据其文以证董生之谬。《春秋》之义所以不晦者,赖有此耳。乃汉儒既创新周、王鲁之讹言,犹以为未足,更谓孔子以《春秋》当新王,又自变其王鲁之说。又以王鲁为托词,以为王鲁者,乃托新王受命于鲁,实则孔子为继周之王,即为制法之王也。其说均迂曲难通。①

刘氏又因以攻康长素的改制之说,曰：

> 且近人创孔子改制之说,复为二说以自辅：一曰六经为孔子所作,二曰儒教为孔子所创。故今之所欲辨明者,一当明儒教非孔子所创。夫孔子非宗教家,其证有三：一曰孔子以前,中国久有宗教。……二曰孔子未立宗教之名。孔子所著书,偶有言及教字者,皆指教化、教育言。……三曰唐、宋以前,"孔教"之名未立,故其称孔子者,或曰儒学,或曰儒术。……六朝之时,释、道渐盛,张融之徒始以儒学与老、释并衡,创立"儒教"之名,与老、释二教鼎峙为三。自此以来,"儒教"之名始著。是则"孔教"之名,由与老、释相形而立。至韩愈信儒辟老、佛,明人李贽又谓三教同源,而孔子俨然居教主之一矣。不知孔子受学士崇信者,不过以著述浩富,弟子众多,而又获帝王之表章耳,于传教无涉。……是则奉孔子者,本无迷信之心,而使人立誓不背矣,与西教强人必从之旨大相背驰,岂得以宗教家称之哉！若后世崇奉孔学,不过由国家之功令、社会之习惯使然,非真视孔子为圣神也,则孔子之非教主,确然可征。②

刘氏于此极论孔子非教主也。然长素以孔子为教主,盖尊其至于圣神,若刘氏之论,则不免卑之矣,不过"著述浩富,弟子众多,而又获帝王之表章"耳。至于太炎之订孔,更夷孔子于史家矣。

长素又谓周末诸子并皆创教,刘氏亦驳之,以为不过"学术之殊科,非关宗

---

① 刘师培：《论孔子无改制之事》,《左盦外集》卷5,《刘申叔遗书》,第1397—1398页。
② 刘师培：《论孔子无改制之事》,《左盦外集》卷5,《刘申叔遗书》,第1400页。

教之同异"。① 盖刘氏以为,周末诸子皆非创教,则儒家之非宗教,彰彰明矣。至康长素、廖六译谓六经俱孔子所作,刘氏亦驳之曰:

> 夫六经掌于专官,均见于《周礼》、《左氏传》。孔子六经之学,亦得之史官。如《易》与《春秋》,得之鲁史,问《礼》老聃,问《乐》苌弘,传《诗》于远祖正考父,得百二十国宝书于周史,于古籍具有明征。然近人犹曰古籍亦孔门所伪托,则墨子、管子均与孔子之学殊科。乃墨子之书曰"《诗》、《书》、《春秋》多太史中秘书",管子之书亦曰"泽其四经",足证孔子之前,久有六经。②

故刘氏以为,"教非孔子所创,经非孔子所作,则孔子之未尝改制,愈可知矣"。③ 盖汉人言孔子改制者,多据文质、三教之说而发,至康长素,则别创孔子创教、作经之新义,刘氏能洞悉其情,故专就此二端以驳长素。

民国元年,刘师培入蜀,与廖六译相过从,殆颇受其影响。蒙文通尝谓刘氏立说多有取于六译,曰:

> 左盦四世传《左氏》之学,及既入蜀,朝夕与廖氏讨校,专究心于《白虎通义》、《五经异义》之书。北游燕晋,晚成《周官古注集疏》、《礼经旧说考略》,曰:"二书之成,古学庶有根柢,不可以动摇也。"左盦之于廖氏,傥所谓尽其学而学焉者耶! 其尊推廖氏也,曰:"贯彻汉师经例,自魏晋以来,未之有也!"则海内最知廖氏学者,宜莫过于左盦。④

又曰:

> 刘氏为《礼经旧说考略》及《周官古注集疏》以易郑注,符于先生说礼,而于《春秋》犹守贾、服,衡以先生之论,则章、刘于古学家法犹未能尽,翻不若先生论古学之精且严也。⑤

则刘氏晚年虽犹宗古学,然既入蜀后,受六译影响,其学术抑或有变耶?

---

① 刘师培:《论孔子无改制之事》,《左盦外集》卷5,《刘申叔遗书》,第1401页。
② 刘师培:《论孔子无改制之事》,《左盦外集》卷5,《刘申叔遗书》,第1402页。
③ 刘师培:《论孔子无改制之事》,《左盦外集》卷5,《刘申叔遗书》,第1405页。
④ 蒙文通:《议蜀学》,载廖幼平:《廖季平年谱》,第179页。
⑤ 蒙文通:《廖季平先生传》,《蒙文通文集》册三,第142页。

第五章 《论语述何》与群经释义的公羊化

案，《论语》乃弟子记载圣人言语与行迹之书，非圣人亲笔，故汉人视为羽翼圣经之"传"，犹伊斯兰教之《圣训》，良非圣人所作《春秋》之比。汉末何邵公撰《公羊解诂》，其中颇引《论语》以证《公羊》义，即本于此种认识。清人上承汉人见解，乃用《公羊》义以训《论语》，进而假以遍释群经，其根本皆在于儒家素以"六经"出于孔子，若《论语》则不过记孔子之行事，故可相互训释也。

第一节 《论语述何》

孔子编次"六经"，于《诗》、《书》删之，于《礼》、《乐》则订之，又赞《易》，唯《春秋》乃其所作也。孔子所以作《春秋》者，其意在"拨乱反正"，故孔子自谓"知我者，其惟《春秋》乎！罪我者，其惟《春秋》乎！"盖孔子惩于周道之衰，思欲兴周道于东方而不得，遂托诸《春秋》以行"天子之事"。其志虽有所僭，其行则与后世儒者无异，盖假行事以明王道而已。

孟子又曰："王者之迹熄而《诗》亡，《诗》亡然后《春秋》作。"（《孟子·离娄下》）不独《诗》也，《书》、《礼》、《乐》、《易》之成书俱在春秋以前，其时非乱世，故著王道之太平，然不寓拨乱之微意，可见，"始知《诗》、《书》、《礼》、《乐》无救于治乱"（《列子·仲尼篇》），此《春秋》所以不同于其他诸经也。"六经"既皆出于孔子，则后世之治经者，乃因以相互佐证发明，孰曰非宜哉？申受《释例》尝曰：

> 不明《春秋》，不可与言五经。《春秋》者，五经之筦钥也。[①]

[①] 刘逢禄：《春秋公羊经何氏释例》，第14页。

申受乃举"通三统"为例，以为其义见于《夏书》，而尤著于《诗》之"三颂"，又谓"明《春秋》而后可与言《易》"，"《春秋》通三代之典礼"，盖以《春秋》与《易》、《书》、《诗》、《礼》相通矣。《春秋》既为"五经之筦钥"，则申受据《春秋》以释其余"五经"，自然具有正当性。

至于《论语》一书，不过七十子及其后学关于圣人言行的记述，实非孔子本人所作，故不得列于"经"，仅为"传"而已。其与"六经"之关系，近于《古兰经》与《圣训》的关系，盖后者亦圣人言行之记录，而前者乃圣人所自作，故以"传"释"经"，犹"夫子自道"，欲以自明心迹耳。可见，《论语》的地位颇为特殊，故申受《论语述何》叙谓《论语》"总六经之大义，阐《春秋》之微言"，正犹伊斯兰教学者据《圣训》以明《古兰经》之义也。

嘉庆十七年（1812），申受撰成《论语述何》二卷。案，《后汉书·儒林传》谓何邵公注训《论语》，然梁阮孝绪《七录》、隋《经籍志》均不载其目，则其亡佚久矣。申受以为，惟虞世南《北堂书钞》载何氏论《论语》"女为君子儒"一条，"大类董生正谊明道之旨"。① 且考其《解诂》一书，其中颇引《论语》以明《公羊》义。② 可见，申受实追叙邵公之遗绪，而撰《论语述何》也。故其叙云：

> 何君既不为守文之学，其本依于齐、鲁、古《论》，张侯所定又不可

---

① 然申受此说实蹈《北堂书钞》之误。李慈铭《越缦堂读书记》因讥其"郢书燕说"，曰："其《论语述何》篇，误据《北堂书钞》以'女为君子儒'章何晏注为何休注，遂妄断邵公有《论语注》，其谬既不待言；而以此注'君子儒以明道，小人儒则矜其名'二语，谓汉儒中惟董江都及邵公能道之，马、郑诸儒皆所不知，真是梦呓风谵，大感不解。申受知读旧钞本《北堂书钞》，而不知读注疏，自来郢书燕说，无如之可笑者，流毒溃疽，遂有如今日之戴附生，窃其粪秽，以成梦书，急当以大黄峻药，痛下其疾，令出狂汗者也。"其后，江瀚撰《论语述何》提要，亦袭此评，曰："今考何晏《论语集解》'汝为君子儒'章，载马曰：'君子儒将以明道，小人儒则矜其名。'皇侃《义疏》作'马融曰'，邢昺《正义》作'孔曰'，《史记·仲尼弟子列传》裴骃《集解》引作'何晏曰'，则以其见于何氏《集解》也。《北堂书钞》乃误作'何休曰'，申受不读注疏，于是妄断何休有《论语注》，因撰《述何》，自谓大义微言所在，不知郢书燕说，根本先错矣。"（《续四库全书提要·论语述何》）盖李、江二氏欲因此而全盘否定《论语述何》也。

② 不独《后汉书》谓邵公"注训《论语》"，而《解诂》亦颇引《论语》之文。譬如，庄十七年注引"放郑声，远佞人"，文二年引"夏后氏以松，殷人以柏，周人以栗"，宣元年谓"闵子骞以孝闻"，宣八年引"其为之也难，言之得无切乎"，成十五年引"近者说，远者来"与"政者，正也。子帅以正，孰敢不正"，襄二十九年引"虽疏食菜羹瓜，祭"，昭二十九年引"不患寡而患不均，不患贫而患不安"，昭三十年引"谨权量，审法度，修废官，四方之政行焉"，定四年引"益者三友，损者三友：友直，友谅，友多闻，益矣；友便辟，友善柔，友便佞，损矣"，定十二年引"君子时然后言，人不厌其言"，哀三年引子贡问伯夷、叔齐事等，皆是也。凡此，皆见邵公以《论语》与《公羊》相通，故假以《公羊》义也。若然，即便申受有误读《北堂书钞》之误，然《述何》之旨诚有据依焉。

知,若使其书尚存,张于六艺岂少也哉!今追述何氏《解诂》之义,参以董子之说,拾遗补阙,冀以存其大。①

案,申受以邵公注训《论语》,仅存一条而已,则申受虽欲为邵公"拾遗补阙",实为自己之创获也。

《论语述何》分上、下两篇,上篇列举《论语》四十条(实有四十二条),下篇列举《论语》二十七条,然后参以《公羊》义,互相引发。② 详《述何》中所明《公羊》诸义例,如三科九旨、褒讥贬绝、素王改制诸说,莫不有见于《论语》,今稍析论如下焉。

考孔子一生行迹,既不得志于鲁,乃栖栖遑遑,而奔走于列国间,盖欲得国而行王法也。至晚年归鲁,乃自拟"素王"而作《春秋》。然《中庸》曰:"非天子,不议礼,不制度,不考文。"又曰:"虽有其位,苟无其德,不敢作礼乐焉。虽有其德,苟无其位,亦不敢作礼乐焉。"则孔子虽有圣德,然既不得其位,自不能显言改制,遂假鲁史而寓王法焉,此《春秋》所以作也。申受以为,《论语》中已颇发此旨矣。其《述何》云:

"固天纵之,将圣,又多能也",何谓也?曰:天纵之,谓不有天下。圣又多能,周公、孔子二圣而已。③

所谓"天纵之",盖言孔子"不有天下",即不得为"真王"也,然毕竟有志焉;至于"圣又多能"者,则谓孔子不独有其德,且能制作焉,则为"素王"矣。纵观历史上的圣人,周公为"圣王",自能行制作之事;孔子则为"素王",所制王法不得行于世,而寓于《春秋》焉;若其余圣人,夷、齐唯有德而已,禹、汤、文、武虽有德有位,然不遑制作焉。《述何》又云:

"五十而知天命",何谓也?夫子受命制作,垂教万世。《书》曰:"文王受命惟中身。"子曰:"文王既没,文不在兹乎!"知天命之谓也。

"二三子何患于丧乎?天下之无道也久矣,天将以夫子为木铎。"何

---

① 刘逢禄:《刘礼部集》卷2。
② 案,《论语述何》有《清经解》本与《刘礼部集》本,文字颇不同。《经解》本之上章有九十一条,下章有四十七条,凡一三八条,较《刘礼部集》为多。《年谱》以为,《刘礼部集》本乃申受初稿,而《经解》本则经申受增衍润饰而成书也。
③ 刘逢禄:《刘礼部集》卷2。

谓也？曰：封人以夫子不有天下，知将受命制作，素王万世也。①

"有天下"者，此孔子之本志，而封人犹能知之；"知天命"者，孔子自知不有天下，乃作《春秋》以垂教万世，此其受命也。可见，孔子作《春秋》，犹王者受命改制，非私家著述可比。又云：

> 子曰："述而不作，信而好古，窃比于我老彭。"夫《诗》、《书》、《礼》皆述古，《易·系辞》、《春秋》则夫子所作，不纯乎述，何也？曰：有改制之名，无易道之实，其义则祖述尧舜、宪章文武尔。②

盖孔子无位，故谦言述也；圣又多能，故有制作之实。又云：

> 子曰："凤鸟不至，河不出图，吾已矣夫。"何谓也？曰：此言盖在获麟之后与？获麟而死，天告夫子以将没之征。周室将亡，圣人不作，故曰"孰为来哉"，又曰"吾道穷矣"。③

获麟而死，孔子自知将没，而自叹未及身有天下，乃假《春秋》而为后世制法耳。又云：

> 公山不扰以费畔，召，子欲往，曰："夫召我者，而岂徒哉？如有用我者，吾其为东周乎？"不扰为阳虎之党，夫子不见阳虎，而欲往公山，何也？曰：夫子未尝恕公山也。曰"岂徒哉"，犹言非吾徒也。"如有用我者"，天也。周自平王东迁，谓之东周。《春秋》之作，以平王开乱贼之祸，鲁定公、季平子、阳虎、弗扰，皆叛者也。天用夫子，当复西周之治，岂犹为东周乎？《史记》述夫子之言曰："昔周文、武起丰、镐而王，今费虽小，倘庶几乎！"此不为东周之意也。④

案，《论语·阳货篇》载公山弗扰、佛肸召孔子二事，孔子皆欲往，而子路止之，且以其畔而责孔子。孔子曰："夫召我者，而岂徒哉？如有用我者，吾其为东周乎？"何晏曰："兴周道于东方，故曰东周也。"皇侃则曰："云东周者，

---

① 刘逢禄：《刘礼部集》卷2。
② 刘逢禄：《刘礼部集》卷2。
③ 刘逢禄：《刘礼部集》卷2。
④ 刘逢禄：《刘礼部集》卷2。

欲于鲁而兴周道，故云'吾其为东周'也。"而朱子《集注》云："为东周，言兴周道于东方。"诸说大致相同，足见孔子有得国自王之志焉。

而孔子答子路曰："不曰坚乎，磨而不磷；不曰白乎，涅而不缁。"盖以"君子虽在浊乱，浊乱不能污"也，则似不以佛肸之叛为嫌。又曰："吾岂匏瓜也哉？焉能系而不食？"可见孔子欲据中牟而有为也。后世儒学多囿于君臣大义，皆从子路立场，乃以从畔为嫌，故颇有学者为孔子辩诬，如皇侃引江熙云："夫子岂实之公山、弗肸乎？故欲往之意耶？泛示无系，以观门人之情，如欲居九夷，乘桴浮于海耳。"盖以孔子非真有应召之意，不过欲借此观门人之情耳。程子则曰："佛肸召子，必不徒然，其往义也，然终不往者，度其不足与有为也。"①又曰："圣人以天下无不可为之人，亦无不可改过之人，故欲往。然而终不往者，知其必不能改故也。"②而朱子曰："是时名分亦未定，若谓公山弗扰既为季氏臣，不当畔季氏，所谓'改过'者，不过令其臣顺季氏而已。"③又曰："然违道叛逆，终不能改，故圣人亦终不往也。"④若程、朱所言，则孔子之欲往，不过欲使佛肸改过而已。诸如此说，皆以孔子从畔为嫌，或不足知孔子之志，或讳孔子之志也。犹近世洪杨之乱，人云左宗棠、魏源有异志，亦以君臣大义相责焉。然圣人生浊乱之世，欲取彼而代之，又何必谨守臣节耶！观长素于庚子之乱时，亦据两广而图天下，盖效孔子所为也。然孔子不果行，而长素行而不果，遂皆深讳其志，而后人亦莫能知焉。

详申受之意，虽不取"兴道于东方"之说，然频发孔子"不有天下"之叹，又谓孔子欲据鲁而复西周之治，则于《公羊》"王鲁"之说，实若合符节焉。

戴子高亦本申受之说，其《论语注》云："如有用我者，当继文、武之治，岂犹为东周乎？明天命已讫也。"则以周已不有天命矣，故孔子得效文、武而自王焉。对此，康长素明其义曰：

> 岂徒哉，言必用我也。为东周，言费小亦可王，将为东方之周也。……其卒不往者，殆公山早败，或诚意不足耳。⑤

长素殆以孔子欲据费而王，"将为东方之周"，此说可谓深知孔子之志者，宜乎长素尝有革命之初心也。惜乎孔子未早往，或以弗扰诚意不足，亦非辅士

---

① 《河南程氏外书》卷6，《二程集》，第388页。
② 朱熹：《论语集注·阳货篇》引。
③ 黎靖德：《朱子语类》卷47，第1181页。
④ 黎靖德：《朱子语类》卷47，第1184页。
⑤ 康有为：《论语注》卷17，《康有为全集》册六，第517页。

之伦,则孔子实未尝嫌弗扰为叛臣,唯以其"非吾徒",故迁延未果耳。若彼等真能为辅士,断然改信其教,则孔子又何疑焉!故《史记·孔子世家》云:"孔子曰:周文、武起丰、镐而王,今费虽小,倘庶几乎?"《盐铁论·褒贤篇》引《论语》亦云:"庶几成汤、文、武之功。"王充《论衡·问孔篇》则以为,孔子应公山之召,乃"行道"也,"为东周,欲行道也",可见,孔子"行道"乃自王以行道,非若后儒所谓"得君行道"也。诸说皆于孔子欲得国自王之意,颇有发明。

孔子未应公山、佛肸之召,实属儒教史上具有世界历史意义的大事,标志着儒教发展的根本性转折,自此以后,历代儒家走上了一条"得君行道"的政治方向。然若将此事件与伊斯兰教相对照,则不难洞悉其中关键所在。盖麦地那人遣使召穆罕默德,殷勤致意再三,穆氏亦非欲为东周、匏瓜者,乃携迁士而赴其约,得以行教于其地,尽化其民为信士,遂终能威加母邦而"王鲁"矣。惜乎孔子不见大用于母邦,又失弗扰、佛肸之召,其后奔走于列国,而终始无片土以行其教矣。

据《史记·孔子世家》,孔子年三十五,三家攻昭公,昭公奔齐,孔子亦适齐为高昭子家臣,欲以通乎景公。景公悦孔子之说,欲封孔子以尼溪田,而为晏婴所沮。此事虽早,亦足见孔子之素志。① 其后孔子仕鲁,犹康长素初以革命为志,后乃变志应召以行新法焉。至其应二畔之召,则犹长素之奔走海外,盖欲据其土以为开国之基,与穆罕默德据麦地那同,犹"周文、武起丰、镐而王"也。惜乎弗扰、佛肸俱"非吾徒",非辅士之比,盖未能真信顺孔子者,而众弟子亦不足晓孔子之志,乃比诸仕于阳虎之类,则视孔子之志小矣。

至哀公十一年,孔子自卫反鲁。时孔子体疲志衰,"久矣吾不复梦见周公",则无复"真王"之志矣,乃寓王法于《春秋》,唯期后王有以行其道而已。可见,孔子为"素王",实属不得已,则《春秋》犹其临终遗书,实非其素志也。天幸汉儒有以继之者,乃极言孔子"为汉制法",盖欲借君权以行《春秋》之法。至此,孔子"素王"之志,遂因汉帝而成万世之业矣。否则,孔子不过犹如今人眼中之道德家、教育家,抑或一良史耳。是以孔子作《春秋》,实因其无尺土以立其国,无人民以信其教,遂以"素王"自居而垂王法于后世耳,而汉人欲时君遵用孔子法度,乃造为"赤制"以神其说,其智术殆犹摩西、穆圣

---

① 不独晏婴,后人颇有洞察孔子此种真王志向者。《墨子·公孟》载公孟子之言曰:"昔者圣王之列也,上圣立为天子,其次立为卿、大夫,今孔子博于《诗》、《书》,察于《礼》、《乐》,详于万物,若使孔子当圣王,则岂不以孔子为天子哉?"蒙文通据此,又推章太炎之说,以为公孟子即"公羊子",则公羊家以孔子欲为天子,尤为微言也。蒙氏认为,不独孔子欲为天子,至于墨家所立"巨子",亦犹天子也。抑或儒墨之道同,俱欲得国而行其志耶?

假上帝以神其教耶？

　　盖《春秋》既有微言，又有大义。大义者，谓诛讨乱臣贼子，史公言"贬天子，退诸侯，讨大夫"，正谓此也；微言者，乃孔子欲效汤、文而得国自王，此其素志也，至晚年乃退而假《春秋》以寓王法，托史事以明新制而已。申受谓"天用夫子，当复西周之治，岂犹为东周乎？"而《史记》述孔子之言曰："昔周文、武起丰、镐而王，今费虽小，倘庶几乎！"史公、申受可谓真知孔子者也。观孔子一生行迹，初则厕身于鲁定公、季平子之朝，又欲应弗扰、佛肸之召，盖欲得君以复西周之治，犹穆氏初行教于麦加；其后孔子去鲁，而奔走于列国间，甚至有乘桴浮海之愿，则见孔子欲辟土自王，犹穆氏之远赴麦地那也。孔子种种志行如此，又敢不自晦其志而为微言者哉！

　　至于孔子褒贬当世大人之有威权势力者，为避害容身计，亦不得已而微言之。故子贡欲去告朔之饩羊，孔子曰"我爱其礼"，书内小恶也；而于《春秋》所记文公无疾不视朔，以为大恶不可言，正《春秋》"内大恶不书"之旨，故托诸小恶而微言之，然犹存其礼，待后人有以见大人行事之非也。

　　《论语》中又有"三科九旨"之说。申受《述何》论"存三正"义云：

> 颜渊问为邦。子曰："行夏之时。"何谓也？曰：《春秋》于郜、河阳，冬言狩，周十二月，夏十月也。于郎，春言狩，周正月，夏十一月，以正月讥其非礼。获麟，春言狩，不加正月，讥文去周之正、行夏之时也。夏时，今在《礼记》，文简而旨无穷，《春秋》法其等，用其忠也。"乘殷之辂"，何也？谓贵其质也。夫子善殷礼者多矣，以辂举其意。服周之冕，何也？谓贵其文也。存二代以著师法之义，故正月、二月、三月皆书王也。"乐则《韶》舞"，何也？《春秋》拨乱反正，文成致麟，犹尧舜之隆，箫韶九成、凤皇来仪也。"放郑声，远佞人"，何也？曰：《春秋》书郑詹自齐逃来，以明远佞人。而不书"齐人归女乐"，以明放郑声者，内讳大恶，故不书。而于定公十年去"冬"，以见圣功之不成，此其义也。圣人所与共制作者，惟颜氏之子，博文约礼，用行舍藏，独荐为好学焉。天丧素臣，而二帝、三王之治道，夫子之微言，或几乎息矣。①

案，《论语·卫灵公》云："颜渊问为邦。子曰：'行夏之时，乘殷之辂，服周之冕。乐则《韶》舞。放郑声，远佞人。郑声淫，佞人殆。'"然公羊家据《春秋》存夏、殷、周之正朔，既明三代治法有忠、质、文之不同，著谦让之礼；又谓二

---

① 刘逢禄：《刘礼部集》卷2。

帝、三王之相继,俱圣人之后,故足备《春秋》师法也。至于《论语》,乃略述圣人兼取三代之意,"乐则《韶》舞",此圣人乐《春秋》拨乱功成而麟现也;"放郑声,远佞人",乃圣人王鲁,而讳内大恶也;定十年去"冬",则圣人叹其《春秋》不得行于世,虽备一王之法,徒为汉制而已。可见,孔子作《春秋》,其所乐所叹,俱在《论语》此章矣。

汉人谓《春秋》存三正,以明夏忠、殷质、周文之三教循环;又谓《春秋》损周文而用殷质,此文质再复也。申受以为,《论语》中已颇张"文质损益"之旨矣。《述何》云:

"礼,与其奢也,宁俭。丧,与其易也,宁戚",何谓也? 曰:此以见《春秋》变周之文,用夏、殷之忠、质也。忠、质亦以为中也,如俟其物穷自变,矫枉过直,则为秦人之纵肆,晋人之高放,三代之治泯如矣。

"夏礼吾能言之,杞不足征也;殷礼吾能言之,宋不足征也。文献不足故也,足则吾能征之",何谓也?《春秋》考列国之史文,取《夏时》之等、《坤乾》之义,而寓王法于鲁,黜杞故宋,因周礼而损益之,以治百世,故曰:"我观夏道,杞不足征;我观殷道,宋不足征;我观周道,幽厉伤之。吾舍鲁何适矣?"

子曰:"周监于二代,郁郁乎文哉!吾从周。"何谓也? 曰:正朔三而改,文质再而复,如循环也,故王者必通三统。周监夏、殷,而变殷之质用夏之文。夫子制《春秋》,变周之文从殷之质,所谓从周也;乘殷之辂,从质也;服周之冕,从文也。

子曰:"质胜文则野,文胜质则史。文质彬彬,然后君子。"何谓也? 曰:文质相复,犹寒暑也。殷革夏,救文以质,其敝也野。周革殷,求野以文,其敝也史。殷周之始,皆文质彬彬。《春秋》救周之敝,当复反殷之质,而驯致乎君子之道,故曰"如用之,则吾从先进",先野而后君子也。

"文王既没,文不在兹乎",何谓也? 曰:《春秋》宪章文王。《传》曰:"王者孰谓? 谓文王也。"礼乐制度,损益三代,亦文王之法也。

"先进于礼乐,野人也;后进于礼乐,君子也。如用之,则吾从先进",何谓也? 曰:《春秋》变周之文,从殷之质,故夫子用世,则必先野而后驯致乎君子。□①道所谓始于粗粝,终于精微。

棘子成欲废文用质,合乎《春秋》之志,而子贡以为驷不及舌,何谓

---

① 原刻本脱漏一字,故阙之。

也? 曰:君子救文以质,贵中也,举其偏者以补其弊而已,则三王之道相循环,非废文也。棘子成欲去文,则秦、楚灭三代之礼法,贼民兴丧无日矣。

"其或继周者,虽百世可知",何谓也? 曰:殷受夏,周受殷,有改制之名,无易道之实。故《春秋》立百王之制,通三统之义,损周之文益夏之忠,变周之文从殷之质,百世以俟圣人而不惑者也。故告颜子为邦,兼用夏、殷、周之制。仲尼以万世为土,何但十世哉?①

案,《论语》中明言文、质者,唯《雍也》"质胜文则野,文胜质则史。文质彬彬,然后君子"与《颜渊》"文犹质也,质犹文也"二段,较诸《公羊》说,其义不甚显豁,似无关乎夏、殷、周三代制度之损益。申受引《公羊》说以释《论语》,其论颇见畅达,足以发明孔子改制之实也。

又,《公羊传》以所见、所闻、所传闻为三世,而缘恩异辞以见义,避害微辞以见智也。《述何》云:

"多闻阙疑,多见阙殆",何谓也? 多闻,如《春秋》采百二十国宝书于史文;阙者,则信以传信,疑以传疑,慎之至也;多见,谓所见世也;殆,危也。《春秋》定、哀多微辞,上以讳尊隆恩,下以避害容身,慎之至也。

"盖有不知而作之者,我无是也。多闻择其善者而从之,多见而识之。"何谓也? 不知而作,谓不阙疑也。多闻者,兼采列国史文,择善而从,取其可征,以寓王心。多见,谓所见世,识其行事,不著其说也。②

"多闻阙疑"者,盖《春秋》于所闻、所传闻世,不书者尤多,故阙疑以传信,择善而从也;"多见阙殆"者,则《春秋》于所见世,多内讳之文,一则以恩深,一则以殆逼,故"识其行事,不著其说",存而不论,不敢显言当世大人之恶。

又,《论语·季氏篇》云:

孔子曰:"天下有道,则礼乐征伐自天子出;天下无道,则礼乐征伐自诸侯出。自诸侯出,盖十世希不失矣;自大夫出,五世希不失矣;陪臣执国命,三世希不失矣。"

孔子曰:"禄之去公室五世矣,政逮于大夫四世矣,故夫三桓之子孙微矣。"

---

① 刘逢禄:《刘礼部集》卷2。
② 刘逢禄:《刘礼部集》卷2。

《述何》释云：

> 齐自僖公小霸，桓公合诸侯，历孝、昭、懿、惠、顷、灵、庄、景，凡十世，而陈氏专国。晋自献公启疆，历惠、怀、文，而代齐霸，襄、灵、成、景、厉、悼、平、昭、顷，而公族复为强臣所灭，凡十世。鲁自隐公僭礼乐、灭极，至昭公出奔，凡十世。曰"自大夫出，五世希不失"，独验于三桓，而齐陈氏、晋三家终于窃国，何也？曰：陈氏、三家皆异姓公侯之后，其本国亡，故复其始也。曰"陪臣执国命"，若南蒯、公山弗扰、阳虎皆及身失之，而云"三世始失"，何也？曰：计其同恶相连，故称三世也。①

《春秋》以鲁国二百四十二年为三世，至于《论语》所言，则自礼崩乐坏始，又有三变，即以礼乐征伐自诸侯出为一变，自大夫出为再变，陪臣执国命为三变也。申受以《春秋》三世释《论语》三变，以为初变有十世，再变有五世，三变有三世。是则《春秋》三世始于鲁隐，终于鲁哀十四年，而《述何》则上推至平王东迁。至龚定庵、康长素，更取三世说以释《礼运》之大同与小康，则推二百四十二年至于整个人类历史，皆有三世之不同。

《春秋》三世异辞，或书不书，盖以《春秋》当新王，假鲁事而张王法，故治法当有远近详略之异耳。《述何》引《论语》明其义云：

> 叶公问政。子曰："近者说，远者来。"何谓也？曰：《春秋》大一统，必自近者始。《墨子·非儒篇》不达是义，故非之。
>
> "躬自厚而薄责于人，则远怨"，何谓也？《春秋》详内小恶，略外小恶，正其身以为天下先也。②

案，隐元年"及宋人盟于宿"，成十五年"会吴于钟离"，邵公《解诂》俱引"近者说，远者来"一语；又，隐二年"会戎于潜"、"纪履緰来逆女"，僖二十七年"公子遂帅师入杞"，《解诂》俱引"躬自厚而薄责于人"一语，皆明《公羊》"治自近者始"之义。可见，邵公已颇用《论语》以明《公羊》义，申受《述何》不过承其绪余耳。

《春秋》讳尊隆恩，故明于内外之分，内大恶讳，唯书内小恶而已。《述何》云：

---

① 刘逢禄：《刘礼部集》卷2。
② 刘逢禄：《刘礼部集》卷2。

《春秋》书孟子卒与陈司败之问答，同邪？异邪？曰：《春秋》于孟子不书逆女，不书薨葬，于卒也不书吴，盈讳文也。为内讳者，皆不可言之大恶也。夫子以知礼之对为过，则昭公之失礼见矣。若陈司败问昭公取同姓可为知礼乎，则夫子必不答也。①

　　盖《春秋》书外大恶者，盖黜之也，以为不与于王化而已，至其善者则褒之，以存渐进之意焉。至于吴、楚猾夏，狎主中国，《春秋》亦常于其恶而微其辞者，故申受观《春秋》进黜吴楚之本末，乃"叹圣人驭外之意至深且密也"。②《述何》明此义云：

　　　　夫子戒好勇疾贫，又戒人而不仁疾之已甚，何谓也？曰：《春秋》于叛盗则诛之，于吴楚则先治小恶，不为已甚，此其义也。③

　　案，庄十年《解诂》云："不言楚言荆者，楚强而近中国，卒暴责之，则恐为害深，故进之以渐，从此七等之极治也。"《春秋》于吴、楚之恶，或不疾，或略之，无深责之文，盖欲怀柔远人也。
　　《春秋》之驭外也，或抑或扬，或予或夺，而备州、国、氏、人、名、字、子七等之法，故夷狄进于诸夏则诸夏之，诸夏退于夷狄则夷狄之，皆视礼义之所在。故《述何》云：

　　　　《春秋》之义，诸夏入于夷狄则夷狄之，卫劫天子之使则书戎，邾、牟、葛三国朝鲁桓则贬称人之类是也。潞子婴儿之离于夷狄，虽亡，犹进爵书子，所谓夷狄进于诸夏则诸夏之也。与其为卫、邾之有君，不如为潞子之亡，何也？《春秋》书灭者，亡国之善辞，言王者当兴之也。④

　　案，《论语·八佾篇》云："夷狄之有君，不如诸夏之亡也。"此《论语》据君臣大义以进退夷夏也。
　　孔子因鲁史而作《春秋》，文成数万，其旨数千，常以一字而见褒贬焉，此《春秋》虽文约而其旨无穷也。故考其书法，有书，有不书，而所不书常多于所书。故《述何》云：

---

① 刘逢禄：《刘礼部集》卷2。
② 刘逢禄：《春秋公羊经何氏释例·秦楚吴进黜表序》，第189页。
③ 刘逢禄：《刘礼部集》卷2。
④ 刘逢禄：《刘礼部集》卷2。

> "举一隅不以三隅反,则不复也",何谓也? 曰:圣人之言,皆举一隅而俟人之以三隅反,故文约而旨无穷。董子说《春秋》云:"不能察,寂若无。深察之,无物不在。"谓所不书多于所书也。①

又云:

> "三人行,必有我师焉。择其善者而从,其不善者而改",此于《春秋》有当乎? 曰:《春秋》外离会不书者,言不足别善恶,此其义也。②

《春秋》者,非记事之书,所以别善恶、明是非也。故于史事之书或不书,皆以此为准。《春秋》于外离会不书,非赴告之文不具,实以不足以别善恶是非也,正犹君子择朋,皆所以辅其德性而已。

又云:

> 子曰:"二三子以我为隐乎? 吾无隐乎尔。吾无行而不与二三子。"何谓也? 曰:《易》本隐以之显,《春秋》推见至隐,不足以至隐者,不书也,故曰:"我欲托之空言,不如见诸行事之深切著明。"二三子皆身通之,故曰"无行不与"。③

孔子循循然善诱人,故治《春秋》者,当推见至隐,常于不书者以见其义。孔子修鲁史之文,犹师弟间之"无行不与",而制作之义莫不毕在其中焉,非此则不书也。

又云:

> "吾犹及史之阙文",何谓也?《春秋》书:"齐高偃纳北燕伯于阳。"《传》:"子曰:'我乃知之矣。'在侧者曰:'子知之,何以不革?'曰:'如尔所不知何?'"④

学者多以阙文视《春秋》所不书,此不明《春秋》书法者也。又,昭十二年,齐高偃帅师,纳北燕伯于阳。传云:

---

① 刘逢禄:《刘礼部集》卷2。
② 刘逢禄:《刘礼部集》卷2。
③ 刘逢禄:《刘礼部集》卷2。
④ 刘逢禄:《刘礼部集》卷2。

>伯于阳者何？公子阳生也。子曰："我乃知之矣。"在侧者曰："苟知之，何以不革？"曰："尔所不知何？《春秋》之信史也，其序则齐桓、晋文，其会则主会者为之，其词则丘有罪焉尔。"

孔子于鲁史旧文，或改或不改，如此条记载明是有误，"伯于阳"当为"公子阳生"，而孔子所以不径改旧文者，盖欲以传信，非不知史有阙文也。至于笔削大义，则窃取之而不辞，此夫子所以自罪焉尔。

然亦有孔子径改鲁史旧文者。庄七年，星陨如雨。传曰："如雨者何？如雨者，非雨也。非雨，则曷为谓之如雨？不修《春秋》曰'雨星不及地尺而复'，君子修之曰'星陨如雨'。"《春秋》于"伯于阳"文则不改，于此则径改为"星陨如雨"，可见孔子修史，非以记事，实欲因以明义也。

第二节　从宋翔凤到康有为的《论语》新解

申受以《春秋》义释《论语》，对后世影响极大，开晚清以《公羊》义遍注群经之风。其后，有宋翔凤《论语说义》、戴望《论语注》、王闿运《论语训》、康有为《论语注》等，俱承申受之绪而作，乃其间最有代表性的著述。不过，对于此种解经风气，亦颇有学者讥之者。如朱一新曰：

>至刘、宋诸家，牵合《公羊》、《论语》而为一。于庭复作《大学》古义说，以牵合之。但逞私臆，不顾上下文义。①

叶德辉《与段伯猷茂才书》云：

>《公羊》家以《论语》证《春秋》，始于何休之传注，近儒如刘逢禄、宋于庭、戴子高竭力开通，几于《论语》、《春秋》可以存一废一。②

刘师培则曰：

>刘、宋之徒均传庄氏之说，舍古文而治今文，舍训诂而求义例，并推

---

① 朱一新：《无邪堂答问》，载苏舆：《春秋繁露义证》附录二，第513页。
② 苏舆编：《翼教丛编》卷6，第182页。

《公羊》之义以证《论语》及《中庸》,而魏源、龚自珍袭其绪余,咸以《公羊》学自矜,强群经以就《公羊》,择术至淆,凌杂无序,凡群经略与《公羊》相类者,无不旁通而曲畅之;即绝不相类者,亦必锻炼而傅合之。夫六经各有义例,见于《礼记·经解》篇,汉儒说经最崇家法,有引此经以证彼经者,未有通群经而为一者也。①

案,申受治《公羊》,本以颛门之学相高,然至其引《公羊》义以释《论语》,则已失汉儒崇尚家法之精神。对此,胡楚生亦尝论曰:"刘氏《论语述何》一书,采《公羊》之旨,以释《论语》,蔑弃家法,破坏颛门,此例既开,后进循之,漫无际限。"②

申受以后,常州一脉学者莫不以《公羊》义遍释群经,宗之者固夥,而讥之者亦不少见。朱一新尝有论曰:

> 若刘申受、宋于庭、龚定庵、戴子高之徒,蔓衍支离,不可究诘。凡群经略与《公羊》相类者,无不旁通而曲畅之;即绝不相类者,亦无不锻炼而傅合之。舍康庄大道,而盘旋于蚁封之上,凭臆妄造,以诬圣人。二千年来经学之厄,盖未有甚于此者也。③

然儒家素以"六经"俱出于孔子,而《春秋》乃孔子所作,则以《公羊》义遍释群经,又何疑焉!

一 宋翔凤《论语说义》

宋于庭的学术路向,不尽同于申受。盖其父宗许慎、郑玄,及长,于庭又从段玉裁治东汉之学。若于庭治今文学,实受其舅氏庄葆琛的启蒙,然葆琛虽"说经必宗西汉",然"解字必宗籀文",亦极重视声音训诂之学。④可见,于庭之经学,固强调今文家法,然亦极重视"通训名物",故常用乾嘉朴学的方法,以证得"微言大义"。此种特征,在其晚年代表作《论语说义》、《过庭录》等书中,均有明显体现,如《论语说义》借《论语》以阐发微言大义,但全书颇涉及考据训诂,与申受《论语述何》不同。即便如此,其《说义》明显受到申受《述何》的影响,致有学者认为,"于庭先生学刘氏之

---

① 刘师培:《论孔子无改制之事》,载《左盦外集》,《刘申叔遗书》,第1652—1653页。
② 胡楚生:《刘逢禄论语述何析评》,转引自张广庆:《武进刘逢禄年谱》,第231页。
③ 朱一新:《无邪堂答问》,载苏舆:《春秋繁露义证》附录二,第513页。
④ 马宗霍:《中国经学史》,中华书局,2011,第149页。

学者也"。①

　　于庭《论语说义》重视对圣人微言的阐发,不过,其对"微言"的理解,却大异于申受。盖于庭初以"圣人之言"为微言,晚年则以"性与天道"为微言。② 因此,于庭视《易》为孔子微言所在,至于《春秋》,于庭则以为"纪人事以成天道,故推见至隐",③就此而言,《春秋》与《易》实有内在的相通处。于庭认为,《论语》中备载圣人微言,曰:

> 孔子受命作《春秋》,其微言备于《论语》。④
> 《论语》一书,皆圣人微言之所存。⑤

　　于庭又将《论语》中之"罕言"、"无言",皆视为微言,曰:

> 罕者,希也,微也。罕言者,犹微言也。子贡曰:"夫子之言性与天道,不可得而闻也。"存于几希之间,通乎绝续之介,故不可得闻者,谓之微言。⑥
>
> 无言者,微言也。子贡恐学者以无言为不言,故发问以明之。"性与天道,不可得闻",即"无言"之谓。⑦

因此,于庭把《论语》中所言人事处,皆指向"性与天道"之微言。如其论《为政》曰:

> 《论语》于《学而》之后,次《为政》之篇,著明堂法天之义,亦微言之未绝也。⑧

可见,于庭对孔子的理解,近于宋儒心目中指陈天道的孔子,而与公羊家眼中张王法以治世的孔子大为不同。

---

① 庄棫:《戴子高哀辞》,载缪荃孙:《续碑传集》,台北大化书局,1984,《清朝碑传全集》册三,卷75,第8页。
② 参见曾亦、郭晓东:《春秋公羊学史》册下,第1065—1068页。
③ 宋翔凤:《论语说义》三,《清经解续编》光绪十五年蜚英馆本。
④ 宋翔凤:《论语说义》一。
⑤ 宋翔凤:《论语说义》十。
⑥ 宋翔凤:《论语说义》五。
⑦ 宋翔凤:《论语说义》九。
⑧ 宋翔凤:《论语说义》一。

正因如此,对于孔子作《春秋》而为"素王"之说,于庭的理解也大为不同。按照传统公羊家的观点,孔子端门受命作《春秋》,盖因晚年归鲁,而知道之不行,遂假《春秋》以张王法而已,此孔子所以为"素王"也。然于庭以为,孔子受命为"素王",不过受命以阐性与天道之言而已。于庭曰:

> 天命者,所受之命也。德有大小,则命有尊卑。大夫命于诸侯,诸侯命于天子,天子受命于天。胥此命也。孔子知将受素王之命,而托于学《易》,故曰"假我数年,五十以学《易》,可以无大过矣"。盖以知命之年,读至命之书,穷理尽性,知天命有终始。①

则天子、诸侯、大夫之受命,皆有世俗权力以治世临民,若孔子受命,不过"穷理尽性,知天命有终始"耳。显然,于庭对孔子作为"素王"的理解,完全丧失了传统公羊家所赋予《春秋》的政治实践内涵。

不过,于庭对《公羊》的核心义理,亦颇有发挥。其中最为重要者,就是"张三世"。其曰:

> 求张三世之法,于所传闻世见治起衰乱,录内略外;于所闻世见治升平,内诸夏而外夷狄;于所见世见治太平,天下远近小大若一。②

显然,于庭这种说法,完全重复了何休的旧调而已,并无新意。于庭又曰:

> 《春秋》文十四年,"秋七月,有星孛入于北斗"。昭十七年,"冬,有星孛于大辰"。哀十三年,"冬,十有一月,有星孛于东方"。《公羊》说曰:"孛者何?彗星也。"《古文左氏》说曰:"彗所以除旧布新也。"谓文公继所传闻之世,当见所以治衰乱;昭公继所闻世,当见所以治升平;哀公终所见世,当见所以治太平者。于此之时,天必示以除旧布新之象,而后知《春秋》张三世之法,圣人所为本天意以从事也。北斗运于中央,中官之星也。盖除旧布新于内,而未遑治外也。大辰,房心明堂也。明堂之位,公侯伯子男至九采之国,内外秩如,所谓治升平之世,内诸夏而外夷狄,故见除旧布新之象于明堂。有星孛于东方,文王,房星之精在东方。孔子作《春秋》,明文王之法度,将兴周道于东方而天命集仁兽

---

① 宋翔凤:《论语说义》一。
② 宋翔凤:《论语说义》三。

至，故天所以三见其象，而《春秋》之法备矣。①

据《春秋》所记，文公十四年、昭公十七年与哀公十三年，分别有彗星出现，于庭于此引《左传》之义，称彗星有除旧布新之义，而文公、昭公及哀公之时得以见之，正当三世之始终，以示圣人当本天意以张治法也。可以说，于庭对天象的重视，其意在突出《春秋》中的"天道"内涵。并且，孔子作《春秋》，于庭认为具有"兴周道于东方"的性质。显然，于庭对"三世"说的这种阐发，不仅大异于传统《公羊》学，亦与申受无涉，自属其个人之创获也。

案，传统公羊家认为孔子作《春秋》，其目的在于"拨乱反正"而已，而于庭则视《春秋》为"致太平"之书，此乃于庭非常独特的理论倾向。考于庭《说义》，屡屡出现"太平"一词：

> 知《春秋》之成当致太平矣。②
> 孔子于《春秋》张三世，至所见世而可致太平。于是明礼之本，使先王之礼乐可行于今。③
> 孔子救乱世，作《春秋》，谓一为元，以著大始，而欲正本然，张三世以至于治太平，颜子继其后，太平之治已见，故能一日克己复礼，天下归仁，如《易》于乾元为仁，于贞明即济定，言太平之世，群圣相继，效至捷也。④
> 《春秋》至所见世，为治太平，故作《韶》乐以明之。《公羊传》又曰："拨乱世反诸正，莫近诸《春秋》，则未知其为是与？其诸君子乐道尧、舜之道与？"何休曰："尧、舜当古历象日月星辰，百兽率舞，凤皇来仪。《春秋》亦以王次春，上法天文，四时具，然后为年，以敬授民时，崇德致麟，乃得称太平。道同者相称，德合者相友，故曰乐道尧、舜之道。"是《春秋》致太平之后，与尧、舜之道为一，故可用《韶》舞。⑤

在传统公羊家那里，孔子当定、哀之"所见世"，上以讳尊隆恩，下以避祸容身，遂在文辞上表现出太平之象，即所谓"文致太平"，然"实不太平"也。于庭则视"太平"乃孔子《春秋》的真实理想，并将获麟视为《春秋》所致太平的

---

① 宋翔凤：《论语说义》九。
② 宋翔凤：《论语说义》三。
③ 宋翔凤：《论语说义》二。
④ 宋翔凤：《论语说义》三。
⑤ 宋翔凤：《论语说义》八。

祥瑞。这种说法与后来康有为注《论语》以发明太平之旨,似有内在精神的相通。

于庭又借《论语》发挥《公羊》"通三统"义,曰:

> 素王受命之事,子张能知之,故问受命作《春秋》之后,其法可以十世乎？十世谓三百年也。孔子为言损益三代之礼,成《春秋》之制,将百世而不易,何止十世也。如董生所记《三代改制质文》,而所损益之故,大可知矣。孔子作《春秋》以当新王,而通三统,与《论语》答颜渊问为邦,因四代之礼,成制作损益之原,其道如一。子贡曰:"见其礼而知其政,闻其乐而知其德,由百世之后,等百世之王,莫之能违也。"盖以《春秋》继周,而损益之故遂定,虽百世而远,孰能违离孔子之道,变易《春秋》之法乎？①

于庭此说,大致本于申受《述何》,并无新意。

于庭又论"据鲁,新周"之说曰:

> 《礼运》曰:"吾观周道,幽厉伤之,吾舍鲁何适矣。鲁之郊禘,非礼也,周公其衰矣。杞之郊也,禹也,宋之郊也,契也。是天子之事守也,故天子祭天地,诸侯祭社稷。"此据鲁、亲周、故殷、绌夏之说也。……《春秋》托王于鲁,以天下之思周公也。《春秋》之世,诸侯大夫僭窃相循,无国不然,周公之礼乐则犹存于鲁,故舍鲁何适？②
>
> 《春秋》虽据鲁、新周,然必托始于文王,故孔子曰"文王既没,文不在兹乎",以是知"周监于二代,郁郁乎文哉",谓文王之法度也。自杞宋不足征,乃据鲁作《春秋》。鲁,周公之后,周公成文武之德,而制作明备,孔子从而损益之,故曰"吾从周"。从周者,即监二代之义,谓将因周礼而损益之也。③

于庭于《公羊》"以《春秋》当新王"之说,似无所措意,故此处之"据鲁",不过以为"周公之礼乐犹存于鲁"也,至其所言"王鲁",则以"天下之思周公",而非孔子欲据鲁以兴周道也。故其所谓"从周",不过因周公"制作明备"而

---

① 宋翔凤:《论语说义》一。
② 宋翔凤:《论语说义》二。
③ 宋翔凤:《论语说义》二。

损益之，较孔子制作《春秋》之说，颇有距离，亦不同于申受对"王鲁"的阐释。①

章太炎尝论于庭之学曰："长洲宋翔凤，最善傅会，牵引饰说，或采翼奉诸家，而杂以谶纬神秘之辞。"②近人江瀚谓于庭《论语说义》"多牵引公羊家说，实不免支离附会"，又谓"徒好新奇，于经何益"，此说不过代表了一般学者对《公羊》学的偏见。至于庭释"樊迟学稼"一章，则以为樊迟议修井田以维封建也，江瀚对此条评价甚高，称"所见甚卓，一洗封建井田之迂论"。③今人郭晓东则认为，于庭之学虽颇多"傅会"之辞，但其若干论说，"如其对'太平世'的阐释，以及对《礼运》的重视等，客观上推动了晚清公羊思想的进一步发展"。④

二 戴望《论语注》

戴望（1837—1873），字子高，浙江德清人。子高十四岁时，偶得家藏颜元书，惊叹以为周公、孔子之道，其后颇习颜元、李塨之书，故其学术有通经致用的倾向。咸丰七年（1857），子高于苏州从陈奂受《毛诗》，得声韵、训诂之学。又从宋于庭习《公羊春秋》，"始治西汉儒说，由是以窥圣人之微言，七十子之大义"。⑤ 子高接触常州今文学，殆始于此时。不过，据其自言，此时犹未完全接受宋氏之学。直至咸丰十年宋翔凤卒后，子高才真正接受常州之学。

案，子高尝游于曾国藩幕，然其学术取向与政治主张，颇与曾氏不合，故亦未得重用。施补华《戴君墓表》云："时兵事大定，文治聿修，自公卿以至将帅咸慕儒术，皆将称道程朱，比踪孔孟。而君所讲习，又与世违异，伏处郁郁。"刘师培《戴望传》亦云："当此时，湘军甫克金陵，公卿慕儒术者，多伪托宋学以投时尚，博声誉。先生壮罹兵厄，客游江南，其所讲肄多与世违。一时卿士大夫虽跻先生雅才之右，及论学辄龃龉不相合。而先生特立独行，竟以此不克伸其志。"子高主要著作有《戴氏注论语》二十卷、《颜氏学记》十卷、《管子校正》二十四卷，又有《古文尚书述》，惜未成而病亟矣。其中，《戴氏注论语》一书，同治十年刻于金陵书局，乃晚清以《公羊》义释《论语》的重

---

① 关于宋于庭对"三科九旨"说的论述，郭晓东认为，"于庭虽借《论语》而申述'三科九旨'，然俱失《公羊》本意，从而其所论孔子素王说之意义，亦随之而降低，此不可不察"。（曾亦、郭晓东：《春秋公羊学史》册下，第1086页）
② 章太炎：《章太炎全集》册三，第476页。
③ 参见《续修四库全书总目提要·经部》，中华书局，1993，第867页。
④ 参见曾亦、郭晓东：《春秋公羊学史》册下，第1086页。
⑤ 戴望：《颜氏学记》序，中华书局，1958，第3页。

要著作,对后世影响颇深远。

子高虽师宋于庭,而未及见申受,然深慕其学,所撰《行状》中有云:

> 自公羊先师邵公而后,圣经贤传蔽锢二千年,徐彦、殷侑、陆佃、家铉翁、黄道周、王正中咸相望数百载,虽略窥旨趣,未能昭揭。迨所闻世,庄侍郎、孔检讨起而张之,至于先生,干城御侮,其道大光,使董、何之绪出而复明,殆圣牖其衷,资瞽者以诏相哉?①

不过,子高完全接受常州之学,则在咸丰十年(1860)于庭卒后。对此,子高尝曰:

> 望初溺《左氏》,自谒吴宋先生,诏以先生(刘申受)遗书,狃于习俗,未能信也。其后宋先生没,望避难穷山之中,徐徐取读之,一旦发寤,于先生及宋先生书若有神诰。②

自此以后,子高始尽服膺刘、宋之学,尤其赞同以《公羊》义解《论语》之路径。其《戴氏注论语》叙云:

> 深善刘礼部《述何》及宋先生《发微》,以为欲求素王之业,太平之治,非宣究其说不可。③

然子高以为,刘、宋之书犹有所未备,"顾其书皆约举,大都不列章句,辄复因其义据,推广未备"。④ 盖《述何》与《说义》囿于说经体例,而有未备者,子高遂依《论语》篇目立注,"隐括《春秋》及五经义例",本刘、宋之意,而成《戴氏注论语》。

子高步刘、宋后尘,亦谓《论语》发明《公羊》微言。其《论语注》叙云:

> 《齐论》盖与《公羊》家言相近,是二篇者当言素王之事,改周受命之制,与《春秋》相表里,而为禹所去,不可得见,惜已。后汉何邵公、郑康成皆为此经作注,而康成遗说今犹存佚相半;邵公为《公羊》大师,其

---

① 戴望:《故礼部仪制司主事刘先生行状》,《谪麐堂遗集》文一,光绪元年刊本。
② 戴望:《故礼部仪制司主事刘先生行状》。
③ 郭晓东:《戴氏注论语小疏》,第291—292页。
④ 戴望:《戴氏注论语》叙,载郭晓东:《戴氏注论语小疏》,第291页。

本当依《齐论》,必多七十子相传大义,而孤文碎句,百不遗一,良可痛也。①

案,《齐论》与今《论语》不同,多《问王》、《知道》两篇,而两篇为编订《张侯论》的张禹所删,然而,恰恰是这两篇,涉及《公羊》"素王改制"之微言。子高认为,邵公作为《公羊》大师,尝为《论语》作注,应该与《齐论》所佚两篇之精神一致,因此,子高意在发明"齐学所遗、邵公所传"的旨趣,亦即宣究"素王之事,改周受命之制"而已。

子高《论语注》泰半同于刘、宋之论。② 然其着力发挥者,则大致包括如下方面:

首先,关于"五始"说。据邵公《解诂》,公羊家通过对《春秋》"元年,春,王正月"一条的诠释,建立了"五始"说,即以"元"为"天地之始","春"为"岁之始","王"为"人道之始","正月"为"政教之始","公即位"为"一国之始"。五者"同日并建,相须成体",故有"建五始"之说。

在公羊家看来,"建五始"之意有三:其一,明"法天"之旨,由此确立"天"为政治合法性之依据。此为董子、邵公之说。其二,假文王以为王法。此说出于邵公。③ 其三,大一统。此于《公羊传》有明文,而董、何亦多有申述。④ 戴氏在其《论语注》中,对"法天"与"宗文王"二旨,颇有发挥。如《论语·为政》"为政以德,譬如北辰,居其所,而众星共之"一条,戴氏注云:

北辰居天之中,正四时而众星共之;王者居明堂之中,顺四时播五德而天下归之。《春秋》以正次王,王次春,明王者为政,当法天也。⑤

再如《论语·子罕》"文王既没,文不在兹乎"一条,戴氏注云:

文王始受命,制法度,《春秋》建五始,假文王以为王法。《传》曰:"王者孰谓?谓文王也。"明《春秋》继周,如文王之继殷。⑥

---

① 郭晓东:《戴氏注论语小疏》,第291页。
② 参见曾亦、郭晓东:《春秋公羊学史》册下,第1090—1093页。
③ 案,何休注隐元年《公羊传》"王者孰谓?谓文王也"一语云:"方陈受命制正月,故假以为王法。"
④ 董仲舒《天人三策》云:"春秋大一统者,天地之常经,古今之通谊也。"何休《解诂》则云:"统者,始也,总系之辞。夫王者,始受命改制,布政施教于天下,自公侯至于庶人,自山川至于草木昆虫,莫不一一系于正月,故云政教之始。"
⑤ 郭晓东:《戴氏注论语小疏》,第49页。
⑥ 郭晓东:《戴氏注论语小疏》,第151页。

子高此言"明《春秋》继周,如文王之继殷",正"《春秋》当新王"之义,对此,《公羊传》隐元年疏云:"孔子方陈新王受命制正月之事,故假取文王创始受命制正朔者。"

然而,公羊家通过"建五始"以明"大一统"义,实为"五始"说中最重要的内涵,而子高《论语注》通篇皆似无所措意。或许子高有意忽略了这一学说,亦未可知。盖子高本不认同清政权,曾"自言夙世为前明遗民",故其身处清治下,不欲显言"大一统",其用心或在斯焉。①

其次,关于"《春秋》当新王"说。孔子作《春秋》,实有以之当一代王法之意,故《论语·八佾》"周监于二代,郁郁乎文哉,吾从周"一条,申受《述何》云:"正朔三而改,文质再而复,如循环也,故王者必通三统。周监夏、殷,而变殷之质用夏之文。夫子制《春秋》,变周之文从殷之质,所谓从周也;乘殷之辂,从质也;服周之冕,从文也。"可见,《春秋》损益殷、周二代之礼而成"一王之法",犹周之监于夏、殷二代也。于庭《说义》则云:"《春秋》虽据鲁、新周,然必托始于文王,故孔子曰'文王既没,文不在兹乎',以是知'周监于二代,郁郁乎文哉',谓文王之法度也。自杞、宋不足征,乃据鲁作《春秋》。鲁,周公之后,周公成文武之德,而制作明备,孔子从而损益之,故曰'吾从周'。从周者,即监二代之义,谓将因周礼而损益之也。"②而子高乃上承刘、宋之说,曰:

> 王者必通三统。昔周公致太平,成文武之德,制礼,视夏、殷而损益之,使去质就文。夫子因文王、周公之法度而作《春秋》,亦兼取夏、殷,损益其礼,使改文从质,故曰"吾从周",即监于二世之义,谓将因周礼损益之也。③

可见,子高虽兼采刘、宋之说,但削弱了于庭之说中文王法度的内涵,依然强调孔子《春秋》损益殷、周之礼的精神。

可以说,较诸于庭,子高更重视公羊家的"《春秋》当新王"之说,因为这种学说背后蕴涵了改造旧制度的精神,其中有非常革命性的内涵。子高《论语注·为政》云:

---

① 郭晓东认为,"在常州学派创始人庄存与那里,却以'大一统'作为《春秋》的核心命题。正是出于'大一统'这个总原则,依次展开王天子、正二伯、正诸夏、正内外、禁暴诛乱等诸方面内容。庄、戴学说之不同,或许与二人身份、地位及政治认同之差异有关"。(曾亦、郭晓东:《春秋公羊学史》册下,第1095页)
② 宋翔凤:《论语说义》二。
③ 郭晓东:《戴氏注论语小疏》,第76页。

> 孔子成《春秋》,绌夏存周,以《春秋》当新王。损周之文,益夏之忠;变周之文,从殷之质,兼三王之礼,以治百世。有王者起,取法《春秋》,拨乱致治,不于是见与?①

对此,有学者认为,"子高身当晚清政治动荡之际,而表彰'以《春秋》当新王'之说,声称'有王者起,取法《春秋》,拨乱致治',显然欲借《春秋》来表达对现实政治的不满,从而寄托其对'新王'的期待"。②

基于此种缘故,子高解经表现了强烈的政治倾向。其解《论语·为政》"温故而知新"一条,以为"新"字为"新王之法";又解《论语·述而》"用之则行,舍之则藏"一条,以为"藏"字为"作新王之事以俟后圣"。诸如此类解释,虽属附会,然其强烈的时代色彩,亦自不可掩焉。可以说,在子高《论语注》中,传统的《公羊》学说被赋予了新的意义。

再次,发挥"三世"说中的"太平"义。子高基于刘、宋以来的一贯立场,亦重视《公羊》中的"张三世"学说。案,《论语·为政》载"多闻阙疑,慎言其余,则寡尤;多见阙殆,慎行其余,则寡悔。言寡尤,行寡悔,禄在其中矣"一条,子高《论语注》释"多闻阙疑"义云:

> 多闻谓所传闻世、所闻世也。《春秋》于所传闻世、所闻世阙疑,皆据列国史文,如陈侯鲍卒以二日、夏五无月、郭公系曹下,皆是也。孔子曰:"听远音者,闻其疾而不闻其舒;望远者,察其貌而不察其形。"立乎定、哀,以指隐、桓,隐、桓之际,远矣。夏五,传疑也。③

又释"多见阙殆"之义云:

> 多见,谓所见世也。殆,危也。于所见世,凡有君大夫过恶,而不敢直陈,而托诸微辞以远危害,如定无正月、戊辰公即位及立炀宫不日之类,皆是也。《传》曰:"定、哀多微辞。主人习其读而问其传,则未知己之有罪焉尔。"④

盖"三世异辞"之说,不独于《公羊传》有明文,此后又经董仲舒的阐发,其

---

① 郭晓东:《戴氏注论语小疏》,第63页。
② 参见曾亦、郭晓东:《春秋公羊学史》册下,第1097页。郭晓东又引张永平之说,谓子高后人曾提及子高尝寄希望于曾国藩,且上书曾国藩,欲其乘势推翻清政权。不过,此说并无旁证。
③ 郭晓东:《戴氏注论语小疏》,第58页。
④ 郭晓东:《戴氏注论语小疏》,第58页。

《春秋繁露·楚庄王篇》云："《春秋》分十二世以为三等：有见、有闻、有传闻。"又云："于所见微其辞，于所闻痛其祸，于传闻杀其恩，与情俱也。"至汉末邵公《解诂》，则言之尤备矣。然以《论语》之"多闻"、"多见"譬之《公羊》三世，则始于申受《论语述何》，①子高则推阐此义而广之也。

子高对"三世"说的阐发，亦表现出其对"致太平"的期待。其注《子罕》"凤鸟不至，河不出图，吾已矣乎"一条云：

> 此孔子伤世无明王也。明王出，致太平，则凤鸟至，河出图矣。今天无此瑞，已矣夫，恨不制作礼乐也。制作必当革命之际，不欲显言，故以凤鸟、河图见意焉。②

自子高视之，世无明王，故现实中不可能致治太平。因此，子高既称"孔子伤世无明王"，又谓"悲悯孔子身为素王，欲使得如尧、舜、汤、武为天下君，致纯太平"，其实以孔子作《春秋》，不过"文致太平"耳；而欲在现实中达到太平，只能寄希望于"新王"出世，通过"革命"而有所"制作"。显然，子高对于传统的《公羊》学说，赋予了更多的新义。盖子高借《公羊》经义以阐释《论语》，表达了自己对现实政治的深切关怀，可谓再清楚不过了。

又次，严夷夏之防的倾向。子高对于"三科九旨"中夷夏之辨的发挥，有着非常不同于刘、宋的倾向。其注《论语·八佾》"夷狄之有君，不如诸夏之亡也"曰：

> 夷狄无礼义，虽有君，不及中国之无君也，明不当弃夏即夷也。《春秋》之法，诸侯为夷狄行则以州举，夷为暴中国，则贬绝不称人。戎伐凡伯于楚丘，则大天子之使而不言执；郑伯髠原欲与晋，为其大夫所弑，则书"如会"以致其意；隐弑，书"卒"以痛其祸；黄池之会，吴主中国，则书"公会晋侯及吴子"，若两伯然，皆以内中国而外夷狄，不与无礼义者制治有礼义。③

关于《论语》此条，历来注疏家颇有异说，而子高以为，夷狄虽"有君"，然以其"无礼义"，故不若诸夏之无君，故不许夷狄制中国也。子高此说，颇与庄

---

① 案，《论语述何》上云："谓所见世也。殆，危也。《春秋》定、哀多微辞，上以讳尊隆恩，下以避害容身，慎之至也。"又云："不知而作，谓不阙疑也。多闻者，兼采列国史文，择善而从，取其可征，以寓王心。多见，谓所见世，识其行事，不著其说也。"（《刘礼部集》卷2）
② 郭晓东：《戴氏注论语小疏》，第153页。
③ 郭晓东：《戴氏注论语小疏》，第69—70页。

方耕、刘申受等常州前辈不同。方耕对此条亦有解释,以为夷狄能慕中国礼义,故可进于"有君";诸夏不能行中国之礼义,则等于夷狄,可谓"无君"。至于申受之说,则大致推本方耕,曰:

> 子曰:"夷狄之有君,不如诸夏之亡也。"何谓也?曰:《春秋》之义,诸夏入于夷狄则夷狄之,卫劫天子之使则书戎,郳、牟、葛三国朝鲁桓则贬称人之类是也。潞子婴儿之离于夷狄,虽亡,犹进爵书子,所谓夷狄进于诸夏则诸夏之也。与其为卫、郳之有君,不如为潞子之亡。①

可见,同为公羊学者,子高与庄、刘之不同若此。然子高之说,或可溯源于宋邢昺《论语疏》:

> 此章言中国礼义之盛,而夷狄无也。……言夷狄虽有君长而无礼义,中国虽偶无君,若周、召共和之年,而礼义不废。

至于庄、刘之说,殆有取于程、朱。朱子《论语集注》引程伊川语云:

> 夷狄且有君长,不如诸夏之僭乱,反无上下之分也。

可见,就经典之诠释而言,两种说法皆有依据。然子高取邢昺之说,实与其民族思想有关。盖子高严于夷夏之辨,内中国而外夷狄,不与夷狄主中国,不与无礼义者制治有礼义者,此本为公羊家立场;而庄、刘强调夷夏之进黜,以为夷狄能用礼义,则中国之,此亦属《公羊》旧说也。两说本不相违,故皮鹿门《春秋通论》据三世说以论夷夏内外之辨,认为二者实可并行不悖。

案,公羊家论夷夏关系,实涵有两个基本命题:其一,严夷夏之分别;其二,承认夷夏之进退。庄、刘承认夷狄可进为中国,实有一根本前提,即诸夏与夷狄之间的紧张与对立。然而,庄、刘以为,此种紧张与对立是可以消解的,故以夷、夏并非定名,而彼此可相互转换,则吴、楚等夷狄可进称"子",而中国亦可黜为夷狄,即"中国亦新夷狄"也。就此而言,夷狄尚且"有君",而沦为"新夷狄"的诸夏反而"无君",可见,夷狄反而优于诸夏矣。

子高则不同,盖执着于夷、夏之间的不同,以为夷狄即无礼义者,若一旦有礼义,就已属诸夏,不能再视为夷狄,则夷狄与诸夏实为严格意义上的文

---

① 刘逢禄:《论语述何》,《刘礼部集》卷2。

化概念。盖《春秋》本以楚为夷狄,其后"子"之,则意味着楚已是诸夏的一员。就此而言,《论语》实际上以为夷狄必是"无礼义"者,故其"有君",亦属"无礼义";而诸夏必是"有礼义"者,则虽无君,亦属"有礼义"。诚若此解,则子高亦主张夷夏之进黜也。故其释《子罕》"子欲居九夷"一章云:

> 陋者,无礼义也。礼义由贤者出,有箕子居而化之,夷变于夏矣,何为陋乎?①

又,子高释《述而》"互乡难与言"章曰:

> 《春秋》列国进乎礼义者与之,退则因而贬之。潞子离狄内附称其爵,列诸盟会,许其慕诸夏也。②

可见,子高对夷夏关系的理解,与庄、刘似无实质的区别。至于具体到对"夷狄之有君,不如诸夏之亡也"一条的解释,子高不取庄、刘之说者,既有时代不同的缘故,亦因子高与庄、刘之身份不同使然。盖庄、刘之世,方值清极盛之时,又为荫宦世家,凤承朝廷恩宠,故颇为清之合法性辩护,盖欲以此论证满人虽为异族,然既自觉用中国之礼义,已由夷狄进于中国矣。至于子高所处时代,则当内外忧困之时,且及身又遭颠沛流离之苦,遂常以前明遗民自居,而不取庄、刘之说也。

盖夷、夏之别,既为种族概念,又为文化概念,而子高此种态度,多少又混两者于一谈。其后,晚清革命风潮勃兴,极张排满之说,而子高遂颇为学者所重。刘师培盛赞其"明华夏之防",不以"曲学进身",又谓"岂若近儒诂麟经者,饰大同之说,以逞其曲学阿时之技哉"。③ 显然,刘氏对子高的此种评价,同时也包括了对庄、刘以降整个常州学派的批评,实因时势使然也。

最后,子高对《论语》的诸多具体注训,常兼采刘、宋之论。如《论语·颜渊》"樊迟从游于舞雩之下"章,刘氏注云:

> 此章盖在昭公孙齐之年。《春秋》书:"上辛,大雩。季辛,又雩。"《传》曰:"又雩者,非雩也,聚众以逐季氏也。"樊迟欲究昭公丧乱之由,

---

① 郭晓东:《戴氏注论语小疏》,第155页。
② 郭晓东:《戴氏注论语小疏》,第136页。
③ 刘师培:《戴望传》,载《刘申叔遗书》,第1829页。

而微其辞,故夫子善之。先尽君道而臣道自正,昭之失民失政久矣,骤欲得之,可乎？子家驹言:"诸侯僭天子,大夫僭诸侯。"而公曰:"吾何僭？"是知人之恶而不知己之恶也。至不忍一朝之忿,而身不容于齐晋,辱及宗庙,则惑之甚矣。夫子将适齐,而樊迟从游,特志舞雩之下,圣贤之伤国事而不敢正言也。①

宋氏注云：

《春秋》昭廿五年书"秋,七月,上辛,大雩。季辛,又雩"之后,即书"九月己亥,公孙于齐,次于阳州"。时昭公又雩,聚众以逐季氏,终成失位去国之祸,圣贤游其地以伤前事,究其所因,遂有崇德、修慝、辨惑之问,夫子善其得为国之本。②

戴氏注则云：

《春秋》昭二十五年,"秋,七月,上辛,大雩。季辛,又雩"。《传》曰:"又雩者,非雩也,聚众以逐季氏也。"樊迟从游,有感昭公孙齐之事,因以发问。修犹除也；慝,恶也。……昭公不用子家驹,失民失政,以致出奔,是不能崇德也。子家驹曰:"诸侯僭于天子,大夫僭于诸侯,久矣。"公曰:"吾何僭乎？"是攻人之恶,不知攻其恶也。昭公不从其言,终弑之而败焉,走之齐,是不忍一朝之忿,忘身以及宗庙,惑之甚也。时哀公亦欲去三家,故微其辞以危其事。③

关于此条的注训,可以明显看到刘、宋、戴三者之间的传承痕迹,故常为学者所引证。④

又,《论语·季氏》云:"天下有道,则政不在大夫；天下有道,则庶人不议。"申受《述何》云:"议谓《春秋》上讥王公卿大夫也。政在大夫,故刺翚帅师、仲遂遂如晋、季孙宿遂入运、新城之盟信在赵盾、溴梁之盟信在大夫、周

---

① 刘逢禄：《论语述何》,《刘礼部集》卷2。
② 宋翔凤：《论语说义》六。
③ 郭晓东：《戴氏注论语小疏》,第194页。
④ 参见郑卜五：《常州公羊学派"群经释义〈公羊〉化"学风探源》,载林庆彰、张寿安编：《乾嘉学者的义理学》,第649—650页；张广庆：《清代经今文学群经大义之〈公羊〉化——以刘、宋、戴、王、康之〈论语〉著作为例》,载林庆彰编：《经学研究论丛》第一辑,第265—266页。

尹氏世立王子朝、齐崔氏世弑其君光，疾其末故正其本，拨乱之旨也。"而戴氏注云："议谓《春秋》上讥王公卿大夫也。政在大夫，故刺翚帅师、仲遂遂如晋、季孙宿遂入运、新城之盟信在赵盾、溴梁之盟信在大夫、周尹氏世立王子朝、齐崔氏世弑其君光，疾其末故正其本，拨乱之志也。"①两相比较，只有一字之差。

又，《论语·八佾》中"曾谓泰山不如林放乎"一条，宋氏《说义》云："曾，犹乃也。乃谓泰山之神不如林放知礼之有本，而顺季氏奢僭之意，为升中于天乎？"②而戴氏注云："曾，犹乃也。乃谓泰山之神不如林放知礼之有本，而顺季氏奢僭之意，为升中于天乎？"③两段文字竟一字无差。

自《戴氏注论语》成书以来，即颇受学者关注。章太炎誉其书曰："惟德清戴望述《公羊》以赞《论语》，为有师法。"④刘申叔亦曰："德清戴望，受业宋氏之门，祖述刘、宋二家之意，以《公羊》证《论语》，作《论语注》二十卷，欲以《论语》统群经，精诣深造，与不纯师法者不同。"⑤然章、刘两人均为古文学大师，本不认同"以《公羊》证《论语》"之法，故于戴氏前的刘、宋，及戴氏后的康长素，极尽批评之辞。然《戴氏注论语》颇有乾嘉汉学的色彩，故章、刘许以为能得"师法"。刘申叔又曰："虽以《公羊》说《论语》，然所学不流于披猖。"⑥则其言下之意，以为据《公羊》义说《论语》者，大多"流于披猖"也。⑦

尽管刘氏称戴氏"所学不流于披猖"，犹批评是书牵强附会者亦多。《续四库提要》收入两篇《戴氏注论语》的提要，其一为江瀚所撰，谓其"失之穿凿"；另一为伦明，则称其"支离附会"。又有李慈铭，批评子高"既不识

---

① 郭晓东：《戴氏注论语小疏》，第247页。
② 宋翔凤：《论语说义》二。
③ 郭晓东：《戴氏注论语小疏》，第71页。
④ 章太炎：《訄书·清儒》，载《章太炎全集》册三，第158页。
⑤ 刘师培：《南北学派不同论》，载《刘申叔遗书》，第558页下。
⑥ 刘师培：《近儒学术统系论》，载《刘申叔遗书》，第1534页下。
⑦ 同治元年，戴子高《论语注》草稿粗就后，谭献既阅之，有论曰："大段完善，尚尠精诣，略采四则，以见一斑。"（《复堂日记补录》卷1，第1页）自阅宋于庭《论语述谊》，则谓"子高《论语注》，大专多出于此"。（同上，第4页）同治十年，《论语注》开雕，谭献再阅《论语注》，谓其"取之刘申受、宋于庭者大半，间有鄙说，然皆不言所本，殆欲后世作疏邪？首题戴氏注，可异也"。（同上，第37页）张文虎《书戴氏注论语后》云："《公羊》解经，已多乖刺，邵公申传，益觉烦苛，刘申受乃述之以说《论语》，自鸣其专门之学，君实踵而加厉，穿凿影射，成此一编，意将倾紫阳而下之，亦太不自量矣。"（《舒艺室杂著》甲编下，同治光绪间刊本，第17页）伦明引李慈铭之说云："戴子高《论语注》，怪诞谬悠，牵引《公羊》，拾刘申甫遗唾，支离益甚，且多掩旧注以为己说，而殁其名。"（《续修四库全书总目提要·经部》，第869页）

字,妄以公羊家最缪之说,强诬古人"。① 至于近人钱宾四,虽许其"仍是乾嘉汉学传统",然犹谓子高"欲尊西汉博士章句家法以治《论语》,而特墨守齐学一途,此其牵强附会,未能尽当于《论语》原旨"。② 即便站在今文学立场的梁启超,亦谓"戴子高的《论语注》,引《公羊》为解,虽多新见,恐非真义"。③ 可见,就经典本身的诠释而言,子高《论语注》诚有牵强附会处,故王先谦编《皇清经解续编》,拒绝将此书收入其中,殆不尽出于门户之见欤?

戴氏《论语注》自叙云:"如有睹为非常异义可怪之论,缘是罪我,则固无讥焉尔。"④可见,子高本人对于此类批评,实早有所自觉,则章、刘对子高之称扬,未必仅论其学术本身,殆就其思想史意义而加以肯定而已。盖以《公羊》释《论语》,自刘申受《论语述何》以来,经宋于庭到戴子高,此种路径得到了彻底的贯彻。其后,王湘绮作《论语训》,康长素作《论语注》,对于《论语》的《公羊》化阐释,更是成为晚清今文学的时尚。对此,章太炎尝有论曰:"望不求仕,而其学流传于湖广、岭广间,至使浮竞之士,延缘绪言,以成新学伪经之说。"⑤盖章氏以为,康长素之学实出于戴子高也。章氏此说,则衍生出另一条晚清今文学发展脉络,即以戴子高之学传王湘绮,湘绮传廖六译,经六译又传康长素。大概受章氏此说影响,遂有学者认为,"改良派在他那里得到了'新学伪经'和'孔子改制'说的启迪"。⑥ 不过,此说尚有待于进一步考证,毕竟子高与湘绮、长素之学,似乎没有直接的传承关系。⑦无论如何,就戴氏之学术特点而言,作为"由清代经今文学运动向改良主义运动过渡的中介人物",⑧此种思想史层面的评价,犹属允当之论。

颇值得注意者,晚清革命派亦在戴子高这里获得了其思想资源。可以说,章太炎、刘申叔等人对《论语注》的另眼相看,恐怕不是出于经学意义上的"师法",而更多出于政治立场的原因。子高严夷夏之辨,而与清政权持不合作的态度,虽尝寄居曾国藩幕府,然终不愿出仕。这与被视为"佞谀满洲"的刘、宋、康等人,有着明显的不同。因此,刘申叔、章太炎对子高之学的肯

---

① 李慈铭:《越缦堂读书记》,第129页。
② 钱穆:《中国近三百年学术史》册下,第615页。
③ 梁启超:《中国近三百年学术史》,载朱维铮校注:《梁启超论清学史二种》,第316页。
④ 郭晓东:《戴氏注论语小疏》,第292页。
⑤ 章太炎:《太炎文录初编·说林上》,《章太炎全集》册四,第117页。
⑥ 张永平:《戴望述略》,载《上海交通大学学报》,2002年第3期,第49页。
⑦ 朱维铮即持此说,曰:"戴望的今文说,是否康有为《新学伪经考》的滥觞,尚待考证。"(朱维铮:《中国经学史十讲》,复旦大学出版社,2002,第176页)刘大年在其《评近代经学》中亦反对此说,认为康、梁学术未必来自后起且影响不大的戴望。(载《明清论丛》第一辑,紫禁城出版社,1999,第11页)不过,刘氏的反对意见,似乎未见有说服力。
⑧ 朱维铮:《走出中世纪》,复旦大学出版社,2007,第61页。

定,似乎有着这方面的原因。①

不仅如此,刘申叔更是在戴氏《论语注》中找到了不少批判君主专制的思想资源。考刘氏《中国民约精义》一书,其中收录了《论语注》的三条注文:

> 舜、禹有天下,则与天下共之,为天下得人治天下,而不以己意与焉。
> 毁生于造恶,誉生于造好,好恶出于公,于谁毁于谁誉乎? 试验也,验以民也。
> 三代用人皆以民之好恶,无所偏私,是以云直道而行也。

案,此三条注文系子高对《论语·泰伯》"巍巍"章与《卫灵公》"吾之于人也"章的注释。刘申叔于此有案语曰:

> 戴氏之说,全出于《公羊》。天下既非天子所私有,故国家之利害悉凭国民之公意,而不以己意与其中,此非君主之忘天下也,君主本无治天下之权也。《民约论》之言曰:群数千万人于一国之中,则其国之利害好恶应与国人共之,盖一人之好恶出于自私者也,国人之好恶本于至公者也。好恶本于至公,则用人之权悉操于下,而人君将措手无为矣,此其所以有天下而不与也。戴氏此言,盖深得孔子立言之旨矣。②

就此而言,诚如张永平所论,"革命派则在他那里看到了君民共主和反满的主张"。③

三 王闿运《论语训》

王闿运(1832—1916),初名开运;初字纫秋,其友人称壬秋,五十岁后改为壬甫,又作壬父;④因自署所居曰"湘绮楼",自号湘绮老人,学者称湘绮先生。据《清史稿》,湘绮"于是年十有五明训诂,二十而通章句,二十四而言礼。考三代之制度,详品物之所用。二十八而达《春秋》微言,张《公羊》,申何学,遂通诸经"。其经学著述有《周易说》、《尚书笺》、《诗经补笺》、《礼记

---

① 参见朱维铮:《走出中世纪》,第341页。
② 刘师培:《中国民约精义》卷3,《刘申叔遗书》,第599页。
③ 张永平:《戴望述略》,载《上海交通大学学报》,2002年第3期,第49页。
④ 案,"壬父"二字,刻篆文小印,颠倒之如"文王"二字,盖以素王改制自喻也。(参见刘平:《王闿运〈春秋公羊传笺〉学术思想研究》,第20页注)

笺》、《春秋公羊传笺》、《穀梁申义》、《春秋例表》、《论语训》、《尔雅集解》、《夏小正注》等十余种。

同治八年（1869），湘绮撰成《穀梁申义》一卷，是书殆为其最早的《春秋》著述，其旨在攻范甯《集解》"毁传之词"。又有《春秋例表》一书，其体例与顾栋高《春秋大事表》相近，皆不出宋程公说之《春秋分纪》。张寿林《续四库提要》谓是书本于邵公注，而以己意附益之，"然排比经文，标识端委，于治《公羊》之学者，亦未尝无裨焉"，又谓此书实不必要，"割裂繁碎，弥难寻检，尤为识者之所不取也"。又有《春秋公羊传笺》十一卷，乃湘绮最重要的《春秋》学著作。是书始于同治十二年（1873），历三十余年，犹校订此书不缀，其间与弟子相切磋，每有新见，即改定前说，遇有疑难，辄令弟子相互讨论，故其中多采弟子意见。然《公羊笺》于古师则颇少征引，唯引邵公《解诂》，至于后来诸家皆不论及，而对《解诂》多有驳正，至于《公羊传》文，亦有正之者。

湘绮所撰《论语训》，又称《论语集解训》，乃集解古今诸家之说以训释《论语》之书，计有包咸、马融、郑玄、何晏、王肃等五十余家，可见搜罗之富。当时湘绮主讲四川尊经书院，"既命学徒采辑古今所传，以广集解；又下己意，通其所蔽，命曰《论语训》"。① 至光绪十七年（1891），湘绮得知《论语训》有录本，乃决意校抄刊行，同年由衡阳东洲讲舍刻印行世。

是书总结诸家注解有"十蔽"，序曰：

> 然以词句易了，读者忽之。兼经师质实，未达修辞，弟子庸下，罕知诘难。言皆如浅，则思不暇详。尝致推求，犹有十蔽：夫君禘大礼，而曰"吾不欲观"；开国圣乐，而曰"武未尽善"，则其言悖。匹夫论帝王，而曰"吾无间然"；己方在难，而曰"天生德"，又曰"文不在兹"，又尝欲使弟子"南面"，则其言诞。身有至德，而欲人好之"如色"，则其言亵。"学而不厌，可谓云尔"，又曰"学而不厌，何有于我"，则其言歧。"吾不与祭，如不祭"，则其言拙。"雅言诗书"，又曰"皆雅言也"；"见齐衰者"，又曰"见之"，则其言复。去丧则佩，玄冠不吊，似初未闻礼者，则其言固。"请车为椁"，既已不伦，许则"徒行"，又何其憾。若此之类，其言近陋。"冠者五六，童子六七"，同"浴于沂"，其言近戏。曾子全身，而曰"启予手足"，岂欲小子目验乃后不诬。若此之类，其言实愚。②

---

① 王闿运：《论语训》序，载《论语训·春秋公羊传笺》，岳麓书社，2009，第4页。
② 王闿运：《论语训》序，《论语训·春秋公羊传笺》，第3页。

然详考《论语训》所载诸家对上述经文的注解,几乎未见及所指之蔽,诚可怪也,故亦无从讨论。

其序又谓诸家之说有"二误",曰:

> 以为圣师则忘其分位,身甘穷老则见等乡儒。岂知圣师无专辄之言,问答必经纶之语。①

详湘绮之意,盖孔子既是"圣师",又能"居陋巷,不改其乐",然诸家执前说者,则孔子有僭拟天子之嫌;执后说者,则孔子有僻处乡曲之陋。可见,湘绮不过以孔子唯期"得君行道"而已,犹其自托于湘乡之幕也。

湘绮所撰《论语训》,殆上承常州学者据《公羊》义以注训《论语》的倾向,故其序云:"《论语》者,盖六艺之菁华,百家之准的,其义多本于《春秋》,其言实通于上下。"可见是书之旨趣。今稍析论如下:

《论语·八佾篇》云:"夷狄之有君,不如诸夏之亡也。"案,方耕、申受俱谓"诸夏入于夷狄则夷狄之",如卫执凡伯及邾、牟、葛三国朝鲁桓,俱贬称人;至于潞虽亡,然犹进爵书子,盖"诸夏之"也,故"卫、邾之有君,不如为潞子之亡"也。至于戴子高所释则不同,以为"夷狄无礼义,虽有君,不及中国之无君也"。然湘绮则曰:

> 有君,谓进称爵同小国也。亡谓失地君也。贵者无后待之以初,皆称本爵。夷狄君不过子,故不如亡也。自明《春秋》例意,狄入有讳,灭狄无讳;相灭有讥,而两狄相灭无讥;救皆义兵,而狄救不进。皆示内诸夏外夷狄之义。②

盖湘绮以为,夷狄虽有君,而爵不过称子;至于诸夏之君虽亡而出奔他国,犹称本爵,则"夷狄之有君,不如诸夏之亡",正谓此也。湘绮又举狄入夏、夏灭狄与诸夏相灭、两狄相灭,及诸夏相救、狄救诸夏之异,以为皆明《春秋》"内诸夏外夷狄"之义。可见,湘绮的诠解,实无取于常州学者也。

又,《八佾篇》"天将以夫子为木铎"一条,申受《述何》云:"封人以夫子不有天下,知将受命制作,素王万世也。"③申受盖谓孔子之本志在"有天

---

① 王闿运:《论语训》序,《论语训·春秋公羊传笺》,第4页。
② 王闿运:《论语训》序,《论语训·春秋公羊传笺》,第18页。
③ 刘逢禄:《刘礼部集》卷2。

下",至晚年归鲁,乃作《春秋》以寓王法,此孔子所以"受命制作"也,然毕竟非"真王"所为,不过谦居"素王"而垂法万世耳。然湘绮曰:

> 天下久无道,孔子虽得位不能即治也。不若宣教以垂后世,知圣人不待居位。《明堂位》曰:"振木铎于朝。"天子之政也。是诸侯无木铎,言诸侯不能用孔子。①

湘绮所谓"得位"者,盖谓孔子虽得臣位,犹鲁之大司寇,惜乎定公不能用,致鲁终失治也。故孔子不得已假《春秋》而宣教于后世,然实"不待居位"。显然,湘绮所言,大失《春秋》之旨,乃抑"圣师"而抑居臣位耶?故其释"雍也可使南面"一条,乃驳汉人旧说,以为"使仲弓为诸侯天子,非也"。② 盖湘绮志在"帝王之学",而自期有明君能用其才也。

又,《阳货篇》"公山弗扰以费畔召"一条,申受《述何》引《史记》所载孔子"昔周文、武起丰、镐而王,今费虽小,倘庶几乎!"之语,则知孔子应公山之召者,欲效周文、武"起丰、镐而王"也。然湘绮曰:

> 定乱则可得政,鲁君臣皆用我矣。东周杀父而迁,犹可有为,拨乱反正,正圣人之事。③

湘绮以为,鲁国虽乱,然若能用孔子,则亦可有为。盖当平王东迁之时,尚能拨乱反正,此岂孔子之志耶?孔子本欲效文、武能行道于天下,焉能自效于庸懦之中主而小视孔子者哉?湘绮所言,诚失《春秋》之旨远矣!

虽然,后人多视湘绮之学乃常州学派一脉。叶德辉有论曰:

> 刘申受之于《公羊》,陈恭甫之于《尚书大传》,凌晓楼之于《春秋繁露》,宋于庭之于《论语》,渐为西京之学。魏默深、龚定庵、戴子高继之,毅然破乾嘉之门面,自成一军。今日恢刘、宋之统者,湘绮楼也。④

叶氏盖以湘绮绍刘、宋之统,且有弘扬之功也。又曰:

---

① 王闿运:《论语训》序,《论语训·春秋公羊传笺》,第25页。
② 王闿运:《论语训》序,《论语训·春秋公羊传笺》,第39页。
③ 王闿运:《论语训》序,《论语训·春秋公羊传笺》,第121页。
④ 叶德辉:《与戴宣翘校官书》,载苏舆编《翼教丛编》卷6,第173页。

近日无知之夫，乃欲依附康门，表章异学，似此无父无君之学，天下之人皆得而攻之。……考康有为之学出于蜀人廖平，而廖平为湘绮楼弟子，渊源所至，咸有闻知，乃或因其流毒而转咎湘人，则是李斯灭学，罪堕荀卿；庄生毁经，狱归子夏，夫岂其然！三传互有短长，前人论之详矣。至以颛门而论，湘绮楼实上接胡、董真传，观其所为《传笺》，并不拘守任成之例，遗经独抱，自有千秋。此鄙人至公至允之评，后世必有读其书而知其人者。①

叶氏甚恶康长素，然又欲为湘人辩，故推湘绮之学而溯源于胡、董。又谓湘绮不拘守邵公之例，遗经独抱，则犹皮鹿门称湘绮"过求新异"耳。

章太炎之说则不同，称"王闿运亦非常州学派，其说经虽简，而亦兼采古今，且笺《周官》。此但于惠、戴二派外独树一帜，而亦不肯服从常州也"，"王从词章入经学，一意笃古，文体规摹毛、郑；发明虽少，然亦杂采古今，无仲舒、翼奉妖妄之见"。② 杨树达《题王湘绮先生手书诗册后》则云："先生文章盖天下，近世通人余杭章氏通小学，能文章，论文独推先生，谓能尽雅，曾国藩为尽俗。"太炎殆以王氏学术不入常州一脉，乃有嘉许之辞也。③

然不屑湘绮之学术者，亦不乏其人。梁启超曰："闿运以治《公羊》闻于时，然故文人耳，经学所造甚浅。其所著《公羊笺》，尚不逮孔广森。"④又曰："王壬秋著《公羊笺》，然拘拘于例，无甚发明。其弟子廖季平关于《公羊》著述尤多，然穿凿过甚，几成怪了。"⑤近人周予同亦谓"湘潭王闿运用今文遍注群经，但王以文学著，经学造就实不足称"。⑥

四 康有为《论语注》

康有为《论语注》二十卷，撰写时间不详。据光绪二十八年（1902）所撰序，其中谓"昔尝为注，经戊戌之难而微矣"，可见，早在戊戌前，《论语注》已部分成稿，然经戊戌之难后，旧稿多佚。至1902年，长素避居印度，乃重修是书，然"无从博征"，唯采录包咸、朱熹、郑玄等说为主耳。是书有长素言及

---

① 叶德辉：《答友人书》，载苏舆编《翼教丛编》卷6，第176页。
② 引自支伟成：《清代朴学大师列传》，第4—6页。
③ 其后，支伟成从章氏说，其《清代朴学大师列传》将湘绮列入"湖南派古今兼采经学家列传"，而不列入该书"常州派今文经学家列传"。然历来学者多将湘绮列入常州一脉，如马宗霍、萧艾和、李新霖、江素卿等，俱持此论也。
④ 梁启超：《清代学术概论》二十三，载朱维铮校注：《梁启超论清学史二种》，第63页。
⑤ 梁启超：《中国近三百年学术史》，载朱维铮校注：《梁启超论清学史二种》，第315页。
⑥ 周予同：《经今古文学》，载朱维铮编：《周予同经学史论著选集》，第21页。

其弟子麦孟华短命死一事，①而麦氏卒于1915年，据此，长素于印度撰成此书后，又多事增补，故全书定稿当不早于1915年。至1917年，是书收入《万木草堂丛书》初刊，而序文则先此发表于1913年5月《不忍》杂志第四期。

长素《论语注》，较刘申受《论语述何》、宋于庭《论语说义》、戴子高《论语注》诸书，虽俱据《公羊》义以注《论语》，不过前后的继承关系并不明显，具有极大的突破性。今考长素此书的主旨，大概在于发挥《公羊》三世之说，尤其将《论语》中的太平大同精神揭示出来，从而根本上越出了刘、宋、戴之学的藩篱。

1. 曾子守约与《论语》的地位和价值

长素认为，《论语》乃曾子后学所辑，故其中唯曾子称子，且特叙曾子启手足之事。然曾子"专主守约"，故长素以其学"非孔门之全"，致使"孔教未宏"，则今所传《论语》，"实曾学也，不足以尽孔子之学"。② 长素曰：

> 天下闻曾子之教者，误以为孔子之道即如是，于是孔子之大道暗没而不彰，狭隘而不广，此孔教之不幸也。……于是，中国之言孔学者，仅在守身，而孔子重仁之大道，一切皆割弃，甚至朱子见《礼运》之大同且疑之矣。③

长素以为，曾子之学皆守身之言，"不足大彰孔道"。其后宋儒继其学，乃附会为子思、孟子之正传，则又误读孟子也。盖长素认为，孔子之学，当以"仁"为第一义，而仁者爱人，焉能使人民劳身禁欲而为仁者乎！则去大同之道远矣。

曾子所传《论语》，乃汉代《鲁论》二十篇。其后，又有齐人所传《齐论》二十二篇，较《鲁论》多了《问王》、《知道》两篇。更后，张禹折衷《鲁论》和《齐论》，于是世有《张侯论》，而"《鲁》、《齐》之乱，自张禹始矣"。其后尚有《古论语》二十一篇，篇次不与《鲁》、《齐》同，然长素以为刘歆所伪撰，"刘歆既乱群经，以《论语》为世所尊信，因散窜一二条以附合其说，惑乱后学，兹罪之大，不可胜诛也"。④ 至汉末郑玄，乃将《鲁论》、《齐论》与《古论》合而成书，遂致今传《论语》真伪混淆，不可复识。可见，自康成以后，"曾门之真书亦为刘歆之伪学所乱，而孔子之道益杂糅矣"。⑤ 曹魏时，何晏采九家说而

---

① 康有为：《论语注》，《康有为全集》册六，第418页。
② 康有为：《论语注》序，第377页。
③ 康有为：《论语注》，第437页。
④ 康有为：《论语注》，第425页。
⑤ 康有为：《论语注》序，第378页。

撰《论语集解》,亦不别古今,遑论千年以后朱熹的《论语集注》耶?因此,长素认为,汉末以来的《论语》学,"上蔽于守约之曾学,下蔽于杂伪之刘说,于大同神明仁命之微义,皆未有发焉"。①

因此,对长素《论语注》来说,其目标有二:其一,廓开被曾子及其后学所狭隘化了的孔子大道,恢复儒学的本来面目。其二,消除刘歆之伪说,恢复《论语》的今文学面目。就此而言,即便从今文学角度来看曾子所辑《论语》,不过"附传记之末",地位本来不高,对于了解孔子之道,其价值有限,而长素则通过对《论语》中所记子张、子贡、子游之言的诠释,以重建"孔子大道"。

孔门诸弟子之中,长素首推有子,以为"孔子传道之大宗子,自颜子外,得孔子之具体,最似孔子者也",②又谓子游尝事有子,而传《礼运》。盖长素之意,曾子不过传孔子拨乱之法,唯有子、子游得闻孔子大同之说。长素遂谓孔门中传孔子之学者,可区别为大乘与小乘两派:

> (曾子)于孔子至仁太平之大道不甚发明,其与有子开口言仁者,大小迥殊矣。盖有子为大乘,曾子为小乘;后学以曾子为大宗而尊信凭守之,于是孔子之大道不光,未必不因此。③

其后宋儒推尊曾子,且以子思、孟子继曾子之学,对此,长素以为"实沿王肃《家语》之谬"④也。

2. 刘歆之伪与朱子之狭隘

长素认为,今本《论语》颇有为刘歆所伪窜者。盖公羊家以"素王改制"为微言,而杜预尊周公,将《春秋》书法多归于周公之"遗制"。长素则归咎于刘歆,认为刘歆不独伪《周官》,乃至遍伪六经,其意则在于否定孔子为改制教主也。对此,长素曰:

> 六经皆孔子改制所托,此为商定改制明据。自刘歆篡圣,多作伪经,以攻孔子,以孔子为述而非作,从周而非改制。于是孔子微言绝,大义乖矣。⑤

---

① 康有为:《论语注》序,第378页。
② 康有为:《论语注》,第380页。
③ 康有为:《论语注》,第382页。
④ 康有为:《论语注》,第381页。
⑤ 康有为:《论语注》,第504页。

长素认为,今本《论语》虽经刘歆所伪窜,然毕竟有不能掩孔子微言者。如《论语·卫灵公》载孔子答颜渊问为邦之语云:"行夏之时,乘殷之辂,服周之冕,乐则《韶》舞。"则刘歆虽以孔子"从周",然此语足为孔子改制之明证。

刘歆既伪撰《古论语》,又欲夺《公》、《穀》地位,而成立《左氏》为《春秋》之传。《论语·公冶长篇》有"左丘明耻之,丘亦耻之"一条,历来《左氏》学者据此认为,左丘明与圣人之好恶相同,则其所撰《左氏》足为诠释《春秋》之传也。对此,长素注云:

> 此章为古文伪《论语》,刘歆所窜入也。《史记·仲尼弟子传》无左丘明名。《史记》称"左丘失明,厥有《国语》",则左氏名丘,亦非名明也。……盖孔子改制,三世之学在《春秋》,皆弟子亲传其口说。刘歆伪编《左氏传》以攻《公》、《穀》,遍为古证于诸经,因窜丘明名于此,以著左丘好恶与圣人同,以惑后人,以为攻《公》、《穀》计。岂知左丘作《国语》,而非传经,又不在七十子之列,其详见吾所撰《伪经考》。《论语》如此伪文甚多,当分别考之也。①

关于《左氏》的作者,长素不仅上承赵匡、刘申受以来的主张,而且进一步提出,《论语》中提到"好恶与圣人同"的左丘明,不过是刘歆所窜入,且认为《史记》提到的《国语》作者乃"左丘",而非"左丘明"。

又,《论语·雍也篇》云:"子谓子夏曰:女为君子儒,无为小人儒。"长素注云:

> 儒为孔子创教之名。春秋时,诸子皆改制创教,老子之名为道,与孔子之名为儒、墨子之名为墨同。……刘歆欲篡孔子之圣统,假托周公,而灭孔子改制创教之迹,乃列儒于九流,以儒与师并列,称为以道得民。自此,儒名若尊,而为教名反没矣。②

长素以刘歆之伪窜,旨在"灭孔子改制创教之迹",则孔子虽被称为"以道得民",貌似尊孔,实则卑孔。唯以孔子为改制教主,犹若穆氏创教,则真尊孔也。长素又曰:

---

① 康有为:《论语注》,第414页。
② 康有为:《论语注》,第419页。

> 刘歆欲篡孔子圣统,必先攻改制之说,故先改《国语》为《左氏传》,以夺口说之《公》《穀》。《公》《穀》破而微言绝、大义乖。故自晋世《公》《穀》废于学官,二家有书无师,于是孔子改制之义遂湮,三世之义几绝。孔子神圣不著,而中国二千年不蒙升平、太平之运,皆刘歆为之。①

诚若是说,三代以后,中国始终处于据乱世,而刘歆之新学当尸其咎欤!则长素攻刘歆伪窜,实有现实政治的关怀,即欲使中国进于升平、太平之世,而非只是出于学术之辨伪。

可见,刘歆既去孔子大同之旨,其后宋儒继之,盖承其弊也。长素曰:

> 宋贤执礼甚严,尊古太甚,以古音既不可考,乃并歌而废之,付之于优伶狎客,庄士所不为。遂令中国废歌,失人道养生之宜,悖圣人乐生之道,日尊孔子而暗从墨氏,致人道大戮,天下不堪,此程、朱之过也。②

公羊家谓孔子为"文王",盖以为改制立法之主也。然长素之意,则以"孔子为文明进化之王,非尚质退化者也"。③ 显然,长素此种说法,盖从文质的角度来理解孔子为文王,已不同于传统公羊家矣。

至于宋学,长素直斥以为墨道,"宋贤言道之极,即入于墨,非孔子之道也"。④ 长素又论宋贤不屑为管仲,"大失孔子之教旨",曰:

> 盖仁莫大于博爱,祸莫大于兵戎,天下止兵,列国君民皆同乐生,功莫大焉。……宋贤不善读之,乃鄙薄事功,攻击管仲。至宋朝不保,夷于金、元,左衽者数百年,生民涂炭,则大失孔子之教旨矣。专重内而失外,而令人诮儒术之迂也。岂知孔子之道,内外本末并举,而无所偏遗哉!⑤

长素甚至认为,"宋贤妄攻管仲,宜至于中原陆沉也"。⑥ 盖在长素看来,管

---

① 康有为:《论语注》,第425页。
② 康有为:《论语注》,第434页。
③ 康有为:《论语注》,第395页。
④ 康有为:《论语注》,第451页。
⑤ 康有为:《论语注》,第492页。
⑥ 康有为:《论语注》,第492页。

仲虽于事君无死节之臣德,然终能施仁于天下,何必效匹夫匹妇之为谅耶!可见,宋儒虽高倡"万物一体之仁",至于救民报国之际,长素反讥以为不知仁。

《论语·八佾篇》有林放问"礼之本"一条,孔子回答道:"礼,与其奢也,宁俭;丧,与其易也,宁戚。"对此,长素注云:

> 林放,鲁人,见世之为礼者,专事繁文,而疑其本之不在是也。孔子以时方逐末,而放独有志于本,故大其问。奢,张也;丧,亡也。朱子曰:"易,治也。"《孟子》曰:"易其田畴。"在丧礼,则节文习熟,而无哀痛惨怛之实者也。戚则一于哀,而文不足耳。礼贵得中,奢、易则过于文,俭、戚则不及而质,二者皆未合礼。然凡物之理,必先有质而后有文。《檀弓》谓"不若礼不足而哀有余也",则质乃礼之本也。……盖夫子以周末人伪,以文灭质,有为言之。若时之有变,则观其会通,以行其典礼。文明既进,则乱世之奢,文明以为极俭。世愈文明,则尚奢愈甚。若于三代珠盘玉敦之时,而必反之污尊抔饮生番野蛮之俗,以致人道之退化,非止事不可行,亦大失孔子意矣。天未丧斯,文不在兹。《公羊》称孔子为"文王",盖孔子为文明进化之王,非尚质退化者也。宋儒不通此义,以敝车羸马为贤。公孙布被,相率伪俭,苏轼所谓"俭者陋风,有损国体",岂惟国体不美,实令人道退化。今中国之文明不进,大损所关,岂细故哉?宋贤因国力压制,俸入甚薄,其不能不尚俭,势也。若遂说为孔法,以为俗化之定论,以损退文明,此则不可不明辨也。①

长素在此所论文质,除了提及传统公羊家以人情为质、虚饰为文的内涵外,还发挥出一种全新的内涵,即将人类文明进化所带来的物质生活的改善视为"文",遂谓宋儒之学不仅不达孔子大道,而且中国文明不能如西洋一般进化,实宋学有以致之也。

又,《论语·述而篇》云:"子曰:奢则不孙,俭则固。与其不孙也,宁固。"长素注云:

> 若华美而合于礼,为文而非奢,孔子所尚矣。……孔子尚文,非尚俭也。尚俭,则为墨学矣。后儒不善读此章,误以孔子恶奢为恶文,于是文美之物皆恶之。历史所美,皆贵俭德,中国文物遂等野蛮,则误解经义之祸也。且圣人之言,为救世之药,参术之与大黄,相反而各适所

---

① 康有为:《论语注》,第394—395页。

用。孔子言各有为,但以救时。孔子为圣之时,若当平世,必言"与其俭也,宁奢"。①

案,长素平日生活,世人多目以豪奢,而颇有讥言,然考其学说,盖欲示人以太平大同之道,亦所以宣教于中国也。

3. 三世说与太平大同之道

在长素看来,孔子为"时圣","时当乱世,则为乱世学;时当升平、太平,则为升平、太平之学"。② 因此,孔子之学本有三世之道,然当春秋时,孔子生当乱世,故寓拨乱之法于《春秋》耳。此外又有升平、太平之法,盖"孔子生乱世,虽不得已为小康之法,而精神所注常在大同",③亦散见于儒门诸多文字中。

康门多主仁学,而以为太平之道,"盖孔子之宗旨,千端万绪,皆归本于仁"。④ 对此,长素发挥《礼运》之义,曰:

> 太平之世,远近大小若一;大同之世,不独亲其亲,子其子,老有终,壮有用,幼有长,鳏寡、孤独、废疾皆有养,仁之至也。⑤

因此,如果处于拨乱之世,就只能仁其亲而敬其长,即孝弟也。有子谓"孝弟也者,其为仁之本",表明孝弟并非仁的极轨,只是圣人用以拨乱之法耳。长素此时虽以太平大同为高,犹谓当循序渐进,"故拨乱之法,先求小康,而后徐导大同。孝弟者,先导其一家之小康,而徐推于天下之太平,此盖治教必然之次序也"。⑥ 可见,孝弟的价值在于成为太平大同之阶梯而已。

在长素看来,孔子作《春秋》,而陈三世之旨,其中既有拨乱之法,又开示以太平大同之极至,至于孔门诸高弟,所学不同,而有先进、后进之别。《论语·先进篇》云:"先进于礼乐,野人也;后进于礼乐,君子也。如用之,则吾从先进。"对此,长素曰:

> 先进,谓先及门,如子路诸人,志于拨乱世者,于礼乐尚粗略也;后

---

① 康有为:《论语注》,第434—435页。
② 康有为:《论语注》,第379页。
③ 康有为:《论语注》,第379页。
④ 康有为:《论语注》,第408页。
⑤ 康有为:《论语注》,第388页。
⑥ 康有为:《论语注》,第388页。

> 进谓子游、公西华诸人,志在致太平者,于礼乐甚彬彬也。时未至于太平,则只能用拨乱之礼乐,故曰从先进。今略近升平,然亦未可用太平之礼乐也。①

此说显然大异于诸家的注解,代表了长素流亡海外以后的思想,即以当时中国犹待启蒙,不可猝用太平之法。

长素又将三世说与中西政治制度相比配,谓"升平世则行立宪之政,太平世则行共和之政"。②《论语·八佾篇》云:"夷狄之有君,不如诸夏之亡也。"对此,长素说道:

> 盖孔子之言夷狄、中国,即今野蛮、文明之谓。野蛮团体太散,当立君主专制以聚之,据乱世所宜有也;文明世人权昌明,同受治于公法之下,但有公议民主,而无君主。二者之治,皆世界所不可少,互有得失。若乱世野蛮有君主之治法,不如平世文明无君主之治法。③

可见,在长素看来,乱世实行君主专制,故"绝大夫";若太平之世,则实行民主制,而"贬天子",皆有其历史的合理性。然就《公羊》三世说而言,人类将由乱世而进于平世,则民主制高于君主制也。

又,《论语·季氏篇》云:

> 孔子曰:天下有道,则礼乐征伐自天子出;天下无道,则礼乐征伐自诸侯出。自诸侯出,盖十世希不失矣;自大夫出,五世希不失矣;陪臣执国命,三世希不失矣。天下有道,则政不在大夫;天下有道,则庶人不议。

对于此段的诠释,颇见长素对刘歆伪《论语》及其改经以就义理的倾向。

首先,长素认为,"政出天子,此拨乱制也",这是因为孔子生于乱世,"族长互争,酋长互争,而民殆矣",故欲拨乱反正,不得不"诛大夫,刺诸侯,而务一统于天子"。换言之,孔子主张君主专制,实出于拨乱的需要,虽然使"中国一统,海内晏然,民多老死不见兵革",毕竟并非至道,故"百世希不失"。④ 至晚清时,中国迎来了三千年未有之大变局,恰合百世之数,则当时

---

① 康有为:《论语注》,第463页。
② 康有为:《论语注》,第387页。
③ 康有为:《论语注》,第395页。
④ 康有为:《论语注》,第511—512页。

中国走向君主立宪乃至民主共和,在长素看来,正在孔子预料之中也。

其次,长素认为旧本作"天下有道,则政在大夫;天下有道,则庶人议",则今本多两"不"字,乃衍文之误,或后人妄增。然而,唯如长素所改,方才符合其对三世说的理解:"政在大夫,盖君主立宪。有道,谓升平也。君主不负责任,故大夫任其政。大同,天下为公,则政由国民公议。盖太平制,有道之至也。"①盖长素必欲据《春秋》三世说,以为孔子之道本有三世之理,故施于乱世,则用君主专制以拨乱;施于升平世,则主君主立宪;施于太平世,则有庶人议政的民主共和制度。虽然,长素此时已明确反对用平世之制以施于中国,曰:"惟时各有宜,不能误用,误则生害;当其宜,皆为有道也。"②故自民国以来,长素退而主张虚君共和,正有鉴于至高理想之祸国也。

又,《论语·八佾篇》云:"子曰:周监于二代,郁郁乎文哉!吾从周。"长素注云:

> 监,视也。郁郁,文明貌。孔子改制,取三代之制度而斟酌损益之,如夏时、殷辂、周冕、虞乐,各有所取,然本于周制为多。非徒时近俗宜,文献足征,实以周制上因夏、殷,去短取长,加以美备,最为文明也。孔子之道,以文明进化为主,故文明者,尤取之子思所谓"宪章文武"也。《墨子·公孟子》亦曰:"子之古,非古也,周也。吾之古,夏也。"故墨子改制,上法禹为多;而孔子改制,法周文为多。故又曰:"文王既没,文不在兹。"《公羊》称孔子为文王,法其生不法其死,为后王之法,人道之始也。③

显然,长素的注解,较刘、宋、戴有了更多的内涵。盖孔子所以为"文王",实以其改制多本于周制也。周制相对于虞、夏、殷之古制,"最为文明",而足为后王取法。至于墨家之法古,盖用夏制,虽较儒家为古,然于文明实属退化也。显然,刘、宋、戴之说徒谓周制能损益二代,且颇有历史循环论色彩,而绝无长素所赋予的文明进化内涵。

又,《论语·阳货篇》载孔子欲赴公山弗扰、佛肸二叛臣之召,历来学者颇有异说。其先,司马迁《史记》载其事,曰:

> 公山不狃以费畔季氏,使人召孔子。孔子循道弥久,温温无所试,

---

① 康有为:《论语注》,第512页。
② 康有为:《论语注》,第512页。
③ 康有为:《论语注》,第398页。

莫能已用，曰："盖周文、武起丰、镐而王，今费虽小，傥庶几乎！"①

然司马贞《索隐》曰："检《家语》及孔子之书，并无此言，故桓谭亦以为诬也。"史公可谓深知孔子者，故谓孔子志在效法文、武以得国自王，然此事乃莫大之微言，后儒莫不讳其事，而桓谭以为诬孔子，或为孔子讳，或见其浅识耳。且史公系孔子传于"世家"，可见其微意也。司马贞徒知孔子"以是圣人为教化之主"，而"为帝王之仪表"，而为学者所宗，故为"世家"焉。然"教化之主"者，即长素所谓"教主"也，然教主不得国，焉能行教于天下耶？②

又据《孔子世家》，楚昭王欲以书社七百里地封孔子，令尹子西沮之曰："楚之祖封于周，号为子男五十里。今孔丘述三五之法，明周召之业，王若用之，则楚安得世世堂堂方数千里乎？夫文王在丰，武王在镐，百里之君，卒王天下。今孔丘得据土壤，贤弟子为佐，非楚之福也。"子西亦知孔子者，盖楚先祖尝以五十里而王，文、武以百里而王，孔子若得七百里地，必能王于天下矣。

此后两千余年，唯申受《述何》知孔子之志，乃用《史记》之说曰："天用夫子，当复西周之治，岂犹为东周乎？"虽然，申受惩于满人之忌刻，犹作微言之辞，以为孔子不过"复西周之治"耳。至康长素，始显言孔子之志，并引《史记》之说，曰：

> 为东周，言费小亦可王，将为东方之周也。乱臣不可从乃是常义，孔子岂不知之？但为救民来，故曰："天下有道，丘不与易。"苟可借手，皆可兴升平太平、大同小康之治。盖化人之来，道济天下，岂问为何人哉？所谓圣达节，贤守节，下失节。子路乃守节之人，故不说；孔子为达节之圣，故无可无不可。不然，则爱名惜己，不知救民，孔子亦贤者而已，固知常义不足以窥圣人也。其卒不往者，殆公山早败，或诚意不足耳。③

案，申受用《公羊》义释《论语》此语，谓孔子"不为东周"，其后，戴子高亦从其说。唯长素以为，孔子之志在据费而"将为东方之周"，是说近于何晏"兴

---

① 司马迁：《史记》卷47，第2308页。
② 案，廖平尝撰《主素王不王鲁论》一篇，谓孔子为"素王"，诚《公羊》之旧说，至于"王鲁"之说，则始于董子，而成于邵公。（参见廖平：《何氏公羊解诂三十论》，《廖平全集》册九，上海古籍出版社，2015，第2143—2145页）盖"素王"之说，不过孔子假《春秋》而"托王义"于后世，而孔子犹布衣圣人耳；至于"王鲁"之说，始则以鲁侯僭天子之位，终则不免以孔子据母邦而王天下矣，犹穆氏之比也。
③ 康有为：《论语注》，第517页。

周道于东方",然内涵却大不同。盖长素之意,以为孔子既欲救民行仁,则不惮应叛臣之招,而假彼以行太平大同之治。可见,自长素视之,孔子欲据费自王,犹穆氏据麦城以兴教也。

其后,佛肸以中牟叛,招孔子,孔子亦欲往,且曰:"不曰坚乎,磨而不磷;不曰白乎,涅而不缁。吾岂匏瓜也哉?焉能系而不食。"对此,长素注云:

> 张敬夫曰:"……夫子于公山、佛肸之召,皆欲往者,以天下无不可变之人,无不可为之事也。其卒不往者,知其人之终不可变,而事之终不可为耳。一则与物之仁,一则知人之智也。"佛肸、公山之召,孔子皆欲往,救时之急,拯溺之仁,行其心之安,而绝无人间名义之绊系,非圣人孰能为此?……子路之守节,孔子之达权;子路之守身,孔子之行仁。贤圣之大小、广狭、经权,皆可见矣。然必坚白之至,乃可不畏磷缁,若皎日显现,黑暗皆明,如莲华出水,污泥难染,皓皓自由,无所不可。若坚白不足,则不堪磨染,触辄损污,则宜仍守不善不入之戒,无谬托于圣人也。①

庚子前后,时长素驻节槟城,分遣弟子于内地,不耻与会党相交,盖亦行仁之急,而无暇顾及"人间名义之绊系"耳。惜乎今人多以私德攻长素,而长素始终不失坚白之身,凡俗浅识之人,岂能窥其涯岸耶!可见,长素与仲尼俱有行仁之勇,然其智颇有不逮于孔子者,盖病急而不知会党之不足恃也。则仲尼与长素终不得行道于中国,诚命矣夫,非若穆氏能有麦城可依以辅仁也。

长素又谓孔子为教主。《论语·公冶长》云:"子曰:道不行,乘桴浮于海。从我者,其由与?"长素注云:

> 浮海之叹,伤中国之不遇也。……按,孔子抱拨乱反正之道,太平大同之理,三世三重之法,横览中国皆不能行,私居忧叹,欲出海外。……故心思海外大地,必有人种至善,可行大同太平之理者,欲择勇者同开教异域。……使当时孔子西浮印度、波斯以至罗马,东渡日本以开美洲,则大教四流,大同太平之道,当有一地早行之也。传教救人,宜出海外,后学当以孔子、子路为法,无惮艰远矣。②

又,《论语·子罕》"子欲居九夷"一条,长素注云:

---

① 康有为:《论语注》,第518页。
② 康有为:《论语注》,第409页。

> 孔子日思以道易天下，既不得于中国，则欲辟殖民之新地，传教诸夷。圣人但欲开化救人，无所择也。①

早在戊戌前，长素即有殖民巴西的构想，实欲传教异域，以建设王道乐土也。至戊戌后，长素创保皇会，得传教于世界各地，盖效法孔子浮海之志耳。惜乎孔子、长素皆不得行其志，然其欲得国而行太平大同之道，则无有二焉。然纵观世界，唯耶稣传教于罗马、穆氏传教于麦城，皆以母邦不得遂其志，而终使其教大行于异邦。

又，《论语·雍也》中"子见南子"一节，诸说皆以孔子见南子为行道，即如戴子高《论语注》，亦不过以孔子见小君为得礼。然长素不与诸家同，其注云：

> 旧俗男女相见，君夫人礼宾，如今泰西仪。自阳侯杀缪侯而娶其夫人，故大飨废夫人之礼，自是男女别隔。孔子以人权各有自立，大同固可相见，盖特行之，故见南子。子路习闻小康之制，以为男女不当见，尤疾淫乱之人，因疑怪孔子。盖笃守小康者，见大同之举动无不怪也。旧注以为疑，亦泥于小康之道，故不能明。盖圣人踪迹兼于三世，故上下无常非为邪，进退无恒非离群，故曰圣而不可测之谓神。子路、朱子皆未之测，何况余子？②

诸家对此段的训释，虽不尽同，然皆无取于《公羊》三世之说，唯长素真知孔子乃"圣之时者"，故其行迹常有往来于三世者。长素亦然，其初提倡男女平等，反对缠足，诚信大同之道也；至其前后六娶，则用小康之法，其行迹可谓往来于三世耶？故自长素视之，常人固无见君夫人之礼，而严于男女之别，盖守拨乱之法耳；然孔子大圣，其见南子，非为行权，实以为大同至理而毅然行之耳。

长素又曰：

> 若天下为公，惟尧、舜有之，惟大同之世行之，尤孔子所注意矣。《孟子》于终篇述尧、舜、汤、文，《论语》终篇亦论尧、舜、汤、武，一以见民主公天下之善，一以见革命诛民贼之功，皆孔门之微言，托于终篇以寓大义者也。③

---

① 康有为：《论语注》，第448页。
② 康有为：《论语注》，第423页。
③ 康有为：《论语注》，第539页。

在长素看来，尧、舜时曾行大同之道，此孔子所以常注意焉。故当晚清革命风潮汹涌之时，长素实已指明了现代中国的大同共和之路，然在孔子那里，尚不过微言耳，非能宣阐于据乱时代也。

叶德辉《正界篇》乃攻《公羊》三世之说，曰：

> 三世之说，《公羊》后学之言，其说已不尽可信。此更袭西人《创世记》之文及佛经轮回之旨，本其师说，污乱圣经，吾恐世界未进于太平，中华已沦于异教矣。①

叶氏殆谓长素之"三世"新论乃受西人及佛徒异说之影响，然其流弊所及，惜乎不幸而言中矣。

第三节　魏源《诗经》《尚书》学的今文学立场

申受释《公羊》"张三世"例时，已引《诗》、《易》、《书》之语以发明《春秋》之义，至其所释"通三统"，更是如此。《释例》云：

> 曰：然则三正见于《夏书》，而《春秋》继《诗》亡而作，《诗》顾不言，何也？曰：《诗》之言三正者多矣，而尤莫著于三《颂》。夫子既降《王》为风，而次之《邶》、《鄘》之后，言商周之既亡，终之以三颂，非新周故宋，以《鲁颂》当夏而为新王之明征乎？夫既以《鲁颂》当新王，而次之周后，复以《商颂》次鲁，而明继夏者殷，非所谓"三王之道若循环"者乎？故不明《春秋》，不可与言五经。《春秋》者，五经之筦钥也。曰：通三统之义，既得闻命矣。子思子之述《春秋》也，则曰"祖述尧舜，宪章文武"，《传》亦曰"乐道尧舜之道"，而其释五始则曰"王者孰谓？谓文王也"，不兼举二月、三月而通之，何欤？曰：《春秋》之义，固上贯二帝、三王而下治万世者也，文王虽受命称王，而于系《易》，犹以庖牺正乾五之位，而谦居三公。《晋》、《明夷》、《升》三卦，言受祖得民而伐罪也。《临》，商正，言改正朔也。夫文王道未洽于天下，而系《易》以见忧患万世之心，《春秋》象之，故曰"文王既没，文不在兹乎"。故明《春秋》而后可与言《易》。《易》观会通以行典礼，而示人以易；《春秋》通三代之典

---

① 苏舆编：《翼教丛编》卷4，第93页。

礼,而示人以权。经世之志,非二圣其孰能明之?①

自申受视之,"通三统"不独为《春秋》之义,其余诸经亦颇发之。譬如,《尚书》中有"三正"明文,如《夏书·甘誓篇》谓"有扈氏威侮五行,怠弃三正"是也;而《诗》言"三正"者亦多,周、鲁、商三《颂》之相继,即三统相继循环之义;至于《易》、《礼》,则见文王伐罪改殷正之心,"示人以权"则《易》也,观三代会通以行典礼,则《礼》也。是以申受云:"不明《春秋》,不可与言五经。《春秋》者,五经之筦钥也。"

盖申受不独治《公羊》,亦兼治《书》、《易》,则其以《春秋》总群经大义,以为"五经之筦钥",实属自然。其后,宋于庭、戴子高、龚定庵、魏默深、康长素之徒,遂承此绪余而大阐其说矣。

案,默深治经,其大端有三:其一,撰《书古微》,专申司马迁、伏生等今文说,以难马融、郑玄。其二,撰《诗古微》,表章《鲁诗》、《韩诗》坠绪,以匡《毛诗》及郑玄笺。其三,撰《董子春秋发微》,条列董仲舒书法条例,以为远在胡毋生、何邵公之上。

据刘申受《诗古微》序,②清代今文学之萌芽,始于武进张惠言治虞氏《易》、曲阜孔广森治《公羊》。其后,申受、于庭踵其绪余,以邵公家法专治《公羊》,此则今文学之拓展也。同时治经之乾嘉学者,若《书》有江、段、孙、王,皆杂采马、郑、王、孔,无所抉择;若《诗》则有顾、阎、胡、戴,虽致疑于毛学,然尚不知据三家古义以正其源流。殆自申受视之,西汉十四博士之学实为一整体,可谓"道一风同",因此,依据今文学观点而遍释群经,由《易》、《春秋》进一步扩展至《书》、《诗》、《礼》,乃至《论语》、《孝经》的研究,实属顺理成章之事。

申受自谓其"向治《春秋》今文之学,有志发挥,成一家言,作辍因循,久未卒业",③盖其所撰《尚书今古文集解》与《论语述何》,固为发挥今文学观点的著述,然俱属未卒业之作,故默深之《诗古微》与《书古微》,实继逢禄未竟之业,可谓清代今文学运动的重要成就。

一 《诗古微》

《诗古微》有初刻、二刻两种。初刻为修吉堂本,仅上、下二卷,计有《正

---

① 刘逢禄:《春秋公羊经何氏释例》,第14—15页。
② 默深《诗古微》的撰刻时间不明,而申受所撰序的时间亦不明。案,申受卒于道光九年八月,则其序在此前无疑,而王家俭《魏源年谱》、黄丽镛《魏源年谱》咸以是序系于道光九年。
③ 刘逢禄:《诗古微序》,《魏源全集》册一,岳麓书社,2005,第731页。

始篇》、《诗乐篇》、《三家发凡》、《毛诗明义》、《三家发微》、《齐鲁诗发微合篇》、《鲁诗发微》、《韩诗发微》、《三家通义》、《三家异义》、《集传初义》等十数篇,前有李兆洛序,盖成于道光初。① 道光二十年,默深颇悔初刻本多"少年未定之论",②遂加修订、增补,撰成二十卷,是为古微堂本。③ 二刻本分三编,上编六卷,并卷首一卷,通论全经大义;中编十卷,答问逐章疑难;下编三卷,其一辑古序,其二演外传。又有默深自序,而不载李序矣。又,申受尝为初刻本作序,然初、二刻本俱不载。④ 二刻本后收入《皇清经解续编》。⑤

默深自序云:

> 《诗古微》何以名?曰:所以发挥齐、鲁、韩三家《诗》之微言大谊,补苴其罅漏,张皇其幽渺,以豁除《毛诗》美刺、正变之滞例,而揭周公、孔子制礼正乐之用心于来世也。⑥

李兆洛序云:

> 魏子默深之治《诗》也,钊割数千年来相传之篇弟,掊击若干年来株守之《序》、《笺》,无独是之见者然乎?⑦

可见,《诗古微》之大旨,盖发挥齐、鲁、韩三家《诗》之微言大义,且掊击毛、郑旧说也。

---

① 《诗古微》初刻二卷,未注明成书年代。李瑚、夏剑钦编《魏源大事年表》,定《诗古微》初刻于道光二年(1822)。然据贺广如《魏默深思想探究》,则定在道光四年。林美兰《魏源〈诗古微〉研究》,则谓撰成于道光三年前,而于道光九年刊行于世。
② 案,道光十一年,龚自珍《与张南山书》中有云:"魏君源居忧吴门,其所著《诗古微》,颇悔少年未定之论,闻不复示人。"可见默深对初刻本之不满。
③ 又据黄丽镛《魏源年谱》,咸丰四年(1854),默深增撰《诗古微》成。
④ 贺广如以为,"刘逢禄《诗古微序》不见用于初刻本,但其效应却在二刻本中不断呈现。《毛诗》传自子夏之说不足据,'故宋'、'新周'等存三统之义寓于篇次,乃至申受对于刘歆妄附《左氏》于《春秋》之说,默深均一一接受,敷衍其说,更创刘歆妄改《左传》以难《鲁诗》之见,逢禄对于默深的影响之大,于此见得分明"。(贺广如:《魏默深思想探究》,台湾大学出版中心,1999,第157页)
⑤ 据贺广如《魏默深思想探究》,二刻本有十六卷、十七卷、二十卷、二十二卷等版本,其中,二十卷本刊于道光二十年,乃二刻本最主要刊本,文末有魏源自记云:"道光二十载,岁次庚子,邵阳魏源叙于扬州絜园。"十六卷本为光绪十一年(1885)杨守敬飞青阁重刊本,编次颇与二十卷本不同,除魏源自序外,又并载李、刘二序。十七卷本为《清经解续编》南菁书院本及蜚英馆石印本,二十二卷本则仅见其序,未见传本。
⑥ 魏源:《诗古微序》,《魏源全集》册一,第99页。
⑦ 李兆洛:《诗古微序》,《魏源全集》册一,第1页。

刘申受序则云：

> 世之说者顾曰："三家《诗》多述本事，犹之不修之《春秋》也；毛《诗》则财以圣人之义法，犹之君子修之云尔。"果尔，则请以《春秋》义法核之。《诗》何以《风》先乎《雅》？著《诗》、《春秋》之相终始也。《风》者，王者之迹所存也，王者之迹息而采风之使缺，《诗》于是终，《春秋》是始。《春秋》宗文王，《诗》之四始莫不本于文王。首基之以《二南》，《春秋》之大一统也；终运之以《三颂》，《春秋》之通三统也。《周南》终《麟趾》，《召南》终《驺虞》，《春秋》之始元终麟也。"变风"始于《邶》、《鄘》、《卫》，《春秋》之故宋也；《王》次之，《春秋》之新周也；"变雅"始于宣王之征伐，《春秋》之内诸夏而外吴楚也。《鲁颂》先乎《商颂》，《春秋》之寓王也。《颂》以商为殿者，谓救周之文敝，宜从殷之质也。托夏于鲁，明继周以夏，继夏以商，三王之道若循环，终则又始，《易》终《未济》之义也。王者因革损益之道，三王、五帝不相袭，托王者于斯，一质一文，当殷之尚忠敬文，迭施当夏之教也。是《春秋》之通义也。孔子序《书》，特韫神旨，纪三代，正稽古，列正变，明得失，等百王，知来者，莫不本于《春秋》，即莫不具于《诗》。故曰：《诗》、《书》、《春秋》，其归一也。此皆删述之微言大义，《毛序》、《毛诗》曾有一于此乎？①

可见，申受据《公羊》义以论《诗》之旨，而以《毛诗》不得师授，其论等于凿空，诚非三家之伦也。

此处申受假《公羊》义以论《诗》，如以《诗》始于二《南》，犹《春秋》之"大一统"；终之以《三颂》，《春秋》之"通三统"也；"变风"始于《邶》、《鄘》、《卫》，犹《春秋》之"故宋"；次以《王》，《春秋》之"新周"也；"变雅"始于宣王之征伐，"内诸夏而外夷狄"也；《颂》以商为终，乃《春秋》损文用质也。凡此，皆见申受、默深论《诗》之一脉相承。

刘序又云：

> 邵阳魏君默深治经好求微言大义，由董子书以信《公羊春秋》，由《春秋》以信西汉今文家法……于《诗》则表章鲁、韩坠绪，以匡《传》、《笺》，既与予说重规叠矩，其所排难解剥，钩沉起废，则又皆足干城大

---

① 刘逢禄：《诗古微序》，《魏源全集》册一，第 729—730 页。

道,张皇幽渺。①

申受又深许默深能表章鲁、韩坠绪,以匡《毛传》、《郑笺》,而以今文家法治《诗》也。

盖常州今文学初兴之时,不过据邵公家法以申《公羊》义而已,至多止于攻驳《左氏》之讹窜。因此,表面上看来,此时常州学术不过沿袭清初以来订正《左氏》之思路。然而,随着今文学拓展到《诗》、《书》之研究,其与乾嘉汉学的不同,轮廓日渐明晰,冲突亦成水火之势。譬如,申受不过批评钱大昕关于《春秋》的见解,而《春秋》殆非钱氏所长。至默深治《诗》、《书》,则欲尽颠覆乾嘉诸儒之旧说,而无所不用其极焉,如其攻戴东原抄袭赵一清《水经注》,即其例也。

据申受、默深之说,汉初,齐、鲁、韩三家《诗》盛行,而《毛诗》晚出,乃不得立为博士。其后,古文渐兴,力攻博士今文之学,然贾逵《齐鲁韩毛异同》、崔灵恩《毛诗集注》,犹兼用三家义。汉末郑康成遍注群经,于《诗》以宗毛为主,至不当处,乃以三家义笺正之。自是学者治《诗》多尚郑笺,而三家遂衰矣。其后,《齐诗》亡于魏代,《鲁诗》亡于西晋,《韩诗》于唐、宋尚存,《新唐书·艺文志》、《崇文总目》犹载其书,《御览》、《集韵》多引其文,然卒亡于北宋,今仅存其《外传》而已。三家《诗》亡而《毛诗》独行,然攻《毛诗》者,亦不旋踵而起。如欧阳修为《诗本义》,始攻毛、郑之失。苏辙《诗传》,则以《毛序》不可尽信,止存其首句,而删去其余。郑樵《诗辨妄》,乃专攻毛、郑,而极诋《小序》。朱子为《诗集传》,唯涵泳经文,亦不信《毛序》,且间采三家说。其后,王应麟辑三家《诗》,明何楷,清范家相、徐璈等,搜辑益多。范、徐之辑本,皆默深《诗古微》所据也。

其先,古文家攻三家《诗》者,大致有三端:其一,齐、鲁、韩皆未见古序;其二,《毛诗》与经传诸子合,而三家无证;其三,《毛序》出于子夏、孟、荀,而三家无考。② 对此,默深"一一破其疑,起其坠"如下:

其一,关于三家古序。程大昌谓三家无有古序,曰:"三家不见古序,故无以总测篇意。毛惟有古序以该括章旨,故训诂所及,会全诗以归一贯。"③默深则据《唐志》,谓《韩诗》有卜商序、韩婴注,且诸家又颇引《韩诗》序意,则《韩诗》有序明矣。《齐诗》虽最残缺,而张揖《上林赋注》所引,即《齐诗》

---

① 刘逢禄:《诗古微序》,《魏源全集》册一,第730—731页。
② 魏源:《诗古微·齐鲁韩毛异同论上》,《魏源全集》册一,第123—124页。
③ 魏源:《诗古微·齐鲁韩毛异同论上》引,《魏源全集》册一,第124页。

序也。刘向传《鲁诗》，其《列女传》亦颇引序文，则《鲁诗》亦有序矣。

其二，三家与经传诸子。郑樵曰："毛公时，《左传》、《孟子》、《国语》、《仪礼》未盛行，而先与之合。世人未知《毛诗》之密，故俱从三家。及诸书出而证之，诸儒得以考其异同得失，长者出而短者自废，故皆舍三家而宗毛。"①默深正其说，以为三家实与经传诸子合，而《毛诗》则动与抵牾；又谓西汉诸儒，如太史公《史记》宗《鲁诗》，贾谊、刘向《新书》、《说苑》、《列女传》亦宗鲁；至于东汉诸儒，虽习见《毛诗》，然班固评论四家《诗》许鲁为近，贾逵撰《齐鲁韩毛诗异同》、服虔注《左氏》、郑玄注《礼》，皆显采《韩诗》，而郑玄笺《毛诗》亦阴用韩义，许慎《说文》引《诗》，什九皆本三家，《五经异义》亦多从三家说。凡此，可见郑樵之说非也。

其三，关于四家师说。姜炳璋曰："汉四家《诗》，惟毛公出自子夏，渊源最古。且《鲁颂传》引孟仲子之言，《丝衣序》别高子之言，《北山序》同孟子之语，则又出于孟子。而大毛公亲为荀卿弟子，故《毛传》多用荀子之言，非三家所及。"②默深以为，《汉书·楚元王传》言浮丘伯传《鲁诗》于荀卿，则《鲁诗》出于荀子矣。《唐书》谓"《韩诗》，卜商序"，则《韩诗》出于子夏矣。《韩诗外传》屡引《孟子》之文，又载高子问《载驰》诗于孟子，则《韩诗》亦出于孟子也。默深又谓《毛诗》之传授，多有异说，则未必可据也。申受序则引《公羊》义以证三家《诗》，遂谓"今文之师受远胜古文之凿空如此"。

默深既回应对三家《诗》的种种质难，又站在今文学的立场，并糅合宋人意见，对《毛诗》多方进行批驳。其自序谓《诗古微》之旨在豁除《毛诗》美刺之例。盖《诗》有作《诗》、采《诗》、编《诗》之不同，对此，默深曰：

> 作《诗》者自道其情，情达而止，不计闻者之如何也；即事而咏，不求致此者之何自也；讽上而作，但蕲上寤，不为他人之劝惩也。至太师采之以贡于天子，则以作者之词，而谕乎闻者之志；以即事之咏，而推其致此之由，则一时赏罚黜陟兴焉。国史编之以备矇诵、教国子，则以讽此人之诗，存为讽人人之诗，又存为处此境而咏己、咏人之法，而百世劝惩观感兴焉。③

三家与《毛诗》之异同，正由此而来，盖"三家特主于作《诗》之意，而《毛序》

---

① 魏源：《诗古微·齐鲁韩毛异同论上》引，《魏源全集》册一，第125页。
② 魏源：《诗古微·齐鲁韩毛异同论上》，《魏源全集》册一，第127页。
③ 魏源：《诗古微·齐鲁韩毛异同论中》，《魏源全集》册一，第129页。

主于采《诗》、编《诗》之意,似不同而实未尝不同也",可见,默深于四家之《诗》,实未有偏废之志也。

因此,《毛诗》多主美刺之说,而"三家虽主作《诗》之意,而亦间及编《诗》、奏《诗》之意",则三家亦不废美刺也;并且,即便就《毛诗》而言,亦存作《诗》之意焉。默深乃以四家《诗》各有得失,当观其会通,如是四家"未始不殊途同归者也"。默深曰:

> 三家之得者在原诗人之本旨,其失者在兼美刺之旁义。《毛诗》之得者在《传》与《序》各不相谋;其失者,在《卫序》、《郑笺》专泥《序》以为《传》。是故执采《诗》者之意,为作《诗》者之意,则凡太师推其致此之由归本于上者,皆谓出诗人之口。①

可见,《毛诗》之失,不在以美刺说《诗》,而在滞于美刺之例,甚至视为《诗》之本旨。至于《诗》之本旨,默深则以为不异于《春秋》,盖孔子作《春秋》,损文用质,则《诗》以"无邪"为本旨,犹《春秋》之尚质也。

又,《毛诗序》提出"四始"之说,然其指不明,而《春秋》则有"正始"之义,默深乃举以论《诗》之"四始"。案,康成答张逸云:"《风》也,《小雅》也,《大雅》也,《颂》也。"盖四者为人君兴废之始,故谓之"四始"。清陈启源亦用此说。默深以为望文生义,乃据"正始"之义,以为《风》、《雅》、《颂》各自有始。其先,成伯玙《毛诗指说》云:

> 《诗》有四始。始者,正《诗》也,谓之正始。周、召二《南》,《国风》之正始;《鹿鸣》至《菁莪》,《小雅》之正始;《文王》至《卷阿》,《大雅》之正始;《清庙》至《般》,《颂》之正始。其说亦与鲁、韩相比附。②

默深以为,自郑笺、孔疏以来,成氏说从未有表而出之者,然实与鲁、韩之说相近。默深又举司马迁语,"《关雎》之乱以为《风》始,《鹿鸣》为《小雅》始,《文王》为《大雅》始,《清庙》为《颂》始",以为《鲁诗》之说也。

默深又推本朱子之说,谓《毛诗序》非毛公之旧,而羼入卫宏之伪,至于郑玄《笺》,则依卫宏《续序》,不独异于毛,亦失《诗》之旨谊。如《毛诗》以《关雎》为后妃求贤之诗,盖始于卫宏附会《论语》"哀乐"之说,而于《大序》

---

① 魏源:《诗古微·齐鲁韩毛异同论中》,《魏源全集》册一,第132页。
② 魏源:《诗古微·四始义例篇二》,《魏源全集》册一,第181页。

中增入"《关雎》乐得淑女以配君子,忧在进贤,不淫其色,哀窈窕,思贤才,而无伤善之心"一段,郑笺遂谓后妃欲得贤女能和众妾之怨者,助己共祭祀之职。故默深谓"《毛传》既不得夫子之意,《续序》又不得《毛传》之意,郑、孔又不得《续序》之意,乌焉三写,屡变离宗"。①

默深又颇以《诗》证《春秋》之义,此盖承申受治经之绪。默深论《卫风·木瓜》云:

> 齐桓之伯功,莫大于攘狄,而攘戎、攘楚次之。《卫风》终于《木瓜》,所以著齐桓攘狄之功也。……"投我木瓜,报之琼瑶",此诸夏之心,非独卫人之心也。以是诗殿《卫风》,为诸夏录,不独为卫录也。②

此默深以《诗》发《春秋》攘夷之旨也。

又于《秦风·蒹葭》论诸侯之摈秦云:

> 曰:《蒹葭》诗何以为刺襄公?曰:《毛诗》刺襄公不用周礼,大旨得之。盖襄公初有岐西之地,以戎俗变周民也。豳、邠皆公刘、太王遗民,久习礼教,一旦为秦所有,不以周道变戎俗,反以戎俗变周民,如苍苍之葭,遇霜而黄。肃杀之政行,忠厚之风尽,意谓非此无以自强于戎、翟乎?……特时君尚诈力,则贤人不至,故求治逆而难;尚德怀,则贤人来辅之,故求治顺而易。溯洄不如溯游也。襄公急霸西戎,不遑礼教,远开武灵骑射之风,近启孝公富强之渐,流至春秋,诸侯终以夷狄摈秦,故诗人兴霜露焉。③

案,申受于《秦楚吴进黜表》序中美秦"能取周地","其地为周之旧,有文、武贞信之教,无敖僻骄佚之志,亦无淫泆昏惰之风,故于《诗》为夏声",然默深则据《毛诗》,专论秦之"以戎俗变周民",尚诈力,不遑礼教,遂致诸侯以夷狄而摈秦。可见,刘、魏之说正相反也。

默深又美楚庄以夏变夷,贤于齐桓、晋文,曰:

> 吾读《诗》而知圣人存五伯以续王迹也;读变《风》终于陈灵,而知

---

① 魏源:《诗古微·毛诗义例篇上》,《魏源全集》册一,第158页。
② 魏源:《诗古微·邶鄘卫义例篇下》,《魏源全集》册一,第221页。
③ 魏源:《诗古微·秦风答问》,《魏源全集》册一,第432页。

圣人予楚庄之存陈也。《齐》、《唐》、《卫》、《郑》、《曹》、《桧》，皆无桓、文以后之诗，固皆桓、文所陈。惟《秦风·黄鸟》以下，《陈风·株林》等篇，皆在晋文之后，知其录秦穆、楚庄之伯无疑焉！……最隽者其楚庄乎！围郑服而舍之，讨陈罪而封之，虽齐桓存三亡国，不是过也。围宋可取而卒践盟，虽晋文之服原，不是过也。胜晋于邲，不忍麋民于河而还师佚之，虽王者之师，不是过焉。至从巫臣之谏而却夏姬，殆桓、文之溺色所不能焉；讨陈诛逆，陈其风于王朝，尤荆舒所未有焉。故尝谓楚庄之功不亚桓、文，而贤过桓、文。为中夏之桓、文易，为用夏变夷之楚庄难。《春秋》始书荆，继书楚；始书人，继书子。进于中国，则中国之……圣人之不终夷楚章章矣。①

案，《公羊》以七等进退诸侯，其于楚庄，虽不吝誉美之辞，然若默深褒进其功比于桓、文，而贤尤过之，则实未曾有也。默深盖据《诗》而推求《春秋》之义焉。

又以《诗》证《春秋》"通三统"之义，曰：

> 孔子自卫反鲁，正礼乐，修《春秋》，据鲁、新周、故殷，运之三代。是以列《鲁》于《颂》，示东周可为之志焉；次《商》于《鲁》，示黜杞存宋之微权焉；合《鲁》、《商》于《周》，见三统循环之义焉。故曰："我观周道，幽厉伤之，吾舍鲁何适矣。"又曰："杞不足征也，吾学殷礼，有宋存焉。"圣人之情见乎辞，微董生、太史公书，其孰明之？②

案，申受《公羊释例》始以《诗》证"三统"之说，如"《诗》之言三正者多矣，而尤莫著于三《颂》"云云，此盖默深此说所本。然默深又推阐申受之说，谓《诗》有《鲁颂》，见孔子据鲁而兴周道于东方之志；次以《商颂》，则《春秋》之故宋也；合二颂于《周颂》，以见三统之循环也。

又以《诗》明三教之循环，曰：

> 《七月》、《公刘》，豳国之民风也。其时则夏时，其政则夏政也。王道通三统以建三正，必于三微之月，故曰"一之日"、"二之日"、"三之日"，以明三统之义。周正建子……夏正建寅……先者尚文……后者尚

---

① 魏源：《诗古微·陈曹答问》，《魏源全集》册一，第443—444页。
② 魏源：《诗古微·商颂鲁韩发微》，《魏源全集》册一，第330页。

> 忠……我观夏道,于《豳风》得夏时之等焉。……公刘当夏后氏之世,其教宜尚忠,而忠教莫著于《豳风》。……故夫子再曰:"禹,吾无间然矣。"明继周者当变周之文,用夏之忠。董生明《春秋》三统之义者也,曰:"今汉继大乱之后,若宜稍损周之文致,用夏之忠者。"是故《禹贡》、《小正》二书外,于《诗·笃公刘》,见夏世彻田、军旅、宗法、燕饮、度邑、居民之制;于《七月》,见夏世养民、养老、昏姻、蒐狩、学校、藏冰、力役之制。而《豳》、《王》居变《风》之终,明"《诗》亡,而后《春秋》作",后有王者,救文之弊莫若忠,《豳》者忠之准,而《王》者文之敝也。①

默深以为,周末文胜,而救文之弊莫若用夏之忠,考《诗》之《七月》、《公刘》、《豳》诸篇,则见孔子所存夏道也。案,汉人谓孔子改制,乃"损周文用殷质",然默深以为,《春秋》"当变周之文,用夏之忠",是说颇不与汉人同。

不过,此时今古之分野,尚远不及后来之峻厉。是以默深除用《公羊》说《诗》外,又颇用《周礼》、《左传》之说,如是自不免有变乱家法之讥矣。对此,齐思和尝论曰:

> 惟是当魏氏之世,今文之学,方属启蒙,今古文之分野,犹未谨严。魏氏以《周礼》、《左传》解经证《诗》,自后来今文家视之,未免取证过滥,变乱家法。且魏氏常用宋人之说以驳毛,在旧经学家视之,亦难免变乱家法之讥。且三家《诗》自汉初既已各立博士,其分较其他各经为早,必有其不合者在。而魏氏于三家《诗》既废二千年之后,竟混而一之,合三家为一家,即在今文家言之,亦不免变乱家法之讥。②

故皮鹿门虽守今文家立场,犹以三家有别。其曰:

> 以《史记》之说推之,可见鲁、齐、韩三家《诗》,大同小异。惟其小异,故须分立三家;若全无异,则立一家已足,而不必分立矣。惟其大同,故可并立三家;若全不同,则如《毛诗》大异,而不可并立矣。③

至于古文家如章太炎者,更据此以难默深,曰:

---

① 魏源:《诗古微·豳王答问》,《魏源全集》册一,第449—451页。
② 齐思和:《魏源与晚清学风》,《魏源全集》册二十,第740页。
③ 皮锡瑞:《经学通论·诗经》,第18页。

> 道光末,邵阳魏源夸诞好言经世。……凡《诗》,今文有齐、鲁、韩;《书》,今文有欧阳、大小夏侯,故不一致。而齐、鲁、大小夏侯尤相攻击如仇雠,源一切混合之,所不能通,即归之古文,尤乱越无条理。①

正因如此,默深犹谓四家《诗》互有得失,尚未能峻拒《毛诗》也。② 不论初刻本,还是二刻本,默深对《毛诗》多有肯定,其所不满者,实在卫宏《序》与郑玄《笺》,③以为卫、郑诬说毛公原意,致使真相千载不彰。④

其先,申受不过据《左氏》以攻刘歆之窜乱,至默深,更进而据《鲁诗》以攻刘歆之伪矣。其曰:

> 昔刘向、刘歆父子异学,向守元王《鲁诗》之世传,于《春秋》则习《穀梁》,而旁及《公羊》、《左氏》;歆则于《诗》申《毛》,于《春秋》主《左氏》以抑《公》、《穀》,力与今文博士为难。其《左氏》既藏于秘府,不在民间,尤得恣臆窜改,以遂其附古难今之私心。凡唐、宋来所借为攻《左》之口实者,类皆歆所附益。武进刘礼部逢禄,曾据《刘歆传》及《王莽传》公孙禄之议,作《广膏肓》以释《春秋》之疾,而尚未及其阴窜事迹以难《鲁诗》之罪。所幸太史公、刘向之书具存,得以考见《左氏》之本真,未为歆所窜乱者,与《鲁诗》重规叠矩,足以雪丘明之诬,而证古义之得。昭昭若揭日月,请与天下万世公听并观焉。⑤

默深乃举《左氏》原本与《鲁诗》同者四事,以明刘歆之窜乱《左氏》,遂成"千古之疑狱"。盖申受尚未论及刘歆之难《鲁诗》,至于默深攻刘歆之伪,则进而扩展至《诗》矣。

其后,长素更推衍默深之说,谓《毛诗》亦刘歆所伪造。对此,钱玄同论曰:

> 康氏之辨《毛诗》,议论最为透彻,吾无间然。他不相信徐整和陆玑说的两种传授源流,他不相信有《南陔》、《白华》、《华黍》、《由庚》、《崇

---

① 章太炎:《訄书》重订本,《章太炎全集》册二,第157页。
② 至于龚定庵,更于今、古文无所偏废,尝曰:"予说《诗》,以涵泳经文为主,于古文、毛、今文三家,无所尊,无所废。"(龚自珍:《己亥杂诗》63首自注,《龚自珍全集》第十辑,第515页)
③ 案,《后汉书·儒林传》云:"初,九江谢曼卿善《毛诗》,乃为其训。(卫)宏从曼卿受学,因作《毛诗序》,善得风雅之旨,于今传于世。"(范晔:《后汉书》卷79,第2575页)又云:"中兴后,郑众、贾逵传《毛诗》,后马融作《毛诗传》,郑玄作《毛诗笺》。"(同上,第2576页)
④ 参见贺广如:《魏默深思想探究》,第156页。
⑤ 魏源:《诗古微·邶鄘卫答问》,《魏源全集》册一,第388页。

丘》、《由仪》这六篇"笙诗",他不相信《商颂》是商代的诗,他不相信有毛亨和毛苌两个"毛公",他并且根本怀疑"毛公"之有无其人,他不相信河间献王有得《毛诗》立博士这回事,他确认《毛诗序》为卫宏所作。这些都是极精当的见解。我觉得他辨诸经的伪古文,以辨《毛诗》为最好。前乎他的魏源,虽也不信任《毛诗》,但见解远不及他。惟宋之郑樵、朱熹,清之牟庭、崔述,其攻击《毛诗》,堪与康氏相伯仲。①

可见,长素实继默深之志,且推极其说也。至于钱氏对默深、长素之肯定,泰半出于思想史立场,亦即站在疑古运动的角度。

梁任公颇称誉默深之《诗古微》,曰:

> 道光末,魏源著《诗古微》,始大攻《毛传》及大、小序,谓为晚出伪作,其言博辩,比于阎氏之《书疏证》,且亦时有新理解。……自魏书出,而《毛诗》真伪成问题。②

任公将默深辨《毛诗》真伪的贡献,比于阎若璩《古文尚书疏证》,此说盖立足于经学史立场而论《诗古微》之意义也。

二 《书古微》

默深以前,庄方耕、葆琛及刘申受等常州学者,俱治《尚书》。默深自谓"《金縢》、《大诰》多取武进庄侍郎遗言,《书序》则兼采武进庄述祖、刘申受绪论",③可见,常州学者本就重视《尚书》,默深盖承其绪余耳。

默深撰写《书古微》的时间较早,李瑚、夏剑钦《魏源大事年表》谓此书约成于道光二年(1822),然至咸丰五年(1855)始写定。④ 齐思和谓此书"既经二三十年之惨淡经营,故远较《诗古微》为简括矜慎"。⑤

关于《书古微》之旨,其序云:

> 《书古微》何为而作也?所以发明西汉《尚书》今古文之微言大谊,

---

① 钱玄同:《左氏春秋考证书后》,《古史辨》册五,台北蓝灯文化事业公司,1987,第35页。
② 梁启超:《清代学术概论》二十二,载朱维铮校注:《梁启超论清学史二种》,第62页。
③ 魏源:《书古微·例言下》,《魏源全集》册二,第6页。
④ 贺广如则以为,大致从道光四年始,魏源始撰《书古微》,其后屡经增删,至咸丰五年正月,最后撰成。(参见贺广如:《魏默深思想探究》,第181—183页)
⑤ 齐思和:《魏源与晚清学风》,《魏源全集》册二十,第741页。

而辟东汉马、郑古文之凿空无师传也。

可见,默深所撰《书古微》,盖攻马融、郑玄为代表的古文学,而发明西汉《今文尚书》之微言大谊也。

孔子观《书》周室,得虞、夏、殷、周四代之书,为百篇,编而序之。至嬴秦燔灭《诗》、《书》,欲愚黔首也。汉兴,惩秦之败,大收篇籍,广开献书之路,而经籍次第见于世。伏生时为秦博士,然秦政焚书,而伏生乃壁藏之,汉时仅得《尚书》二十九篇于屋壁,而教于齐、鲁之间;①又作《尚书传》四十一篇,而欧阳、②夏侯③传之,斯为《今文尚书》也。鲁恭王坏孔子宅,于壁中得《古文尚书》四十五篇,孔安国以今文读之,因以起其家。对此,默深曰:

> 自伏生得《尚书》二十九篇于屋壁,而欧阳、夏侯传之,后人谓之《今文尚书》,孔安国④复得《古文尚书》四十五篇于孔壁,校伏生本多佚书十六篇;而安国从欧阳生受业,尝以今文读古文,又以古文考今文,司马迁亦尝从安国问故,是西汉今古文本即一家,大同小异不过什一,初非判然二家,其称伏生所授,但谓之欧阳、夏侯《尚书》,从无称为今文者也。⑤

据此,默深不仅以西汉《诗》三家为一,又以《书》之今、古本亦一家也。⑥

---

① 《隋书·经籍志》云:"济南伏生口传二十八篇,又河内女子得《泰誓》一篇,献之。"斯为二十九篇也。
② 据《史记·儒林列传》,伏生以《尚书》教济南张生及欧阳生,欧阳生教千乘儿宽,而儿宽后又诣博士,受业于孔安国。又据《汉书·儒林传》、《隋书·经籍志》,伏生作《尚书传》四十一篇,以授同郡张生,张生授千乘欧阳生,欧阳生授同郡儿宽,宽授欧阳生之子,世世传之,至曾孙欧阳高,为博士。高之孙地余亦为博士,尝授太子,与石渠阁议。由是《尚书》世有欧阳之学。《后汉书·儒林传》谓自欧阳生传伏生《尚书》,至歙八世,皆为博士。
③ 据《汉书·儒林传》,有夏侯都尉,从张生受《尚书》,以传族子始昌,始昌传族子胜。胜又事儿宽门人蕑卿,有大夏侯之学。胜传从子建,建又事欧阳高,别为小夏侯之学。
④ 据《史记·儒林列传》,孔安国受《诗》于鲁申公,然谓其"有古文《尚书》,而以今文读之,因以起其家",未言孔安国学今文《尚书》否?又谓儿宽受业于欧阳生,则为今文《尚书》也,且言其受业于孔安国,则不知其所学于安国者乃何业也?《后汉书·儒林传》则言孔安国传《古文尚书》,授都尉朝,朝授胶东庸谭,为《尚书》古文学,未得立。然《后汉书·儒林传》谓孔安国献《礼古经》五十六篇及《周官经》六篇,却未及《古文尚书》也。
⑤ 魏源:《书古微序》,《魏源全集》册二,第1页。
⑥ 龚定庵之说似亦同,曰:"今文、古文同出孔子之手,一为伏生之徒读之,一为孔安国读之。未读之先,皆古文矣。既读之后,皆今文矣。惟读者人不同,故其说不同,源一流二,渐至源一流百。此如后世翻译,一语言也,而两译之、三译之,或至七译之。译主不同,则有一本至七本之异。未译之先,皆彼方语也,既译之后,皆此方语矣。"(龚自珍:《太誓答问》第二十四,《龚自珍全集》第一辑,第75页)

默深又曰：

> 自后汉杜林复称得漆书《古文尚书》，①传之卫宏，贾逵为之作训，马融作传，郑玄注解，由是古文遂显于世，判然二家，动辄诋今文欧阳、夏侯为俗儒，今文遂为所压。及东晋伪古文晚出，而马、郑亦废。国朝诸儒知攻东晋晚出古文之伪，遂以马、郑本为真孔安国本，以马、郑说为真孔安国说，而不知马牛冰炭之不可入。②

默深以为，后世所谓《古文尚书》，前后实有三种，即孔安国本、杜林本与梅赜本。其中，孔安国本为真古文，虽较伏生今文本多十六篇，然因安国尝从欧阳生受业，文本之差异不大，"大同小异，不过什一"，故未导致今、古学之分歧。其次则为东汉杜林所得漆书《古文尚书》，而为马融、郑玄之古学所本，然默深以杜林本为伪，则马、郑古学亦不可信矣。然此伪古文后亦亡佚，至东晋，又有梅赜伪古文出，遂得立为学官，此即后世所见《古文尚书》，亦清人所攻之伪《古文尚书》也。

据《书古微》序，昔阎若璩辨梅赜《古文尚书》之伪，而大嘉惠于学林，今默深更上溯至杜林《古文尚书》，举五事以证其伪：

其一，据《后汉书·杜林传》，杜林仅"得漆书《古文尚书》一卷"，而马、郑所宗《古文尚书》有四十五卷，若载于竹简，其书必至盈车，非可"握持不离身"也。此《古文尚书》不可信一也。

其二，《古文尚书》较《今文尚书》增十六篇，《汉书·儒林传》谓孔安国以今文读《古文尚书》，未尝别自成家，则此十六篇未尝有师说也。至于东汉古文诸师所传二十九篇师说，实出于今文家。此不可信者二也。

其三，《汉书·儒林传》谓司马迁"从安国问故"，得真古文之传，而马、郑《尧典》、《皋陶谟》、《微子》、《金縢》、《无逸》诸篇，其说俱不同于司马迁。

---

① 案，《隋志》谓杜林《古文尚书》"其所传，唯二十九篇，又杂以今文，非孔旧本"。然《后汉书·儒林传》谓杜林"于西州得漆书《古文尚书》一卷，常宝爱之，虽遭难困，握持不离身"，则似杜林所得漆书《古文尚书》不过一卷而已，未必包括《尚书》全文，其后"显于世"之《古文尚书》当含有孔安国本之内容。诚若是，则魏源攻马、郑所传《古文尚书》为伪，未必得其实也。程元敏以为，马、郑实属安国古文传承之系列。（参见贺广如：《魏默深思想探究》，第188—189页）路新生则认为，杜林之学来自家传，而杜林父祖乃张敞的外孙，邺从张敞之子吉问学，"得其家书"，则家书很可能就是《古文尚书》。据此，杜林所传《古文尚书》不能说是"凿空"。此外，默深所据《杜传》所言"林得漆书《古文尚书》一卷"一事，亦未必是竹简，可能是丝帛类书籍，则杜林所得"是一个足本而非残本"。（参见路新生：《中国近三百年疑古思潮史纲》，第326—328页）

② 魏源：《书古微序》，《魏源全集》册二，第1页。

可见马、郑所传《古文尚书》之伪也。

其四，西汉今古俱出于伏生，则欧阳、大小夏侯《尚书》乃大同小异，以有师传故也。若东汉古文则不同，马融不同于贾逵，贾逵不同于刘歆，郑玄不同于马融，盖古学乃向壁虚造，随臆师心所致。此不可信者四也。

其五，《儒林传》谓孔安国以下《古文尚书》之授受，与杜林、卫宏迥不相承，则杜林所得漆书，不知是否即孔安国所传，抑或别有授受？既不可知，此不可信者五也。

盖自宋朱子以后，梅氏《古文尚书》之真伪遂成问题。清阎若璩、惠栋、江声、孙星衍、王鸣盛、段玉裁等继之，极辩梅氏本之伪，而欲复东汉马、郑之旧也。然默深不独以梅氏本为伪，乃继而论东汉《古文尚书》亦不可信。其《书古微·例言上》云：

> 夫知东晋梅赜之伪，以返于马、郑古文本，此齐一变至鲁也；知马、郑古文说之臆造无师授，以返于伏生、欧阳、夏侯及孔安国问故之学，此鲁一变至道也。

可见，默深不满足于乾嘉学者之辨伪，乃欲更向前一步，即通过证马、郑所宗《古文尚书》之伪，而回到西汉孔安国之真《古文尚书》。是以默深之复古，无论其《诗》与《书》，俱欲由东汉而归于西汉也。且就默深所欲归之孔安国《古文尚书》言，其文字固与伏生《今文尚书》不同，篇目亦颇异，然今、古之争实不因此而起。此种见解多少影响到后来廖六译平分今古的主张，即试图从制度而不是文字上来判分今古。①

可以说，刘申受对《左传》的批评动摇了古文学的基石，而默深则试图通过对《古文尚书》的批评，而动摇古文学的另一块基石。

其先，庄方耕虽以东晋《古文尚书》为伪，然因教化所系，犹不欲废之，今默深乃欲尽黜《古文尚书》及马、郑之说于学官矣。对此，默深曰：

> 夫《毛传》尚可与三家《诗》并存，若伪古文之臆造经传，上诬三代，下欺千载……实证凿然，便当黜之学校，不许以晚出十六篇出题考试，不许文章称引，且毁伪《孔传》、伪《孔疏》，别颁新传、新疏，而后不至于惑世诬民。至马、郑传注之故背今文、臆造古文说者，亦不足以相代，则

---

① 据廖平《初变记》，其尝谓默深"虽略知分别今古，惟仍仅据文字主张门面，而不知今古根源之所在"，盖谓此也。（引自廖宗泽：《六译先生年谱》卷1，载《廖季平年谱》，第3—4页）

> 欲立学官，舍西汉今文家专门之学，其将谁归？①

盖阎若璩证东晋《古文尚书》之伪，实开乾嘉汉学之绪；今默深辨东汉《古文尚书》之伪，则欲攻乾嘉汉学，而肇晚清今文学之基也。

然默深所论，亦不尽为今文家所认同。对此，皮鹿门有论曰：

> 其后又有刘逢禄《尚书今古文集解》、魏源《书古微》、陈乔枞《今文尚书经说考》。三家之书皆主今文，不取古文。盖自常州学派以西汉今文为宗主，《尚书》一经亦主今文。刘氏、魏氏不取马、郑，并不信马、郑所传逸十六篇，其识优于前人。惟既不取马、郑古文，则当专宗伏生今文。而刘氏、魏氏一切武断，改经增经，从宋儒臆说而变乱事实，与伏生之说大背。②

> 魏源尊信刘逢禄，其作《书古微》，痛斥马、郑，以扶今文，实本庄、刘，更参臆说。……庄、刘、魏皆言论太畅，此宋儒说经之文，非汉儒说经之文。解经于经于明文者，必当阙疑。庄、刘、魏皆立论太果，此宋儒武断之习，非汉儒矜慎之意也。③

鹿门以《书古微》出于庄、刘之说，又攻常州学者治《尚书》之武断，以为上承宋儒说经之习，而失汉儒矜慎之意。

虽然，默深之学术，对晚清思想影响至为深远。齐思和有论曰：

> 至道、咸之时，世变日亟，忧国之士，慨国事之日非，愤所学之无用，遂提倡经世之学，欲改变学术界之风气，不得不对当时正统学派作猛烈的攻击，又不得不抬出西汉儒学，以明其所言之有本。……自魏源以后，今文学家又分两派。一为经生派，如陈乔枞之辑《三家诗》，精审远出魏源上。陈立之疏《公羊礼》、疏《白虎通》，纯以乾嘉诸老之方法，明西京诸儒之微言。而皮锡瑞实事求是，不尚武断，尤集清代今文学之大成。此派学者，其工作之细密，态度之矜慎，绝不在乾嘉诸老之下，确能发扬绝学，张皇幽渺。此一派也。一为政论派，如康、廖、梁、谭，其提倡今文之宗旨，在于倡导维新变法。盖至咸、同以后，累败之余，国势益

---

① 魏源：《书古微·例言上》，《魏源全集》册二，第 1 页。
② 皮锡瑞：《经学通论·书经》，第 104 页。
③ 皮锡瑞：《经学通论·书经》，第 98—99 页。

危,有识之士,知非变法不足以救亡,非维新不足以图存。而顽固愚昧者流,犹挟其"祖宗之法"、"圣人之道"以抵制之。《公羊》三世三统之说,质文改制之论,适足为变法之论据,遂以孔子为教主,为变法大家,孔子以前之历史,尽属寓言,孔经之宗旨,皆在改制。其说华辨而不穷,浩瀚而无际,荒渺不可得而原也。此等思想,当时风靡一世,在政治上发生极大的作用,而其学术上之价值盖微。盖其经术,实政论也。至今其政治运动既已完成其使命,而其经学著作,亦如其政治运动之成为历史上的陈迹,过去的史料而已。①

可见,齐氏仅从思想史的角度肯定《书古微》的意义,至其学术价值,则犹似以为不足道也。

---

① 齐思和:《魏源与晚清学风》,载《魏源全集》册二十,第 743—744 页。

第六章　从何休到董仲舒：晚清《春秋》学的转向与流衍

董仲舒与何休为汉代《公羊》学最重要的代表人物，其中，董子为有汉一代儒宗，而邵公则为汉末《公羊》之殿军，其后治《公羊》者，概莫出此二子之外。然自汉以降，迄于清中叶，研究《春秋》的学者亦多，然多未注意到董、何《公羊》学的不同。

嘉庆、道光间，《公羊》学复兴，其代表人物刘申受开始注意到董、何之间的差异，然其初治《公羊》时，尚以墨守邵公义例为主，其后，又兼采《穀梁》，而欲匡邵公之失。盖申受上承中唐以来"兼采三传"的旧习，虽不免"自乱家法"之讥，然其意或以今文学势孤，遂谓西汉博士之学乃"道一风同"，而欲自营壁垒以共抗乾嘉汉学也。自申受以后，龚定庵、魏默深承其绪余，更张复古之帜，遂一意推尊董氏之学，而晚清今、古之争遂由此而起。

至康长素，其学或经廖平转手，然毕竟远绍刘申受、魏默深之旨，而严守今、古经学之壁垒，遂力诋刘歆之"遍伪群经"，且侈大董氏之说，以为其变法改制之依据。同时，政治上与长素为敌的保守派学者，如朱一新、苏舆等，亦据董子而驳邵公，谓长素之说不过袭何休"非常异义可怪之论"，而谬托董氏耳。今观康长素之《公羊》学，实推本刘、魏之素论而张大之，且就整个清代今文学之发展而言，则诚如默深《刘礼部集》序所言，"由典章制度以进于西汉微言大义"，若就《公羊》学自身发展的脉络而言，则由东汉邵公而回归于西汉董子也。

第一节　董、何之学术源流与思想异同

董仲舒（约前179—前104），赵人。少治《春秋》，孝景时为博士。《汉书·五行志》云："汉兴，承秦灭学之后，景、武之世，董仲舒治《公羊春秋》，始推阴阳，为儒者宗。"可见董子在汉代的学术地位。同时又有胡毋生，字子

都,齐人,亦治《春秋》,景帝时为博士。子都与董子同业,其书除《春秋公羊传章句》外,又有《条例》。子都年老,乃归教于齐,齐之言《春秋》者宗事之。董子弟子甚夥,《汉书·本传》称其"下帷讲诵,弟子传以久次相授业,或莫见其面",然唯嬴公"守学不失师法"。嬴公传孟卿与眭弘。眭弘,字孟,有弟子百余人,唯严彭祖、颜安乐为明,质问疑谊,各持所见。孟曰:"《春秋》之意,在二子矣!"孟死,彭祖、安乐各颛门教授,由是《公羊春秋》有颜、严之学,而董学遂一分为二,皆立于学官。可见,两汉《春秋》博士之学,皆出于董子无疑,而与胡毋生无涉焉。至于胡毋生之学,则限于齐地流传,未取得官学地位。

何休(129—182),字邵公,任城樊人。邵公精研《六经》,作《春秋公羊解诂》,又注训《孝经》、《论语》、风角七分,皆经纬典谟,不与守文同说。《后汉书·儒林传》云:

> 休善历算,与其师博士羊弼,追述李育意以难二传,作《公羊墨守》、《左氏膏肓》、《穀梁废疾》。①

据《后汉书·儒林传》,李育习《公羊春秋》,章帝时为博士。建初四年,章帝诏诸儒论五经于白虎观,李育以《公羊》义难贾逵,往返皆有理证,最为通儒。案《儒林传》仅谓李育习《公羊春秋》,而不载其学严、颜二家之事。然李育、羊弼既为博士,则邵公之学当不出严、颜之外。

又,邵公《公羊解诂》自序云:

> 传《春秋》者非一,本据乱而作,其中多非常异义可怪之论,说者疑惑,至有倍经、任意、反传违戾者。其势虽问不得不广,是以讲诵师言至于百万犹有不解,时加酿嘲辞,援引他经,失其句读,以无为有,甚可闵笑者,不可胜记也。是以治古学贵文章者谓之俗儒,至使贾逵缘隙奋笔,以为《公羊》可夺,《左氏》可兴。恨先师观听不决,多随二创。此世之余事,斯岂非守文、持论、败绩、失据之过哉!余窃悲之久矣。往者略依胡毋生《条例》,多得其正,故遂隐括使就绳墨焉。

可见,邵公对严、颜之学颇为不满,故推本胡毋生《条例》,欲使《公羊》义以就绳墨焉。据此,邵公之学相对于严、颜二家,似属新解也。

---

① 范晔:《后汉书》卷79,第2583页。

案，汉初《公羊》先师，唯有胡毋生、董仲舒，皆以习《春秋》而为博士。其后，胡毋生老而归齐，《儒林传》虽谓齐地学《春秋》者宗之，而有名者唯公孙弘而已。然公孙弘之学不纯，未必真能传其学也。至于董子之学，则传在学官，得以师法教授弟子，而世为博士矣。据此，胡、董之学术，其源或同，其流则绝异，犹毛《诗》之与齐、鲁、韩三家《诗》，前者流于民间，而后者则传在官府也。并且，汉廷设科射策，以利禄奖诱经术，则官学之分途，由师法而家法，董子之后，又有严、颜二家异说，此或必然。至于民间传习之学，能恪守师说，反较纯粹，而绝无俗儒之讥焉。因此，邵公虽生于汉末，却能溯源师说之本，殆不同于西汉博士之学，近人段熙仲因谓邵公为"西京博士之教外别传，而直接胡、董先师之说者矣"。①

又，清阮元谓邵公"为胶西（董仲舒）四传弟子，本子都《条例》以作注，著《公羊墨守》、《公羊文谥例》、《公羊传条例》"，阮元以邵公之学出于董子，而董子出于胡毋生，则邵公当兼胡、董二家之学也。然邵公与董子年辈相去甚远，不可能止有四传。故江藩撰《公羊先师考》，力辟此说，谓"休之学出于育，育之学本之子都"，又谓"休之《解诂》，不用董子之说，取京房之占，其不师仲舒可知矣，则其所称先师者，为胡毋生、李育之徒，非仲舒、彭祖、安乐也"。②诚如此说，则邵公之归本于胡毋生，犹宋孝宗之承统反正也。③段熙仲尝撰《〈春秋公羊传解诂〉所据本考》一文，多取江藩之论，考订颇精审，断言邵公《解诂》乃出于胡毋生，与董子《繁露》不同。④诚如此说，则邵公之学当如其自序所言，实出于胡毋生，而与两汉立于学官之董学似未有渊源。

因此，邵公的学术渊源，大致有四：其一，就李育、羊弼俱得立为博士而言，当不出乎严、颜二家之学。其二，就邵公不慊于严、颜之徒而言，似当返本于胡、董。其三，邵公自谓依胡毋生《条例》作《解诂》，又当上承胡毋生。

---

① 段熙仲：《春秋公羊学讲疏》，第13页。
② 江藩：《公羊先师考》，《江藩集》，上海古籍出版社，2006，第70页。
③ 关于邵公《解诂》所以述胡毋生而不及董子者，苏舆尝有论曰："余因推思董书湮抑之由，盖武帝崇奉《春秋》本由平津，董生实与之殊趣。生于帝又有以言灾异下吏之嫌，虽其后帝思前言，使其弟子吕步舒以《春秋》义治淮南狱，且辑毋生《公羊》议，时复遣大臣就问政典，抑貌敬以为尊经隆儒之饰耳。史公称公孙弘以《春秋》白衣为天子三公，天下学士靡然向风。则当日朝野风尚可以概见。其后睦孟以再传弟子误会师说，上书昭帝，卒被刑诛。……乃至邵公释《传》，但述胡毋，不及董生，阶此故已。歆崇古学，今文益微，《公羊》且被讥议，董书更何自存？"（苏舆：《春秋繁露义证·自序》，第1页）可见，苏氏以邵公不能述董子，乃因董书之不存故也。然此说舛谬实多，其理由有二：其一，史、班两《儒林传》俱称两汉博士所传皆董子学，何湮抑之有？其二，隋唐人尚能"时见征引"董书，邵公时当汉季，即便无从观董书之全貌，何至于一无所称乎？
④ 参见段熙仲：《春秋公羊学讲疏》，第14—23页。康长素亦谓胡毋生传何邵公，参见其《春秋笔削大义微言考·发凡》。（《康有为全集》册六，第6页）

其四，就董子出于胡毋生而言，则邵公又似兼取胡、董之说。然而，今考邵公之书，极推崇胡毋生，而无一语及于董仲舒，且汉人尤重师说，公羊家尤甚，据此，邵公之不祖董子，当无疑义焉。

董、何之学术源流不同如此，至其对《春秋》的理解，亦颇有异同。董、何皆以条例治《春秋》。何休总结《春秋》条例主要有"三科九旨"，即通三统、张三世与异外内，然考董子《春秋繁露》一书，已颇发"三科九旨"之说矣。

首先，"张三世"例本出于《公羊传》文，即隐元年、桓二年与哀十四年三处传文，俱有"所见异辞，所闻异辞，所传闻异辞"一语。对此，《繁露·楚庄王篇》释云：

> 《春秋》分十二世以为三等，有见，有闻，有传闻。有见三世，有闻四世，有传闻五世。故哀、定、昭，君子之所见也。襄、成、文、宣，君子之所闻也。僖、闵、庄、桓、隐，君子之所传闻也。所见六十一年，所闻八十五年，所传闻九十六年。于所见微其辞，于所闻痛其祸，于传闻杀其恩，与情俱也。是故逐季氏而言又雩，微其辞也。子赤杀，弗忍书日，痛其祸也。子般杀而书乙未，杀其恩也。①

邵公《解诂》所言大致相同。其隐元年注云：

> 所见者，谓昭、定、哀，己与父时事也。所闻者，谓文、宣、成、襄，王父时事也；所传闻者，谓隐、桓、庄、闵、僖，高祖、曾祖时事也。异辞者，见恩有厚薄，义有深浅，时恩衰义缺，将以理人伦，序人类，因制治乱之法，故于所见之世，恩己与父之臣尤深，大夫卒，有罪无罪，皆日录之，"丙申，季孙隐如卒"是也。于所闻之世，王父之臣恩少杀，大夫卒，无罪者日录，有罪者不日，略之，"叔孙得臣卒"是也。于所传闻之世，高祖、曾祖之臣恩浅，大夫卒，有罪无罪皆不日，略之也，"公子益师、无骇卒"是也。

又，桓二年注云：

> 于所见之世，臣子恩其君父尤厚，故多微辞也；所闻之世，恩王父少杀，故立炀官不日，武宫日是也；所传闻之世，恩高祖、曾祖又杀，故子赤卒不日，子般卒日是也。

---

① 苏舆：《春秋繁露义证》卷1，第10—13页。

可见，董、何所言"张三世"例，实无有异也。

又，"异外内"例亦出于《公羊传》文。成十五年传云：

> 曷为殊会吴？外吴也。曷为外也？《春秋》内其国而外诸夏，内诸夏而外夷狄。王者欲一乎天下，曷为以外内之辞言之？言自近者始也。

何注云："明当先正京师，乃正诸夏，诸夏正，乃正夷狄，以渐治之。"而《繁露·王道篇》云："故内其国而外诸夏，内诸夏而外夷狄，言自近者始也。"① 可见，董、何之说皆与传文无异。

至于"通三统"例，《公羊传》未有明文。隐元年疏谓邵公作《文谥例》云：

> 三科九旨者，新周而故宋，以《春秋》当新王，此一科三旨也。

邵公释《公羊传》多用此义，如庄二十七年注云："杞，夏后，不称公者，《春秋》黜杞，新周而故宋，以《春秋》当新王。"僖二十三年注云："《春秋》黜杞不明，故以其一等贬之，明本非伯，乃公也。"宣十六年注云："孔子以《春秋》当新王，上黜杞，下新周而故宋。"

不过，邵公此说亦见于《繁露·三代改制质文篇》："《春秋》应天作新王之事，时正黑统。王鲁，尚黑，绌夏，亲周，故宋。"② 可见，董、何于此并无异义。

"通三统"说又兼改制之义。隐元年注云："王者受命，必徙居处，改正朔，易服色，殊徽号，变牺牲，异器械，明受之于天，不受之于人。"此说见于《繁露·楚庄王篇》："必徙居处、更称号、改正朔、易服色者，无他焉，不敢不顺天志而明自显也。"③ 而《三代改制质文篇》云："王者必改正朔，易服色，制礼乐，一统于天下，所以明易姓，非继人，通以己受之于天也。"④ 可见，邵公言改制亦与董子同。

"通三统"说又兼"五始"之义。《繁露·玉英篇》云："是故《春秋》之道，以元之深正天之端，以天之端正王之政，以王之政正诸侯之即位，以诸侯之即位正竟内之治。五者俱正，而化大行。"⑤ 而隐元年《公羊》注云："政莫

---

① 苏舆：《春秋繁露义证》卷4，第116页。
② 苏舆：《春秋繁露义证》卷7，第187页。
③ 苏舆：《春秋繁露义证》卷1，第18页。
④ 苏舆：《春秋繁露义证》卷7，第185页。
⑤ 苏舆：《春秋繁露义证》卷3，第70页。

大于正始,故《春秋》以元之气,正天之端;以天之端,正王之政;以王之政,正诸侯之即位;以诸侯之即位,正竟内之治。诸侯不上奉王之政,则不得即位,故先言正月,而后言即位。政不由王出,则不得为政,故先言王,而后言正月也。王者不承天以制号令,则无法,故先言春,而后言王。天不深正其元,则不能成其化,故先言元,而后言春。五者同日并见,相须成体,乃天人之大本,万物之所系,不可不察也。"董、何二说亦无异焉。

凡此,皆见董、何学术之"同道相继"也。至其不同者,如董子虽言例,而不专主例,故《繁露·精华篇》云"所闻《诗》无达诂,《易》无达占,《春秋》无达辞"是也。① 盖《春秋》即辞以见例,若事同辞同,此《春秋》所以有例也;然亦有事同而辞异者,非可以例拘,故董子称"《春秋》无达辞"。虽然,后世犹以为例,盖变例也。邵公则于"三科九旨"之外,又有七等、六辅、二类之例,且尤详于日月例、名例、褒讥贬绝例等,然颇为后儒所讥。而董子言例,远不若邵公为密,亦可见董子未若邵公之拘于例也。清末康长素之宗董,以其不尚条例也;若魏默深发明董氏义例,则以董子言例之不明焉。

不独如此,董、何对经义的具体发挥亦有不同。

成二年,季孙行父、臧孙许、叔孙侨如、公孙婴齐师师会晋郤克、卫孙良夫、曹公子手及齐侯战于鞌,齐师败绩。《公羊传》以齐顷公"佚获"当绝,且无褒逢丑父之文,然亦无贬辞。邵公推本此意,曰:

> 丑父死君不贤之者,经有使乎大夫,于王法顷公当绝。如贤丑父,是赏人之臣绝其君也。若以丑父故不绝顷公,是开诸侯战不能死难也。如以衰世无绝顷公者,自齐所当善尔,非王法所当贵。

详邵公意,顷公佚获,自当绝贱,此王法也。至于丑父死其君,本当贤之,而《公羊传》所以不贤之者,盖不免有"开诸侯不能死难"之嫌。邵公实以丑父无有可非之者,尤其站在齐人立场,当善其所为,然孔子作《春秋》以当"一王之法",则丑父"非王法所当贵",此《春秋》不予丑父以褒辞也。

邵公所论仅止于此,可见其矜慎也。然董子对此议论既详且精,《繁露·竹林篇》云:

> 逢丑父杀其身以生其君,何以不得谓知权?丑父欺晋,祭仲许宋,俱枉正以存其君。然而丑父之所为,难于祭仲,祭仲见贤而丑父犹见

---

① 苏舆:《春秋繁露义证》卷3,第95页。

非,何也?曰:是非难别者在此。此其嫌疑相似而不同理者,不可不察。夫去位而避兄弟者,君子之所甚贵;获虏逃遁者,君子之所甚贱。祭仲措其君于人所甚贵以生其君,故《春秋》以为知权而贤之。丑父措其君于人所甚贱以生其君,《春秋》以为不知权而简之。其俱枉正以存君,相似也;其使君荣之与使君辱,不同理。故凡人之有为也,前枉而后义者,谓之中权,虽不能成,《春秋》善之,鲁隐公、郑祭仲是也。前正而后有枉者,谓之邪道,虽能成之,《春秋》不爱,齐顷公、逢丑父是也。夫冒大辱以生,其情无乐,故贤人不为也,而众人疑焉。《春秋》以为人之不知义而疑也,故示之以义,曰国灭君死之,正也。正也者,正于天之为人性命也。天之为人性命,使行仁义而羞可耻,非若鸟兽然,苟为生,苟为利而已。是故《春秋》推天施而顺人理,以至尊为不可以加于至辱大羞,故获者绝之。以至辱为亦不可以加于至尊大位,故虽失位弗君也。已反国,复在位矣,而《春秋》犹有不君之辞,况其涵然方获而虏邪!其于义也,非君定矣。若非君,则丑父何权矣。……今善善恶恶,好荣憎辱,非人能自生,此天施之在人者也。君子以天施之在人者听之,则丑父弗忠也。天施之在人者,使人有廉耻。有廉耻者,不生于大辱。大辱莫甚于去南面之位而束获为虏也。①

盖自董子视之,逢丑父虽生其君,然措其君于大辱之地,可谓"无耻也而复重罪",虽忠而不合于义也。董子甚至认为,丑父使其君蒙辱如此,实属"弗忠"。可见,严、颜两家学者对逢丑父行为的批评,实本于董子,则徐彦疏谓说者之"背经",当由董子任其咎焉。

可见,董、何对于逢丑父行为价值的判断截然相反。董子以逢丑父置其君于大辱之地,可谓不忠不义;而邵公则以丑父得尽臣责,有可善者,唯以《春秋》当新王之法而不得褒也。

又,庄三年,秋,纪季以酅入于齐。四年,纪侯大去其国。《公羊传》以称字为贤纪季,以不言灭纪为许齐襄公。邵公无别说,盖以传义甚明而无衍辞。然董说则颇不同。《繁露·玉英篇》云:

今纪季受命乎君而经书专,无善一名而文见贤,此皆诡辞,不可不察。《春秋》之于所贤也,固顺其志而一其辞,章其义而褒其美。今纪侯,《春秋》之所贵也,是以听其入齐之志,而诡其服罪之辞也,移之纪

---

① 苏舆:《春秋繁露义证》卷2,第59—62页。

季。……以酅入于齐者,实纪侯为之,而《春秋》诡其辞,以与纪季。……何贤乎纪侯?曰:齐将复仇,纪侯自知力不加而志距之,故谓其弟曰:"我宗庙之主,不可以不死也。汝以酅往,服罪于齐,请以立五庙,使我先君岁时有所依归。"……《春秋》贤死义,且得众心也,故为讳灭。以为之讳,见其贤之也。以其贤之也,见其中仁义也。①

可见,《公羊传》及邵公俱许齐襄之复仇,且贤纪季能存宗庙也,而董子则以为,《春秋》实贤纪侯能死义,且存宗庙之志,而移之纪季者,盖诡辞也。

又,隐三年,癸未,葬宋缪公。桓二年,宋督弑其君与夷。《公羊传》云:"(缪公)终致国乎与夷。庄公冯弑与夷。故君子大居正。宋之祸,宣公为之也。"邵公亦本传义,谓"明修法守正,最计之要者",又谓宣公、缪公"死乃反国,非至贤之君不能不争也"。然据董子《玉英篇》云:

> 不书庄公冯杀,避所善也。是故让者,《春秋》之所善。宣公不与其子而与其弟,其弟亦不与子而反之兄子,虽不中法,皆有让高,不可弃也。故君子为之讳不居正之谓,避其后也乱,移之宋督以存善志。此亦《春秋》之义,善无遗也。若直书其篡,则宣、缪之高灭,而善之无所见矣。

案,邵公从《公羊传》说,以《春秋》书缪公之葬日,乃宣公、缪公因让国而危不得葬也,至其死后,且移祸于子孙,致庄公冯终弑与夷。然据董子说,《春秋》之书法不罪庄公冯,而移罪宋督,正欲褒宣、缪让国之德也。盖一则贬宣、缪之让不"居正",一则褒宣、缪之"让高",董、何之不同如此,可谓南北之异辙焉。

《汉书·儒林传》谓邵公引《春秋》以驳汉事,妙得《公羊》本意,然观《繁露》中董子语,颇有与《公羊传》不同者,抑或自邵公视之,非"《公羊》本意"也。董子说除见于《繁露》外,又当颇载于严、颜二家之学,则徐疏所谓"倍经、任意、反传违戾"者,皆似出于董子也,因此,邵公不慊于严、颜二家,而往依胡毋生《条例》,实出于对董学的不满,而欲据《春秋》经、传以驳董学也。故邵公《解诂》无一语及董子,貌似可怪,其实不欲正论董子之非,而为贤者讳耳。

虽然,董、何之间的异同,素不为学者所重视,然自清中叶以后,随着常

---

① 苏舆:《春秋繁露义证》卷3,第83—84页。

州今文学派之兴起,开始注意到董、何之间的差异,尤为重要者,此种差异直接影响到晚清公羊学的发展,以及康长素变法思想的取向。

第二节　刘逢禄对何休的继承与批评

　　1805年,刘申受撰成《春秋公羊经何氏释例》一书,虽以发明邵公义例为宗旨,然已论及董、何异同的问题。其中,申受一方面认为,董、何之书"若合符节";另一方面,其论"张三世"例时,有"鲁愈微,而《春秋》之化益广,内诸夏,不言鄙疆是也"一段,其下有小字注文曰:"董子《观德篇》云:'稻之会,先内卫。'《奉本篇》云:'诸侯伐哀者,皆言我。'俱胜何氏注义。"可见,申受已认为董子此处的解释优于邵公。

　　申受关于"张三世"例的讨论,对清代公羊学的发展极为关键。然而,无论对董子来说,还是在邵公那里,最为重要者却是"通三统"说,因此,清末朱一新、苏舆辈欲攻康长素的"素王改制"之说,即强调了汉儒的此种倾向。譬如,朱一新谓《公羊》大义在通三统",①苏舆则谓"实则《公羊》家言,惟张三世最无意义"。盖汉人以承暴秦之故,则着力发挥《春秋》中的"通三统"义;宋人当北胡相继勃兴之运,遂重视"异外内"之说,以严华夷之大防;至刘申受,始将"张三世"义置于首要地位,其后龚定庵、魏默深之徒,莫不承此绪余而张大之。

　　且就"张三世"而言,本有二义:其一,世有远近,而恩有厚薄,义有浅深,故辞与情俱,遂有所见、所闻、所传闻之异辞;其二,辞有详略,因见王者起而治世,而有内外先后之异,而明衰乱、升平、太平三世进化之旨。虽然,董、何俱重前义,以为《公羊传》之本义也;至于后一义,邵公乃合内外例而明之。至申受释邵公例,因《诗》之文而论"王道之始基"以至于"王道之太平",因《书》之文而推原三代终始之运,又因《易》之文以见天地之心"无平不陂,无往不复",俱发挥后一义。是以苏舆斥龚定庵所言"张三世"于"何注恩王父之说,亦复不词",即谓其专主"张三世"第二义焉。

　　不仅如此,申受对"通三统"的理解,亦影响到后来龚、魏、康等人的讨论。案,董、何关于"通三统"的论述,其内涵极丰富,然而,申受却独重其中的"改制"之说,而于"改制"诸说中又只是发挥了文质损益之义。盖董、何

---

① 不过,朱一新在其《答康长孺书》中却认为,"通三统之义,尤非后世所能行。辨之极精,亦仍无益"。(《康有为全集》册一,第319页)

所论"改制"之说,实兼有二义:其一,由"三正"义入手,认为王者改制乃"顺天志而明自显",所以"明天命"、"见天功",此董子所谓"法先王"也。至于申受所言"三正",盖欲发明"三王之道若循环"也;而言"三王之道若循环",又欲发明"终则复始,穷则反本"之说,以至于《易》所谓"穷则变,变则通,通则久"也。申受此说,正为后来康长素专尚"素王改制"之微言说张本。其二,申受因夏、商、周三教之不同,而发明"损文而用忠"、"变文而从质"之义,遂以"法后王"为旨,至于董子"无易道之实"语,则阙而弗讲,此固清季公羊家所乐言。可见,王者改制,实兼有二义,而申受唯以发明文质损益之义为事,因此,清末康长素倡言"素王改制",乃至于大变中国数千年之法,而申受亦不得辞其咎焉。

此外,申受关于"异外内"例的讨论,对康长素的大同思想亦产生了重要影响。在董、何那里,"异外内"亦有二义:其一,别内外,即尊王攘夷也。其二,一外内,即王者治世,当自近者始。然而,申受却专主"一外内"之义,于是内外之区别不再有严分华夷的内涵,只是王者治世先后的问题,如此由衰乱世而渐次进于升平世,乃至太平世。章太炎攻申受"以《公羊传》佞谀满洲",①又谓其"世仕满洲,有拥戴虏酋之志,而张大《公羊》以陈符命",②攻默深"妖以诬民,夸以媚虏",③谓长素"大同之说兴,而汉虏无畔界"。④ 其后,龚定庵倡"宾宾"之说,殆欲异姓之魁杰得清廷之礼遇焉。至于曾国藩尽忠清廷,钱穆既讥其愚,又哀其志,谓"湘乡曾氏削平大难,欲以忠诚倡一世,而晚境忧讥畏谗,惴惴不可终日。异姓之宾,虽掬忠诚以献其主,其主疑忌弗敢受也。故湘乡之倡忠诚,亦及身而歇,无救于一姓之必覆"。⑤ 诸如此类批评,虽属刻深之辞,然清廷既倡言满汉大同,而申受对"异外内"例之解释,抑或不能不受其影响耶?

申受又云:

> 余览《春秋》进黜吴楚之末,未尝不叹圣人驭外之意至深且密也。……然则代周而改周法者,断自秦始,何其辞之博深切明也。秦始小国僻远,诸夏摈之,比于戎狄。然其地为周之旧,有文武贞信之教,无敖僻骄佟之志,亦无淫洪昏惰之风,故于《诗》为夏声。其在《春秋》,无

---

① 章太炎:《检论·学隐》,《章太炎全集》册三,第481页。
② 章太炎:《中华民国解》,《章太炎全集》册一,第259页。
③ 章太炎:《检论·学隐》,《章太炎全集》册三,第481页。
④ 章太炎:《检论·学隐》,《章太炎全集》册三,第481页。
⑤ 钱穆:《中国近三百年学术史》册下,第614页。

僭王猾夏之行,亦无君臣篡弑之祸,故《春秋》以小国治之,内之也。吴通上国最后,而其强也最骤,故亡也忽焉。秦强于内治,败殽之后,不勤远略,故兴也勃焉。楚之长驾远驭强于秦,其内治亦强于吴,故秦灭六国,而终覆秦者楚也。圣人以中外狎主承天之运,而反之于礼义,所以财成辅相天地之道,而不过乎物,故于楚庄、秦穆之贤而予之,卒以为中国无桓、文则久归之矣,何待定、哀之末而后京师楚哉?于吴光之败陈、许,几以中国听之,慨然深思其故,曰:"中国亦新夷狄也。"……故观于《诗》、《书》,知代周者秦,而周法之坏,虽圣人不可复也。观于《春秋》,知天之以吴、楚狎主中国,而进黜之义,虽百世不可易也。张三国以治百世,圣人忧患之心亦有乐乎此也。①

申受在此似无丝毫贬黜夷狄之意,甚至许夷狄能取周地,改周法,且张秦、楚、吴"三国以治百世",则夷狄进于中国,而中国反退为夷狄矣。今揆诸申受之意,殆称美清廷能以礼义主华夏也,其后章太炎讥其"谄谀满洲",良有以焉。

此外,申受又以《春秋》之内外义来解释《易》之乾卦的六爻升降,又以《文言传》"德博而化"之语解释内外之"大一统"。案,董、何本据"建五始"以发挥"大一统"之说,而明奉天之旨;至申受,乃据内外之进退以言"大一统","德博而化,而君道成,《春秋》所谓大一统也",而《论语述何》亦谓"《春秋》大一统,必自近者始",俱以夷夏大同为"大一统"也。可见,申受对"大一统"的理解与董、何有明显不同。

申受此种见解,无疑影响到后来康长素的大同思想,即轻视夷夏之大防,倡言满汉一家,②而且,长素在其变法主张中又大量采用西人的政治、社会制度,不免以西人为夏,而贬吾数千年礼乐之邦为夷狄矣。公羊家的三世说本有"远近大小若一"之旨,至长素将其与《礼运》相糅,而视为孔子微言所在,如是西方被视为已进于升平、太平之世,而两千余年之中国,始终犹处于据乱世而已。

综观申受《释例》对公羊三世说的解释,虽自称以"申何"为旨,且谓董、何若合符节,却仅强调了邵公《解诂》中的某些方面,甚至根本上曲解了邵公

---

① 刘逢禄:《春秋公羊经何氏释例》卷 7,第 189 页。
② 其后革命风潮大盛,长素再言满汉大同,则不过欲为满洲谋而阴阻革命党之势,"革命之说纷纭,皆起于满、汉之别异",遂主张"尽除满、汉之名籍,而定国名曰中华",盖期待满人能效法元魏孝文帝之宏规也。(康有为:《海外亚美欧非澳五洲二百埠中华宪政会侨民公上请愿书》,《康有为全集》册八,第 412 页)

之说。申受对《公羊》义例的独特阐释,又与随后的经世致用之风相激荡,深深影响了晚清思想及现实政治的基本走向。

其后,申受撰成《公羊解诂笺》一书,不再以"申何"为旨,反而对邵公进行了种种"匡弼"。其序云:

> 余初为《何氏释例》,专明墨守之学,既又申其条理,广其异义,以裨《何氏》之未备,非敢云弥缝匡救,营卫益谨,庶几于《春秋》绳墨,少所出入云尔。康成《六艺论》曰:"注《诗》宗毛为主,毛义若隐略,则更表明。如有不同,即下己意,使可识别。"余发明何氏,窃取斯旨,以俟世之能墨守者董理焉。①

案,郑康成遍注六经,通常以一家为主,而兼取他说,杂糅今古,不守颛门之说。然此种做法,通常不为今学家所许。对此,李兆洛为张金吾撰《两汉五经博士考叙》云:

> 今之所谓汉学者,独奉一康成氏焉耳,而不知康成氏者,汉学之大贼也。……惜哉!汉学亡,而所存者独一不守家法之康成也。

其后,皮鹿门论康成之学,亦谓"郑采今古文,不复分别,使两汉家法亡不可考,则亦不能无失","郑君为汉儒败坏家法之学","郑学出而汉学衰"。②

然而,申受却于《解诂笺》中明确指出"何氏之未备",且颇取法康成注经的路径,自谓"窃取斯旨",因此,后来陈卓人批评这种做法乃"自乱家法"。案,申受本以"竞守汉师家法"为归趣,而《公羊传》有家法可据者,莫外乎邵公所传,不过,我们从《解诂笺》中可以看到,申受不仅据《公羊》传文以论邵公之失,乃至于不信《公羊》传文。申受在《解诂笺》中表现出来的倾向,从其《释例》墨守邵公的立场来看,似乎有所后退。因此,清代公羊学从庄方耕、孔巽轩开始的家法意识,固然不断得到增强,尤其在刘申受那里得到了明确表述,然而,又多少保留了唐中期以来新《春秋》学"兼采三传"的风尚。

申受对《公羊传》及何邵公的批评,对晚清公羊学发展的影响极是深远。

---

① 刘逢禄:《春秋公羊释例后录·公羊申墨守》,第292—293页。
② 皮锡瑞:《经学历史》,中华书局,2004,第五部分。

这种路径不仅导致了晚清对《穀梁》的重视，如廖六译即将《穀梁》看成更接近孔子《春秋》要旨的阐释，而且，也导致了晚清公羊家向董子的回归，且于邵公多有微辞。不仅龚、魏、康如此，至于力辟清代公羊家的叶德辉、苏舆辈，亦莫不集矢于邵公。如叶氏《正界篇》中云："孔子改制乃七十子后学之说，何休取之以说《公羊》，遂为今日邪说之所本。"①又云："何休之徒一误再误，至于今日，无君之禽兽接踵于天下矣。"②惜乎邵公因清人之累，遂致厚诬如此耶！

其后，申受撰成《左氏春秋考证》二卷，其中对刘歆伪窜《左氏春秋》的批评，直接导致了今古门户的壁垒化，甚至影响到晚清的政治论争以及民国初期的疑古思潮。

案，自汉以来，传统《公羊》学以孔子为改制立法之主，此孔子所以为"文王"也。至于《公羊》所谓微言大义，泰半与此有关。盖孔子初则相鲁，欲一变至于道，然道既不行于鲁，乃栖栖遑遑，奔走于列国，意在得国自王也；至晚年归鲁，乃作《春秋》以寓王法，并褒贬进退当世大人，此孔子所以行"素王"之事也。此种观点，体现了汉代公羊学者的基本立场。

其间，刘歆为《左氏》等古文经典争立博士，尚不过欲广道术耳，因此，其对今文经及博士之学的批评，不过仅以"抱残守缺"相讥耳。至贾逵条奏三十七事，始以《公羊》义理有亏于君臣大义。可以说，汉代古文诸师于《公羊》改制立法的核心义理，皆未有驳。直至杜预撰《左传集解》，始以《春秋》书法凡例出于周公，而孔子不过上遵周公之遗制，于是始夺孔子改制立法之主的地位；并谓孔子未尝自号素王，则孔子之志小矣，不过"述而不作"的先师而已。其下驯至两宋，虽尊孔子为圣人，而改制立法之义皆阙而弗讲；又谓尧、舜、禹、汤、文、武、周公以至孔子，有所谓传心"十六字诀"，则孔子不过发明古圣相传一贯之道，而孔子欲得国行道之志，遂晦暗无闻焉。

直至常州庄方耕、曲阜孔巽轩兴起，乃知《春秋》当以书法凡例求之，而稍明"三科九旨"等义例。其后，刘申受始有"墨守"邵公之志，而以"申何"为治《公羊》之门径，于是"三科九旨"等义例遂复两汉之旧矣。不过，申受治《公羊》，亦颇有超出汉人之处，大致有如下数端：

首先，申受通过撰写其"申何难郑"的系列著述，不仅主张《穀梁》可为《公羊》"拾遗补阙"，而且认为，今文十四博士之学乃"道一风同"，从而导致

---

① 苏舆编：《翼教丛编》卷4，第89页。
② 苏舆编：《翼教丛编》卷4，第93页。

晚清今文学由对《公羊传》的颛门研究扩展到整个"六经"的公羊化诠释,而使今文门户得以真正建立起来。纵观清代整个今文学的发展脉络,先是庄、刘等人对《易》、《春秋》、《尚书》和《论语》的研究,到了魏默深那里,则扩展到《诗》、《书》的研究,最后,廖六译依据礼制而平分今古,以及康长素、崔觯甫彻底否定古文经的真实性。不难看到,汉代今古之争在清代的复活,绝不只是简单重复汉人的意见,而是深入义理和礼制层面,强调今文经典的内在一致性。尤其到了康长素那里,更是依据《公羊》之三世说,将今文家对太平大同之道的阐发,看成今文阵营的根本立场,并将古文诸经及古文学者的阐释视作导致中国落后于西方的根本原因。

其次,今古之争的重心,素来围绕《左氏春秋》性质的判断。先是汉博士强调《左氏》不传《春秋》,进而唐人否定《左氏》作者并非孔子所称许的左丘明,以及唐宋学者将《左氏》的价值回归于史料的记载。到了刘申受,同样承认《左氏》在史料上的价值,并将其中的书法凡例之辞归于刘歆的伪窜,宣称要回到《左氏》的真面目。到了康长素那里,则进一步将《左氏》看成刘歆割裂《国语》而成。

再次,就对《公羊》"三科九旨"的具体阐发而言,汉人最注重"通三统"义的阐释,宋人则唯据"异外内"义而发挥《公羊》之旨,到了申受那里,其对"三科九旨"的诠释具有不同于汉、宋学者的倾向:其一,偏重"张三世"义例的阐发,奠定了其后宋于庭、康长素等人共同的诠释方向,尤其是康长素将"通三统"、"异外内"诸义皆纳入"张三世"说的范围,并着力于大同太平之道的诠释,从而使孔子之道具有了普世的意义。其二,至于"异外内"例,则偏于进退夷狄的内涵,而于攘除夷狄的倾向,乃阙而弗讲焉。故此后的公羊学者,除戴子高外,皆倡言"满汉大同"矣。其三,申受于"通三统"诸义中,尤其重视"孔子改制"之说,从而为晚清维新变法提供了最为重要的经典依据。

最后,据《论语》所载相关文字,始知孔子有"真王"之志。至晚年归鲁,乃叹道之不行于当世,遂作《春秋》,假行事以寓王法,盖期待后世圣王有以用此王法也。故周游列国之孔子,诚有"真王"之志焉,至晚年归鲁之孔子,则徒居"素王"耳。汉儒讳言孔子为"真王",乃尊孔子为"素王",其意图则在期汉帝有以行《春秋》之法耳。然至杜预,甚至夺孔子"素王"之号,以为不过遵周公遗制之先师而已。此后千五百年间,孔子虽终始尊为圣人,然"素王"义已颇为儒者所讳言,遑论深探孔子欲为"真王"之本志耶!至申受《论语述何》,始明孔子为"素王"之业,甚至谓孔子欲据鲁而复西周之治也。驯至康长素《孔子改制考》,始推孔子为"教主",犹穆氏之比。孔子既为教主,岂自行其教而限于其信众耶!盖欲化天下人俱入其教,而建立王道乐土,此非欲继汤、武之志而何!故其释《论语》"东周"一条,以为孔子欲应公山弗扰之招者,实不嫌费小而欲据以王,而"将为东方之周"也,至此,孔子改制之内涵始无余蕴矣。

第三节 龚自珍之"宾宾"说与三世说的新诠释

龚定庵尝撰《说中古文》、《六经正名》等文,以证《周官》及中古文之伪,较刘申受、宋于庭,表现出更强烈的今文门户意识。盖申受不过谓刘歆为《左氏》增设书法条例而已,至定庵,乃进而攻击整个古文经,以为皆出于刘歆所伪也。

道光三年(1823),定庵撰成《五经大义终始论》及《答问》九篇。其先,申受、于庭始以《公羊》义释《论语》,至龚定庵,则据以遍释五经,且尤重"张三世"之说。盖就邵公"三科九旨"而言,以"通三统"最为重要,至刘申受,虽有突出"张三世"的倾向,然大略言之,犹以三科并重也。今定庵诠释五经,乃专明三世之旨,其"自改革"主张,实据此旨发挥而来。

定庵以《公羊》三世说释《尚书·洪范》一篇。案,《洪范》九畴乃古天子治世之大法,其三曰"八政",即指食、货、祀、司空、司徒、司寇、宾、师八事。然定庵以"八政"配三世,又以"八政"各有三世。其《五经大义终始答问一》云:

> 问:三世之法谁法也?答:三世,非徒《春秋》法也。《洪范》八政配三世,八政又各有三世。愿问八政配三世。曰:食、货者,据乱而作。祀也,司徒、司寇、司空也,治升平之事。宾、师,乃文致太平之事。孔子之法,箕子之法也。①

此以"八政"配三世,即以食、货为"据乱而作",而祀、司徒、司寇、司空为"治升平之事",宾、师则为"文致太平之事"也。其《答问二》云:

> 问:八政事事各有三世,愿问祀之三世。答:在《礼运》,始言土鼓蒉桴,中言宗庙祝嘏之事,卒言太一,祀三世不同名矣。《礼运》者,孔子

---

① 《龚自珍全集》第一辑,第46页。

本感蜡祭而言,故腊祭也详。若夫征之《诗》,后稷春揄肇祀,据乱者也;公刘筵几而立宗,升平也;《周颂》有《殷》,有《我将》,《殷》主封禅,《我将》言宗祀,太平也。①

此据《礼记·礼运》及《诗》中诸篇而言祭祀有三世之不同。后来长素推衍三世之说,亦本定庵此论。《答问三》则云:

> 愿问司寇之三世。答:周法,刑新邦用轻典,据乱故。《春秋》于所见世,法为太平矣。世子有进药于君、君死者,书曰"弑其君",盖施教也久,用心也精,责忠孝也密。假如在所传闻世,人伦未明,刑不若是重。在所闻世,人伦甫明,刑亦不若是重。②

定庵又举许止弑君一事,以为《春秋》治罪,亦有三世不同,此司寇之三世也。又,《答问五》云:

> 问:《洛诰》属何世? 答:有升平,有太平。曰:"予齐百工,俾从王于周。"是八政司徒、司寇、司空之事。曰:"肇称殷礼,咸秩无文。"是八政之祀事,皆言升平也。曰:"我惟无斁其康事。"当是时,周公诞保文、武受命,成太平之业,故求明农去位。若仅致升平,公岂宜去位之年哉?《公刘》之首章曰:"匪居匪康。"据乱故也。《洛诰》曰:"无斁其康事。"太平故也。③

此又谓《尚书·洛诰》有三世之义也。《答问四》云:

> 问:《公刘》之诗于三世何属也? 答:有据乱,有升平。始国于豳,"乃积乃仓",当《洪范》之食;"俾筵俾几",当《洪范》之祀。五章、六章,是司徒、司空之事。"其军三单",是司寇之事。司徒、司寇、司空,皆治升平之事。古人统兵于刑,班固尚知之,固也志刑不志兵。④

此又谓《诗·公刘》中具载三世之事。

---

① 《龚自珍全集》第一辑,第46页。
② 《龚自珍全集》第一辑,第47页。
③ 《龚自珍全集》第一辑,第47页。
④ 《龚自珍全集》第一辑,第47页。

定庵又将《春秋》三世说与《礼运》结合起来。《答问八》云：

> 问：《礼运》之文，以上古为据乱而作，以中古为升平，若《春秋》之当兴王，首尾才二百四十年，何以具三世？答：通古今可以为三世，《春秋》首尾，亦为三世。大挠作甲子，一日亦用之，一岁亦用之，一章一蔀亦用之。①

案，《春秋》三世之分，本施于二百四十二年间而已。今定庵乃推以纵观人类之全部历史，即以上古当据乱世，中古当升平世。其后，康长素亦承定庵此说，将《礼运》中的小康、大同之说，与《春秋》三世之说结合起来。

又，《答问九》云：

> 问：孰为纯太平之书？答：《礼古经》之于节文也详，尤详于宾。夫宾、师，八政最后者也。《士礼》十七篇，纯太平之言也。②

定庵以为，《尚书》、《礼运》、《诗》等经，皆具《春秋》三世之义，若《仪礼》十七篇，所言纯为太平之制也。

定庵又由《洪范》之宾、师二政以明《春秋》太平之说。案，郑玄注云："宾，礼宾客，无不敬。师，简师所任必良，士卒必练。"孔颖达疏云："宾，教民以礼待宾客，相往来也。师，立师防寇贼，以安保民也。"又云："民不往来，则无相亲之好，故宾为七也。寇贼为害，则民不安居，故师为八也。"又云："宾掌诸侯朝觐之官，《周礼》大行人是也。师掌军旅之官，若司马也。"可见，宾乃教民相往来，师则掌军旅而防寇贼，皆有司之事。

对此，定庵《五经大义终始论》云：

> 圣者至高严，曷为习揖让之容，虚宾师之馆，北面清酒，推天之福禄与偕，使吾世世雄子孙，必变化恭敬温文，以大宠之？岂惧其武勇之足以夺吾祭哉？诚欲以一天下之语言也。……古者明天子之在位也，必遍知天下良士之数；既知其数，又知其名；既知其名，又知其所在。……谨又求之《洪范》八政，七曰宾，八曰师。宾师得而彝伦序也。何以曰序也？古之宾师，必有山川之容；有其容矣，又有其润；有其润矣，又有其

---

① 《龚自珍全集》第一辑，第48页。
② 《龚自珍全集》第一辑，第48页。

材。王者之与宾师处,闻牛马之音,犹听金玉也;亲尘土之臭,犹茹椒兰也。①

观定庵之说,盖以贤人、名士为宾师,而为王者政教之所依也。显然,定庵对宾师的理解,似非《洪范》之本义。

又,隐三年,春,王二月。何注云:"王者存二王之后,使统其正朔,服其服色,行其礼乐,所以尊先圣,通三统。师法之义,恭让之礼,于是可得而观之。"盖二王后俱祖圣人也,王者恭而有礼,客之而不朝,乃宾之也;行其礼乐,以备后王取法,则师之矣。据此,定庵说宾、师之义,殆从"通三统"之说转出耶?

案,易姓更王,其所先务为急者,常在通三统,今观董子《天人三策》,乃知汉帝所以朝夕忧念也。定庵讥"嬴、刘之主骄于三代",②则不独暴秦不能宾师先朝遗献,至于炎刘亦然。定庵又谓宾师乃"文致太平之事",③此说颇与邵公不同,盖谓孔子以宾师自期也。故定庵曰:

> 求之《春秋》,则是存三统、内夷狄、讥二名之世欤?三统已存,四夷已进,讥仅二名,大瑞将致,则和乐可兴,而太平之祭作也。④

可见,定庵所言"存三统",乃太平之事,非拨乱之法,盖谓唯王者能宾师先圣遗献也。此说以存三统、内夷狄为太平世之象,实混"三科"为一,与邵公旧说颇有不同。

定庵又曰:

> 王者,正朔用三代,乐备六代,礼备四代,书体载籍备百代,夫是以

---

① 龚自珍:《龚自珍全集》第一辑,第45—46页。
② 龚自珍:《古史钩沈论四》,《龚自珍全集》第一辑,第28页。
③ 龚自珍:《五经大义终始答问一》,《龚自珍全集》第一辑,第46页。案,定六年,夏,季孙斯、仲孙何忌如晋。何注云:"《春秋》定、哀之间,文致太平,欲见王者治定,无所复为讥,唯有二名,故讥之,此《春秋》之制也。"徐疏云:"云《春秋》定、哀之间,文致太平者,实不太平,但作太平文而已,故曰文致太平也。"据注、疏所言,文与实相对,定、哀之间,实非太平,但在书法上作太平之文也。然定庵所谓"文",非指书法文字,盖有取于《论语·八佾篇》:"夏礼,吾能言之,杞不足征也;殷礼,吾能言之,宋不足征也。文献不足故也。足,则吾能征之矣。"文者,文献也,即"识其大掌故,主其记载"之史材,犹定庵所谓宾师也。故"文致太平"者,盖欲王者能亲宾师以进乎太平也。观定庵论学议政,所发常出乎古义之外,虽颇具识见,然不免太炎"稍知书"之讥耳。
④ 龚自珍:《五经大义终始论》,《龚自珍全集》第一辑,第44页。

宾宾。宾也者，三代共尊之而不遗也。夫五行不再当令，一姓不再产圣。兴王圣智矣，其开国同姓魁杰寿考，易尽也。宾也者，异姓之圣智魁杰寿考也。其言曰：臣之籍，外臣也，燕私之游不从，官库之藏不问，世及之恩不预，同姓之狱不鞫，北面事人主，而不任叱咄奔走，捍难御侮，而不死私雠。是故进中礼，退中道，长子孙中儒，学中史。王者于是芳香其情以下之，玲珑其诰令以求之，虚位以位之。……商法盟先异姓，周法盟先同姓；质家尊贤先异姓，文家亲亲先同姓。古者开国之年，异姓未附，据乱而作，故外臣之未可以共天位也，在人主则不暇，在宾则当避疑忌。是故箕子朝授武王书，而夕投袂于东海之外。易世而升平矣，又易世而太平矣，宾且进而与人主之骨肉齿。然而祖宗之兵谋，有不尽欲宾知者矣；燕私之禄，有不尽欲与宾共者矣；宿卫之武勇，有不欲受宾之节制者矣；一姓之家法，有不欲受宾之论议者矣。四者，三代之异姓所深自审也。……孔子曰："非天子，不议礼，不制度，不考文。吾从周。"从周，宾法也。又曰："出则事公卿。"事公卿，宾分也。孟轲论卿，贵戚之卿异异姓之卿，夫异姓之卿，固宾籍也，故谏而不行则去。①

此段盖假经义以论时事，其义颇为隐晦。定庵论宾，自谓上承孟子"异姓之卿"之说，以为"异姓之圣智魁杰寿考"者，则当有清之世，汉人虽于满洲为异姓，然人材实尽萃聚于斯。盖定庵时居万马齐喑之世，常有憾于满人对异姓之疑忌，然犹有"不拘一格降人材"之倡，殆欲以箕子自售，期为时王所宾耶？后世学者，生当共和盛世，然终始不免于嫌疑之地，虽欲以宾自处，然既不得见礼焉，又常加以刻剥之谮和污毁之刑，又似不若异族御宇之世耶？

定庵又曰：

> 史之材，识其大掌故，主其记载，不吝其情，上不欺其所委贽，下不鄙夷其贵游，不自卑所闻，不自易所守，不自反所学，以荣其国家，以华其祖宗，以教训其王公大人，下亦以崇高其身，真宾之所处矣。何也？古之世有抱祭器而降者矣，有抱乐器而降者矣，有抱国之图籍而降者矣，无籍其道以降者，道不可以籍也。……故夫宾也者，生乎本朝，仕乎本朝，上天有不专为其本朝而生是人者在也，是故人主不敢骄。……三代之季，或能宾宾而尊显之，或不能宾宾而穷而晦而行遁。职此之由，杞不能征夏，宋不能征殷，孔子于杞、宋思献。……孔子述六经，则本之

---

① 龚自珍：《古史钩沈论四》，《龚自珍全集》第一辑，第27—28页。

史。史也,献也,逸民也,皆于周为宾也,异名而同实者也。①

故宾虽异姓,然实古之遗献也,"恃前古之礼乐道艺在",不降其志,不辱其身,是则又以古史自处,非必仕乎本朝,故非人主所得骄焉。至于孔子,本殷人之后,故于周则为宾,其作《春秋》,盖以"异姓之闻人"而修史职也。案,孔子作《春秋》而垂法于后世,期后王有以行其道者,此孔子所以为"素王"也。今定庵以孔子为"宾",虽仕乎本朝,不过假人主之权以行道也;若不得行其道,又何必仕其朝耶?倘能别得七十里、百十里之国,虽出于公山、佛肸之召,又何辞焉?又乌得有君臣之义所必守耶?盖犹箕子之教化朝鲜,此孔子欲乘桴浮于海而为教主也。对此,钱穆有论曰:"其人则宾,其学则史,其所待乃在后起之新王。"②是说虽能知定庵之志,然犹不足窥孔子之涯岸也。

定庵又因以发太平大一统之义,而讥宋明儒者,以为"宋、明山林偏僻士,多言夷、夏之防,比附《春秋》,不知《春秋》者也"。③ 盖定庵以满汉大同为太平世之象,王者固当宾师贤士,贤士亦当自思进用。其后,康长素倡言维新,抑或有取于定庵"宾宾"之论欤?是以章太炎"媚虏"之讥,虽似属厚诬之辞,然亦非真知长素者也。

钱穆持论稍中正,亦曰:

> 湘乡曾氏削平大难,欲以忠诚倡一世,而晚境忧谗畏讥,惴惴不可终日。异姓之宾,虽掬忠诚以献其主,其主疑忌弗敢受也。故湘乡之倡忠诚,亦及身而歇,无救于一姓之必覆。自是而《公羊》之学附会于变法,而有南海康氏。然亦空以其徒膏斧钺,身则奔亡海外,仅全腰领,犹且昌言保皇,识出定庵"宾宾"下远甚。而定庵治《春秋》,知有变法,乃不知有夷夏。④

案,钱宾四谓异姓之臣虽掬其一世之忠诚,而人主终始疑忌而弗受,其后,长素倡言保皇于海外,而汲汲尽忠于异姓之主,则似颇失定庵"宾宾"之本旨。盖若顺定庵之意,此时长素当辟地海外而张革命之帜矣。

可见,定庵期以满人"自改革",犹欲自售于本朝也;至其以"他改革"而惧满人,则似有孙文行遁于海外而效其说耶?

---

① 龚自珍:《古史钩沈论四》,《龚自珍全集》第一辑,第 28 页。
② 钱穆:《中国近三百年学术史》册下,第 604 页。
③ 龚自珍:《五经大义终始答问七》,《龚自珍全集》第一辑,第 48 页。
④ 钱穆:《中国近三百年学术史》册下,第 613—614 页。

第四节　魏源之宗董与今古壁垒的形成

西汉景、武之世，胡毋生与董子同治《春秋》，董子但述大义，而胡毋生则明章句与条例，各有所主。然胡毋生既归老于齐，则治《公羊》者多宗董子，此两汉《公羊》博士之学也。东汉末，何邵公惩于博士之徒"守文、持论、败绩、失据之过"，乃依胡毋生《条例》而作《解诂》，多得其正，然于董子书，曾无一语以及之。清嘉、道间，《公羊》之学再兴，然孔巽轩、刘申受虽为《公羊》巨家，"亦止为何氏拾遗补阙，而董生之书未之详焉"。故魏默深撰《董子春秋发微》，自序其意云：

> 所以发挥《公羊》之微言大谊，而补胡毋生《条例》、何邵公《解诂》所未备也。①

可以说，清代公羊学至魏默深实有一根本转折，即由何邵公而回归董子。盖默深倡言复古，不仅由东汉之古学而复归于西汉之今学，且就《公羊》之学而言，亦将由东汉之何学而复归于西汉之董学矣。其后，康长素上继默深之志，而作《春秋董氏学》，亦以"宗董"为大旨矣。

《董子春秋发微》凡七卷，惜未见刊刻，今仅于《古微堂外集》卷一得其序与目而已。其序赞董子书云：

> 若谓董生疏通大诣，不列经文，不足颉颃何氏，则其书三科九旨灿然大备，且弘通精淼，内圣而外王，蟠天而际地，远在胡毋生、何邵公《章句》之上。盖彼犹泥文，此优柔而餍饫矣；彼专析例，此则曲畅而旁通矣。故抉经之心，执圣之权，冒天下之道者，莫如董生。②

案，董、何虽同治《春秋》，然所撰书的体例不同。苏舆《春秋繁露义证·例言》谓汉人解经文字有"注经体"与"说经体"，则董子《繁露》为"说经体"，而邵公《解诂》乃"注经体"。魏默深谓《繁露》之体于明义为优长，盖能"抉经之心，执圣之权，冒天下之道"也。

---

① 魏源：《董子春秋发微序》，《魏源全集》册十二，第119页。
② 魏源：《董子春秋发微序》，《魏源全集》册十二，第119页。

刘申受谓默深"治经好求微言大义",①而是书于申受之《释例》,唯取其"通论大义近乎董生,附诸后,为《公羊春秋》别开阃域",②则默深又将清人宗董之源流上溯于申受也。不过,默深以为董子书固长于明义,不专为条例之学,然条例实尽在其中。故默深列举董子《繁露》二十五篇之文,与邵公所总括之条例相比对。今据默深《发微》序,乃胪列其目如下:

繁露第一　张三世例、通三统例、异内外例
俞序第二　张三世例
奉本第三　张三世例
三代改制质文第四　通三统例
爵国第五　通三统例
符瑞第六　通三统例
仁义第七　异内外例(附公始终例)
王道第八　论正本谨微兼讥贬例
顺命第九　爵氏字例(尊尊贤贤)
观德第十　爵氏字例(尊尊亲亲)
玉杯第十一　予夺轻重例
玉英第十二　予夺轻重例
精华第十三　予夺轻重例
竹林第十四　兵事例(战伐侵灭入围取邑表)
灭国第十五　邦交例(朝聘会盟表)
随本消息第十六　邦交例(同上)
度制第十七　礼制例(讥失礼)
郊义第十八　礼制例(讥失礼)
二端第十九　灾异例
天地阴阳第二十　灾异例
五行相胜第二十一　灾异例
阳尊阴卑第二十二　通论阴阳
会要第二十三　通论春秋
正贯第二十四　通论春秋
十指第二十五　通论春秋

---

① 刘逢禄:《诗古微》序,《刘礼部集》卷9。
② 魏源:《董子春秋发微序》,《魏源全集》册十二,第119页。

可见，默深盖以董子《繁露》不独长于明义，至其言例亦不稍逊焉。

申受初治《公羊》，大致以"述何"为旨，然又非纯为墨守之学，其中颇有前后相违者。概言之，申受初以"申何难郑"为主，至论"母以子贵"事，乃申郑而难何；既主《公羊》家法，至论"夫人子氏"、"惠公仲子"二事，则引《榖梁》以驳《公羊》；虽善董、何"若合符节"，然又讥董书文质异法之不可据。其后，定庵稍据董子书以驳申受，而默深更明言董、何之不同。可见，默深既以述董为志，则于申受之述何，实为歧出之新方向，而对晚清《公羊》学之影响至为关键。

默深是书颇论邵公《解诂》之未备，今不得而详，唯于序中见其攻邵公论"叔术妻嫂"一事，曰：

> 况何休之偏执，至以叔术妻嫂为应变，且自谓非常可怪之论，玷经害教，贻百世口舌者乎？①

案，"叔术妻嫂"一事，经未有明文。昭三十一年，黑弓以滥来奔，《公羊传》乃备载其事，而贤叔术之让国。然叔术杀杀颜者，又妻其嫂，其罪甚大，然较之让国，则恶少而功大，故得相除，故《公羊传》贤之，而许其世为大夫也。

然《公羊传》褒叔术让国之德，若邵公则似未必然也。昭二十年，曹公孙会自鄸出奔宋。何注谓"叔术功恶相除，裁足通滥尔"，徐彦疏云：

> 叔术以让国之功，除其妻嫂杀颜之恶，裁足通滥邑以为小国而已，不足以得邾娄也。

《公羊传》许叔术之贤而世为大夫，邵公深明其义，乃裁叔术之功，以为仅得小国而已。且邵公实未尝自谓叔术事为"非常可怪之论"，唯《公羊疏》徐序有是言也。是以默深所讥，未必邵公之过，《公羊传》当尸其咎焉。

案，乾嘉学者崇尚东汉，为声音训诂之学，然至道、咸以降，学术再变，乃上溯西汉，而为微言大义之学。清人为西汉之学者，发端于庄、孔，而名著于龚、魏也。

魏默深《刘礼部遗书序》云：

> 今世言学，则必曰东汉之学胜西汉，东汉郑、许之学综六经。呜呼！

---

① 魏源：《董子春秋发微序》，《魏源全集》册十二，第119页。

二君唯六书、三礼并视诸经为闳深,故多用今文家法,及郑氏旁释《易》、《诗》、《书》、《春秋》,皆创异门户,左今右古。其后郑学大行,骎淫遂至《易》亡施、孟、梁丘,《书》亡夏侯、欧阳,《诗》亡齐、鲁、韩,《春秋》邹、夹、公羊、穀梁半亡半存,亦成绝学。谶纬盛,经术卑,儒用绌,晏、肃、预、谧、颐之徒,始得以清言名理并起持其后。①

默深以为,郑、许兼综今古,然西汉今文之学,遂几成绝学,此郑、许之罪也。序又云:

> 清之兴二百年,通儒辈出。若所见之世,若所闻之世,若所传闻之世,则有若顾、江、戴、程、段、庄明三礼、六书,阎、陈、惠、张、孙、孔述群经家法,于东京之学,盖尽心焉。求之西汉贾、董、匡、刘所述,七十弟子所遗,源流本末,其尚尽合乎?其未尽合乎?有潜心大业之士,茕茕然,竺竺然,由董生《春秋》以窥六艺条贯,由六艺以求圣人统纪,旁搜远绍,温故知新,任重道远,死而后已,虽盛业未究,可不谓明允笃志君子哉?②

至于乾嘉诸儒,其所绍绪者,不过东汉之学耳,而于西汉贾、董、匡、刘所述,则实未有尽心者焉。故默深自言其志,以为"由董生《春秋》以窥六艺条贯,由六艺以求圣人统纪",盖欲进一步复西汉之古耳。

至于默深治《春秋》,亦由刘、宋之"申何",进而上溯于董子《春秋繁露》。近人齐思和有见于此,曰:"惟是孔、庄、刘、宋之治《公羊》,专疏何氏。至魏氏,则更上溯之于董仲舒之《春秋繁露》。"③

默深于常州诸贤,尤推崇庄方耕,曰:

> 武进庄方耕少宗伯……崒乎董胶西之对天人,醇乎匡丞相之述道德,肫乎刘中垒之陈今古,未尝凌杂钒析。……呜呼!君所为真汉学者,庶其在是;所异于世之汉学者,庶其在是。④

案,《后汉书·儒林传》谓卫、杜、马、贾之徒,土苴西京十四博士今文之学,谓

---

① 《魏源集》册上,第242页。
② 《魏源集》册上,第242—243页。
③ 齐思和:《魏源与晚清学风》,《魏源全集》册二十,第737页。
④ 魏源:《武进庄少宗伯遗书序》,《魏源全集》册十二,第244页。

之俗儒,故默深亦贬乾嘉声音训诂之学,誉方耕为"真汉学"。

默深又颇推崇李申耆,曰:

> 武进李申耆先生生于其乡,独治《通鉴》、《通典》、《通考》之学,疏通知远,不囿小近,不趋声气。……其论学无汉、宋,惟以心得为主,而恶夫以饾饤为汉、空腐为宋也,故以《通鉴》、《通考》二书为学之门户。……乾隆间经师有武进庄方耕侍郎,其学能通于经之大谊,西汉董、伏诸老先生之微渺,而不落东汉以下。至嘉庆、道光间,而李先生出,学无不窥,而不以一艺自名,醰然粹然,莫测其际也。并世两通儒皆出武进,盛矣哉!①

可见,默深推崇庄、李,实出于对当时乾嘉汉学之不满。故近人钱基博谓默深"其学出于吾常州庄(存与)、李(兆洛)二氏,经经纬史,而润泽之以文章"。②

然默深引《汉书·艺文志》云:

> 古之学者耕且养,三年而通一艺,存其大体,玩经文而已,是故用日少而畜德多,三十而五经立也。后世经传既已乖离,博学者又不思多闻阙疑之义,而务碎义逃难,便辞巧说,破坏形体;说五字之文,至于二三万言。后进弥以驰逐,故幼童而守一艺,白首而后能言;安其所习,毁所不见,终以自蔽。此学者大患也。③

钱宾四《两汉博士家法考》亦据此,以为讥西汉博士章句之学也,然默深则引以贬东汉之古学。默深又引徐幹《中论》云:

> 故凡学者,大义为先,物名为后,大义举而名物从之。然鄙儒之博学也,务于物名,详于器械,矜于诂训,摘其章句,而不能统其大义,以获先王之心,此无异乎女史诵诗,内竖传令也。故使学者劳思虑而不知道,费日月而无成功,故君子必择师焉。

---

① 魏源:《武进李申耆先生传》,《魏源全集》册十二,第283—285页。
② 钱基博:《近百年湖南学风·魏源》。默深推崇庄氏如此,故叶德辉撰《经学通诂》,乃附默深于庄氏之后也。
③ 班固:《汉书》卷30,第1723页。

班孟坚时值东汉之初,或有讥于当世之今学;若徐幹生于东汉之季,必有以见古学之弊,其所言"鄙儒之博学",则古学亦不能逃其辞焉。

钱穆引班书《儒林传》、《艺文志》,谓汉初鲁申公为训故之学,"通其故字故言,其不可通者则阙之",故能通大义;其后乃有传,比傅事实,斯为博士章句之学。① 盖钱氏以今学支离,古学博通,能知大义,乃能复西汉文、景之学,较今学所欲复博士之学,尤为近古矣。

然如默深所论,则古学之徒"务于物名,详于器械,矜于诂训,摘其章句",虽为博学,然不能通大义也。观默深之表彰庄方耕、李申耆,以为"疏通知远,不囿小近","通于经之大谊","学无不窥,而不以一艺自名",则默深实以今学能通大义也。

默深又认为,西汉之学胜于东汉者,不独在通大义,又能通经以致用也。其曰:

> 夫西汉经师,承七十子微言大义。《易》则施、孟、梁丘,皆能以占变知来;《书》则大、小夏侯、欧阳、倪宽,皆能以《洪范》匡世主;《诗》则申公、辕固生、韩婴、王吉、韦孟、匡衡,皆以三百五篇当谏书;《春秋》则董仲舒、隽不疑之决狱;《礼》则鲁诸生、贾谊、韦玄成之议制度;而萧望之等皆以《孝经》、《论语》保傅辅道。求之东京,未或有闻焉。其文章述作,则陆贾《新语》以《诗》、《书》说高祖,贾谊《新书》为汉定制作,《春秋繁露》、《尚书大传》、《韩诗外传》、刘向《五行》、扬雄《太玄》皆以其自得之学,范阴阳,矩圣学,规皇极,斐然与三代同风,而东京亦未有闻焉。②

可见,西汉博士治经,不同于东汉声音训诂之学,在于能据经义以决事也。儒学能成为"全体大用"之学,正在于此焉。③ 默深《默觚》亦申此意云:

> 士之能九年通经者,以淑其身,以形为事业,则能以《周易》决疑,以

---

① 钱穆:《两汉博士家法考》,第 123—131 页。
② 魏源:《两汉经师今古文家法考叙》,《魏源全集》册十二,第 136 页。
③ 明丘濬有论曰:"儒者之学有体有用,体虽本乎一理,用则散于万事,要必析之极其精而不乱,然后合之尽其大而无余。是以《大学》之教既举其纲领之大,复列其条目之详,而其条目之中又各有条理节目者焉。其序不可乱,其功不可阙,阙其一功则少其一事,欠其一节而不足以成其用之大,而体之为体亦有所不全矣。然用之所以为大者,非合众小,又岂能以成之哉!"(丘濬:《大学衍义补·自序》)故丘濬撰《大学衍义补》,专论治国平天下之事,以明此等事乃儒家之大用焉。

《洪范》占变，以《春秋》断事，以《礼》、《乐》服制兴教化，以《周官》致太平，以《禹贡》行河，以三百五篇当谏书，以出使专对，谓之以经术为治术，曾有以通经致用为诟厉者乎？①

又讥名物训诂之学云：

以诂训音声蔽小学，以名物器服蔽《三礼》，以象数蔽《易》，以鸟兽草木蔽《诗》，毕生治经，无一言益己，无一事可验诸治者乎？②

默深遂尽黜乾嘉学者所崇尚之汉学，曰：

自乾隆中叶后，海内士大夫兴汉学，而大江南北尤盛。苏州惠氏、江氏，常州臧氏、孙氏，嘉定钱氏，金坛段氏，高邮王氏，徽州戴氏、程氏，争治诂训音声，爪剖釽析，视国初昆山、常熟二顾及四明黄南雷、万季野、全谢山诸公，即皆摈为史学非经学，或谓宋学非汉学，锢天下聪明知慧，使尽出于无用之一途。③

凡此，足见默深学术之大旨。至于道、咸以后今文学能盛极一时，犹在于能纾外患、宽内忧也。

逮于清末民初，章太炎跻身革命，深惧维新之死灰，亦自张门户，斥默深"夸诞好言经世"。④ 太炎又深憾默深讥汉学无用之语，曰：

戴震精于舆地，钱大昕习于史事，孙星衍明于法律，非只治汉学也。虽欲有用，亦宁能废此三物？……戴氏少为禅贩，涉历南朔，闾里奸邪、米盐琐细，尽知之矣。故独许其能从政，亦非虚拟。⑤

可见，太炎非真能知默深者也，竟举东原少年商贩事而为之辩，此适足为东原羞耳。盖默深之所谓用，乃通经以致用，以经术为治术耳，非谓某人能治生也。太炎之哓哓置辩若此，徒见其辞穷耳。

---

① 魏源：《默觚上·学篇九》，《魏源集》册上，第24页。
② 魏源：《默觚上·学篇九》，《魏源集》册上，第24页。
③ 魏源：《武进李申耆先生传》，《魏源全集》册十二，第283页。
④ 章太炎：《检论·清儒》，《章太炎全集》册三，第485页。
⑤ 章太炎：《检论·学隐》，《章太炎全集》册三，第489页。

太炎又故设疑问，谓"吾特未知魏源所谓用者，为何主用也"，乃申论曰：

> 处无望之世，衔其术略，出则足以佐寇。反是，欲与寇竞，即网罗周密，虞候遮互，执羽籥除暴，终不可得。进退跋疐，能事无所写，非施之训诂，且安施邪？古者经师如伏生、郑康成、陆元朗，穷老笺注，岂实泊然不为生民哀乐？亦遭世则然也。①

盖太炎以为，时当清朝异族之世，士大夫不可经世致用，其穷老笺注而漠视生民之哀乐，诚不得已也，否则，不过徒为佐寇之资而已。故其倡学隐有三善，皆独善之事，而兼济之志不稍见焉。太炎因痛诋默深曰：

> 魏源更与常州汉学同流，妖以诬民，夸以媚虏，大者为汉奸、剧盗，小者以食客容于私门。②

太炎诚不愧为"革命经学"者也。然诚若彼所论，太炎若生于英夷烟祸之时，不为洪杨剧寇，则必为媚夷汉奸矣，遑论忠诚献纳之志耶？章氏为学，其语常多愦谬如此。

是以默深倡言复古，实欲复西汉微言大义之学也。其《两汉经师今古文家法考》叙云：

> 西京微言大义之学坠于东京，东京典章制度之学绝于隋唐，两汉故训声音之学熄于魏晋，其道果孰隆替哉？且夫文质再世而必复，天道三微而成一著。今日复古之要，由诂训声音以进于东京典章制度，此齐一变至鲁也；由典章制度以进于西汉微言大义，贯经术、政事、文章于一，此鲁一变至道也。③

案，乾嘉之学倡言复古者，欲攻宋学也；今默深张西汉微言大义之帜，而贯经术、政事、文章于一，则欲攻乾嘉诸儒也。

---

① 章太炎：《检论·学隐》，《章太炎全集》册三，第 489—490 页。
② 章太炎：《检论·学隐》，《章太炎全集》册三，第 491 页。
③ 魏源：《古微堂外集》，《魏源全集》册十二，第 136 页。

第五节　康有为的《公羊》三世新说与
《春秋》学的突破

据康长素《自编年谱》,光绪六年(1880),长素时年23岁,始治《公羊》,撰《何氏纠缪》,盖纠邵公之误也。不久,"既而悟其非,焚去"。① 即便如此,后来长素虽摆脱其早年立场,犹多推尊董子,而非邵公也。② 盖长素以邵公传胡毋生,而两汉立于学官的严、颜二家博士,俱传董子之学,"以董子为祖师",则董子遂为有汉一代儒宗,此长素或因以尊董耶?③

故长素推崇董子,以为孟子后一人而已。其论董子曰:"其传师最详,其去先秦不远,然则欲学《公羊》者,舍董生安归?"④又曰:"汉世去孔子不远,用《春秋》之义以拨乱改制,惟董子开之。"⑤长素甚至以为,董子"轶荀超孟",其道高于孟、荀:

> 大贤如孟、荀,为孔门龙象,求得孔子立制之本,如《繁露》之微言奥义不可得焉。董生道不高于孟、荀,何以得此?然则是皆孔子口说之所传,而非董子之为之也。善乎王仲任之言曰:文王之文,传于孔子。孔子之文,传于仲舒。故所发言,轶荀超孟,实为儒学群书之所无。若微董生,安从复窥孔子之大道哉!⑥
>
> 孔子立教宗旨在此,虽孟、荀未能发之,赖有董子,而孔子之道始著。⑦

董子之道既高于孟、荀,故长素认为,"因董子以通《公羊》,因《公羊》以通《春秋》,因《春秋》以通六经,而窥孔子之道本",⑧"考孔子真经之学,必自

---

① 康有为:《康南海自编年谱》,《康有为全集》册五,第63页。
② 萧公权谓长素"极赞扬董仲舒而贬何休于次要地位"。(萧公权:《近代中国与新世界:康有为变法与大同思想研究》,第63—64页)萧氏又认为,长素不甚重视曾子,甚至断言《大学》非曾子所作。基于此种态度,长素亦忽略《孝经》。邵公则不同,其《春秋公羊解诂》序称《春秋》与《孝经》皆圣人之创狄。则长素不认同邵公,于此可见一斑。
③ 康有为:《春秋董氏学》卷1,《康有为全集》册二,第309页。
④ 康有为:《春秋董氏学·自序》,《康有为全集》册二,第307页。
⑤ 康有为:《春秋笔削大义微言考·自序》,《康有为全集》册六,第3页。
⑥ 康有为:《春秋董氏学·自序》,《康有为全集》册二,第307页。
⑦ 康有为:《春秋董氏学》卷6上,《康有为全集》册二,第375页。
⑧ 康有为:《春秋董氏学·自序》,《康有为全集》册二,第307页。

董子为入门",①"董子为《春秋》宗,所发新王改制之非常异义及诸微言大义,皆出经文外,又出《公羊》外,然而以孟、荀命世亚圣,犹未传之,而董子乃知之"。② 长素称颂董子如此,可见在其心目中,其地位显非邵公所及。

孔子以后,世儒素重朱子,故长素又举朱子与董子并论,曰:

> 由元、明以来,五百年治术、言语皆出于朱子,盖朱子为教主也。自武章终后汉,四百年治术、言议皆出于董子,盖董子为教主也。二子之盛,虽孟、荀莫得比隆。③

在长素看来,孔子以后,董子对传统政治与学术的影响,惟朱子可比,而俱可视为"教主"也。至于论传孔子之道,盖以两汉经师去古未远,其传授皆有渊源,则董子犹在朱子之上。长素曰:

> 朱子生绝学之后,道出于向壁,尊四书而轻六经,孔子末法无由一统,仅如西蜀之偏安而已。董子接先秦老师之绪,尽得口说,《公》《穀》之外,兼通五经,盖孔子之大道在是。虽书不尽言,言不尽意,圣人全体不可得而见,而董子之精深博大,得孔子大教之本,绝诸子之学,为传道之宗,盖自孔子之后一人哉!④

> 朱子生于大统绝学之后,揭鼓扬旗而发明之,多言义而寡言仁,知省身救过而少救民患,蔽于据乱之说而不知太平大同之义,杂以佛老,其道觳苦,所以为治教者,亦仅如东周、刘蜀、萧詧之偏安而已。⑤

可见,自长素视之,董子能得圣人之全体,而朱子之学承绝学之后,"尊四书而轻六经",且有"向壁"之讥,不过犹东周、刘蜀、萧詧,仅得偏安一隅而已,盖"蔽于据乱之说而不知太平大同之义"也。长素此说是矣,虽起朱子于九原,殆亦不能有以自解欤!

盖孔子之道有三世法之不同,而朱子偏安,仅得孔子拨乱之法,至于太平大同之制,则全渺然不知。可见,长素推尊董子,盖以为真得道之全体也。

不过,董、何阐发《春秋》之义的政治意图不尽相同。董子大概有约束君

---

① 康有为:《新学伪经考》,《康有为全集》册一,第545页。
② 康有为:《春秋董氏学》卷3,《康有为全集》册二,第357页。
③ 康有为:《春秋董氏学》卷7,《康有为全集》册二,第416页。
④ 康有为:《春秋董氏学》卷7,《康有为全集》册二,第416页。
⑤ 康有为:《孔子改制考·序》,《康有为全集》册三,第3页。

权的意图,其《繁露·玉杯篇》云:

> 《春秋》之法,以人随君,以君随天。曰:缘民臣之心,不可一日无君。一日不可无君,而犹三年称子者,为君心之未当立也。此非以人随君耶?孝子之心,三年不当。三年不当而逾年即位者,与天数俱终始也。此非以君随天邪?故屈民而伸君,屈君而伸天,《春秋》之大义也。①

董子以为,人君虽尊,亦不得自遂其心,当上奉天意,"与天数俱终始也"。至于清季保守派虽恶维新派君宪之说,亦不能讳此义焉。故苏舆有论曰:

> 屈民以防下之畔,屈君以警上之肆。夫天生民而立之君,此万古不敝之法也。圣人教民尊君至矣,然而盛箴谏以纠之,设灾异以警之,赏曰天命,刑曰天讨,使之罔敢私也。视自民视,听自民听,使之知所畏也。崩迁则有南郊称天告谥之文,有宗庙观德之典,屈伸之志徵矣。故曰《春秋》大义。②

盖君主制之弊,至清季已至乎其极矣,苏氏虽恶长素之学,犹采其说焉。

又,董子释《春秋》"元年春王正月"云:

> 是故《春秋》之道,以元之深正天之端,以天之端正王之政,以王之政正诸侯之即位,以诸侯之即位正竟内之治。③

因此,君王当上承天意而为,否则,此天之所以有灾异也。武帝时,仲舒举贤良奏对,乃极言灾异之理,曰:

> 臣谨案《春秋》之中,视前世已行之事,以观天人相与之际,甚可畏也。国家将有失道之败,而天乃先出灾害以谴告之,不知自省,又出怪异以警惧之,尚不知变,而伤败乃至。以此见天心之仁爱人君而欲止其乱也。自非大亡道之世者,天尽欲扶持而全安之,事在强勉而已矣。强

---

① 苏舆:《春秋繁露义证》卷1,第31—32页。
② 苏舆:《春秋繁露义证》卷1,第32页。
③ 苏舆:《春秋繁露义证》卷3,第70页。

勉学问,则闻见博而知益明;强勉行道,则德日起而大有功。①

可见,天之或灾或异,皆视人君能否奉天行道而已。汉儒喜言灾异,其微旨尽见乎此。

观乎董子之书,其中颇多假天道以约束君权之语。《春秋繁露·为人者天篇》云:"唯天子受命于天,天下受命于天子,一国则受命于君。君命顺,则民有顺命;君命逆,则民有逆命。"②《王道篇》云:"五帝三皇之治天下,不敢有君民之心。"③《仁义法篇》云:"独身者,虽立天子、诸侯之位,一夫之人耳,无臣民之用矣。如此者,莫之亡而自亡也。《春秋》不言伐梁者,而言梁亡,盖爱独及其身者也。"④《尧舜汤武篇》云:"且天之生民,非为王也,而天立王以为民也。故其德足以安乐民者,天予之;其恶足以贼害民者,天夺之。"⑤凡此,皆见董子约束君权之意也。

至长素倡言变法,以中国数千年政治为君主专制,而以西方君主立宪为升平之制,民主共和为太平之制,可见,长素实以民主共和为人类之最高政治理想也。然而,长素又于清颇怀宠遇之恩,雅不欲行革命之事,故唯张君宪之说,即以限制君权为变法之事。长素尊董之政治意图,抑或正在于此耶? 故其论"君王"之名曰:

> 天下归往谓之王,人人归孔子,不可谓非王矣。人人欲叛之,虽戴黄屋,谓之独夫。……不敢有君民之心,盖圣人以为吾亦一民,偶然在位,但欲为民除患,非以为尊利也。此为孔子微言。后世不知此义,借权势以自尊,务立法以制下,公私之判,自此始矣。……孔子发明三统,著天命之无常,三代以上七十二君、九皇、六十四民,变更多矣,使王公戒惧,黎民劝勉。……王者,往也。君者,群也。能合人者,皆君王哉! 此孔子之大义也。若人皆欲分散,是谓独夫矣。……孔子以天下之民生养覆育付之于君,不能养民,则失君职,一也。辱而失位,已为不君,二也。若令不行,禁不止,臣民不为用,无君之实,谓之独夫,三也。况残害其民,直谓之贼。天之立王,为何爱于一人,使肆民上?《易》曰:"汤武革命,顺乎天,而应乎人。"孟子曰:"闻诛一夫纣耳,未闻弑君

---

① 班固:《汉书》卷56《董仲舒传》,第2498页。
② 苏舆:《春秋繁露义证》卷11,第319页。
③ 苏舆:《春秋繁露义证》卷4,第101页。
④ 苏舆:《春秋繁露义证》卷8,第252页。
⑤ 苏舆:《春秋繁露义证》卷7,第220页。

也。"此孔子之大义也。①

而董子亦曰:"王者,民之所往,君者,不失其群者也;故能使万民往之,而得天下之群者,无敌于天下。"(《春秋繁露·灭国篇》)长素盖申董子之说,谓君王本不甚尊,亦民也,以能为民除患故,乃为民心归往,斯为王矣。然君亦有君职,失职则不为民之所往,乃为独夫矣。可见,长素张民权之说,以为孔子之微言,本欲借此以制约君权也。

长素又据"王者归往"之义,论孔子为"素王",得王者之实。其曰:

> 孔子有归往之实,即有王之实,有王之实而有王之名,乃其固然。然大圣不得已而行权,犹谦逊曰假其位号,托之先王,托之鲁君,为寓王为素王云尔。……庶几改制教主,尊号威力,日光复荧,而教亦再明云尔。②

后世攻素王之说为怪谬僭窃,则孔子虽得王之实,且不得称王,至于嬴政、杨广辈,天下背之若独夫,犹有王之尊号,毋乃名实不符哉!

长素又攻刘歆乖"素王"之旨曰:

> 诋素王为怪谬,或且以为僭窃,尽以其权归之人主。于是,天下议事者引律而不引经,尊势而不尊道。其道不尊,其威不重,而教主微;教主既微,生民不严不化,益顽益愚,皆去孔子素王之故。③

若孔子为"真王",则教权与政权合一,此其所以为"教主"也;然后世政教分离,儒士屈伏于政权之下,于是公羊家推孔子为"素王",假《春秋》而行教权之实,其欲约束君王政权之意至为明显。

然邵公似不然,其意殆以尊君权为主。④ 盖《春秋》大义,诛讨乱臣贼子而已,对此,孟子、司马迁皆明言之。据《汉书·贾逵传》,章帝时,贾逵"摘出《左氏》三十事尤著明者,斯皆君臣之正义,父子之纪纲。其余同《公羊》者什有七八,或文简小异,无害大体。至如祭仲、纪季、伍子胥、叔术之属,

---

① 康有为:《春秋董氏学》卷6下,《康有为全集》册二,第402—405页。
② 康有为:《孔子改制考》卷8,《康有为全集》册三,第101页。
③ 康有为:《孔子改制考》卷8,《康有为全集》册三,第101页。
④ 萧公权:《康有为思想研究》,新星出版社,2005,第51页。又参见萧公权:《中国政治思想史》,辽宁教育出版社,1998,第300—307页。

《左氏》义深于君父,《公羊》多任于权变,其相殊绝,固已甚远,而冤抑积久,莫肯分明",至于《左氏》,则"崇君父,卑臣子,强干弱枝,劝善惩恶,至明至切,至直至顺"。可见,贾氏以《左氏》义长于《公羊》,即以其能尊君权也,而其指摘《公羊》数事,如祭仲、纪季、伍子胥、叔术之类,皆有无君之嫌。其时有博士李育,则"以《公羊》义难贾逵,往返皆有理证"。惜乎李育之议论不得而详,不过推原李育之意,疑以尊君以自营卫,故邵公以李育往返皆有理证,当亦以翼护君权而自任耶?

长素以是推尊董子曰:

> 由元、明以来,五百年治术、言语皆出于朱子,盖朱子为教主也。自武章终后汉,四百年治术、言议皆出于董子,盖董子为教主也。二子之盛,虽孟、荀莫得比隆。①

自韩愈以至宋人,皆以孟子接续孔子道统,而轲死乃不得其传。长素则以为,两汉以降,至于隋唐,孔子大道泰半在于《春秋》,而《春秋》之义,朝野之政治、法律、言议莫不毕见之,俱赖董子之功也。然宋儒专以义利之辩而诬汉唐人不能传道,可谓一孔之见欤!长素又谓朱子之学犹西蜀之偏安,非若董子"接先秦老师之绪,尽得口说",盖得"孔子大教之本",真"自孔子之后一人"而已。因此,自宋学视之,孟子之后惟朱子一人而已;然自长素视之,孔孟之后,惟董子能尽其道焉。

且自严、颜二家立于博士以后,董子之学可谓一统,而邵公以为犹不足以抗衡《左氏》之学,遂别溯源于胡毋生。因此,长素欲以董子为《公羊》大宗,则不得不抑胡毋生、何邵公一脉。且《春秋》素王改制之义,邵公承其先师绪余,言之虽畅,然生东汉之末,实不足以颉颃古学,孰若尊崇汉初之董子,足为两汉诸儒之宗者乎?②

两汉治经者素重门径,自有师法,又有家法之歧异,各尚专门,不主通学也。然自刘申受以降,皆相信今文十四博士之学为"同条共贯",因此,《公羊》与《穀梁》虽有不同,然皆传圣人之旨。长素以是论邵公之失曰:

> 何君墨守《公羊》,而攻《穀梁》为废疾,盖犹未明密码之故,泥守所

---

① 康有为:《春秋董氏学》卷7,《康有为全集》册二,第416页。
② 苏舆亦谓清代公羊家之宗董,实因"其陈义甚高,足以压倒东汉以下儒者,遂幡然变计而为此"。(苏舆:《春秋繁露义证·附录二》,第514页)

传之电码以为真传,而不知《穀梁》所传之电码亦是真传也。遂使刘歆、贾逵缘隙奋笔,以《公》、《穀》一家而鹬蚌相持,遂致伪《左》为渔人得利。岂非先师墨守太过,败绩失据哉!①

又曰:

> 董、何传《公羊》,董难江公,何作《废疾》,若水火然。试舍弃所系之经文,但述大义,则董、何与《穀梁》无不合者,可一一条证之,以明口说之真。盖同出于孔门后学,故莫不同条共贯也。故学《春秋》者,当知董、何传口说与《穀梁》及刘向学说全合,则于《春秋》四通六辟,无所窒碍矣。②

不独邵公作《穀梁废疾》,董子亦难传《穀梁》的瑕丘江公,可见汉时《公》、《穀》之间尚存门户之见。至清末,今学承千年废坠之余,所存不过《公》、《穀》二脉而已,因此,长素欲抟聚今学残部,振起今学之绪,以亢古学,雅不欲硜硜然阋于墙内矣。

不过,长素对邵公、朱子的批评,以及对董子的推崇,主要与其对《公羊》三世说的重新阐释有关。案,《春秋》之义例素有"三科九旨",而长素独重三世之说,谓"其科指所明,在张三世"。③ 其《礼运注》序自述其学术之变云:

> 予小子六岁而受经,十二岁而尽读周世孔氏之遗文,乃受经说及宋儒先之言,二十七岁而尽读汉、魏、六朝、唐、宋、明及国朝人传注考据义理之说。……始循宋人途辙,炯炯乎自以为得之矣。既悟孔子不如是之拘且隘也,继遵汉人之门径,纷纷乎自以为践之矣。既悟其不如是之碎且乱也……乃离经之繁而求之史。……既乃去古学之伪,而求之今文学,……而得《易》之阴阳之变,《春秋》三世之义。曰:孔子之道大,虽不可尽见,而庶几窥其藩矣。惜其弥深太漫,不得数言而赅大道之要也,乃尽舍传说,而求之经文。读至《礼运》,乃浩然而叹曰:孔子三世之变,大道之真,在是矣。大同、小康之道,发之明而别之精。④

---

① 康有为:《春秋笔削大义微言考·发凡》,《康有为全集》册六,第6页。
② 康有为:《春秋笔削大义微言考·发凡》,《康有为全集》册六,第7页。
③ 康有为:《春秋笔削大义微言考》自序,《康有为全集》册六,第3页。
④ 康有为:《礼运注》序,《康有为全集》册五,第553页。

可见，长素由《易》之阴阳之变、《春秋》三世之义，而窥孔子之道，其后，又结合《礼运》大同、小康之说，而发明三世进化之说。至于长素谓宋儒所得孔子之道"拘且隘"者，实非"大道之真"，今则长素由三世说而悟孔子大道，及其对董子的推崇，正在于能由此发明大同、小康之义也。①

长素关于《春秋》三世说的论述颇多。如其谓《春秋》为宪法，曰：

> 《春秋》之作，何为也？《中庸》"经纶天下之大经"，郑玄谓"大经《春秋》"，古名大经，犹大宪章也。纬称"孔制法"，所谓宪法也。……孔子者，圣之时者也，知气运之变而与时推迁，以周世用，故为当时据乱世而作宪法。既备矣，更预制将来，为修正宪法之用，则通三统焉。孔子又为进化之道，而与时升进，以应时宜，故又备升平、太平之宪法，以待将来大同之世修正宪法之时有所推行焉。……各国之为宪法，限于其一国及其一时，《春秋》之为宪法，则及于天下与后世。②

又曰：

> 汉世廷臣引《春秋》之义……奉为宪法实行之……凡此皆成文宪法也。公、谷写传之，在孔门名为大义，皆治据乱世之宪法也。但孔子以

---

① 案，光绪十四年（1888），长素"发古文经之伪，明今学之正"。此后，长素渐"得《易》之阴阳之变，《春秋》三世之义"。至其撰《桂学答问》（1894），乃一以《春秋》为主，谓"孔子虽有六经，而大道萃于《春秋》。若学孔子而不学《春秋》，是欲其入而闭之门也"，"孔子所以为圣人，以其改制。……《春秋》所以宜独尊者，为孔子改制之迹在也。《公羊》、《繁露》所以宜专信者，为孔子改制之说在也。能通《春秋》之制，则六经之说莫不同条而共贯，而孔子之大道可明矣"（康有为：《桂学答问》，《康有为全集》册二，第18页）戊戌后，长素成《春秋笔削大义微言考》、《孟子微》诸书，始尊《礼运》。更后，其《论语注》、《大学注》及《礼运注》等，更以《礼运》为旨归，俱以其能发明大同理想故也。

不过，长素之大同思想似别有渊源。据其《自编年谱》，光绪十年（1884），始"演大同之义"。十一年，"手定大同之制，名曰《人类公理》"。十二年，"作《公理书》，依几何为之者"。显然，此处提到的《人类公理》或《公理书》，即《实理公法全书》，不独其形式来自西书，至其内容，亦不能不受西书之影响。关于《实理公法》与《大同书》之关系，萧公权认为，《实理公法》预告了《大同书》，只不过前者采取个人主义观点，即谴责一切违反个人欲望的制度，后者则可称为社会主义或共产主义的思想。（参见萧公权：《近代中国与新世界：康有为变法与大同思想研究》，第386页）

此外，早于长素的改良派人物，如胡礼垣，亦颇有大同思想。不过，其来源甚是复杂，包括伊斯兰教、佛教与基督教，且深受时代之影响，如对西方列强之不满。正因如此，胡氏与长素一样，皆对达尔文"优胜劣汰"的理论提出了批评。（参见汪荣祖：《晚清变法思想论丛》，第171—188页）

② 康有为：《刊布春秋笔削大义微言考题词》，汤志钧编：《康有为政论集》册下，中华书局，1981，第807页。

> 匹夫制宪法,贬天子,刺诸侯,故不能著之书,而口授弟子,师师相传,以待后世,故借口说以传。今董仲舒、何休之传口说,所谓不成文宪法也,在孔门谓之微言,则多为升平世、太平世之宪法焉。今举国言共和,人士皆口孔子升平、太平之义。然是义也,不著于群经,惟著于《春秋》;其于《春秋》也,又不见于经传,惟见于董、何之口说。若不信《公羊》,不信董、何为传七十子后学师师相传之口说,则何依焉而妄传述乎?且夫升平、太平之义不著,则二千年皆据乱之说,宜近人之疑攻孔子也。然则孔子之道,何以通于新世,行于大地乎?若不信此篇,则孔子之道将坠于地。①

案,汉人以《春秋》为"刑书",乃引以决狱事也。今长素甚至尊《春秋》为"宪法",则不徒据以决狱事矣。盖《春秋》有"据乱世之宪法",即《公》、《榖》所传"大义"也,故明于君臣父子之分,而两千余年君主专制皆赖此而定;又有"不成文宪法",孔门谓之"微言",即《春秋》所载升平、太平之道,而唯西方及现代中国乃能行之。故孔子所作《春秋》,包括据乱、升平、太平之宪法,能范围古今中西,此孔子之道所以为大也。

长素又将《春秋》三世说与《礼运》大同、小康之说结合起来:

> 《春秋》三世之法,与《礼运》小康、大同之义同,真孔子学之骨髓也。孔子当乱世之时,故为据乱、小康之制多,于大同太平则曰:丘未之逮也,而有志焉。可见孔子之志,实在大同太平,其据乱、小康之制不得已耳。②

又曰:

> 《礼运》记孔子发大同、小康之义,大同即平世也,小康即乱世也。……孔子托尧、舜为民主大同之世,故以禹、稷为平世,以禹、汤、文、武、周公为小康君主之世,故以颜子为乱世者,通其意,不必泥也。③

又曰:

---

① 康有为:《刊布春秋笔削大义微言考题词》,汤志钧编:《康有为政论集》册下,第808页。
② 康有为:《春秋笔削大义微言考》卷1,《康有为全集》册六,第18页。
③ 康有为:《孟子微》卷1,《康有为全集》册五,第422页。

> 三世为孔子非常大义,托之《春秋》以明之。所传闻世为据乱,所闻世托升平,所见世托太平。乱世者,文教未明也。升平者,渐有文教,小康也。太平者,大同之世,远近大小如一,文教全备也。大义多属小康,微言多属太平。为孔子学,当分二类,乃可得之。此为《春秋》第一大义。①

孔子生当乱世,其作《春秋》,乃据乱而拨正之,故多发据乱、小康之制,此为《春秋》之"大义"也;至于太平大同之道,诚非据乱世所宜,则属"微言",故孔子常托于尧、舜而阐言之。

长素又将三世与三统糅合为说,曰:

> 孔子创义,皆有三数以待变通。医者制方,犹能预制数方以待病之变,圣人是大医王而不能乎?三统、三世皆孔子绝大之义,每一世中皆有三统。此三统者,小康之时,升平之世也。太平之世别有三统,此篇略说,其详不可得闻也。……惟董子乃尽闻三统,所谓孔子之文传之仲舒也。②

> 神明圣王孔子早虑之忧之,故立三统、三世之法,据乱之后,易以升平、太平,小康之后,进以大同。③

《春秋》本据鲁而言三世,通夏、殷、周而言三统,故统大而世小,今长素乃以一世之中而有三统,则世大而统小矣。孔子之为"大医王",遂能备三统三世之义也。可见,长素此论,实不同于《公羊》旧说。④

《春秋》据哀录隐,分二百四十二年为三世,又以当高、曾、祖、祢之不同,乃有三世之异辞,因斯以生义法也。至长素,乃杂以《礼运》之说,则以整个人类历史当三世,甚至以西方当小康、大同之世也。此说实长素绝大之创获,非《公羊》旧义所能藩篱。对此,叶德辉谓《春秋》与《礼运》相比附为不伦,曰:

> 《礼运》一篇,言世运之转环大同之世,盗贼不作,是以外户不闭,无

---

① 康有为:《春秋董氏学》卷2,《康有为全集》册二,第324页。
② 康有为:《春秋董氏学》卷5,《康有为全集》册二,第370页。
③ 康有为:《大同书》第1,《康有为全集》册七,第6页。
④ 章太炎乃据《公羊》旧说以驳长素,曰:"《公羊》三统指三代,三世指一代。三统文质迭变,如连环也。三世自乱进平,如发镞也。二者本异,妄人多掍为一。"(章太炎:《检论·尊史》,《章太炎全集》册三,第427页)

一语及《春秋》,更无一语及夷夏,圣人望治之意,六经皆可会通,断不能武断小康为升平、大同为太平。①

然钱穆论长素并尊《春秋》与《礼运》之说,曰:"明白言之,苟非《礼运》,则孔教嫌于为专制;苟非《春秋》,则孔教嫌于无共和。"②此说可谓知言。

因此,长素的三世说带有强烈的进化论色彩:

> 《春秋》要旨分三科:据乱世,升平世,太平世,以为进化,《公羊》最明。③

> 孔子道主进化,不主泥古,道主维新,不主守旧,时时进化,故时时维新。④

> 治法进化,由君主而及民主。文王为君主之圣,尧、舜为民主之圣。《春秋》始于据乱立君主,中于升平为立宪君民共主,终于太平为民主。故《春秋》始言文王,终道尧、舜也。⑤

> 乱世、升平世、太平世,皆有时命运遇,不能强致,大义则专为国民。若其因时选革,或民主,或君主,或君民共主,迭为变迁,皆必有之义,而不能少者也。即如今大地中,三法并存,大约据乱世尚君主,升平世尚君民共主,太平世尚民主矣。⑥

盖公羊家以所传闻、所闻与所见为三世,又以衰乱、升平与太平配之,以为"世愈乱而文愈治",则三世说本身即有进化论色彩。对此,章太炎谓"世儒或喜言三世,以明进化",⑦盖以此焉。故梁任公称长素之思想为"进化派哲学",曰:

> 先生之哲学,进化派哲学也。中国数千年学术之大体,大抵皆取保守主义,以为文明世界在于古时,日趋而日下;先生独发明《春秋》三世之义,以为文明世界在于他日,日进而日盛。盖中国有创意言进化学者,以此为嚆矢焉。……孟子言天下之生久矣,一治一乱,其说主于循

---

① 叶德辉:《叶吏部与段伯猷茂才书》,苏舆编:《翼教丛编》卷6,第181页。
② 钱穆:《中国近三百年学术史》下册,第779页。
③ 康有为:《孟子微》卷1,《康有为全集》册五,第421页。
④ 康有为:《孟子微》卷4,《康有为全集》册五,第455页。
⑤ 康有为:《春秋笔削大义微言考》卷11,《康有为全集》册六,第310页。
⑥ 康有为:《孟子微》卷4,《康有为全集》册五,第464页。
⑦ 章太炎:《检论·尊史》,《章太炎全集》册三,第427页。

环;《春秋》言据乱、升平、太平,其说主于进化。……又言中国数千年政治虽不进化,而社会甚进化。政治不进化者,专制政体为之梗也;社会进化者,政府之干涉少而人民自由发达也。先生于是推进化之运,以为必有极乐世界在于他日,而思想所极,遂衍为大同学说。①

梁氏认为,由《春秋》而言进化之说,实长素之创获也。至于后人言进化,虽以长素为嚆矢,然于古书皆无所考,而尽据西人之学为论矣。

公羊家素以古今论三世之义,不过,长素尚有一说:

> 以古今之世言之,有据乱、升平、太平之殊,不可少易。而以大地之世言之,则亦有拨乱、升平、太平之殊,而不可去一也。即以今世推之,中国之苗、瑶、侗、僮,南洋之巫来由吉宁人,非洲之黑人,美洲之烟剪人,今据乱世之据乱矣。印度、土耳其、波斯颇有礼教政治,可谓据乱之升平矣。若美国之人人自主,可谓据乱之太平矣。②

> 每变一世,则愈进于仁;仁必去其抑压之力,令人人自立而平等,故曰升平。至太平,则人人平等,人人自立,远近大小若一,仁之至也。此如土耳其、波斯、印度,则日教以西欧之法度,渐去其生民之压力,而升之于平。而美国之文明已至升平者,亦当日求进化,乃能至太平也。此三世者同时并见,则如苗、瑶、番、黎、非洲黑人为据乱之乱世,土耳其、波斯、印度为据乱之升平,而美国已至据乱之太平。故一世中有三世焉。将来人种既合,地球既一,终有未尽进化之人种,故至太平世,亦有太平世之据乱、太平世之太平焉。故三世可重为九世。……由九世可变通之至八十一世,由八十一世可推至无量数不可思议之世。③

> 如中国之中,有苗、瑶、番、黎,为据乱之据乱;蒙古、西藏、青海,为据乱之升平;内地行省,为据乱之太平。④

可见,世界诸文明因进化程度不同,则一时大地之中,能并见三世。故当晚清之世,中国尚处于据乱世,而西方已进乎升平、太平世矣。此种三世之说,亦属长素之创获,其关于变法之种种主张,即以此种三世说为依据也。

长素认为西方处于升平、太平世,此种判断最初与其对西方政治制度的

---

① 梁启超:《南海康先生传》,《康有为全集》册十二,附录一,第 430 页。
② 康有为:《中庸注》,1901 年,《康有为全集》册五,第 389 页。
③ 康有为:《春秋笔削大义微言考》卷 1,《康有为全集》册六,第 17 页。
④ 康有为:《春秋笔削大义微言考》卷 11,《康有为全集》册六,第 310 页。

期待关系不大,而主要出于其对物质文明的向往。① 长素尝于 1879 年赴香港,1882 年赴上海,两地之繁华遂使长素产生对西学的极大兴趣,谓"薄游香港,览西人宫室之瑰丽、道路之整洁、巡捕之严密,乃始知西人治国有法度,不得以古旧之夷狄视之","道经上海之繁盛,益知西人治术之有本。舟车行路,大购西书以归讲求焉。十一月还家,自是大讲西学,始尽释故见"。② 此时长素尚未接受《公羊》学,亦不明素王改制之义,谈不上以西方民主制度取代中国的专制制度。就此言之,长素与今日大多数中国人一样,将文明的优越与物质的繁华联系在一起。

因此,长素将物质享受视作人类文明与进步之指标。1908 年,长素游希腊,如此说道:

> 盖以农为国者,必尚劳俭;以工商为国者,必尚奢乐。而大陆国必以农立,海岛国易以工商者,亦根于地势不得已也。惟人道进化,必以文明为尚,文明则必以奢乐为表。……然小人乐其乐而利其利,若与民同乐,举国偕富,凡民偕乐,同能审美以致文,则公理之至也,非奢也。今万国并较,若以尚俭为俗,其道太戚。吾中国宫室、道路皆不修饰,器用苦窳,徒令人轻笑,比于野蛮,无治术甚矣!③

盖农业之国本难积聚财富,必不能以奢乐为俗,故儒家素来崇尚节俭,以为治国、持家皆不能出此。然而,长素对儒家尚俭之德颇加讥评,曰:

> 财者泉也,以流转为道。若尚俭,则财泉滞而不流,器用窳而不精,

---

① 萧公权:《康有为思想研究》,第 19 页。据《自编年谱》,同治五年(1866),长素年仅九岁,"土木之工,游宴之事,棋咏之乐,孺子嬉戏其间,诸父爱其聪明,多获从焉。始游西樵,慕山林之胜"。(《康有为全集》册五,第 59 页)萧氏断言,长素"首次体会到豪奢的生活"。(萧公权:《近代中国与新世界:康有为变法与大同思想研究》,第 5 页)同治九年,年十三,长素游广州,"睹繁丽,日与友遨游,不暇学也"。戊戌之后,长素流亡国外,不仅维持同水平的生活,而且,"将长期流亡当作快乐的旅游,满足他的游癖,而无因挫败尝得苦果"。(同上,第 25 页)长素向往西方物质文明,或与其幼年养成的习性有关。

除了对政治及物质文明的向往外,长素对西方之为升平、太平世的判断还包括其他一些方面,如其论刑罚之轻重云:"夷族、车裂、炮烙,此太古虐刑也。肉刑,据乱世之刑也,汉文去之,隋文变之。今之杖、笞、流、徒,升平之刑也。太平则人人有士君子之行,刑措矣。其有不得已之罚,则象刑而已。泰西近去缳绞之刑,轻矣,犹未几于太平也。"(康有为:《日本书目志》卷 6,《康有为全集》册三,第 347 页)观今日西方国家,更以死刑有无来衡量文明之优劣矣。

② 康有为:《康南海自编年谱》,《康有为全集》册五,第 63 页。

③ 康有为:《希腊游记》,1908 年,《康有为全集》册八,第 462 页。

智慧窒而不开,人生苦而不乐,官府坏而不饰,民气偷而不振,国家矮而不强。孔子尚文,非尚俭也。尚俭则为墨学矣。后儒不善读此章,误以孔子恶奢为恶文,于是文美之物皆恶之。历史所美,皆贵俭德,中国文物遂等野蛮。①

又攻宋儒曰:

文明既进,则乱世之奢,文明以为极俭。世愈文明,则尚奢愈甚。……《公羊》称孔子为文王,盖孔子为文明进化之王,非尚质退化者也。宋儒不通此义……实令人道退化。今中国之文明不进,大损所关,岂细故哉!②

又攻墨家曰:

墨子至仁矣,然尚俭太过。庄子以为其道太觳,失天下之心,天下不堪,故去王远。孔子以人为道,故以文为尚,是以其道能行。③

墨子主张兼爱、尚同,无差等之义,不与先王同。然其道大觳,耗悴莫甚,役夫之道也。庄子谓墨子虽独能任,奈天下何?是也。墨子之道所以败绩也,其道高而难行,非孔子中庸之义,故荀子极力攻之。④

墨子之为道苦,故人不从之。婆罗门道亦然。是皆不幸生于乱世,五浊烦恼,礼法、纲纪太严太苦,无可解除,故籍出家绝世以超脱之也。⑤

---

① 康有为:《论语注》卷7,《康有为全集》册六,第434页。
② 康有为:《论语注》卷3,《康有为全集》册六,第395页。长素对宋儒此类批评甚多,如谓宋儒"轻鄙功利,致人才苶尔,中国不振"(《论语注》卷14,《康有为全集》册六,第490页),"宋贤不善读之,乃鄙薄事功,攻击管仲。至宋朝不保,夷于金、元,左衽者数百年,生民涂炭,则大失孔子之教旨矣。专重内而失外,而令人诮儒术之迂也。岂知孔子之道,内外本末并举,而无所偏遗哉!"(同上,第492页)是以梁启超称其哲学为"主乐派哲学",盖谓此也。然康氏之乐尚别有一义,即以菩萨心肠常住地狱以救度世人为乐,"常自苦以乐人","视救世任事如纵欲"之语,盖谓此也。(参见梁启超:《南海康先生传》,《康有为全集》册十二,附录一,第430页)是以后世所谓孔子之学,不过朱子学而已,而朱子"知四书而不知五经,知据乱而不知太平大同,非割去中原等于偏安而何?"(康有为:《答朴君大提学书》,1924年秋,《康有为全集》册十一,第346页)盖偏安者,"不及养育给求以尽人之性"而已(康有为:《开封演讲辞》,1923年4月,《康有为全集》册十一,第238页),至于太平之道,则人人各遂其欲矣。
③ 康有为:《希腊游记》,《康有为全集》册八,第460页。
④ 康有为:《孔子改制考》卷17,《康有为全集》册三,第208页。
⑤ 康有为:《大同书》第1,《康有为全集》册七,第8页。

孔子为文王,盖尚文也,长素竟直接等同于对物质文明的崇尚。若是,数千年文明之中国不过等同野蛮而已,既不足以比拟西洋之富庶,则不能当"文明"之名矣。长素以物质为文明之表征,至于马克思主义,同样设想未来社会必是物质财富之涌流。可见,长素与马克思主义颇为相通,此固其一端焉。

虽然,长素此说,实出于其对《公羊》文质之义的误解。盖公羊家虽主孔子尚质,而犹取于周文者,盖以其礼乐之盛,以及尊卑之等也。今长素以物质为文,已颇不合于《公羊》旧论矣,然长素之特识亦可由此见矣。

长素甚至主张,"夫人之愿欲无穷,而治之进化无尽",①而西人视恶为历史之动力,殆类此也。长素乃攻宋儒尚俭,实出于墨氏,而非孔子之道,曰:

> 墨子非乐,不合人心,天下不堪,离于天下,其去王也远矣。宋贤执礼甚严,尊古太甚,以古音既不可考,乃并歌而废之,付之于优伶狎客,庄士所不为。遂令中国废歌,失人道养生之宜,悖圣人乐生之道。日尊孔子而暗从墨氏,致人道大戮,天下不堪,此程朱之过也。今当考中声而复歌道,以乐人生矣。②

又论宋学出于佛氏,不近人情:

> 盖佛氏养魂而弃身,故绝酒肉,断肢体,以苦行为道。孔子以人情为田,被服、别声、备色,加以节文,顺天理以养生命,岂以儒墨夷貊之自苦为哉？宋儒皆由佛出,故其道薄欲乐、苦身体为多,故多乐养生之道废。③

诸如此类说法,与马克思主义对未来社会之设想如出一辙,即消除生产力发展的一切限制,从而使物质财富达到极大的涌流。然而,现代人沉浸于财富之"数目字"增长及物质享受中,却少有人将其与现实中愈益尖锐的矛盾联系起来,更少有人思及财富及其享用不免催生出人类种种恶劣的品性,如淫佚、怠惰等。毕竟,人情之不美,自古皆然,古代社会的物质匮乏与其并无直

---

① 康有为:《请厉工艺奖创新折》,1898年6月26日,《康有为全集》册四,第301页。
② 康有为:《论语注》卷7,《康有为全集》册六,第434页。
③ 康有为:《日本书目志》卷1,《康有为全集》册三,第269页。

接的关系,而未来社会财富的涌流也未必能克服此类恶劣品性也。

庚子国难之后,长素始游历列国,其思想亦因此发生了重要改变。对此,萧公权说道:

> 他不再注重社会的完美与人们的快乐,而重视如何把中国从20世纪列强的压力下解救出来。……康氏的西方之旅加深了他对近代工业文明的敬慕,也加深了列强灭亡中国的恐惧。他的结论是,中国除非获得像西方一样程度的工业化,否则不能挽救危亡。①

此时,长素以更现实的态度看待西方物质文明,强调中国只有通过物质文明的发展,才能摆脱其软弱无力的国际处境。此种清醒认识,构成了以后中国现代化道路的主流。

可以说,长素关于物质之思想,前后实有重要转变。大致从1886年接触西学开始,长素虽歆慕西方之财富,以为大同之道在是焉,然犹以关于科技之"西书"为"不切"之学,而重视有关西政之书,欲因以致中国于升平、太平。这构成了其推动戊戌变法的基本思想。然自1904年以后,长素开始意识到中国所需要向西方学习者,不过科技而已;政治制度,则不切于中国之现实;至于后来"五四"激进派所倡导的新文化、新道德,更以为不必学,亦不足学。

不仅如此,长素关于物质文明的看法,早期更多强调其社会内涵,即消除了人类欲望的限制。此亦构成了其大同理想的重要内容。

盖人类欲望之大端,不过有二:其一为物欲,另一则为情欲。长素主张,应该通过对人类自身生产的变革,即彻底推翻文明时代的婚姻、家庭形态,而消除对情欲的限制。因此,长素首先肯定了情欲的必然性:

> 人之生而有生殖之器,则不能无交合色欲之事者,天也。以天欲之故则必不能绝,必不能绝则必有淫奸之事。……虽有万亿婆罗门、佛、耶苏欲救之而欲绝其欲,而必不能使全世界人类绝交合之欲也。……故大同之世,交合之事,人人各适其欲而给其求。……固又有好男色者,虽索格拉底已有之矣。虽非阴阳之正,或于人身有损,然好色亦未有不损者。人情既许自由,苟非由强合者,则无由禁之。②

---

① 萧公权:《康有为思想研究》,第348页。
② 康有为:《大同书》第7,《康有为全集》册七,第179—181页。

可见,长素此处对男女交合的称许,与恩格斯在《家庭、私有制与国家的起源》中对性爱自由的歌颂,似并无二致。①

因此,长素同样把婚姻亦看作两性基于爱情之结合,以为婚姻所以为自由也。长素曰:

> 若太平世则人人独立,人人平等,男女皆为天生之人,各听其相得而立约,则非独无妾媵之可言,并无夫妇之可言矣。②

又曰:

> 假令果有永远欢合者,原听其频频续约,相守终身,但必当因乎人情,听其自由。故不可不定期限之约,俾易于遵守,而不致强其苦难,致有乖违也。约限不许过长,则易于遵守,即有新欢,不难少待。约限不得过短,则人种不杂,即使多欲,亦不毒身。两人永好,固可终身;若有新交,听其更订;旧欢重续,亦可寻盟。一切自由,乃顺人性而合天理。③

男女既因爱情而结合,那么,一旦爱情消失,便当离婚。长素曰:

> 凡男女如系两相爱悦者,则听其自便,惟不许有立约之事。倘有分毫不相爱悦,即无庸相聚。④

> 太平之世,人皆独立,即人得自由,人得平等;若强苦难之,损失自由多矣。既不如乱世之俗立夫妇以正父子之亲,则何不顺乎人情,听其交欢,任立期限,由其离合?相得者既可续约而永好,异趣者许其别约而改图。爱慕之私可遂,则欢者益欢;厌恶之意已生,则去者即去。法律所许,道德无讥,人人皆同,日月常见。⑤

---

① 对长素来说,此不过是大同社会之理想而已,因此,此种幸福时代尚未来临之时,还是必须遵守现行的种种限制人欲的道德与法律。这两者在长素的个人生活中,并不那么显得矛盾,萧公权称其"尽管雅不欲节奢,事实上却过着与放任主义相左的规律生活。他虽欣赏声色,然其行为仍不失为一彬彬儒者"。(萧公权:《康有为思想研究》,第21页)可以说,长素在个人操守上,还是完全遵循礼俗的要求,虽然其思想总是那么勇于开拓。
② 康有为:《春秋笔削大义微言考》卷3,《康有为全集》册六,第83页。
③ 康有为:《大同书》第2,《康有为全集》册七,第76页。
④ 康有为:《实理公法全书·夫妇门》,"公法",《康有为全集》册一,第149页。
⑤ 康有为:《大同书》第2,《康有为全集》册七,第77页。

否则,既无益于两人之感情,又平添彼此痛苦,"夫妻为终身之好,其道至难,少有不合,即为终身之憾,无可改悔","古者夫妇不合,辄自离异,夫无河东狮吼之患,妻无中庭相哭之忧,得人道自立之宜,无终身相缠之苦"。① 长素在《大同书》中极力渲染男女婚姻百年好合之误,其种种论调皆今人所习闻。因此,长素批评宋儒的"守节"观念,谓"宋儒好为高义,求加于圣人之上,致使亿万京陔寡妇,穷巷惨凄,寒饿交迫,幽怨弥天,而以为美俗"。②

长素以男女基于感情的聚合乃"公法",或聚或散,完全自由;其次者为"人立之法",虽许立婚约以固结之,然犹强调感情为之基础,故必有期限,否则不免为感情之限制矣。③ 长素曰:

> 凡男女相悦者,则立约以三月为期,期满之后,任其更与他人立约。若原人欲再立约,则须暂停三月,乃许再立。亦许其屡次立约,至于终身。④

> 凡男女立约久暂,听其自便。约满则可更与他人立约,亦可再与原人换约。⑤

> 婚姻期限,久者不许过一年,短者必满一月,欢好者许其续约。⑥

至于后世西人之婚姻,乃"终身之约",虽许离婚,男女之自主权有限,常致男女相互怨恨而后已,长素以为"不合实理,无益于人道"。⑦ 若中国古代之婚姻,则又次之,"男女之约,不由自主,由父母定之。立约者终身为期,非有大故不离异。男为女纲,妇受制于其夫。又一夫可娶数妇,一妇不能配数夫",

---

① 康有为:《大同书》第2,《康有为全集》册七,第59、60页。
② 康有为:《大同书》第2,《康有为全集》册七,第73页。
③ 梁启超以"男女同栖当立期限"为《大同书》之第一眼目,且深许之,以为"陈义之高",乃过于今之世界主义、社会主义者。钱穆则以为康氏不过"偶感于西人婚姻自由之制,而故为此扬高凿深之言耳",又谓康氏之毁家灭族之说,绝非"无依傍",其思想来历,"在中国则为庄子之寓言荒唐,为墨子之兼爱无等,又炫于欧美之新奇,附之释氏之广大,而独以孔子为说"。(钱穆:《中国近三百年学术史》下册,第737—738页)钱氏此说甚不客观,盖中国社会之演进,愈趋于男女平等,而血缘之联属,进于地域之联合,中国社会之演化实渐趋于西方也,是以长素谓"中国数千年政治虽不进化,而社会甚进化。政治不进化者,专制政体为之梗也;社会进化者,政府之干涉少而人民自由发达也"。(梁启超:《南海康先生传》,《康有为全集》册十二,附录一,第430页)
④ 康有为:《实理公法全书·夫妇门》,"比例",《康有为全集》册一,第149页。
⑤ 康有为:《实理公法全书·夫妇门》,"比例",《康有为全集》册一,第149页。
⑥ 康有为:《大同书》第2,《康有为全集》册七,第77页。
⑦ 康有为:《实理公法全书·夫妇门》,"比例",《康有为全集》册一,第150页。

长素以为"更与几何公理不合,无益人道"。①

长素甚至主张共妻共夫的做法:

> 其有数人同时欲合立一约者,询明果系各相爱悦,则许之,或仍不许。②

若此,则与人类泰古群婚之俗无别矣。

基于此种婚姻观念,长素对传统的专偶制家庭进行了批判,"今医学家已考明,凡终身一夫一妇,与一夫屡易数妇,一妇屡易数夫,实无所分别"。③是以长素主张婚姻自主,"既两相爱悦,理宜任其有自主之权",④又批评基于父母之命的终身婚姻制度及纳妾制度,乃"与几何公理不合,无益人道",⑤又认为男尊女卑乃据乱世之法,"故以公理言之,女子当与男女一切同之;以实效征之,女子当与男子一切平之。此为天理之至公,人道之至平,亘宇宙而莫易,质鬼神而无疑,亿万世以待圣人而不惑,亿万劫以待众议而难偏"。⑥

长素又借《春秋》哀姜与庄公立约之事,论曰:

> 据乱世男尊女卑,夫妇听命于父母媒妁,本无立约义。然有约亦是人情,故不为恶;至其所约为远媵妾之事,尤非大恶。盖据乱之世男尊女卑,故一夫数妻,乃因于太古极多妻而裁节之,以从其时俗,未得其平,非正道也。至升平之世则一夫一妻,乃为平等之正道。鲁夫人当据乱世而立远媵妾之约,虽非其时,亦不为恶。至升平时则夫妇必以立约,必以远媵妾为义矣。若太平世则人人独立,人人平等,男女皆为天生之人,各听其相得而立约,则非独无妾媵之可言,并无夫妇之可言矣。此立约实为非常异义,今欧美之俗始行之,孔子已先立之。⑦

盖庄公二十四年始娶夫人,前尝有宠于内,至是夫人哀姜与公立约,要其远媵妾。然据乱之世,男尊而女卑,一夫数偶实属自然,至于哀姜要公不为大

---

① 康有为:《实理公法全书·夫妇门》,"比例",《康有为全集》册一,第150页。
② 康有为:《实理公法全书·夫妇门》,"比例",《康有为全集》册一,第149页。
③ 康有为:《实理公法全书·夫妇门》,"实理",《康有为全集》册一,第149页。
④ 康有为:《实理公法全书·夫妇门》,"公法",《康有为全集》册一,第149页。
⑤ 康有为:《实理公法全书·夫妇门》,"比例",《康有为全集》册一,第150页。
⑥ 康有为:《大同书》第2,《康有为全集》册七,第53页。
⑦ 康有为:《春秋笔削大义微言考》卷3,《康有为全集》册六,第83页。

恶者,邵公以为夫妻本有朋友之道,不可纯以君臣之义责之。而长素则据三世之义,以为哀姜先得平世之道焉。①

诸如此类看法,与今日种种自由主义观念及其变种的女性主义观念,皆无甚分别。因此,长素将"男女有别"的规定看作孔子的"拨乱法":

> 盖乱世男女无别,故父子不正;父子不正,则种乱而弱。今非洲尚然,故不能传种族。凡大地能夫妇合婚生子者,其种强明。孔子生当乱世,特重此义,以为拨乱法。推之升平世,人皆有教,女亦有权,又经合婚俗定之后,则女道不妨宽其出入宴飨,如欧西是也。至太平世,则教化纯美,人人独立,可不必为男女大别,但统之曰人类而已,其出入飨宴从人道之同同。②

> 其所为抑女之大因,据以为义所自出者,则以为夫妇不别则父子不亲,父子不亲则宗族不成。故欲亲父子,先谨夫妇。故据乱世之制,为礼始于谨夫妇,为宫室必别内外。③

盖上古时的女子,婚前性关系极是随意,致使男子常不能辨认己子,乃有"杀头胎"之俗,若此,父子焉能相亲耶? 其后人类谨严女子之外交,盖以父子之道至重,不可不防,而非纯出于男子私有之心理。然此时犹不禁男子者,盖因男子纵然普施雨露,虽莫知己子,然女子必知之,故犹能全父子之道焉。至于升平、太平之世,长素以为,不必再严男女之防。观乎今日,婚前性关系实大有害于家庭,西国或不然,盖弛父子之亲故也。

长素又曰:

> 升平之世,必一夫一妻相平。然如今欧美之制,仍复妻从夫姓,妻居夫室,以夫为家,仍未平也。若太平之世,则凡人类只能谓之为人,不别男女,人人独立,人人平等,其为夫妇,如交友然,固无相从,只有合好而已。盖大道循环,太平世之制,去据乱最远,而去原人最近;然其制虽

---

① 邵公论此立约事曰:"夫人要公不为大恶者,妻事夫有四义:鸡鸣缞笄而朝,君臣之礼也;三年恻隐,父子之恩也;图安危可否,兄弟之义也;枢机之内,寝席之上,朋友之道,不可纯以君臣之义责之。"长素亦曰:"女子与男子,同为天民,同隶于天,其有亲交好合,不过若朋友之平交者尔,虽极欢爱,而其各为一身,各有自立、自主、自由之人权则一也。"(康有为:《大同书》第2,《康有为全集》册七,第57页)至于今日,男女成婚之前,多立约以相要矣。
② 康有为:《春秋笔削大义微言考》卷3,《康有为全集》册六,第59页。
③ 康有为:《大同书》第2,《康有为全集》册七,第71页。

长素以为太平世之制"去原人最近",犹马克思称泰古乃"原始共产主义"也。又曰:

> 太平大同之世,男女各有独立之权,有交好而非婚姻,有期约而非夫妇。期约所订,长可继续而终身,短可来复而易人。凡有色欲交合之事,两欢则相合,两憎则两离,既无亲属,人人相等。……大同之世,交合之事,人人各纵其欲而给其求,荡荡然无名无分,无界无垠,惟两情之所属。②

至太平大同之世,男女唯遂其情,各纵其欲,或合或离,皆无责任矣。又曰:

> 据乱世别男女,故立男不亲求、女不亲许之义。周时旧俗,男女不甚别,婚姻自由,亲订姻好而亲求之,与今欧、美同俗。盖治道循环,太古狉獉,俗与太平近。惟据乱与太平,则如东西极之相反,理势然也。若至升平、太平世,女学渐昌,女权渐出,人人自立,不复待人,则各自亲订姻好。③

据乱之世,亲相授受犹不可,遑论亲求亲许乎!故古礼以父母之命、媒妁之言为中介,欲以远别也。若今日恋爱自由,则亲订姻好矣。又曰:

> 男女之事,但以殉人情之欢好,非以正父子之宗传,又安取强合终身以苦难人性乎?即使强合,亦为无义。假令果有永远欢合者,原听其频频续约,相守终身,但必当因乎人情,听其自由。故不可不定期限之约,俾易于遵守,而不致强其苦难,致有乖违也。约限不许过长,则易于遵守,即有新欢,不难少待。约限不得过短,则人种不杂,即使多欲,亦不毒身。两人永好,固可终身;若有新交,听其更订;旧欢重续,亦可寻盟。一切自由,乃顺人性而合天理。④

---

① 康有为:《春秋笔削大义微言考》卷3,《康有为全集》册六,第78页。
② 康有为:《大同书》第7,《康有为全集》册七,第180—181页。
③ 康有为:《春秋笔削大义微言考》卷4,《康有为全集》册六,第114页。
④ 康有为:《大同书》第2,《康有为全集》册七,第76页。

若将来男女结合既不重父子之亲,则自能殉人情之欢好矣。

长素又论"齐高固与子叔姬来"一事曰:

> 春秋旧俗,男女相悦而定姻,偕行而游,见如今欧美。然在据乱世之义,以重父子而繁人类,当男女有别,故负教戒。若升平之世,则男女权渐平,则不以为嫌矣。至太平世,则女权一切与男子平,且皆谓之人,同为执事,并无男女之异,更不能以此例绳之。①

盖人类由乱世而渐进于升平、太平之世,男女之间亦不再相隔,而得自由往来矣。

长素又借《论语》中"子见南子"事,谓小康世男女须有别,是以子路怪之,盖笃守小康世"男女授受不亲"之道者也;若孔子则行大同之道,其见南子,犹今日西俗以男女社交为文明耳。② 其后,长素则谓"美国女权最昌而淫风最甚,讼案居十之九,隳胎居十之八,人类将日少,则可畏莫大焉"。③ 可见,大同理想若施行于据乱之现实,则鲜不为祸矣。

虽然,据乱世之世当别男女,至有七出、五不娶、三不去之法,所以严夫妇之道焉。盖男女之道不严,夫妇之道亦乖,彼此虽能随意好合,然常怀轻忽之心,离弃之事固多矣。不独夫可出妇,妇亦可出夫,《韩非子》谓姜太公乃出夫是也。对此,长素曰:"至宋以后,渐少出妻,则夫妇之道愈凝,而离弃之法不便行矣,此拨乱之法。若升平世男女渐平,各有自主之权,自有离异之事,始则出妇,渐则出夫,今法国岁至千万。道若循环,至太平,则与乱世远,男女之事益行自由矣。"④

男女之结合若只是殉人情之欢好,则家庭终必将消失矣。长素乃论家庭之害曰:

> 虽然乡人之酬酢,里妇之应接,儿童之抚弄,宗姓之亲昵,耳闻皆勃豀之声,目睹皆困苦之形。或寡妇思夫之夜哭;或孤子穷饿之长啼;或老夫无衣,扶杖于树底;或病妪无被,卧于灶眉;或废疾癃笃,持钵行乞,呼号而无归。其贵乎富乎,则兄弟子姓之阋墙,妇姑娣姒叔嫂之勃豀,与接为构,忧痛惨凄。号为承平,其实普天之家室,皆怨气

---

① 康有为:《春秋笔削大义微言考》卷6,《康有为全集》册六,第170页。
② 康有为:《论语注》卷6,《康有为全集》册六,第423页。
③ 康有为:《欧美学校图记、英恶士弗大学校图记》,《康有为全集》册八,第124页。
④ 康有为:《春秋笔削大义微言考》卷3,《康有为全集》册六,第88页。

之冲盈,争心之触射,毒于黄雾而塞于寰瀛也。呜呼!人患无家,有家之害如此哉!①

吾居乡里之日殆三十年,所闻无非妇姑诟谇之声,嫂叔怨詈之语,兄弟斗阋之状。②

长素甚至条列家庭之害至十数条,且曰:

家者,据乱世人道相扶必需之具,而太平世最阻碍相隔之大害也。③

长素又以家庭为自由之最大压制,以为烦恼之根、苦难之源,至若将来家庭消亡,"人人皆独立于世界之上,不受他之牵累,而常得非常最大之自由也"。④ 否则,家庭将成人类进入太平世的最大妨害,"故家者,据乱世、升平世必须之要,而太平世最妨害之物也。以有家而欲至于太平,是泛绝流断港而欲至于通津也。不宁唯是,欲至太平而有家,是犹负土以浚川,添薪以救火也,愈行而愈阻矣。故欲至太平独立性善之美,惟有去国而已,去家而已"。⑤

家庭之害既如此,是以大同社会终将消灭家庭,即便尚有某种家庭形式,不过同居之男女二人而已,至于其他种种伦理关系,尤其是父子间的天伦关系,则可以通过社会对子女的抚养来解除。盖古代家庭之关键不在于夫妻关系,而在于父子之间的自然情感,以及由此而来的伦理责任。因此,欲消灭家庭,必须要抹杀这种自然情感。目前,不难看到,随着人们生活方式与节奏的变化,以及社会化手段的高度发展,此种自然情感已渐趋淡薄矣。

长素更从理论上论证父子关系实出偶然,曰:

---

① 康有为:《大同书》第1,《康有为全集》册七,第3页。
② 康有为:《大同书》第3,《康有为全集》册七,第88页。
③ 康有为:《大同书》第3,《康有为全集》册七,第91页。
④ 梁启超:《南海康先生传》,《康有为全集》册十二,附录一,第432—433页。萧公权认为,长素这种对家庭的态度大概来自几方面因素的影响:其一,光绪五年(1879)以来佛教给他的启示。其二,其姊妹婚姻的不幸,其自言寡妇之苦曰:"吾既少孤,寡母育我。姊嫁百日,夫即病亡。妹有三子,夫丧中年,以贫自伤,数载遂殒。呜呼!寡之酷毒,人道所无,盖天上人间所无者焉。"(康有为:《大同书》第1,《康有为全集》册七,第26页)其三,对许多家庭生活的观察。因此,长素"虽然信奉儒家伦理,但家庭毕竟不是纯粹幸福的"。(参见萧公权:《近代中国与新世界:康有为变法与大同思想研究》,第13—14页)
⑤ 康有为:《大同书》第3,《康有为全集》册七,第91页。

原质是天地所有,非父母之所生,父母但能取天地之原质以造成子女而已。……子女之魂与父母之魂,其性大约不相同者为多,久处则其魂亦各不相合,其相爱之性亦易变。①

因此,长素断然否定传统伦理对子女的责任要求,"公法于父母不得责子女以孝,子女不得责父母以慈,人有自主之权焉",②"父子天性,鞠育劬劳,然人非人能为,人天所生也,托借父母生体而为人,非父母所得专也,人人直隶于天,无人能间制之。盖一人身有一人身之自立,无私属焉"。③

盖人既为父母所生养,则父母有慈爱之情,子女有思慕之心,皆出于自然。若一旦弃之,不仅背德,且非人情所愿也。因此,长素主张借助社会的力量,以渐次消除家庭,"令人无出家之忍而有去家之乐也"。至于政府,则当承担公养、公教、公恤之责任,如此,"养生送死皆政府治之,而于一人之父母子女无预焉。父母之于子女,无鞠育顾复之劬,无教养糜费之事。且子女之与父母隔绝不多见,并且展转不相识,是不待出家而自然无家,未尝施恩受恩,自不为背恩,其行之甚顺,其得之甚安"。④ 并且,为了补偿父母生育之劳,政府应当给予适当的报酬,以清偿子女所欠父母之债,从而达到了"长幼平等"的公法。

虽然,长素在《大同书》中依然肯定父子亲情之可贵,曰:

故夫父子之道,人类所以传种之至道也;父子之爱,人类所由繁孳之极理也;父子之私,人体所以长成之妙义也。不爱不私,则人类绝;极爱极私,则人类昌。故普大地而有人物,皆由父子之道。至矣!极矣!父子之道蔑以加矣! 故父母之劳,恩莫大焉! 身由其生也,体由其育也,勤劳顾复,子乃熟也;无父母则无由生,无为育无能成熟……受恩之重大莫过于父母,故酬报之重大当责之于人子矣。⑤

至于西人则不然,子女于父母老寡,"绝无有同居迎养之事,无问寝视膳之仪,

---

① 康有为:《实理公法全书·父母子女门》,"实理",《康有为全集》册一,第150页。
② 康有为:《实理公法全书·父母子女门》,"公法",《康有为全集》册一,第151页。
③ 康有为:《大同书》第1,《康有为全集》册七,第36页。
④ 康有为:《大同书》第3,《康有为全集》册七,第92—93页。后来,作为新儒家的冯友兰亦有类似见解。其《新事论》认为,随着生产的社会化以及私有财产的废除,家庭将最终消亡,于是,妻子不再是家庭的一员,而是社会的一员,其与丈夫同居只是完成性生活而已,至于子女,则当交由社会抚养教育。
⑤ 康有为:《大同书》第3,《康有为全集》册七,第82—83页。

无疾痛疴痒之义",①而父母于子女之未成年也,有生养之劳,亦有嬉戏之乐,与中国人无异,然颇不愿产子,至其死也,亦常以财产遗公,而不传与子女。

在长素看来,西人不甚重视家庭,故距人类理想更为接近。不过,既有家庭,则犹存私有观念,西方亦只进于升平世而已。若太平世,则须尽破一切之私,而彻底消灭家庭。

若欲消灭家庭,不仅要消除人类之自然情感,而且必须实现男女间之平等。长素曰:

> 故全世界人欲去家界之累乎?在明男女平等、各有独立之权始矣,此天予人之权也。全世界乎,欲去私产之害乎?在明男女平等、各自独立始矣,此天予人之权也。全世界人欲去国界之争乎?在明男女平等、各自独立始矣,此天予人之权也。全世界人欲去种界之争乎?在明男女平等、各自独立始矣,此天予人之权也。全世界人欲致大同之世、太平之境乎?在明男女平等、各自独立始矣,此天予人之权也。全世界人欲至极乐之世、长生之道乎?在明男女平等、各自独立始矣,此天予人之权也。全世界人欲炼神养魂、不生不灭、不增不减乎?在明男女平等、各自独立始矣,此天予人之权也。欲神气遨游、行出诸天、不穷不尽、无量无极乎?在男女平等、各自独立始矣,此天予人之权也。吾采得大同太平、极乐长生、不生不灭、行游诸天、无量无极之术,欲以度我全世界之同胞而永救其疾苦焉,其惟天予人权、平等独立哉!吾之道早行早乐,迟行迟乐,不行则有苦而无乐。哀哉!全世界人生之苦也,其宁甘之而不求乐欤?②

在此,长素甚至以人类之一切问题,包括社会、政治、人生诸方面,皆系于男女平等之实现。今日政府、学者咸视男女平等为"政治正确",以为莫辩之真理;至于消灭家庭之理想,以悖于吾国数千年传统之故,则深讳若罪然。若此内外乖违,遂启家庭无穷之争端矣。

长素甚至认为,至太平之世,同性恋亦自许可,其性质则与异性恋无二,皆体现了人类之自由、平等与独立。③ 长素曰:

---

① 康有为:《大同书》第3,《康有为全集》册七,第83页。
② 康有为:《大同书》第6,《康有为全集》册七,第163—164页。
③ 康氏主张同性恋尚有一理由,"五官有废疾,若塌鼻、缺唇种种人体不完及肺痨者,不许结男女交合之约,以淘汰其传种。其有人欲者,听其报官,结男子互交之约可也"。(康有为:《大同书》第3,《康有为全集》册七,第112页)

> 太平之世,男女平等,人人独立,人人自由,衣服无异,任职皆同,无复男女之异,若以淫论,则女与男交,男与男交,一也。……其有欢合者,不论男女之交及两男之交,皆到官立约,以免他争。惟人与兽交,则大乱灵明之种以至退化,不得不严禁矣。①

时至今日,颇有学者喧嚣此等论调,然长素能发于百年前,真奇伟之人也。

在长素那里,男女平等又构成三世进化之重要标准。长素曰:

> 我国从前尚守孔子据乱之法,为据乱之世,然守旧太久,积久生弊,积压既甚,民困极矣。今当进至升平,君与臣不隔绝而渐平,贵与贱不隔绝而渐平,男与女不压抑而渐平,良与奴不分别而渐平,人人求自主而渐平,人人求自立而渐平,人人求自由而渐平。其他一切进化之法,以求进此世运者,皆今日所当有事也。②

人类由据乱而进于升平、太平,不独君臣、贵贱之间渐趋平等,至于男女之间亦然。又曰:

> 《穀梁传》:妇人不会,会非正也。此据乱世之制,崇男女之别,以谨种族之传。升平世人类渐至平等,且教化既明,则人类皆可相通,皆可相会矣。至太平世则不论男女,人人独立自主,更可相会。盖太平世与太古原人几相同,而与据乱世最相反,此实人道循环之理也。……此皆据乱之义,无论何国,必经此制乃得进化,虽未至于升平,然亦人道必由之路也。自升平世人视之,则以为妇女独苦,而实教化需时,有不得已者也,圣人不过因时出之。若未至升平之世而逾防,则为淫佚;若既至升平世而强禁,则为压抑。③

盖男女有别本为据乱之制,女子压抑于内,不得外交,所以笃父子之亲也。至升平、太平世,男女渐趋平等,女子乃无内外之隔,虽有外交而不必为淫佚矣。④

---

① 康有为:《大同书》第7,《康有为全集》册七,第181页。
② 康有为:《春秋笔削大义微言考》卷1,《康有为全集》册六,第17页。
③ 康有为:《春秋笔削大义微言考》卷3,《康有为全集》册六,第65—66页。
④ 古代亲迎礼正是男女平等的体现,故长素认为,《春秋》改定亲迎之礼,乃"《春秋》一王之法,先正夫妇,而婚礼下达,男先乎女。此孔子著男女平等之义,力反乱世之压抑也"(康有为:《春秋笔削大义微言考》卷1,《康有为全集》册六,第19页),"古未尝有亲迎(转下页)

是以人类自家至国，皆当渐次臻于平等，"盖乱世之法，人王总揽事权；升平之世，人主垂拱无为；太平之世，一切平等，贬及天子，无王可言"，①又谓"每变一世，则愈进于仁；仁必去其抑压之力，令人人自立而平等，故曰升平。至太平，则人人平等，人人自立，远近大小若一，仁之至也"。②

古人防隔内外，虽为淫佚之防，亦以女子实不若男子，故处据乱之世，不当使女子与于国事。长素以为，至升平、太平世则不然。其曰：

> 升平之世，女学大开，女智大发，国体立宪，人主无责任，既不患椒房、宦寺之窃柄，并不能徇私纵欲以乱国。……此易世易俗之义，不得以据乱论也。若至太平世，男女皆至平无别，学识亦同，为长、为师、为议国事之员，与据乱世乃反至极端，自然之理也。③

此说与马克思主义亦同。恩格斯在《家庭、私有制与国家的起源》中认为，资本主义大工业的发展将泯除男女在体力乃至智识上的分别，从而为男女真正实现平等准备了前提条件。

不过，长素认为，男女平等毕竟是大同之法，若行于今世将极有害，"若今女学未成，人格未具，而妄引妇女独立之例，以纵其背夫淫欲之情，是大乱之道也。夏葛冬裘，各有时宜，未至其时，不得谬援比例。作者不愿败乱风俗，不欲自任其咎也"。④ 正因如此，长素撰成《大同书》后，一直未尽刊行，大概正是考虑此种高远理想若落到现实中，反而产生极大的祸害。直到民国二年，出于其弟子的屡屡请求，长素乃发表了其中部分内容，即涉及一般性原则和政治理想的甲、乙二部。至于其中最为激进的社会理想部分，则直至民国二十四年，即长素死后八年才得以出版。然而，此时有着类似主张的马克思主义已然占据了中国思想的主导地位，而长素此部分论述遂为时人所轻忽矣。

(接上页)之礼，尊男卑女，从古已然。孔子始发君聘于臣，男先下女，创为亲迎之义。……后世行亲迎之礼，是用此制。通于此制，而后敬之如宾，夫妇之道乃不苦"（康有为：《孔子改制考》卷9，《康有为全集》册三，第120页），"墨子亦称三代先王，而讥儒者亲迎，祇禍若仆，盖孔子创制托古耳"。（康有为：《孔子改制考》卷11，《康有为全集》册三，第144页）又批评古代媵妾之制有悖男女平等之道，"旧制男女平等，自后世尊阳抑阴，乃广备妾媵以繁子姓。泰西一男一女，犹中国古法也"。（康有为：《孔子改制考》卷9，《康有为全集》册三，第121页）

① 康有为：《春秋笔削大义微言考》卷1，《康有为全集》册六，第15页。
② 康有为：《春秋笔削大义微言考》卷1，《康有为全集》册六，第17页。
③ 康有为：《春秋笔削大义微言考》卷4，《康有为全集》册六，第110页。
④ 康有为：《大同书》第3，《康有为全集》册七，第78页。

长素主张公有制,以为"今欲致大同,必去人之私产而后可。凡农工商业,必归之公。举天下之田地皆为公有,人无得私有而私买卖之",①又批评资本主义的经济剥削,"若夫工业之争,近年尤剧。盖以机器既创,尽夺小工。……而能作大厂之机器者,必具大资本家而后能为之。故今者一大制造厂、一大铁道轮船厂、一大商场乃至一大农家,皆大资本家主之,一厂一场,小工千万仰之而食,而资本家复得操纵轻重小工之口食而控制之,或抑勒之。于是富者愈富,贫者愈贫矣"。② 然而,长素后来尝谓其主张与马克思主义相同,不过,以为大同理想尚不足行于当时,而俄国挟武力乃至恐怖以推行之,殊不足取,若吾国效之,适足以亡国也。③

长素又主张消灭阶级,"阶级之制,最与平世之义至相反者也,至相碍者也。万义之戾,无有阶级为害之甚者。阶级之制不尽涤荡而汛除之,是下级人之苦恼无穷,而人道终无由至极乐也"。④ 此与马克思主义追求无产阶级自我解放的宗旨颇为相类。

至于国家的最终消亡,长素亦与马克思主义相同。长素列举古今中外战争之惨剧,谓"有国者,人道团体之始,必不得已,而于生人之害,未有宏巨硕大若斯之甚者也",⑤故"今欲救生民之惨祸,致太平之乐利,求大同之公益,其必先自破国界去国义始矣",⑥"凡大同之世,全地大同,无国土之分,无种族之异,无兵争之事"。⑦ 对此,长素设想了世界政府的可能性,至于列国,则犹美之联邦耳。长素曰:

> 削除邦国号域,各建自主州郡而统一于公政府者,若美国、瑞士之制是也。公政府既立,国界日除,君名日去。渐而大地合一,诸国改为州郡,而统于全地公政府,由公民公举议员及行政官以统之。各地设小政府,略如美、瑞。于是时,无邦国,无帝王,人人相亲,人人平等,天下为公,是谓大同。此联合太平世也。⑧

至于人民,则皆成为"世界公民","据乱世为爱种族之世,升平为争种族合

---

① 康有为:《大同书》第6,《康有为全集》册七,第156—157页。
② 康有为:《大同书》第6,《康有为全集》册七,第154页。
③ 参见康有为:《致吴佩孚等书》,1926年2月,《康有为全集》册十一,第417页。
④ 康有为:《大同书》第1,《康有为全集》册七,第38页。
⑤ 康有为:《大同书》第5,《康有为全集》册七,第127页。
⑥ 康有为:《大同书》第5,《康有为全集》册七,第128页。
⑦ 康有为:《大同书》第7,《康有为全集》册七,第164页。
⑧ 康有为:《大同书》第5,《康有为全集》册七,第130页。

种族之世,太平则一切大同,种族不分,无种族之可言,而义不必立"。① 对此,梁任公认为,"小康为国别主义,大同为世界主义"。② 谭嗣同亦有类似论调,谓"《春秋》大一统之义,天地间不当有国也",又谓"不惟发愿救本国,并彼极盛之西国与夫含生之类,一切皆度之……不可自言为某国人,当平视万国,皆其国,皆其民"。③

长素又以消灭家庭为国家消亡的首要步骤,曰:

> 欲去家乎,但使大明天赋人权之义,男女皆平等独立,婚姻之事不复名为夫妇,只许订岁月交好之和约而已。行之六十年,则全世界之人类皆无家矣,无有夫妇父子之私矣,其有遗产无人可传,其金银什器皆听赠人。若其农田、工厂、商货皆归之公,即可至大同之世矣。全世界之人既无家,则去国而至于大同易易矣。④

人类自有家庭,遂导致私有制之形成,最终瓦解了氏族,正是在氏族废墟的基础上,国家得以建立起来。因此,欲消灭国家,必然首先消灭家庭。

因此,梁任公认为长素为"社会主义派哲学"。对此,任公说道:

> 理想之国家,实无国家也;理想之家族,实无家族也。无国家、无家族则奈何?以国家、家族尽融纳于社会而已,故曰社会主义派哲学也。故其一切条理,皆在于社会改良。⑤

又论《大同书》曰:

> 其最要关键,在毁灭家族。有为谓佛法出家,求脱苦也,不如使其无家可出;谓私有财产为争乱之源,无家族则谁复乐有私产?若夫国家,则又随家族而消灭者也。有为悬此鹄为人类进化之极轨,至其当由何道乃能致此,则未尝言。……有为著此书时,固一无依傍,一无剿袭,在三十年前,而其理想与今世所谓世界主义、社会主义者多合符契,而

---

① 康有为:《春秋笔削大义微言考》卷3,《康有为全集》册六,第68页。
② 梁启超:《南海康先生传》,《康有为全集》册十二,附录一,第428页。
③ 引自梁启超:《清代学术概论》二十七,载朱维铮编:《梁启超论清学史二种》,第77页。
④ 康有为:《大同书》第6,《康有为全集》册七,第163页。
⑤ 梁启超:《南海康先生传》,《康有为全集》册十二,附录一,第433页。

陈义之高且过之。呜呼！真可谓豪杰之士也已。①

不过，萧公权并不同意这种看法，认为长素只能是个社会主义者，不过较诸孙中山的"三民主义"、陈独秀在《新青年》中的空想社会主义倾向，以及胡适的"自由社会主义"，要显得更为激进，大概可以称作"民主共产主义"，而与马克思主义不一样。然而，无论如何，二十世纪前后的中国思想都有着共同的倾向，即毛泽东所说的"向西方求真理"。② 不过，萧公权仍然认为，长素"也可能为共产思想与体制之兴，铺了路"。③

基于对西方物质文明与政治文明之推崇，长素断言两千余年的中国尚处于据乱世。④ 至于西方，则已进乎升平世，乃至太平世矣。是以中国当取法西方，用升平、太平之法，方能使中国进入升平、太平之世也。长素曰：

> 昧昧二千年，瞀焉惟笃守据乱世之法以治天下。……呜呼！使我大地先开化之中国，五万万神明之种族，蒙然茶然，耗矣衰落，守旧不进，等谇野蛮，岂不哀哉！⑤

又曰：

> 于是中国之治教遂以据乱终，绝流断港，无由入于升平、太平之域，则不明董、何为孔子口说之故也。⑥

因此，长素一方面认为儒学乃孔子据乱而作，乃拨乱之法；而另一方面，又认为孔子创制，尚包括升平、太平之法。长素曰：

> 《春秋》本仁，上本天心，下该人事，故兼据乱、升平、太平三世之制。⑦

---

① 梁启超：《清代学术概论》二十四，载朱维铮编：《梁启超论清学史二种》，第67页。
② 萧公权：《康有为思想研究》，第331—336页。
③ 转引自汪荣祖：《康章合论》，第63页。
④ 康氏有时亦以古代中国为小康世，如《礼运注》序谓"今者中国已小康矣，而不求进化，泥守旧方，是失孔子之意，而大悖其道也，甚非所以安天下乐群生也，甚非所以崇孔子同大地也"。(《康有为全集》册五，第553—554页)
⑤ 康有为：《春秋笔削大义微言考》自序，《康有为全集》册六，第4页。
⑥ 康有为：《春秋笔削大义微言考》发凡，《康有为全集》册六，第7页。
⑦ 康有为：《孟子微》序，《康有为全集》册五，第411页。

又曰：

> 孔子立三世，有拨乱，有升平，有太平。家天下者，莫如文王，以文明胜野蛮，拨乱升平之君主也。公天下者，莫如尧、舜，选贤能以禅让，太平大同之民主也。孔子删《诗》首文王，删《书》首尧、舜，作《春秋》以文王始，以尧、舜终。①

长素以西法当升平、太平世，又以孔子法兼通三世，故能包容西法。此种说法应有策略性的考虑，意在避免引起守旧派之过度反抗，不过，从其晚期之思想倾向来看，长素似乎真诚相信儒学对于中国走向升平、太平，仍然有其价值。

长素以孔子思想兼通三世的说法颇多：

> 孔子当乱世之时，故为据乱、小康之制多，于大同太平则曰：丘未之逮也，而有志焉。可见孔子之志，实在大同太平，其据乱、小康之制不得已耳。②

> 孔子立三世之法：拨乱世仁不能远，故但亲亲。升平世仁及同类，故能仁民。太平世众生如一，故兼爱物。③

> 孔子生乱世，虽不得已为小康之法，而精神所注常在大同，故拳拳于德礼以寓微旨，而于德尤注意。④

至于两千年儒学之性善主张，亦为太平之法，"人人性善，尧、舜亦不过性善，故尧、舜与人人平等相同。此乃孟子明人人当自立、人人皆平等，乃太平大同世之极"。⑤ 若荀子主性恶，则不过为据乱之法，未得儒学之全体也。

可见，长素对儒学价值的判断前后有一变化。最初，长素以中国当效法西方，用升平、太平之制，晚年，始以中国"当乱世，而以大同平世之道行之，亦徒致乱而已"。⑥ 对此，长素说道：

> 孔子岂不欲即至平世哉？而时有未可，治难躐级也。……故独立

---

① 康有为：《孟子微》卷1，《康有为全集》册五，第413—414页。
② 康有为：《春秋笔削大义微言考》卷1，《康有为全集》册六，第18页。
③ 康有为：《孟子微》卷1，《康有为全集》册五，第415页。
④ 康有为：《论语注》卷2，《康有为全集》册六，第388页。
⑤ 康有为：《孟子微》卷1，《康有为全集》册五，第417—418页。
⑥ 康有为：《孟子微》序，《康有为全集》册五，第411页。

自由之风,平等自主之义,立宪民主之法,孔子怀之,待之平世,而未能遽为乱世发也。以乱世民智未开,必当代君主治之,家长育之。否则团体不固,民生难成。未至平世之时,而遽欲去君主,是争乱相寻,至国种夷灭而已,犹婴儿无慈母,则弃掷难以成人。……故君主之权,纲统之役,男女之别,名分之限,皆为乱世法而言之。①

三代以后,中国进入衰乱之世,历代儒家皆主此说。然传统儒家素有"治乱世用重典"之说,荀子主性恶,韩非尚法律,宋儒惩忿窒欲,皆拨乱之法,欲期以致升平、太平也。长素歆慕西方之进于平世,遂主张用平世之法以治乱世,则两千年中国之政治学说,至此乃有一绝大转折。其后,种种好高炫奇之说,遂一一登台矣。

其后,长素更以儒学可救西方之弊。盖长素初以西方已臻升平、太平,

---

① 康有为:《孟子微》卷1,《康有为全集》册五,第421—422页。长素类似说法颇多,其曰:"婆罗门先哲心术至仁,而求之过速,以理想之论而早见实施,先行此数千年。而印人遂至极弱,盖发义太先不应于时故也。未至寒而先衣裘,未至水而陆行舟,其误害阻塞必甚矣!今婆罗门先哲于数千年乱世之先,而遽行后数千年太平、极平之说,宜其害也。礼以时为大,今中国当内其国之时,亦未至太平之日,只能保国民而未能及大地之同胞,况于禽兽乎?苟失其时,乱其序,其害亦如印度而已。"(康有为:《印度游记》,1901年,《康有为全集》册五,第532页)又曰:"若夫民主大国,惟美与法。美为新造之邦,当时人民仅四百万,与欧洲隔绝,风气皆新,无一切旧制旧俗之拘牵。其后渡海赴之者,皆厌故国,乐自由,故大更大变,事皆极易;故法革命而无效,美自立而见功。若我中国万里地方之大,四万万人民之众,五千年国俗之旧,不独与美迥绝不同,即较之法亦过之绝远。以中国之政俗人心,一旦欲超跃而直入民主之世界,如台高三丈,不假梯级而欲登;河广十寻,不假舟筏而欲跳渡之,其必不成而堕溺,乃必然也。夫孔子删《书》,称尧、舜以立民主;删《诗》,首文王以立君主;系《易》,称见群龙无首,天下治也,则平等无主。其《春秋》,分据乱、升平、太平三世。据乱则内其国,君主专制世也;升平则立宪法,定君民之权之世也;太平则民主,平等大同之世也。孔子岂不欲直至太平大同哉?时未可则乱反甚也。今日为据乱之世,内其国则不能一超直至世界之大同也;君主专制之旧风,亦不能一超至民主之世也。……欧洲十余国,万战流血力争而得民权者,何不皆如法之革命,而必皆仍立君主乎?必听君主之世守乎?甚且无君主则迎之异国乎?此非其力之不能也,有不得已之势存焉。……盖今日由小康而大同,由君主而至民主,正当过渡之世,孔子所谓升平之世也,万无一跃超飞之理。凡君主专制、立宪、民主三法,必当一一循序行之。若紊其序,则必大乱,法国其已然者矣。"(康有为:《答南北美洲诸华侨论中国只可行立宪不能行革命书》,1902年5月,《康有为全集》册六,第313—314页)又曰:"圣人不能为时,虽蒿目忧其患,而生当乱世,不能骤越级超,进而至太平。若未至其时,强行大同,强行公产,则道路未通,风俗未善,人种未良,且贻大害。故只得因其俗,顺其势,整齐而修明之。故禹、汤、文、武、周公之圣,所为治化,亦不出此,未能行大道也。不过选于乱世之中,较为文明而已。其文明之法,皆在隆礼,由礼而谨修之。故于五德之运,未能至仁运、智运,而仅当礼之运而已。不独未能至仁运、智运也,即义运、信运亦未之至,但以礼为经,而著其义、考其信而已。……自此以下,发明制作之礼,不过为拨乱世。其志虽在大同,而其事只在小康也。"(康有为:《礼运注》,《康有为全集》册五,第556—557页)

然自游历欧美之后,始觉未然,曰:

> 吾昔者视欧美过高,以为可渐至大同,由今按之,则升平尚未至也。孔子于今日,犹为大医王,无有能易之者。①

西方既未至升平世,则去中国亦未甚远,故吾人与其邯郸学步,不若用孔子之术,"孔子乃真适合于今之世者"②也。

至一战后,长素尤不惭于西学。其曰:

> 彼欧人者,向溺于边沁功利之说,赫胥黎天演优胜劣败之义。乃自德战死人千万,惨伤满目,乃知其欧美学说之不足。而求之万国,惟有孔子仁让之说,足以救之。③

其时欧美战争之惨酷,前所未有,亦足以警醒国人对西方文明之迷恋矣。正因如此,长素重新肯定了孔子学说之价值,且欲假以救西方之弊也。

长素甚至推许儒学在西学之上,认为孔子之道尚不止于小康、大同之说,盖"圣人之治,如大医然,但因病而发药耳,病无穷而方亦无穷,大同小康,不过神人之一二方哉",④"太平大同之后,其进化尚多,其分等亦繁,岂止百世哉?"⑤则孔子三世之说,犹佛陀设法以救众生耳,非一定之论,亦非究竟之论也。

长素以据乱、升平、太平为三世,而三世各有其治世之法,是以其弟子称其学说:

> 时各有可,地各有宜,位各有当,义理无定,随其时地而变通之,在此则是,在彼则非,在昔则宜,在今则否,而后之视今,亦犹今之视昔,自是而相非,皆谬也。故先生盖备万法而审时地而行之。⑥

长素之学说如此,至于其实践,亦具三世之义:

---

① 康有为:《意大利游记》,《康有为全集》册七,第 374 页。
② 康有为:《意大利游记》,《康有为全集》册七,第 375 页。
③ 康有为:《答培山儒会书》,1923 年 9 月 6 日,《康有为全集》册十一,第 263 页。
④ 康有为:《礼运注》序,《康有为全集》册五,第 554 页。
⑤ 康有为:《论语注》卷 2,《康有为全集》册六,第 393 页。
⑥ 陆乃翔、陆敦骙:《南海先生传》,《康有为全集》册十二,第 470 页。

先生日美戒杀,而日食肉;亦称一夫一妻之公,而以无子立妾;日言男女平等,而家人未行独立;日言人类平等,而好役婢仆;极好西学西器,而礼俗、器物、语言、仪文皆坚守中国;极美民主政体,而专行君主;注意世界大同,而专事中国。凡此皆若甚相反者,盖先生深得二元三世之学,故备舟车裘葛之宜。①

长素本人亦自言,"盖自冠年学道,得素位而行之义,因以自名"。② 长素自号"长素",盖本此三世之说,犹《中庸》"素其位而行"之意也。③ 是以长素之学,不识者以为多端未定,而识者以为深得《春秋》三世之精义焉。长素得圣人之时,抑或由此欤?④

长素三世说所论据乱、升平、太平之不同,多就政治制度层面而言之。戊戌前后,长素推动变法,实欲变中国数千年之君主专制为西方之民主共和。长素曰:

> 一统之君主专制,百世希不失。盖由乱世而至升平,则君主或为民主矣。……"政在大夫",盖君主立宪。"有道",谓升平也。君主不负责任,故大夫任其政。大同,天下为公,则政由国民公议。盖太平制,有道之至也。⑤

据乱世施行君主专制,升平世施行君主立宪,而太平世则施行民主共和。⑥ 基于此种对三世的理解,长素就《论语》"天下有道,礼乐征伐自天子出"一

---

① 陆乃翔、陆敦骙:《南海先生传》,《康有为全集》册十二,第470页。
② 康有为:《与梁启超书》,1910年1月27日,《康有为全集》册九,第118页。
③ 孔子假鲁行事而见王法,有改制之实,然犹谦退不敢居王者之名,"素王"之号实汉人尊孔子也。章太炎据《庄子·天道》"以此处上,帝王天子之德也;以此处下,玄圣素王之道也"之文,断言公羊家所以称孔子为素王,实孔子尝自号素王也,是以庄子诋诃圣人,谯议儒学,犹不敢削孔子素王之名。(参见章太炎:《春秋左传读·隐公篇》,《章太炎全集》册二,第59—60页)章氏之意似谓孔子以制作自任矣,长素盖欲效之,不独行改制之实,亦以素王自号焉。
④ 盖长素以共和为太平之治,然其所实践者,不过行君主立宪或虚君共和之事。至辛亥功成,国人骤得共和,皆翘首想望太平,以为可一旦而至,孰不料共和适成"共争共乱"矣,此皆失时故也。故共和者,"苟不得其时矣,反以为害者矣"。(康有为:《共和平议》,《康有为全集》册十一,第2页)
⑤ 康有为:《论语注》卷16,《康有为全集》册六,第512页。
⑥ 长素曰:"若其因时选革,或民主,或君主,或君民共主,迭为变迁,皆必有之义,而不能少者也。即如今大地中,三法并存,大约据乱世尚君主,升平世尚君民共主,太平世尚民主矣。"(康有为:《孟子微》卷4,《康有为全集》册五,第464页)

语,作出了完全不同的解释,即将孔子批评的"政在大夫",许为升平之世,以迁就其对三世说的独特阐释。长素曰:

> 今本有"不"字,衍,据旧本改定。"政在大夫",盖君主立宪。"有道",谓升平也。君主不负责任,故大夫任其政。①

可见,"礼乐征伐自天子出",不过据乱世之制也。又释《论语》"天下有道,则庶人不议"一语曰:

> 今本有"不"字,衍,据旧本改定。大同,天下为公,则政由国民公议。盖太平制,有道之至也。……若如今本"庶人不议",则专制防民口之厉王为有道耶?与群经义相反,固知为衍文之误也,或后人妄增。②

又释《论语》"夷狄之有君,不如诸夏之亡也"一语曰:

> 此论君主、民主进化之理。……盖孔子之言夷狄、中国,即今野蛮、文明之谓。野蛮团体太散,当立君主专制以聚之,据乱世所宜有也。文明世人权昌明,同受治于公法之下,但有公议民主,而无君主。二者之治,皆世界所不可少,互有得失。若乱世野蛮有君主之治法,不如平世文明无君主之治法。③

又极论孟子"民贵君轻"之说曰:

> 民者君之本也,使人以其死,非正也,此专发民贵之义,而恶轻用民命。国之所立,以为民也。国事不能无人理之,乃立君焉,故民为本而君为末。此孔子第一大义,一部《春秋》,皆从此发。④

长素以"民贵君轻"为"孔子第一大义",可见其对民主共和之推崇。因此,长素站在《春秋》三世说的立场,乃称许法、美之制近于大同之世:

---

① 康有为:《论语注》卷16,《康有为全集》册六,第512页。
② 康有为:《论语注》卷16,《康有为全集》册六,第512页。
③ 康有为:《论语注》卷3,《康有为全集》册六,第395页。
④ 康有为:《春秋笔削大义微言考》卷2,《康有为全集》册六,第50—51页。

此孟子立民主之制,太平法也。……众民所归乃举为民主,如美、法之总统然。今法、美、瑞士及南美各国皆行之,近于大同之世,天下为公,选贤与能也。①

长素又颇称颂美国之平等,曰:

美之人民至平等,既不立君主而为统领,自华盛顿定宪法,视世爵为叛逆,虽有大僧,而不得入衙署,干公事。林肯之放黑奴也,动兵流血,力战而争之。故美国之人举国皆平民,至为平等,太平世之先声矣,故至为治强富乐。②

正是基于对西方价值的此种认同,长素反过来肯定了孔子的贡献,以为"自孔子创平等之义,明一统以去封建,讥世卿以去世官,授田制产以去奴隶,作《春秋》立宪法以限君权,不自尊其徒属而去大僧。于是中国之俗,阶级尽扫,人人皆为平民。……此真孔子非常之大功也,盖先欧洲二千年行之。中国之盛强过于印度,皆由于此"。③

盖儒学起于春秋战国衰乱之时,其后中国历两千余年,犹未能至于升平、太平,故长素以为,传统儒学不过治衰世之法,而不足以致升平、太平,当别用西法。④ 故长素曰:

汉世家行孔学……若推行至于隋、唐,应进化至升平之世。至今千载,中国可先大地而太平矣。不幸当秦、汉时,外则老子、韩非所传刑名法术、君尊臣卑之说,既大行于历朝,民贼得隐操其术以愚制吾民;内则新莽之时刘歆创造伪经,改《国语》为《左传》,以大攻《公》、《榖》。……于是三世之说不诵于人间,太平之种永绝于中国。……昧昧二千年,瞀焉惟笃守据乱世之法,以治天下。……使我大地先开化之

---

① 康有为:《孟子微》卷1,《康有为全集》册五,第421页。
② 康有为:《大同书》第2,《康有为全集》册七,第39页。
③ 康有为:《大同书》第2,《康有为全集》册七,第40页。
④ 何邵公《解诂》序谓《春秋》"本据乱而作",长素极张此说,其《孔子改制考》序谓孔子"生于乱世,乃据乱而立三世之法",又谓孔子之制"不过其夏葛冬裘,随时救民之言而已。若夫圣人之意,窈矣深矣,博矣大矣",虽然,两汉以下君臣、儒生犹未能尽行此据乱之法,是以中国两千余年,非惟不识太平,亦不能拨乱矣。(参见《康有为全集》册三,第3页)长素又曰:"《春秋》据乱,未足为尧、舜之道。至终致太平,乃为尧、舜之道。"(《孔子改制考》卷12,《康有为全集》册三,第150页)则据乱之法,亦未可尽废也,其后,长素撰《共和平议》,乃专据此说为论。

中国,五万万神明之种族,蒙然茶然,耗矣衰落,守旧不进,等诮野蛮,岂不哀哉!①

长素此时视君尊臣卑之说为致乱之源,盖颇有取于西人民主、平等之法也。不过,长素有时又认为儒学乃"小康之道",曰:

> 吾中国二千年来,凡汉、唐、宋、明,不别其治乱兴衰,总总皆小康之世也。凡中国二千年儒先所言,自荀卿、刘歆、朱子之说,所言不别其真伪、精粗、美恶,总总皆小康之道也。其故则以群经诸传所发明,皆三代之道,亦不离乎小康故也。②
>
> 后世不述孔子本仁之旨,以据乱之法、小康之治为至,泥而守之,自隘其道,非仁之至,亦非孔子之意也。③

看来,变法前后的长素完全接受了西人的价值观念,"人为天之生,人人直隶于天,人人自立自由",④又否认君主拥有绝对的权威,亦否认专制独裁之必须,政府官员不过由人民推选"以为己之保卫者也"。⑤ 可以说,长素不仅把君主专制看成中国在近代屡遭败衄的根本原因,而且,中国两千多年皆停滞于据乱世,亦因君主专制所致。因此,中国欲自强自立,必须将专制政府改造为民主政府。⑥ 此种论调,主导了此后中国一百余年的思想潮流。

《春秋》谓太平世乃"远近大小若一",此说对长素影响尤深,致使其自始至终皆持一"世界主义"立场,主张人类存在着某种普遍价值。譬如,《孟子》谓文王乃东西夷之人,长素对此说道:

---

① 康有为:《春秋笔削大义微言考》自序,《康有为全集》册六,第 4 页。
② 康有为:《礼运注》,《康有为全集》册五,第 553 页。
③ 康有为:《中庸注》,《康有为全集》册五,第 379 页。
④ 康有为:《论语注》卷 5,《康有为全集》册六,第 411 页。
⑤ 康有为:《实理公法全书·君臣门》,"实理",《康有为全集》册一,第 152 页。
⑥ 长素如此说道,"自大而小者,土耳其是也;自强而弱者,波斯是也;自存而亡者,印度、缅甸、安南、基洼、阿尔霸、马达加斯加、亚非利加全州是也。是皆守旧不变,君自尊,与民隔绝之国也。自亡而存者,暹罗是也;自小而大者,俄罗斯是也;自弱而强者,日本是也。是皆变法开新,君主能与民通之国也。其效最速,其文最备,与我最近者,莫如日本"。(康有为:《日本变政考序》,1898,《康有为全集》册四,第 103 页)是以长素所倡导的变法,实欲以君民共主取代君主专制。其实,稍早于长素的严复、胡礼垣等,即已对专制制度提出批评,如胡礼垣认为,"文明必无专制,专制必非文明"。(胡礼垣:《满洲叹》,《胡翼南先生全集》卷 36,序)而且,在胡氏那里,"专制"有着颇宽泛的内涵,不仅帝王政治是一种专制制度,而且重男轻女也是一种专制心态。此种思路在现代思想那里得到了充分的体现,即将传统社会之诸多弊端,莫不归咎于专制制度。

> 舜为太平世民主之圣,文王为拨乱世君主之圣。……孔子祖述宪章,以为后世法程,其生自东西夷,不必其为中国也。……后世有华盛顿其人,虽生不必中国,而苟合符、舜文,固圣人所心许也。①

因此,《春秋》讲"远近大小若一",到了长素这里,就成了华夷界限之泯灭,乃至世界之和平。1891年,长素在其与梁启超、徐勤等诗中说道:"区区大地,岂有西东;先爱同类,无忘族邦。"②而在《大同书》中更是称"生于大地,则大地万国之人类皆吾同胞之异体也,既与有知,则与有亲"。长素贬中国两千余年为据乱世,而推西方为升平、太平世,即是出乎这种"世界主义"的价值观。

不过,后来长素认为孔子之道高于西方,不仅对于中国之现实有价值,且对于人类亦有普遍价值。此亦长素之"世界主义"立场,然其目的则在保存国粹,与一意与西方接轨的立场不同。因此,长素对时人抛弃国粹的做法,颇加讥议,曰:

> 今中国近岁以来,举国狂狂,抢攘发狂,举中国之政治、教化、风俗,不问是非得失,皆革而去之,凡欧美之政治、风化、祀俗,不问其是非得失,皆服而从之。③

> 今之少年,求新太过,躐等而驰,乱次以济,固宜无所不有。十年后,必讲保国粹之义。必有英俊之士,负荷斯道,大发教宗,以行于天下者。④

可见,长素与当时全盘西化派有共同的理论基础,即"世界主义",然其独持异议者,则出于对中国与西方历史现状的了解,以及对孔子之道的重新估价。今人既以人类趋同为大势,遂以全盘西化为潮流,至于所谓"国粹",不过视为陈列于洋人博物馆之古物而加以保存耳,全无长素当年以孔子思想包容世界之胸襟。可见,长素晚年之保守,实有非常积极的姿态,与后来新儒家等保守主义之消极姿态,实迥然不同。⑤

---

① 康有为:《孟子微》卷1,《康有为全集》册五,第417页。
② 康有为:《南海先生诗集》卷3,《康有为全集》册十二,第176页。
③ 康有为:《中国颠危误在全法欧美而尽弃国粹说》,《康有为全集》册十,第129页。
④ 康有为:《意大利游记》,《康有为全集》册七,第374页。
⑤ 汪荣祖尝论康长素与章太炎之异同,谓"长素唯见全地球的共同'归宿',而无视(或认为不必顾虑)各文化的个别'命运',是故浑忘夷夏之界,以中华政教与近代西方文明相比附"。(汪荣祖:《康章合论》,第57页)与长素强调文化普世性的"世界主义"立场相反,章太炎则坚持文化的特殊性,"认为文化由特殊的历史环境逐渐产生,所以两种不同的(转下页)

第六节　崔适与清代今文学的完成

　　崔适（1852—1924），字怀瑾，又字觯甫，别号觯庐，浙江吴兴人。尝受业于俞樾，精研校勘训诂，其学术亦终不脱乾嘉学派色彩。俞樾素以平议自居，盖其学虽取径乾嘉，然"治《春秋》，颇右公羊氏"，故其门下亦各异趋，如章太炎"是他门下古文派中的一个健将，崔适则是他门下今文派中的一个专家"。① 其后，觯甫又受康长素《新学伪经考》的影响，专讲今文学。民国以后，任教于北京大学。所撰《春秋复始》、《史记探源》等，皆据今文学大旨，极尽推衍发挥之能事，故梁任公称觯甫"皆引申有为之说，益加精密，今文派之后劲也"，②黎锦熙则称其为公羊学派最后之殿军。③

　　觯甫之学，盖承长素《新学伪经考》一书而来，专以攻驳刘歆之伪窜为事。1911年，觯甫尝与其弟子钱玄同书，其中谓"《新学伪经考》字字精确，汉以来未有能及之者"。④ 稍后，又有书曰：

（接上页）文化不能互通互适。换言之，新文化不能取代旧文化，必须从旧文化的基础上发展而来"（同上，序说），盖科学具有普遍性，但政教则不同，不能相假借也。汪氏似未见及长素晚年钟情"国粹"的转向，并且，其与章太炎虽俱重"国粹"，然其根柢的立场实迥然有别。

　　　　长素素持"世界主义"立场，早年颇以激进态度而见知于世人，然而，"我自戊戌维新，忧心忡忡，日惧国土之覆亡而人士之不我从也。曾几何时，相率突变，甚且攻我为守旧矣"。（康有为：《英国监布烈住大学华文总教习斋路士会见记》，《康有为全集》册八，第37页）盖长素晚年，出乎其君主立宪的一贯立场，对共和制度多有批评，以及将儒学宗教化而保存中国文化，甚至参与了帝制复辟的活动，凡此种种，不免给世人造成早年激进、晚年守旧的形象。虽然，其"世界主义"立场实终始未变。与之相仿，属于革命派的章太炎同样给世人类似的印象，即早年革命而晚年保守。汪荣祖对两人思想有精彩的比较，"一般的说法是，他们早年前进，晚年落伍，未免过于简单化。长素与太炎都是思想家，他们于'大破'之后，当然要'大立'。长素要逐步引导中国走向世界性的大同文明，而太炎则要建立一具有特色的现代中国文明。但'大破之'之余，他们所遭遇到的是新生代的'激烈思潮'，既不顾康氏'逐步'的原则，更蔑视章氏'中国特色'的立场，而要求彻底地破坏传统，彻底地西化。在康、章两氏看来，未免鲁莽灭裂，不得已而维护传统，因而造成保守与顽固的形象"。（汪荣祖：《康章合论》，序说）换言之，长素与太炎晚年虽趋于保守，然俱致力"大立"的工作。至于革命左派，以及革命右派，皆以"大破"为目标，欲尽摧灭传统而后已，此其所以激进也。然封建终有残余未灭，则革命既未成功，同志尚须努力，故始终未暇"大立"焉。因此，激进派较保守派实落后一着也。

① 顾颉刚：《秦汉的方士与儒生》序，台北里仁书局，1985，第3页。
② 梁启超：《清代学术概论》二十三，载朱维铮校注：《梁启超论清学史二种》，第64页。
③ 黎锦熙：《钱玄同先生传》，收入曹述敬编：《钱玄同年谱》，齐鲁书社，1986，第184—185页。
④ 钱玄同：《重论经今古文学问题》，载张荣华编：《钱玄同卷》，第228页。

> 康君《伪经考》作于二十年前,专论经学之真伪。弟向服膺纪、阮、段、俞诸公书,根据确凿,过于国初诸儒,然管见所及,亦有可驳者,康书则无之,故以为古今无比。若无此书,则弟亦兼宗今、古文,至今尚在梦中也。①

觯甫稍长于长素,竟服膺康氏之书如此。

钱玄同亦有论曰:

> 在三十年前,对《新学伪经考》因仔细研究的结果而极端尊信,且更进一步而发挥光大其说者,以我所知,唯有先师崔觯甫一人。崔君受业于俞曲园先生之门,治经本宗郑学,不分今古;后于俞氏处得读康氏这书,大为佩服,称为"字字精确"、"古今无比",于是力排伪古,专宗今文。②

可以说,觯甫之学,实本长素之说而推畅之也。对此,顾颉刚说道:

> 康先生奔走政治,对于"新学伪经"的研究工作没有继续做下去。于是又有另一个崔先生——崔觯甫先生出来,根据了他的学说作精密的研究,著成了一部《春秋复始》和一部《史记探源》。③

宣统二年(1910),觯甫作《史记探源》。是书之旨,盖极论刘歆续《史记》以乱群经也。其曰:

> 《史记》者,五经之橐籥,群史之领袖也。乃《汉书》已云其缺,于是续者纷起。见于本书者曰褚先生,见于《七略》者曰冯商,见于《后汉书·班彪传》注及《史通》者,有刘歆等十六人。案《汉书》亦有自言出自刘歆者,《艺文志》曰"录《七略》",《律历志》曰"录《三统历》"是也。乃《儒林传》言经师受授与《七略》相表里,《律历志》言六历五德与《郊祀志》、《张苍传》相牵属,《天文》、《地理志》言分野与五德相印证,皆可知其为歆作。《史记》之文,有与全书乖、与此合者,亦歆所续也。至若

---

① 钱玄同:《重论经今古文学问题》,载张荣华编:《钱玄同卷》,第228页。
② 钱玄同:《重论经今古文学问题》,载张荣华编:《钱玄同卷》,第228页。
③ 顾颉刚:《中国上古史研究课第二学期讲义序目》,《古史辨》册五,台北蓝灯文化事业公司,1987,第255页。

年代悬隔,章句割裂,当是后世妄人所增,与钞胥所脱。其幸免乎此,又有误衍、误倒、误改、误解诸弊,要不若窜乱之祸为剧烈。①

凡此,皆论《史记》之不足信据也。

盖自东汉今古文相争,时已有疑《史记》者。据《后汉书·范升传》,范升上疏以《左氏》不可立,而论者乃称《史记》颇引《左氏》以难之,升遂"上太史公违戾五经,谬孔子言"等事。至清代今古之争再起,刘申受欲证成刘歆之窜乱《左氏》,颇引《史记》以为己助,则此时犹以《史记》为可信据也。其后,康长素进而疑《史记》亦有刘歆之伪窜,不过,犹未论及《史记》为刘歆所窜乱也。

因此,觯甫既自谓其说本于长素,又明言有长素所未发者也。其曰:

知汉古文亦伪,自康君始。下走之于康,略如攻东晋《古文尚书》者,惠定宇于阎百诗之比。虽若"五德"之说与《穀梁传》皆古文学,"文王称王"、"周公摄政"之义并今文说,皆康所未言,譬若自秦之燕,非乘康君之舟车至赵,亦不能徒步至燕也。②

今考《史记探源》一书,其言康氏所未发者,大致有如下数端:

其一,关于五德终始说。觯甫曰:"刘歆欲明新之代汉,迫于皇天威命,非人力所能辞让,乃造为'终始五德'之说,托始于邹衍。"③案,汉人本有"三正"之说,如夏尚黑、殷尚白、周尚赤之类,今文家皆用此义也。然刘歆欲明莽新受汉禅,犹舜之受尧禅,土之胜火也,故造为"五德终始"之说。

其二,关于十二分野说。汉人本有灾异之说,可见天人之相感应也,然《汉书·律历志》、《地理志》、《五行志》则用刘歆之说,分天为十二次,而以地之十二国系之,则十二国事可上应天象。觯甫乃证此说出于刘歆,且论其自相矛盾。朱祖谋序亦论分野说之谬,曰:"分野之说,以五星、二十八宿为《禹贡》九州、周家十二建国所割据,岂大九州诸国不共戴天乎?即以周之建国言之,春秋之初尚百余国,何以十二国外皆不应星象?应星象者见凶祥,当修德以禳之,然则不应星象者遂可滔天虐民乎!且大梁为赵分野,东井为秦分野,举周之秦、赵受封之岁岁星所临而言,然则于石赵、姚秦何与?而勒

---

① 崔适:《史记探源》卷1,第1页。
② 钱玄同:《重论经今古文学问题》,载张荣华编:《钱玄同卷》,第228页。
③ 崔适:《史记探源》卷1,第3页。

之兴、泓之亡亦应其象耶？又其蔽也。是皆古文家说启之，今文无是也。"可见古文家之谬于事理也。

其三，关于文王称王、周公摄政说。文王为王，素有二说：一谓武王追王文王，一谓文王及身自称王。觯甫乃征以《易》、《诗》、《春秋》、《孟子》诸书，以为文王实自称王也，且谓此义"自魏以前尽人所知，自宋以后知者绝少"。① 又，《列子·杨朱篇》与《史记·燕世家》有周公摄政践阼之语，则以周公尝为王矣；而刘歆伪《书序》，则以周公终居臣位，马融亦从是说。② 朱祖谋序则极论古文说之非，曰："古者天生民而树之君，所以保民，非为君而生民，借以卫君也。故尧让天下如释重负，舜视天下之朝觐讼狱归己，则履天子之位而不辞，文王称王，周公摄王，其道亦由是也。古文学家主于专制政成之世，尊君如天，故不许文王称王，《礼记·大传》乃有追王之说；不许周公摄王，《尚书·金縢》削其践阼之文。后世亲王宰相卑若舆台，小民之呼吁绝无由上闻，而坊川一溃，动成伏尸百万、流血千里之巨祸，此其蔽也。"清末章太炎借古文以张革命之职，今朱氏乃黜古文以祸乱经学，以为专制之献谀也。

民国三年（1914），觯甫至北京大学任教，教授"春秋公羊学"，《春秋复始》乃其讲义也。是书严守《公羊》壁垒，而贬低《左氏》与《穀梁》。顾颉刚尝论其旨曰：

> 《春秋复始》的宗旨，是在撇去古文的《春秋》学（《穀梁传》、《左传》），而回复到原始的《春秋》学（《公羊传》）。③

其先，刘逢禄不过以《左氏》不得传《春秋》，只可名《左氏春秋》而已，犹《吕氏春秋》之比。觯甫则犹有过之，以为《左氏》之伪，甚至不得名为《左氏春秋》。其曰：

> 西汉之初，所谓《春秋》者，合经与传而名焉者也。传者，后世所谓《公羊传》也。其始不但无"公羊传"之名，亦无"传"之名，统谓之"春秋"而已。………要之，"公羊传"之名，自刘歆始。……今正其名，止

---

① 参见崔适：《史记探源》卷1，第41—43页。
② 参见崔适：《史记探源》卷1，第13页。
③ 顾颉刚：《中国上古史研究课第二学期讲义序目》，收入《古史辨》册五，台北蓝灯文化事业公司，1987，第255页。

当曰《春秋传》。①

盖以汉人所谓《春秋》，实合《春秋经》与《公羊传》为言。经者，自为孔子所修《春秋》；传者，则七十子之徒得口授其传旨也。故《春秋》实兼经与传，而《公羊》遂成为唯一传《春秋》之书矣。且觯甫以《公羊》合于《春秋》，则《公羊》不独明义，其纪事亦足为信史也，故曰：

> 此真《春秋》之信史也，此可雪口说流行之诬也。左丘明乃三家分晋后人，博采异闻，不择信否而杂录之，此真口说流行者也。本不与《春秋》之事相比附，其相比附者，多与古史记相刺谬。……左氏《国语》反是，是固周末之异闻，非《春秋》之信史也。刘歆得之，以为事实既不相同，义理更可立异，而复杂取传记，附以臆说，伪造《左》、《穀》二传，借以破坏《春秋》，为莽饰非，为己文过之诡计。凡与《公羊传》义略同者，率其常义；《传》之精义，《穀梁》削除之，以孤其援，《左氏》反对之，以篡其统。②

此说不独尊《公羊》至极，至于《左氏》，则以为纪事之不可信据，亦黜《左氏》至极矣。先是章太炎深嫉长素，遂极尊《左氏》，而贬《公羊》至卑，今觯甫则右长素，乃尽反太炎之说。双方各倚门户，效村妇之骂街，其偏颇亦自昭然矣。盖太炎推阐古文说以至其极，而觯甫亦穷究今文说，处处务与为敌，其实泰半无实据，不过作逻辑之推衍耳。

觯甫又谓《穀梁》为古文，亦出于刘歆之伪，曰："歆造《左氏传》，以《春秋》之统；又造《穀梁传》，为《左氏》驱除。故兼论三传则申《左》，并论《公》、《穀》则右《穀》。"③又谓《左氏》不传《春秋》，曰："然则左丘明有《国语》，而无《春秋》明矣。刘歆分析《国语》，并自造诞妄之辞与释经之语，散入编年之下，书以古字，名曰《古文春秋左氏传》。"④其谓《左氏》出于《国语》，盖推衍廖六译、康长素之说也。对此，顾颉刚尝有论曰：

> 再说《左氏传》，却是一部真古书。司马迁作《史记》时，很多根据它，他曾两次说"左丘失明，厥有《国语》"，可见这部书实在叫做《国

---

① 崔适：《春秋复始》卷1。
② 崔适：《春秋复始》卷1。
③ 崔适：《春秋复始》卷1。
④ 崔适：《春秋复始》卷1。

语》。刘歆在皇室的图书馆中见到了《国语》,喜欢它讲的春秋时史事详细而有趣味,比较《公羊》和《穀梁》专从咬文嚼字推求孔子著作的意思大不相同,立志替它表彰一下,这原是学术界中应有的事,而且是极好的事。但那时是经学的全盛时代,如说这是战国时的左丘明编的一部春秋时的分国史,大家不会来睬你;现在改说这是春秋时的左丘明为《春秋》经作的传,他作传时曾和孔子商量过,所以这部传是最得孔子的原意的,那么,它的地位岂止超过《穀梁》和《公羊》,简直和《春秋》经"分庭抗礼"了。然而《国语》的原本仅是叙事,如何可以改作《春秋》的传呢?因此,刘歆只得引了传文来解经,并为它加进许多经说了。所以《左传》是一部真材料的伪书,它的真名是《国语》,它的伪物是经说。它不解经,它的价值在《公羊传》上;它一解经,反成了《穀梁传》的后辈。至于现在的《国语》,那是刘歆的删削之余。①

案,清代今文学之辨伪,实始于刘申受攻刘歆之窜乱《左氏》,其后有龚定庵、魏默深、邵懿辰继其绪,至廖六译、康长素,则集诸家大成,进而斥刘歆遍伪群书矣。至于其最后完成者,实为崔觯甫。钱玄同尝综论清代辨伪之学,曰:

> 自有刘申受及龚定庵之书而揭破《春秋左传》为伪古文,自有魏默深两书及龚孝拱两书而揭破《毛诗》及古文《尚书》为伪古文,自有邵位西之书而揭破《逸礼》为伪古文。五经之中,惟《易》之古文完全无存,可以不辨。其余四经,得五君之书而其古文之为伪书均被揭破矣。然五君与其前及同时之今文学者均未曾探得伪古文之根源,故人人皆有顾此失彼之病。如最早之庄方耕,一面既据《公羊》作《春秋正辞》,而一面又作《周官说》和《周官记》。刘申受能灼知《左传》为伪书矣,而作《书序述闻》,则不知《书序》亦为伪书。戴子高作《论语注》,以《公羊》之义相印证,但又兼采《毛诗》、《周礼》。邵位西能揭破《逸礼》为刘歆所作,其见极卓,而作《尚书通义》,竟至信东晋伪古文为真书,尤为可怪。惟龚定庵最有特识,若疑《左传》,疑《穀梁》,疑《周礼》,疑《孝经》,疑《尔雅》,疑《毛诗序》。他更灼见壁中古文之为伪造,作《说壁中古文》一篇,立十二证,层层驳辨,至为精确。末谓"此壁中古文……或即刘歆所自序之言如此,托于其父,并无此事",则几乎窥破刘歆作伪之

---

① 顾颉刚:《秦汉的方士与儒生》,台北里仁书局,1985,第68页。

根源矣。但尚未达一间，不知此壁中古文者，即是所谓鲁恭王及河间献王等所得之古文经，故一面虽攻击壁中古文，一面还是笃信《书序》，笃信《逸礼》，尚不知其与壁中古文即是一物也。及康长素作，集诸家之大成，更明《费氏易》、孔壁古文《尚书》、古文《论语》、古文《孝经》、《尔雅》之皆为伪书，且皆为刘歆所伪造，作《新学伪经考》以发其覆。其《汉书河间献王鲁恭王传辨伪》篇首云："歆造伪经，密致而工，写以古文体隆隆，托之河间及鲁恭。兼力造《汉书》，一手掩群矇。金丝发变怪，百代争讦讼，校以太史公，质实绝不同。奸破覆露，霾开日中，发得巢穴，具告童蒙。"刘歆伪造古文经的大本营，到此时才完全探得。但是还有未曾十分探明的，就是《书序》的来源。《书序》之为刘歆伪作，康氏固知之矣，但他还以为是刘歆抄袭《史记》的。他虽然已经觉到《史记》中有刘歆增窜之文，但他对于这个问题没有仔细研究过，故他还误认《史记》中的《书序》是太史公的原文。至崔觯甫师作《史记探源》，于是始知《史记》中的《书序》也是刘歆所增窜。觯甫师作《春秋复始》，又考明《穀梁》亦是古文，这更是他的新发现。伪古文经这个大骗局把人家矇了一千八百年，从刘申受开始侦查，经了一百余年之久，至崔觯甫师，才把它完全破案。①

钱氏以为，先是刘申受、龚定庵揭破《春秋左传》之伪，然后魏默深、龚澄揭破《毛诗》与《尚书》之伪，邵懿辰揭破《逸礼》之伪，而龚定庵所疑尤广，且疑《穀梁》、《周礼》、《孝经》、《尔雅》、《毛诗序》，更灼见中古文之伪矣。至康长素，乃集诸家之大成，谓《费氏易》、孔壁古文《尚书》、古文《论语》、古文《孝经》、《尔雅》等俱为伪书，皆刘歆所伪造。崔觯甫更是推阐长素之说，谓《史记》之《书序》亦刘歆所伪，而《穀梁》亦属古文。因此，钱玄同高度肯定了觯甫之辨伪，曰：

> 崔觯甫师继康氏考辨此问题，益加精密……于是知不但《左氏春秋》之名应该打倒，即拿它与《吕氏春秋》相提并论也是拟于不伦。知今本《十二诸侯年表》不足据，则《左传》原本之为《国语》益可断定。觯甫师更进而考明今《左传》中"分野"、"少暤"、"刘累"、"刘氏"等等都是刘歆增窜的，非原本《国语》所有。今若合刘、康、崔三君之文于一册

---

① 钱玄同：《左氏春秋考证书后》，载张荣华编：《钱玄同卷》，第 216—217 页。

之中,则一百余年以来对于《左传》之辨伪的成绩可以一览无遗。①

不过,亦颇有学者讥之者。牟润孙曰:"崔觯甫欲证成康长素之论,凡《史记》语涉《左传》者,均谓刘歆窜入,欲删去之。使其说行,则《史记》为百孔千疮之书,不堪卒读矣。"②则学者所讥长素学术之病,亦见于觯甫,其先则有朱一新已论之矣。

今人蔡长林论觯甫之学曰:

> 虽然康有为的《新学伪经考》,可以说是刘逢禄以来对古文经典辨伪理论的全面性整理,不过,他还是无法完全把今文学的主张推向极致。也就是说,即使他所说的刘歆伪造孔壁古文成为定论,然而在刘歆之前,仍有不属于今文博士的经典;在刘歆之前,仍有载籍大量地记录着古文经典流传的动态,严重地威胁着康有为以古文皆为刘歆所伪造的这一论点。这些威胁,有的是康有为还未触及的(如《穀梁传》的属性问题),有的是康有为的理论所无法完全顾及的(如《史记》所载古文经说)。对于崔适而言,笔者认为其著作的主要意义,既是弥缝今文学派理论潜在性的缺陷,同时也是对今文学理论的完成做最后的努力。③

则觯甫将今文学的基本主张推至极致,实为今文学理论的最后完成者。

蔡氏又曰:

> 惟终其一生,经说不涉政治,无同时代"公羊"家的习气;固家己说,独守西汉之附绪,称得上是纯粹的今文学家。当民国肇建,新学说取代旧思想,今文之学已渐成众矢之的的时候,崔适任教北大,不惜坚守今文之说致遭解聘的困境。当时既无禄利的引诱,今文经学可说是已至强弩末梢之境,理论之发挥既已见其滞碍,而所可借以发挥之政治环境亦已失去。那么,引起崔适坚守旧学的动力,毋宁是性情之真与对所学的一分执着。④

民国既肇,觯甫当新思想勃兴之际,犹能坚守旧学如此,殊为可贵。

---

① 钱玄同:《左氏春秋考证书后》,载张荣华编:《钱玄同卷》,第213—214页。
② 牟润孙:《春秋左传辨疑》,《注史斋丛稿》,第130页。
③ 蔡长林:《论崔适与晚清今文学》,第123页。
④ 蔡长林:《论崔适与晚清今文学》,第6—7页。

第七章　晚清今文经学的余波

第一节　三世说与晚清以来的现代中国思潮

自刘申受重视《公羊》三世说以来，其后龚定庵、康长素之徒，莫不踵述其后，并将之与《礼运》中的大同、小康之说结合起来，而发改革变法之议，提出了不同于传统公羊家的"新三世说"，然考其大旨，则不过为晚清维新变法提供经典依据而已。

具体而言，长素"新三世说"的基本内涵，大致包括如下几点：

其一，"旧三世说"不过将《春秋》所记二百四十二年历史分成据乱、升平、太平三世，其意在据鲁以为新王，而王者治世，遂有先后详略之不同而已。至于"新三世说"，则将中国上下五千年分为三世，即以尧舜时代为太平大同世，夏、殷、周为升平小康世，春秋以后则为据乱世。

其二，孔子作《春秋》，虽据乱而作，其意则在张王法以治乱世，使中国凛凛然而近升平世也。然自汉武尊儒以来，虽用儒术以治世，然中国始终未臻于升平小康，遑论太平大同耶？

其三，随着西方文明传入中国，无论西方之物质繁荣，还是其政治制度，自长素视之，表明已进于升平小康世，乃至太平大同世。于是长素谓孔子之道有拨乱、升平、太平之法，盖取法乎上而得其中，取法乎中而得其下，则历代朝廷所用以拨乱之法，不免狭隘卑陋，而中国亦终未走出据乱世。长素遂以为，欲救中国，当效法西人，而用升平、太平之法也。

其四，三世之治法，其关键在于政治制度的不同，即君主专制、君主立宪与民主共和之异。中国古代王朝用君主专制以拨乱，然治乱相循，终无已时。故长素思以民主共和济吾道之穷，然就中国当时之国情而言，当用君主立宪之法，不可骤然躐等而用民主共和之最高理想也。因此，戊戌间长素放弃革命理想，而趋赴光绪之召，非尽出于君臣间千载一时之遇合，实有其理论上的依据。

戊戌间，长素虽寄望于"君主立宪"以救中国，而国人惑于排满风潮，遂致清社之屋，且数千年君主制亦随之倾覆矣。考其缘由，泰半由"新三世说"有以导其先路也。案，儒家素以"复三代"为理想，即以小康时代为拨乱之目标，就此而言，无论汉儒、宋儒，俱无以异焉。儒家认为孔子"志在《春秋》，行在《孝经》"，因此，《春秋》并非只是拨乱之书，乃儒家欲期以致太平也；至于《孝经》，无论其"始于事亲，中于事君，终于立身"，均属于小康时代的理想。可见，儒家虽志存高远，而其行事正如《礼运》所言，不过"以正君臣，以笃父子，以睦兄弟，以和夫妇"而已。

其后，孙中山倡导革命，不独推翻清一姓王朝而已，且欲以西方民主共和之制取代中国自三代以来普遍施行的君主制度。此诚吾国四千年未有之大变局，然就长素的"新三世说"而言，不过以大同太平理想取代小康升平理想而已。可见，相对于传统儒家而言，康、孙之思想俱属激进，而绝无保守之态焉。至于长素自戊戌以后所持的改良主张，又绝非一姓王朝之"自改革"而已，实欲效法孔子改制之精神，而建立足以垂法万世的新制度。盖孔子之改制，乃折衷四代而成新制，而欲从旧传统中开出一新传统。长素效法孔子，不独以清当旧邦而有新命焉，且寄新命于数千年之中国，而垂法于全球。故中国适逢列强并争之世，若能自立、自强，并立足于传统君主制，而渐次改良，以进于升平、太平之世，犹属保守主义进路。至于其后诸革命党人，莫不欲扫除吾国四千年传统，以为唯于空白纸上，方能绘出最美丽之图案。故长素之改良，较诸革命党人的激进主张，自视为守旧矣。

按照"新三世说"，长素当属渐进主义者，即在保留君主制度的前提下吸纳西人的宪政资源。可以说，长素所主张的改制，既非保守派的墨守成规，亦非革命派的毕其功于一役，而是欲由立宪以渐次达到大同的改良派，"欧洲须由立宪君主，乃可渐致立宪民主；中国则由君主专制，必须历立宪君主，乃可至革命民主也"。① 正因如此，无论是保守派，还是革命派，俱不喜长素。② 长素曾自叙其心境云："自戊戌以来，旧则攻吾太新，新则攻

---

① 康有为：《答南北美洲诸华商论中国只可行立宪不能行革命书》，《康有为全集》册六，第325页。
② 长素思想前后固有数变，然其渐进改良的立场，则始终如一。关于此种立场的表现，前期长素主张假君权以行民权之实，后期则认为民主共和不能一蹴而就，而认为君主制犹适宜于当时中国的实际情况。萧公权认为，长素的渐进主张乃基于其对国民素质的判断，"中国人民在专制统治下几千年，既无能力也无欲望取得政权。因此在他们有资格运用权力之前，给予他们政权是愚蠢的。最安全的方法是尽量利用现存的设施作大转变的准备。简言之，此乃君主立宪的缘起"。（萧公权：《康有为思想研究》，第147页）其后，无论清朝施行的"预备立宪"，还是孙、蒋所主张的"训政"，皆基于对国民素质的这种判断。

吾太旧,革党又攻吾保皇。"①可见,世人不能理解长素,实未能明了其"新三世说"也。

1908 年,长素西游奥斯曼帝国,适值其国变政之时,上下皆攻专制而倡自由。长素认为,其苏丹的种种举措,皆失其宜,不得已而遂民愿,渐予民权。然遏乱乏术,益为国民所轻,至一旦变起,则如大火燎原,莫之能御矣。不出数年,中国爆发武昌革命,其始终与奥斯曼帝国略同,惜乎清廷未能有所察鉴,终至屋社矣。② 对此,长素尝有论曰:

> 病家不能医方,徒愤激于病剧而妄用刀割,未有不伤死;乱国之人,不学治术,徒愤激于旧弊而妄行革变,未有不危亡其国者也。……夫平等、自由,乃法国革命时救病之药名,只可饮于一时,以快人心而刷积症,不可以为朝夕之饔飧也。旧制行之数千年,实人心国命所寄,纪纲法度虽有积弊,只可去太去甚,以渐行之;如尽去之,人心国命无所寄,则荡然而大乱耳。③

长素认为,奥斯曼帝国因尽去旧制而大乱,而中国政俗亦颇相类,故其后辛亥革命,因汲汲于尽除数千年传统为事,遂使中国几陷于乱亡之地,则长素之忧可谓不幸而言中矣。正因如此,辛亥以后,长素乃自我否定其太平理想,实出于对当时现实的深切反省。

辛亥前后,长素种种努力尽归于失败。盖长素早年倡言变法,而不见容于守旧派;晚岁主张保存国粹,亦不见容于革命派。萧氏称长素"作为孔子的信徒,他不过做了孔子已做过的,'知其不可而为之'",④此说盖就长素晚年而论也。

可见,长素之激进,主要在于其大同理想。长素尝著《大同书》,而对未来的理想社会进行了种种推测和构想。⑤ 然而,长素生前并未完整刊行代

---

① 康有为:《告国人书》,1925 年,《康有为全集》册十一,第 405 页。钱穆则批评长素的保皇主张与其所尚公羊改制说相扞格,"治公羊'通三统'之说,固必求其制度,而尤有一要义焉,则帝王非万世一姓,及其德衰,必择贤禅让是也。此汉儒自董仲舒以下皆言之,极于王莽之代汉,亦自公羊通三统之义而来。长素盛尊公羊而力诋莽、歆,高谈改制而坚主保皇,则义不条贯,非真能知汉儒公羊家精神也"。(钱穆:《中国近三百年学术史》册下,第 731 页)
② 参见康有为:《突厥游记》,1908 年,《康有为全集》册八,第 454 页。
③ 康有为:《突厥游记》,1908 年,《康有为全集》册八,第 436 页。
④ 萧公权:《康有为思想研究》,第 368 页。
⑤ 据《大同书》题辞、《大同书》甲部《人世界观众苦·绪言》,长素皆明言 1884 年始撰《大同书》。其弟子陆乃翔、陆敦骙亦谓"盖自二十七岁悟道,即创《大同书》,依几何法撰《人类公理》"。(陆乃翔、陆敦骙:《南海先生传》,《康有为全集》册十二,附录二,(转下页)

表其最高理想的《大同书》,这是为什么呢?对此,长素说道:

> 昔吾著三书,曰《官制考》,曰《物质救国论》,曰《理财救国论》,以为能举三者,中国既富既强矣,然后开国会焉。故一切自由、自治、平等之说,未敢发也。吾少著《大同书》,于世界将来之事,盖无不思及焉;而于一切革命、共和、社会之说,未敢妄出也。岂不知他日之有然,而夏葛冬裘,非其时不宜用也。①

长素又自谓"身当世变,鄙人于一语一言,斤斤焉谨之。而后生新学,骤觏欧美学说之富且瑰奇也,浸淫灌注之,不暇思其流弊也,又未深思细考其宜于中国否也,又深愤政府之无道而思有以救之也,于是大裨贩欧美之新货,运为舶来品之异珍。举国之后生新学愤政府已有同情也,忽见舶来品之新奇也,皆以为神方圣药,服之可起死还生焉。于是举欧美人之自由、自治、平等、革命、共和、民主之说,日昌洋而光大之,展转贩售,弥漫全国。遂以有今日之大乱也,遂以全法欧美而尽弃国粹也,遂致父子夫妇之不保也,遂致孔教之沦废也,遂以致墨西哥之亡国魂而日寻干戈也。"②长素盖以《大同书》不切于清末民初之现实,至于其《官制考》、《物质救国论》与《理财救国论》诸书,方为当时中国致富强之书。对此,梁任公有言曰:

> 有为虽著此书,然秘不以示人,亦从不以此义教学者,谓今方据乱之世,只能言小康,不能言大同,言则陷天下于洪水猛兽。……有为始终谓当以小康义救今世,对于政治问题,对于社会道德问题,皆以维持旧状为职志。自发明一种新理想,自认为至善至美,然不愿其实现,且竭全力以抗之遏之;人类秉性之奇诡,度无以过是者。③

张伯桢亦曰:"书成,既而思大同之治非今日所能骤几,骤行之,恐适以酿乱,

(接上页)第444页)萧公权认为,《大同书》可追溯至长素早期的《实理公法全书》,只不过后者站在个人主义的立场,谴责一切违反个人欲望的制度,而前者可称为社会主义或共产主义的思想。(参见萧公权:《近代中国与新世界:康有为变法与大同思想研究》,第386页。)直至1901—1902年,长素避地印度,才最后撰成《大同书》。可以说,长素虽始终注目于大同,然老其政治实践及其他著述,足见长素不过"行在《孝经》"而已。
① 康有为:《中国颠危误在全法欧美而尽弃国粹说》,《康有为全集》册十,第142页。
② 康有为:《论效法欧美之道》,1916年7月后,《康有为全集》册十,第345页。
③ 梁启超:《清代学术概论》,《梁启超论清学史二种》,第67页。

故秘其稿不肯以示人。"① 汪荣祖对此说道,"康氏迟迟不发表此书之缘故,因恐所言有不当之后果,如书中反家庭、破国界,以及泯除文化异同、社会阶层、私有财产、种族压迫等,皆具煽动性,故康氏作而不宣"。② 时至今日,政府乃再倡小康为当下中国之目标,足见百年前长素之卓识也。

至俄国十月革命以后,长素更将社会主义视为当时中国的危害,此时自然更无意发表其《大同书》,以免教猱升木之祸矣。故长素曰:

> 吾非不能以社会主义推翻今世,以时未可也。若妄发之,徒苦吾人。故吾之《大同书》以未至其时,亦不宣布。③

可见,长素自谓其《大同书》乃社会主义主张,且以为未至其时而不便宣布。然而,此时社会主义借苏俄势力已进入中国,盖长素昔日倡导君宪而动摇了传统儒家的制度基础,今则雅不欲高举大同而为数千年传统的掘墓人导其先路矣!

清末攻康长素之学者颇多,先有朱一新、苏舆等保守派学者,后则有章太炎、刘师培等革命派学者,立场虽各不同,然颇持门户之见,其中固不乏卓识,而种种意气之论,亦在所多有。其中,唯苏舆遭国变之痛,犹能追溯长素《公羊》说之本源,据邵公之失而正长素论学之谬。虽然,其间多有激切之论者,然毕竟多有据依,与革命党人挟嫌以厚诬长素者不同。民国以后,党人外操权柄之威势,内怀党见之偏私,遂极尽丑诋长素之能事。种种偏见,乃能流衍至今,坊间犹颇传此说,然皆不过吮取革命党人之唾余,实无甚新意耳。

清代今文经学之发展,实至康长素而集大成。盖长素倡发《公羊》义,最重"孔子改制"之说。不过,考诸董子《春秋繁露》一书,颇有类似之论,则未可尽目以可怪之论。故苏舆力辟康氏之误,以为汉人言改制,乃"改正朔"之谓耳,非如长素所论也;又谓长素虽言改制,乃发于武帝太初未改正朔之前,殆有为而言。苏舆又颇攻邵公,如讥其多牵用纬说,"以《春秋演孔图》之说解获麟,可云寡识";谓《公羊传》论祭仲行权,不过假祭仲事以明经权之义,非真许祭仲也,故邵公所注"盖失《公羊》本意"。至于董子、邵公发明"三科九旨"之例,而清公羊家于其中最重"张三世"之说,至长素发挥其说,则不

---

① 张伯桢:《南海康先生传》,《康有为全集》册十二,附录三,第 497 页。
② 汪荣祖:《晚清变法思想论丛》,第 49—50 页。
③ 康有为:《请犬养毅转达日本内阁撤兵交还电》,1919 年 8 月,《康有为全集》册十一,第 108 页。

免"以夷变夏"之讥,苏舆乃追论龚定庵之非,谓"定庵专以张三世穿凿群经,实则《公羊》家言,惟张三世最无意义"。①

虽然,苏舆所驳亦未为确论也。盖清代今文学自刘申受以下,乃歧为两条不同脉络:其一,申受初则"述何"、"申何",又更有"匡何"之意,其后龚、魏惩于内忧外患之深,乃托名董子,而发三世变革之说。其二,无论凌晓楼、陈卓人梳理《公羊》礼制,抑或陈寿祺、乔枞父子辨古今同异,中经廖六译据制度而平分今古,遂以改制为今学根本。至康长素,乃上承两条脉络之绪余,而发变法改制之微言。长素又攻刘歆遍伪群经,则上承申受《左氏春秋考证》辩刘歆之窜乱《左氏》,以及龚定庵、魏默深攻中古文及《诗》、《书》之伪,可见,长素之学乃上承常州一脉而推究其极,可谓由来有自矣。就此而论,长素于《公羊》之发明,非尽出于一己之师心独裁,实可远溯至两汉的董、何之学,近则由清中叶之常州今文学溯流而下,故其所发"孔子改制"、"新学伪经"诸说,可谓集今文经学之大成。

第二节 民国初年的疑古思潮:以钱玄同为例

民初疑古思潮的形成,首先有着政治方面的原因。殆自两汉以降,随着新君主制的形成和稳定,儒家采取了与世俗政权合作的姿态,以实现其"得君行道"的政治诉求。就此而言,儒家对君主制的肯定,虽非其至高理想,然两千多年形成的君主与儒臣共治天下的格局,自然使孔子及后世儒学难以摆脱其肯定君权的政治形象。即便到了康长素那里,借助对《公羊》三世说的重新阐释,竭力剥离这种关联,声称共治格局只是出于儒家拨乱需要的政治手段,至于孔子本人,则尚有大同理想,而常属意于民主共和也。然而,长素的这些说法,对于缺乏经学素养的新知识分子,自然很难引起他们的思想共鸣。

不仅如此,民国以降,数千年君主制虽已倾覆,然长素对共和的批评,以及其积极推动的孔教运动,又与袁世凯的帝制自为和张勋的复辟相呼应,从而使孔子和儒家扮演了某种倒行逆施的角色,并促使随后的新文化运动自然揭起了"打倒孔家店"的旗帜。对此,陈独秀即如此说道,"主张尊孔,势必立君;主张立君,势必复辟",此为"理之自然";②李大钊也有同样说法,

---

① 参见苏舆:《春秋繁露义证》附录二,第511—524页。
② 陈独秀:《复辟与尊孔》,《新青年》第三卷第六号。

"余之掊击孔子,非掊击孔子之本身,乃掊击为历代君主所雕塑之偶像权威也;非掊击孔子,乃掊击专制政治之灵魂也"。①

基于政治原因而导致对孔子及其学说的批判,进而又导致了对儒家经典的清理,这就是"整理国故"运动。1918 年 11 月,胡适撰写了《新思潮的意义》一文,提出了"研究问题,输入学理,整理国故,再造文明"的主张,并提出"以汉还汉,以魏晋还魏晋,以唐还唐,以宋还宋,以明还明,以清还清,以古文还古文家,以今文还今文家,以程朱还程朱,以陆王还陆王,各还他一个本来面目",②其中蕴涵的怀疑主义精神,直接影响到顾颉刚等人的疑古工作。对此,顾颉刚说道:"整理国故的呼声倡始于太炎先生,而上轨道的进行则发轫于适之先生的具体的计划。"③又自称"我的研究古史的经历甚简单。幼年读过几部经书,那时适值思想解放的运动,使得我感到经书中有不少可疑的地方。其后又值整理国故的运动,使得我感到这方面尽有工作可做"。④

至于学术方面的原因,则有今文经学的辨伪以导其先路。刘申受撰《左氏春秋考证》,以批评刘歆对于《左氏春秋》的伪窜,从而动摇了《左传》的真实性,其影响波及民国,则直接导致了钱玄同、顾颉刚等人倡导的疑古思潮。⑤

案,《汉书·刘歆传》谓"歆治《左氏》,引传文以解经,转相发明,由是章句义理备焉",申受据此认为,今本《春秋左氏传》乃刘歆于古本《左氏春秋》增设书法凡例之辞,并比年依经缘饰而成。那么,古本《左氏春秋》的性质为何?申受依据《史记·十二诸侯年表序》的说法,认为《左传》只能称作《左氏春秋》,近于《晏子春秋》、《吕氏春秋》。然除此以外,申受似未有进一步明确的说法。

其后,龚定庵亦攻刘歆之伪。其《己亥杂诗》第五十七首云:"姬周史统太销沉,况复炎刘古学瘖。崛起有人扶《左氏》,千秋功罪总刘歆。"其自注

---

① 李大钊:《自然的伦理观与孔子》,《甲寅日刊》1917 年 2 月 4 日。
② 胡适:《国学季刊发刊词》,《胡适文存》第二集卷一。
③ 顾颉刚:《古史辨》第一册《自序》,第 78 页。
④ 顾颉刚:《古史辨》第四册《顾序》,第 2 页。
⑤ 现代疑古思潮的直接源头,不仅可上溯至今文学者对古文经典的否定,而且深受乾嘉学者崔述(1740—1816)对上古史事的辨伪。崔述《考信录》提出"世益晚则采择益杂,时愈后却载记愈详"一说,对胡适、顾颉刚等人的疑古主张产生了直接的影响。对此,胡适说道:"我深信中国新史学应该从崔述做起,用他的《考信录》做我们的出发点。"(胡适:《亚东版〈崔东壁遗书〉序》)顾颉刚则声称,"我二年以来,蓄意要辩论中国的古史,比崔述更进一步"。(顾颉刚:《古史辨》第一册,第 59 页)崔述所疑,不过限于传注,而现代疑古派则进而疑经,乃至否定孔子的神圣地位。

云:"癸巳岁,成《左氏春秋服杜补义》一卷。其刘歆窜益《左氏》显然有迹者,为《左氏决疣》一卷。"①定庵又有《六经正名答问》一篇,主张以《左氏春秋》配《春秋》,注云:"宜剔去刘歆所窜益。"②可见,龚氏所作《左氏决疣》一书,惜乎未见,然其意殆与申受无异,以为今本《左传》中当删去刘歆所附益者,而还《左氏春秋》之旧也。定庵又撰有《说中古文》一篇,其中举十二事以证中古文之伪,则刘歆之伪,已不限于增设《左氏春秋》之书法凡例,乃至整个中古文,亦不可信矣。

至于魏默深撰《诗古微》与《书古微》,则由对《左传》的辨伪扩展到《诗》、《书》,以为《毛诗》与《古文尚书》皆属于伪古文。此外,又有邵懿辰,则揭破《逸礼》为伪古文。凡此,皆可溯源于申受辨《左传》之伪。

然而,申受尚有一说,谓"《左氏》体例与《国语》相似,不必比附《春秋》年月",其后,康长素本此说而推衍之,断言《左氏》乃刘歆割裂《国语》而成。案,《汉书·艺文志》载有《国语》二十一篇,又有《新国语》五十四篇,长素据此认为:

> 《国语》仅一书,而《志》以为二种,可异一也。其一,"二十一篇",即今传本也;其一,刘向所分之"《新国语》五十四篇"。同一《国语》,何篇数相去数倍?可异二也。刘向之书皆传于后汉,而五十四篇之《新国语》,后汉人无及之者,可异三也。盖五十四篇者,左丘明之原本也。歆既分其大半,凡三十篇,以为《春秋传》,于是留其残剩,掇拾杂书,加以附益,而为今本之《国语》,故仅得二十一篇也。③

在长素看来,申受所说的《左氏春秋》,实即《汉志》所载的《新国语》五十四篇,后经刘歆一分为二,于是有《汉书》所载的今本《国语》二十一篇,以及今本《左传》三十篇。

长素之后,崔觯甫极推崇长素的《新学伪经考》,称其"字字精确,自汉以来未有能及之者",又谓"康君《伪经考》作于二十年前,专论经学之真伪。弟向服膺纪(昀)、阮(元)、段(玉裁)、俞(樾)诸公书,根据确凿,过于国初诸儒,然管见所及,亦有可驳者,康书则无之,故以为古今无比。若无此书,则弟亦兼宗今、古文,至今尚在梦中也"。④ 觯甫遂撰《史记探源》、《春秋复

---

① 龚自珍:《龚自珍全集》第十辑,第514页。
② 龚自珍:《龚自珍全集》第一辑,第40页。
③ 康有为:《新学伪经考》,中华书局,2012,第31页。
④ 崔适:《与钱玄同书》,1911年2月25日,转引自钱玄同:《重论经今古文学问题》,载张荣华编:《钱玄同卷》,第228页。

始》、《论语足征记》、《五经释要》诸书,皆推衍长素之说,而愈加邃密焉。

案,《史记·十二诸侯年表序》中有这样一段话:

> 鲁君子左丘明惧弟子人人异端,各安其意,失其真,故因孔子史记具论其语,成《左氏春秋》。铎椒为楚威王傅,为王不能尽观《春秋》,采取成败,卒四十章,为《铎氏微》。赵孝成王时,其相虞卿上采《春秋》,下观近势,亦著八篇,为《虞氏春秋》。吕不韦者,秦庄襄王相,亦上观尚古,删拾《春秋》,集六国时事,以为八览、六论、十二纪,为《吕氏春秋》。

觯甫乃胪列七证,认为今本《左传》既出于《国语》,则"《左氏春秋》"之名亦不能成立,即便拟于《吕氏春秋》、《虞氏春秋》,亦属不伦。不仅如此,觯甫又进而考证《左传》中"分野"、"少皡"、"刘累"、"刘氏"等,以为俱出于刘歆所增窜,非原本《国语》所有。

钱玄同则先师章太炎,继师崔觯甫,其于今文学的考辨极是信服,并推崇备至。1930 年,钱氏在《国学丛刊》第一卷中发表《左氏春秋考证书后》一文,其中如此说道:

> 我认为一百年来的"今文学运动",是咱们近代学术史上一件极光荣的事,它的成绩有两方面:一是思想的解放,一是伪经和伪史料的推翻。……伪经的推翻,刘氏此书为第一部。自此书出面后,考辨伪古文经的著作相继而起,至康长素作《新学伪经考》而伪经之案乃定。康氏又接着作《孔子改制考》,发明"托古改制"这一极要极确之义,而真经中的史料之真伪又成问题。这样一步进一步的辨伪运动,实以刘氏此书为起点。①

在钱氏看来,辨伪运动始于申受的《左氏春秋考证》,而康长素继之,其功绩有二:其一,撰《新学伪经考》以证古文经之伪;其二,撰《孔子改制考》以证今文经所涉史料乃至整个上古史之伪。

案,康长素所撰《孔子改制考》之意,在于尊孔子为教主,并以为中国文明的开创者,乃不惜将今文经中的种种史料视为孔子"托古改制"的需要,至于同时的先秦诸子亦以教主自居,故其所撰诸书所引史料,同样有"托古改制"的目的。诚若是说,孔子以前的各种上古史料的真实性,就这

---

① 钱玄同:《左氏春秋考证书后》,载张荣华编:《钱玄同卷》,第 214 页。

样被彻底动摇了。长素此说,其后廖六译、皮鹿门虽稍有所述,然直至钱玄同、顾颉刚辨古史之伪,才算真正接过了申受、长素的大旗,并向前推进了一大步。

觯甫虽年长于长素,然极推崇长素之说,谓"知汉古文亦伪,自康君始。下走之于康,略如攻东晋《古文尚书》者惠定宇于阎百诗之比"。① 然而,钱玄同认为,申受辨《左传》之伪,其论固精,"但对于刘歆作伪之大本营(即所谓'孔壁古文')尚未探得,故立说不彻底之处尚颇不少"。② 因此,在钱氏看来,康长素、崔觯甫的贡献在于,进一步论证"孔壁古文"亦出于刘歆之伪。③ 可以说,"伪古文经这个大骗局把人家矇了一千八百年,从刘申受开始侦查,经了一百余年之久,到崔觯甫师,才把它完全破案"。④

并且,钱玄同又借助晚清以来出土的甲骨文及金文,以证成康、崔之说。其曰:

> 我近来取殷之甲骨刻辞及殷、周两代之钟鼎款识与《三体石经》中之"古文"相较,更了然于"孔壁古文经"中之字体(《三体石经》中之"古文"即系根据"孔壁古文经"者),一部分是依傍小篆而略变其体势,一部分是采取六国破体省写之字,总之决非殷、周之真古字。由此更知"孔子书六经、左丘明述《春秋传》皆以古文"之为谰言,而"孔壁古文经"本无此物,全是刘歆所伪造,实为颠扑不破之论也。⑤

钱氏盖据金文、甲骨文以证明"孔壁古文经"乃刘歆所伪造也。

钱氏又进而发挥《孔子改制考》的基本观点,以为今文经所载史料亦不过出于孔子"托古改制"的需要而被编造出来。对此,钱氏逐一对"五经"之伪进行了论证:

《易》。《易经》本是卜筮之书,朱子所论,洵属事实。钱氏认为,《易经》作为史料的真实性,当不容置疑,但就《易传》而言,则不能视为史料,不过是"儒家发挥其政治观、人生观、道德观的文章,与《易经》无关,只是'托古'而已"。⑥ 不过,钱氏谓康长素以《易经》亦出于孔子的观点,则"十之八九都是

---

① 转引自钱玄同:《左氏春秋考证书后》,载张荣华编:《钱玄同卷》,第214页。
② 钱玄同:《左氏春秋考证书后》,载张荣华编:《钱玄同卷》,第215页。
③ 案,在康、崔二氏之先,龚定庵颇具特识,尝撰《说中古文》一篇,举十二证,以明"壁中古文"之伪,其说足为康、崔所论之先声。
④ 钱玄同:《左氏春秋考证书后》,载张荣华编:《钱玄同卷》,第215页。
⑤ 钱玄同:《左氏春秋考证书后》,载张荣华编:《钱玄同卷》,第215页。
⑥ 钱玄同:《左氏春秋考证书后》,载张荣华编:《钱玄同卷》,第222页。

错误的",对此,钱氏说道:"康氏以《易经》为孔子所作,则大谬不然。孔子时代的生活断不是那样简单,孔子自己的思想决不会那样野蛮,说孔子作卦爻辞,未免太看低他老人家了。以此尊孔,翩其反矣!"①

《诗》。康长素《新学伪经考》辩《毛诗》之伪,不相信徐整和陆玑所说的两种传授源流,也不相信《南陔》、《白华》、《华黍》、《由庚》、《崇丘》、《由仪》此六篇"笙诗",不相信《商颂》是商代的诗,不相信有毛亨、毛苌两"毛公",不相信河间献王有得《毛诗》立博士之事,而认为《毛诗序》乃东汉卫宏所作,诸如此类对《毛诗》的批评,钱氏以为最为透彻,且谓魏默深攻《毛诗》,其见解远不及长素。

钱氏又进而站在"超经学"的角度对《诗经》进行了批评。钱氏认为,《诗经》三百五篇诚属西周后期至春秋前期的作品,可视为真古书,不过,后世种种《诗》说,则绝非史料。龚定庵之子孝拱所作《诗本谊序》中说道:"有作诗之谊,有读诗之谊,有太师采诗、瞽矇讽诵之谊,有周公用为乐章之谊,有孔子定诗建始之谊,有赋诗引诗节取章句之谊,有赋诗寄托之谊,有引诗以就己说之谊。"②在钱氏看来,龚氏所说《诗》之八义,只有第一种"作诗之谊"算是史料,其他各种对《诗》义的阐发,都不能视作史料。那么,今人去古最远,古人的《诗》说既不可信,如何才能把握《诗》之本义呢?对此,钱氏认为,可以通过"涵泳白文"以得之。显然,钱氏这种说法,成为现代学者研究《诗》的基本态度和意见。

《书》。钱氏一方面肯定康长素对古文经学的批评,如谓《书序》乃刘歆伪作,又驳孔安国得《古文尚书》而献书之事等,以为皆极精核;另一方面,关于长素对《史记》中《书序》的肯定,钱氏以为不够彻底,尚为刘歆所惑。

钱氏不仅站在今文经学的角度,指出长素所论犹有不足之处,而且,更是站在历史科学的立场,认为《周书》十九篇大都是可信据的史料,而《商书》五篇则似经过周人的润饰,其作为史料的可信度不如《周书》。至于虞、夏书中的《尧典》、《皋陶谟》、《禹贡》三篇,则绝非真史料,而近于后世儒家的思想。

《春秋》。孔子《春秋》本于鲁国官修史书,其中自有史料价值,然而,孔子出于"托古改制"的需要,而对鲁史记进行了笔削,因此,孔子《春秋》作为史料的真实性,是要打折扣的。不过,钱氏又认为,就《左传》而言,今文学者虽力辨其伪窜,然而,就其出于《国语》而言,反而具有某种真实史料的价值,

---

① 钱玄同:《重论经今古文学问题》,载张荣华编:《钱玄同卷》,第 251 页。
② 转引自《续修四库全书总目提要·经部》,第 235 页。

而不同于《古文尚书》、《毛诗》、《逸礼》、《周礼》之全伪也。①

钱氏虽极推崇刘申受《左氏春秋考证》,以为"《左氏春秋考证》之辨伪的价值,实与阎若璩《尚书古文疏证》相埒。阎书出而伪《古文尚书》之案大白,刘书出而伪《春秋左氏传》之案亦大白"。② 然而,钱氏认为长素辨《左氏》之伪又更进一步,盖申受犹相信《史记》中"鲁君子左丘明……成《左氏春秋》"一语,遂谓左氏唯不得名"《春秋左氏传》",而当还其"《左氏春秋》"之本名耳。至长素则认为,《史记》提到的"《左氏春秋》"之名,亦属刘歆所增窜,盖以《左传》原书本系《国语》一部分而已。其后崔觯甫《史记探源》对此说详加考辨,证明《史记》此语乃继述刘歆之学者所窜入。

至于《穀梁》,从刘申受至康长素,俱未有疑《穀梁》者。然至觯甫《春秋复始》,始发"穀梁氏亦古文学"之论。又有张西堂撰《穀梁真伪考》,大阐觯甫之说,以为"《穀梁》之义例自相乖戾,文词前后重累,暗袭《公羊》、《左氏》,杂取《周礼》、《毛诗》,详于琐节,略于大义,证明它出于《公羊》之后"。③ 钱氏据此认为,《穀梁》亦出于汉人之伪作,"乃是武、宣以后陋儒所作,取《公羊》而颠倒之。……此外或删削《公羊》大义,或故意与《公羊》相反,或明驳《公羊》之说,或阴袭《公羊》之义而变其文。作伪者殆见当时《公羊》势力大盛,未免眼馋,因取《公羊》而加以点窜涂改,希冀得立博士,与焦、京之《易》相类。刘歆要建立《左氏》,打倒《公羊》,于是就利用它来与《公羊》为难耳"。④ 在钱氏看来,刘歆伪造《穀梁》,其意在于"与《公羊》为难"也。

《礼》。旧说以《仪礼》乃周公所作,康长素则以为孔子所作,皮鹿门亦主此说。譬如,长素称"三年之丧"乃孔子改制,今观《论语·阳货》、《孟子·滕文公》及《墨子·非儒》、《公孟》、《节葬》等篇可知。然钱氏以为,《仪礼》中所涉升降揖让等繁文缛节,实非孔子所定,且与孔子重礼之意亦未必吻合,殆晚周时为荀子之学者所作。《仪礼》既非"大周通礼",故不能视

---

① 不过,钱玄同亦不完全相信《左传》的史料价值。在钱氏看来,《左传》系刘歆从《国语》中截取部分而成,并改成编年体,其目的则在故意与《公羊传》为难,故不独伪造种种书法凡例,而且事实的伪造亦在所难免。钱氏乃举隐元年"费伯帅师城郎"、"纪人伐夷"、"有蜚"、"败宋师于黄"、"改葬惠公"、"卫侯来会葬"、"及邾人、郑人盟于翼"、"新作南门"诸事,以为皆系"为了伪凡例而造的伪事实",又举"君氏卒"、"齐仲孙湫来省难"数事,以为"是为了要与《公羊》立异而造的伪事实"。(参见钱玄同:《左氏春秋考证书后》,载张荣华编:《钱玄同卷》,第225—226页)
② 钱玄同:《重论经今古文学问题——重印〈新学伪经考〉序》,见康有为:《新学伪经考》,第33页。
③ 转引自钱玄同:《重论经今古文学问题》,载张荣华编:《钱玄同卷》,第262页。
④ 转引自钱玄同:《重论经今古文学问题》,载张荣华编:《钱玄同卷》,第263—264页。

为史料,而是"儒者们把古今南北种种习惯的仪文礼节和衣裳冠履,斟酌取舍,制成的'杂拌儿'。制成之后,常常扮演"。①

至于《周礼》,长素亦以为刘歆所伪撰,乃其欲"附成莽业而为此书,其伪群经,乃以证《周官》者"。对于此说,钱氏视为"一针见血"之论,谓《周礼》代表了刘歆的理想政制,自然不能视为周代的史料。至于钱穆、郭沫若以《周礼》为晚周人所作,钱氏以为亦无实据。

又有《礼记》,长素以为非孔子所作,且无关朝廷功令,钱氏深然其说。至于长素所论《礼记》之编成,钱氏以为犹为刘歆所惑也。

基于上述对"五经"性质的理解,钱氏断言:

> 今文经中只有《易经》和《诗经》是史料,《易传》和"《诗》说"都不是史料,《书经》只有一部分是史料,《春秋经》不能全认为史料,《礼经》不是史料,《乐经》本无,当然无所谓史料。所以求史料于今文经之中,实在没有多少。②

按照此种说法,从刘申受开始的辨伪,本来是出于门户壁垒的需要,而欲以证成古文经之伪。然而到了康长素那里,则尚有维新变法的现实意图,故推崇孔子为教主,于是以"打通后壁"的态度而根本动摇了今文经的真实性。既然经学无须建立在史料真实的基础上,那么,民国以后随着孔子地位的动摇,对古代文献所涉史料的重新审视就成了现代史学的基本任务。

可见,以刘申受、康长素、崔觯甫为代表的今文学者,其辨伪的最初目标只是将古文经当成刘歆的伪造,从而彻底打倒古文学而已。显然,这种态度是纯经学的。对此,钱氏认为,即便站在史料的角度,今文家的结论依然可以成立,因为古文经晚出,其种种伪窜都是为了攻击今文学,对此,钱氏说道:

> 今文经对于古文经,当然可以傲然的说自己是真书;而站在今文家的立场上来斥古文经为伪书,是可信的,是公允的。③

但是,钱氏并不满足于此,宣称要进一步超越今文学的立场,而采取"历史

---

① 钱玄同:《左氏春秋考证书后》,载张荣华编:《钱玄同卷》,第 223 页。
② 钱玄同:《左氏春秋考证书后》,载张荣华编:《钱玄同卷》,第 224 页。
③ 钱玄同:《重论经今古文学问题》,载张荣华编:《钱玄同卷》,第 232 页。

家"的态度,以审查今文经的真实性。换言之,古文家没有资格讨论此问题,而只有站在现代史学的角度,才能审查今文经的真实性。对此,钱氏举例说道:

> 举个例来说,我们若疑今文家所言周代的典礼制度不足信,则应该根据钟彝铭文来推翻它,绝对不应该根据《周礼》来推翻它。据我看来,今文经中有一部分是儒家"托古改制"的文章,只能作为儒家思想史的材料,而不能作为古代历史的材料。所以今文经即使全是真书,但决不能说全是史实。①

可以说,站在经学的角度,今文经算是"真书";然若站在史学的角度,今文经则不能完全当成研究上古史的真实史料。

盖钱氏治学,大致兼综乃师章太炎"六经皆史"之说及今文家关于刘歆"遍伪群经"之说,从而否定了经学中所涉史料的价值,并为现代学者对"尊彝铭文"等出土文献的重视,提供了理论上的依据。不过,长素认为尊彝亦属刘歆所伪造,钱氏则不谓然,认为尊彝铭文乃周代的真古字,而与刘歆伪造的古文经所用伪古字不同。钱氏甚至声称:

> 要打倒刘歆的伪古字,尊彝铭文实在是最有效的武器。②

大概对于长素来说,经学之为经学,史料的真伪并非首要,亦无须尊重尊彝铭文的真实性,至其谓孔子乃至先秦诸子皆"托古改制",则诚然也。然而,随着传统君主制的崩塌,经学的神圣地位亦随之瓦解,其学术价值仅剩下所涉史料的真实性,现在钱氏既然怀疑此部分史料的真实性,则对于以史学为代表的现代学术来说,自然没有必要给经学留下地盘。因此,在近百年来的现代学术体系中,经学自然被边缘化,甚至被彻底无视了。

钱氏虽从史料的角度批评古文经之伪,至于经说,则以为今、古文家皆"一丘之貉"。对此,钱氏说道:

> 两家言作《诗》本义,言古代史实,言典礼制度,同为无据之臆测,无甚优劣可言。因为两家都是要利用孔子以献媚汉帝,希冀得到高官厚

---

① 钱玄同:《重论经今古文学问题》,载张荣华编:《钱玄同卷》,第232页。
② 钱玄同:《重论经今古文学问题》,载张荣华编:《钱玄同卷》,第271页。

禄者，故都喜欢说孔子为汉制法，都喜欢谈图谶纬候。①

可见，钱氏完全站在"超经学"的立场，而长素则从经学的角度贬低古文经，且有着现实的政治用心，两种态度是大为不同的。

显然，钱氏对史学的理解近于西方的历史科学，而不同于中国传统的史学，更与孔子作《春秋》的本意不一样。对此，钱氏说道：

> 凡治历史科学，第一步必要的工作是"审查史料的真伪"，简称可曰"辨伪"。要是不经过这步工作，"任何材料都供搋掯"，则结果尽可闹到"下笔千言，离题万里"，说得"像杀有介事"，其实"满不是那么一回事"。……经是什么？它是古代史料的一部分，有的是思想史料，有的是文学史料，有的是政治史料，有的是其他国故的史料。既是史料，就有审查它的真伪的必要。②

可以说，钱氏的辨伪，不仅意味着中国学术开始走出了经学时代，而且开辟了通往现代历史科学的道路。

毫无疑问，钱氏如此服膺长素之学，显然与长素本人的意图不一样。长素的用意其实是为了建立新时代的经学，即杂采西人之说而熔中西于一炉，目的还是为了经世致用，正如孔子"托古改制"，其意在于"制《春秋》之义以俟后圣"，至于所涉史料的真伪，则不是最重要的。诚若此，钱氏以一种科学的态度接受了长素的经学见解，至于长素本人，则实欲效法孔子，而重建一套足以垂法万世的新制度。因此，钱氏肯定了长素之书的科学价值：

> 康氏这书，全用清儒的考证方法——这考证方法是科学的方法。……他这书证据之充分、论断之精核，与顾炎武、阎若璩、戴震、钱大昕、段玉裁、王念孙、俞樾、黄以周、孙诒让、章太炎（炳麟）师、王国维诸人的著作相比，决无逊色，而其眼光之敏锐尚犹过之，求诸前代，惟宋之郑樵、朱熹，清之姚际恒、崔述，堪与抗衡耳。古文经给他那样层层驳辨，凡来历之离奇，传授之臆测，年代之差舛，处处都显露出伪造的痕迹来了。于是一千九百多年以来学术史上一个大骗局，至此乃完全破案。"铁案如山摇不动，万牛回首丘山重"，《新学伪经考》实在当得起这两

---

① 钱玄同：《重论经今古文学问题》，载张荣华编：《钱玄同卷》，第277页。
② 钱玄同：《重论经今古文学问题》，载张荣华编：《钱玄同卷》，第229—230页。

句话。……总之自《新学伪经考》出世以后,汉古文经之为伪造已成不易之定论,正与阎若璩的《尚书古文疏证》出世以后,晋《古文尚书》之为伪造已成不易之定论相同。①

钱氏以为,阎若璩撰《尚书古文疏证》以辨东晋《古文尚书》之伪,而长素撰《新学伪经考》以辨整个古文经之伪,两者皆成"不易之定论",其对中国学术史的贡献实可相提并论也。

可见,对于经学来说,史料的真伪并不重要,而对于康长素开辟的新经学来说,亦是如此。考长素经学之大旨,实在于将古今中西诸文明从根本上进行融合,犹如孔子通过《春秋》以行改制之实,故今日经学的复兴,亦只能通过对旧制度的损益,而构建新的"万世之法"。

第三节 新方法的运用

1917 年,康长素重刊《新学伪经考》,其后序中有这样一段自述:

> 吾……拾取《史记》……偶得《河间献王传》、《鲁共王传》读之,乃无"得古文经"一事,大惊疑,乃取《汉书·河间献王》、《鲁共王传》对较《史记》读之,又取《史记》、《汉书》两《儒林传》对读之,则《汉书》详言古文事,与《史记》大反,乃益大惊大疑。又取《太史公自序》读之,子长自称天下郡国群书皆写副集于太史公,太史公仍世父子纂其业,乃缮金匮石室之藏,厥协六经异传,整齐百家杂语,则子长于中秘之书,郡国人间之藏,盖无所不见。其生又当河间献王、鲁共王之后,有献书开壁事,更无所不知,子长对此孔经大事,更无所不纪。然而《史记》无之,则为刘歆之伪窜无疑也。②

长素以为,《史记》与《汉书》俱有《河间献王传》、《鲁共王传》两篇,然《史记》不载"得古文经"之事,而《汉书》则详其事;且史公自言于中秘之书无所不窥,又生于河间献王、鲁共王之后,而不言献古文经之事,则足证《汉书》所载乃刘歆伪窜无疑也。

---

① 钱玄同:《重论经今古文学问题》,载张荣华编:《钱玄同卷》,第 231 页。
② 转引自钱玄同:《重论经今古文学问题》,载张荣华编:《钱玄同卷》,第 231 页。

其后序又云：

> 据《艺文志》、《刘歆传》、《河间献王传》，古文《书》、《礼》、《礼记》，共王与献王同得，而皆不言二家所得之异同，岂残缺之余，诸本杂出，而篇章文字不谋而合？岂有此理？其为虚诞，即此已可断。然《艺文志》又言"《礼古经》"者，出于鲁淹中及孔氏，与十七篇文相似，多三十九篇"，是古文《礼》淹中又得。淹中及孔氏所得，与十七篇同一"相似"，同一"多三十九篇"，不谋而同，绝无殊异。焚余之书，数本杂出，而整齐画一如是，虽欺童蒙，其谁信之？而欺绐数千年，无一人发其覆者，亦可异也！①

长素以为，《汉书》之《艺文志》、《刘歆传》、《河间献王传》皆谓鲁共王与河间献王同得古文《书》、《礼》、《礼记》，而不言其异，可见其虚诞；又，《艺文志》所言出于鲁淹中及孔氏的《礼古经》，皆谓"与十七篇文相似，多三十九篇"，既"不谋而同，绝无殊异"，不可信也。

可见，长素主要是通过将《史记》与《汉书》相对勘，而论证《汉书》关于《左传》的记载出于刘歆之伪窜。其后，崔觯甫《史记探源》对长素此说详加考辨，而钱氏更举八事，证明《左传》乃剖分《国语》而成，曰：

(1)《左传》记周事颇略，故《周语》所存春秋时代的周事尚详（但同于《左传》的已有好几条）。

(2)《左传》记鲁事最详，而残余之《鲁语》所记多半是琐事，薄薄的两卷中，关于公父文伯的记载竟有八条之多。

(3)《左传》记齐桓公霸业最略，所谓"管仲相桓公霸诸侯，一匡天下"的政迹竟全无记载，而《齐语》则专记此事。

(4)《晋语》中同于《左传》者最多，而关于霸业之荦荦大端，记载甚略，《左传》则甚详。

(5)《郑语》皆春秋以前事。

(6)《楚语》同于《左传》者亦多，关于大端的记载亦甚略。

(7)《吴语》专记夫差伐越而卒致亡国事，《左传》对于此事的记载，又是异常简略，与齐桓霸业相同。

---

① 转引自钱玄同：《重论经今古文学问题》，载张荣华编：《钱玄同卷》，第231页。

（8）《越语》专记越灭吴的经过，《左传》全无。①

据此，钱氏认为，"《左传》与今本《国语》二书，此详而彼略，彼详则此略，这不是将一书瓜分为二的显证吗？至于彼此同记一事者，往往大体相同，而文辞则《国语》中有许多琐屑的记载和支蔓的议论，《左传》大都没有，这更露出删改的痕迹来了"。② 显然，钱氏运用不同于长素的新方法，而将《左传》与《国语》相对勘，得出了同样的结论。

1926 年，瑞典汉学家珂罗倔伦（Klas Bernhard Johannes Karlgren，又译作高本汉，1889—1978）撰写了《论〈左传〉之真伪及其性质》一文，后由陆侃如翻译，并发表于《北京大学研究所国学门周刊》1927 年三卷 7、8 期合刊，得到了国内学者巨大的反响和回应。

该文分上下两篇，上篇讨论《左传》的真伪问题，下篇则从文法的角度对《左传》和《国语》等古书进行了比较性研究。

盖就《左传》的真伪而言，高氏认为，应该包括两个方面的问题：其一，判断《左传》的关键在于确定其形成时间，质言之，若《左传》形成于秦始皇焚书（前 213）之前，就不能说是伪书。其二，《左传》与孔门之间的关系。

先就第一个问题而言，司马迁《史记》常用较简明的文字引述《左传》中的相关记载，而《史记》记载的大部分内容早于公元前 99 年，据此，至少在公元前 100 年时，《左传》就已经存在了。诚如此说，则《左传》在刘歆校中秘书以前业已成书，而非出于刘歆所伪造。

至于第二个问题，高本汉借助先秦时不同古书中虚词用法的比较，得出如下结论：

> 《左传》有一律的文法，和《国语》很近，但不全同（和别的中国古书完全不同）。这种文法绝不是一个后来的伪造者所能相像或实行的，所以这一定是一部真的书，是一个人所作的，或者是属于一派和一个方言的几个人作的。他同鲁国学派没有关系（至少没有直接关系），因为他的文法和孔子及弟子及孟子完全不同。此书是在 468 年以后（书中所述最迟的一年），而无论如何总在 213 年前，多半还是 468 年到 300 年中间。③

---

① 转引自钱玄同：《重论经今古文学问题》，载张荣华编：《钱玄同卷》，第 257—258 页。
② 转引自钱玄同：《重论经今古文学问题》，载张荣华编：《钱玄同卷》，第 258 页。
③ 高本汉：《论〈左传〉之真伪及其性质》，载晁岳佩编：《春秋学研究》册上，第 267 页。

> 在周、秦和汉初书内，没有一种有和《左传》完全相同的文法组织的。最接近的是《国语》，此外便没有第二部书在文法上和《左传》这么相近的了。①

高本汉运用了现代语言学的方法，然其说服力其实颇为有限。不过，其所得出的结论，却颇具启发性，甚至为完全相反立场的今、古学者各取所需。

盖高氏认为，《左传》既成书于嬴政禁毁以前，则系先秦真古书，而非刘歆所伪造也，这种结论自属古文家所乐见；然又谓《左传》与《国语》在文法上最为接近，难免近于康长素、钱玄同等人的今文家见解，即以《左传》剖分自《国语》而成；高氏又谓《左传》的作者与孔子及其弟子没有关系，更是间接否定了古文家素来认为左丘明撰《左传》的通常主张，从而根本动摇了《左传》乃解经之作的古文家观念，而近于今文家的一贯见解。

因此，钱玄同即引此说为己助，曰：

> 这也是《左传》和《国语》本是一部书的一个很强有力的证据。左丘明决不是鲁人，决不与孔子同时，他是战国时代的魏人。②

此外，林语堂亦运用类似的方法，从古音上证明《国语》与《左传》出于同一方音。可以说，无论是高本汉，还是林语堂，两人的研究成果给今文家增加了"富有科学性的证据"，无怪乎钱玄同称许高氏正是其支持者也。

不过，高氏此篇文章，最初引发了卫聚贤与冯沅君的直接回应。

冯沅君对《左传》与《国语》进行了更深入的比较，认为"假如《左传》确是后人割裂《国语》而成，则其对于一件事的记载应该见于《左传》者《国语》不载；退一步说，即使二书并见，也不会有什么事实上的差异。但是我们将二书比较的结果，确有些地方不如此"。③ 因此，冯氏乃举十五例，证明《左传》与《国语》之不同，可见二书"不可强合"。冯氏又针对高氏之说，指出《左传》与《国语》在文法上的异点，尚有五处。基于两方面的理由，即二书对于史事记载及文法上的歧异，冯氏断言"《左传》与《国语》是两部各不相干的书"。④ 可以说，冯受高氏新方法的启发，却否定批评了高氏的结论，从

---

① 转引自钱玄同：《重论经今古文学问题》，载张荣华编：《钱玄同卷》，第 258 页。
② 转引自钱玄同：《重论经今古文学问题》，载张荣华编：《钱玄同卷》，第 258 页。
③ 冯沅君：《论〈左传〉与〈国语〉的异点》，原刊《新月》1928 年 1 卷 7 期，载晁岳佩编：《春秋学研究》册上，第 275 页。
④ 冯沅君：《论〈左传〉与〈国语〉的异点》，载晁岳佩编：《春秋学研究》册上，第 311 页。

而间接否定了康长素、钱玄同的今文学观点。

卫聚贤亦赞同高氏从文法上考证《左传》真伪的新方法,不过,却提出数点批评意见。卫氏认为,不同古书中关于"於"和"于"的使用,只有时间上的差异,而无空间上的分别,譬如,高氏以为,《论语》、《孟子》多用"於"字作介词,而《左传》则并用"於"和"于",似无偏重,由此证明《左传》非鲁国的作品。对此,卫氏认为,甲骨文、金文以及《尚书》、《诗》、《春秋》都用"于"作介词,但到了战国以后,"於"和"于"就混用了。① 此外,高氏推断《左传》成书于公元前468年至前300年之间,卫氏则认为,《左传》当成书于前425年至前403年之间。

卫氏素治《左传》,种种所论颇有出人意表者。一方面,卫氏主张《左传》和《国语》原非一书,其结论殆与冯氏同,然而,其对冯氏所举十五例,则以为颇不足为两书之歧异;另一方面,卫氏又别提出一种意见,主张从《左传》与《国语》的思想旨趣来看待两书的不同:

> 《左传》于晋推崇叔向,于周推崇苌弘,于齐推崇晏子,于郑推崇子产;《国语》于周推崇单襄公,于楚推崇左史倚相,于鲁推崇公父文伯之母。《左传》推崇的多是些"博物"家,《国语》推崇的多是些"知礼"的人,二者思想不同。但《国语》推崇的左史倚相,《左传》讨厌他;《左传》推崇的苌弘,《国语》也讨厌他。《左传》推崇的叔向,《国语》不注意他;《国语》推崇的公父文伯之母,《左传》不注意她。二者思想是相背的。②

可见,卫氏更立足于新的视角,而将《左传》与《国语》区分开来。显然,此种观点同样有利于古文家的立场。

第四节 《春秋》的性质与今文学问题的再思考

近十余年来,经学渐次得以复兴,这种现象到底昭示了何种意义呢?显然,这种意义绝非"六经"及其历代诠释作为史料的价值而得到重视,而在于其中包含的问题意识对于今人的启示。对今文家来说,其核心就是康长素宣称作为《公羊》"第一微言"的孔子改制问题。盖孔子生当周礼崩坏而圣

---

① 卫聚贤:《论〈左传〉之真伪及其性质》跋,载晁岳佩编:《春秋学研究》册上,第268页。
② 卫聚贤:《读〈论左传与国语的异点〉以后》,原刊《新月》1928年1卷9期,载晁岳佩编:《春秋学研究》册上,第327页。

王隐遁之时,面对此种局面,孔子初则出仕于鲁国,既不见售,乃奔走于列国间,盖欲得国自王也;至晚年归鲁,知己道不行,乃删述"六经",欲垂法于后圣,遂谦居"素王"矣。至于长素推孔子为教主,实欲为中岁之孔子,盖假弟子及信众之力而为"真王"也。

董子《春秋繁露·俞序篇》云:

> 孔子曰:"吾因其行事而加乎王心焉。"以为见之空言,不如行事博深切明。①

其后,司马迁《太史公自序》述董子之说,亦曰:"我欲载之空言,不如见之于行事之深切著明也。"②

案,行事者,本系诸国史记所载过往旧事,即天子、诸侯以及大夫、士行事之迹也。然孔子作《春秋》,以其王心加诸行事,则《春秋》之性质,殆犹鲁隐以前之官修《春秋》,俱属王者治世之迹。然其所不同者,鲁隐以前,犹存周公之遗法,此先王之行事;自鲁隐以降,世衰道微,王者之迹熄,而孔子乃作《春秋》,而寓王心于当世史事,行拨乱反正之法,此则孔子作为"素王"之行事也。至于昔日孔子摄行相事,欲"治自近者始",惜乎治鲁未成,更不遑治诸夏、夷狄,乃不得已而垂法于《春秋》焉。此乃孔子治鲁之"行事"也。就此而言,不独孔子治鲁,犹先王治事之迹;至于孔子所作《春秋》,亦可视为圣人治世之迹,故其实践性显非其他经典可比。

可见,"行事"当有二义:其一,史家所载往事,犹鲁《春秋》及楚《梼杌》、晋《乘》之类,此固孔子王心所加焉。其二,孔子本人治世之迹,包括其治鲁之事,以及假《春秋》以行拨乱之事。③

程伊川有云:

> 《诗》、《书》载道之文,《春秋》圣人之用。《诗》、《书》如药方,《春秋》如用药治病。圣人之用,全在此书,所谓"不如载之行事深切著明"者也。④

---

① 苏舆:《春秋繁露义证》卷6,第159页。
② 司马迁:《史记》卷130,第3975页。
③ 王应麟曰:"请讨陈恒之年,《春秋》终焉。夫子之请讨也,将览之行事。请讨不从,然后托之空言。"(《困学纪闻》卷6,《文渊阁四库全书》本)据此,王氏以《春秋》为"空言",而以孔子请讨陈恒为"行事"。此说虽未揭明孔子《春秋》的性质,然以孔子拨陈恒之乱为"行事",又与《春秋》何异焉!
④ 程颢、程颐:《河南程氏遗书》卷2上,《二程集》,第19页。

伊川盖以《诗》、《书》为"空言",而《春秋》则属"行事"之书,此说正揭明了《春秋》的实践性质,即"圣人之用"也。其后,胡安国《春秋传》伸其说,曰:

> 孟氏发明宗旨,目为天子之事者,周道衰微,乾纲解纽,乱臣贼子接迹当世,人欲肆而天理灭矣。仲尼天理之所在,不以为己任而谁可?五典弗惇,己所当叙;五礼弗庸,己所当秩;五服弗章,己所当命;五刑弗用,己所当讨。……故曰:"我欲载之空言,不如见诸行事之深切著明也。"空言独能载其理,行事然后见其用。是故假鲁史以寓王法,拨乱世,反之正。①

诚若胡氏所言,《春秋》不独记载天子、诸侯以及大夫、士之行事,又记载孔子拨乱反正之行事,可见,孔子虽不见用于当世,然其《春秋》则足为"圣人之用"也。

安国又曰:

> 世衰道微,暴行交作,仲尼有圣德无其位,不得如黄帝、舜、禹、周公之伐蚩尤、诛四凶、戮防风、杀管蔡,行天子之法于当年也,故假鲁史用五刑、奉天讨、诛乱贼,垂天子之法于后世。其事虽殊,其理一耳,何疑于不敢专进退诸侯,以为乱名实哉?夫奉天讨、举王法以黜诸侯之灭天理、废人伦者,此名实所由定也,故曰:"《春秋》成而乱臣贼子惧。"②

安国以为,孔子本欲效黄帝、舜、禹、周公行王法于当年,即欲为"真王"也;然既不得其位,乃假鲁史而垂王法于后世,则不得已而为"素王",俱所以惧乱臣贼子也。

孔广森则径以《春秋》之"拨乱反正"比于孔子本人之立朝行事。其《通义》叙云:

> 先师言:"《春秋》,夫子之行事也。"向使夫子与翚、招并时立朝,必不待其弑君乱国,蚤已放流之,殛殪之,又何不逆亿之有?③

---

① 胡安国:《春秋胡氏传·序》,浙江古籍出版社,2010,第1页。
② 胡安国:《春秋胡氏传》卷4,第46页。
③ 孔广森:《春秋公羊经传通义·叙》,《春秋正辞·春秋公羊经传通义》,上海古籍出版社,2014,第727页。

盖犟、招之徒，平日处心积思，出谋发虑，久不范于礼义，终致弑君之祸。孔子若得秉政，则必有殛、流此等逆贼之"行事"。故《春秋》之拨乱，与孔子之立朝行政，实无有异焉，皆圣人之"行事"也。

盖孔子尝摄行相事，而施政于鲁，至其奔走列国而欲得国自王，此固孔子之"行事"。孔子暮年归鲁，叹道之不行于当世，遂以"素王"自命，乃西观诸国史记所载行事，假《春秋》而行赏善罚恶之权，此亦孔子之"行事"也。至于空陈古圣明王之道而见诸"空言"者，历代圣贤皆得为之，又何足怪焉？而孔子又何足贤焉？唯孔子欲亲治一国，种种琐屑之事，皆须群策群力，并亲历亲为之，此乃"真王"之行事，较诸孔子以"素王"而作《春秋》，皆"加乎王心"焉，俱"圣人之用"也。故"见之空言"者，犹宋儒之空谈性理也；若"见诸行事"者，则犹朝臣之参政议政，乃至王者之躬行治道焉。故孔子欲立朝行事而不得，乃奔走于列国间，而谋得国，至晚年笔削古之行事而作《春秋》，皆圣人所以行其道也。

可见，《春秋》乃孔子据当时列国行事，而张"一王之法"也。至于《易》、《书》、《诗》、《礼》者，本为上古王者治世之迹，后经孔子删述，遂与《春秋》并列为"经"，俱所以为将来治世之法。其后古文家欲抑博士之学，乃将"六经"溯源于周公，以孔子不过"述而不作"之先师耳，如此，"孔子仅为后世之贤士大夫，比之康成、朱子尚未及也，岂足为生民未有范围万世之至圣哉？"①盖古文家出于门户之见，竟贬抑孔子如此，故长素亦壁垒其今文门户，必欲尊孔子为教主，以为"生民未有之大成至圣"，甚至谓"六经"尽出于孔子。诚如今文家说，周公不过为上古茫昧时代之神王，纯出于后世之假托，又焉能造作"六经"而施用于后世者哉？②

案，异域教主皆上通神灵以创制经典，长素殆有鉴于此，遂谓"六经"皆孔子所作。然长素抑或有思之未周者，今考穆罕默德所为，实并尊摩西《讨拉特》、耶稣《引支勒》与穆罕默德《古兰经》，以为俱属"天经"。因此，即便持今文家立场，亦未必尽将"六经"归于孔子耳，盖"先圣后圣，其揆一也"，

---

① 康有为：《孔子改制考》卷10，《康有为全集》册三，第127页。
② 其先，廖平已谓孔子作六经矣。其曰："六经者，孔子一人之书。"（廖平：《知圣篇》，载李耀仙编：《廖平选集》上册，第189页）又曰："孔子翻经以后，真正周制，实无可考。后世传习，皆孔子之言。"（同上，第184页）至长素，则以孔子作六经，乃先秦旧说，曰："六经皆孔子所作也，汉以前之说莫不然也。学者知六经为孔子所作，然后孔子之为大圣，为教主，范围万世而独称尊者，乃可明也。知孔子为教主，六经为孔子所作，然后知孔子拨乱世，致太平之功，凡有血气者，皆日被其殊功大德，而不可忘也。"（康有为：《孔子改制考》卷10，《康有为全集》册三，第128页）盖自长素视之，上古茫昧无稽，周末诸子纷纷创教，各为改制之事，不独孔子然也。至于孔子改制之迹，则见于六经。孔子本为诸子，然出乎其类，拔乎其萃，故所作六经乃独能范围后世，非诸子之比也。

皆与于"天经"之制作,如此或可消弭孔子与周公之对立耶?

且长素既张大"孔子改制"之说,其意固在尊孔,然又谓先秦诸子并皆改制,或欲以证"孔子改制"之不虚,则不免夷孔子于诸子矣。故梁任公论其说曰:"《改制考》复以真经之全部分为孔子托古之作,则数千年共认为神圣不可侵犯之经典,根本发生疑问,引起学者怀疑批评的态度。"又曰:"虽极力推挹孔子,然既谓孔子之创学派与诸子之创学派,同一动机,同一目的,同一手段,则已夷孔子于诸子之列。"①诚若任公所言,盖长素固勇于开拓,至其所引发的种种负面后果,则常有虑而弗及者焉。

孔子作《春秋》,本两汉今、古学者所共许,自杜预以后,始有异论。对此,长素有曰:

> 《春秋》为孔子作,古今更无异论。但伪古学出,力攻改制,并铲削笔削之义,以为赴告策书,孔子据而书之,而善恶自见。杜预倡之,朱子尤主之。若此,则圣人为一誊录书手,何得谓之作乎?②

盖杜预欲攻《公羊》,乃夺《春秋》"五十凡"而予周公,如此不免尊"史法"而贬孔子笔削之"书法"。其后,朱熹尽废凡例之说,以为《春秋》不过直书其事而善恶自见耳,则径以史书视《春秋》矣。今人莫不袭用此说,然追本溯源,实导源于杜预尊周公之门户意见而有以致之也。

盖"六经"本为先王治世之陈迹,而经孔子删述,遂为"一王之法",又经汉儒及后儒之继述,遂有"赤制"乃至"为万世立法"的性质。然孔子有德无位,而欲其改制之可行,则不得不托古焉。长素曰:

> 子思曰:"无征不信,不信民弗从。"欲征信莫如先王。……巽辞托先王,俾民信从,以行权救患。……布衣改制,事大骇人,故不如与之先王,既不惊人,自可避祸。③

诚若是说,孔子自作"六经"而寓王法,然欲使民人信从,且以避祸容身计,则必假托先王也。长素此说,实未足为可怪,殆出于《中庸》与《春秋纬》之说。盖古人论事,素好托古,"必则古昔,称先王"(《礼记·曲礼》),遑论孔子"与先王

---

① 梁启超:《清代学术概论》二十三,载朱维铮校注:《梁启超论清学史二种》,第65页。
② 康有为:《孔子改制考》卷10,《康有为全集》册三,第137页。
③ 康有为:《孔子改制考》卷10,《康有为全集》册三,第141页。

以托权"(《孝经纬·钩命诀》)、孟子"道性善,言必称尧、舜"(《孟子·滕文公上》)耶?观近世以来,吾国凡言变革者,莫不挟洋以自重,其术又何异焉!

孔子生当周世,天命犹未改,此其所以"从周"也;然周人治世以文,其郁其烦,莫不以此,故孔子以为当"稍损周之文致",而益以夏、殷之质法。《春秋》又有夏、殷、周三统之说,而长素悉以为托古,则已非《公羊》旧说所能范围矣。① 故长素以为,"六经"俱为改制之书,其中,又以《春秋》为制法之大宗,其意殆以孔子欲为真王,而为儒家建国作理论准备耶? 后世以《春秋》当"一王之法",其意正在于此。

孔子既欲建国而作"六经",则"六经"自不可仅视为修身之书,而当以为治世之"刑书"。《列子·仲尼》载孔子自谓"曩吾修《诗》、《书》,正《礼》、《乐》,将以治天下,遗来世,非但修一身,治鲁国而已"之语,则诚然矣。盖上古时,礼刑合一,"出乎礼,入乎刑",故汉人谓《春秋》为"万世之刑书",又为"礼义之大宗",二说之旨不殊,俱以治世之律法乃一准乎礼也。故刘申受有论曰:

> 盖礼者,刑之精华也。失乎礼,即入乎刑,无中立之道。故刑者,礼之科条也。②

今考董子之说,楚灵王虽无道,然《春秋》称"楚子"而予以伯讨辞者,盖圣人治齐庆封胁君乱国之罪也。案,董子曰:"人臣之行,贬主之位,乱国之臣,虽不篡杀,其罪皆宜死。"③ 盖失礼必入于刑,庆封有胁君乱国之失,虽未至于弑君,而《春秋》治以弑君之罪。故董子据《春秋》以决狱,实因《春秋》本有"刑书"性质,盖源于昔日孔子用以治世之法也。

王充颇发明此中之理,曰:

> 仲舒表《春秋》之义,稽合于律,无乖异者。然则《春秋》汉之经,孔子制作,垂遗于汉。论者徒尊法家,不高《春秋》,是暗蔽也。④

---

① 案,桓三年《公羊》注云:"明《春秋》之道亦通于三王,非主假周以为汉制而已。"长素则曰:"夏、殷、周三统,皆孔子所托,故曰'非主假周'也。"(康有为:《孔子改制考》卷10,《康有为全集》册三,第142页)又,隐元年注云:"质家亲亲先立娣,文家尊尊先立侄。嫡子有孙而死,质家亲亲先立弟,文家尊尊先立孙。其双生也,质家据见立先生,文家据本意立后生。"长素则曰:"质家、文家,孔子所托三统之别号。《春秋》诡辞诡实,故不必言夏、殷、周,而曰质家、文家也。"(同上,第142页)诸如此类,盖以《公羊》所言夏、殷、周古制者,长素悉以为孔子所托者也。
② 刘逢禄:《春秋公羊经何氏释例》卷5,第145页。
③ 苏舆:《春秋繁露义证·楚庄王篇》,第4—5页。
④ 王充:《论衡·程材篇》,第633页。

仲任虽非《公羊》颛家,然既有见于此,足见其卓识也,亦可知《春秋》之为"刑书",实属汉人之普遍意见。汉律素重"决事比",①龚自珍乃据以论《春秋》,并撰《春秋决事比》一书,其中颇引清律以证《春秋》为"刑书"。至于苏舆,虽颇恶龚、魏、康之学,然犹据此谓"历代刑律故多根柢于《春秋》"。汉以后朝廷既本《春秋》以制律法,则儒教中国乃真"法治"国家也,何必囿于商、韩以论法治耶?②

不独汉律重视"决事比",并在司法实践中编订了大量《决事比》,而且,董子视"决事比"为理解《春秋》经义的方法。盖《春秋》文辞简约,须"以比

---

① 所谓"决事比",其性质相当于判例汇编。按照汉律的规定,某案例若无律法明文规定,可比附相近似的条文,并上报皇帝定案。由此形成种种判例汇编后,再奏请皇帝批准,称为《决事比》,并具有律法效力,可作为以后判案的根据。汉高祖时,规定"廷尉所不能决,谨具为奏,傅所当比律令以闻"。武帝以后,类比在司法实践中大量使用。据《汉书·刑法志》载,"《死罪决事比》万三千四百七十二事",颜师古注云:"比,以例相比况也。"又,《周礼·秋官·大司寇》谓"凡庶民之狱讼,以邦成弊之",郑玄注引郑司农云:"邦成,谓若今时《决事比》。"贾公彦疏云:"若今律其有断事,皆依旧事断之,其无条,取比类以决之,故云《决事比》。"又据《后汉书·应劭传》,献帝时,应劭奏曰:"故胶西相董仲舒老病致仕,朝廷每有政议,数遣廷尉张汤亲至陋巷,问其得失。于是作《春秋决狱》二百三十二事,动以经对,言之详矣。……臣累世受恩,荣祚丰衍,窃不自揆,贪少云补,辄撰具《律本章句》、《尚书旧事》、《廷尉板令》、《决事比例》、《司徒都目》、《五曹诏书》及《春秋断狱》凡二百五十篇。"(《后汉书》卷48,第1612—1613页)则所谓"决事比",本于董仲舒《春秋决狱》,具有推衍经义以决狱的性质。

不过,运用类比的官员却常非儒家学者,乃胥吏等有司人员,故在司法实践中常滋生颇多流弊,《汉书·刑法志》称"奸猾巧法,转相比况,禁网寖密"。可以说,相对于秦法而言,汉律因为宽简,故有必要基于类比原则扩大律法的来源,而编撰了极其浩繁的各种《决事比》。

② 伊斯兰教国家亦属于"法治"国家,其性质颇与儒教国家相同,然不同于近代以来的西方法治国家而已。盖伊斯兰教法律包括两部分,即天启的"沙里亚"法与教法学家创制的"费格海",后者乃人类理智对经、训的类比推理,因此,两者在本质上皆出于真主,从而具有不同于西方世俗法的神圣性与永恒性,并且完全排除了人为修正的必要性。正因如此,教法学家视此种法律为"常道"。至于西方国家的法律,则通常属于世俗法,即纯粹由世俗国家基于人类理智所制定,故总是与时俱进,而不具有永恒性。就此而言,中国自魏晋以后的古代法律皆本于"六经",乃儒家学者基于经义而进行的理智推理和运用,从而同样具有某种永恒性和神圣性。

按照伊斯兰教法无所不包的整全性质,其法律无须接受和容纳世俗法。然而,随着奥斯曼帝国的建立,除了依然以伊斯兰教法为帝国主要法律外,还包括苏丹的敕令(包括行政命令、军事、财政、警务及复杂的礼制等)、阿德特(指古突厥人、奥斯曼人及被征服的各民族所遵从的习惯法)和乌尔夫(在位苏丹的个人权威和意志),后者显然属于世俗法的范围。尤其自1839年"坦齐马特"改革以后,帝国大量借鉴西欧国家的法律制度,颁布了一系列世俗法性质的商法、民法和刑法,并且建立了相应的世俗法院。自此以后,伊斯兰教法的作用愈加缩小,仅限于穆斯林家庭的范围。奥斯曼人的这些做法,影响到后来中东各伊斯兰教国家的法律改革,即用体现西方价值的世俗法律取代了在伊斯兰教国家沿用了千余年的教法。然而,这种做法固然割断了伊斯兰教世界自身的法律传统,不过,由此导致的种种社会问题,却促使了伊斯兰教法在当代社会的某种复兴。

贯类"以求经义,至于有经未明言者,则当"以辨付赘",而发掘经之余义,二者皆董子所言的"类比"之法。董子又谓《春秋》"好微",以为人之形迹易见,而其心志则难知,故董子借赵盾弑君复见与许止弑君书葬二事作类比,即运用"贯比而论是非"、"缤援比类"的方法,以为"子不尝药,故加之弑父;臣不讨贼,故加之弑君",则赵盾、许止皆有弑君之罪也。至于《春秋》无诛许止之文者,则以其自责之深,足见其本志也;推至赵盾亦然,其能"辞号乎天,苟内不诚,安能如是",故《春秋》亦赦盾之罪也。① 可见,汉儒基于"类比"的方法,不独据经义以决史事,又引《春秋》以决狱事,甚至据以推求经义也。

因此,汉儒莫不视《春秋》为"刑书",此与杜预、朱子徒视《春秋》为彰显善恶的史书态度,有根本区别。譬如,就"卫辄拒父"一事,《论语》与《春秋》的态度似颇不同。哀三年,春,齐国夏、卫石曼姑帅师围戚。《公羊传》云:

> 齐国夏曷为与卫石曼姑帅师围戚?伯讨也。此其为伯讨奈何?曼姑受命乎灵公而立辄。以曼姑之义,为固可以距之也。辄者曷为者也?蒯聩之子也。然则曷为不立蒯聩而立辄?蒯聩为无道,灵公逐蒯聩而立辄。然则辄之义可以立乎?曰:可。其可奈何?不以父命辞王父命,以王父命辞父命,是父之行乎子也。不以家事辞王事,以王事辞家事,是上之行乎下也。

可见,《公羊传》赞同卫辄发兵拒父,其合法性在于"不以父命辞王父命",故许为"伯讨"。《穀梁》亦从"尊王父"的角度,肯定了卫辄拒父这种后世视为不孝的行为。然而,按照《论语》的记载,孔子却是"不为卫君",即采取不帮助卫辄的立场。其后,宋儒皆本此说,直斥卫辄之不孝。尤其到了王阳明那里,更是将此说推至极端,曰:

> 问:"孔子正名,先儒说'上告天子,下告方伯,废辄立郢',此意如何?"先生曰:"恐难如此。岂有一人致敬尽礼待我而为政,我就先去废他?岂人情天理?孔子既肯与辄为政,必已是他能倾心委国而听。圣人盛德至诚,必已感化卫辄,使知无父之不可以为人,必将痛哭奔

---

① 董子又举《春秋》有载诸侯逾年即位之说,推知天子亦逾年即位;而天子有三年称王之说,推诸侯于其封内亦三年称子,故读《春秋》者,当"五其比,偶其类"也。

走,往迎其父。父子之爱,本于天性,辄能悔痛真切如此,蒯聩岂不感动底豫。蒯聩既还,辄乃致国请戮,聩已见化于子,又有夫子至诚调和其间,当亦决不肯受,仍以命辄。群臣百姓又必欲得辄为君,辄乃自暴其罪恶,请于天子,告于方伯诸侯,而必欲致国于父。聩与群臣百姓亦皆表辄悔悟仁孝之美,请于天子,告于方伯诸侯,必欲得辄而为之君。于是集命于辄,使之复君卫国。辄不得已,乃如后世上皇故事,率群臣百姓尊聩为太公,借物致养,而始退复其位焉。则君君、臣臣、父父、子子,名正言顺,一举而可为政于天下矣!孔子正名,或是如此。"①

案,阳明所斥先儒,乃朱子也。朱子于《论语集注》中引胡氏说云:"卫世子蒯聩,耻其母南子之淫乱,欲杀之不果而出奔。灵公欲立公子郢,郢辞。公卒,夫人立之,又辞。乃立蒯聩之子辄,以拒蒯聩。夫蒯聩欲杀母,得罪于父,而辄据国以拒父,皆无父之人也,其不可有国也明矣。夫子为政,而以正名为先。必将具其事之本末,告诸天王,请于方伯,命公子郢而立之。则人伦正,天理得,名正言顺,而事成矣。"②然阳明以"致良知"为教,以父子天性之爱为良知所在,乃心之本体,故以全此孝心为治国之根本,而必欲致蒯聩能感动底豫、卫辄能真切悔痛而后已。③

其实,诸儒皆未能深究邵公之说。案,邵公《解诂》云:

---

① 王阳明:《传习录》卷一,《王阳明全集》,第 19 页。
② 案,此处所引胡氏说,大略见于胡宏《论语指南》,其中论卫辄事云:"蒯聩无父出奔,失世子者,罪其轻佻谋非常,至于出奔失世子之道也。赵鞅纳之而称世子者,罪大臣辅辄而拒父也。蒯聩无父,辄亦无父,天下岂有无父之人尚可以事宗庙社稷为人上者哉?故孔子为政于卫,则必具灵公父子祖孙本末,上告于天王,下告于方伯,乞立公子郢,然后人伦明,天理顺,无父之人不得立,名正而国家定矣。"(《胡宏集》,第 312 页)至于其父胡安国所论则不同,曰:"蒯聩前称'世子'者,所以深罪其见立不辞,而拒其父也。辄若可立,则蒯聩为未绝。未绝,则是世子尚存,而可以拒乎?主兵者,卫也,何以序齐为首?罪齐人与卫之为恶而党之也。……辄虽由嫡孙得立,然非有灵公之命,安得云受之王父辞父命哉?……然则为辄者奈何?宜辞于国曰:若以父为有罪,将从王父之命,则有社稷之镇公子在,我焉得为君?以为无罪,则国乃世子之所有也,天下岂有无父之国哉,而使我立乎其位?如此则言顺而事成矣。是故辄辞其位以避父,则卫之臣子拒蒯聩而辅之,可也;辄利其位以拒父,则卫之臣子舍爵禄而去之,可也。乌有父不慈子不孝,争利其国,灭天理而可为者乎?"(胡安国:《春秋胡氏传》,第 485 页)
③ 然阳明之说亦有所本。案胡宏《论语指南》所引黄氏说云:"夫以父子之间,至于争国,逆天理,乱人伦,名之不正,孰大于此?以《春秋》考之,蒯聩出奔与赵鞅纳之,皆称卫世子,以示其得世于卫也。使夫子果为政于卫,其将周旋父子之间,使辄辞位而纳蒯聩,则辄无拒父之名,蒯聩复世子之位,灵公亦无黜子之过。此正名之大者,为政所先务也。"(《胡宏集》,第 311—312 页)

> 曼姑无恶文者,起曼姑得拒之。曼姑臣也,拒之者,上为灵公命,下为辄故,义不可以子诛父,故但得拒之而已。传所以曼姑解伯讨者,推曼姑得拒之,则国夏得讨之明矣。……灵公命行乎蒯聩,重本尊统之义。以父见废故,辞让不立,是家私事。听灵公命立者,是王事公法也。是王法行于诸侯,虽得正,非义之高者也。

可见,邵公论事,乃据义与法之区别也。盖卫辄拒父乃"王法",然毕竟不合孝道,故"非义之高者"。至长素,则极伸邵公之说,曰:

> 孔子立义,四面皆圆。盖定律科罪,不为一人,不偏一义。父有父之义,子有子之义,王父及孙有王父及孙之义;有臣受君命,有伯者讨罪之义。现身不同,则行事有异,而定律者亦因之。卫辄拒父,祭仲行权,二义久为后人所惑疑,《公羊》家之为人诟病,莫若此二条。然由不知《春秋》为定律之书故也。今有王父命、父命二事,则必从尊者断之。又譬乡人有不孝子,因欲弑母,而见出于其父,投告于族,存案于官,父传产业与孙。及父死后,不孝子欲复得产业,族中长老、郡中长官公断是案,则出族之子不得谒祠领胙,其不得复管产为已明。其孙阴让产与父则可也,若投告于族众,禀揭于有司,公断审判,则必令其孙管业,而不准已出族之不孝子管业明矣。故国夏伯讨则为官判,石曼姑则为族断。于族小事则明之,于《公羊》则疑之,何欤? 夫定律者,必量人情,不能为高义。故君子以口谕人,令让产则可;若定律立例,则当因事判断,无令人让产之条,故不为之说。可别见于《论语》以明第一义,若因事判案,则《春秋》乃是律例,当准乎情事,不能太高也。何君述口说至明,谓是王法伯讨,非义之高。后儒多引《论语》以难《公羊》,不知《论语》为名理之书,故得发人子之高义;《春秋》为定律之书,故正合王法之正律,体有不同也。况先以伯讨以明事,由王法官断而著非子所得围;又不系戚于卫,以明子不得治父。立律之周详精细,无处不到,可谓至矣。……故就一家私恩而言之,则人子自人子,自当让父;就一国王法而行之,则伯讨自有正律。①

---

① 长素于《论语注》中亦有论曰:"盖《春秋》为国嗣立法,则以王父及天子之命为重。明法律可立辄,国人得拒蒯聩。若辄自为计,则宜逃而让之他子,乃即人心之安。盖《春秋》为定法律,《论语》为陈高义。"(康有为:《论语注》卷7,《康有为全集》册六,第428页)此类尤精。

长素此论,可谓决千古之疑者也。盖宋儒徒以道德论事,苛责人子,乃不免"以理杀人"之讥,遂不知王法欲宽恕,断案则务周详也。故《春秋》为"定律之书",不同于《论语》为"名理之书"也,若孔子作为"立法之主",乃许国夏伯讨犹"官判",石曼姑拒辄犹"族断",正由于《春秋》作为"刑书"的性质。

邵公《解诂》序引《孝经纬·钩命诀》云:"吾志在《春秋》,行在《孝经》。"徐彦疏云:

> 所以《春秋》言志在,《孝经》言行在。《春秋》者,赏善罚恶之书,见善能赏,见恶能罚,乃是王侯之事,非孔子所能行,故但言志在而已;《孝经》者,尊祖爱亲,劝子事父,劝臣事君,理关贵贱,臣子所宜行,故曰行在《孝经》也。

徐疏谓《春秋》为"赏善罚恶之书",即"刑书"之意。然孔子无位,故不得行此赏善罚恶之权,虽有志于此,至晚年乃托《春秋》以行之,此孔子所以为"素王"也。《孝经》则不同,自天子以至于庶人,皆得行之,故为"大本"。

《春秋》为"刑书",其性质颇近于伊斯兰教中的"沙里亚"法。① "沙里亚"法源于《古兰经》与《圣训》,然而,随着时代变化和新情况的出现,需要扩大"沙里亚"法的解释和运用,于是出现了圣门弟子的"公议",又有教法

---

① 伊斯兰教法,阿拉伯语为"沙里亚",本义指"通向水源的道路",引申为"行为"、"道路"。《古兰经》中有"常道"一名,意即"真主的大道",具有宗教、道德和法律等方面的意义。"沙里亚"的内容极广泛,总括了穆斯林生活的各个方面,既有涉及宗教生活的仪轨,也包括与日常生活相关的各种刑事、民事和商事法规。在《旧约》那里,上帝在西奈山通过摩西降示给犹太人的训诫,亦译作"沙里亚"。而清代穆斯林学者刘智则用"礼法"一名翻译"沙里亚",由此亦可见中国古代律法的宗教性。盖伊斯兰教法既不同于西方的世俗法,亦不同于纯粹的宗教法规,可以说,伊斯兰教国家的各种律法都不能违背《古兰经》及先知的教诲。可见,伊斯兰教律法乃建立在经、训的基础上,故当先知去世以后,基于公议或类比创制的律法亦同样具有永恒性和神圣性,不能被后来的律法所废止。

对于中国而言,礼、刑合一乃上古社会的特点,春秋以后,因为成文法的出现,礼、刑一度出现了分离。不过,随着汉武帝尊儒,儒家基于"《春秋》决狱"的精神,试图再度将礼与刑结合起来。直至晋初《泰始律》的颁布,确立了"准五服制罪"的原则,从而形成了儒家近两千年礼、刑合一的法律传统。然就儒家本身而言,本非严格意义的宗教团体,只是因为孔子个人的治国实践和构想,才使得以《春秋》为代表的"六经"成为具有治国性质的"一王大法"。也正是到了汉代,儒者通过不断的立法与司法实践,"六经"取得了对律法的指导性地位。可以说,由于"六经"的经典地位,遂使古代中国真正成为"法治"国家,而传统律法也逐渐获得了"沙里亚"法的基本特性。

学者对"沙里亚"法的类比推理。① 前者出于真主的降示和先知本人对"天经"的理解,后者则因为缺乏明确的经典依据,纯粹为圣门弟子及教法学者基于人类智慧对前者的理智运用。正因如此,无论是因为经典本身的局限,还是时代变迁的现实需要,都有必要对经典进行重新诠释。此种诠释始于倭玛亚王朝,至阿巴斯王朝前期,逐渐形成四大教法学派。其中,既有严格尊奉先知《圣训》和直传弟子言行的马立克学派和罕伯理学派,又有主张审慎对待《圣训》,并对经、训进行类比推理或有效创制的哈乃斐学派和沙斐仪学派。②

---

① 伊斯兰教法的法源,主要由《古兰经》、《圣训》、公议和类比四者构成。至于中国古代法律,由于深受儒家经义的影响,亦有类似的四种法源。譬如,不仅《春秋》,包括《诗》、《书》、《礼》、《易》在内的"五经",其作为法源的权威性,相当于《古兰经》。至于《论语》、《孟子》及《礼记》、《孔子家语》中记录的圣人言行,则相当于《圣训》,亦具有法源的效力,并且,至宋以后,"四书"更是成为与"五经"相并立的新经典。所谓公议,则是先知去世以后,圣门弟子及教法学家对《古兰经》与《圣训》中无明文规定而新出现的宗教、社会问题而达成的一致性见解;而在中国,汉以来形成了众多经学流派,各派学者对某些社会、政治问题往往有不同见解,正因如此,无论宣帝时的石渠阁会议,还是章帝时的白虎观会议,皆诏令诸儒讲论五经同异,以便形成统一的经学见解。可以说,章帝时形成的《白虎通》,就相当于公议,显然,这种由皇帝最后裁决的经学论断亦具有法源的性质。至于类比,阿拉伯语称为"格亚斯",意为"引申"、"推测"或"假定",其性质亦是因为新情况、新问题的出现,教法学者基于已有的经、训进行类推而形成。这种做法在历代律法实践中极其普遍,无论是儒家"《春秋》决狱"的司法实践,还是朝廷所编撰的各种《决事比》,都是基于类比原则而对经义的具体运用。

在伊斯兰教国家那里,类比原则的运用形成了一门特殊的学问,即教法学,阿拉伯语称为"费格海",其意指教法学家在无经、训明文可依据的情况下,基于人类理智而根据现实需要所创制出来的律法,"教法学(费格海)则是参悟、理解主命的一门宗教学科,其学术成果即伊斯兰教法体系"。(吴云贵:《真主的法度:伊斯兰教法》,中国社会科学出版社,1994,前言)可见,"费格海"虽与《古兰经》中真主启示的"沙里亚"法不同,但同样具有法律的效力,本质上是对"沙里亚"的具体应用和延伸。此种关系体现在中国,犹如作为"刑书"的《春秋》与历朝具体法律的关系。其实,类比的有效性还可以追溯到《古兰经》和先知本人那里,有学者认为,"《古兰经》在判断事物方面充分地实行人类理性普遍接受的衡平类比法则,对于相同的事物作出肯定一致的判决,对于不同的事物则作出不同的判断。流传下来的大量圣训表明,先知也采用这样的方法处理问题,并且指导众圣门弟子也这样做"。(陈玉峰:《伊斯兰教法理学》,宗教文化出版社,2016,第87—88页)换言之,先知本人虽可以直接降示天经,但有时依然基于人类理性进行类比推理。

② 此为逊尼派四大教法学派,其差异源于早期教法学家对立法原则的不同运用,即"圣训派"与"意见派"的差异。所谓"圣训派",坚持以经、训为立法原则,对经、训中没有给出明确答案的问题,不允许运用个人见解进行裁断;至于"意见派",则主张在经、训原则下,可以通过学者个人深思熟虑的见解,进行具体案件的判定。(参见哈宝玉:《伊斯兰教法:经典传统与现代诠释》,中国社会科学出版社,2011,第22—25页)至于阿巴斯时代形成的四大教法学派,哈乃斐学派偏于"意见派",主张审慎引用《圣训》,重视类比推理,具有灵活宽容、注重实际、不拘一格的特点;马立克学派则特别重视对《圣训》的运用,甚至将先知直传弟子的言行亦列入《圣训》,故有"圣训派"之称;沙斐仪学派既不赞同马立克学派对类比的排斥态度,又不主张哈乃斐学派对类比原则的随意运用,而在圣训派和意见派之间(转下页)

就"沙里亚"法而论,儒家自修身以至平天下的种种法度,皆属于律法的范围。因此,不独《春秋》为"刑书",其余诸经亦具有律法性质。盖《书》述上古帝王治世之法,《礼》、《诗》载孔子所定齐家、治国之法,《易》则无所不包,自修身以至于治国、平天下之法,俱在其中,并推本于诸法度所自出之天道。至于宋儒所推崇的"四书"类经典,则以修身为主,大致相当于信众遵循的宗教法。可见,无论"五经"与"四书",皆可视为圣人之"刑书",包括了修己以及治世的全部法度。对此,康长素言之尤明,曰:

> 胥吏办一房之案,当官办一时一朝之案,儒者办天下古今之案,其任最大。天下古今之案,奉孔子律例。若不通孔子之律例,何以办案?①

长素又谓孔子作"六经",则"'六经'皆孔子之律例"矣。② 盖儒家不仅借"六经"以论古事,又假以决今日之时事,如此方为"全体大用"之学。

可见,儒家所谓律法,不同于西方之世俗法。不仅如此,儒者将基于经义的具体运用,亦上溯于天道,犹诸闪族宗教诉诸神意也。故《易·系辞》云:

> 是故法象莫大乎天地,变通莫大乎四时,悬象著明莫大乎日月,崇高莫大乎富贵。备物致用,立成器以为天下利,莫大乎圣人。探赜索隐,钩深致远,以定天下之吉凶,成天下之亹亹者,莫大乎蓍龟。是故天生神物,圣人则之。天地变化,圣人效之。天垂象,见吉凶,圣人象之。河出图,洛出书,圣人则之。

(接上页)持调和立场;罕伯理学派尤其重视《圣训》的立法作用,认为即使"微弱的圣训"也较类比判断更具法律效力,并重视圣门直传弟子的裁决。

此外,什叶派亦形成了不同的教法学体系,譬如,阿赫巴尔学派近于"圣训派",即拒绝基于人类理智的"创制"或"独立判断",认为在教法事务上只能听从伊玛目的判断、指导和教诲,教法学家个人不得自作主张、标新立异,而应该遵从伊玛目的指令,恪守已知的判决,无权随意改变;又有乌苏勒学派,注重理智和经训相结合来创制律例,主张在伊玛目隐遁期间,可通过"创制"获得直接源自伊玛目的法律知识,信徒们对教法学家决断的服从,即是对伊玛目决断的服从,其学术主张与教法学家在萨法维王朝时期的显赫地位相应。(参见吴云贵:《真主的法度:伊斯兰教法》,第78—81页)至于什叶派中的伊斯玛仪派,由于特别重视经典的内在隐义,早期并没有发展出自己的律法体系,直到后来建立法蒂玛王朝,出于治国的现实需要,才逐渐形成了自己的教法学和司法体系。

① 张伯桢:《南海师承记》,《康有为全集》册二,第213页。
② 张伯桢:《南海师承记》,《康有为全集》册二,第213页。

又云：

> 古者包牺氏之王天下也，仰则观象于天，俯则观法于地，观鸟兽之文，与地之宜，近取诸身，远取诸物，于是始作八卦，以通神明之德，以类万物之情。

可见，人类社会的种种法度，皆圣人本诸天道以制作，而俱为"六经"所范围。故"六经"乃圣人"奉天"而作，犹穆罕默德谓《讨拉特》、《引支勒》、《宰甫尔》与《古兰经》皆天启经典也。① 是以儒家讲"《春秋》决狱"，进而将"六经"所载法度运用至人类社会诸多方面，然究其根本，则因其同样具有神圣性与永恒性，而不同于与时俱进的世俗法律。

孔子通过作"六经"而制法，然及身未及行之，此其所以为"素王"也。至汉儒始欲遵用其法度，遂谓孔子制法，实属"赤制"也。"赤制"之说，颇著于《春秋纬》：

> 丘览史记，援引古图，推集天变，为汉帝制法，陈叙图录。（《春秋说》）
> 丘水精治法，为赤制功。（《春秋说》）
> 孔提命，作应法，为赤制。（《演孔图》）
> 黑孔生，为赤制。（《感精符》）

案，孔子以"六经"当"一王之法"，而汉儒欲引其法度以行于当世，乃造为"赤制"之微言，盖欲假神道以尊信其说。汉以后，历朝莫不凛遵孔子之法，以为教权所本，而欲以制衡君权，遂谓孔子"为万世制法"。质言之，儒家所以尊孔，谓孔子为"制法之主"，根本缘由在于欲借教权以约束君权也。

孟子又谓孔子为"圣之时者"，殆以孔子损益旧制而寓新法于《春秋》

---

① 长素甚至直接以孔子乃代天立言者，曰："杨子曰：圣为天口。孔子之创制立义，皆起自天数。盖天不能言，使孔子代发之。故孔子之言，非孔子言也，天之言也。孔子之制与义，非孔子也，天之制与义也。天之制与义，游、夏自不能赞一辞，余子安能窥测？但观其制作，服从而已。"（康有为：《春秋董氏学》卷5，《康有为全集》册二，第365页）诚若是说，则"六经"亦伊斯兰教所谓"天经"也。长素又曰："盖制度皆本于天，非孔子所自创，不过孔子代天言耳。"（同上，第400页）则诸制度亦孔子代天所订也。其实，此种内涵可追溯至《易传》。案，《易·系辞下》云："古者包牺氏之王天下也，仰则观象于天，俯则观法于地，观鸟兽之文，与地之宜，近取诸身，远取诸物，于是始作八卦，以通神明之德，以类万物之情。"可见，圣人仰观俯察而制作，即长素所谓"代天立言"也。孔子尝叹曰"天何言哉"，盖唯圣人能则之而出言为法，若凡人则遵圣人所言而已。

也。相对于周制而言,"《春秋》当新王",故其中所寓之王法,自属孔子"改制"。① 盖事异时迁,治国之法度不同于伦常或哲理,其中既容有历久不变之原则,又有与时俱进的内容,此乃律法性质所要求者也。然后世君权独尊,故唯许孔子有改制之名,至于后世儒者则通过立法、司法及经典诠释,而居改制之实而已。大概言之,后世儒家所言改制大致有二端:

其一,依照儒家的制度设计,君权通常是由立法、行政与司法此三权构成的统一体。其中,行政权可视为君权的某种延伸,然而,基于儒臣的出仕参政,行政权常超然于君权之外,甚至对君权形成某种制衡作用。② 至于立法权,君王虽有改制之名,却"无易道之实",反而通过"准五服制罪"等立法原则,使传统法律实现了彻底的儒家化。若就司法权而言,最终固然容许"人主之权断",③然而,无论是儒臣之依律断案,还是引经义决事,亦即相对灵活的类比或创制,皆有效地制约了君权的实施。因此,在传统中国,君王虽有改制之名,而儒臣则居创制之实。

---

① 儒家所言"改制",乃相对于周制而言。儒家称孔子有"改制"之事,此孔子所以见尊为"素王"也。然自魏晋以后,儒者颇讳言孔子改制,故苏舆以为唯王者得改制,盖以孔子非真王,焉能行改制之事耶? 董子又谓"天不变,道亦不变",则孔子改制,非变尧舜禹汤文武相传之道,乃继之也。此说犹穆罕默德自居"封印"使者,其《古兰经》与《讨拉特》《宰甫尔》《引支勒》俱属"天经",则自此以后,真主不复降示经典矣。虽然,伊斯兰教以《古兰经》与《圣训》所载律法俱有亘古不变的性质,犹吾儒所谓万世不易之道也,然事异时迁,遂致后世教法学家有"创制"之权。因此,教法学家的使命不限于对经典的传承和解释,而且还在于面对新的现实情况,必须运用类比推理进行"创制"。盖就经典的传承与解释而言,儒家经师的地位大致相当于教法学家,然对于旧制的变革而言,则莫敢以"素王"自居,唯谦居"素相"、"素臣"而已,遑论居"创制"之名耶? 虽然,儒家经师对经义的运用实与教法学家的"创制"无异,皆出于人类理智而进行类比耳。正因如此,清末康长素欲效法孔子改制而行变法之事,然举世非之,以为僭越莫甚焉。盖就长素之本心而言,亦不过对经义进行推衍运用耳。

不过,随着逊尼派四大教法学派的形成,后世教法学家的创制权不再被允许,至于什叶派则不同,即便在伊玛目隐遁之后,其教法权威依然可以对教法作出新的解释,即具有创制权。

② 案,龚自珍《春秋决事比答问》认为王权表现在两方面:其一,立法权。所谓"权假立文",即以王权通过制订法律而体现。至于官吏执法,则不过"守常奉故,直而弗有"而已,并通过"票拟"奏闻于君王。可见,此种行政权不过"权假于吏",本质上属于王权的延伸或分割,构成了王权的一部分。其二,君王于法外施仁,即通过"旨意"而在法律之外进行裁断,形成"人主权断",最终"卒以权予上",实现了王权的统一。可见,王权正是通过立法、行政与司法此三方面的分割和协调,构成了世俗政治权力的整体运作。

③ 古人素有"人主权断"之说,其意盖以君王有超越于法律的最后权量。《商君书·修权篇》云:"权者,君之所独制也。……权制断于君则威。"其后,西晋刘颂议曰:"事有时宜,故人主权断。"《唐律疏议》盖本于此,曰:"非常之断,人主专之。"(《名例律》总18条)又曰:"事有时宜,故人主权断制敕,量情处分。"(《断狱律》总486条)可见,王者不必完全据律断狱,与执法之吏职不同。

其二,无论汉唐经师,还是宋明理学家,皆垄断了对经典的诠释,从而享有最大限度的创制之权。① 两汉以来形成的儒门分派,其性质相当于伊斯兰教内部的各种教法学派,不仅涉及对经典的不同诠释,而且也与对经义的不同推衍运用有关。正因如此,汉代先有五经博士之学,其后形成今古之争,更后则导致了十四博士的分派以及民间古学的兴盛。而就《春秋》学而言,汉初已有公、穀、邹、夹数家,唯公、穀先后立于学官,其后《左氏》浸盛,逐渐形成公、穀、左三家并传《春秋》的格局。魏晋以后,《左氏》独尊,却又形成服虔、王肃与杜预的不同。至宋以降,无论义理上的理学与心学之争,还是《春秋》学流传中胡安国与朱子之差异,皆左右了当时儒学的解经路向。清乾嘉以下,先是汉学的兴盛与分派,其后又继以常州今文学的风行。诸如此类,皆可视作因对经典诠释的不同而形成的学派,并且,种种学派的差异,无疑体现了对圣人治道的不同理解。

孔子尝曰:

> 述而不作,信而好古,窃比于我老、彭。(《论语·述而篇》)

此中内涵,历来学者多未能洞悉其秘奥。诚如《中庸》所言,"虽有其德,苟无其位,亦不敢作礼乐焉",盖以孔子有德无位,故谦不欲居"改制"之名。对此,伊川有曰:"此圣人不得位,止能述而已。"②此说极精,盖孔子实有改制之事,其《春秋》乃损文而用质,可谓"作"也;至于"述"者,乃孔子托古之事,亦以其改制"无易道之实"也。故戴子高曰:

---

① 伊斯兰教学者将类比视为某种"创制",即基于人类理智对经、训进行突破性运用,从而提出新的判例和原则。但是,唯有学者而非时君、官吏,才具有"创制"的能力。1989年伊朗宪法所言教法学家的"不断创制"就是学者基于类比原则对律法的运用,而不断形成新的"判例",可以说,"判例"的丰富与发展,就是教法学家的"创制"。与之相反,具有丰富实践经验的行政官僚并无足够的律法知识,亦无超然于各种利益的公正态度,故无权进行律法的"创制"。

不过,教法学家的创制不同于西方世俗法意义上的创制。因为在伊斯兰教国家中,只有少数称为"穆智台希德"的权威教法学家才有资格进行创制,并且,这种创制乃根本于经、训而进行类比推理的结果,体现了对主命的信仰和服从,因此,创制的结果绝无可能违背经、训。对此,著名教法学家沙推比认为,"假如允许理智可以超越经、训,实际上是允许理智可以废除法律了,这是荒谬的、决不允许的"。(参见《伊斯兰教教法简明教程》引,宗教文化出版社,2008,第53页)可见,伊斯兰教法乃精通经、训的经学家们制订出来的法律,除此之外,包括政府在内的任何组织和团体都不享有创制法律的权力。

② 程颢、程颐:《河南程氏遗书》卷22上,第294页。

孔子序《易》，删《诗》、《书》，正《礼》、《乐》，皆述者也。至于修《春秋》，义实兼作，亦谦言述者，有变道之名，无易道之实。（《论语注》）

诚如子高所言，孔子作《春秋》，乃"素王"之业，虽为"作"，亦属谦辞；至于删述其余诸经，盖"述"历圣相传之天道，正《中庸》所谓"祖述尧舜，宪章文武"也。此说犹先知自谓《古兰经》乃述真主之言语，其内容与《讨拉特》、《宰甫尔》、《引支勒》等"天经"无异。至于长素、六译谓"孔子作六经"，则似"打通后壁"之语，盖直据孔子自号"素王"而作也。①

儒家既以"六经"治国，故其所立诸法度，非但治一己之身而已，实涵盖人类生活的诸多方面。魏默深深知此理，乃曰：

> 士之能九年通经者，以淑其身，以形为事业，则能以《周易》决疑，以《洪范》占变，以《春秋》断事，以《礼》、《乐》服制兴教化，以《周官》致太平，以《禹贡》行河，以三百五篇当谏书，以出使专对，谓之以经术为治术，曾有以通经致用为诟厉者乎？②

则儒学所以能经世治用者，正在于此。可见，儒学乃"全体大用"之学，若徒以道德修身视之，盖适自狭陋耳。③

昔孔子志在济世救民，乃栖栖遑遑，奔走于列国，故其学问大旨，在于治国平天下。正因如此，儒学实为"全体大用"之学，而不自囿于一己

---

① 先知穆罕默德称《古兰经》与此前历代"天经"并无不同，皆同一真主所降示。此说犹儒家自谓尧、舜、禹、汤、文、武之道同，"先圣后圣，其揆一也"。穆氏又以"封印"使者自居，则真主此后已不复向人类派遣使者，亦不再降示"天经"。然若欲避免《古兰经》不再为后人窜乱，其根本办法在于，通过建立伊斯兰共同体而使天经"见诸行事"。即便如此，先知殁后，教法学家犹有必要对律法进行类比推理，虽以经、训为依据，犹谓之"创制"，并且，此种"创制"具有类似经、训的效力。因此，孔子以后儒家学者对经典的诠释，以及对律法的制订和经义的运用，皆可视为"创制"。

② 魏源：《默觚上·学篇九》，《魏源集》上册，第24页。长素亦有类似之说，曰："孔子之学以《春秋》折狱，以三百五篇作谏书，以《易》通阴阳，以《中庸》传心，以《孝经》却贼，以《大学》治鬼，以半部《论语》治天下。"（康有为：《致黎元洪、段祺瑞书》，《康有为全集》册十，第317页）

③ 其后，皮锡瑞亦取此说。然近人周予同既误以为皮氏之说，又不达于儒家"六经致用"之旨，乃讥以"非愚即妄"，曰："试问假使黄河决口了，你就是将《禹贡》由首一字背诵到末一字，你能像灵咒似的使水患平息吗？"（参见周予同注释《经学历史》，序言）此说适见周氏之愚陋耳。至于今人多本宋儒一孔之见，以为儒家徒为道德修身之学，则其愚陋又不自知矣。

之修养。① 盖一人行道，不过正心诚意、敬事鬼神而已，故唯自信其力则足矣。《大学》以格致诚正、修齐治平为"八条目"，朱子谓其中"节节有功夫"，可见，若行道于一家，则非止修身而后可，盖犹有父道、子道与夫道、妇道所当尽，其中功夫自各有不同，《大学》所言不偏不辟，正谓家长所宜行道，显与修己不同。故孔子谓"修己以安百姓，尧舜其犹病诸"（《论语·宪问篇》），其意殆以为徒修身而致"内圣"，尚不足以"外王"也。② 至于君主行道于一国，更与修身、齐家之道不同，故《大学》谓"孝者所以事君也，弟者所以事长也，慈者所以使众也"，此言治国之道。若王者欲行道于天下，则《大学》所谓"絜矩"之道。古语有"严于律己，宽以待人"之说，正见修己之道严，而待人之道宽，故王者欲平天下，则不过用"絜矩"之恕道，而不当用修己之道以相责耳。盖性有三品，人有善恶，故圣人所以平治天下者，则当诉诸律法以行其道，此即恕道也。汉儒谓《春秋》乃"万世之刑书"者，盖儒家以法治天下，其意与孟子所言"仁政"，乃王道相维之表里耳。盖法治者，宽以待人也；而仁政者，则当普施恩泽也。二者皆施于不信教之百姓，其道至宽，其法至简，而未强勉人以入道。公羊家谓王者治世当别远近内外，盖"自近者始"而其道严，即所谓"详内"；至若御远，则其道尚宽，正所谓"略外"也。如此而"躬自厚而薄责于人"，此正《大学》所谓"絜矩"之道耳。

　　诚如《大学》所言，修身之道在于诚意、正心，而诚意之要则在于"慎独"，

---

① 其实，伊斯兰教亦属"全体大用"之教。一般认为，伊斯兰教的性质是由早期穆斯林团体及穆罕默德的身份所决定，简单来说，穆罕默德在麦加传教时期，只还是一位宗教意义上的圣人或教主，随着穆罕默德在麦地那建立"乌玛"这种政治共同体，才成了拥有世俗政治权力的"圣王"，故有必要在宗教生活和世俗生活等各个方面都提供指导意见，正因如此，伊斯兰教才成为"全体大用"之教。对此，霍梅尼说道："伊斯兰包罗一切，伊斯兰是一切。"（转引自吴成：《霍梅尼"教法学家治国"理论研究》，第175页）又云："真主为人的各种事务制定了法律，并指导人们使用，他为人们从胚胎生成前到进入坟墓后的一切事务提供了指导。"（同上，第161页）可见，在霍梅尼看来，伊斯兰法涉及了整个社会制度的方方面面。故考诸《古兰经》，纯粹宗教方面的法规，不过十分之一而已，其余则属于针对世俗事务的规范。盖麦加时期的穆圣尚只是作为教团的领袖，所降示的《古兰经》其内容多属于教主对信徒的启示，诸如真主的独一性、使者和《古兰经》的真实性，以及后世的真理性等纯宗教内容；到了麦地那时期，此时穆圣开始建立"乌玛"这种新型国家，其中不仅包括了穆斯林信徒，而且还容纳了犹太教、基督教等异教徒，因此，此时形成的《古兰经》其主题则包含有天课、圣战等财政和军事法令，以及有关杀人、报复、高利贷、结婚、离婚、通奸、继承、释奴等民事和刑事方面的法律，而这正是治理国家所必需的基本内容。（参见蒋真：《后霍梅尼时代伊朗政治发展研究》，第100页）霍梅尼指出，圣贤不能只关心灵魂问题，同时也应参与政府和国家事务的管理，否则，将会导致伊斯兰国家的毁灭。

② 《礼记·檀弓》载孔子、伯鱼、子思三代休妻之说，宋以后学者多以为诬妄，此盖陋儒碍于理学一孔之见，以为圣人诚能修身，自能刑于寡妻，至于兄弟，以御于家邦。然而，孔子即便作圣之功至于极处，亦未必真能齐家、治国也，故若柳下惠之困辱、夷齐之清介，毕竟有做不到的功夫，然不碍其为圣人也。

盖人专其意于念虑之萌,而使其些微处皆无不善,可谓法之至严至苛者;若正心之要,则在于存心,而使喜怒哀乐之情皆得其正,犹孟子所谓"不动心",然既非"集义"所生,则其法稍宽矣。至于齐家之道,则以无辟不偏为要,盖一家之内,自有其所亲爱、贱恶者,又有其所畏敬、哀矜者,以及有所敖惰者,此皆人情之常,若家长能不为此情所蔽,无有偏私,此即齐家之道。故较诸修身,齐家之道又稍易而宽矣。至于治国之道,则忠也,即所谓"有诸己而后求诸人,无诸己而后非诸人"。盖古人莫不以孝治天下,即以孝为治国之道,而《大学》谓"孝者所以事君也,弟者所以事长也,慈者所以使众也",则言之又加详,乃以治国之道皆备于齐家之法,可见治国之法又益加宽简矣。若平天下之道者,则"絜矩"是也,即《大学》所谓"所恶于上,毋以使下;所恶于下,毋以事上;所恶于前,毋以先后;所恶于后,毋以从前;所恶于右,毋以交于左;所恶于左,毋以交于右",此犹"己所不欲,勿施于人"之恕道,其法又至易至简者矣。

可见,对儒家来说,律法不独施及下民,亦当施诸己身,而其法则有宽严之不同。不过,儒家虽崇尚法治,而其精神毕竟不同于商、韩之流,更与秦法之徒尚烦苛,犹若霄壤之判,盖能别远近而异内外也。① 观伊斯兰教诸国中,其民众素有穆斯林与非穆斯林之不同,故有适于穆斯林之宗教法,其法至严,又有施于非穆斯林之民法、刑法和商法,其法则颇宽。后世儒家多惑于《论语》中"政者,正也。子帅以正,孰敢不正?"(《颜渊篇》)、"为政以德,譬如北辰,居其所而众星拱之"(《为政篇》)、"君子之德风,小人之德草。草上之风必偃"(《颜渊篇》)等片语记载,以为儒家治国,唯通过少数君子的榜样作用来实现,而在下之愚氓亦当效法君子而自治耳。此等说法,不仅忽视了对儒家经典的整全理解,而且对传统律法的精神亦不甚明了。② 又有港台新儒家,标榜"接着宋人讲",且惑于耶教阴柔自闭之教,乃创为"内圣而

---

① 盖儒家法治的精神,不同于法家,首要体现于大人君子当"严以律己",即所谓"修己以德"。至于政府对待小民,则当"宽以待人",其法不过张设下限而已,焉能凡事密察,而致凡民动辄得咎而无所措手足耶! 故汉高入咸阳,与民约法三章,唯尚宽简,可谓真法治也。
② 孔门中仅部分弟子有治国经验,而子路、冉有乃其著者也。至于颜渊、仲弓、曾子之徒,则不过"具体而微"之圣人,唯长于修身而已;若子游、子夏等,则志在经典之传习,故以教导弟子为业。其中,子游于孔门中乃最精于礼者,尝为武城宰,其以礼乐为教,盖视民众为教众耳。故孔子莞尔而笑,曰:"割鸡焉用牛刀?"(参见《论语·阳货篇》)孔子是语,足见治国当用宽简之道也。然而,此中真意,虽及门弟子犹不能领会。盖教众(君子)自可勉以"学道",至于包括异教徒在内的普通民众(群氓),则当以律法相维耳。孔子稍后虽自谓"戏言",然弟子不悟道,亦自可见矣。古人区别"礼不下庶人"与"刑不上大夫",正以所治对象有教内与教外之分,故其教法遂有宽严不同耳。泊乎宋儒以降,更惑于佛老之说,莫不倡以"觉斯民"以治天下,至于以"满街皆圣人"为鹄的。其说虽高远,然实偏狭,反不若汉儒"性三品"说能得治世之要。

外王"之说,徒视修身为儒教根本之道,则又一惑而再惑矣。①

正因为律法对于治国具有根本重要性,致使教法学家在国家事务中居于越来越重要的地位,并直接参与具体的司法活动。大致在倭玛亚王朝末期,哈里发和各省总督任命一批教法学家担任中央和地方的司法长官,称为"卡迪"。② 卡迪的职责在于,依据伊斯兰教法对民事诉讼及违犯教律问题进行裁决。此种制度显然不同于西方的世俗法院,并在今天许多伊斯兰教国家还不同程度地保留下来。③ 至于中国,则自西晋《泰始律》以来,历朝皆声称"以礼入法",盖对儒家而言,《春秋》等经典中包含的礼意应当充分体现在律法的制定和实施中,即"一准于礼"也。对此,龚定庵说道:

> 刑书者,乃所以为礼义也。出乎礼,入乎刑,不可以中立。(《春秋决事比》自序)

---

① 民国初,政府尚欲保全儒教,于《天坛宪法草案》第19条第2项规定"国民教育,以孔子之道为修身之本",则孔子之道此时仅剩下修身之意义耳。至1916年重开国会,此条亦终取消,则孔子之道在现代已全无价值矣。其时,陈独秀欲反对孔教,不独强调孔教与君主制的关系,而且反对将此修身一条载入宪法,主张"毁全国已有之孔庙而罢其祀"。可见,激进派主张全盘否定孔子,而后来的保守派也不过要求回到北洋政府的消极立场,即仅仅肯定儒学的修身价值而已。时至今日,儒者自当更向前推进一步,而真正完整地理解儒家,强调儒学作为治国之道的整全意义。

② 卡迪,原为军队中负责主持礼拜仪式、指导宗教生活以及排解士兵纠纷的官职,相当于总督的行政助手。至倭玛亚王朝末期,始从熟悉宗教、法律事务的学者中录用卡迪作为主审法官,从而使卡迪制度真正成为一种司法制度。(参见吴云贵:《真主的法度:伊斯兰教法》,第12—14页)随着阿巴斯王朝的建立,大批教法学家被任命为卡迪,成为国家的司法官吏和法律顾问,从而促进了伊斯兰法学的发展。

　　卡迪在具体审判时深受教法学的影响,除了个别时代在一些大城市设有不同学派的司法机关外,通常某地仅设置某一学派的法庭,因此,卡迪只能根据本学派的司法传统执行审判。可以说,卡迪作为真主法律的监护者,形象高大、庄重、威严无比,被视为人民的"父母官"。(参见吴云贵:《真主的法度:伊斯兰教法》,第73—75页)正因如此,卡迪制度促进了不同释法团体的形成,并奠定了早期教法学派的制度基础。而中国自汉代以来,儒家学者皆主张"《春秋》决狱",因此,深受儒家价值熏陶的地方官吏,同时即是司法案件的主审官。显然,其中蕴涵的精神正与伊斯兰教的卡迪制度相同。

③ 现代伊朗曾深受西方文明的影响,然自伊斯兰革命胜利以后,霍梅尼实施了"司法的伊斯兰化"的改革,即将立法、司法建立于"沙里亚"法的基础之上,并废除了1907年以来种种"非伊斯兰"的法律和法规,从而使伊斯兰法和教法学家成为法庭审判的唯一法律准绳。1983年,霍梅尼在其拟定遗嘱中要求改革司法机关,撤换从伊斯兰角度看来缺乏能力且不适合的法官,代之以经学院特别是库姆经学院送来的宗教人士。(参见蒋真:《后霍梅尼时代伊朗政治发展研究》,第101页)显然,这种做法恢复了严格意义上的卡迪制度。

　　可见,法官本该由经学家担任。而体现在中国,儒士进入仕途后,似乎并不需要司法知识的专门学习和历练,仅仅凭借其对儒家经典的熟悉,就可以进行司法的审讯和裁断。正因如此,古代的地方官不仅需要处理具体行政事务,而且,似乎天生就具备处理司法事务的能力,缺少的只是经验而已。

可见,《春秋》之为刑书,正体现了上古律法"礼刑合一"的精神。此种精神不仅体现为汉代儒臣"《春秋》决狱"的司法实践,而且落实为西晋以降历代朝廷"以礼入法"的立法实践。正因如此,无论掌握经义诠释的儒者,还是参与律法制订和实施的儒臣,其地位颇近于伊斯兰教国家中的教法学家,从而极大影响了传统中国的政治运作。可以说,儒者和儒臣虽有借君权以行道之意,但对于君权又时常有制约乃至监护的性质。

孟子谓孔子贤于尧舜,甚至称《春秋》之功可比于夏禹"抑洪水"、周公"兼夷狄,驱猛兽"。至康长素,则视孔子为造作"六经"的教主,即数千年中华文明的开创者。此后中国政治传统的形成,实与儒家对孔子的此种尊崇有关。究其缘由,盖因"六经"中包含的教法,经历代儒者的阐释以及儒臣的护持,遂得凌驾于世俗君权之上,从而使传统中国真正具有法治国家的特点。

参考书目

一 刘逢禄《春秋》著述

1. 《穀梁废疾申何》,《清经解》光绪十三年上海书局石印本
2. 《春秋公羊经何氏释例》,《清经解》本
3. 《公羊何氏解诂笺》,《清经解》本
4. 《箴膏肓评》,《清经解》本
5. 《左氏春秋考证》,《清经解》本
6. 《发墨守评》,《清经解》本
7. 《春秋公羊释例后录》,上海:上海古籍出版社,2013
8. 《论语述何》,《刘礼部集》本,《续修四库全书》影印道光十年思误斋刊本
9. 《春秋论》,《刘礼部集》本

二 其他《春秋》类

1. 何休、徐彦:《春秋公羊传注疏》,北京:北京大学出版社,1999
2. 范甯、杨士勋:《春秋穀梁传注疏》,北京:北京大学出版社,1999
3. 杜预、孔颖达:《春秋左传正义》,北京:北京大学出版社,1999
4. 董仲舒:《春秋繁露》,钟肇鹏校释,石家庄:河北人民出版社,2005
5. 班固:《白虎通》,陈立疏证,北京:中华书局,1994
6. 许慎、郑玄:《五经异义》及《驳五经异义》,陈寿祺、皮锡瑞疏证,《续修四库全书》本
7. 杜预:《春秋释例》,《中华国学丛书》本,台北:中华书局,1969
8. 胡安国:《春秋传》,杭州:浙江古籍出版社,2010
9. 赵汸:《春秋师说》,《文渊阁四库全书》本
10. 赵汸:《春秋属辞》,《文渊阁四库全书》本
11. 庄存与:《春秋正辞》,上海:上海古籍出版社,2014
12. 庄存与:《春秋举例》,上海:上海古籍出版社,2014

13. 庄存与：《春秋要指》，上海：上海古籍出版社，2014
14. 孔广森：《春秋公羊经传通义》，上海：上海古籍出版社，2014
15. 宋翔凤：《论语说义》，《续修四库全书》本
16. 龚自珍：《春秋决事比》序与《答问》，《龚自珍全集》本，上海：上海古籍出版社，1999
17. 龚自珍：《五经大义终始论》及《答问》，《龚自珍全集》本
18. 龚自珍：《六经正名论》及《答问》，《龚自珍全集》本
19. 魏源：《诗古微》，《魏源全集》本，长沙：岳麓书社，2004
20. 魏源：《书古微》，《魏源全集》本
21. 魏源：《董子春秋发微》序，《古微堂外集》本
22. 凌曙：《春秋繁露注》，《蜚云阁丛书》本
23. 凌曙：《春秋公羊礼疏》，《蜚云阁丛书》本
24. 凌曙：《春秋公羊礼说》，《蜚云阁丛书》本
25. 凌曙：《春秋公羊问答》，《蜚云阁丛书》本
26. 陈立：《公羊义疏》，北京：中华书局，2017
27. 陈立：《白虎通疏证》，北京：中华书局，1994
28. 戴望：《论语注》，郭晓东疏，上海：华东师范大学出版社，2014
29. 包慎言：《春秋公羊传历谱》，《续修四库全书》本
30. 王闿运：《春秋公羊传笺》，长沙：岳麓书社，2009
31. 俞樾：《春秋公羊传平议》，《清经解续编》本
32. 廖平：《公羊解诂三十论》，《廖平全集》本，上海：上海古籍出版社，2015
33. 廖平：《公羊验推补证》，《廖平全集》本
34. 康有为：《新学伪经考》，《康有为全集》本，北京：中国人民大学出版社，2007
35. 康有为：《孔子改制考》，《康有为全集》本
36. 康有为：《孔子改制考》，北京：中华书局，1988
37. 康有为：《春秋董氏学》，《康有为全集》本
38. 康有为：《春秋笔削大义微言考》，《康有为全集》本
39. 苏舆：《春秋繁露义证》，北京：中华书局，2002
40. 皮锡瑞：《王制笺》，北京：华夏出版社，2005
41. 皮锡瑞：《箴膏肓疏证》，北京：中华书局，2015
42. 皮锡瑞：《发墨守疏证》，北京：中华书局，2015
43. 皮锡瑞：《起废疾疏证》，北京：中华书局，2015
44. 皮锡瑞：《师伏堂春秋讲义》，北京：中华书局，2015

45. 崔适：《春秋复始》，《续修四库全书》本
46. 崔适：《史记探源》，北京：中华书局，1986
47. 钟文烝：《春秋穀梁传补注》，北京：中华书局，2009
48. 许桂林：《春秋穀梁传时月日书法释例》，《续清经解》本
49. 柳兴恩：《穀梁大义述》，《续清经解》本
50. 廖平：《穀梁古义疏》，北京：中华书局，2012
51. 廖平：《起起穀梁废疾》，《廖平全集》本
52. 廖平：《释范》，《廖平全集》本
53. 廖平：《左氏古经说》，《廖平全集》本
54. 廖平：《左传古义凡例》，《廖平全集》本
55. 廖平：《今古学考》，《廖平全集》本
56. 廖平：《知圣篇》，《廖平全集》本
57. 廖平：《古学考》，《廖平全集》本
58. 章太炎：《春秋左传读叙录》，《章太炎全集》本，上海：上海人民出版社，2014
59. 章太炎：《春秋左传读》，《章太炎全集》本
60. 章太炎：《驳箴膏肓评》，《章太炎全集》本
61. 章太炎：《镏子政春秋说》，《续修四库全书》本
62. 章太炎：《春秋左氏疑义答问》，《章太炎全集》本
63. 刘师培：《读左札记》，《刘申叔遗书》本
64. 刘师培：《春秋左氏传古例诠微》，《刘申叔遗书》本
65. 刘师培：《春秋左氏传时月日古例考》，《刘申叔遗书》本
66. 刘师培：《春秋古经笺》，《刘申叔遗书》本

三　重要古籍

1. 《十三经注疏》，北京：北京大学出版社
2. 《十三经注疏》，上海：上海古籍出版社
3. 《二十五史》，北京：中华书局
4. 《文渊阁四库全书》，上海：上海古籍出版社，1987
5. 《续修四库全书》，上海：上海古籍出版社，2002
6. 《清经解》，阮元编，南京：凤凰出版社，2005
7. 《清经解续编》，王先谦编，南京：凤凰出版社，2005
8. 《通志堂经解》，徐乾学、纳兰成德编，扬州：广陵古籍刻印社，1993
9. 《汉学堂经解》，黄奭辑，扬州：广陵书社，2004

10.《玉函山房辑佚书》,马国翰辑,《续修四库全书》本
11.《四书章句集注》,朱熹撰,北京:中华书局,1983
12.《国语》,上海:上海古籍出版社,1988
13.《战国策》,上海:上海古籍出版社,1988
14.《贾谊集》,上海:上海人民出版社,1976
15.《董仲舒集》,北京:学苑出版社,2003
16.《二程集》,北京:中华书局,2004
17.《朱子全书》,上海:上海古籍出版社,2002
18.《朱子语类》,北京:中华书局,1986
19.《味经斋遗书》,《续修四库全书》本
20.《刘礼部集》,《续修四库全书》本
21.《养一斋文集》,《续修四库全书》本
22.《龚自珍全集》,上海:上海古籍出版社,1975
23.《魏源全集》,长沙:岳麓书社,2005
24.《魏源集》,北京:中华书局,2009
25.《湘绮楼文集》,长沙:岳麓书社,2008
26.《廖平选集》,成都:巴蜀书社,1998
27.《康有为全集》,北京:中国人民大学出版社,2007
28.《康有为政论集》,北京:中华书局,1981
29.《康有为往来书信集》,北京:中国人民大学出版社,2012
30.《谭嗣同全集》,北京:中华书局,1981
31.《饮冰室合集》,北京:中华书局,1989
32.《章氏丛书》,台北:世界书局,1958
33.《章太炎全集》,上海:上海人民出版社,2014
34.《章太炎政论选集》,北京:中华书局,1977
35.《章太炎学术史论集》,昆明:云南人民出版社,2008
36.《刘申叔遗书》,南京:凤凰出版社,1997
37.《刘申叔遗书补遗》,扬州:广陵书社,2008
38.《刘师培史学论著选集》,上海:上海古籍出版社,2006
39.《苏舆集》,长沙:湖南人民出版社,2008
40.《皮锡瑞集》,长沙:岳麓书社,2012
41.《皮锡瑞儒学论集》,成都:四川大学出版社,2010
42.《蒙文通文集》,成都:巴蜀书社,1995
43.《钦定四库全书总目》,北京:中华书局,1997

44. 《续修四库全书总目提要·经部》，北京：中华书局，1993
45. 《续四库提要三种》，上海：上海书店出版社，2002
46. 黄宗羲：《宋元学案》，北京：中华书局，1996
47. 黄宗羲：《明儒学案》，北京：中华书局，2012
48. 徐世昌：《清儒学案》，北京：中华书局，2008
49. 杨向奎：《清儒学案新编》，济南：齐鲁书社，1994
50. 晁公武：《郡斋读书志》，上海：上海古籍出版社，1990
51. 陈振孙：《直斋书录解题》，上海：上海古籍出版社，1987
52. 周中孚：《郑堂读书记》，上海：上海书店出版社，2009
53. 李慈铭：《越缦堂读书记》，上海：上海书店出版社，2006
54. 陈澧：《东塾读书记》，北京：朝华出版社，2017
55. 朱彝尊：《经义考》，上海：上海古籍出版社，2010
56. 顾炎武：《日知录集释》，黄汝成集释，上海：上海古籍出版社，2006
57. 陈寿祺：《五经异义疏证》，上海：上海古籍出版社，2012
58. 朱一新：《无邪堂答问》，北京：中华书局，2000
59. 康有为：《康南海自编年谱》（外二种），北京：中华书局，1992
60. 苏舆编：《翼教丛编》，上海：上海书店出版社，2002
61. 苏舆：《苏舆诗文集》，台北："中研院"中国文哲研究所，2005
62. 章太炎：《国故论衡疏证》，庞俊、郭诚永疏证，北京：中华书局，2008
63. 章太炎：《章太炎国学讲演录》，诸祖耿等录，北京：中华书局，2013
64. 章太炎：《訄书详注》，徐复注，上海：上海古籍出版社，2000

四　研究著述

1. 梁启超：《中国近三百年学术史》，载朱维铮编：《梁启超论清学史二种》，上海：复旦大学出版社，1985
2. 梁启超：《清代学术概论》，载朱维铮编：《梁启超论清学史二种》，上海：复旦大学出版社，1985
3. 钱穆：《中国近三百年学术史》，北京：商务印书馆，1997
4. 戴维：《春秋学史》，长沙：湖南教育出版社，2004
5. 周何：《春秋左传著述考》，台北：鼎文书局，2003
6. 周何：《春秋公羊传著述考》，台北：鼎文书局，2003
7. 周何：《春秋穀梁传著述考》，台北：鼎文书局，2003
8. 陈其泰：《清代公羊学》，北京：东方出版社，1997
9. 金春峰：《汉代思想史》，北京：中国社会科学出版社，1997

10. 赵伯雄：《春秋学史》，济南：山东教育出版社，2004
11. 蒋伯潜：《十三经概论》，上海古籍出版社，1983
12. 本田成之：《中国经学史》，桂林：漓江出版社，2013
13. 马宗霍：《中国经学史》，台北：台湾商务印书馆，1966
14. 马宗霍：《经学通论》，北京：中华书局，2011
15. 陆宝千：《清代思想史》，上海：华东师范大学出版社，2009
16. 吴雁南编：《清代经学史通论》，昆明：云南大学出版社，1993
17. 田汉云：《中国近代经学史》，西安：三秦出版社，1996
18. 许道勋、徐洪兴：《中国经学史》，上海：上海人民出版社，2006
19. 黄开国：《公羊学发展史》，北京：人民出版社，2013
20. 阮芝生：《从公羊学论春秋的性质》，台北：台湾大学文学院，1968
21. 陈柱：《公羊家哲学》，台北：力行书局，1970
22. 皮名振：《清皮鹿门先生锡瑞年谱》，台北：台湾商务印书馆，1980
23. 何信全：《晚清公羊学派的政治思想》，台北：经世书局，1984
24. 黄丽镛：《魏源年谱》，长沙：湖南人民出版社，1984
25. 孙文光、王世芸编：《龚自珍研究资料集》，合肥：黄山书社，1984
26. 廖幼平编：《廖季平年谱》，成都：巴蜀书社，1985
27. 孙春在：《清末的公羊思想》，台北：台湾商务印书馆，1985
28. 李新霖：《春秋公羊传要义》，台北：文津出版社，1989
29. 董士伟：《康有为评传》，南昌：百花洲文艺出版社，1994
30. 张广庆：《武进刘逢禄年谱》，台北：学生书局，1997
31. 蒋庆：《公羊学引论》，沈阳：辽宁教育出版社，1997
32. 张寿安：《龚自珍学术思想研究》，台北：文史哲出版社，1997
33. 艾尔曼：《经学、政治和宗族——中华帝国晚期常州今文学派研究》，南京：江苏人民出版社，1998
34. 黄朴民：《何休评传》，南京：南京大学出版社，1998
35. 贺广如：《魏默深思想探究》，台北：台湾大学出版委员会，1999
36. 汤志钧：《庄存与年谱》，台北：学生书局，2000
37. 段熙仲：《春秋公羊学讲疏》，南京：南京师范大学出版社，2002
38. 丁亚杰：《清末民初公羊学研究——皮锡瑞、廖平、康有为》，台北：万卷楼图书有限公司，2002
39. 林义正：《春秋公羊传伦理思维与特质》，台北：台湾大学出版中心，2003
40. 萧公权：《康有为思想研究》，北京：新星出版社，2005

41. 张端穗：《西汉公羊学研究》，台北：文津出版社，2005
42. 许雪涛：《公羊学解经方法——从〈公羊传〉到董仲舒春秋学》，广州：广东人民出版社，2006
43. 黄开国：《清代今文经学的兴起》，巴蜀书社，2008
44. 茅海建：《从甲午到戊戌：康有为〈我史〉鉴注》，北京：三联书店，2009
45. 张厚齐：《王鲁说研究》，台北：花木兰文化出版社，2010
46. 曾亦：《共和与君主——康有为晚期政治思想研究》，上海：上海人民出版社，2010
47. 赵友林：《〈春秋〉三传书法义例研究》，北京：人民出版社，2010
48. 周桂钿：《董仲舒研究》，北京：人民出版社，2012
49. 刘平：《王闿运〈春秋公羊传笺〉学术思想研究》，长沙：湖南人民出版社，2012
50. 吴仰湘：《皮锡瑞的经学成就与经学思想》，长沙：岳麓书社，2013
51. 蒙文通：《经史抉原》，成都：巴蜀书社，1995
52. 蒙文通：《儒学五论》，桂林：广西师范大学出版社，2007
53. 李源澄：《经学通论》，上海：华东师范大学出版社，2010
54. 顾颉刚：《古史辨》，台北：蓝灯文化事业公司，1987
55. 顾颉刚：《春秋三传及国语之综合研究》，香港：中华书局，1988
56. 钱穆：《两汉经学今古文平议》，北京：商务印书馆，2001
57. 钱穆：《国史大纲》，台北：台湾商务印书馆，1985
58. 杨树达：《春秋大义述》，上海：上海古籍出版社，2007
59. 支伟成：《清代朴学大师列传》，上海：上海人民出版社，2014
60. 陈槃：《春秋大事表列国爵姓及存灭表撰异》，《陈槃著作集》本，上海：上海古籍出版社，2010
61. 陈槃：《左氏春秋义例辨》，《陈槃著作集》本
62. 陈槃：《古谶纬研讨及其书录解题》，《陈槃著作集》本
63. 牟润孙：《注史斋丛稿》，北京：中华书局，1987
64. 张舜徽：《清儒学记》，济南：齐鲁书社，1991
65. 汤志钧：《近代经学与政治》，北京：中华书局，1989
66. 汤志钧：《章太炎年谱长编》（增订本），北京：中华书局，2013
67. 汤志钧：《改良与革命的中国情怀》，台北：台湾商务印书馆，1991
68. 童书业：《春秋史料集》，北京：中华书局，2008
69. 童书业：《春秋史》，北京：中华书局，2006
70. 程发轫编：《六十年来之国学》，台北：正中书局，1971

71. 程发轫：《春秋要领》,台北：兰台书局,1981
72. 陈祖武：《乾嘉学术编年》,石家庄：河北人民出版社,2005
73. 陈祖武：《乾嘉学派研究》,石家庄：河北人民出版社,2005
74. 杨向奎：《绎史斋学术文集》,上海：上海人民出版社,1983
75. 萧公权：《中国政治思想史》,北京：新星出版社,2005
76. 徐复观：《徐复观论经学史二种》,上海：上海书店出版社,2005
77. 徐复观：《两汉思想史》,香港：香港中文大学出版社,1975
78. 戴君仁：《春秋辨例》,台北：中华丛书编审委员会,1964
79. 叶政欣：《春秋左氏传杜注释例》,台北：嘉新水泥公司文化基金会,1966
80. 叶政欣：《杜预及其春秋左氏学》,台北：文津出版社,1989
81. 张以仁：《国语左传论集》,台北：东升文化事业有限公司,1980
82. 黄彰健：《经今古文学问题新论》,台北：台湾商务印书馆,1982
83. 朱维铮编：《周予同经学史论著选集》(增订本),上海：上海人民出版社,1983
84. 朱维铮：《中国经学史十讲》,上海：复旦大学出版社,2002
85. 晁岳佩：《春秋三传义例研究》,北京：线装书局,2011
86. 陈天宇：《经学探研录》,上海：上海古籍出版社,2004
87. 程南洲：《东汉时代之春秋左氏学》,上海：华东师范大学出版社,2011
88. 徐仁甫：《左传疏证》,成都：四川人民出版社,1981
89. 宋鼎宗：《春秋宋学发微》,台北：文史哲出版社,1986
90. 李耀仙：《廖平与近代经学》,成都：四川人民出版社,1987
91. 陈德述：《廖平学术思想研究》,成都：四川社会科学出版社,1987
92. 章念驰：《章太炎生平与学术》,北京：三联书店,1988
93. 李威熊：《中国经学发展史论》,台北：文史哲出版社,1988
94. 杨伯峻：《春秋左传注》,北京：中华书局,1990
95. 姜义华：《章太炎思想研究》,上海：上海人民出版社,1990
96. 马勇：《汉代春秋学研究》,成都：四川人民出版社,1990
97. 王葆玹：《西汉经学源流》,台北：东大图书公司,1994
98. 浦卫忠：《春秋三传综合研究》,台北：文津出版社,1995
99. 陈文豪：《廖平经学思想研究》,台北：文津出版社,1995
100. 申松欣：《康有为梁启超思想研究》,郑州：河南美术出版社,1996
101. 朱冠华：《刘师培春秋左氏传答问研究》,北京：光明日报出版社,1998
102. 吴连堂：《清代穀梁学》,高雄：复文图书出版社,1998

103. 赵生群:《〈春秋〉经传研究》,上海:上海古籍出版社,2000
104. 蔡长林:《论崔适与晚清今文学》,彰化:圣环图书企业社,2002
105. 万仕国:《刘师培年谱》,扬州:广陵书社,2003
106. 汪晖:《帝国与国家》,载《现代中国思想的兴起》上卷,北京:三联书店,2004
107. 刘家和:《史学、经学与思想》,北京:北京师范大学出版社,2005
108. 黄翠芬:《章太炎春秋左传学研究》,台北:文津出版社,2006
109. 文廷海:《清代春秋穀梁学研究》,成都:巴蜀书社,2006
110. 张素卿:《清代汉学与左传学——从"古义"到"新疏"的脉络》,台北:里仁书局,2007
111. 汪荣祖:《康章合论》,北京:中华书局,2008
112. 刘黎明:《〈春秋〉经传研究》,成都:巴蜀书社,2008
113. 罗军凤:《清代春秋左传学研究》,北京:人民出版社,2010
114. 朱忆天:《康有为的改革思想与明治维新》,上海:上海人民出版社,2011
115. 谢秀文:《春秋三传考异》,台北:文史哲出版社,1984
116. 谢秀文:《春秋左传疑异考释》,台北:文史哲出版社,2011
117. 郭晓东:《经学、道学与经典诠释》,台北:台湾大学出版中心,2011
118. 王汎森:《章太炎的思想》,上海:上海人民出版社,2012
119. 赵生群:《〈左传〉疑义新证》,北京:人民文学出版社,2013
120. 徐栋梁:《〈春秋纬〉与汉代春秋学》,长春:吉林大学出版社,2013
121. 张耀鑫、刘媛:《康有为大传》,武汉:华中科技大学出版社,2013
122. 彭春凌:《儒学转型与文化新命——以康有为、章太炎为中心》,北京:北京大学出版社,2014
123. 崔海亮:《廖平今古学研究》,长沙:岳麓书社,2014
124. 陈立夫编:《春秋三传论文集》,台北:黎明文化事业股份有限公司,1982年
125. 戴君仁:《春秋三传研究论集》,台北:黎明文化事业股份有限公司,1982
126. 林庆彰主编:《经学研究论丛》(多卷),台北:学生书局
127. 林庆彰:《明代经学研究论集》,台北:文史哲出版社,1994
128. 汤志钧:《经学史论集》,台北:大安出版社,1995
129. 林庆彰:《清代经学研究论集》,台北:"中研院"中国文哲研究所,2002
130. 胡楚生:《经学研究论集》,台北:学生书局,2002

131. 路新生:《中国近三百年疑古思潮史纲》,上海:复旦大学出版社,2014
132. 洪涛、曾亦、郭晓东编:《经学、政治与现代中国》,上海:上海人民出版社,2007
133. 曾亦、郭晓东:《春秋公羊学史》,上海:华东师范大学出版社,2017
134. 晁岳佩编:《春秋学研究》(上、下册),北京:国家图书馆出版社,2009

后　　记

余自治《公羊》以来，已历二十余年矣。始则以述何为主，以为《公羊》之精神莫逾邵公藩篱也。是时余适值壮年，气盛而尚左，又与复旦诸同道相过往，而别具怀抱焉。稍长，颇读长素之书，而于其晚期政治思想，尤所措意，且每能发深长之思，遂渐悟改良保守乃吾儒正法眼藏，时余年届不惑，而渐尚文尚右矣。

近数年来，余尝罹中南之厄，其间又颇读穆氏诸书，始悟君主制非为至道，而民主共和亦不免民粹之忧，遂于汉人"素王改制"之微言，乃有涣然冰释之得，至于吾国数千年政治传统，更有深切了解矣。昔孔子奔走列国，其志在及身行道，庄生谓"《春秋》经世，先王之志"，实为孔子言也，非若太炎自矜浩博，猥以《春秋》为"先王之旧记"焉。孔子晚年归鲁，志疲体衰，自叹久矣不复梦见周公，遂托《春秋》以寓其治世之法。盖驯至秦汉以降，君上操莫抗之威势，学者虽不被陵藉，亦常见屈于诸大人，唯尽臣节以期得君行道耳。今人不明此理，徒谓后儒于孔子迥不相侔，然后儒所以瞻望弗及者，诚时势使然，遂退而求其次耳。

余始撰此书，虽不无掇拾《公羊》旧论之意，然犹别有衷肠焉。其中种种创获，固余躬履诸艰所得，然申受既倡说于前，而长素则踵论于后矣。盖学者身逢苛察纷扰之世，虽重足而不免危殆，缄默而不容于时，因悟《公羊》微言之本义，正在避祸容身，犹孔子"畏大人"之意也。其迹虽近似庸懦之徒，然绝无蚁附正论以自便之意，盖以任重而道远，亦以时运未凑焉。是书以论申受诸书为主，然其旨则在抉发长素所明《公羊》微言，以为上契玄圣之本怀，诚君子所乐焉。

是书终得锓板，颇蒙责编杨立军先生之襄助，兹并致谢焉。

癸卯年记于沪上四漏斋

图书在版编目(CIP)数据

从素王到真王：刘逢禄《春秋》学研究 / 曾亦著.
上海：上海古籍出版社，2024.11. -- ISBN 978-7
-5732-1373-0

Ⅰ. K225.04

中国国家版本馆 CIP 数据核字第 2024NF8301 号

从素王到真王：刘逢禄《春秋》学研究

曾　亦　著

上海古籍出版社出版发行

（上海市闵行区号景路 159 弄 1－5 号 A 座 5F　邮政编码 201101）

(1) 网址：www.guji.com.cn
(2) E-mail：guji1@guji.com.cn
(3) 易文网网址：www.ewen.co

商务印书馆上海印刷有限公司印刷

开本 700×1000　1/16　印张 27.75　插页 2　字数 483,000
2024 年 11 月第 1 版　2024 年 11 月第 1 次印刷
ISBN 978－7－5732－1373－0
B · 1430　定价：138.00 元

如有质量问题，请与承印公司联系